333 教育综合真题真练

（华东分册 2）

333 教育综合蓝皮书编写组　主编

北京理工大学出版社
BEIJING INSTITUTE OF TECHNOLOGY PRESS

版权专有 侵权必究

图书在版编目（CIP）数据

333教育综合真题真练.华东分册.2/333教育综合蓝皮书编写组主编.-- 北京：北京理工大学出版社，2022.7

ISBN 978-7-5763-1465-6

Ⅰ.①3… Ⅱ.①3… Ⅲ.①教育学—研究生—入学考试—习题集 Ⅳ.①G40-44

中国版本图书馆CIP数据核字(2022)第117127号

出版发行 / 北京理工大学出版社有限责任公司	
社　　址 / 北京市海淀区中关村南大街5号	
邮　　编 / 100081	
电　　话 / (010)68914775（总编室）	
(010)82562903（教材售后服务热线）	
(010)68944723（其他图书服务热线）	
网　　址 / http://www.bitpress.com.cn	
经　　销 / 全国各地新华书店	
印　　刷 / 三河市恒彩印务有限公司	
开　　本 / 880毫米×1230毫米　1/16	
印　　张 / 30.25	责任编辑 / 李慧智
字　　数 / 853千字	文案编辑 / 李慧智
版　　次 / 2022年7月第1版　2022年7月第1次印刷	责任校对 / 周瑞红
定　　价 / 329.80元（共5册）	责任印制 / 李志强

图书出现印装质量问题，请拨打售后服务热线，本社负责调换

历年真题是考研命题和重难点的风向标,是考生备考的"指南针",通过掌握历年真题可以帮助我们了解考研的命题方向、命题重难点和高频考点,更好地帮助我们还原考研的真实答题场景,让我们的备考更有针对性。因此,《333教育综合真题真练》(以下简称《真题真练》)应运而生。为此我们在以下几个方面进行了努力:

1.精选了33个院校(以"985工程"高校、"211工程"高校、"双一流"大学和重点师范院校为主)400多套5 500多道333教育综合考研真题,涵盖了333教育综合考试大纲规定的题型和重要知识点,因此,无论《真题真练》是否收录了你报考院校的真题,本书都具有很大的参考性和实用性。

2.《真题真练》的每一个题目我们都配有答案要点,并且题目与答案是连接在一起的。在复习时考生可以快速且高效地翻阅到相关题目的答案。

3.对于超纲题、教育热点题和实际应用题都给出了相应的答题思路和参考角度,可结合给出的答案要点对相关知识点进行拓展和思维延伸。

4.为了提高考生使用的便利性,《真题真练》首次将333教育综合考试真题按地域的形式呈现。

《真题真练》使用建议:

1.利用真题,夯实基础。务必要在系统学习完一遍基础知识之后再做真题,没有知识基础的做题是盲目的,在系统复习的基础上再结合《真题真练》可以更好地巩固之前的复习并且对知识的重难点有更好的把握。

2.研究真题,把握规律。在强化阶段不仅要不断强化知识点的理解与记忆,同时也要对《真题真练》进行仔细的研读。真题不仅是用来做的,更是用来研究的,历年真题提供了考研命题的规律和方向。同学们需要对《真题真练》中所包含的所有院校真题进行研究,寻找共性,总结规律。

3.真题知识,两手把握。《真题真练》的使用可以贯穿考研的全过程,真题固然重要,但它始终不能代替系统知识的学习。系统知识是所有真题的根源,因此无论是复习的哪个阶段都不能放弃系统知识的学习，真题和系统知识两手都要抓。建议配套使用《333教育综合逻辑图》和《333教育综合大纲解析》。

自命题院校考研真题无标准答案，因此《真题真练》提供的答案仅供参考。希望同学们在实际的考试过程中，答题一定不要生搬硬套，建议融合自己的思考，并运用自己的语言将所学的知识点灵活且恰当地表达出来。

大家在使用时如果遇到一些疑惑和问题，可以在QQ群（325244018）进行交流，也可以在我们的教育学蓝皮书系列反馈问卷中进行反馈。另外，在线文档也会为大家及时更新反馈情况。

最后，祝各位考生顺利复习，成功上岸！

反馈问卷

在线文档

333教育综合蓝皮书编写组

2022年5月

杭州师范大学

2022 年杭州师范大学 333 教育综合·真题真练	1
2021 年杭州师范大学 333 教育综合·真题真练	1
2020 年杭州师范大学 333 教育综合·真题真练	2
2019 年杭州师范大学 333 教育综合·真题真练	2
2018 年杭州师范大学 333 教育综合·真题真练	3
2017 年杭州师范大学 333 教育综合·真题真练	3
2016 年杭州师范大学 333 教育综合·真题真练	4
2015 年杭州师范大学 333 教育综合·真题真练	4
2014 年杭州师范大学 333 教育综合·真题真练	5
2013 年杭州师范大学 333 教育综合·真题真练	5
2012 年杭州师范大学 333 教育综合·真题真练	6
2011 年杭州师范大学 333 教育综合·真题真练	6
2010 年杭州师范大学 333 教育综合·真题真练	7
2022 年杭州师范大学 333 教育综合·真题解析	8
2021 年杭州师范大学 333 教育综合·真题解析	12
2020 年杭州师范大学 333 教育综合·真题解析	17
2019 年杭州师范大学 333 教育综合·真题解析	21
2018 年杭州师范大学 333 教育综合·真题解析	25
2017 年杭州师范大学 333 教育综合·真题解析	30
2016 年杭州师范大学 333 教育综合·真题解析	35
2015 年杭州师范大学 333 教育综合·真题解析	39

2014 年杭州师范大学 333 教育综合·真题解析	44
2013 年杭州师范大学 333 教育综合·真题解析	48
2012 年杭州师范大学 333 教育综合·真题解析	53
2011 年杭州师范大学 333 教育综合·真题解析	57
2010 年杭州师范大学 333 教育综合·真题解析	61

福建师范大学

2022 年福建师范大学 333 教育综合·真题真练	67
2021 年福建师范大学 333 教育综合·真题真练	67
2020 年福建师范大学 333 教育综合·真题真练	68
2019 年福建师范大学 333 教育综合·真题真练	68
2018 年福建师范大学 333 教育综合·真题真练	69
2017 年福建师范大学 333 教育综合·真题真练	69
2016 年福建师范大学 333 教育综合·真题真练	70
2015 年福建师范大学 333 教育综合·真题真练	70
2014 年福建师范大学 333 教育综合·真题真练	71
2013 年福建师范大学 333 教育综合·真题真练	71
2012 年福建师范大学 333 教育综合·真题真练	72
2011 年福建师范大学 333 教育综合·真题真练	72
2010 年福建师范大学 333 教育综合·真题真练	73
2022 年福建师范大学 333 教育综合·真题解析	74
2021 年福建师范大学 333 教育综合·真题解析	77
2020 年福建师范大学 333 教育综合·真题解析	82
2019 年福建师范大学 333 教育综合·真题解析	86
2018 年福建师范大学 333 教育综合·真题解析	91
2017 年福建师范大学 333 教育综合·真题解析	95
2016 年福建师范大学 333 教育综合·真题解析	98
2015 年福建师范大学 333 教育综合·真题解析	102
2014 年福建师范大学 333 教育综合·真题解析	107

2013年福建师范大学333教育综合·真题解析	111
2012年福建师范大学333教育综合·真题解析	115
2011年福建师范大学333教育综合·真题解析	119
2010年福建师范大学333教育综合·真题解析	124

浙江师范大学

2022年浙江师范大学333教育综合·真题真练	129
2021年浙江师范大学333教育综合·真题真练	129
2020年浙江师范大学333教育综合·真题真练	130
2019年浙江师范大学333教育综合·真题真练	130
2018年浙江师范大学333教育综合·真题真练	131
2017年浙江师范大学333教育综合·真题真练	131
2016年浙江师范大学333教育综合·真题真练	132
2015年浙江师范大学333教育综合·真题真练	132
2014年浙江师范大学333教育综合·真题真练	133
2013年浙江师范大学333教育综合·真题真练	133
2012年浙江师范大学333教育综合·真题真练	134
2011年浙江师范大学333教育综合·真题真练	134
2010年浙江师范大学333教育综合·真题真练	135
2022年浙江师范大学333教育综合·真题解析	136
2021年浙江师范大学333教育综合·真题解析	139
2020年浙江师范大学333教育综合·真题解析	143
2019年浙江师范大学333教育综合·真题解析	148
2018年浙江师范大学333教育综合·真题解析	153
2017年浙江师范大学333教育综合·真题解析	158
2016年浙江师范大学333教育综合·真题解析	163
2015年浙江师范大学333教育综合·真题解析	168
2014年浙江师范大学333教育综合·真题解析	174
2013年浙江师范大学333教育综合·真题解析	179

2012年浙江师范大学333教育综合·真题解析	184
2011年浙江师范大学333教育综合·真题解析	188
2010年浙江师范大学333教育综合·真题解析	193

宁波大学

2022年宁波大学333教育综合·真题真练	199
2021年宁波大学333教育综合·真题真练	199
2020年宁波大学333教育综合·真题真练	200
2019年宁波大学333教育综合·真题真练	200
2018年宁波大学333教育综合·真题真练	201
2017年宁波大学333教育综合·真题真练	201
2016年宁波大学333教育综合·真题真练	202
2015年宁波大学333教育综合·真题真练	202
2014年宁波大学333教育综合·真题真练	203
2013年宁波大学333教育综合·真题真练	203
2012年宁波大学333教育综合·真题真练	204
2011年宁波大学333教育综合·真题真练	204
2010年宁波大学333教育综合·真题真练	205
2022年宁波大学333教育综合·真题解析	206
2021年宁波大学333教育综合·真题解析	210
2020年宁波大学333教育综合·真题解析	214
2019年宁波大学333教育综合·真题解析	217
2018年宁波大学333教育综合·真题解析	222
2017年宁波大学333教育综合·真题解析	227
2016年宁波大学333教育综合·真题解析	231
2015年宁波大学333教育综合·真题解析	235
2014年宁波大学333教育综合·真题解析	239
2013年宁波大学333教育综合·真题解析	244
2012年宁波大学333教育综合·真题解析	248

2011 年宁波大学 333 教育综合·真题解析 253

2010 年宁波大学 333 教育综合·真题解析 258

安徽师范大学

2022 安徽师范大学 333 教育综合·真题真练 264

2021 安徽师范大学 333 教育综合·真题真练 264

2020 安徽师范大学 333 教育综合·真题真练 265

2019 安徽师范大学 333 教育综合·真题真练 266

2018 安徽师范大学 333 教育综合·真题真练 266

2017 安徽师范大学 333 教育综合·真题真练 267

2016 安徽师范大学 333 教育综合·真题真练 268

2015 安徽师范大学 333 教育综合·真题真练 268

2014 安徽师范大学 333 教育综合·真题真练 269

2013 安徽师范大学 333 教育综合·真题真练 269

2012 安徽师范大学 333 教育综合·真题真练 270

2011 安徽师范大学 333 教育综合·真题真练 270

2010 安徽师范大学 333 教育综合·真题真练 271

2022 安徽师范大学 333 教育综合·真题解析 272

2021 安徽师范大学 333 教育综合·真题解析 276

2020 安徽师范大学 333 教育综合·真题解析 280

2019 安徽师范大学 333 教育综合·真题解析 284

2018 安徽师范大学 333 教育综合·真题解析 289

2017 安徽师范大学 333 教育综合·真题解析 294

2016 安徽师范大学 333 教育综合·真题解析 299

2015 安徽师范大学 333 教育综合·真题解析 304

2014 安徽师范大学 333 教育综合·真题解析 308

2013 安徽师范大学 333 教育综合·真题解析 314

2012 安徽师范大学 333 教育综合·真题解析 318

2011 安徽师范大学 333 教育综合·真题解析 323

2010 安徽师范大学 333 教育综合·真题解析 ... 328

山东师范大学

2022 山东师范大学 333 教育综合·真题真练 ... 333
2021 山东师范大学 333 教育综合·真题真练 ... 333
2020 山东师范大学 333 教育综合·真题真练 ... 334
2019 山东师范大学 333 教育综合·真题真练 ... 334
2018 山东师范大学 333 教育综合·真题真练 ... 335
2017 山东师范大学 333 教育综合·真题真练 ... 336
2016 山东师范大学 333 教育综合·真题真练 ... 336
2015 山东师范大学 333 教育综合·真题真练 ... 337
2014 山东师范大学 333 教育综合·真题真练 ... 338
2013 山东师范大学 333 教育综合·真题真练 ... 338
2012 山东师范大学 333 教育综合·真题真练 ... 339
2011 山东师范大学 333 教育综合·真题真练 ... 339
2010 山东师范大学 333 教育综合·真题真练 ... 340
2022 山东师范大学 333 教育综合·真题解析 ... 341
2021 山东师范大学 333 教育综合·真题解析 ... 346
2020 山东师范大学 333 教育综合·真题解析 ... 351
2019 山东师范大学 333 教育综合·真题解析 ... 355
2018 山东师范大学 333 教育综合·真题解析 ... 360
2017 山东师范大学 333 教育综合·真题解析 ... 364
2016 山东师范大学 333 教育综合·真题解析 ... 368
2015 山东师范大学 333 教育综合·真题解析 ... 372
2014 山东师范大学 333 教育综合·真题解析 ... 377
2013 山东师范大学 333 教育综合·真题解析 ... 382
2012 山东师范大学 333 教育综合·真题解析 ... 386
2011 山东师范大学 333 教育综合·真题解析 ... 390
2010 山东师范大学 333 教育综合·真题解析 ... 394

青岛大学

标题	页码
2022 青岛大学 333 教育综合·真题真练	400
2021 青岛大学 333 教育综合·真题真练	402
2020 青岛大学 333 教育综合·真题真练	403
2019 青岛大学 333 教育综合·真题真练	403
2018 青岛大学 333 教育综合·真题真练	404
2017 青岛大学 333 教育综合·真题真练	405
2016 青岛大学 333 教育综合·真题真练	405
2015 青岛大学 333 教育综合·真题真练	407
2014 青岛大学 333 教育综合·真题真练	409
2013 青岛大学 333 教育综合·真题真练	411
2012 青岛大学 333 教育综合·真题真练	413
2011 青岛大学 333 教育综合·真题真练	414
2010 青岛大学 333 教育综合·真题真练	415
2022 青岛大学 333 教育综合·真题解析	418
2021 青岛大学 333 教育综合·真题解析	420
2020 青岛大学 333 教育综合·真题解析	425
2019 青岛大学 333 教育综合·真题解析	429
2018 青岛大学 333 教育综合·真题解析	433
2017 青岛大学 333 教育综合·真题解析	437
2016 青岛大学 333 教育综合·真题解析	442
2015 青岛大学 333 教育综合·真题解析	446
2014 青岛大学 333 教育综合·真题解析	452
2013 青岛大学 333 教育综合·真题解析	456
2012 青岛大学 333 教育综合·真题解析	460
2011 青岛大学 333 教育综合·真题解析	464
2010 青岛大学 333 教育综合·真题解析	469

2022年 杭州师范大学 333 教育综合·真题真练

一、名词解释
新教育运动　全人生指导　教学评价　道尔顿制　课程方案　学习动机

二、简答题
1. 简述洋务学堂的类型。
2. 简述西欧中世纪世俗学校类型。
3. 简述人的心理发展的一般规律。
4. 什么是问题？如何培养学生解决问题的能力？

三、分析论述题
1. 罗杰斯自由学习观的基本原则。
2. 论述改造主义。
3. 我国教育目的及其基本精神。
4. 论述《学记》中的教育教学原则。

2021年 杭州师范大学 333 教育综合·真题真练

一、名词解释
布鲁纳的《教育过程》　教育均衡发展　壬戌学制　教学设计
平行教育影响原则　正规教育与非正规教育

二、简答题
1. 试举一例你所熟悉的校本课程，从校本课程内涵的角度加以简要评述。
2. 当今中小学进行心理健康教育的基本途径有哪些？
3. 简述夸美纽斯的教育适应自然的原则。
4. 简述"朱子读书法"。

三、分析论述题
1. 结合中小学教育实际，谈谈如何更好地发挥德育隐形课程的作用。
2. 影响问题解决的因素有哪些？据此谈谈如何在教学实践中提高学生的问题解决能力。
3. 试论述陶行知的"生活教育思想"。
4. 试论述永恒教育思潮的主要观点。

2020年 杭州师范大学 333 教育综合·真题真练

一、名词解释
产婆术　虚拟教学　教师专业发展　教育方针　练习的高原时期　学校教育制度

二、简答题
1. 简述《费里法案》。
2. 晏阳初的乡村教育思想。
3. 态度与品德的关系。
4. 基础性课程与拓展性课程的关系。

三、分析论述题
1. 论述新课程中"自主、合作、探究"的学习方式。
2. 分析论述"讲授法会造成机械性学习"的观点。
3. 论述赫尔巴特的道德教育理论。
4. 论述1922年新学制。

2019年 杭州师范大学 333 教育综合·真题真练

一、名词解释
终身教育　认知风格　全面发展教育　儿童中心论　课程资源　教育现代化

二、简答题
1. 信息技术对教育的影响。
2. 尝试错误学习理论对教学的启示。
3. 孔子的"学而优则仕"思想及其历史影响。
4. 简述要素主义教育思想的主要观点。

三、分析论述题
1. 从"教育"词源分析入手谈中西教育的差异。
2. 联系实际谈谈促进迁移的有效教学策略。
3. 论述蔡元培对近代中国教育发展的贡献。
4. 评述洛克的绅士教育思想。

2018年 杭州师范大学 333 教育综合·真题真练

一、名词解释
《论语》 义务教育 教学方法 特朗普制 学制 教育行动研究

二、简答题
1. 简述你对校园欺凌的看法。
2. 美国恢复基础教育运动。
3. 陶行知的儿童创造教育思想。
4. 维果茨基的"最近发展区"带给我们的教育启示。

三、分析论述题
1. 中国古代教育家的教师观及其"尊师重道"的思想。
2. 卢梭的儿童教育观。
3. 科尔伯格道德发展阶段论。
4. 论述课程和教师的关系，以及开发校本课程需要教师具有怎样的教师素养。

2017年 杭州师范大学 333 教育综合·真题真练

一、名词解释
班级授课制 《爱弥儿》 综合课程 教育目的 学习定势 形式教育论与实质教育论

二、简答题
1. 如何正确看待学校教育中的惩罚问题。
2. 简述启发性教学原则。
3. 简述古希腊雅典教育的特点。
4. 简要分析《白鹿洞书院揭示》以及书院教育宗旨。

三、分析论述题
1. 教师劳动的特殊性表现在哪些方面？教师劳动的特殊性会对教师提出什么样的要求？
2. 创造性与智力并非简单的线性关系，阐述二者的关系，并结合实际谈谈如何培养学生的创造性。
3. 试论述赫尔巴特教育思想的心理学基础。
4. 试论述陈鹤琴的儿童教育思想。

2016年 杭州师范大学 333 教育综合·真题真练

一、名词解释
《民主主义与教育》　班级授课制　美育　隐性课程　教师专业发展　思维定势

二、简答题
1. 宋元时期蒙学教材的种类、特点与影响。
2. 简述德育过程中的"平行教育影响原则"思想。
3. 简述英国的《1944年教育法》。
4. 斯滕伯格成功智力理论。

三、分析论述题
1. 在欧美教育思想"六三三"制的影响下，分析我国教育制度改革的经验与不足，说说其对我国现在教育改革的启示。
2. 马克思恩格斯关于人的全面发展学说以及劳动与教育相结合的意义。
3. 在新课程改革下，教师应该树立什么样的课程观？
4. 元认知是什么？举例说明元认知的运用对学习策略的促进作用。

2015年 杭州师范大学 333 教育综合·真题真练

一、名词解释
学校教育　教育目的的个人本位论　德育　校本课程　最近发展区　教学评价

二、简答题
1. 教育的相对独立性及其意义。
2. 班杜拉的观察学习理论及其教育应用。
3. 颜元的"习行"教学方法。
4. 帕克赫斯特的道尔顿制。

三、分析论述题
1. 教师的专业性是什么，其人文精神表现在哪里？
2. 分析接受学习和发现学习的特点，怎样处理两者之间的关系？
3. 蔡元培的"健全人格"教育思想及其对学制的影响。
4. 试述夸美纽斯的教育思想以及影响。

2014年 杭州师范大学 333 教育综合·真题真练

一、名词解释

产婆术　教育目的　课程标准　学校教育制度　教学模式　教育机智

二、简答题

1. 简述知情意行的相互关系。
2. 当前中小学开展心理健康教育的基本途径有哪些？
3. 简述美国1958年的《国防教育法》并给予简要评价。
4. 简要评述我国革命根据地教育的基本经验。

三、分析论述题

1. 有人说："讲授法就是注入式教学，发现法就是启发式教学"。请运用教学的有关原理评析这一观点。
2. 试述建构主义学习理论的基本观点以及对教学的启示。
3. 试述杜威和赫尔巴特的教学思想，并比较两者的异同。
4. 试述中国古代教育家的道德修养方法，并谈谈对今天德育改革的启示。

2013年 杭州师范大学 333 教育综合·真题真练

一、名词解释

学记　学校教育制度　复式教学　情感陶冶法　教学评价　教师专业发展

二、简答题

1. 教育的流动功能。
2. 教师期望效应及其对教育的启示。
3. 孔子的人性观及教育意义。
4. 20世纪60、70年代现代人文主义教育家的教育思想。

三、分析论述题

1. 分析分科课程、活动课程、综合课程的特点以及我国教育的现状。
2. 评述布鲁纳的认知－发现说。
3. 斯宾塞的科学教育理论。
4. 试分析1922年新学制的标准、特点、意义以及对现代教育改革的启发。

2012年 杭州师范大学 333 教育综合·真题真练

一、名词解释
教学　学校管理　有教无类　"五育"并举　《大教学论》　终身教育

二、简答题
1. 教师劳动的特点。
2. 加德纳的多元智力理论。
3. 陶行知生活教育理论中"社会即学校"思想。
4. 新文化运动影响下的教育思潮。

三、分析论述题
1. 试论述教育与社会生产力、社会经济发展的相互关系。
2. 如何理解德育过程是培养学生知情意行的过程。
3. 人本主义教育心理学的理论和实践具有什么贡献和局限？
4. 试论述卢梭的自然主义教育观。

2011年 杭州师范大学 333 教育综合·真题真练

一、名词解释
学校教育　教育目的的社会本位论　苏格拉底法　贝尔兰开斯特制　教学做合一　《学记》

二、简答题
1. 简述教育的相对独立性。
2. 影响问题解决的主要因素有哪些？
3. 简述书院教育的特点。
4. 简要评述孔子的道德教育思想。

三、分析论述题
1. 如何正确理解掌握知识与发展智力的关系？
2. 自古以来，对教师的角色有许多隐喻，如"教师是蜡烛，燃烧自己照亮别人""教师是人类灵魂的工程师，塑造者学生的精神世界"等。请从"蜡烛论"和"工程师论"中任选一种教师角色的隐喻分析其蕴涵的意义。
3. 论述建构主义学习理论的基本观点。
4. 论述赫尔巴特的教育性教学原则。

2010年 杭州师范大学 333 教育综合·真题真练

一、名词解释

班级授课制　学制　教育目的　学科课程　德育　高原现象

二、简答题

1. 简述我国科举制度的主要特点及其对教育的影响。
2. 简述文艺复兴时期人文主义教育的主要特征及其对教育的贡献。
3. 简述启发性原则的含义及贯彻这一原则的基本要求。
4. 简述马斯洛的需要层次理论。

三、分析论述题

1. 试述陶行知的生活教育理论。
2. 评述杜威的儿童中心论的主要观点。
3. 结合实际，谈谈如何利用注意的规律组织课堂教学。
4. 请联系实际谈谈在教师专业化要求的背景下，教师应具备怎样的素质。

2022年 杭州师范大学 333 教育综合·真题解析

一、名词解释

新教育运动

新教育运动，也称新学校运动，是指19世纪末20世纪初在欧洲兴起的教育改革运动，初期以建立不同于传统学校的新学校作为新教育的"实验室"为其特征。第二次世界大战以后，新教育运动逐步走向衰落。新教育运动中著名的实验学校有乡村寄宿学校、儿童之家和生活学校。

全人生指导

"全人生指导"由杨贤江提出，就是对青年进行全面关心、教育和引导，即不仅关心他们的文化知识学习，同时对他们生活中各种实际问题给以正确的指点和疏导，使之在德、智、体诸方面都得以健康成长，成为一个"完成的人"，以适社会改进之所用。

教学评价

教学评价是对教学工作质量所做的测量、分析和评定。它以参与教学活动的教师、学生、教学目标、内容、方法、教学设备、场地和时间等因素的优化组合的过程和效果为评价对象，是对教学活动的整体功能所做的评价。

道尔顿制

道尔顿制是美国进步主义教育家帕克赫斯特针对班级授课制的弊端在道尔顿中学实施的一种个别教学制度，也称"道尔顿计划"，主要内容包括在学校废除课堂教学、课程表和年级制，代之以"公约"或"合同式"的学习；将教室改为作业室或实验室，用表格法来了解学生的学习进度等。

课程方案

课程方案是指教育机构或学校为了实现教育目的而制定的有关课程设置的文件。我国普通中小学的课程方案是指在国家的教育目的与方针的指导下，为实现各级基础教育的目标，由国家教育主管部门制定的有关课程设置、顺序、学时分配以及课程管理等方面的政策性文件。

学习动机

学习动机是动机在学习活动中的表现，是引起和维持个体进行学习活动，并使活动朝向一定的学习目标，以满足某种学习需要的一种内部心理状态。它的主要内容包括知识价值观、学习兴趣、学习效能感和成败归因。

二、简答题

1. 简述洋务学堂的类型。

【答案要点】

兴办学堂是洋务运动的重要组成部分。其目的在于培养洋务活动所需要的翻译、外交、工程技术、水陆军事等多方面的专门人才，其教学内容以所谓"西文"与"西艺"为主。洋务学堂大致上分为三类：

（1）外国语学堂，如京师同文馆、上海广方言馆、广州同文馆等。

（2）军事学堂，如福建船政学堂、上海江南制造局操炮学堂等。

(3)技术实业学堂,如福州电报学堂、上海电报学堂、天津西医学堂等。

洋务学堂以西方近代科技文化作为主要课程,在形式上引入了资本主义因素,初步具备了近代教育的特征。它产生之后,逐渐动摇和瓦解了旧的教育体制,实际启动了近代中国教育改革的进程。

2. 简述西欧中世纪世俗学校类型。

【答案要点】

(1)宫廷学校,是一种设在国王所在地的宫廷中,主要培养王公贵族后代的教育机构。其学习科目与当时教会学校一样,主要是"七艺",教学方法也采用教会学校盛行的问答法,以此来让学生掌握有关宗教、自然和社会的各种知识。

(2)骑士教育,是中世纪世俗教育的一种主要形式,以培养当时封建制度中骑士阶层的成员为目的。它是一种特殊形式的家庭教育,并无专设的教育机构,也没有专职的教育人员。

(3)城市学校,是为新兴市民阶层子弟开办的学校的总称,包含不同种类、不同规模的学校。如由手工业行会开办的学校被称为行会学校,由商人联合会设立的学校被称为基尔特学校。

(4)中世纪大学,是12世纪左右兴起的一种自治的教授和学习中心。一般由一名在某领域有声望的学者和他的追随者自行组织起来,形成类似于行会的师生团体进行教学和知识交易。

3. 简述人的心理发展的一般规律。

【答案要点】

心理发展是指个体从胚胎经由出生、成熟、衰老一直到死亡的整个生命过程中所发生的持续而稳定的内在心理变化过程,主要包括认知发展、人格发展和社会性发展三个方面。心理发展具有以下基本规律。

(1)个体心理发展的连续性与阶段性。连续性是指个体心理发展是一个持续不断的前进过程,是逐渐地、持续地由较低水平到较高水平的发展进程;阶段性是指不同年龄阶段的个体会表现出不同的特征,同一年龄阶段的个体会呈现出许多共同的心理特征。

(2)个体心理发展的方向性与顺序性。在正常的条件下,个体的心理发展具有不可逆的方向性和顺序性。如认知的发展是从感知动作思维到具体形象思维,再到抽象概括思维。

(3)个体心理发展的协调性。在心理发展过程中,个体心理的各个方面相互关联,某个心理机能的发展会影响其他心理机能的发展。

(4)个体心理发展的不平衡性。心理发展的不平衡性指的主要是各个心理过程和个性心理特征发展的速度、时间和程度是不完全一样的,有其各自的发展特点和规律,因而表现出了多种多样的发展模式。

(5)心理发展具有个别差异。个体发展要经历一些共同的基本阶段,但在发展速度、最终达到的水平和发展的优势领域上往往是有差别的。

4. 什么是问题?如何培养学生解决问题的能力?

【答案要点】

(1)问题是指个体想做某件事,但不能马上知道完成这件事所需采取的一系列行动。每一个问题都必然包含三种成分,即给定信息、目标和障碍。

(2)培养学生的问题解决能力措施有:

①鼓励质疑。教师要尽量从自己提出问题过渡到让学生质疑,从而培养学生主动质疑的内在动机,鼓励学生主动提问,形成一种自由探究的气氛。

②设置难度适当的问题。教师给学生的问题要可解,但也要有一定的难度。

③帮助学生正确表征问题。学生运用所学知识解释问题,或者画草图、列表、写方程式等,这

对回忆相关信息都有很好的作用。

④帮助学生养成分析问题的习惯。教师要帮助学生发展系统考虑问题的方式和系统分析的习惯，既不能让学生盲目尝试错误练习，也不能过分热心，先把答案告诉学生。

⑤辅导学生从记忆中提取信息。教师需要帮助学生从记忆中迅速提取与解决问题有关的信息，并能很快找出可利用的信息，明确问题解决情境与想要达到的目的，迅速做出判断。

⑥训练学生陈述自己的假设及其步骤。教师要培养学生由跟从别人的言语指导转变到自行指导思考，然后再要求他们自己用言语把指导步骤表达出来。

⑦提供结构不良问题，培养实际解决问题的能力。通过对这些问题的解决，能让学生将解决问题的能力迁移到实际领域中去。

三、分析论述题

1. 罗杰斯自由学习观的基本原则。

【答案要点】

在《学习的自由》一书中，罗杰斯提出了他所坚持的以自由为基础的自由学习原则。

（1）人皆有其天赋的学习潜力，为教师者，必须首先认定，每个学生各有其天赋的学习潜能。

（2）教材有意义且符合学生的目的，才会产生学习。所学教材能够满足学生的好奇心，提高学生的自尊感，增进学生的生活经验，学生才乐于学习。

（3）在较少威胁的教育情境下才会有效学习。威胁是指个人在求学的过程中因种种因素所承受的心理压力。教师要使每个学生皆有展现其优点的机会，从而减少学校教育中的威胁气氛，以利于学生学习。

（4）主动的、全身心投入的学习才会产生良好效果。教师在安排学生学习时，只需提供学习活动的范围和各种学习资源，由学生自己确定学习目标，探索发现结果，这样才会启发学生心智，提升学习能力，培养学习兴趣，达到知、情、意并重的教育目的。

（5）学生自评学习结果，这有利于养成独立思维的习惯和培养创造力。

（6）重视生活能力的学习，以应对变动的社会。

罗杰斯所倡导的学习原则的核心就是让学生自由学习。自由学习就是教师要信任学生、信任学生的学习潜能，为学生提供各种学习的资源和一种促进学习的气氛，让学生自己决定如何学习，使其在交往中形成适应自己风格的、促进学习的最佳方法。

2. 论述改造主义。

【答案要点】

改造主义教育是实用主义教育的一个分支，产生于20世纪30年代的美国，影响于50年代。改造主义教育是一种把"社会改造"作为教育的主要目标，强调学校成为"社会改造"的主要工具的教育思潮，代表人物是布拉梅尔德。其主要观点包括以下几个方面：

（1）教育应当以"改造社会"为目标。

（2）教育应当重视培养"社会一致"的精神。

（3）教育工作应当以行为科学为依据。

（4）课程教学应当以社会问题为中心。

（5）教师的主要职责是劝说教育。

改造主义是实用主义教育在新的社会时期的继续。在批判与它同一时期出现的要素主义教育和永恒主义教育的同时，也吸收了它们所阐述的某些教育观点。改造主义教育在美国教育界曾产生过一定的影响，但因与美国的社会性质不和，在美国教育实践中的影响不大。

3. 我国教育目的及其基本精神。

【答案要点】

2015年新修订的《中华人民共和国教育法》规定："教育必须为社会主义现代化建设服务，必须与生产劳动和社会实践相结合，培养德、智、体、美等方面全面发展的社会主义事业的建设者和接班人。"这是目前教育目的最规范的表述。

我国教育目的表述虽几经变化，但其基本精神却是一致的，就是培养学生成为未来国家、社会发展的实践主体与主人。其基本点包括以下几个方面：

（1）培养"劳动者"或"社会主义建设人才"。我国当代教育目的在表述上不断发生变化，但培养"劳动者"或"社会主义建设人才"这一基本规定却始终没有变。教育目的的这个规定，明确了我国教育的社会主义方向，指明了培养出来的人的社会地位和价值，是社会主义的劳动者、建设人才，是国家的主人。

（2）坚持全面发展。受教育者的全面发展，教育界通行的说法是德、智、体、美、劳的发展。从人要处理的现实生活的关系分析，人的全面发展主要包括处理人与自然关系的能力、人与社会关系的能力和人与自我关系的能力的发展。如果一个人的发展在这三个方面都形成了健全的能力，那么这个人的发展就是全面发展。

（3）培养独立个性。培养受教育者的独立个性，是马克思人的全面发展学说的基本内涵和根本目的。追求人的个性发展，就是要使受教育者的自由个性得到保护、尊重和发展，要增强受教育者的主体意识、开拓精神、创造才能，要提高受教育者的个人价值。

综上所述，我国教育目的的价值取向的出发点与归宿在于：培养德、智、体、美、劳全面发展，具有创新精神、实践能力和独立个性的社会主义现代化需要的各级各类人才。

4. 论述《学记》中的教育教学原则。

【答案要点】

《学记》是《礼记》的一篇，是中国古代最早的一篇专门论述教育、教学问题的论著，因此有人认为它是"教育学的雏形"。《学记》是先秦时期儒家教育和教学活动的理论总结，它主要论述教育的具体实施，偏重于说明教学过程的各种关系。《学记》中的教育教学原则包括：

（1）豫时孙摩。第一，预防性原则：要求事先估计学生可能会产生的种种不良倾向，预先采取预防措施；第二，及时施教原则：要求掌握学习的最佳时机，适时而学，适时而教；第三，循序渐进原则：教学必须遵循一定的顺序，包括内容的顺序和年龄的顺序；第四，学习观摩原则：学习要相互观摩，取长补短。同时，借助集体的力量进行学习。

（2）长善救失。长善救失原则要求教师懂得并掌握教育的辩证法，坚持正面教育，善于因势利导，利用积极因素，克服消极因素，将缺点转化为优点。

（3）启发诱导。君子的教育在于诱导学生，靠的是引导而不是强迫服从，是启发而不是全部讲解。只有这样，才能调动学生学习和思考的积极性、主动性，使学生的思维能力得到锻炼和发展。

（4）藏息相辅。既有有计划的正课学习，又有课外活动和自习，有张有弛，让学生感受到学习的乐趣，感受到老师、同学的可亲可爱，使学习成为学生的一种内在需要。

《学记》为中国教育理论的发展树立了典范，其历史意义和理论价值十分显著。它的出现，意味着中国古代教育思维专门化的形成，是中国教育理论发展的良好开端。

2021年 杭州师范大学 333 教育综合·真题解析

一、名词解释

布鲁纳的《教育过程》

布鲁纳于 1960 年撰成了《教育过程》一书，该书体现了美国 20 世纪 60 年代课程改革运动的核心思想，即布鲁纳的结构课程论。该书提出了"学科的基本结构"，即将各学科的基本概念、原理和方法当作教学的中心，认为学习的准备主要取决于教材和呈现教材内容的方式，所有学科的基本概念都可以以某种有效的方式教给任何年龄阶段的儿童，并在课程编制上采用"螺旋形课程"。

教育均衡发展

针对我国的义务教育存在着发展不平衡的问题，提出教育均衡发展的解决办法。教育均衡发展不是简单地拉平优质学校和薄弱学校的差距，搞平均主义，热衷于低水准的教育水平，而应当努力充实和提高农村学校和薄弱学校的教师队伍，改善它们的办学条件，使它们转化为优质学校，并鼓励已有的优质学校办得更好。

壬戌学制

1922 年，教育部在北京专门召开了学制会议，同年 11 月公布了《学校系统改革案》。该学制又被称为"新学制"或"壬戌学制"，由于采用的是美国式的六三三分段法，又称"六三三学制"。壬戌学制最显著的特点是根据儿童身心发展规律划分教育阶段。

教学设计

教学设计指研究教学系统、教学过程和制订教学计划的系统方法。它是教师在备课过程中，以传播理论和学习理论等为基础，应用系统论的观点和方法，分析教学中的问题和需求，确定教学目标，设计解决问题的步骤，选择相应的教学策略和教学媒体，形成教学方案，分析评价其结果并修改方案的过程。

平行教育影响原则

由马卡连柯提出，它是教育和影响个人的一种形式，是以集体为教育对象，通过集体来教育个人。教育者对集体和集体中每一个成员的教育影响是同时的、平行的。在给个人一种影响的时候，这影响必定同时应当是给集体的一种影响。相反的，每当我们涉及集体的时候，同时也应当成为对于组成集体的每一个人的教育。

正规教育与非正规教育

正规教育是指由教育部门认可的教育机构所提供的有目的、有组织、有计划、由专职人员承担的、以影响入学者的身心发展为直接目标的全面系统的训练和培养活动，正规教育也称为正式教育，一般指学校教育。非正规教育是相对于正规教育而言的，是指在正规教育体制以外所进行的有目的、有计划、有组织的教育和培训活动。

二、简答题

1. 试举一例你所熟悉的校本课程，从校本课程内涵的角度加以简要评述。

【答案要点】

校本课程是以学校为课程编制主体，自主开发与实施的一种课程，是相对于国家课程和地方课程的一种课程。例如华东师范大学第二附属中学开设的"探寻生活中的历史"十五讲。

（1）校本课程的优点：第一，有助于最大限度地促进每个学生的发展，有助于提高教师的专业水平，有助于提高学校的办学水平。第二，校本课程的开发使教师成为课程开发的主体，确立了教师的专业自主地位，给教师的个性化教学提供了机会。

（2）校本课程的缺点：第一，很多学校开发的校本课程缺乏长远的规划，都是教师有什么特长就开什么课；第二，教师队伍团队缺乏多样化；第三，学校之间的交流不够，不利于资源共享，实现校本课程的系统性。

2. 当今中小学进行心理健康教育的基本途径有哪些？

【答案要点】

（1）专题训练。心理素质专题训练过程一般由"判断鉴别—训练策略—反思体验"三个彼此衔接的环节构成。

（2）心理辅导。心理辅导是一种心理上的助人活动，是指在一种新型的、建设性的人际关系中，辅导教师运用其专业知识和技能，给学生以合乎需要的心理上的协助与服务以便在学习、工作与人际关系各个方面做出良好适应。

（3）学科渗透。教师在进行常规的学科教学时，自觉地、有意识地运用心理学的理论、方法和技术，让学生在掌握知识、形成能力的同时，完成各种心理品质，特别是诸如情感、意志、个性品质等方面。在学科教学、各项教育活动、班主任工作中，都应注重对学生心理健康的教育，这是心理健康教育的主要途径。

3. 简述夸美纽斯的教育适应自然的原则。

【答案要点】

教育适应自然的原则是贯穿夸美纽斯整个教育理论体系的一条根本的指导性原则，他的"自然"包括两个方面的含义：

（1）自然界及其普遍法则。夸美纽斯认为在宇宙万物和人的活动中存在着一种"规则"，它保证了宇宙万物的和谐发展。所以人的各种活动包括教育活动也都应该遵循这些自然的、普遍的规则。在此基础上，夸美纽斯提出要改革学校，要使学校教育符合自然的规则和秩序。

（2）人的与生俱来的天性。夸美纽斯认为，人是自然界的一部分，人的发展也有其本身的规则。据此，夸美纽斯提出要依据人的自然本性和儿童年龄特征进行教育，使每个人的智力都得到充分的发展。

4. 简述"朱子读书法"。

【答案要点】

朱熹一生酷爱读书，对于如何读书有深切的体会，并提出了许多精辟的见解。他的弟子将其概括为"朱子读书法"六条。

（1）循序渐进。朱熹主张读书要"循序渐进"，意思是读书要按一定的次序，不要颠倒；应根据自己的实际情况和能力，安排读书计划，并切实遵守它；读书要扎扎实实打好基础，不可囫囵吞枣，急于求成。

（2）熟读精思。朱熹认为，读书既要熟读成诵，又要精于思考。熟读有利于理解，熟读的目的是为了精思。精思就是发现问题和解决问题的过程。

（3）虚心涵泳。所谓"虚心"是指读书时要虚怀若谷，静心思虑，仔细体会书中的意思，不要先入为主，牵强附会；所谓"涵泳"是指读书时要反复咀嚼，细心玩味。

（4）切己体察。强调读书不能仅仅停留在书本上和口头上，而必须要见之于自己的实际行动，要身体力行。

（5）着紧用力。包含两方面意思，其一，必须抓紧时间，发愤忘食，反对悠悠然；其二，必须抖擞精神，勇猛奋发，反对松松垮垮。

（6）居敬持志。既是朱熹道德修养的重要方法，也是他最重要的读书法。"居敬"是读书时精神专一，注意力集中；"持志"是要树立远大的志向和高尚的目标，并要以顽强的毅力坚持下去。

三、分析论述题

1. 结合中小学教育实际，谈谈如何更好地发挥德育隐性课程的作用。

【答案要点】

（1）含义。

德育课程分为直接的德育课程和间接的德育课程。直接的德育课程就是通过专门的道德课系统地向学生传授道德知识和理论。间接的德育课程即隐性的德育课程，主要指在学科教学和学校集体生活的各个层面对学生进行道德渗透。

（2）隐性课程的作用。

①导向作用。隐性课程对学生有直接或者潜移默化的导向作用，深刻地影响着学生思想品德和生活方式的选择，能引导学生形成独特的、为社会认可和共同遵守的价值观、行为准则及思想作风。

②激励作用。隐性课程所包含的丰富内容能够满足学生求知、交往、情感等多种需要。因此，它对学生具有巨大的激励作用，促进学生努力学习，努力探索，不断向人生最高层次的真善美境界进取。

③完善个性。隐性课程比说教更易于引起情感的共鸣和心灵上的感应，有利于全面培养人的优秀品德和个性品质。

④规范行为。由于学校的物质环境、规章制度、师生交往等等都渗透了学校的道德要求和教育意识，可以通过暗示舆论、从众等机制对学生产生潜在的心理压力和动力，使之自觉感受到这种要求并规范自己的行为。

（3）隐性课程的途径。开展德育隐性课程的途径有其他学科教学、劳动与其他社会实践、课外活动和校外活动、学校共青团和少先队活动、心理咨询、班主任工作、校园生活等。

（4）发挥德育隐性课程的策略。

①树立环境育人观。学校环境，包括校园内的物质空间环境，特别是校园及舆论等精神生活环境对大学生的影响已逐渐引起人们的重视。校园的建筑设施是物化了的思想观念，它代表着一定的精神和灵魂，其自身的特点、性质如何，无形中影响着人才的培养。同时，严格的组织纪律和规章制度以其特有的方式影响着学校教育的规范化进行，学生从学校的组织和制度特征中学得了规范和应有的态度。因此我们一方面要深化、美化校园的自然环境，让它更好地体现一种学校的氛围，使学生受到美的享受与熏陶，另一方面必须要有相应的严格的组织方式和制度规范行为。

②树立情感育人观。隐性课程的教育影响是以间接的方式出现并从无意识心理活动开始的，因

此，良好的知、情、意等因素极大地丰富了德育工作的内容体系。在教育过程中，学生接受教育的主动性及选择性，在很大程度上取决于施教者的情感，教师对学生的积极情感，必将唤起学生更大的主动精神。同样的教育内容、同等的教育条件，教师对学生的情感不同，所取得的教育效果大不一样，甚至截然相反，因此，我们必须创造良好的情感环境，以形成受教育者坚定的理想信念和意志品格。

③提升教师的综合育人素质。在隐性课程教学中，教师要以身作则，为学生树立道德标准。教师需要从各个方面进行全方面提升：首先是加强自身素质建设，规范自身的教师行为和教师内容，使学生在自我德育建设上有章可循；其次加强与学生的沟通和交流，完善沟通方式，并将其与德育建设深度结合；最后发挥自身优势，去开发相关的内化教学模式与课程。

2. 影响问题解决的因素有哪些？据此谈谈如何在教学实践中提高学生的问题解决能力。

【答案要点】

（1）影响问题解决的因素有：

①问题情境。个体面临的刺激模式与其已有的知识结构所形成的差异。

②原型启发。通过从待解决的问题具有相似性的其他事物上发现问题解决的途径和方法。

③人际关系。良好的人际关系有助于其解决面临的各类问题。

④知识经验。任何问题解决都离不开一定的知识、策略和技能，知识经验不足常常是不能有效解决问题的重要原因。

⑤定势与功能固着。定势是指人在解决一些相似的问题之后会出现一种惯用的方式解决问题的倾向。功能固着是指一个人看到某个物品有一种惯常的用途后，就很难看出它的其他新用途。

⑥酝酿效应。在反复探索一个问题的解决而毫无结果时，如果把问题暂时搁置几个小时、几天或几周，然后再回过头来解决，这时常常就可以很快找到解决方法。

⑦情绪状态。相对平和的心态有利于问题解决，同时，积极的情绪也有利于问题解决。

（2）培养学生的问题解决能力措施有：

①鼓励质疑。教师要尽量从自己提出问题过渡到让学生质疑，从而培养学生主动质疑的内在动机，鼓励学生主动提问，形成一种自由探究的气氛。

②设置难度适当的问题。教师给学生的问题要可解，但也要有一定的难度。

③帮助学生正确表征问题。学生运用所学知识解释问题，或者画草图、列表、写方程式等，这对回忆相关信息都有很好的作用。

④帮助学生养成分析问题的习惯。教师要帮助学生发展系统考虑问题的方式和系统分析的习惯，既不能让学生盲目尝试错误练习，也不能过分热心，先把答案告诉学生。

⑤辅导学生从记忆中提取信息。教师需要帮助学生从记忆中迅速提取与解决问题有关的信息，并能很快找出可利用的信息，明确问题解决情境与想要达到的目的，迅速做出判断。

⑥训练学生陈述自己的假设及其步骤。教师要培养学生由跟从别人的言语指导转变到自行指导思考，然后再要求他们自己用言语把指导步骤表达出来。

⑦提供结构不良问题，培养实际解决问题的能力。通过对这些问题的解决，能让学生将解决问题的能力迁移到实际领域中去。

3. 试论述陶行知的"生活教育思想"。

【答案要点】

（1）"生活即教育"。"生活即教育"是陶行知生活教育理论的核心。其内涵包括：生活含有教育的意义；实际生活是教育的中心；生活决定教育，教育改造生活。

"生活即教育"所强调的是教育以生活为中心，所反对的是传统教育脱离生活而以书本为中心。尽管它在生活与教育的区别和系统的知识传授方面有所忽视，但在破除传统教育脱离民众、脱离社会生活的弊端方面，有十分重要的意义。

（2）"社会即学校"。"社会即学校"是生活教育理论另一重要主张，是"生活即教育"思想在学校与社会关系问题上的具体化。"社会即学校"，是指"社会含有学校的意味"，或者说"以社会为学校"。由于到处是生活，到处都是教育，"整个的社会是生活的场所，亦即教育之场所"。

"社会即学校"，也指"学校含有社会的意味"。也就是说，学校通过与社会生活相结合，一方面运用社会的力量使学校进步，另一方面动员学校的力量帮助社会进步，使学校真正成为社会生活必不可少的组成部分。

"社会即学校"扩大了学校教育的内涵和作用，对于传统的学校观、教育观有所改变。传统学校与社会生活脱节，学生孤陋寡闻，而以社会为学校，使得教育的材料、教育的方法、教育的工具、教育的环境可以大大地增加，有利于拓展学生的知识，增强学生的能力。"社会即学校"，还可以使被传统学校拒之门外的劳苦大众能够受到起码的教育，贯穿了普及民众教育的苦心，同样也值得肯定。

（3）"教学做合一"。"教学做合一"是生活教育理论的又一重要主张，是"生活即教育"在教学方法问题上的具体化。其含义为：教的方法根据学的方法；学的方法根据做的方法。事怎样做便怎样学，怎样学便怎样教。教与学都以做为中心。包括以下四个要点："教学做合一"要求在"劳力上劳心"；"教学做合一"是因为"行是知之始"；"教学做合一"要求"有教先学"和"有学有教"；"教学做合一"还是对注入式教学法的否定。

（4）启示。陶行知的生活教育理论是一种大众的、为人民大众服务的教育理论，且还是一种不断进取创造，旨在探索具有中国民族特色的教育道路的理论。生活教育理论还在教育观念的改变方面颇有建树，无论是强调学校教育与社会生活、生产劳动相结合，还是要求手脑并用、在劳力上劳心，都是对学校与社会割裂、书本与生活脱节、劳心与劳力分离的传统教育的反动，显示出强烈的时代气息，至今都富于启示。陶行知的生活教育理论是我国民族教育理论宝库中十分可贵的遗产，值得我们珍惜并认真研究借鉴。

4. 试论述永恒教育思潮的主要观点。

【答案要点】

永恒主义教育亦称"新古典主义教育"，产生于20世纪30年代，是现代欧美国家一种强调理性训练以及人的理性和教育基本原则的永恒性的教育思潮，代表人物有美国的赫钦斯、艾德勒，英国的利文斯通和法国的阿兰等。其主要观点包括以下几个方面：

（1）发展人的理性是教育永恒不变的原则。
（2）教育的主要目的是培养永恒的理性。
（3）永恒的古典学科应该在学校课程中占有中心地位。
（4）学生通过教师的教学进行学习。

永恒主义教育对进步教育的批判比要素主义更加激烈，但从整体上来看，它并未提出新的价值判断标准。永恒主义教育在教育理论上有一定影响，但在教育实践中的影响范围不大，主要限于大学和上层知识界中的少数人。

2020年 杭州师范大学 333 教育综合·真题解析

一、名词解释

产婆术

产婆术也称"问答法""苏格拉底法",是由讥讽、助产术、归纳和定义四个步骤组成的独特的方法。这是苏格拉底探讨伦理哲学的研究方法,也是他的教学方法。

虚拟教学

虚拟教学指利用虚拟现实技术,构建一个虚拟学习环境,再现知识赖以产生的客观事实,讲授知识要点,进行理论概括,引导学习者充分利用自己的视觉、听觉等感官接受信息,激发学习者的学习兴趣和创新意识,引导学习者发挥自己的想象力,开展创新思维活动的一种教学方法,是一种双向交互的教学形式。

教师专业发展

教师专业发展,又称教师专业成长,是指教师在整个专业生涯中,依托专业组织、专门的培养制度和管理制度,通过持续的专业教育,习得教育教学专业技能,形成专业理想、专业道德和专业能力,从而实现专业自主的过程。它包括教师群体的专业发展和教师个体的专业发展。

教育方针

教育方针是国家在一定历史时期,根据社会政治经济发展需要和国家的现实状况与发展趋势,通过一定的法定程序,为教育事业确立的总的工作方向和奋斗目标,是教育政策的总概括。教育方针的基本内容包括教育发展的指导思想、教育目的和实施的途径。

练习的高原时期

练习的高原时期,即练习到一定阶段时,进步会暂时停顿的现象。它表现为练习曲线保持在一定的水平而不再上升,甚至有所下降。但是在高原期后,练习曲线又会上升,即表示练习成绩又可以有所进步。

学校教育制度

学校教育制度是现代教育制度的核心部分,指的是一个国家各级各类学校的系统及其管理规则,它规定着各级各类学校的性质、任务、入学年限、修业年限以及它们之间的关系。

二、简答题

1. 简述《费里法案》。

【答案要点】

1881年和1882年法国先后颁布的《第一费里法案》和《第二费里法案》,不但确立了国民教育义务、免费、世俗化三大原则,而且把这些原则的贯彻实施予以具体化。

(1)义务化。6~13岁为法定义务教育阶段,接受家庭教育的儿童须自第三年起每年到学校接受一次考试检查。对不送儿童入校学习的家长予以罚款。

(2)免费化。免除公立幼儿园及初等学校的学杂费,免除师范学校的学费、膳食与住宿费用。

(3)世俗化。废除教会监督学校及牧师担任教师的特权,取消公立学校的宗教课,改设道德课与公民教育课。

《费里法案》的颁布与实施为这一时期初等教育的发展提供了必要的法律保障，指明了进一步努力的方向，标志着法国初等教育步入了一个新的历史发展阶段。

2. 晏阳初的乡村教育思想。

【答案要点】

（1）四大教育。晏阳初把中国农村的问题归结为"愚""穷""弱""私"四个方面，他认为，要解决这四点，就必须通过"四大教育"来进行。

①以文艺教育攻愚，培养知识力。具体做法是从文字及艺术教育着手，使人民认识基本文字，得到求知识的工具，以为接受一切建设事务的准备。其首要工作就是除净青年文盲，将农村优秀青年组成同学会，使他们成为农村建设的中坚分子。

②以生计教育攻穷，培养生产力。它从农业生产、农村经济、农村工业各方面着手，以达到农村建设的目标。

③以卫生教育攻弱，培养强健力。注重大众卫生和健康及科学医药的设施，使农民在他们现有经济状况下，能得到科学治疗的机会，以保证他们最低限度的健康。

④以公民教育攻私，培养团结力。通过激起人民的道德观念，施加良好的公民训练，使他们有公共心、团结力，有最低限度的公民常识，政治道德，以立地方自治的基础。晏阳初认为，四大教育中，公民教育是最根本的。

（2）"三大方式"。在定县乡村平民教育实验中，针对过去教育与社会相脱节、与生活实际相背离的弊端，在强调发挥教育的整体功能作用时，晏阳初提出了在农村推行"四大教育"的"三大方式"。

①学校式教育。学校式教育以青少年为主要教育对象。包括初级平民学校、高级平民学校、生计巡回学校。

②家庭式教育。家庭式教育的目的在于：第一，解决家校矛盾，帮助年长的家庭妇女减少对青年妇女和儿童教育的阻挠或反对，增强学校教育的效益；第二，把学校课程的某一部分交由家庭承担，使家庭关心社区的利益，乐于承担社会责任。

③社会式教育。社会式教育是由平民学校毕业生从各个方面发挥示范作用，积极引导和帮助全村农民按照计划接受四大教育。

3. 态度与品德的关系。

【答案要点】

态度是习得的、影响个人对特定对象做出行为选择的、有组织的内部准备状态或反应的倾向性。

品德是指个人依据一定的道德行为准则行动时所表现出来的某些稳固的特征，它是个性中具有道德评价意义的核心部分。品德心理结构一般包括道德认知、道德情感和道德行为三个部分。

从实质上看，二者都是一种后天习得的影响个人行为选择的内部的、比较稳定的心理特征。从结构上看，都是由认知、情感和行为三个方面构成。

但是也存在一定区别。第一，所涉及的范围不同。态度涉及的范围较大，只有涉及道德规范的那部分稳定的态度才能称为品德。第二，价值的内化程度不同。价值内化的各级水平实际上也就是态度变化的水平，但只有价值观念经过组织且已成为个人性格的一部分时的稳定态度才能称为品德。也就是说，品德在价值的内化程度上，比态度要深。

4. 基础性课程与拓展性课程的关系。

【答案要点】

（1）基础性课程。这类课程注重学生对科学文化基础知识和基本技能的掌握，同时获得智力的发展和能力的培养，即培养学生作为一个公民所必需的，以读、写、算为中心的基础素养，是中小学课程的主要组成部分。

（2）拓展性课程。这类课程注重拓展学生的知识与能力，开阔学生的知识视野，发展学生各种不同的特殊能力并迁移到其他方面。常常以选修课的形式出现，比起基础性课程，它有较大的灵活性。

基础性课程和拓展性课程两者之间关系紧密：基础性课程的教学是拓展性课程的学习基础；反过来，拓展性课程的学习，对基础性课程的教与学也起着至关重要的作用。

三、分析论述题

1. 论述新课程中"自主、合作、探究"的学习方式。

【答案要点】

新一轮课程改革对教学过程提出了新的要求，包括更新教学方式，即以自主学习、合作学习和探究学习作为主要的教学方式。

（1）自主学习。包括学习者参与确定对自己有意义的学习目标的提出，自己制定学习进度，参与设计评价指标；学习者积极发展各种思考策略和学习策略，在解决问题中学习；学习者在学习过程中有情感的投入，有内在动力的支持，能够从学习中获得积极的情感体验；学习者在学习过程中对认知活动能够进行自我监控，并做出相应的调适。

（2）合作学习。指学生在小组或团队中为了完成共同任务，有明确的责任分工的互助性学习。包括积极的相互支持、配合，特别是面对面的促进性的互动；积极承担在完成共同任务中个人的责任；期望所有学生能进行有效的沟通，建立并维护小组成员之间的相互信任，有效地解决组内冲突；对于各人完成的任务进行小组加工；对共同活动的成效进行评估，寻求提高其有效性的途径。

（3）探究学习。是从学科领域或现实社会生活中选择和确定研究主题，在教学中创设一种类似于学术研究的情境，通过学生自主、独立地发现问题、实验、操作等探索活动，获得知识、技能、情感与态度的发展，特别是探索精神和创新能力的发展的学习方式和学习过程。

其意义在于有利于培养学生科学的态度和道德，培养学生对社会、自然的责任感；有利于培养学生搜集、处理信息和综合运用知识的能力。

2. 分析论述"讲授法会造成机械性学习"的观点。

【答案要点】

该观点不正确。

（1）讲授法是指教师通过语言系统地向学生传授科学文化知识、思想理念，并促进他们的智能与品德发展的方法。讲授法是传授-接受教学中常用的教学方法，是指教师主要通过语言传授、演示与示范使学生掌握基础知识、基本技能，并对他们进行思想情趣熏陶的教学。

（2）机械学习，奥苏伯尔根据主体所得经验的性质不同，即学习材料和学习者原有知识经验的关系的不同，将学习分为意义学习和机械学习。有意义学习与机械学习并不是绝对的，而是处在一个连续体的两个极端上。学校的许多学习往往处于这两端之间的某一点上。

（3）两者的关系。在奥苏伯尔看来，无论是发现学习还是接受学习，都有可能是机械的，也都有可能是有意义的。如果教师的讲授实施得法，接受学习并不一定会导致学生机械学习。

讲授法注重书本知识的授受，能充分发挥教师的主导作用，按学科的逻辑系统，循序渐进地教学，也能较好地调动学生个人的学习积极性，使他们掌握系统的科学知识与技能，获得自身智慧、品德、审美的发展。因此讲授法不一定会造成机械学习。

3. 论述赫尔巴特的道德教育理论。

【答案要点】

（1）教育目的论。赫尔巴特认为，教育的基本目的可以区分为两种，即"可能的目的"和"必要的目的"：可能的目的指与儿童未来所从事的职业有关的目的，这种目的是多方面的，教育的目的就是要发展这种多方面的兴趣，使人的各种能力得到和谐发展，即兴趣的多方面性；必要的目的指教育所要达到的最高和最为基本的目的，即要养成内心自由、完善、仁慈、正义和公平五种道德观念。

（2）教育性教学原则，指以教学来进行教育的原则。赫尔巴特指出，不存在"无教学的教育"，也不存在"无教育的教学"，即教育是通过教学，而且只有通过教学才能真正产生实际作用，教学是道德教育的基本途径。

措施：首先要求教学的目的与整个教育的目的保持一致。因此教学工作的最高目的在于养成德行。为了实现这个最终目的，教学还必须为自己设立一个近期的、较为直接的目的，即"多方面的兴趣"。

评价：赫尔巴特的突出贡献在于，运用其心理学的研究成果，具体阐明了教育与教学之间存在的内在的本质联系，使道德教育获得了坚实的基础；但他把教学完全从属于教育，把教育和教学完全等同起来，也是一种机械论的倾向。

（3）儿童的管理与训育。赫尔巴特认为，"儿童管理"是一种道德教育，主要目的在于创造秩序，预防某些恶行，为随后进行的教学创造必要的条件。训育是指有目的地进行培养，其目的在于形成性格的道德力量，是为了美德的形成，包括四个阶段：道德判断、道德热情、道德决定和道德自制。具体措施：维持的训育、起决定作用的训育、调节的训育、抑制的训育、道德的训育、提醒的训育。

4. 论述 1922 年新学制。

【答案要点】

1922 年，教育部在北京专门召开了学制会议。同年 11 月以大总统令公布了《学校系统改革案》。该学制又被称为"新学制"或"壬戌学制"，由于采用的是美国式的六三三分段法，又称"六三三学制"。

（1）"新学制"的七项标准为：第一，适应社会进化之需要；第二，发扬平民教育精神；第三，谋个性之发展；第四，注意国民经济力；第五，注意生活教育；第六，使教育易于普及；第七，多留各地伸缩余地。

这七项标准体现出来的主流是新文化运动以来所倡导的"民主"与"科学"的精神，尤其是实用主义的教育思想。它对其后民国一系列教育改革产生了深远的影响。

（2）新学制的学制体系。

①初等教育。儿童满 6 周岁入学。小学教育 6 年，其中初级小学 4 年，为义务教育，可以单独设立；高级小学 2 年，可以根据地方具体情况，增加职业准备的课程。

②中等教育。中学教育为 6 年，分初、高中两级，各 3 年。初级中学为普通教育，可以单独设立。高级中学实行分科制，设普通科、农、工、商、师范、家事等科，普通科又可以分为文科和理科，主要目标是升学。新学制倡导综合中学模式，以方便学生根据个性和家庭情况选择升学或职业预备。

③高等教育。高等教育分为专门学校和大学两种，专门学校的最低修业年限为 3 年，取消"壬子癸丑学制"的大学预科制。大学修业年限是 4 到 6 年，其中规定医科和法科大学应至少 5 年。

（3）新学制的特点：第一，根据儿童身心发展规律划分教育阶段；第二，初等教育阶段趋于合理，更加务实；第三，中等教育阶段是改制的核心，是新学制中的精粹；第四，建立了比较完善的职业教育系统；第五，改革师范教育制度；第六，缩短高等教育年限，取消大学预科。

2019年 杭州师范大学333教育综合·真题解析

一、名词解释

终身教育

终身教育是人一生各阶段当中所受各种教育的总和，也是人所受的不同类型教育的综合。前者从纵向上讲，说明终身教育不仅仅是青少年的教育，而且涵盖了人的一生；后者从横向上讲，说明终身教育既包括正规教育，也包括非正规教育和非正式教育。

认知风格

认知风格又叫认知类型，是人在信息加工的过程中所偏好的相对稳定的态度和方式。认知类型差异就是人们在感知、理解、记忆、思维等过程中采用的与众不同的方式。

全面发展教育

全面发展教育是对含有各方面素质培养功能的整体教育的一种概括，是对为使学习者多方面得到发展而实施培养的教育活动的总称，是由多种相互联系而又各具特点的教育所组成。关于全面发展教育的基本构成，学界论通常多以德育、智育、体育、美育等作为全面发展教育的构成主体。

儿童中心论

儿童中心论由杜威提出，他在《学校与社会》中分析、批判了旧教育忽视儿童本能的弊病，并明确提出以儿童为教育中心的主张。他认为传统学校的重心在教师、教科书或其他地方上，不在儿童，教育的变革是重心的转移，儿童将变成教育的重心，教育的一切措施要围绕儿童。

课程资源

课程资源指一切能够运用到教学活动中的各种条件和材料，能促进教学活动更好地开展。广义的课程资源是指编制、研发课程所利用的各种条件和材料，各种社会资源如人力、财力、物质资源等；狭义的课程资源是指每个学科按照课程标准制作提供给学生和教师使用的材料。

教育现代化

教育现代化不仅仅是指教育设施、设备等硬件建设的现代化，更是指教育思想、观念、制度、内容、方法、评价标准建设的现代化。教育现代化是一项系统工程，它需要的是对教育的"重建"，而不是对教育某一方面、某一部分的改变。

二、简答题

1. 信息技术对教育的影响。

【答案要点】

（1）信息技术改变着人们的知识结构和教育内容。信息技术的发展带来了知识结构、内容发生相应的变化。为了适应信息化时代的要求，提高公民素质，培养信息人才，各国相继进行了教学内容和课程设置的调整改革。此外，信息技术还改变着知识的质量观念，知识更新的周期不断缩短。

（2）信息技术改变着教学和教育的观念。在信息时代，教学的效率在于怎样使学生在有限的时间内高质量地掌握知识，具备不断更新知识，创造新知识的能力。电脑和网络以及其他多媒体设备成为教育的中介，教师通过信息技术发送信息，学生通过信息技术接受信息。

（3）信息技术的日益成熟和普及为实现教育的第三次飞跃提供了平台。首先，信息技术的智能化使因材施教的理想真正成为现实。其次，信息技术实现了人机互动模式，根据学习者的目标、选择和努力程度等给予不同的反馈。最后，信息技术将促进师生关系的民主化。

2. 尝试错误学习理论对教学的启示。

【答案要点】

尝试错误学习理论是美国心理学家桑代克所创立的学习理论，其主要内容包括：第一，学习的实质在于形成一定的联结；第二，学习－刺激与反应的联结的形成是通过渐进的尝试与错误，按一定的规律形成的；第三，提出了三大学习定律，即效果律、练习律和准备律。尝试错误学习理论对教学的启示：

（1）效果律指导人们使用一些具体奖励，如小红花、口头表扬等；练习律指导人们通过大量的重复、练习和操练来训练学生。

（2）中小学生的学习也是通过尝试与错误的过程获得的。在学习过程中，教师应该允许学生犯错误，并鼓励学生从错误中进行学习，这样获得的知识也许能更加长久保持。

（3）在实际教育过程中，教师应努力使学生获得自我满意的积极结果，防止一无所获或得到消极后果。同时，应注意在学习过程中加强合理的练习，并注意在学习结束后及时地进行练习。此外，任何学习都应该在学生有准备的状态下进行。

3. 孔子的"学而优则仕"思想及其历史影响。

【答案要点】

孔子提出由平民中培养德才兼备的从政君子,这条培育人才的路线可简括称之为"学而优则仕"。

（1）含义："学而优则仕"包含多方面的意思，学习是通往做官的途径，培养官员是教育最主要的政治目的，而学习成绩优良是做官的重要条件；如果不学习或虽经学习而成绩不优良，也就没有做官的资格。

（2）历史影响："学而优则仕"口号的提出，确定了培养统治人才这一教育目的，在教育史上有重要的意义。它反映了封建制兴起时的社会需要，成为当时知识分子积极学习的巨大推动力量。"学而优则仕"与"任人唯贤"的路线配合一致，为封建官僚制度的建立准备了条件。但这一思想被后世演变成了"读书做官论"，将求学当作获取高官厚禄的敲门砖，形成了所谓"万般皆下品，唯有读书高"的传统。

4. 简述要素主义教育思想的主要观点。

【答案要点】

要素主义教育是20世纪30年代末作为实用主义教育和进步教育的对立面出现的。要素主义教育是现代欧美国家一种强调学校教育的任务主要是传授人类文化遗产共同要素的教育思潮。1938年在美国成立的"要素主义者促进美国教育委员会"，是要素主义教育形成的标志。代表人物有巴格莱、科南特等人。其主要观点包括以下几个方面：

（1）教育核心：传授给学生人类基本知识的要素或民族共同文化传统的要素。

（2）教育目的：强调人的心智或智力的发展，主张心智训练。

（3）教育内容：教授基础科目，开设以学科为中心的系统的学习科目。
（4）师生关系：教师中心，强调教师的权威地位。
（5）教育与社会的关系：教育要为社会服务。
（6）教育重心：基本技能和基础知识的学习。

要素主义教育对美国20世纪50—60年代的教育改革产生了重要的影响，所提出的教育主张和观点受到了政府的重视，有些主张和观点被采纳为国家的教育政策。但其也存在一些不足，如较少考虑到学生的个别差异和能力水平、忽视学生的动机和情感、所编的教材脱离学校教育实际等，因而受到一些社会和教育界人士的抨击。

三、分析论述题

1. 从"教育"词源分析入手谈中西教育的差异。

【答案要点】

（1）"教"和"育"这两个字在我国最早出现在甲骨文中。"教"在甲古文中像有人在旁执鞭演卜，训导小孩学习的形象。"育"在甲骨文中像妇女育子之形。在先秦古籍中，大都只用一个"教"字来论述教育的事情，"教"和"育"是分开使用的。最早将"教"和"育"二字用在一起的是孟子，他说，"得天下英才而教育之，三乐也"。东汉许慎在其所著《说文解字》中说："教，上所施，下所效也。""育，养子使作善也。"

（2）在西方，"教育"一词英文为education，法文为éducation，德文为erziehung，概由拉丁语eduière演变而来。拉丁语的eduière又是从动词educère变成的，该词首的"e"在拉丁语中有"出"的意思，该词中的"ducère"有"引"的意思，因而"教育"一词含有"引出"之意。

（3）中西方教育的差异。西方教育一词的意思就是采用一定的手段，把某种本来就潜藏于人身上的东西引导出来，从一种潜质转变为现实。而中国古代社会教育是一个模仿的过程，模仿的结果是成善，故被模仿者要先行成善，以身作则。因此，西方教育更加强调的是引导，而中国古代更加强调教育是一种向善的模仿。

2. 联系实际谈谈促进迁移的有效教学策略。

【答案要点】

（1）整合学科内容。教师要注意把各个独立的教学内容整合起来，鼓励学生把在某一门学科中学到的知识运用到其他学科中去。

（2）加强知识联系。教师要重视简单的知识技能与复杂的知识技能、新旧知识技能之间的联系。教师要促使学生把已学过的内容迁移到新的学习内容中去。

（3）强调概括总结。教师在教学中要注意启发学生对所学内容进行概括总结。一方面在教学中，教师要引导学生自己对原理进行概括，培养和提高其概括总结的能力，充分利用原理的迁移；另一方面，在讲解原理时，教师要在最大范围内列举各种变式，使学生正确把握其内涵和外延。

（4）重视学习策略。教师应有意识地教学生学会如何学习，帮他们掌握概括化的认知策略和元认知策略，从而促进学习的迁移。

（5）培养迁移意识。教师可以通过反馈和归因控制等方式使学生形成关于学习和学校的积极态度。教师要注意对学生的反馈，当学生用其他学科的知识来解决某一学科的问题时应给予鼓励。

3. 论述蔡元培对近代中国教育发展的贡献。

【答案要点】

（1）提出"五育"并举的教育方针。

1912年初，蔡元培发表《对教育方针之意见》一文，从"养成共和国民健全之人格"的观点出发，提出军国民教育、实利主义教育、公民道德教育、世界观教育和美感教育的"五育"并举教育思想，成为制定民国元年教育方针的理论基础。

①军国民教育。指将军事教育引入到学校和社会教育之中，让学生和民众受到一定的军事教育和训练。在学校教育中强调学生生活的军事化，特别是体育的军事化。

②实利主义教育。即密切教育与国民经济生活的联系，加强职业技能的培训，使教育能发挥提高国家经济能力和改善人民生活水平的作用。

③公民道德教育。蔡元培认为公民道德的基本内容不外乎法国资产阶级革命所标榜的自由、平等、博爱，虽然与封建道德的专制等级性不相容，但他明确指出中国传统伦理特别是儒家伦理中的一些基本范畴，其内涵是与自由、平等、博爱的精神相通的。

④世界观教育。是蔡元培独创并被作为教育的最高境界。世界观教育就是要培养人们立足于现象世界但又超脱现象世界而贴近实体世界的观念和精神境界。

⑤美感教育。美感教育与世界观教育紧密联系，美感介于现象世界和实体世界之间，是两者之间的桥梁。利用美感这种超越利害关系、人我之分界的特性去破除现象世界的意识，陶冶、净化人的心灵。美感教育是世界观教育的主要途径。

（2）改革北大的教育实践。

民国成立后，京师大学堂改称北京大学。当时北大校政腐败、制度混乱、学生求官心切、学术空气淡薄，封建文化泛滥。为了改变这种风气，蔡元培赴任北大校长，对北大进行全面改革。

①抱定宗旨，改变校风。蔡元培明确大学的宗旨，认为大学应该成为"研究高尚学问之地"。他改革北大的第一步就是要为师生创造研究高深学问的条件和氛围。

②贯彻"思想自由，兼容并包"的办学原则。蔡元培明确声明，在学术上"循'思想自由'原则，取兼容并包主义"，这是他办理北京大学的基本指导思想。该思想不仅体现在学术上，也体现在教师的聘任上。

③教授治校，民主管理。1912年由蔡元培主持制定的《大学令》中，确立了教授治校、民主管理的大学校务管理原则，规定大学设立评议会，各科设立教授会。

④学科与教学体制改革。在学科与教学体制改革方面，蔡元培主要有三个措施：第一，扩充文理，改变"轻学而重术"的思想；第二，沟通文理，废科设系；第三，改年级制为选科制，发展学生个性。

（3）教育独立思想及对收回教育权的推进。

1922年，蔡元培发表《教育独立议案》，阐明教育独立的基本观点和方法，成为教育独立思潮中的重要篇章。教育独立的基本要求可以大致归结为：

①教育经费独立。政府指定固定的款项，专作教育经费，不能移作他用。建立独立的教育会计制度等。

②教育行政独立。设立专管教育的行政机构，不附设于政府部门，由懂教育的专业人士主持。教育总长不得因政局的变动而频繁变动。

③教育学术和内容独立。教育方针应保持稳定，不受政治的干扰。能自由编辑、出版、选用教科书。

④教育脱离宗教而独立。

（4）影响。

蔡元培在民国历史的几个关键时期被委以教育要职，对民国教育的大政方针和宏观布局有重大影响。他的教育思想贯穿着对民主、科学、自由、个性的追求，充满了爱国主义激情。他在教育实践中表现出不屈从压力、锐意改革、坚守信念的品质。他在民国初期改革封建教育，建立资产阶级民主教育制度，反映的是新时代对教育的要求；20 世纪 20 年代提倡教育独立是在教育面临深重危机下的一次无奈抗争；他对北京大学的改革，包容博大，规模恢宏，影响深远，凸显了他作为杰出教育改革家的远大理想和个性品质。

4. 评述洛克的绅士教育思想。

【答案要点】

洛克认为教育的最高目的在于培养绅士。所谓绅士教育，就是培养既具有封建贵族遗风，又具有新兴资产阶级特点的新式人才的教育。他主张把社会中上层家庭的子弟培养成为身体强健、举止优雅、有德行、智慧和实际才干的事业家。在《教育漫话》中，洛克从体育、德育、智育三方面对其进行了论述。

（1）体育。"健康之精神寓于健康之身体"。洛克把健康的身体看作绅士事业成功、生活幸福的首要条件。他注重年轻绅士的身体保健和健康教育，并把游泳、骑马、击剑当作绅士教育的重要内容之一。洛克希望每个绅士的身体必须适应可能遇到的艰苦环境。他认为身体强健的主要标准是能忍耐劳苦，而学会忍耐劳苦则须从小逐渐养成习惯，不要间断。

（2）德育。洛克把德行放在比知识更重要的地位，他认为绅士应该具备三种品德：有远虑，富有同情心或仁爱之心，有良好的教养或礼仪。其德育目标就是要造就能按这些道德规范行事的、有绅士风度的人。

（3）智育。洛克尤其强调品德重于学问；学问的内容必须是实际有用的广泛知识。洛克认为，教育必须使人适合于生活、适合于世界，而非只是适合于学校；教育在本质上是一种性格的训练，知识只能起到辅助品德的作用。因此，导师的主要任务在于年轻绅士的品德培养，有了这一点，学问则极容易用适当的方法去获得。

洛克的教育思想以其世俗化、功利性为显著特点。相对于夸美纽斯而言，洛克更为彻底地破除了宗教神学的束缚。他的思想在实践中和理论上都对英国及西欧教育的现代化做出了贡献。但他的教育思想局限于绅士教育而缺乏夸美纽斯那样的民主性，具有一定的局限性。

2018年 杭州师范大学 333 教育综合·真题解析

一、名词解释

《论语》

《论语》是专门记录孔子及其弟子言行的书。《论语》是教育学萌芽时期的著作，其中零散地保存了很多具有教育价值的语录，供后人研究。其中着重记录了孔子的教育思想，如"学而不思则罔，思而不学则殆""学而不厌，诲人不倦"等。

义务教育

义务教育是国家统一实施的所有适龄儿童、少年必须接受的教育，是国家必须予以保障的公益性事业，对于人的发展、教育发展和社会发展都具有重大意义。到 2008 年底，我国实现了普及义务教育。

教学方法

教学方法是指为完成教学任务而采用的方法,包括教师教的方法和学生学的方法,是教师引导学生探讨与掌握知识技能、获得身心发展而共同活动的方法。中小学常用的教学方法有讲授法、谈话法、练习法等。

特朗普制

特朗普制也被称为"灵活的课程表",出现于20世纪50年代的美国。其基本做法是:将大班上课、小班讨论、个人独立研究结合在一起,这三种形式穿插进行,分别占有的时间大约是40%、20%、40%;采用灵活的时间单位代替固定划一的上课时间,以大约二十分钟为计算课时的单位。

学制

学制即学校教育制度,它是现代教育制度的核心部分,指的是一个国家各级各类学校的系统及其管理规则,它规定着各级各类学校的性质、任务、入学年限、修业年限以及它们之间的关系。

教育行动研究

教育行动研究是指教育工作者在教育实践中按照一定的操作程序,综合运用多种研究方法和技术,以解决教育实际问题和改进教育实践为首要目标的一种研究模式。行动研究通常具有四个特点,即由行动者研究、在行动中研究、为行动而研究、对行动的研究。

二、简答题

1. 简述你对校园欺凌的看法。

【答案要点】

学生之间,在年龄、身体或者人数等方面占优势的一方蓄意或者恶意对另一方实施相关行为,或者以其他方式欺压、侮辱另一方,造成人身伤害、财产损失或精神损害的,可以认定构成欺凌。校园欺凌的成因包括:

(1)从社会来看:当前互联网缺乏监管,某些影片对欺凌暴力过度渲染,强化了某些学生的霸凌意识;在流动、留守儿童密集的地方,欺凌事件往往发生频繁,究其原因是由于流动、留守儿童的父母往往忙于生计,很少关心孩子的教育问题,使得这些孩子要么因缺少保护,成为被欺负的对象,要么走上歪路,成为校园"小霸王";校园欺凌事件频发,反映出我国在青少年法制建设中存在一定滞后和不足;我国城乡之间教育机会不均等导致在教育资源相对匮乏的地区校园欺凌无法得到及时的干预和缓解。

(2)从学校来看:在应试教育背景下,某些学校忽视德育与心理健康教育,只追求升学,把德育作为软任务导致学生法制观念淡薄,价值取向混乱;个别班主任放任校园欺凌的现象不管,未能及时处理导致事件愈演愈烈。个别班主任自身素质差导致师生关系紧张,是出现欺凌现象的又一重要原因。

(3)从家庭来看:父母的观念,表现在对子女的过分溺爱、过度保护、过多照顾等易导致孩子养成极端个性,在学校里当欺凌者;父母经常吵架或离异等,使得父母未能及时察觉孩子的心理问题,从而诱发欺凌事件的发生;从学生自身来看,处在青春期的学生思考力不足,没有形成正确的是非善恶观念,心理健康出现问题等都容易引发欺凌事件。

2. 美国恢复基础教育运动。

【答案要点】

(1)背景。在美国基础教育委员会倡导和推动下,"恢复基础"实施于1976年,并发展成为20世纪70年代后期美国教育改革的主流。"恢复基础"主要针对中小学基础知识教学和基本技能训练薄弱问题而开展。

（2）主要内容。第一，要求在小学阶段加强阅读、写作和算术教学；第二，确定中学阶段的教育重点在于英语、自然科学、数学和历史等科目的教学；第三，强调教师在教学过程中发挥主导作用；第四，经过考试证明学生确已掌握规定的基本技能和知识后，学生方可升级或毕业；第五，取消选修课，增加必修课。

（3）评价。"恢复基础"教育运动实质上是美国的一种恢复传统教育的思潮，它否定了"进步教育"运动的基本主张，强调严格管理，提高教育质量，但是这一教育运动遭到了许多指责，认为它过分赞赏和重振传统教育，所以"恢复基础"的呼声在80年代以后又逐渐消沉。

3. 陶行知的儿童创造教育思想。

【答案要点】

（1）创造教育的目的。陶行知认为，创造的教育就是要以生活为教育、以社会为学校、学校和社会打成一片的教育。创造教育的理想和目的有两个：第一，为"老百姓造福利"，为"整个国家民族谋幸福"，为"整个人类谋利益"。第二，培养出具有真善美人格和创造力的人。

（2）创造教育的六大解放。陶行知认为，"儿童是新时代的创造者"，应当解放和培养而不是压制甚至摧残儿童的创造力。因此创造教育必须从儿童抓起。为了培养儿童的创造力，他提出了儿童创造教育需要做到"六大解放"，把儿童从成人的束缚中解放出来。"六大解放"，即解放儿童的头脑、双手、眼睛、嘴、空间、时间。

"六大教育"具体内容：第一，解放儿童的眼睛，就是让学生多观察现实社会，多了解社会现实生活，才能发现新情况、新问题。第二，解放儿童的头脑，使学生的头脑从迷信、盲从、成见、曲解、幻想中摆脱出来，大胆想象，大胆思考，大胆探索，独立思考，让创造性思想"突围出来"。第三，解放儿童的双手，即让孩子亲自动手操作，参与实践，训练动手能力。第四，解放儿童的嘴巴，即鼓励儿童大胆开口说话。第五，解放儿童的空间，即让儿童接触大自然和社会现实，拓展学习范围。第六，解放儿童的时间，让儿童有更多的时间学习人生、学做事、去创造，利用空余时间谈国事，培养儿童对国家和人民的责任感。

4. 维果茨基的"最近发展区"带给我们的教育启示。

【答案要点】

（1）最近发展区。维果茨基认为，在进行教学时，必须注意到儿童有两种发展水平：一种是儿童现有的发展水平，另一种是即将达到的发展水平，维果茨基把这两种水平之间的差异称为"最近发展区"，即独立解决问题的真实发展水平和在成人指导下或与其他儿童合作情况下解决问题的潜在发展水平之间的差距。

（2）启示。维果茨基主张教学应当走在儿童现有发展水平的前面，一方面，教学决定着儿童发展的内容、水平和速度等；另一方面教学也创造着最近发展区。教学需要注重学生的最近发展区，把儿童潜在的发展水平变成实际的发展水平，同时不断创造新的最近发展区。

三、分析论述题

1. 中国古代教育家的教师观及其"尊师重道"的思想。

【答案要点】

（1）孔子的教师观。

①学而不厌。教师要尽自己的社会职责，应重视自身的学习修养，掌握广博的知识，具有高尚的品德，这是教人的前提条件。

②温故知新。"故"是古，指的是过去的政治历史知识；"新"是今，指的是现在的社会实际问题。

教师既要了解掌握过去政治历史知识,又要借鉴有益的历史经验认识当代的社会问题,知道解决问题的办法。教师负有传递和发展文化知识的使命,既要注意继承,又要探索创新。

③诲人不倦。教师以教为业,也以教为乐,要树立"诲人不倦"的精神。诲人不倦不仅表现在毕生从事教育,还表现在以耐心说服的态度教育学生。

④以身作则。教师对学生进行教育的方式不仅有言教,还有身教。言教在说理,以提高道德认识;身教在示范,实际指导行为方法。教师身教的示范对学生有重大的感化作用,因此身教比言教更为重要。

⑤爱护学生。孔子爱护关怀学生表现在要学生们努力进德修业,成为具有从政才能的君子,为实现天下有道的政治目标而共同奋斗。对学生充满信心,对他们的发展抱有比较乐观的态度。

⑥教学相长。孔子认为,教学过程中,教师对学生不是单方面的知识传授,而是可以教学相长的。学生学习有疑难而请教,教师就答疑做说明,学生得到启发,思考问题更加有深度;教师于此反受启发,向学生学习而获益。

(2)荀子的教师观。

①教师的地位。荀子将教师视为治国之本,将国家兴亡与教育联系在一起,进而把师提到与天地、祖宗并列的地位。

②教师的作用。教师与师法有着治理国家的作用,教师通过施教参与国家的治理。

③师生关系。在教师与学生之间,荀子片面强调学生对教师的服从,主张"人云亦云",教师在教学中应处于绝对的主导地位。

④对教师的要求。有尊严而令人起敬,德高望重;讲课有条理而不违师法,见解精深而表述合理。

(3)韩愈的教师观。

①教师的地位。由"人非生而知之者"出发,肯定"学者必有师"。强调后天学习的重要性,认为学习一定要有教师的指导,教师是社会所必需。

②教师的任务。"传道、授业、解惑"是教师的基本任务。"传道"传的是儒家的仁义之道,"授业"授的是儒学的"六艺经传"与古文,"解惑"是解决学"道"与"业"过程中的疑问。三项最主要的是"传道","授业"和"解惑"都要贯穿"传道",为"传道"服务。

③教师的标准。以"道"为求师的标准,主张"学无常师"。韩愈认为教师教学的主要任务在于"传道",学生求学的任务主要在于学道,能否当教师也就以"道"为标准来衡量。

④师生关系。提倡"相师",确立民主性的师生关系。教师与弟子相互学习,教学相长,是理所当然的事情。韩愈把师生的关系看作是可以相互转化的,这种具有辩证法因素的民主性的教育思想,在教育发展史上有重要意义。

2. 卢梭的儿童教育观。

【答案要点】

卢梭的儿童教育观主要表现在其自然主义教育的思想中。

(1)自然教育的基本含义。卢梭自然主义教育的核心是"回归自然"。一方面,善良的人性存在于纯洁的自然状态之中。只有"回归自然"、远离喧嚣社会的教育,才有利于保持人的善良天性。因此15岁之前的教育必须在远离城市的农村进行。另一方面,每个人都是由自然的教育、事物的教育、人为的教育三者培养起来的,只有三种教育圆满地结合才能达到预期的目的。三者之中,应以自然的教育为基准,才能使教育回归自然达到应有的成效。

(2)自然教育的培养目标。自然教育最终目的是培养"自然人",即身心调和发达、体脑两健、能力强盛的新人,也就是摆脱封建羁绊的资产阶级新人。具有以下特征:第一,自然人是能独立自主的人,他能独自体现出自己的价值;第二,在自然的秩序中,所有的人都是平等的;第三,自然人又是自由的人,他是无所不宜、无所不能的;第四,自然人还是自食其力的人。可无须仰赖他人为生,这是独立自主的可靠保证。

(3)自然教育的方法原则。卢梭猛烈抨击了当时向儿童强迫灌输旧的道德和知识、摧残儿童天性的做法,他提出以下几点原则和方法:第一,树立正确的儿童观,应当把成人看作成人,把孩子看作孩子。第二,对儿童实施消极教育。此外,让他们在同自然的接触中,体会到自己所犯的错误和过失带来的自然后果,使儿童服从于自然法则,结合具体事例让他们从自己的直接经验中受到教育。第三,根据儿童天性的个体差异,因材施教。

(4)自然主义教育的实施。卢梭根据自然教育的原则,根据人的自然发展的进程和不同年龄时期身心的特点,把自然教育分为婴儿期、儿童期、少年期和青春期。婴儿期主要进行体育;儿童期主要进行感官训练和身体发育,这个时期的儿童不宜进行理性教育,不应强迫儿童读书;少年期主要进行智育和劳动教育;青春期主要接受道德教育,包括宗教教育、爱情教育和性教育。

卢梭提出的自然主义教育思想是教育思想史上由教育适应自然向教育心理学化过渡的一个重要环节。在封建社会压制人性的情况下,提倡性善论,尊重儿童天性具有历史进步意义。他呼吁培养身心调和发展的自然人和自由人也反映了对人的发展的合理要求。卢梭论证了自然主义教育的内容和方法。如重视感觉教育的价值;反对古典主义和教条主义,要求人们学习真实有用的知识;反对向儿童灌输道德教条,要求养成符合自然发展的品德等。这些观点既是在前人的基础上的发展,也反映了近代教育的发展方向。

3. 科尔伯格道德发展阶段论。

【答案要点】

美国心理学家科尔伯格认为儿童道德的发展是分阶段的,他在研究中发现道德发展不是只有两个水平,而应该有多个水平,提出了著名的"三水平六阶段"的道德发展阶段论。

(1)理论内容。

①前习俗水平。大约出现在幼儿园及小学低中年级阶段。该时期的特征是儿童遵守规范,但尚未形成自己的主见,着眼于人物行为的具体结果,关心自身的利害。包括惩罚和服从的定向阶段和工具性的相对主义定向阶段。

②习俗水平。在小学中年级以上出现,一直到青年、成年。该时期的特征是个人逐渐认识到团体的行为规范,进而接受并付诸实践。包括人际协调的定向阶段和维护权威或秩序的定向阶段。

③后习俗水平。该阶段已经发展到超越现实道德规范的约束,达到完全自律的境界,这个水平是理想的境界,成人也只有少数人才能达到。包括社会契约的定向阶段和普遍道德原则的定向阶段。

(2)教育启示。

①形成了一个研究个体品德发展阶段的重要模式,有助于将品德发展的理论运用到学校道德教育中去,实施道德教育。

②道德教育的首要任务是提高儿童的道德判断能力,培养他们明辨是非的能力。教育者的主要任务就是帮助被教育者注意到真正的道德冲突,思考用于解决这种冲突的理由是否恰当,发现解决这种冲突的新的思想方法。

③儿童的道德发展是有阶段性的、渐进的,因此,在对儿童进行道德教育时,应随时了解儿童所达到的发展阶段,根据儿童道德发展阶段的特点,循循善诱地促进他们的发展。

④社会环境对人们道德发展有着巨大作用,因此在学校中要树立良好公正的群体气氛,这是道德教育必要的条件。科尔伯格是现代道德认知发展理论的创立者。这一革命性的发现,从根本上改变了道德仅仅是社会道德灌输教育结果的传统观点。

4. 论述课程和教师的关系，以及开发校本课程需要教师具有怎样的教师素养。

【答案要点】

教师是课程的开发者，教师需要根据学生特点和教学需要，开发课程资源，改进与补充教学内容；教师是课程的实施者，教师需要根据学生的特点和需要，规划教学单元和课程，组织教学活动；教师是课程的研究者，学校课程的开发要求教师通过研究进行积极的创造，只有这样才能将课程落到实处。开发校本课程需要教师具有以下教师素养：

（1）树立大课程观。校本课程的开发首先需要教师改变传统的、封闭的旧课程观，树立新型的、开放的大课程观。

（2）转变教师角色。教师不再是一个消极被动的"教书匠"，教师既是国家课程的实施者，又是校本课程的编制者、实施者和评价者。

（3）提升课程开发的专业能力。以往教师是课程的实施者而非开发者，而教师的课程开发能力恰恰是校本课程开发的前提条件和关键所在。因此，需要花大力气进行课程开发能力的培养。

（4）培养参与意识和合作精神。校本课程开发无论采取何种方式来进行，都需要教师、校长、家长、学生以及社区人员的广泛参与，因此，教师必须积极参与课程开发，学会与他人合作、学会与他人分享。

2017年 杭州师范大学 333 教育综合·真题解析

一、名词解释

班级授课制

班级授课制是一种集体教学形式。它把一定数量的学生按年龄与知识程度编成固定的班级，根据周课表和作息时间表，安排教师有计划地给全班学生上课，分别学习所设置的各门课程。

《爱弥儿》

《爱弥儿》是卢梭的教育哲理小说，批判了经院主义教育，提倡自然主义教育；认为教育应受天性指引，以培养"自然人"为目的；论述了儿童身心发展的四个时期的特点、教育内容和方法；论述了女子教育。该书反映了新兴资产阶级改革教育的要求，在西方教育史上首次系统提出新的儿童教育观，在教育史上掀起一场"哥白尼式的革命"。

综合课程

综合课程又称"广域课程""统合课程"或"合成课程"。它采取合并相关学科的办法，减少教学科目，把几门学科的教学内容组织在一门综合学科之中，根本目的是克服学科课程分科过细的缺点。

教育目的

教育目的是对教育活动所要培养的人的个体素质的总的预期与设想，是对社会历史活动的主体的个体素质的规定。它体现一定社会对受教育者质量规格的界定和要求，也体现人自身发展所应该达到的水准和高度。

学习定势

学习定势通常指在学习过程中，学生在解决一些相似的问题之后会出现一种惯用的方式解决问题的倾向。学习定势有时能够对学习迁移起促进作用，有时也会对学习迁移起阻碍作用。

形式教育论与实质教育论

形式教育论认为，教学的主要任务在于训练学生的思维形式，知识的传授则是无关紧要的；实质教育论认为，教学的主要任务在于传授给学生有用的知识，至于学生的智力则无须进行特别的培训。

二、简答题

1. 如何正确看待学校教育中的惩罚问题？

【答案要点】

惩罚是对学生不良思想、行为做出否定的评价，以帮助他们改正缺点与错误的方法。公正、严明的惩罚可以帮助学生分清是非、善恶、美丑，认识自己的缺点、错误，明确努力的方向。

在学校教育中运用惩罚时要注意：

（1）要适时、适度，毕竟惩罚只是一种以教育学生为目的的教育辅助手段。

（2）要注意保护学生的自尊心、自信心及合理的情感需求。

（3）要以事实为依据，做到客观公正。

2. 简述启发性教学原则。

【答案要点】

启发性原则指在教学中教师要激发学生的学习主体性，引导他们经过积极思考与探究自觉地掌握科学知识，学会分析问题和解决问题，树立求真意识和人文情怀。也称探究性原则或启发与探究相结合原则。在教学中实贯彻启发性原则的基本要求包括：

（1）调动学生学习的主动性。

（2）善于提问激疑，引导教学步步深入。

（3）注重通过解决实际问题启发学生获取知识。

（4）引导学生反思学习过程。

（5）发扬教学民主。

3. 简述古希腊雅典教育的特点。

【答案要点】

（1）雅典教育的主要目的是培养青少年勇敢、强健的体魄以及理智、聪慧和公正的品质，使其既能够担负保卫城邦的重任，更能够履行公民参政议政的职责。概言之，即培养身心和谐发展的合格公民。

（2）雅典教育是一种身心统一和谐发展的教育。从身心和谐的观念出发，雅典人注重对青少年儿童进行多方面的教育，包括道德熏陶、体格训练、文化教育以及音乐、舞蹈等，但又反对专业化或职业化。

（3）雅典的妇女社会地位低下，深居简出，女孩子只是在家庭中受教育。

4. 简要分析《白鹿洞书院揭示》以及书院教育宗旨。

【答案要点】

白鹿洞书院在江西庐山五老峰下，唐朝后期李渤和其兄李涉隐居庐山读书，"谓其所居曰白鹿洞"。南宋时期朱熹修复，征集图书，筹措经费并任洞主，亲自掌教，聘教师，亲自制定《白鹿洞书院揭示》。其主要内容有：

（1）五教之目：父子有亲，君臣有义，夫妇有别，长幼有序，朋友有信。
（2）为学之序：博学之，审问之，慎思之，明辨之，笃行之。
（3）修身之要：言忠信，行笃敬，惩忿窒欲，迁善改过。
（4）处事之要：正其义，不谋其利；明其道，不计其功。
（5）接物之要：己所不欲，勿施于人；行有不得，反求诸己。

《白鹿洞书院揭示》是中国书院发展史上的一个纲领性学规，在这个学规中，朱熹明确了教育的目的，阐明了教育教学的过程，提出了修身、处事、接物的基本要求。朱熹把这些儒家核心思想汇集起来，用学规的形式固定下来，形成较为完整的书院教育理论体系，成为后世学规的范本和办学准则，使书院教育逐步走上制度化的发展轨道，也对后世官私学校的兴办产生了实际的影响。

三、分析论述题

1. 教师劳动的特殊性表现在哪些方面？教师劳动的特殊性会对教师提出什么样的要求？

【答案要点】

（1）教师劳动的特殊性表现在以下几个方面：

①教师劳动的复杂性。教师劳动的复杂性主要受以下三方面的影响：第一，学生状况的复杂性决定着教师劳动的复杂性；第二，教师任务的多样性制约着教师劳动的复杂性；第三，影响学生发展因素的广泛性制约着教师劳动的复杂性。

②教师劳动的示范性。教育是教师引导、培养学生的活动，它要求教师以身作则，具有示范性。教师的劳动对象是处在发展过程中的青少年学生，他们具有尊敬教师、乐于接受教师的教导、以教师为表率的所谓"向师性"的特点。因此，教师必须严格要求自己，以身作则，通过示范的方式去影响学生，以便取得最佳教育效果。

③教师劳动的创造性。教师劳动创造性的最重要特征之一是他的工作对象，即儿童经常在发生变化，永远是新的，今天同昨天就不一样。此外，教师劳动的创造性还表现在因材施教上；表现在对教育、教学的原则、方法、内容的运用、选择和处理上；表现在教育教学过程中，教师对各种突发情况做出及时反应、妥善处理的应变能力上。

④教师劳动的专业性。教师劳动的专业性突出表现在教师对育人的崇高敬业精神和道德修养上，对教育教学专门化知识和技能的掌握与教育活动的自主权上。

（2）教师劳动的特殊性要求教师必须要具备专业的素养，主要包括：

①高尚的师德。包括热爱教育事业，富有献身精神和人文精神；热爱学生，诲人不倦；热爱集体，团结协作；严于律己，为人师表。

②先进、科学的教育理念。先进、科学的教育理念体现在教师的所有努力都要有利于学生精神世界的丰富、人格尊严的维护和美好人性的成长。如学生主体观、发展性教学评价观等。

③宽厚的文化素养。教师对自己所教学科知识应科学、深入地把握，能对自己所教专业融会贯通、深入浅出、高瞻远瞩，达到运用自如的境界，在教学过程中不出知识性的错误。同时，教师还应有比较广博的文化修养。

④专门的教育素养。教师的专门教育素养水平及其合理结构是教育教学任务得以完成的重要保证，它主要包括教育理论素养、教育能力素养和教育研究素养。

⑤健康的心理素质。教师的心理健康不仅会直接影响教育工作的优劣成败，而且会影响学生的

心理健康水平。教师要有轻松愉快的心境、昂扬振奋的精神、乐观幽默的情绪以及坚韧不拔的毅力。

⑥强健的身体素质。教师的身体素质是指教师在教学活动中的自然力，是教师的身体健康状态和身体素质状态在教学中的表现。教师的身体素质在教育教学中具有重要的教育意义。

2. 创造性与智力并非简单的线性关系，阐述二者的关系，并结合实际谈谈如何培养学生的创造性。

【答案要点】

创造性与智力存在一定的关系，但并不呈线性正相关。其关系主要表现为：高创造力者，智商一定很高；低创造力者，智商可高可低；高智商者，创造力可高可低；低智商者，创造力一定低。因此，在学校教育中，智力开发并不等同于创造力的培养。在智力开发的同时，也要重视对学生创造力的培养。

（1）营造鼓励创造的环境。这是促进学生创造性发展的必要条件。首先，应倡导民主式的教育和管理；其次，应改革考试制度，为学生创造宽松的学习环境；再次，应增加自主选择课程的机会和有针对性的课程设计；最后，应为学生提供创造性人物的榜样。

（2）培养创造性的教师队伍。首先，要转变教师的教育教学观念，使教师形成理解并鼓励学生的创造；其次，要教给教师必要的创造技法和思维策略；再次，为教师提供明晰的、具有实用价值的有关创造性的知识及相应的教学策略和技能；最后，教师应不断学习关于创造性的心理学知识，用心理学的理论指导自己的实践。

（3）培育创造意识，激发创造动机。只有当个人具有自觉的创造意识、强烈的创造动机，才易产生新思想、新方法、新观点。需要做到：树立学生创新的自信心；激发创造热情；磨砺创造意志；培养创造勇气。

（4）发展和培养创造性思维。创造性思维是创造性的核心。创造性思维的培养应注意以下几个方面：加大思维的"前进跨度"，培养思维的跳跃能力；加大思维的"联想跨度"，使学生敢于把习惯上认为毫不相干的、表面上看来微不足道的问题联系起来或进行移植；加大"转换跨度"，引导学生敢于否定原来的设想，善于打破固有的思路；给学生大胆探索与推测的体会。

（5）开设创造课程，教给创造技法。教学是培养学生创造性的重要途径。因此，开设创造性课程已成为国内外开发创造性的有效途径。在创造性课程的教学中，注重教给学生基本的创造技巧与方法是培养创造性的有效措施。促进创造性发展的主要创造技法有：头脑风暴法、系统探求法、联想类比法、组合创新法、对立思考法、转换思考法。

（6）塑造创造性人格。创造性人格是创造性的重要组成部分，培养学生的创造性人格是培养创造性的重要内容。主要方法有：保护好奇心；解除对错误的恐惧心理；鼓励独创性与多样性。此外，自信与乐观、忍耐与有恒心、合作、严谨等也是创造性人格培养的重要方面。

3. 试论述赫尔巴特教育思想的心理学基础。

【答案要点】

在西方教育史上，赫尔巴特是第一位把心理学作为一门独立学科加以研究并努力把它建立成为一门科学的思想家。他把心理学作为教育学的重要理论基础，其心理学的核心概念有：

（1）观念。是指事物呈现于感官，在意识中留下的印象。赫尔巴特认为，人的一切心理机能只是观念的活动，观念的相互联合与斗争是心理学的基本内容。因此，他的心理学又称观念心理学。

（2）意识阈。赫尔巴特认为，由于观念具有引力和斥力，人们只能意识到一定的对象或注意到有限的范围，不能同时注意两个观念。一个观念若要由一个完全被抑制的状态进入一个现实观念的状态，便必须跨过一道界线，这道界线就是意识阈。

（3）统觉。赫尔巴特把观念的同化与相互融合说成是统觉，统觉是其心理学的基本概念。他认为，统觉的过程就是把一些分散的感觉刺激纳入意识，形成一个统一的整体，组成"观念团"。

4. 试论述陈鹤琴的儿童教育思想。

【答案要点】

陈鹤琴是中国近代学前儿童教育理论和实践的开创者，通过对长子陈一鸣的追踪研究，力行观察、实验方法，探索中国儿童心理发展及教育规律；同时创办了中国第一所实验幼稚园——鼓楼幼稚园，进行中国化、科学化的幼儿园实验，总结并形成了系统的、有民族特色的儿童教育思想，即"活教育"思想体系，包括以下内容：

（1）"活教育"的目的论。陈鹤琴提出"活教育"的目的是"做人，做中国人，做现代中国人"。

①"做人"是"活教育"最为一般意义的目的。"活教育"提倡学习如何做人，如何求社会进步、人类发展。学会"做人"，是个体参与社会生活，增进人类全体幸福，同时也是个体幸福的基础。

②"做中国人"体现了"活教育"目的的民族特征，指要懂得爱护这块生养自己的土地，爱自己国家长期延续的光荣历史，爱与自己共命运的同胞。并且，应该与其他中国人团结起来共同谋国家发展。

③"做现代中国人"体现了时代精神，有五个具体方面的要求：要有健全的身体；要有建设的能力；要有创造的能力；要能够合作；要服务。

"活教育"目的论从普遍而抽象的人类情感和认识理性出发，逐层赋予教育以民族意识、国家观念、时代精神和现实需求等含义，使教育目标逐渐具体，表达了陈鹤琴对人的发展、教育与社会变革的追求。

（2）"活教育"的课程论。"大自然、大社会都是活教材"，是陈鹤琴对"活教育"课程论的概括表述，即让儿童在与自然、社会的直接接触中，在亲身观察中获取经验和知识。"活教育"的课程打破惯常按学科组织的体系，采取活动中心和活动单元的形式，即能体现儿童生活整体性和连贯性的"五指活动"形式。"五指活动"包括儿童健康活动、儿童社会活动、儿童科学活动、儿童艺术活动、儿童文学活动。

（3）"活教育"的教学论。"做中教，做中学，做中求进步"是活教育教学方法的基本原则。陈鹤琴认为，"做"是学生学习的基础，因此也是"活教育"教学论的出发点。它强调儿童在学习过程中的主体地位和在活动中直接经验的获取。陈鹤琴提出了"活教育"的17条教学原则，这些教学原则体现出的特点有：第一，强调以"做"为基础，确立学生在教学活动中的主体性；第二，鼓励学生在"做"的同时，教师要进行有效的指导。陈鹤琴还归纳出"活教育"教学的四个步骤：实验观察、阅读思考、创作发表和批评研讨。这四个步骤体现了以"做"为基础的学生主动学习。

"活教育"思想明显地受到杜威实用主义教育思想的影响，陈鹤琴对此也毫不讳言。但"活教育"如同陶行知的"生活教育"理论一样，吸取了杜威实用主义教育的合理内核，即批判传统教育忽视儿童生活和主体性，力图去除以学校和课堂为中心而脱离社会生活、以书本知识为中心而脱离实际和实践、以教师为中心而漠视学生的存在等弊端，同时也充分考虑到中国的时代背景和国情。这是一种有吸收、有创造、有创新的教育思想。"活教育"是对中国现代教育产生过重要影响的教育思想，其精神至今都未过时，不少观点对当今的教育改革仍然富有启发。

2016年 杭州师范大学 333 教育综合·真题解析

一、名词解释

《民主主义与教育》

《民主主义与教育》是杜威的教育代表作。他在书中阐述了民主社会的教育性质，明确教育即生长、生活和经验改造的意义，并通过对过去各种教育理论的批判来反证民主教育的正确性和优越性。以实用主义教育哲学来调和教育理论中长期存在的各种二元论问题，并阐述了对于课程、教材和教法的新观点。

班级授课制

班级授课制是一种集体教学形式。它把一定数量的学生按年龄与知识程度编成固定的班级，根据周课表和作息时间表，安排教师有计划地给全班学生上课，分别学习所设置的各门课程。

美育

美育是培养学生正确的审美观，发展他们鉴赏美、创造美的能力，培养其高尚情操和文明素质的教育。普通中学在美育方面的要求主要是：通过音乐、美术、文学教育等审美活动，充实学生的精神生活，培养他们感受美、欣赏美和创造美的能力，养成审美情趣和高尚情操。

隐性课程

隐性课程也称潜在课程、隐蔽课程，是以内隐的、间接的方式呈现的课程，是学生在显性课程以外所获得的所有学校教育的经验，不作为获得特定教育学历或资格证书的必备条件。主要表现形式有观念性隐形课程、物质性隐形课程、制度性隐形课程和心理性隐形课程。

教师专业发展

教师专业发展，又称教师专业成长，是指教师在整个专业生涯中，依托专业组织、专门的培养制度和管理制度，通过持续的专业教育，习得教育教学专业技能，形成专业理想、专业道德和专业能力，从而实现专业自主的过程。它包括教师群体的专业发展和教师个体的专业发展。

思维定势

思维定势通常指人在解决一些相似的问题之后会出现一种惯用的方式解决问题的倾向，也称为心向。思维定势有时能够对迁移起促进作用，有时也会对迁移起阻碍作用。

二、简答题

1. 宋元时期蒙学教材的种类、特点与影响。

【答案要点】

（1）宋元时期的蒙学教材按其内容的侧重点，大致可以分为五类：

①识字教学类。如《三字经》《百家姓》《千字文》等。主要目的是教儿童识字，掌握文字工具，同时也综合介绍一些基础知识。

②伦理道德类。如《童蒙训》《少仪外传》《性理字训》等，侧重于向儿童传授伦理道德知识以及为人处世、待人接物的准则。

③历史教学类。如《十七史蒙求》《叙古千文》《史学提要》《历代蒙求》《左氏蒙求》等。这类

教材既向儿童传授历史知识,又对他们进行思想教育。

④诗歌教学类。如《训蒙诗》《小学诗礼》等,选择适合儿童的诗词歌赋供他们学习,对他们进行文辞和美感教育。

⑤名物制度和自然常识教学的教材。以《名物蒙求》为代表,内容涉及天文、地理、人事、鸟兽、草木、衣服、建筑、器具等。

(2)宋元明清时期的蒙学教材逐渐形成了鲜明的特点,具体表现在以下几个方面:

①按专题分类编写,使蒙学教材在内容和形式上呈现多样化。

②一些著名学者如朱熹等亲自编撰蒙学教材,对提高蒙学教材的质量起了重要作用。

③注意儿童的心理特点,采用韵语形式,文字简练,通俗易懂,并力求将识字教育、基本知识教育和伦理道德教育有机地结合起来。

(3)影响。宋元时期的蒙学教材对初等教育的发展有很大的影响,在继续坚持伦理本位的教育观念的同时,也开始针对儿童的身心特点实施教育。

2. 简述德育过程中的"平行教育影响原则"思想。

【答案要点】

集体主义教育是马卡连柯教育思想的核心。他认为,在社会主义社会里,每一个人都不能离开集体而单独存在,同时每一个人的创造性和力量也只有在集体中才能得到充分发挥。因此,苏维埃教育的任务只能是培养集体主义者,而要培养集体主义者就必须在集体中通过集体并为了集体来进行教育。马卡连柯在多年的教育实践中,创立了一整套集体教育的原则和方法,其中包括平行教育影响原则。

平行教育影响原则是教育和影响个人的一种形式,是以集体为教育对象,通过集体来教育个人。教育者对集体和集体中每一个成员的教育影响是同时的、平行的。在给个人一种影响的时候,这影响必定同时应当是给集体的一种影响。相反的,每当我们涉及集体的时候,同时也应当成为对于组成集体的每一个人的教育。

3. 简述英国的《1944年教育法》

【答案要点】

1944年,英国政府通过了以巴特勒为主席的教育委员会提出的教育改革方案,即《1944年教育法》。其主要内容包括:

(1)加强国家对教育的控制和领导。法案废除教育委员会,设立教育部,统一领导全国的教育。同时,设立中央教育咨询委员会,负责向教育部长提供咨询和建议。

(2)加强地方行政管理权限,设立由初等教育、中等教育和继续教育组成的公共教育系统。地方当局负责为本地区提供初等、中等和继续教育。其中,初等教育包括幼儿园、幼儿学校和初等学校。小学生毕业后根据11岁考试结果,按成绩、能力和性向分别进入文法中学、技术中学和现代中学。初等学校和中等学校实行董事会制。

(3)实施5~15岁的义务教育。父母有保证子女接受义务教育和在册学生正常上学的职责。地方教育当局应向义务教育超龄者提供全日制教育和业余教育。

(4)要求改革宗教教育、师范教育和高等教育等。

4. 斯滕伯格成功智力理论。

【答案要点】

斯滕伯格认为，传统的智力理论存在一些局限性，诸如智力内涵贫乏且结构单一，缺乏与现实世界相联系，不能很好地描述、解释和预测生活中的成功等。这些缺陷使传统智力理论未能揭示出智力的全貌。斯滕伯格经过多年对智力问题的研究后，1985年提出了著名的"三元智力理论"，作为对原来智力成分理论的修正，进而提出了更具现实意义的成功智力理论。这是对传统智力理论的又一次质的突破。

斯滕伯格认为成功意味着个体在现实生活中达成自己的目标，成功智力就是用以达成人生之主要目标的智力。它是为了达到个人、群体的文化目标而去适应、选择和塑造环境的能力，包括分析性智力、创造性智力和实践性智力三个方面。斯滕伯格成功智力理论的内涵有四个基本方面：

（1）成功智力是在个体生活的社会文化背景之下，依据个人的标准，在生活中获得成功的能力。

（2）个体达到成功的能力依赖于利用自身的长处，纠正、弥补自己的不足。

（3）个体通过达到智力的平衡去适应、塑造和选择环境。

（4）成功通过分析性、创新性和实践性三个方面智力及良好的人格平衡来实现。

三、分析论述题

1. 在欧美教育思想"六三三"制的影响下，分析我国教育制度改革的经验与不足，说说其对我国现在教育改革的启示。

【答案要点】

在欧美教育思想"六三三"制的影响下，1922年，教育部在北京专门召开了学制会议。同年11月以大总统令公布了《学校系统改革案》。该学制又被称为"新学制"或"壬戌学制"，由于采用的是美国式的六三三分段法，又称"六三三学制"。

（1）经验。

①新学制虽借鉴了美国的六三三制，但并非盲从美制。它的产生是经过我国教育界的长期酝酿讨论，并经许多省市认真试行，最终集思广益的成果。

②新学制加强了中等教育和职业教育训练，有利于初级中等教育的普及，在一定程度上处理了升学和就业的矛盾，适应当时中国资本主义工商业发展的需求。

③新学制尽管受到进步主义教育思想和美国模式的影响，但有其内在的先进性和合理性，比较彻底地摆脱了封建传统教育的束缚，表现了教育重心下移、适应社会和个人需要等时代特点。

④该学制比较符合当时中国的情况，后来经多次修补，除了在某些方面有所改动外，总体框架一直沿用下来。这是中国教育界、文化界共同智慧的结晶，标志着中国近代以来国家学制体系建设的基本完成。

（2）不足。

①实用主义教育学说对新学制的影响使得它忽视了我国各族人民教育界广大人士为制定新学制而付出的辛勤劳动，以及他们在制定新学制过程中所表现出来的才智。

②新学制在具体实施中存在不少问题，如缺乏师资、教材、设备等，不得不在其后对所开的综合中学增开大量的选科等做法进行调整。

（3）对我国现在教育改革的启示。

①要促进普通教育和职业教育向着综合统一的方向发展。促进普通教育和职业技术教育的结合，是当前各国学制改革的一个重要方面。所采取的措施有在普通学校中加强职业技术教育或在职业技术教育中加强普通教育。

②学制改革要适应人的身心发展规律。学制中关于入学年龄、修业年限、教育目标、学习内容的确立必须根据人的身心发展规律制定。

2. 马克思恩格斯关于人的全面发展学说以及劳动与教育相结合的意义。

【答案要点】

（1）人的全面发展的内涵。

①人的全面发展，既意味着劳动者智力和体力两方面，以及智力和体力的各方面都得到发展，达到体力劳动和脑力劳动相结合，这是人的全面发展的基础。

②从更深层次来看，人的全面发展也是指一个人在志趣、道德、个性等方面的发展，即作为一个真正完整的、全面性的人的发展，而且是每个社会成员得到自由的、充分的发展，即人的彻底解放。

（2）人的全面发展的实现。

①人的全面发展及其实现只能依据现实的社会条件。根本变革资本主义方式，废除生产资料的私有制，消灭阶级划分，全面占有生产力，是实现人的全面发展的前提条件。

②必须向全体社会成员施以普遍的全面教育，包括智育、综合技术教育、体育和德育，以及实行教育与真正自由的生产劳动相结合。

③马克思、恩格斯指出，实现每个人的全面发展，是一个历史发展过程。实现人的全面发展和彻底消灭私有制、建立共产主义社会是互为条件的。

（3）论教育与生产劳动相结合的重大意义。

①教育与生产劳动相结合不仅是提高社会生产力的一种方法，而且是造就全面发展的人的唯一方法，是改造现代社会的最强有力的手段之一。

②由于大工业的本性需要尽可能多方面发展的工人，于是客观上一方面要求将生产劳动与教育结合起来，使工人尽可能受到适应劳动职能变更的教育，另一方面要求将教育与生产劳动相结合，以培养能多方面发展的劳动者。

③由于机器大工业生产是建立在现代科学技术基础上的，这就为通过科学这一中介，将教育与生产劳动有机地相结合提供了基础。

④综合技术劳动使儿童和少年了解生产各个过程的基本原理，同时使他们获得运用各种生产最简单工具的技能的现代教育内容，为教育与生产劳动相结合提供了重要的纽带。

教育与生产劳动相结合尽管是现代社会发展的客观要求，但在资本主义社会，这种"结合"会受到资本主义基本经济规律的制约。因此，只有彻底变革旧的生产方式，在合理的社会制度下，才能实现教育与生产劳动相结合，实现人的全面发展。

3. 在新课程改革下，教师应该树立什么样的课程观？

【答案要点】

（1）新课改要求教师改变课程过于注重知识传授的倾向，强调让学生形成积极主动的学习态度，使学生获得基础知识与基本技能的过程同时成为学会学习和形成正确价值观的过程。

（2）新课改要求教师改变课程结构过于强调学科本位、科目过多和缺乏整合的现状，整体设置九年一贯的课程门类和课时比例，体现课程结构的均衡性、综合性和选择性。

（3）新课改要求教师改变课程内容"繁、难、偏、旧"和过于注重书本知识的现状，加强课程内容与学生生活以及现代社会和科技发展的联系，关注学生的学习兴趣和经验，精选终身学习必备的基础知识和技能。

（4）新课改要求教师改变课程实施过于强调接受学习、死记硬背、机械训练的现状，倡导学生主动参与、乐于探究、勤于动手，培养学生搜集处理信息的能力、获取新知识的能力、分析和解决问题的能力以及交流与合作的能力。

（5）新课改要求教师改变课程评价过分强调甄别与选拔的功能，发挥评价促进学生发展、教师提高和改进教学实践的功能。

（6）新课改要求教师改变课程管理过于集中的状况，实行国家、地方、学校三级课程管理，增强课程对地方、学校及学生的适应性。

4.元认知是什么？举例说明元认知的运用对学习策略的促进作用

【答案要点】

（1）元认知就是对认知的认知，具体地说，是关于个人自己认知过程的知识和调节这些过程的能力，是对思维和学习活动的认知和控制。元认知具有两个独立但又相互联系的成分：第一，元认知知识，即对认知过程的知识和观念——知道做什么；第二，元认知控制，即对认知行为的调节和控制——知道何时、如何做什么。

（2）元认知的运用对学习策略的促进作用包括：

①元认知可以提高学生对学习目标的意识水平。

②元认知可以使学生意识和体验到学习情境有哪些变量，并且意识和体验到这些变量之间的关系与它们的变化情况。

③元认知是学习策略迁移的关键。

杭州师范大学333教育综合·真题解析

一、名词解释

学校教育

学校教育指一种专门组织的不断趋向规范化、制度化、体系化的教育。它是根据一定的社会现实和未来需要，遵循受教育者身心发展的规律，有目的、有计划、有组织地对受教育者身心施加影响，把他们培养成为一定社会或阶级所需要的人的活动。

教育目的的个人本位论

个人本位论认为教育目的是根据个人发展的需要制定的，而不是根据社会的需要制定的，个人价值高于社会价值，人生来就有健全的潜在本能，教育的基本职能就在于使这种潜能得到发展。代表人物有卢梭、裴斯泰洛齐等。

德育

德育是引导学生领悟社会主义思想和道德规范，组织和指导学生的道德实践，培养学生的社会主义品德的教育。普通中学在德育方面的要求主要是：教育学生初步了解马克思主义，热爱中国共产党和社会主义祖国，热爱劳动、学习等；帮助学生提高主体意识、心理承受力、应变力等。

校本课程

校本课程是以学校为课程编制主体，自主开发与实施的一种课程，是相对于国家课程和地方课程的一种课程。校本课程的实施有助于最大限度地促进每个学生的发展，有助于提高教师的专业水平，有助于提高学校的办学水平。

最近发展区

维果茨基认为，在进行教学时必须注意到儿童的两种水平，一种是儿童现有的发展水平，另一种是即将达到的发展水平，维果茨基把这两种水平之间的差距称为最近发展区，即独立解决问题的真实发展水平和在成人指导下或与其他儿童合作情况下解决问题的潜在发展水平之间的差距。

教学评价

教学评价是对教学工作质量所做的测量、分析和评定。它以参与教学活动的教师、学生、教学目标、内容、方法、教学设备、场地和时间等因素的优化组合的过程和效果为评价对象，是对教学活动的整体功能所做的评价。

二、简答题

1. 教育的相对独立性及其意义。

【答案要点】

教育的相对独立性是指作为社会一个子系统的教育，它对社会的能动作用具有自身的特点和规律性，它的历史发展也有其独特连续性和继承性。主要表现为以下几方面：

（1）教育是培养人的活动，通过所培养的人作用于社会。

（2）教育具有自身的活动特点、规律及原理。

（3）教育具有自身发展的传统与连续性。

由于教育具有相对独立性，因此在分析研究教育问题时，不能单就生产力的发展水平、经济与科技及发展水平、政治制度与文化要求来考察教育；还应当重视教育的相对独立性，注重发挥教育特有的社会功能，注意遵循教育自身的规律性和发展的连续性。

2. 班杜拉的观察学习理论及其教育应用。

【答案要点】

观察学习是一种间接学习的形式，人类的大多数行为是通过观察而习得的，人们通过观察他人的行为及其后果，可获得榜样行为的符号表征和经验教训，并可引导观察者今后的行为。其基本过程如下：

（1）注意过程。注意过程影响观察者对榜样行为的探索和知觉过程，决定观察者的观察内容。影响注意过程的因素有：榜样行为的特性、榜样的特征和观察者的特征。

（2）保持过程。保持过程使观察者将示范行为以某种形式储存在头脑中以便今后可以指导操作。示范信息的保持主要依赖两种符号系统——表象系统和言语系统。影响保持过程的因素有：注意过程的效果、榜样呈现的方式和次数以及观察者自身的记忆能力、动机等。

（3）复制过程。观察者以内部表征为指导，将榜样行为再现出来。影响复制过程的因素有：观察的有效性、从属反应的有效性、反馈的及时性和准确性以及自我效能感。

（4）动机过程。动机过程决定个体复现榜样行为的具体内容，换言之，决定哪一种经由观察习得的行为得以表现。

其教育应用主要集中在三个方面：教授新行为、技能、态度和情感；监控学生习得行为的表现；对学生道德行为的养成具有现实指导意义。

3. 颜元的"习行"教学方法。

【答案要点】

颜元的"习行"教学方法强调在教学过程中要联系实际，要坚持练习和躬行实践，认为只有如此，学得的知识才是真正有用的。

颜元重视"习行"教学法，一方面同他朴素的唯物主义认识论有密切的关系。他主张"见理于世，因行得知"，认为"理"存在于客观事物之中，只有接触事物，躬行实践，才能获得真正有用的知识。另一方面，是为了反对理学家静坐读书、空谈心性的教学方法。

颜元强调"习行"，并非排斥通过读和讲学习书本知识，而是主张读书、讲说必须与"习行"相结合，而且要在"习行"上下更多功夫。"习行"虽然讲的是个人行动，没有社会实践的意义，但他强调接触实际，重视练习，从亲身躬行实践中获得知识，这在当时学生只是纯粹地"读书"而脱离实际的"文墨世界"中，无疑是吹进了一股清新之风，令人耳目一新。

4. 帕克赫斯特的道尔顿制。

【答案要点】

道尔顿制是美国进步主义教育家帕克赫斯特针对班级授课制的弊端在道尔顿中学实施的一种个别教学制度，也称"道尔顿计划"。主要内容包括：

（1）在学校里废除课堂教学，废除课程表和年级制，代之以"公约"或合同式的学习。

（2）将各教室改为各科作业室或实验室，按学科性质陈列参考用书和实验仪器，供学生使用。各作业室配有该科教师一人，负责指导学生。

（3）用表格法来了解学生的学习进度，以增强学生学习的动力，使学生管理简单化。

（4）道尔顿制的两个重要原则是自由与合作。要使儿童自由学习，养成独立工作的能力，也强调师生之间的合作，以培养社会意识。

20世纪20年代，道尔顿制在许多国家流行一时，产生过较大影响。道尔顿制存在的主要问题是过于强调个体差别，对教师要求过高，以及在实施时易导致放任自流；并且，将教室完全改为实验室也不太实际。

三、分析论述题

1. 教师的专业性是什么，其人文精神表现在哪里？

【答案要点】

（1）教师的专业性具体表现为教师劳动的专业性。

1966年，国际劳工组织、联合国教科文组织在《关于教师地位的建议》中提出："教育工作应被视为专门职业，这种职业是一种要求教员具备经过严格而持续不断的研究才能获得并维持专业知识及专门技能的公共业务；要求对所辖学生的教育和福利具有个人的及共同的责任感。"1993年颁布的《中华人民共和国教师法》也明确规定"教师是履行教育教学职责的专业人员"。这从根本上肯定了教师劳动的专业性。

教师劳动的专业性突出表现在教师对育人的崇高敬业精神和道德修养上，对教育教学专门化知识和技能的掌握与教育活动的自主权上。

（2）教师应具备人文精神，要关怀学生的学习和发展，关怀民族、人类的现实境遇和未来发展。教师的人文精神具体表现在教师的素养之中。

①高尚的师德。包括热爱教育事业，富有献身精神和人文精神；热爱学生，诲人不倦；热爱集体，团结协作；严于律己，为人师表。

②先进、科学的教育理念。教育理念是教师在对教育工作本质理解的基础上形成的关于教育的

观念和理性信念，它是以观念或信念的形式存在于教师头脑中的对教育现象和教育问题的看法。先进、科学的教育理念体现在教师的所有努力都要有利于学生精神世界的丰富、人格尊严的维护和美好人性的成长。如学生主体观、教学交往观、发展性教学评价观等。

③宽厚的文化素养。教师的主要任务是通过向学生传授科学文化知识，培养其能力，促进其个性生动活泼地发展。一个好教师的基本条件之一，就是要有比较渊博的知识和多方面的才能。因此，教师对自己所教学科知识应科学、深入地把握，能对自己所教专业融会贯通、深入浅出、高瞻远瞩，达到运用自如的境界，在教学过程中不出知识性的错误。同时，教师还应有比较广博的文化修养。

④专门的教育素养。教师的专门教育素养水平及其合理结构是教育教学任务得以完成的重要保证，它主要包括教育理论素养、教育能力素养和教育研究素养。

⑤健康的心理素质。教师的心理健康不仅会直接影响教育工作的优劣成败，而且会影响学生的心理健康水平。因此，教师应该注重提高自己的心理素质。健康的心理素质体现在心理活动的方方面面，概括起来主要指：教师要有轻松愉快的心境、昂扬振奋的精神、乐观幽默的情绪以及坚韧不拔的毅力等。

⑥强健的身体素质。教师的身体素质是指教师在教学活动中的自然力，是教师的身体健康状态和身体素质状态在教学中的表现。它主要通过健康的体魄、旺盛的精力、蓬勃的活力、有节律的生活方式和锻炼习惯等体现。教师的身体素质在教育教学中具有重要的教育意义。

2. 分析接受学习和发现学习的特点，怎样处理两者之间的关系？

【答案要点】

（1）接受学习，又叫讲授教学，是指在教师的指导下，学习者接受事物意义的学习。在接受学习中，所要学习的内容大多是现成的、已有定论的、科学的基础知识，通过教科书或教师的讲述，用定义的方式直接向学习者呈现，使学习者接受这些已有的知识，掌握它们的意义。其特点包括：第一，师生之间要有大量的互动；第二，大量利用例证，包括图解或图画；第三，它是演绎的，最一般蕴涵的概念最初呈现，然后从中引出特殊的概念；第四，它是有序列的，材料的呈现有一定步子，这些步子首先是先行组织者。

（2）发现学习是指学生在学习情境中，经过自己探索寻找，从而获得问题答案的一种学习方式，布鲁纳所说的发现不只限于寻求人类尚未知晓的事物的行为，也包括用自己的头脑亲自获取知识的一切形式。在发现学习中，学习的内容不是现成地给予学生，而是在学生内化之前，必须由他们去发现这些内容，即学生的首要任务是发现，然后将发现的内容加以内化。也就是说发现学习比接受学习多了一个"发现的阶段"。

（3）关系。在奥苏伯尔看来，无论是发现学习还是接受学习，都有可能是机械的，也都有可能是有意义的。如果教师的讲授实施得法，接受学习并不一定会导致学生机械学习。同样，发现学习也并不一定是保证学生有意义学习的灵丹妙药。

3. 蔡元培的"健全人格"教育思想及其对学制的影响。

【答案要点】

蔡元培的"健全人格"教育思想主要表现在他所提出的教育方针中。1920年他在新加坡应南洋华侨中学之请的演讲中，便明确提出普通教育的宗旨为养成健全的人格、发展共和精神。他说："所谓健全的人格，内分四育，即体育、智育、德育和美育。"

（1）军国民教育。指将军事教育引入到学校和社会教育之中，让学生和民众受到一定的军事教育和训练。在学校教育中，强调学生生活的军事化，特别是体育的军事化。蔡元培认为，军国民教育并不是理想社会的教育，但在中国仍有提倡的必要。当时的中国不论是在国际形势还是国内形势上都处于不利地位，蔡元培提倡的军国民教育，有寓兵于民、对抗军阀拥兵自雄、捍卫民主共和的良苦用心。

（2）实利主义教育。即密切教育与国民经济生活的关系，加强职业技能的培训，使教育能发挥提高国家经济能力和改善人民生活水平的作用。蔡元培指出，世界各国的竞争不仅在军事，更在经济，武力需要财力的支持。而中国丰富的自然资源并未得到有效利用，人民失业，国家贫穷，因此需要发展实利主义教育。

（3）公民道德教育。蔡元培认为，公民道德的基本内容不外乎法国资产阶级革命所标榜的自由、平等、博爱，虽然与封建道德的专制等级性不相容，但他明确指出中国传统伦理特别是儒家伦理中的一些基本范畴，其内涵是与自由、平等、博爱的精神相通的。蔡元培尊重文化的继承性和发展性的统一。因此他在摒弃封建道德专制性和等级性的同时，汲取其中有利于资产阶级道德建设的养分。

（4）美感教育。美感教育与世界观教育紧密联系。蔡元培认为，美感介于现象世界和实体世界之间，是两者之间的桥梁。世界观教育是引导人们具有实体世界的观念，但不是靠简单的说教可以实现的，其有效的方式是通过美感教育，利用美感这种超越利害关系、人我之分界的特性去破除现象世界的意识，陶冶、净化人的心灵。所以，美感教育是世界观教育的主要途径。大力提倡美感教育是蔡元培教育思想和实践的一个重要特点。

民国教育方针包含有德、智、体、美四育因素，体现了受教育者身心和谐发展的思想。以道德教育为核心，将培养受教育者具有共和国国民的健全人格作为首要任务。以军国民教育和实利教育引导体育和智育，寄希望于教育能在捍卫国家主权、抑制武人政治、振兴民族经济方面发挥基础作用。

对学制的影响：蔡元培是中国近代著名的资产阶级革命家和民主主义教育家。1912年初，蔡元培发表《对教育方针之意见》一文，从"养成共和国民健全之人格"的观点出发，提出"五育"并举教育思想，成为制定民国元年教育方针的理论基础。

4. 试述夸美纽斯的教育思想以及影响。

【答案要点】

（1）教育的目的。包括两方面：第一，宗教性目的：认为人生的最终目的是为达到"永生"，教育的目的是使人为来世生活做好准备。第二，现实性目的：通过教育使人认识和研究世界上一切事物，培养和发展他们的各种能力、德行和信仰，以便享受现世的幸福，并为永生做好准备。

（2）教育的作用。夸美纽斯认为教育是改造社会、建设国家的手段。人都是有一定天赋的，而这些天赋发展得如何，关键在于教育。只要接受合理的教育，任何人的智力都能够得到发展。

（3）泛智主义教育观。基于教育的崇高目的，夸美纽斯提出了"将一切事物教给一切人"的泛智主义教育观，并由此大力主张普及教育于全体儿童和民众。内容主要包括教育内容泛智化和教育对象普及化。

（4）普及教育。夸美纽斯认为普及教育就是"人人都可接受教育"，其核心是泛智论。实现普及教育的可能性一方面在于人自身具有接受教育的先天条件，另一方面在于教育可以改进社会和塑造人，社会和人的进步离不开教育。

（5）统一学制。为了使国家便于管理全国的学校，使所有儿童都有上学的机会，夸美纽斯提出建立全国统一学制的主张。他把人的学习期划分为四个阶段，并按这种年龄分期设立相应的学校。各级学校均按照适应自然的原则，采取班级授课制和学年制开展工作，分别开设不同的课程来教育和培养儿童。

（6）管理实施。夸美纽斯强调国家对教育的管理职责，认为国家应该设立督学对全国的教育进行监督，以保证全国教育的统一发展。

（7）学年制。为改变当时学校教学活动缺乏统一安排的无序状况，夸美纽斯制定了学校教学活动的学年、学日制度。

（8）班级授课制。为实现普及教育、提高教学效率，改变教师只对学生进行个别教学和指导的状况，夸美纽斯总结新旧各教派学校中实行班级授课的经验，提出并全面系统地论述了班级授课制度。

（9）论教育和教学的基本原则。

①论教育适应自然的原则。教育适应自然的原则是贯穿夸美纽斯整个教育理论体系的一条根本的指导性原则，他的"自然"包括自然界及其普遍法则和人的与生俱来的天性。

②主要教学原则，包括直观性原则、激发学生求知欲望原则、巩固性原则、量力性原则、系统性和循序渐进性原则、因材施教原则。

（10）夸美纽斯教育思想的影响。

夸美纽斯是教育史上第一位系统地总结教学原则的教育家，他的教育理论包含了大量宝贵的教学经验，在一定程度上反映了教学工作的客观规律性，具有普遍的指导意义。夸美纽斯是一位杰出的教育革新家，他的教育思想具有明显的民主主义、人文主义色彩。在继承前人经验的基础上，夸美纽斯提出了系统的教育思想。他论述了教育的作用，呼吁开展普及教育，试图使所有人都能接受普及教育。并详细制定了学年制度和班级授课制度，提出了各级学校课程设置，编写了许多教科书，且系统地阐述了教育的基本原则和方法等。

2014年 杭州师范大学333教育综合·真题解析

一、名词解释

产婆术

产婆术也称"问答法""苏格拉底法"，是由讥讽、助产术、归纳和定义四个步骤组成的独特的方法。这是苏格拉底探讨伦理哲学的研究方法，也是他的教学方法。

教育目的

教育目的是对教育活动所要培养的人的个体素质的总的预期与设想，是对社会历史活动的主体的个体素质的规定。它体现一定社会对受教育者质量规格的界定和要求，也体现人自身发展所应该达到的水准和高度。

课程标准

课程标准是指在一定课程理论指导下，依据培养目标和课程方案以纲要形式编制的关于课程的性质与价值、目标与内容、教学实施建议以及课程资源开发等方面的指导性文件，一般由说明、课程目标、课程内容标准和课程实施建议等部分组成。

学校教育制度

学校教育制度是现代教育制度的核心部分，指的是一个国家各级各类学校的系统及其管理规则，它规定着各级各类学校的性质、任务、入学年限、修业年限以及它们之间的关系。

教学模式

教学模式是指在一定教学理论指导下为设计和组织教学而在实践中建立起来的各种类型教学活动的基本结构或者是一整套开展教学活动的方法论体系。教学模式主要包括理论依据、教学目标、教学程序、实施条件和教学评价五个要素。

教育机智

教育机智是指在教育教学过程中，教师对各种突发情况做出及时反应、妥善处理的应变能力。教师要善于捕捉教育情境的细微变化，迅捷而机智地采取恰当的措施，发挥自身的主动性和创造性，使教育活动更加生动活泼，更加深入地开展下去。

二、简答题

1. 简述知情意行的相互关系。

【答案要点】

知、情、意、行是构成思想品德的四个基本要素。

（1）知，即道德认识，是人们对道德规范及其意义的理解和掌握，它是德育的基础。

（2）情，即道德情感，是人们对社会思想道德和人们行为的爱憎、好恶的态度。

（3）意，即道德意志，是指人们为了达到某种道德目的而行动时所做的自觉努力。

（4）行，即道德行为，是指人们在一定的道德认识、道德情感支配下采取的行动。

品德结构中的四因素，它们各有自己的特点与作用，它们相互联系，相互制约，相互促进，从而推动品德的发展。在德育过程中，它们是相互作用的，道德行为受道德认识、情感和意志的支配、调节，同时又影响道德认识、情感和意志。其中，道德认识是基础，道德行为是关键。

2. 当前中小学开展心理健康教育的基本途径有哪些？

【答案要点】

（1）专题训练。心理素质专题训练过程一般由"判断鉴别—训练策略—反思体验"三个彼此衔接的环节构成。

（2）心理辅导。心理辅导是一种心理上的助人活动，是指在一种新型的、建设性的人际关系中，辅导教师运用其专业知识和技能，给学生以合乎需要的心理上的协助与服务以便在学习、工作与人际关系各个方面做出良好适应。

（3）学科渗透。教师在进行常规的学科教学时，自觉地、有意识地运用心理学的理论、方法和技术，让学生在掌握知识、形成能力的同时，完成各种心理品质，特别是诸如情感、意志、个性品质等方面。在学科教学、各项教育活动、班主任工作中，都应注重对学生心理健康的教育，这是心理健康教育的主要途径。

3. 简述美国1958年的《国防教育法》并给予简要评价。

【答案要点】

1957年，苏联卫星上天后，美国朝野震惊，开始反思自身的教育问题，并将教育提高到保卫国家国防的高度，要求对教育进行改革。在此背景下，1958年美国总统批准颁布了《国防教育法》。主要内容包括：

（1）加强普通学校的自然科学、数学和现代外语的教学。

（2）加强职业技术教育。要求各地区设立职业技术教育领导机构，有计划地开展职业技术训练。

（3）强调"天才教育"。鼓励有才能的学生完成中等教育，攻读考入高等教育机构所必需的课程并升入该类机构，以便培养拔尖人才。

（4）增拨大量教育经费。作为对各级学校的财政援助。

《国防教育法》是作为改革美国教育、加快人才培养的紧急措施推出的，其颁布与实施，为第二次世界大战后美国教育改革提供了坚实的法律保障，促进了美国教育事业的发展，有利于美国教育质量的提高和科技人才的培养。

4. 简要评述我国革命根据地教育的基本经验。

【答案要点】

（1）教育为政治服务。在当时特定的时代环境下，最大的政治是以武装斗争的手段去夺取民族民主革命的胜利，而动员广大人民群众投入革命战争、支援革命战争，并最大限度地提高人民军队干部战士的觉悟，是中国共产党面临的中心任务。

（2）教育与生产劳动相结合。根据地教育的基本任务是彻底改变建立在封建生产关系之上、以脱离农村生产生活实际为特征、以培养精神贵族为目的的文化教育。

（3）依靠群众办教育。依靠群众办教育加强了学校与群众的联系，争取了群众对学校的支持和监督，有利于学校在边区人民群众中生根，加强了学校的民主管理，大大提高了群众办教育的积极性，促进了根据地教育的发展。

三、分析论述题

1. 有人说："讲授法就是注入式教学，发现法就是启发式教学。"请运用教学的有关原理评析这一观点。

【答案要点】

该观点是错误的。

（1）讲授法指教师通过语言系统地向学生传授科学文化知识、思想理念，并促进他们的智能与品德发展的方法。

在教学过程中实施讲授法的基本要求包括：第一，精炼讲授内容，讲授内容要有科学性、系统性、思想性、启发性和趣味性；第二，注重讲授的策略与方式；第三，讲究语言艺术。

（2）发现法是指学生在学习情境中，经过自己探索寻找，从而获得问题答案的一种学习方式，布鲁纳所说的发现不只限于寻求人类尚未知晓的事物的行为，也包括用自己的头脑亲自获取知识的一切形式。

发现法完全放弃知识的系统讲授，而以发现法教学来替代，夸大了学生的学习能力，忽视了知识学习活动的特殊性。发现法运用范围也有限。从学习主体来看，真正能够用发现法学习的只是极少数学生；从学科领域来看，发现法只适合自然科学某些知识的教学，对于文学、艺术等以情感为基础的学科不是完全适用。

（3）如果教师的讲授实施得法，讲授法并不一定会导致学生机械学习，并不等同于注入式教学。同样，发现法也并不一定是保证学生有意义学习的灵丹妙药，并不等同于启发式教学。想要实施启发式教学，关键在于创设问题情境。教师只要讲授实施得法，讲授法同样能够产生启发式教学的效果。因此"讲授法就是注入式教学，发现法就是启发式教学"的说法错误。

2. 试述建构主义学习理论的基本观点以及对教学的启示。

【答案要点】

（1）知识观。建构主义者质疑知识的客观性和确定性，强调知识的动态性。具体体现在以下几方面：第一，知识的动态性。知识不是对现实的准确表征，只是一种解释、一种假设，不是问题的最终答案。它会随着人类的进步而不断地被"革命"，并随之出现新的假设。第二，知识的情境性。知识并不能精确地概括世界的法则，不能拿来便用，而是需要针对具体情境进行再创造。第三，知识学习的主动建构性。知识不可能以实体的形式存在于具体个体之外,学习者对于命题的理解只能由个体基于自己的经验背景而建构起来,取决于特定情境下的学习历程。

（2）学生观。建构主义认为,学生并不是被动接受教师传授的知识,而总是以自己的经验背景或自己的经验来建构对事物的理解。具体表现在以下几方面:第一,建构主义者完全否定心灵白板说,强调学生经验世界的丰富性和差异性;第二,学生并不是空着脑袋走进教室的,当问题呈现时,他们基于相关的经验,依靠推理和判断能力,形成对问题的某种解释;第三,教学不能无视学生的先前经验,要把儿童现有的知识经验作为新知识的生长点,引导儿童从原有的知识经验中"生长"出新的知识经验;第四,教学要增进学生之间的合作,使他看到那些与他不同的观点,促进学习的进行。

（3）学习观。建构主义认为,学习是学习者主动地赋予信息以意义,建构自己的知识经验的过程,具有三个重要特征:第一,主动建构性。面对新信息、新概念、新现象或新问题,学习者需要主动激活头脑中的先前知识经验,通过高层次思维活动,对各种信息和观念进行加工转换,对新旧知识进行综合和概括,解释有关现象,形成新的假设和推论。第二,社会互动性。学习是通过对某种社会文化的参与,内化相关知识和技能,掌握有关工具的过程,这一过程常常需要通过一个学习共同体的合作互动来完成。第三,情境性。建构主义者提出,知识存在于具体的、情境性的、可感知的活动中,它不是一套独立于情境的知识符号,不可能脱离活动情境而抽象地存在,它只有通过实际情境中的应用活动才能真正被人理解。

（4）教学观。教学不再是传递客观而确定的现成知识,而是激活学生原有的相关知识经验,促进知识经验的"生长"。

在教学中,教师要促进学生的知识建构活动,以实现知识经验的重新组织、转换和改造,以此来培养学生的求知欲和探究能力。教学要为学生创设理想的学习情境,激发学生的推理、分析、鉴别等高级的思维活动,同时给学生提供丰富的信息资源、处理信息的工具以及适当的帮助和支持,促进他们自身建构意义以及解决问题的活动。

3. 试述杜威和赫尔巴特的教学思想,并比较两者的异同。

【答案要点】

（1）杜威的教学思想。

杜威反对以教师、教科书、教室为中心的传统教学方法而提出"从做中学",这是一种通过主动作业、在经验的情境中思维的方法,从而达到经验与思维的统一、思维与教学的统一、课程与作业的统一、教材与教法的统一。

①反省思维。杜威所力倡的反省思维是指对某个经验情境中的问题进行反复的、严肃的、持续不断的思考,其功能在于求得一个新情境,把困难解决、疑虑排除、问题解答。

②五步教学法。杜威根据科学的实验主义探究方法和反省思维方式,提出了五步教学法,五个阶段的顺序并不固定,实际思维中,有时两个阶段可以合二为一。包括创设疑难的情境,确定疑难所在,提出问题的种种假设,推断哪种假设能解决这个困难、验证这种假设。

（2）赫尔巴特的教学思想。

①教学进程理论。统觉过程的完成大体上具有三个环节:感官的刺激、新旧观念的分析和联合、统觉团的形成。与此相应,赫尔巴特提出了三种不同的教学方法:单纯提示的教学、分析教学和综合教学。这三种教学方法的联系,就产生了所谓的"教学进程"。

②教学形式阶段理论。赫尔巴特的教学形式阶段,实际上就是课堂教学的完整过程,是一个包括教学方法、教学形式等在内的规范化的教学程序。

他认为,兴趣活动可以划分为四个阶段:注意、期待、要求和行动。儿童在学习活动中的思维方式有两种：专心与审思。在此基础上，他提出了教学形式阶段理论，即明了、联合、系统、方法，也称为"赫尔巴特四段教学法"。

（3）两者的比较。

杜威的教学思想重视科学探究思维，重视解决实际问题的行动能力，与主智主义的传统教育理论有本质区别。

赫尔巴特的教学思想，在一定程度上揭示了教学过程方面的某些规律，反映了人类对教学过程和教学活动本质认识的发展，具有广泛的实践意义是值得充分肯定的；但是，该理论认为任何一堂课都必须遵循这样一个阶段，既限制了学生学习的积极主动性和创造精神，也束缚了教师教学的主动性和灵活性。

4. 试述中国古代教育家的道德修养方法，并谈谈对今天德育改革的启示。

【答案要点】

（1）古代教育家的道德修养方法。

①孔子的道德教育论。孔子的教育目的是培养从政的君子，而成为君子的主要条件是具有道德品质修养，因此，道德教育居首要地位。孔子主张以"礼"为道德规范，以"仁"为最高道德准则。凡符合"礼"的道德行为都要以"仁"的精神为指导，因此，"礼"和"仁"成为道德教育的主要内容。道德修养的原则与方法包括立志、克己、力行、中庸、内省、改过。

②孟子的道德修养方法。孟子在道德教育方面提出了下列原则：持志养气、动心忍性、存心养性、反求诸己。

③墨子的道德教育。墨子很重视道德观念的教育，他将"兼爱"与"正义"作为最高的道德理想和教育的根本内容。

④朱熹的道德教育思想。道德教育是理学教育的核心，也是朱熹教育思想的重要内容。朱熹十分重视道德教育，主张将道德教育放在教育工作的首位。其根本任务是"明天理、灭人欲"。天理即以三纲五常为核心的封建伦理道德，人欲即"心"的毛病，是为"嗜欲所迷"的心。主要进行以三纲五常为核心的封建伦理道德教育。道德教育的方法包括立志、居敬、存养、省察、力行。

（2）对今天德育改革的启示。

①德育应该向着人性化发展。德育的对象是人，德育的最终目的在于使人过上有意义的生活。从我国近20年德育改革实际来看，无论是德育理论研究、德育课程改革，都表明德育人性化有了很大竞争，并仍在向着人性化方向发展。

②德育应向着生活化发展。德育改革和发展强调生活化，即让学校德育从政治化、抽象化的说教中走出来，回归生活，关注、指导和引导学生的现实生活，以学生当下现实生活为基础，引导学生追求更美好更有意义的生活。

2013年
杭州师范大学 333 教育综合·真题解析

一、名词解释

学记

《学记》是《礼记》的一篇，是中国古代最早的一篇专门论述教育、教学问题的论著，因此有人认为它是"教育学的雏形"。《学记》是先秦时期儒家教育和教学活动的理论总结,它主要论述教育的具体实施,偏重于说明教学过程的各种关系。

学校教育制度

学校教育制度是现代教育制度的核心部分,指的是一个国家各级各类学校的系统及其管理规则,它规定着各级各类学校的性质、任务、入学年限、修业年限以及它们之间的关系。

复式教学

复试教学是指一个教师在同一节课内向两个或两个以上的不同年级的学生同时进行教学的组织形式。它是课堂教学的一种变式,或者说是它的一种特殊形式,它保留了课堂教学的关键特征,但同时又对课堂教学的某些特征进行了改革。

情感陶冶法

情感陶冶法指通过创设良好的教育情境,潜移默化地培养学生品德的方法。它利用暗示原理,让学生通过无意识的心理活动来接受某种影响。包括人格感化、环境陶冶和艺术陶冶等。

教学评价

教学评价是对教学工作质量所做的测量、分析和评定。它以参与教学活动的教师、学生、教学目标、内容、方法、教学设备、场地和时间等因素的优化组合的过程和效果为评价对象,是对教学活动的整体功能所做的评价。

教师专业发展

教师专业发展,又称教师专业成长,是指教师在整个专业生涯中,依托专业组织、专门的培养制度和管理制度,通过持续的专业教育,习得教育教学专业技能,形成专业理想、专业道德和专业能力,从而实现专业自主的过程。它包括教师群体的专业发展和教师个体的专业发展。

二、简答题

1. 教育的流动功能。

【答案要点】

教育的社会流动功能是指社会成员通过教育的培养、筛选和提高,能够在不同的社会区域、社会层次、职业岗位、科членов组织之间转换、调整和变动,以充分发挥其个人的智慧才能,实现其人生价值。它包括横向流动功能和纵向流动功能。前者指改变其环境而不提升其社会层级地位,后者指改变其社会层级地位及作用。教育的社会流动功能在当代具有重要意义。

(1)教育是个人社会流动的基础。如今,不管从事什么行业,要在社会上生存与流动,就要有一定的文化知识和能力,必须接受一定的教育。它使享受这一教育的人能够选择自己将要从事的职业,参与建设集体的未来和继续学习。

(2)教育是现代社会流动的主要通道。今天,我国农村的年轻一代要成功地进行社会流动,尤其是向上流动,必须经过教育,甚至只有经过优质的高等教育才能实现。

(3)教育深刻影响社会公平。教育的社会流动,实质上涉及教育机会均等与社会公平问题。到近代,人们才逐步提出普及教育与入学机会人人均等的要求。如今,各国纷纷实行普及义务教育制度,注重教育公平,这是教育发展的趋势。

2. 教师期望效应及其对教育的启示。

【答案要点】

教师通过行为表达出来的对学生的期望,是影响学生发展的一种教学行为,这种影响称为教师期望效应，也称为罗森塔尔效应或皮格马利翁效应。

罗森塔尔在研究的基础上，明确指出了传达教师期望的四个相关因素。在教学中，教师要做到以下四点，来促进学生的发展。

（1）气氛，是指教师给学生创造特别温暖的社会情感关系，主要表现为一些非语言的交流。

（2）反馈，是教师提供给学生更多的情感信息和认知信息。

（3）输入，是指教师提供给学生更多的材料。

（4）输出，是指教师通过言语或非言语的行为给学生更多机会做出反应和提出问题。

教师在教学过程中应该善于利用教师期望效应来促进学生的发展。

3. 孔子的人性观及教育意义。

【答案要点】

孔子对教育在人的发展过程中起关键性作用持肯定态度。他在中国历史上首次提出"性相近也，习相远也"的人性观。"性"指的是先天素质，"习"指的是后天习染，包括教育与社会环境的影响。孔子认为人的先天素质没有多大差别，只是由于后天教育和社会环境的影响作用，才造成人的发展有重大的差别。

从"习相远"的观点出发，孔子认为人要发展，教育条件是很重要的，认为人的生活环境应当受到重视，要争取积极因素的影响，排除消极因素的影响。

这一理论具有一定的科学性，指出人的天赋素质相近，打破了奴隶主贵族天赋比平民天赋高贵、优越的思想。孔子提出的这一理论，是人类认识史上一个重大的突破，成为人人有可能受教育、人人都应当受教育的理论依据。

4. 20世纪60、70年代现代人文主义教育家的教育思想。

【答案要点】

现代人文主义教育思潮于20世纪60—70年代盛行于美国，是现代欧美国家一种以人本主义心理学为基础、突出"以人为本"理念、以培养自我实现和完整的人为教育目的的教育思潮，代表人物有马斯洛、罗杰斯和弗洛姆等。其主要观点包括以下几个方面：

（1）教育的目的是培养自我实现的人。教育的目的就是人的自我实现、完美人生的形成以及人的潜能的充分发展。

（2）主张构建人本课程，即"课程人本化"。不仅要注意课程内容的人本主义，而且要注意强调情感在知识教育中的作用。

（3）强调学校应创设自由学习和发展的氛围。教育的作用就是为学习者创造最佳的学习条件，即创造一种积极的学习环境。

现代人文主义教育不仅对西方教育理论和实践产生了重要的影响，而且对发展方向具有牵引的作用；但它过分强调主体性及个人的价值观和个人的自我实现，简单地把个体的潜能实现与个体的社会价值画上等号，也受到了批评。

三、分析论述题

1. 分析分科课程、活动课程、综合课程的特点以及我国教育的现状。

【答案要点】

（1）分科课程。也称学科课程，是指根据学校培养目标和科学发展，分门别类地从各门科学中选择适合学生年龄特征与发展水平的知识所组成的教学科目。

特点：第一，重视成人生活的分析及对儿童为适应未来社会生活需要所做准备的要求，有明确的目的与目标；第二，能够按照人类整理的科学文化知识的逻辑系统，结合学生身心发展的特点进行教学；第三，强调课程与教材内在的伦理精神价值和智能训练价值。

（2）活动课程。又称经验课程、儿童中心课程，与学科课程相对立，它打破学科逻辑的界线，是以学生的兴趣、需要、经验和能力为基础，通过引导学生自己组织的有目的的活动系列而编制的课程。

特点：第一，重视儿童的兴趣、需要、能力和阅历，以及儿童在学习中的自我指导作用与内在动力；第二，注重引导儿童从做中学，通过探究、交往、合作等活动使学生的经验得到改组与改造；第三，强调解决问题的动态活动的过程；第四，把课程资源作为解决问题的工具，反对预先确定目标的观念。

（3）综合课程，又称"广域课程""统合课程"或"合成课程"。它采取合并相关学科的办法，减少教学科目，把几门学科的教学内容组织在一门综合学科之中，根本目的是克服学科课程分科过细的缺点。

（4）我国中小学的课程设置。我国新一轮基础教育课程改革整体设置九年义务教育课程。

①小学教育：以综合课程为主。小学低年级开设品德与生活、语文、数学、体育、艺术等课程，小学高年级开设品德与社会、语文、数学、科学、外语、综合实践活动、体育、艺术等课程。

②初中教育：设置分科与综合相结合的课程，主要包括思想品德、语文、数学、外语、科学、历史与社会、体育与健康、艺术以及综合实践活动，鼓励学校创造条件开设选修课程。

③普通高中教育：在九年义务教育基础上进一步提高国民素质、面向大众的基础教育。普通高中学制为三年。课程由必修和选修两部分构成。课程设置注重时代性、基础性和选择性，以分科课程为主，开设语文、数学、外语、物理、化学、历史、地理、通用技术、综合实践活动、艺术、体育与健康等课程。所有课程均包括若干必修和选修模块。

2. 评述布鲁纳的认知–发现说。

【答案要点】

布鲁纳是美国著名的认知教育心理学家，提倡发现学习，主张学习的目的在于采用发现学习的方式，使学科的基本结构转变为学生头脑中的认知结构。因此他的理论被称为发现学习论。

（1）认知学习观。布鲁纳认为学习的实质是主动形成认知结构。他十分强调学习的主动性和认知结构的重要性，他认为，学习者不是被动地接受知识，而是主动地获取知识，并通过把新获得的知识和已有的认知结构联系起来，积极地建构其知识体系。学习包括获得、转化和评价三个过程。

（2）结构教学观。教学的目的在于理解学科的基本结构。布鲁纳认为任何一门学科最基本的观念是既简单又强有力的，他提出任何学科的基础都可以用某种适当的形式教给任何年龄的任何人，主张向儿童提供具有挑战性但又合适的机会使其发展步步向前，引导儿童智慧发展。要培养学生的直觉思维，激发学生的内在动机。学科基本结构的教学原则包括动机原则、结构原则、程序原则和强化原则。

（3）发现学习。发现学习是指学生在学习情境中，经过自己探索寻找，从而获得问题答案的一种学习方式，布鲁纳所说的发现不只限于寻求人类尚未知晓的事物的行为，也包括用自己的头脑亲自获取知识的一切形式。教学阶段包括提出问题、做出假设、验证假设和形成结论。

（4）评价。该理论强调学生学习的主动性，强调学习的认知过程，重视认知结构的形成，注重学习者的知识结构、内在动机、独立性与积极性在学习中的作用，但他的学习与教学理论也存在一些偏颇的地方。

3. 斯宾塞的科学教育理论。

【答案要点】

斯宾塞主张教育的目的是为完满生活做准备。为实现此目的，教育应从当时古典主义的传统束缚中解放出来，应该切实适应社会生活与生产的需要。此外，斯宾塞提出了"什么知识最有价值"这一问题，并将评价知识价值的标准定义为对生活、生产和个人发展的作用，知识对生活的作用越大则价值越大。

斯宾塞按照重要程度把人类活动分为五个部分：第一，直接有助于自我保全的活动；第二，从获得生活必需品而间接有助于自我保全的活动；第三，目的在于抚养和教育子女的活动；第四，与维持正常的社会和政治关系有关的活动；第五，在生活中的闲暇时间用于满足爱好和情感的各种活动。

为促使个人有能力从事上述五类活动，斯宾塞提出学校应开设以下五种类型的课程：

（1）生理学与解剖学。此类知识属于直接保全自己的知识，应成为合理教育中最为重要的部分。

（2）逻辑学、数学、力学、化学、天文学、地质学、生物学和社会科学，属于间接保全自己的知识，是文明生活得以维持的基础知识。

（3）生理学、心理学与教育学。此类知识能够保证父母们成功履行自己的责任，进而促使家庭稳定和睦，社会文明进步。

（4）历史学。历史知识有利于人们自己调节自己的行为，成功履行公民的职责。

（5）文学、艺术等。这类知识能够满足人们闲暇时休息与娱乐的需要。

斯宾塞的教育理论主张以科学知识为中心，兼顾个人和社会生活的双重需要，是教育思想上的一次变革。斯宾塞及其他提倡科学教育的思想家们不仅对英国中学和大学冲破古典教育传统的禁锢产生了深刻的影响，而且影响到欧美其他国家，极大地推动了科学教育的发展。但是，他的教育观也带有明显的时代局限性，他的课程论反映了资产阶级利益，带有个人主义、功利主义的色彩。

4. 试分析1922年新学制的标准、特点、意义以及对现代教育改革的启发。

【答案要点】

1922年，教育部在北京专门召开了学制会议。同年11月以大总统令公布了《学校系统改革案》。该学制又被称为"新学制"或"壬戌学制"，由于采用的是美国式的六三三分段法，又称"六三三学制"。

（1）"新学制"的七项标准为：第一，适应社会进化之需要；第二，发扬平民教育精神；第三，谋个性之发展；第四，注意国民经济力；第五，注意生活教育；第六，使教育易于普及；第七，多留各地伸缩余地。

这七项标准体现出来的主流是新文化运动以来所倡导的"民主"与"科学"的精神，尤其是实用主义的教育思想。它对其后民国一系列教育改革产生了深远的影响。

（2）新学制的特点：第一，根据儿童身心发展规律划分教育阶段；第二，初等教育阶段趋于合理，更加务实；第三，中等教育阶段是改制的核心，是新学制中的精粹；第四，建立了比较完善的职业教育系统；第五，改革师范教育制度；第六，缩短高等教育年限，取消大学预科。

（3）意义。第一，新学制虽借鉴了美国的六三三制，但并非盲从美制。它的产生是经过我国教育界的长期酝酿讨论，并经许多省市认真试行，最终集思广益的成果；第二，新学制加强了中等教育和职业教育训练，有利于初级中等教育的普及，在一定程度上处理了升学和就业的矛盾，适应当时中国资本主义工商业发展的需求；第三，新学制尽管受到进步主义教育思想和美国模式的影响，但有其内在的先进性和合理性，比较彻底地摆脱了封建传统教育的束缚，表现了教育重心下移、适应社会和个人需要等时代特点；第四，该学制比较符合当时中国的情况，后来经多次修补，除了在某些方面有所改动外，总体框架一直沿用下来。这是中国教育界、文化界共同智慧的结晶，标志着中国近代以来国家学制体系建设的基本完成。

杭州师范大学 333 教育综合·真题解析

一、名词解释

教学

教学是在一定教育目的规范下，在教师有计划的引导下，学生能动地学习、掌握系统的课程预设的科学文化基础知识，发展自身的智能与体力，养成良好的品行与美感，逐步形成全面发展的个体素质的活动。

学校管理

学校管理是学校管理者在一定的社会历史条件下，通过一定的组织机构和制度，采用一定的方法和手段，带领师生员工，充分发挥学校人、财、物、时、空和信息等资源的最佳整体功能，实现学校工作目标的组织活动。

有教无类

"有教无类"的本意是不分贵贱贫富和种族，人人都可以入学接受教育。孔子的教学实践切实地贯彻了这一办学方针，他的弟子来自各个诸侯国，分布地区广泛；弟子成分复杂，出身于不同的阶级和阶层，大多数出身于平民。

"五育"并举

1912年初，蔡元培发表《对于教育方针之意见》一文，提出了军国民教育、实利主义教育、公民道德教育、世界观教育和美感教育"五育"并举的教育思想，成为制定民国教育方针的理论基础。

《大教学论》

《大教学论》是夸美纽斯的教育代表作，标志着独立形态的教育学的开端，论述了教育的目的和任务、教育适应自然的原则、学校制度及各阶段的教育任务、班级授课制、教学原则和教学方法等，成为近代教育理论的奠基之作。

终身教育

终身教育是人一生各阶段当中所受各种教育的总和，也是人所受的不同类型教育的综合。前者从纵向上讲，说明终身教育不仅仅是青少年的教育，而且涵盖了人的一生；后者从横向上讲，说明终身教育既包括正规教育，也包括非正规教育和非正式教育。

二、简答题

1. 教师劳动的特点。

【答案要点】

（1）教师劳动的复杂性。教师劳动的复杂性主要受以下三方面的影响：第一，学生状况的复杂性决定着教师劳动的复杂性；第二，教师任务的多样性制约着教师劳动的复杂性；第三，影响学生发展因素的广泛性制约着教师劳动的复杂性。

（2）教师劳动的示范性。教育是教师引导、培养学生的活动，它要求教师以身作则，具有示范性。教师的劳动对象是处在发展过程中的青少年学生，他们具有尊敬教师、乐于接受教师的教导、以教师为表率的所谓"向师性"的特点。因此，教师必须严格要求自己，以身作则，通过示范的方式去影响学生，以便取得最佳教育效果。

（3）教师劳动的创造性。教师劳动创造性的最重要特征之一是他的工作对象，即儿童经常在发生变化，永远是新的，今天同昨天就不一样。此外，教师劳动的创造性还表现在因材施教上；表现在对教育、教学的原则、方法、内容的运用、选择和处理上；表现在教育教学过程中，教师对各种突发情况做出及时反应、妥善处理的应变能力上。

（4）教师劳动的专业性。教师劳动的专业性突出表现在教师对育人的崇高敬业精神和道德修养上，对教育教学专门化知识和技能的掌握与教育活动的自主权上。

2. 加德纳的多元智力理论。

【答案要点】

加德纳提出的多元智力理论认为，不存在单纯的某种智力和达到目标的唯一方法，每个人都会用自己的方式来发掘各自的大脑资源，这种为达到目的所发挥的各种个人才智才是真正的智力，造就了人与人之间的不同。人的智力可以分为八种。

（1）逻辑数学智力：运算和推理等科学或数学的一般能力，以及处理较长推理、识别秩序、发现模型和建立因果模型的能力。

（2）语言智力：运用语言达到各种目的的能力以及对声音、韵律、语意、语序和灵活操纵语言的敏感能力，包括听、说、读和写的能力。

（3）音乐智力：感受、辨别、记忆、理解、评价、改变和表达音乐的能力。

（4）空间智力：准确感受视觉－空间世界的能力，包括感受、辨别、记忆、再造、转换以及修改物体的空间关系，并借此表达思想和情感的能力。

（5）身体运动智力：控制自己身体运动和技术性地处理目标的能力。

（6）人际关系智力：与人相处和交往的能力，表现为觉察他人情绪、情感、气质、意图和需求的能力并据此做出适当反应的能力。

（7）内省智力：认识、洞察和反省自身的能力，并在正确的自我意识和自我评价的基础上形成自尊、自律和自制的能力。

（8）自然智力：认识物质世界的相似和相异性及动物、植物和自然环境其他事物的能力。

3. 陶行知生活教育理论中"社会即学校"思想。

【答案要点】

"社会即学校"是陶行知生活教育理论一种重要主张，是"生活即教育"思想在学校与社会关系问题上的具体化。

（1）"社会即学校"，是指"社会含有学校的意味"，或者说"以社会为学校"。由于到处是生活，到处都是教育，"整个的社会是生活的场所，亦即教育之场所"。

（2）"社会即学校"，也指"学校含有社会的意味"。也就是说，学校通过与社会生活相结合，一方面运用社会的力量使学校进步，另一方面动员学校的力量帮助社会进步，使学校真正成为社会生活必不可少的组成部分。

"社会即学校"扩大了学校教育的内涵和作用，对于传统的学校观、教育观有所改变。传统学校与社会生活脱节，学生孤陋寡闻，而以社会为学校，使得教育的材料、教育的方法、教育的工具、教育的环境可以大大地增加，有利于拓展学生的知识，增强学生的能力。"社会即学校"，还可以使被传统学校拒之门外的劳苦大众能够受到起码的教育，贯穿了普及民众教育的苦心，同样也值得肯定。

4. 新文化运动影响下的教育思潮。

【答案要点】

（1）平民教育思潮。倡导平民教育是新文化运动中民主思潮在教育领域里的反映和重要的组成部分。平民教育思潮的共同点，在于批判传统的"贵族主义"的等级教育，破除千百年来封建统治者独占教育的局面，使普通平民百姓享有教育权利，获得文化知识，改变生存状况。

（2）工读主义教育思潮。工读主义教育思潮的基本主张有：以工兼学、勤工俭学、工人求学、学生做工、工学结合、工学并进，培养朴素工作和艰苦求学的精神，以求消除体脑差别。由于提倡和参加者思想立场的差异，工读主义也有不同主张。

（3）职业教育思潮。职业教育思潮是由清末民初的实利主义教育思想发展演变而来，且受到欧美职业教育思想传入中国的推波助澜。1917年，黄炎培发起成立了中华职业教育社，这是中国近代第一个研究、倡导、实验和推行职业教育的专门机构，进一步从理论上探讨、在实践中推行职业教育，职业教育思潮由此达到高潮，并出现全国性的职业教育运动。

（4）科学教育思潮。科学教育思潮在新文化运动期间形成并盛行一时。其基本内涵为：一是"物质上之知识"的传授；二是应用科学方法于教育研究和对人的科学精神、科学态度的训练，而尤以后者为重。

（5）国家主义教育思潮。国家主义教育思潮是一种具有强烈资产阶级民族主义色彩的社会思潮，于20世纪初在中国兴起，是政治上的国家主义在教育领域的反映。其主旨在于以国家为中心，反对社会革命，通过加强国家观念的教育来实现国家的统一与独立。

三、分析论述题

1. 试论述教育与社会生产力、社会经济发展的相互关系。

【答案要点】

（1）教育与社会生产力的关系。

①生产力的发展制约教育事业发展的规模和速度。物质资料的生产是社会存在与发展的基础。教育事业发展的规模和速度，归根结底是由生产力发展的水平和状况决定的，一定的教育必须与一定的生产力发展相适应，这是学校教育发展必须遵循的规律。

②生产力的发展水平制约人才的培养规格和教育结构。不同的生产力发展水平，对教育所培养的人提出了不同层次的要求。生产力的发展与分工，也必然引起教育结构的变化。因此学校教育结构必须反映经济的技术结构和产业结构的发展变革。这样教育为生产培养的人才在总量、类型和质量上才能满足生产力发展的需求。

③生产力的发展制约教学内容、教学方法和教学组织形式的发展和改革。生产力的发展推动了科学技术的发展，也必然促进教学内容的发展与更新。教学方法和教学组织形式的变革也是一样，如班级教学组织形式的产生与改进、多媒体教学等现代方法的运用，都是与生产力的发展和科学技术的运用紧密相关的。

（2）教育与社会经济发展的关系。

①教育是使可能的劳动力转变为现实的劳动力的基本途径。劳动力是生产力中能动的要素。个体的生命的成长只构成了可能的劳动力，一个人只有经过教育和训练，掌握一定生产部门的劳动知识和技能，并能生产某种使用价值，他才能成为现实的生产力。

②现代教育是使知识形态的生产力转化为直接的生产力的重要途径。科学技术是一种知识形态的生产力，要使其转化为现实的生产力，除了要通过科学研究、发明创造或革新实践外，其技术成果的推广、经验的总结与提升都需要教育与教学的紧密配合。

③现代教育是提高劳动生产率的重要因素。现代生产有其显著特点，它的生产率提高依靠科学技术在生产中的应用、推广和不断革新，依靠提高劳动者受教育的程度与质量，依靠劳动者的素质、扩大脑力劳动者的比重、发挥劳动者在生产和改革中的创造性。

2. 如何理解德育过程是培养学生知情意行的过程？

【答案要点】

学生的品德包含知、情、意、行四个要素。所以德育过程也是培养学生思想品德的知、情、意、行整体和谐的发展过程。

（1）思想道德发展的整体性。个体思想品德的发展是品德各要素协调统一的发展。依据这一品德形成规律，开展德育活动时，就应该注意全面性，兼顾知、情、意、行各要素。个体品德结构中的知、情、意、行等要素，是相互制约、相互促进的，共同推动着个体思想品德的发展；应该晓之以理、动之以情、导之以行、持之以恒，全面关心学生品德中知情意行的培养，使它们全面而和谐地发展。

（2）德育过程有多种开端。开展德育可以有多种开端，既可以从知或情的培养入手，也可以从行的锻炼开始。在思想品德的发展过程中，知、情、意、行诸因素的发展往往是不平衡的，而且每个学生的品德发展也有显著差异。这就要求我们进行德育时，必须针对不同情况加以灵活处理，有的放矢，因材施教。

（3）德育实践的针对性。道德品质的知、情、意、行的培养不能一概而论，简单对待，用一种方法进行，应该根据知、情、意、行每一要素的特点，开展具有针对性的教育活动。

①学生的道德认识，既可以通过学习间接经验的方式，如听讲、看书、背诵等方式习得，也可以通过直接经验的方式，如亲历道德实践和社会活动等方式获取。

②要注重学生的道德情感培育。

③德育的最终目标是要促进学生实现道德认知、道德情感向行为的转化。

3. 人本主义教育心理学的理论和实践具有什么贡献和局限？

【答案要点】

人本主义强调把人作为一个整体来研究，而不是将人的心理分解为不能整合的几个部分；人本主义心理学的学习理论从全人教育的视角阐释了学习者整个人的成长历程，重视如何为学习者创造一个良好的环境，让其从自己的角度感知世界，发展出对世界的理解，达到自我实现的最高境界。

（1）理论和实践。罗杰斯是人本主义心理学的创始人，他将"来访者中心疗法"移植到教育领域，创立了"以学生为中心"的教学理论，是20世纪最伟大的教育理论之一。罗杰斯所倡导的学习原则的核心就是让学生自由学习。自由学习就是教师要信任学生、信任学生的学习潜能，为学生提供各种学习的资源和一种促进学习的气氛，让学生自己决定如何学习，使其在交往中形成适应自己风格的、促进学习的最佳方法。罗杰斯列举了多种在他看来有助于促进学生学习的方法，包括建构真实问题情境、提供学习资源、使用合约、分组教学等。

（2）贡献和局限。人本主义教育理论唤起了人们对学习者个性和需求的尊重，使教育者意识到不仅要关注学生的学习成效，更应该关注学生个性的完善和人的价值的实现。但人本主义教育理论过分强调了学习者的自由和自主，甚至因此而否定整个教育制度存在的意义，否定教育的功能。

4. 试论述卢梭的自然主义教育观。

【答案要点】

（1）自然教育的基本含义。卢梭自然主义教育的核心是"回归自然"。一方面，善良的人性存在于纯洁的自然状态之中。只有"回归自然"、远离喧嚣社会的教育，才有利于保持人的善良天性。

因此 15 岁之前的教育必须在远离城市的农村进行。另一方面，每个人都是由自然的教育、事物的教育、人为的教育三者培养起来，只有三种教育圆满地结合才能达到预期的目的。三者之中，应以自然的教育为基准，才能使教育回归自然达到应有的成效。

（2）自然教育的培养目标。自然教育最终目的是培养"自然人"，即身心调和发达、体脑两健、能力强盛的新人，也就是摆脱封建羁绊的资产阶级新人。具有以下特征：第一，自然人是能独立自主的人，他能独自体现出自己的价值；第二，在自然的秩序中，所有的人都是平等的；第三，自然人又是自由的人，他是无所不宜、无所不能的；第四，自然人还是自食其力的人。可无须仰赖他人为生，这是独立自主的可靠保证。

（3）自然教育的方法原则。卢梭猛烈抨击了当时向儿童强迫灌输旧的道德和知识、摧残儿童天性的做法，他提出以下几点原则和方法：第一，树立正确的儿童观，应当把成人看作成人，把孩子看作孩子；第二，对儿童实施消极教育。此外，让他们在同自然的接触中，体会到自己所犯的错误和过失带来的自然后果，使儿童服从于自然法则，结合具体事例让他们从自己的直接经验中受到教育；第三，根据儿童天性的个体差异，因材施教。

（4）自然主义教育的实施。卢梭根据自然教育的原则，根据人的自然发展的进程和不同年龄时期身心的特点，把自然教育分为婴儿期、儿童期、少年期和青春期。婴儿期主要进行体育；儿童期主要进行感官训练和身体发育，这个时期的儿童不宜进行理性教育，不应强迫儿童读书；少年期主要进行智育和劳动教育；青春期主要接受道德教育，包括宗教教育、爱情教育和性教育。

卢梭提出的自然主义教育思想是教育思想史上由教育适应自然向教育心理学化过渡的一个重要环节。在封建社会压制人性的情况下，提倡性善论，尊重儿童天性具有历史进步意义。他呼吁培养身心调和发展的自然人和自由人也反映了对人的发展的合理要求。卢梭论证了自然主义教育的内容和方法。如重视感觉教育的价值；反对古典主义和教条主义，要求人们学习真实有用的知识；反对向儿童灌输道德教条，要求养成符合自然发展的品德等。这些观点既是在前人的基础上的发展，也反映了近代教育的发展方向。

2011年 杭州师范大学 333 教育综合·真题解析

一、名词解释

学校教育

学校教育指一种专门组织的不断趋向规范化、制度化、体系化的教育。它是根据一定的社会现实和未来需要，遵循受教育者身心发展的规律，有目的、有计划、有组织地对受教育者身心施加影响，把他们培养成为一定社会或阶级所需要的人的活动。

教育目的的社会本位论

社会本位论认为个人的一切发展都有赖于社会，都受社会的制约，人的一切发展也是为了满足社会的需要；教育除了满足社会需要以外并无其他目的；教育结果的好坏是以其社会功能发挥的程度来衡量的，离开了社会，就无法对教育的结果做出衡量。代表人物有那托尔普、涂尔干和凯兴斯泰纳等。

苏格拉底法

苏格拉底法也称"问答法""产婆术"，是由讥讽、助产术、归纳和定义四个步骤组成的独特的方法。这是苏格拉底探讨伦理哲学的研究方法，也是他的教学方法。

贝尔－兰开斯特制

贝尔－兰开斯特制即导生制，指教师在学生中选择一些年龄较大、学习成绩较好的学生充任导生，教师先对导生进行教学，然后由他们去教其他学生。通过这种教学方式，学生的数额得以大大增加，也在一定程度上缓解了教师奇缺的压力，因而一度广受欢迎，但因其难以保证教育质量而最终被人们所抛弃。

教学做合一

教学做合一是陶行知生活教育理论的一重要主张，是"生活即教育"在教学方法问题上的具体化。教学做合一要求在"劳力上劳心"；认为"行是知之始"；要求"有教先学"和"有学有教"；是对注入式教学法的否定。

《学记》

《学记》是《礼记》的一篇，是中国古代最早的一篇专门论述教育、教学问题的论著，因此有人认为它是"教育学的雏形"。《学记》是先秦时期儒家教育和教学活动的理论总结，它主要论述教育的具体实施，偏重于说明教学过程的各种关系。

二、简答题

1. 简述教育的相对独立性。

【答案要点】

教育的相对独立性是指作为社会一个子系统的教育，它对社会的能动作用具有自身的特点和规律性，它的历史发展也有其独特连续性和继承性。主要表现为以下几方面：

（1）教育是培养人的活动，通过所培养的人作用于社会。教育尤其是学校教育，是有意识地影响人、培育人、塑造人的社会活动。它主要通过引导和促进年轻一代社会化、个性化，成为社会活动的参与者和继承者，以保证并促进社会的生存、延续与发展。

（2）教育具有自身的活动特点、规律及原理。教育是培养人的活动，而人具有特殊的身心发展和成熟的规律。教育教学及其相关活动必须认识、遵循和创造性地运用这些基本特点与规律，才能有效地培育人才。此外，还应重视和遵循前人的宝贵经验，并在此基础上继续发展、前进。

（3）教育具有自身发展的传统与连续性。由于教育有自身的规律和特有的社会功能，它一经产生、发展便将形成和强化其相对独立性，具有发展的连续性、继承性和惯性。因此，无论是办学校、发展教育事业，或进行教育改革，都要重视与借鉴教育的历史经验，都应在原有的基础上积极改进、稳步前行。

2. 影响问题解决的主要因素有哪些？

【答案要点】

（1）问题情境。个体面临的刺激模式与其已有的知识结构所形成的差异。

（2）原型启发。通过从待解决的问题具有相似性的其他事物上发现问题解决的途径和方法。

（3）人际关系。良好的人际关系有助于其解决面临的各类问题。

（4）知识经验。任何问题解决都离不开一定的知识、策略和技能，知识经验不足常常是不能有效解决问题的重要原因。

（5）定势与功能固着。定势是指人在解决一些相似的问题之后会出现一种惯用的方式解决问题的倾向。功能固着是指一个人看到某个物品有一种惯常的用途后，就很难看出它的其他新用途。

（6）酝酿效应。在反复探索一个问题的解决而毫无结果时，如果把问题暂时搁置几个小时、几天或几周，然后再回过头来解决，这时常常就可以很快找到解决方法。

（7）情绪状态。相对平和的心态有利于问题解决，同时，积极的情绪也有利于问题解决。

3. 简述书院教育的特点。

【答案要点】

书院最初属于私学性质，尽管在发展的过程中有官学化倾向，但在培养目标、管理形式、课程设置、教学方法以及师生关系等方面都表现出与官学不同的特点。

（1）书院精神。书院以自由讲学为主，注重讨论，学术风气浓厚，开辟了新的学风，推动了教育和学术的发展。

（2）书院功能。育才、研究和藏书。

（3）培养目标。注重人格修养，强调道德与学问并进，培养学生的学术志趣。

（4）管理形式。较为简单，管理人员少，强调学生遵照院规自我约束、自我管理为主。

（5）课程设置。灵活具有弹性，教学以学生自学、独立研究为主，师生、学生之间注重质疑问难与讨论。

（6）教学组织。教学与研究相结合，教学形式多样，注重讲明义理，躬亲实践。

（7）规章制度。书院作为一种教育制度得以确立，在教育目标、教学方法、教学顺序等方面用学规的形式加以阐明，最著名的是《白鹿洞书院揭示》，它说明南宋后书院已经制度化。

（8）师生关系。较之官学更为平等、学术切磋多于教训，学生来去自由，关系融洽、感情深厚。

（9）学术氛围。教学与学术研究并重，学术氛围自由宽松，人格教育与知识教育并重。

4. 简要评述孔子的道德教育思想。

【答案要点】

（1）道德教育的内容。孔子的教育目的是培养从政的君子，而成为君子的主要条件是具有道德品质修养，因此，道德教育居首要地位。孔子主张以"礼"为道德规范，以"仁"为最高道德准则。凡符合"礼"的道德行为都要以"仁"的精神为指导，因此，"礼"和"仁"成为道德教育的主要内容。

（2）道德修养的原则与方法。

①立志。认为人不应以当前的物质生活为满足，还应有对未来的精神上有更高的追求，要有自己的理想。

②克己。主张应着重在要求自己上，约束和克制自己的言行，使之合乎礼、仁的规范。"君子求诸己，小人求诸人。"

③力行。要求言行一致，不要出现脱节，道德认识依靠道德实践的检验而证实。"言必信，行必果。"

④中庸。待人处事都要中庸，防止发生偏向，一切行为都要中道而行。

⑤内省。就日常所做的事进行自我检查，查看其是否合乎道德规范。

⑥改过。人人都会犯错，但要以正确的态度重视改过，鼓励学生要勇于改正错误。

（3）评价。孔子多样化、生活化的德育方法，对改善现在的德育教育方式具有重要的作用和意义。

三、分析论述题

1. 如何正确理解掌握知识与发展智力的关系？

【答案要点】

（1）智力的发展与知识的掌握二者相互依存，相互促进。

在教学过程中，学生智力的发展依赖于他们对知识的掌握，对学生来说，掌握、运用知识及其反思、改进的过程，也就是他们运用和发展智力的过程；同时，学生对知识的掌握又依赖于他们的智力发展，只有那些智力发展好的学生，他们的接受能力才强、学习效率才高，而智力发展较差的学生在学习中则有较多的困难。

（2）生动活泼地理解和创造性地运用知识才能有效地发展智力。

通过传授知识发展学生智力是教学的一个重要任务，然而知识不等于智力，一个学生知识的多少并不一定能标志他的智力发展的高低。因此，在教学中不仅要教给学生知识，而且要引导学生通过生动活泼的教学活动，透彻地理解知识原理，了解获取知识的过程与方法，学会独立思考、推理与论证，创造性地解决实际问题，这样才能使学生的智力获得高水平的发展。

（3）防止单纯抓知识教学或只重能力发展的片面性。

在教学实践中，有的认为"双基"教学抓好了，学生的智力就自然地发展了，却忽视引导学生通过探究、反思有意识地锻炼自己的智力；有的则只注重学生自主探究、反思，却忽视通过系统知识和原理的学习与运用来发展智力。这两者都不利于提高教学质量。

2. 自古以来，对教师的角色有许多隐喻，如"教师是蜡烛，燃烧自己照亮别人""教师是人类灵魂的工程师，塑造着学生的精神世界"等。请从"蜡烛论"和"工程师论"中任选一种教师角色的隐喻分析其蕴涵的意义。

【答案要点】

教师历来有"人类灵魂工程师"的美称，要成为名副其实的灵魂工程师，首先必须有美好的心灵。在今天，拥有丰富的知识已不再是为师者的决定性条件或主要素养，高尚、健全的人格才是为师者的灵魂。要塑造美好的心灵，必须以教师的健全人格、美的心灵、活的灵魂为前提。

此题属于开放性问题，考生只需要围绕该题目进行正确的阐述即可，可从不同的视角进行分析论述。若考生缺乏思路，可参考教师的劳动特点或教师的专业发展做出解答，没有标准答案，言之有理即可。

3. 论述建构主义学习理论的基本观点。

【答案要点】

（1）知识观。建构主义者质疑知识的客观性和确定性，强调知识的动态性。具体体现在以下几方面：第一，知识的动态性。知识不是对现实的准确表征，只是一种解释、一种假设，不是问题的最终答案。它会随着人类的进步而不断地被"革命"，并随之出现新的假设。第二，知识的情境性。知识并不能精确地概括世界的法则，不能拿来便用，而是需要针对具体情境进行再创造。第三，知识学习的主动建构性。知识不可能以实体的形式存在于具体个体之外，学习者对于命题的理解只能由个体基于自己的经验背景而建构起来，取决于特定情境下的学习历程。

（2）学生观。建构主义认为，学生并不是被动接受教师传授的知识，而总是以自己的经验背景或自己的经验来建构对事物的理解。具体表现在以下几方面：第一，建构主义者完全否定心灵白板说，强调学生经验世界的丰富性和差异性；第二，学生并不是空着脑袋走进教室的，当问题呈现时，他们基于相关的经验，依靠推理和判断能力，形成对问题的某种解释；第三，教学不能无视学生的先前经验，要把儿童现有的知识经验作为新知识的生长点，引导儿童从原有的知识经验中"生长"出新的知识经验；第四，教学要增进学生之间的合作，使他看到那些与他不同的观点，促进学习的进行。

（3）学习观。建构主义认为，学习是学习者主动地赋予信息以意义，建构自己的知识经验的过程，具有三个重要特征：第一，主动建构性。面对新信息、新概念、新现象或新问题，学习者需要主动激活头脑中的先前知识经验，通过高层次思维活动，对各种信息和观念进行加工转换，对新旧知识进行综合和概括，解释有关现象，形成新的假设和推论。第二，社会互动性。学习是通过对某种社会文化的参与，内化相关知识和技能，掌握有关工具的过程，这一过程常常需要通过一个学习共同体的合作互动来完成。第三，情境性。建构主义者提出，知识存在于具体的、情境性的、可感知的活动中，它不是一套独立于情境的知识符号，不可能脱离活动情境而抽象地存在，它只有通过实际情境中的应用活动才能真正被人理解。

（4）教学观。教学不再是传递客观而确定的现成知识，而是激活学生原有的相关知识经验，促进知识经验的"生长"。在教学中，教师要促进学生的知识建构活动，以实现知识经验的重新组织、转换和改造，以此来培养学生的求知欲和探究能力。教学要为学生创设理想的学习情境，激发学生的推理、分析、鉴别等高级的思维活动，同时给学生提供丰富的信息资源、处理信息的工具以及适当的帮助和支持，促进他们自身建构意义以及解决问题的活动。

4. 论述赫尔巴特的教育性教学原则。

【答案要点】

（1）内涵：教育性教学原则是指以教学来进行教育的原则。赫尔巴特指出，不存在"无教学的教育"，也不存在"无教育的教学"。即教育是通过教学，而且只有通过教学才能真正产生实际作用，教学是道德教育的基本途径。

（2）措施：首先要求教学的目的与整个教育的目的保持一致。因此教学工作的最高目的在于养成德行。为了实现这个最终目的，教学还必须为自己设立一个近期的、较为直接的目的，即"多方面的兴趣"。

（3）评价：赫尔巴特的突出贡献在于，运用其心理学的研究成果，具体阐明了教育与教学之间存在的内在的本质联系，使道德教育获得了坚实的基础；但他把教学完全从属于教育，把教育和教学完全等同起来，也是一种机械论的倾向。

杭州师范大学 333 教育综合·真题解析

一、名词解释

班级授课制

班级授课制是一种集体教学形式。它把一定数量的学生按年龄与知识程度编成固定的班级，根据周课表和作息时间表，安排教师有计划地给全班学生上课，分别学习所设置的各门课程。

学制

学制即学校教育制度，它是现代教育制度的核心部分，指的是一个国家各级各类学校的系统及其管理规则，它规定着各级各类学校的性质、任务、入学年限、修业年限以及它们之间的关系。

教育目的

教育目的是对教育活动所要培养的人的个体素质的总的预期与设想，是对社会历史活动的主体的个体素质的规定。它体现一定社会对受教育者质量规格的界定和要求，也体现人自身发展所应该达到的水准和高度。

4. 学科课程

学科课程也称分科课程，是指根据学校培养目标和科学发展，分门别类地从各门科学中选择适合学生年龄特征与发展水平的知识所组成的教学科目。

5. 德育

德育是引导学生领悟社会主义思想和道德规范，组织和指导学生的道德实践，培养学生的社会主义品德的教育。普通中学在德育方面的要求主要是：教育学生初步了解马克思主义，热爱中国共产党和社会主义祖国，热爱劳动、学习等；帮助学生提高主体意识、心理承受力、应变力等。

6. 高原现象

高原现象是指练习到一定阶段时，进步会暂时停顿的现象。它表现为练习曲线保持在一定的水平而不再上升，甚至有所下降。但是在高原期后，练习曲线又会上升，即表示练习成绩又可以有所进步。

二、简答题

1. 简述我国科举制度的主要特点及其对教育的影响。

【答案要点】

科举制度即个人自愿报考，县州逐级考试筛选，全国举子定时集中到京都，按科命题，同场竞试，以文艺才为标准，评定成绩，限量选优录取，是一种选官制度，以这种方式选拔国家官员。

（1）积极影响。

①扩大了统治基础，有利于加强中央集权。

②使选士与育士紧密结合。促进人们的思想统一于儒学，成为实施儒家"学而优则仕"原则的途径。刺激学校教育的发展，有利于教育的普及。

③使选拔人才较为客观公正。隋唐科举考试在发展的过程中逐步建立了较为完备的考试制度，同时逐步建立了一系列的考试防范措施，加强了考试管理。

（2）消极影响。

①国家只重科举取士，而忽略了学校教育。学校成为科举考试的预备机构，一切教学活动都围绕着科举考试来进行，学校失去了相对独立的地位和作用。

②束缚思想，败坏学风。在科举制的影响下，读书的目的不是求知求真，而是为了功名利禄，具有强烈的功利色彩。

③科举考试内容的狭隘也阻碍了中国文化的和谐发展，特别是科技文化的发展。

2. 简述文艺复兴时期人文主义教育的主要特征及其对教育的贡献。

【答案要点】

（1）文艺复兴时期人文主义教育的主要特征。

①人本主义。人文主义教育在培养目标上注重个性发展，在教育教学方法上反对禁欲主义，尊重儿童天性，坚信通过教育这种后天的力量可以重塑个人、改造社会和自然，这些都表现出人本主义内涵，人的力量、人的价值被充分肯定。

②古典主义。人文主义教育思想吸收了许多古人的见解，人文主义教育实践尤其是课程设置亦具有古典性质，但这种古典主义绝非纯粹的"复古"，实则含有古为今用、托古改制的内涵，这在当时是进步的。

③世俗性。不论从教育目的还是从课程设置等方面看，人文主义教育洋溢着浓厚的世俗精神，

教育更关注今生而非来世。

④宗教性。几乎所有的人文主义教育家都信仰上帝，他们希冀以世俗和人文精神改造中世纪陈腐专横的宗教性，以造就一种更富世俗色彩和人性色彩的宗教性。

⑤贵族性。人文主义教育的对象主要是上层子弟，教育的形式多为宫廷教育和家庭教育而非大众教育，教育的目的主要是培养上层人物如君主、侍臣、绅士等。

（2）文艺复兴时期的人文主义教育对教育的贡献包括：复兴了古典的教育理想；复兴了自由教育的传统；促进了新道德教育观的出现；建立了新型的人文主义教育机构；促进了大学的改造和发展；丰富了教育理论；推动了教育世俗化的历史进程。

3. 简述启发性原则的含义及贯彻这一原则的基本要求。

【答案要点】

启发性教学原则是指在教学中教师要激发学生的学习主体性，引导他们经过积极思考与探究自觉地掌握科学知识，学会分析问题和解决问题，树立求真意识和人文情怀。也称探究性原则或启发与探究相结合原则。在教学中贯彻贯彻启发性教学原则的要求有：

（1）调动学生学习的主动性。在激发学生的学习主动性上，教师要发挥个人的创造性，善于运用发人深思的提问、令人心动的讲述，充分显示教学内容的吸引力，以便激起学生的求知欲和积极性，全神贯注地投入学习。

（2）善于提问激疑，引导教学步步深入。在启发过程中，教师要有耐心，给学生以思考时间；要有重点，问题不能多，不能启而不发；要善于与学生探讨，引导学生一步步去获取新知识和领悟人生的价值。

（3）注重通过解决实际问题启发学生获取知识。接触实际问题对学生更具诱惑力和挑战性，会使他们更积极主动地进行学习和完成任务。

（4）引导学生反思学习过程。教学要引导学生反思学习过程，了解学习过程，分析学习过程中的顺利与障碍、长处与缺点，寻找原因，克服失误，使学习程序简捷、有效，注重积淀适合自己的学习方式，学会学习。

（5）发扬教学民主。要创造宽松、和谐、民主、平等、坦率、活跃的课堂教学氛围，这是启发教学的重要条件。

4. 简述马斯洛的需要层次理论。

【答案要点】

人本主义心理学家马斯洛认为，个体的任何行为动机都是在需要发生的基础上被激发起来的。他把动机看作需要，认为动机是由多种不同性质的需要组成，各种需要之间又有先后顺序和高低层次之分，提出了动机的需要层次理论。马斯洛提出，人有7种基本需要，分别为：

（1）生理需要：维持生存和延续种族的需要。

（2）安全需要：受保护与免遭威胁、获得安全感的需要。

（3）归属与爱的需要：被人接纳、爱护、关注、鼓励、支持的需要。

（4）尊重的需要：希望被人认可、关爱、赞许等维护个人自尊心的需要。

（5）求知与理解的需要：个体对不理解的东西寻求理解的需要，学习动机来源于这种需要。

（6）审美的需要：欣赏、享受美好事物的需要。

（7）自我实现的需要：在精神上臻于真、善、美合一的至高人生境界的需要，即个人理想全部实现的需要。

三、分析论述题

1.试述陶行知的生活教育理论。

【答案要点】

（1）"生活即教育"。"生活即教育"是陶行知生活教育理论的核心。其内涵包括：生活含有教育的意义；实际生活是教育的中心；生活决定教育，教育改造生活。

"生活即教育"所强调的是教育以生活为中心，所反对的是传统教育脱离生活而以书本为中心。尽管它在生活与教育的区别和系统的知识传授方面有所忽视，但在破除传统教育脱离民众、脱离社会生活的弊端方面，有十分重要的意义。

（2）"社会即学校"。"社会即学校"是生活教育理论另一重要主张，是"生活即教育"思想在学校与社会关系问题上的具体化。"社会即学校"，是指"社会含有学校的意味"，或者说"以社会为学校"。由于到处是生活，到处都是教育，"整个的社会是生活的场所，亦即教育之场所"。

"社会即学校"，也指"学校含有社会的意味"。也就是说，学校通过与社会生活相结合，一方面运用社会的力量使学校进步，另一方面动员学校的力量帮助社会进步，使学校真正成为社会生活必不可少的组成部分。

"社会即学校"扩大了学校教育的内涵和作用，对于传统的学校观、教育观有所改变。传统学校与社会生活脱节，学生孤陋寡闻，而以社会为学校，使得教育的材料、教育的方法、教育的工具、教育的环境可以大大地增加，有利于拓展学生的知识，增强学生的能力。"社会即学校"，还可以使被传统学校拒之门外的劳苦大众能够受到起码的教育，贯穿了普及民众教育的苦心，同样也值得肯定。

（3）"教学做合一"。"教学做合一"是生活教育理论的又一重要主张，是"生活即教育"在教学方法问题上的具体化。其含义为：教的方法根据学的方法，学的方法根据做的方法。事怎样做便怎样学，怎样学便怎样教。教与学都以做为中心。包括以下四个要点："教学做合一"要求在"劳力上劳心"；"教学做合一"是因为"行是知之始"；"教学做合一"要求"有教先学"和"有学有教"；"教学做合一"还是对注入式教学法的否定。

（4）启示。陶行知的生活教育理论是一种大众的、为人民大众服务的教育理论，且还是一种不断进取创造，旨在探索具有中国民族特色的教育道路的理论。生活教育理论还在教育观念的改变方面颇有建树，无论是强调学校教育与社会生活、生产劳动相结合，还是要求手脑并用、在劳力上劳心，都是对学校与社会割裂、书本与生活脱节、劳心与劳力分离的传统教育的反动，显示出强烈的时代气息，至今都富于启示。陶行知的生活教育理论是我国民族教育理论宝库中十分可贵的遗产，值得我们珍惜并认真研究借鉴。

2.评述杜威的儿童中心论的主要观点。

【答案要点】

杜威在批判传统教育的基础上提出了儿童中心论，他在《学校与社会》中分析、批判了旧教育忽视儿童本能的弊病，并明确提出以儿童为教育中心的主张。他认为传统学校的重心在教师、教科书或其他地方上，不在儿童，教育的变革是重心的转移，儿童将变成教育的重心，教育的一切措施要围绕儿童。杜威提出要重视儿童本身的能力和主动精神在教育过程中的地位，把他们看成教育的素材和出发点。其儿童中心论的主要观点表现在其教育本质论中。

（1）教育即生活。杜威认为教育是生活的过程，学校是社会生活的一种形式，那么学校生活也是生活的一种形式。学校生活应与儿童自己的生活相契合，满足儿童的需要和兴趣，使校园成为儿童的乐园，使儿童在现实的学校生活中得到乐趣；学校生活应与学校以外的社会生活相契合，适应现代社会变化的趋势并成为推动社会发展的重要力量，校园不应是世外桃源而应积极参与社会生活。

杜威要做的就是改造不合时宜的学校教育和学校生活，使之更富活力，更有乐趣，更具实效，更有益于儿童发展和社会改造。

（2）学校即社会。杜威"学校即社会"意在使学校生活成为一种经过选择的、净化的、理想的社会生活，使学校成为一个合乎儿童发展的雏形的社会。而要将此落于实处，就必须改革学校课程，从分科课程转变为活动课程。"学校即社会"是对"教育即生活"这一命题的进一步引申，代表社会生活的活动性课程的引入是使学校与社会生活相联系的基本保证。杜威坚信教育是社会进步及社会改革的基本方法，通过教育改造社会生活，使之更完善、更美好。

（3）教育即生长。杜威针对当时教育无视儿童天性，消极对待儿童，不考虑儿童的需要和兴趣的现象，提出了"教育即生长"的观念。杜威要求摒除压抑、阻碍儿童自由发展之物，使教育和教学适应儿童的心理发展水平和兴趣、需要的要求。他所理解的生长是机体与外部环境、内在条件与外部条件交互作用的结果，是一个持续不断的社会化的过程。杜威要求尊重儿童但不同意放纵儿童，这也是杜威与进步主义教育实践的一个重要区别。

（4）教育即经验的持续不断的改造。教育即经验的持续不断的改造是指构成人的身心的各种因素在外部环境和人的主动经验过程中统一的全面改造、发展、生长的连续过程。

（5）评价。杜威关于教育本质的这三个论点具有重要的意义：这些观点是杜威改革旧教育的纲领，他的意图是要使教育为缓和社会矛盾、完善美国社会制度服务，对于推动当时的教育改革有积极意义；杜威关于教育本质的观点是他的教育哲学的三个主要命题，内涵丰富并具有启发意义；杜威力图把教育的社会功能与个体发展功能统一起来，并把社会活动视为使两者得以协调的重要手段或中介。但杜威对于教育本质的表述不够科学，"学校即社会"的提法也存在着片面性，它忽视社会与个体发展的各自的相对独立性，进而导致抹杀学校与社会的本质区别。

3. 结合实际，谈谈如何利用注意的规律组织课堂教学。

【答案要点】

（1）充分利用无意注意的规律组织教学。无意注意通常是由刺激物的特点引起。这既可能成为顺利完成教学任务的因素，也可能成为影响学生学习的因素。因此，教师在上课时，要注意利用它的好的影响，防止它不好的影响。

①要注意教室内外环境对课堂教学的干扰。如教室周围嘈杂的声音、窗口有人观望谈笑等，都容易分散学生学习时的注意力。因此，在教室内外布置一个安静简朴的环境，并采取措施尽量减少上课时的各种干扰是非常必要的。

②利用刺激物的特点来吸引学生对教学内容的注意。如在学生不注意时教师突然停止讲课，讲课时声音有高低、快慢、抑扬顿挫等，都可以引起学生的无意注意。不过用这些方法所引起的注意，保持的时间比较短暂，只能作为一种辅助的手段。

③根据学生的实际情况，安排丰富、新颖的教学内容。凡是能够满足学生需要的教学内容，都会自发地引起和保持他们的注意。因此教师在组织教学内容时，首先要考虑它的科学性和知识性，以及注意它的实践性和趣味性。

④合理利用板书和直观教具。板书可以帮助学生掌握知识的结构，还可以吸引学生注意力，因此板书应该重点突出，可以利用彩色粉笔、图表等加以强调。直观教具可以激发学生的学习兴趣，吸引学生的无意注意，在教学中应合理使用直观教具，恰当配合语言讲解。

（2）充分利用有意注意的规律组织教学。学习是一种复杂的活动，仅仅凭借无意注意是无法完成学习任务的，因此，必须发展学生的有意注意。

①明确学习目的和任务。教师要向学生阐明学习的目的，明确学习的具体要求，这样学生在学习中才能发挥自觉性、积极性和主动性，从而保持稳定的注意。

②培养间接兴趣。教师应对学生阐明知识的意义和重要性，让学生了解知识的社会价值和功能，引发他们对学习结果的间接兴趣，可以使他们进入有意注意的学习活动。

③合理组织课堂教学。教师要根据教学过程的规律和教学原则，严密组织课堂教学，使每个教学环节都有充分的活动内容，要有效地制止与减少学生分散注意力的机会，从而保证有意注意长时间地处于稳定的状态。

④加强意志力培养。要使学生在相信自己的能力，并经过一定的意志努力，排除各种干扰，克服困难完成学习任务的过程中，加强意志力的锻炼，培养有意注意。

（3）善于运用有意注意与无意注意相互转化的规律组织教学。在教学中，如果过分强调或过多地要求学生依靠有意注意来学习，学生就容易疲劳。如果单纯依靠无意注意，就不能更好地发展学生与困难做斗争的精神。所以，无论是整个教学活动还是一堂课，教师都要充分利用两种注意转换的规律组织教学。

4.请联系实际谈谈在教师专业化要求的背景下，教师应具备怎样的素质。

【答案要点】

（1）高尚的师德。第一，热爱教育事业，富有献身精神和人文精神。第二，热爱学生，诲人不倦。第三，热爱集体，团结协作。第四，严于律己，为人师表。

（2）先进、科学的教育理念。教育理念是教师在对教育工作本质理解的基础上形成的关于教育的观念和理性信念，它是以观念或信念的形式存在于教师头脑中的对教育现象和教育问题的看法。先进、科学的教育理念体现在教师的所有努力都要有利于学生精神世界的丰富、人格尊严的维护和美好人性的成长。如学生主体观、教学交往观、发展性教学评价观等。

（3）宽厚的文化素养。教师的主要任务是通过向学生传授科学文化知识，培养其能力，促进其个性生动活泼地发展。一个好教师的基本条件之一，就是要有比较渊博的知识和多方面的才能。因此，教师对自己所教学科知识应科学、深入地把握，能对自己所教专业融会贯通、深入浅出、高瞻远瞩，达到运用自如的境界，在教学过程中不出知识性的错误。同时，教师还应有比较广博的文化修养。

（4）专门的教育素养。教师的专门教育素养水平及其合理结构是教育教学任务得以完成的重要保证，它主要包括教育理论素养、教育能力素养和教育研究素养。

（5）健康的心理素质。教师的心理健康不仅会直接影响教育工作的优劣成败，而且会影响学生的心理健康水平。因此，教师应该注重提高自己的心理素质。健康的心理素质体现在心理活动的方方面面，概括起来主要指：教师要有轻松愉快的心境、昂扬振奋的精神、乐观幽默的情绪以及坚韧不拔的毅力等。

（6）强健的身体素质。教师的身体素质是指教师在教学活动中的自然力，是教师的身体健康状态和身体素质状态在教学中的表现。它主要通过健康的体魄、旺盛的精力、蓬勃的活力、有节律的生活方式和锻炼习惯等体现。教师的身体素质在教育教学中具有重要的教育意义。

2022年 福建师范大学 333 教育综合·真题真练

一、名词解释

有意义学习　亲社会行为　教育制度　受教育者　快乐之家　恩物

二、简答题

1. 简述遗传对人的发展的作用。
2. 简述孔子的有教无类办学方针。
3. 简述美国公立学校运动。
4. 简述英国巴特勒教育法。

三、分析论述题

1. 论述如何培养学生的创造性。
2. 论述教育的相对独立性。
3. 论述我国现行教育制度改革。
4. 论述京师同文馆的创办及其在中国近代变迁中的意义。

2021年 福建师范大学 333 教育综合·真题真练

一、名词解释

教育　教学过程　古雅典教育　英国功利主义教育思想　顺应　内隐学习

二、简答题

1. 简述中小学德育的基本途径。
2. 简述福州船政学堂的课堂设置。
3. 简述教学中促进学生陈述性知识迁移的措施。
4. 简述影响自我效能感的因素。

三、分析论述题

1. 评析教育与人的发展。
2. 评析班主任工作的主要内容及其方法。
3. 评析王守仁的教育作用和儿童教育思想。
4. 评析杜威的教育思想。

2020年 福建师范大学 333 教育综合·真题真练

一、名词解释
课程方案 诊断性评价 性恶论 稷下学宫 导生制 《莫雷尔法案》

二、简答题
1. 奥苏伯尔有意义学习的实质和条件。
2. 个人本位论及其主要观点。
3. 智者学派的观点。
4. 斯宾塞的课程论。

三、分析论述题
1. 教育的社会流动功能和当代意义。
2. 德育过程是提高自我教育能力的过程。
3. "五四"新文化运动时期西方教学理论在中国的传播。
4. 学生不良行为的原因和如何矫正。

2019年 福建师范大学 333 教育综合·真题真练

一、名词解释
个体发展 绝对性评价 以吏为师 "五育"并举 《理想国》 五步探究教学法

二、简答题
1. 元认知策略的种类。
2. 知识对人的发展的价值。
3. 教学评价的意义。
4. 疏导原则及要求。

三、分析论述题
1. 唐朝私学的演变。
2. 班级授课制的优缺点。
3. 加德纳多元智力理论及教育启示。
4. 评述现代人文主义教育思想。

2018年 福建师范大学 333 教育综合·真题真练

一、名词解释
素丝说　熙宁兴学　《国防教育法》　昆西教学法　自我效能感　最近发展区

二、简答题
1. 简述现代教育的特点。
2. 我国教育目的的基本精神。
3. 长善救失原则及基本要求。
4. 教学目标设计的基本方式。

三、分析论述题
1. 结合实际评述我国教师劳动的价值。
2. 评述裴斯泰洛齐的要素教育论。
3. 新文化运动影响下的科学教育发展。
4. 结合实际分析影响解决问题的主要因素。

2017年 福建师范大学 333 教育综合·真题真练

一、名词解释
"六艺"教育　大学院　自我效能感　新教育运动　角色扮演法　《国防教育法》

二、简答题
1. 环境对人的发展的作用。
2. 教育的政治作用。
3. 教育制度的特点。
4. 教师劳动的示范性。

三、分析论述题
1. 教学原则中循序渐进的含义及基本要求。
2. 夸美纽斯的教育适应自然原则及对我国基础教育的启示。
3. 影响问题解决的因素。
4. 论述幼童留美的历史影响。

2016年 福建师范大学 333 教育综合·真题真练

一、名词解释
狭义的教育　教育的社会流动功能　综合实践活动　学校教育制度　课程标准　形成性评价

二、简答题
1. 简述启发性教学原则的内容及要求。
2. 人文主义情感取向的道德理论。
3. 简述东林书院的讲会制度。
4. 简述美国 1958 年《国防教育法》的主要内容。

三、分析论述题
1. 试述我国中小学班主任的素质要求。
2. 评述民国初年的教育方针及其历史意义。
3. 试述马斯洛需要层次理论的主要内容及其教育启示。
4. 试述欧洲文艺复兴人文主义教育的特征和影响。

2015年 福建师范大学 333 教育综合·真题真练

一、名词解释
遗传素质　社会流动功能　发展性原则　学校德育　课程方案　学校教育制度

二、简答题
1. 简述教学评价的原则。
2. 简述严复的三育论。
3. 自我效能感的定义及其影响因素。
4. 人本主义情感取向的道德教育理论。

三、分析论述题
1. 论述教学的任务与意义。
2. 民国时期教育方针的内容及其意义。
3. 教学实践中如何培养创造性？
4. 论述进步主义教育运动的产生、发展及影响。

2014年 福建师范大学 333 教育综合·真题真练

一、名词解释

三纲领八条目　苏湖教法　骑士教育　《巴尔福法案》　自我效能感　移情

二、简答题

1. 简述班级授课制的优点。
2. 学生在教学中接受学习的基本阶段。
3. 简述知识对人的发展的价值。
4. 长善救失的德育原则内涵和要求。

三、分析论述题

1. 论述现在教师角色发展的趋势。
2. 论述五四运动中的平民教育思潮和科学教育思潮。
3. 论述杜威的"做中学"理论。
4. 分析影响问题解决的主要因素。

2013年 福建师范大学 333 教育综合·真题真练

一、名词解释

朱子读书法　全人生指导　先行组织者　形式训练说　产婆术　导生制

二、简答题

1. 人的发展的规律性。
2. 简述学生管理的内容及要求。
3. 学校教育制度的概念，我国现行学校教育制度的改革。
4. 教学评价的分类。

三、分析论述题

1. 结合学校德育的特征，举例说明教师如何运用"奖惩"这一德育方法。
2. 评述清末新政时期的"庚子兴学"。
3. 论述马斯洛的需要层次理论及其对教育的意义。
4. 中世纪大学的特征及意义。

2012年 福建师范大学333教育综合·真题真练

一、名词解释
学习策略　角色扮演法　智者派　壬戌学制　性善论　要素教育论

二、简答题
1. 人身心发展的规律及意义。
2. 简述课程内容组织编排时要处理好的逻辑组织形式关系。
3. 现代学校教育的特点是什么？
4. 教学中的讨论法及其应用要求。

三、分析论述题
1. 联系我国的中小学教育制度现状，试论述其现代中小学教育制度改革的要求。
2. 怎样在教学中培养学生的问题解决能力？
3. 中世纪大学的特征及意义。
4. 评述福建船政学堂及其意义。

2011年 福建师范大学333教育综合·真题真练

一、名词解释
教育的社会流动功能　课程标准　贝尔–兰卡斯特制　昆西教学法　颜氏家训　中体西用

二、简答题
1. 简述现代教育的趋势和特点。
2. 自我教育能力的构成要素及其在德育过程中的作用。
3. 什么是课程内容？课程内容的逻辑组织形式是什么？
4. 简述奥苏伯尔有意义学习的实质与条件。

三、分析论述题
1. 请结合你的教育经验，根据教师的劳动特点，谈谈合格班主任的素质要求。
2. 裴斯泰洛奇的"教育心理学化"思想。
3. 评述1922年新学制。
4. 根据教育实践论述如何培养学生的创造性。

2010年 福建师范大学333教育综合·真题真练

一、名词解释
教育制度　学校德育　"五育"并举　教学做合一　角色扮演法　形式训练说

二、简答题
1. 简述教育的社会流动功能的含义及其在当代的意义。
2. 实施教学评价应该遵循哪些基本原则？
3. 简析产婆术。
4. 在现代社会变迁中教师角色体现出哪些发展趋势？

三、分析论述题
1. 试述新一轮基本教育课程改革的具体目标并说明课程改革发展趋势。
2. 评述北宋的三次兴学。
3. 述评赫尔巴特课程理论。
4. 试述马斯洛需要层次理论的主要内容并分析其教育的启示意义。

2022年 福建师范大学 333 教育综合·真题解析

一、名词解释

有意义学习

有意义学习就是符号所代表的新知识与学习者认知结构中已有的适当观念建立非任意的和实质性的联系。有意义学习的类型包括表征学习、概念学习和命题学习。

亲社会行为

亲社会行为是指有益于他人和社会的行为，包括助人行为、安慰、分享、合作等。个体亲社会行为发展的过程就是他们道德认识水平提高、道德情感丰富的过程。

教育制度

教育制度是指一个国家各级各类实施教育的机构体系及其组织运行的规则。它包括相互联系的两个方面：一是各级各类教育机构与组织；二是教育机构与组织赖以存在和运行的规则，如各种相关的教育法律、规则、条例等。

受教育者

受教育者是指参与教育活动，与教育者在教学与教导上互动，以期自身获得发展的人，主要是学生。受教育者是既是教育的对象，也是学习的主体。

快乐之家

快乐之家是维多里诺创办的一所宫廷学校，被认为是人文主义学校的发源地。"快乐之家"学校环境优美，师生关系融洽，招收贵族子弟和部分天才贫苦学生。实施体育、德育、智育并重的方针，开设以古典学科为中心的内容十分广阔的人文主义课程。

恩物

恩物是福禄培尔创制的一套供儿童使用的教学用品，其教育价值就在于它是帮助儿童认识自然及其内在规律的重要工具。恩物作为自然的象征，能帮助儿童由易到难、由简及繁、循序渐进地认识自然，发展儿童的想象力和创造力。

二、简答题

1. 简述遗传对人的发展的作用。

【答案要点】

（1）遗传素质是人的发展的生理前提。

遗传是指人从上代继承下来的生命机体及其解剖上的特点，这些遗传的生理特点，也叫遗传素质，是人的发展的自然的或生理的前提条件，为人的发展提供了可能。

（2）遗传素质的成熟程度制约着人的发展过程及年龄特征。遗传素质的成熟过程，表现为人身体的各种器官的形态、结构和机能的发展变化与完善，为一定年龄阶段的身心特点的出现提供了可能，制约着人的发展的年龄阶段。

（3）遗传素质的差异性对人的发展有一定的影响。遗传素质的差异不仅表现在体态和感觉器官的功能上，也表现在神经活动的类型上。人们对外界事物反应的快慢、情感表现的强弱和是否容易转移等方面，也存在着差异。

（4）遗传素质具有可塑性。随着环境、教育和实践活动的作用，人的遗传素质会逐渐地发生变化，这就说明了遗传素质具有可塑性。但是人成长为什么样的人，并不决定于人的遗传素质。

2. 简述孔子的有教无类办学方针。

【答案要点】

（1）孔子有教无类办学方针的含义。"有教无类"的本意是不分贵贱贫富和种族，人人都可以入学接受教育。孔子的教学实践切实地贯彻了这一办学方针，他的弟子来自各个诸侯国，分布地区广泛；弟子成分复杂，出身于不同的阶级和阶层，大多数出身于平民。

（2）孔子有教无类办学方针的意义。"有教无类"作为私学的办学方针与官学的办学方针相对立，打破贵贱、贫富和种族的界限，把受教育的范围扩大到平民，这是历史的进步。

3. 简述美国公立学校运动。

【答案要点】

19世纪30年代，美国出现了公立学校运动。公立学校运动主要是指依靠公共税收维持，由公共教育机关管理，面向所有公众的免费的义务教育运动。19世纪上半期，美国公立学校运动的进行主要是在小学；19世纪后期至20世纪初期，主要是在中学。

（1）表现。建立地方税收制度，兴办公共小学，实行强迫入学和免费教育。

（2）评价。美国公立学校运动奠定了美国资本主义教育制度的基础，促进了普及义务教育的开展，同时也促进了美国师范学校的发展。

4. 简述英国巴特勒教育法。

【答案要点】

1944年，英国政府通过了以巴特勒为主席的教育委员会提出的教育改革方案，即《巴特勒教育法》。其主要内容包括：

（1）加强国家对教育的控制和领导。法案废除教育委员会，设立教育部，统一领导全国的教育。同时，设立中央教育咨询委员会，负责向教育部长提供咨询和建议。

（2）加强地方行政管理权限，设立由初等教育、中等教育和继续教育组成的公共教育系统。地方当局负责为本地区提供初等、中等和继续教育。其中，初等教育包括幼儿园、幼儿学校和初等学校。小学生毕业后根据11岁考试结果，按成绩、能力和性向分别进入文法中学、技术中学和现代中学。初等学校和中等学校实行董事会制。

（3）实施5~15岁的义务教育。父母有保证子女接受义务教育和在册学生正常上学的职责。地方教育当局应向义务教育超龄者提供全日制教育和业余教育。

（4）要求改革宗教教育、师范教育和高等教育等。

三、分析论述题

1. 论述如何培养学生的创造性。

【答案要点】

（1）营造鼓励创造的环境。这是促进学生创造性发展的必要条件。首先，应倡导民主式的教育和管理；其次，应改革考试制度，为学生创造宽松的学习环境；再次，应增加自主选择课程的机会和有针对性的课程设计；最后，应为学生提供创造性人物的榜样。

（2）培养创造性的教师队伍。首先，要转变教师的教育教学观念，使教师形成理解并鼓励学生的创造；其次，要教给教师必要的创造技法和思维策略；再次，为教师提供明晰的、具有实用价值的有关创造性的知识及相应的教学策略和技能；最后，教师应不断学习关于创造性的心理学知识，用心理学的理论指导自己的实践。

（3）培育创造意识，激发创造动机。只有当个人具有自觉的创造意识、强烈的创造动机，才易产生新思想、新方法、新观点。需要做到：树立学生创新的自信心；激发创造热情；磨砺创造意志；培养创造勇气。

（4）发展和培养创造性思维。创造性思维是创造性的核心。创造性思维的培养应注意以下几个方面：加大思维的"前进跨度"，培养思维的跳跃能力；加大思维的"联想跨度"，使学生敢于把习惯上认为毫不相干的、表面上看来微不足道的问题联系起来或进行移植；加大"转换跨度"，引导学生敢于否定原来的设想，善于打破固有的思路；给学生大胆探索与推测的体会。

（5）开设创造课程，教给创造技法。教学是培养学生创造性的重要途径。因此，开设创造性课程已成为国内外开发创造性的有效途径。在创造性课程的教学中，注重教给学生基本的创造技巧与方法是培养创造性的有效措施。促进创造性发展的主要创造技法有：头脑风暴法、系统探求法、联想类比法、组合创新法、对立思考法、转换思考法。

（6）塑造创造性人格。创造性人格是创造性的重要组成部分，培养学生的创造性人格是培养创造性的重要内容。主要方法有：保护好奇心；解除对错误的恐惧心理；鼓励独创性与多样性。此外，自信与乐观、忍耐与有恒心、合作、严谨等也是创造性人格培养的重要方面。

2. 论述教育的相对独立性。

【答案要点】

教育的相对独立性是指作为社会一个子系统的教育，它对社会的能动作用具有自身的特点和规律性，它的历史发展也有其独特连续性和继承性。主要表现为以下几方面：

（1）教育是培养人的活动，通过所培养的人作用于社会。教育尤其是学校教育，是有意识地影响人、培育人、塑造人的社会活动。它主要通过引导和促进年轻一代社会化、个性化，成为社会活动的参与者和继承者，以保证并促进社会的生存、延续与发展。

（2）教育具有自身的活动特点、规律及原理。教育是培养人的活动，而人具有特殊的身心发展和成熟的规律。教育教学及其相关活动必须认识、遵循和创造性地运用这些基本特点与规律，才能有效地培育人才。此外，还应重视和遵循前人的宝贵经验，并在此基础上继续发展、前进。

（3）教育具有自身发展的传统与连续性。由于教育有自身的规律和特有的社会功能，它一经产生、发展便将形成和强化其相对独立性，具有发展的连续性、继承性和惯性。因此，无论是办学校、发展教育事业，或进行教育改革，都要重视与借鉴教育的历史经验，都应在原有的基础上积极改进、稳步前行。

3. 论述我国现行教育制度改革。

【答案要点】

学校教育制度简称学制，指的是一个国家各级各类学校的系统及其管理规则，它规定着各级各类学校的性质、任务、入学条件、修业年限以及它们之间的关系。

我国现行教育制度改革的内容如下：

（1）基本普及学前教育。现代学前教育的发展十分迅速。发达国家的学前教育有结束期提前、由高班到低班逐步普及、加强学前教育与小学低年级教育的联系和衔接的趋势。随着我国义务教育和高中阶段教育的逐步普及，学前教育也将逐步普及。

（2）均衡发展义务教育。义务教育对于人的发展、教育发展和社会发展都具有重大意义。到2008年底，我国实现了普及义务教育，但我国的义务教育也存在着发展不平衡的问题，促进义教育均衡发展成为我国现阶段教育改革和发展的重大任务。

（3）努力普及高中阶段教育。在普及九年义务教育以后，普及高中阶段教育就成为教育发展的重要趋势。为了适应青少年的升学与就业的选择并满足社会的需要，高中阶段的学制应该多样化。

（4）大力发展高等教育。我国高等教育近年来呈现日益开放和大众化的趋势，主要表现为高等教育的多层次、高等教育的多类型和高等教育面向在职人员开放。

4. 论述京师同文馆的创办及其在中国近代变迁中的意义。

【答案要点】

（1）创立。京师同文馆最初是作为外语学校设立的，是近代中国被动开放的产物。1860年《北京条约》签订，重新认定《天津条约》各项条款。其中规定中英、中法交涉只使用英文和法文，仅在三年内暂时配附中文。这一歧视性的规定，迫使清政府做出了开办外语学校的决定。1862年，学馆开始正式上课，定名为同文馆。1898年，京师大学堂成立，同文馆的部分科技教育归于京师大学堂。1902年，京师同文馆并入京师大学堂。

（2）意义。就办学成效而言，京师同文馆不能列入洋务学堂的前列，也未表现出比其他洋务学堂更鲜明的特点。它在近代中国教育史上的地位和象征意义主要表现在：

第一，它是洋务学堂的开端，也是中国近代新教育的开端。京师同文馆的设立，表明近代以来向西方学习开始由观念变为现实。正是由于它的领头羊作用，才有紧随其后的一批外国语言学校的创立和众多其他类型的洋务学堂的涌现。

第二，京师同文馆位于帝都北京，位于全国的政治和文化中心，又由洋务中枢总理各国事物衙门直接统领，是社会关注的焦点。它的一些重要举措以及由此引起的争执能反映出各派关于教育改革的观点。

2021年 福建师范大学 333 教育综合·真题解析

一、名词解释

教育

教育是人的发展与社会发展的中介活动，其主旨在于以人为本、育人成人，培养人成为他所生存的那个时代的社会实践主体，引导人和社会的持续发展。其概念有广义和狭义之分。狭义的教育主要指学校教育。

教学过程

教学过程是一种特殊的认识过程，是以认识过程为基础的学生全面发展的过程，是以交往为背景和手段的活动过程，也是一种促进学生身心发展、追寻与实现价值目标的过程

古雅典教育

从身心和谐的观念出发，雅典人注重对青少年儿童进行多方面的教育，古雅典教育的主要目的是培养青少年勇敢、强健的体魄以及理智、聪慧和公正的品质，使其既能够担负保卫城邦的重任，更能够履行公民参政议政的职责。概言之，即培养身心和谐发展的合格公民。

英国功利主义教育思想

功利主义教育思想出现于19世纪20—30年代的英国，是由当代英国工业资产阶级和工人阶级共同掀起的激进主义运动发展起来的，其主要代表人物有杰里米·边沁、詹姆士·穆勒、约翰·穆勒和斯宾塞。

顺应

顺应是皮亚杰认知发展中的概念，指儿童通过改变已有图式或形成新的图式来适应新刺激的认知过程。顺应是图式发生质变的过程，通过顺应，儿童的认知能力达到一个新的水平。

内隐学习

内隐学习是指机体在与环境接触的过程中不知不觉地获得了一些经验并因之改变其事后某些行为的学习，是一种产生抽象知识、平行于外显学习方式的无意识加工。

二、简答题

1. 简述中小学德育的基本途径。

【答案要点】

（1）思想政治课与其他学科教学。思想政治课与其他学科的教学都是学校德育的重要途径。

（2）劳动和其他社会实践。这是学校德育尤其是劳动教育的重要途径。有意义的劳动和社会实践，能够提高学生的责任意识、服务意识，形成学生勤俭、朴实、艰苦、顽强等许多好的品德，在德育上有着不可或缺、不可替代的意义。

（3）课外活动和校外活动。课外活动是和校外活动生动活泼地向学生进行德育的重要途径。通过课外活动和校外进行德育，能调动学生的积极性，培养他们的自律能力，形成互助友爱、团结合作等品德。

（4）学校共青团、少先队活动。学校共青团、少先队活动能激发学生强烈的上进心、荣誉感，使他们能够严于律己，自觉提高思想品德，是德育的重要途径。

（5）心理咨询。心理咨询是培养学生健康心理品质的有效途径，可以帮助学生处理好学习、交往、择业等方面问题，使他们成为积极向上、心理健康的人。

（6）班主任工作。通过班主任工作，学校不仅能有效地管理学生基层组织和个人，而且能对教育学生的其他途径的活动起协调作用，是学校德育的一个特别重要的途径。

（7）校园生活。校园生活包括上述活动在内的全部学校生活。

2. 简述福建船政学堂的课堂设置。

【答案要点】

福建船政学堂又称"求是堂艺局"或"福州船政学堂"，是福建船政局的组成部分。福建船政局由左宗棠于1866年创办，是近代中国第一个、也是洋务运动时期最大的专门制造近代轮船的工厂。学堂由前学堂和后学堂两部分组成，学制5年。

（1）前学堂专习制造技术，又称造船学堂。目标是培养能够设计制造各种船用零件并能进行整船设计的人才。课程有基本课程和实践课程，基本课程包括法文、算术、代数、画法几何和解析几何、三角、微积分、物理以及机械学等；实践课程包括船体建造、机器制造和操纵等。

1868年，前学堂添设"绘事院"和"艺圃"，绘事院的目标是培养生产用图纸的制作人员，包括船图和机器图的绘制和说明。艺圃是一所在职培训学校，实行半工半读，学制3年。这种通过工读结合形式有计划地培养生产和技术骨干的做法，实开我国近代职工在职教育的先声。

（2）后学堂学习驾驶和轮机技术。驾驶专业的基本课程有英文、算术、几何、代数、平面三角、球体三角、航海天文学、航行理论、地理等，实践课程主要是上船实习；轮机专业的基本课程有算术、几何、制图、发动机绘制、海上操纵轮机规则及指示计、盐重计和其他仪表应用，实践课程主要是岸上装配和安装发动机。

3. 简述教学中促进学生陈述性知识迁移的措施。

【答案要点】

（1）科学编排和呈现教材，促进学生形成良好的认知结构。根据奥苏伯尔认知结构迁移理论，学生的认知结构是从教材的知识结构转化而来的。好的教材结构能够简化知识，促进知识的迁移。所以，教材的呈现应体现有序性、概括性和实用性。

（2）重视基础知识的教学，提高学生的概括水平。教师要重视基本概念和原理的教学。学生掌握的基础知识越多，越容易产生迁移。在教学中，教师要采取多种教学措施，帮助学生理解所学的基本知识，使学生学会概括的方法，提高概括的水平，并在此基础上进行复习和练习，以达到熟练记忆和运用的目的。

（3）注意学习材料的共同性，促进学生知识的融会贯通。在实际的学习中，知识之间的共同因素往往潜藏于内部，这就要求学生具有一定的辨别能力。教师应给学生提供认识实物之间同一性或相似性的机会，使学生形成概括或归纳思维，善于发现事物的共同性。此外，教师要引导学生把课堂知识迁移到其他学习情境中，以促进学生知识的综合贯通，学以致用。

4. 简述影响自我效能感的因素。

【答案要点】

（1）直接经验。学习者的亲身经验对自我效能感的影响是最大的。成功的经验会提高人的自我效能感，多次失败的经验会降低人的自我效能感。

（2）替代性经验。学习者通过观察榜样的行为而获得的间接经验对自我效能感的形成也有重要的影响。当学习者看到与自己水平差不多的人取得了成功时就会增强自我效能感，反之就会降低自我效能感。

（3）言语说服。他人的建议、劝告和解释以及对自我的引导也有助于改变个体的自我效能感，但不持久，一旦面临令人困惑或难于处理的情境就会消失。

（4）情绪唤起和身心状况。情绪和生理状态也影响自我效能的形成。在充满紧张、危险的场合或认知负荷较大的情况下，情绪易于唤起，而高度的情绪唤起和紧张的生理状态会妨碍行为操作，降低个体对成功的预期水准。

三、分析论述题

1. 评析教育与人的发展。

【答案要点】

（1）教育在人的发展中起引领作用。教育在年轻一代的发展中起着引领作用主要体现在：有意识地为年轻一代的成长选择、建构、调控良好的环境，对他们的生活、交往、学习与实践等活动进行正确的教导、示范和辅助，并注重尊重他们的主体地位和激发、引导他们内在的学习动力与自我发展的能动性和自主性，从各方面引领、关怀、维护他们的发展。

（2）学校教育主要通过传承文化科学知识来培养人。学校教育是教育者有意识地为儿童的身心发展精心设置的一种环境，它把经过选择的、重新组编的、人类长期积累起来的文化知识作为精神客体与儿童互动，以促进儿童的发展，使他们成人成才。

（3）学校教育对提高人的现代性有显著的作用。教育在人的现代化过程中起着重要作用，因为学生在学校里不仅学会了读、写、算等各个方面的基础知识与技巧，而且学到了与他们个人的发展和国家的未来有关的态度、价值和行为方式。人的现代化是社会现代化的重要基础和前提条件，我们应该自觉地优先发展教育，高度重视并充分发挥教育对人的现代化的促进作用。

2. 评析班主任工作的主要内容及其方法。

【答案要点】

（1）了解和研究学生。了解学生，包括个人和集体两方面。了解学生个人情况，包括个人德、智、体的发展，他的情趣、特长、习性、诉求，家庭状况和交往情况。了解学生集体情况，是在了解学生个人情况的基础上汇集而成，包括全班学生的年龄、性别、家庭等一般情况；学生德、智、体发展的一般水平和有特殊才能的学生情况，班风与传统等。了解和研究学生的主要方法有观察、谈话、分析书面材料和调查研究等。

（2）教导学生学好功课。学好功课是学生的主要任务也是班主任的一项经常性的重要任务。有成效地完成这一任务，主要靠各科教师，但班主任的作用不可忽视。班主任应做到：第一，注意学习目的与态度的教育；第二，加强学习纪律的教育；第三，指导学生改进学习的方法和习惯。

（3）组织班会活动。班会是向学生进行思想教育的一个重要阵地。有计划地组织班会活动是班主任的一项重要任务。

（4）组织课外活动、校外活动和指导课余生活。课外活动与校外活动对培养学生的志趣、才能，丰富和活跃他们的生活，促进他们德、智、体全面发展有重要意义。在开展课外与校外活动方面，班主任主要负责动员和组织工作。对课余活动，班主任的责任是经常关心、了解、给予必要的指导。

（5）组织学生的劳动。学生的劳动内容很广，主要有生产劳动、建校劳动和各种公益劳动。每学期开学之初，学校应当根据情况对各班学生的劳动做出统一的计划和安排。班主任则应按学校的安排与要求，有目的有计划地组织好本班学生的劳动。

（6）协调各方面对学生的要求。调节和统一校内外各方面对学生的要求，这是有成效地教育学生的重要条件，也是班主任工作的一项重要内容。这项工作包括统一校内教育者对学生的要求以及统一学校与家庭对学生的要求。

（7）评定学生操行。操行是指学生的思想品德表现。操行评定是对学生一学期或一学年以来的思想品德发展变化情况的评价。操行评定，一般采用评语，有的还要评定等级。

（8）做好班主任工作的计划与总结。为了能够较自觉地做好班主任工作，一要加强计划性，使工作有条不紊地进行；二要注意总结工作经验，以便不断改进和提高。二者是互为基础、相互促进的。

3. 评析王守仁的教育作用和儿童教育思想。

【答案要点】

（1）教育作用。教育是"致良知"或"学以去其昏蔽"的过程。从积极的角度来说，王守仁又认为教育的作用是"明其心"。无论是"学以去其昏蔽"，还是"明其心"，其实质是相同的，教育的作用就在于实现"存天理、灭人欲"的根本任务。基于此，他认为用功求学受教育，并不是为了增加什么新内容，而是为了日减"人欲"。

（2）儿童教育思想。王守仁十分重视儿童教育，在《训蒙大意示教读刘伯颂等》一文中比较集中地阐发了他的儿童教育思想。主要内容包括：

①揭露和批判传统儿童教育不顾儿童的身心特点。王守仁指出当时从事儿童教育的老师每天只是督促儿童读书识字，责备他们修身，对待儿童就像对付囚犯，这种不顾儿童的身心特点，把他们当作小大人是传统儿童教育的致命弱点。

②儿童教育必须顺应儿童的性情。王守仁认为，一般来说儿童的性情总是爱好嬉游而厌恶拘束，

因此他主张儿童教育必须顺应儿童的身心特点，这样儿童就能不断地长进。

③儿童教育的内容是"诗歌""习礼"和"读书"。王守仁认为对儿童进行诗歌、习礼和读书教育，是为了培养儿童的意志，调理他们的性情，在德育、智育、体育和美育诸方面都得到发展。

④要"随人分限所及"，量力施教。教育必须根据儿童的接受能力水平来进行。

（3）评价。王守仁的儿童教育思想的目的是为了向儿童灌输封建伦理道德，但他反对"小大人式"的传统儿童教育方法和粗暴的体罚等教育手段，要求顺应儿童性情、根据儿童的接受能力施教，使他们在德育、智育、体育和美育诸方面得到发展等主张，反映了其教育思想的自然主义倾向。

4. 评析杜威的教育思想。

【答案要点】

杜威是20世纪美国著名的哲学家和教育家，他以实用主义哲学、民主主义政治理想和机能心理学为基础，通过批判地继承前人的思想，构建起庞大的教育哲学体系，成为现代教育的代表人物。主要著作有《民主主义与教育》《我的教育信条》等。

（1）论教育的本质。杜威对于"什么是教育"的问题，给出的回答是：教育即生活、学校即社会、教育即生长、教育即经验的持续不断的改造。

（2）论教育的目的。

教育无目的论。从教育本质论出发，杜威反对外在的、固定的、终极的教育目的，认为教育无目的。杜威所希求的是过程内的目的，这个目的就是"生长"。

教育的社会目的。杜威强调过程内的目的不等于否定社会性的目的。杜威要求教育为社会进步服务，为民主制度的完善服务。他认为教育是社会进步及社会改革的基本方法，学校是社会进步和改革的最基本和最有效的工具。在民主社会中，个人发展与社会进步是统一的。

（3）论课程与教材。

从做中学。杜威以其经验论为基础，要求从做中学、从经验中学，要求以活动性、经验性的主动作业来取代传统书本式教材的统治地位。在杜威看来，这种活动性、经验性课程既能满足儿童的心理需要，又能满足社会性的需要，还能使儿童对事物的认识具有统一性和完整性。

教材心理学化。杜威主张以"教材心理学化"来解决怎样使儿童最终获得较系统的知识而同时又能在学习过程中顾及儿童的心理水平。"教材心理学化"是指把各门学科的教材或知识各部分恢复到它所被抽象出来之前的原来的经验。这种心理化就是把间接经验转化为直接经验，即直接经验化。之后再将已经经验到的那些东西累进地发展为更充实、更丰富也更有组织的形式，即逐渐地接近提供给有技能的、成熟的人的那种教材形式。

（4）论思维与教学方法。

反省思维。杜威所力倡的反省思维是指对某个经验情境中的问题进行反复的、严肃的、持续不断的思考，其功能在于求得一个新情境，把困难解决、疑虑排除、问题解答。

五步教学法。杜威根据科学的实验主义探究方法和反省思维方式，提出了五步教学法，即创设疑难的情境、确定疑难所在、提出问题的种种假设、推断哪种假设能解决这个困难、验证这种假设。

（5）论道德教育。

杜威认为道德教育的主要任务是协调个人与社会的关系。他认为个人的充分发展是社会进步的必要条件，社会的进步又可以为个人的发展提供更好的基础。他反对过分强调个人自由和竞争的旧个人主义，而提倡强调人与人之间的合作，强调社会责任和理智作用的新个人主义。

教育的道德性和教育的社会性是相通的，道德教育应在社会性的情境中进行而不能只停留于口头说教；要求学校生活、教材、教法皆应渗透社会精神，视学校生活、教材、教法为"学校道德三位一体"，这三者都是道德教育的重要途径。

（6）杜威教育思想的影响。

杜威是西方现代教育派的理论代表。他对传统教育的整个理论体系发起挑战，奠定了现代教育的理论大厦的基石。

杜威是新教育的思想旗手，他的教育理论突破以往建立在主客体两分之上的传统教育的弊端，将知行合一，使教学中死的知识变为活的知识，突破了内发论和外铄论，将教育看作人与环境的交互过程中经验的观点具有很高的创造性。

杜威奠定了儿童中心论，解决教育与儿童相脱离的问题，并通过学校与社会的统一、思维与经验的统一，解决教育与实践，学校与社会脱离的问题。

杜威提出了做中学这一建立在新哲学和心理学基础上的新方法，拓宽了教学形式和方法，提高了教学专业化水平。

杜威的教育理论对世界教育进程发挥巨大作用，对日本、中国、苏联等国具有直接的影响。

杜威的理论偏重儿童、活动、经验三中心而使得教育实践忽视了系统知识的传授以致引发了自由与纪律、教师与学生关系等诸多矛盾。另外根据经验和教材心理化原则编写新型教材的设想过于理想化，难以实现。

2020年 福建师范大学333教育综合·真题解析

一、名词解释

课程方案

课程方案是指教育机构或学校为了实现教育目的而制定的有关课程设置的文件。我国普通中小学的课程方案是指在国家的教育目的与方针的指导下，为实现各级基础教育的目标，由国家教育主管部门制定的有关课程设置、顺序、学时分配以及课程管理等方面的政策性文件。

诊断性评价

诊断性评价是在学期教学或单元教学开始时，对学生现有的知识水平和能力发展的评价，如各种摸底考试。其目的是为了弄清学生现有知识和能力发展情况，优点与不足之处，以便更好地改进教学，因材施教，因势利导。

性恶论

荀子提出"性恶论"，他认为人之所以能为善全靠后天的努力，"人之性善，其善者伪也"。据此也开创了与"内省说"截然相反的"外铄论"，在教育上有更积极的影响。

稷下学宫

稷下学宫是战国时代齐国一所著名的高等学府，因其建立于齐国都城临淄的稷门附近而得名。它既是百家争鸣的中心与缩影，也是当时教育上的重要创造，稷下学宫对中国古代学术、文化和教育的发展产生过重大的历史影响。

导生制

导生制又称贝尔－兰开斯特制，指教师在学生中选择一些年龄较大、学习成绩较好的学生充任导生，教师先对导生进行教学，然后由他们去教其他学生。通过这种教学方式，学生的数额得以大大增加，也在一定程度上缓解了教师奇缺的压力，因而一度广受欢迎，但因其难以保证教育质量而最终被人们所抛弃。

《莫雷尔法案》

1862年，林肯总统批准实施《莫雷尔法案》。该法规定：联邦政府按各州在国会的议员人数，按照每位议员三万英亩的标准向各州拨赠土地，各州应将赠地收入用于开办或资助农业和机械工艺学院。此类农业或机械工艺学院的设立与发展，确立了美国高等教育为工农业生产服务的方向，在一定程度上改善了高等教育发展与社会需要联系不够密切的状况。

二、简答题

1. 奥苏伯尔有意义学习的实质和条件。

【答案要点】

（1）有意义学习的实质。有意义学习就是符号所代表的新知识与学习者认知结构中已有的适当观念建立非任意的和实质性的联系。有意义学习的类型包括表征学习、概念学习和命题学习。

①非任意的联系是指新知识与认知结构中有关观念存在某种合理的或逻辑上的联系。

②实质性的联系是指新的符号或观念与学习者认知结构中已有的表象、已经有意义的符号、概念或命题的联系，是一种非字面的联系。

（2）有意义学习的条件。

①有意义学习的材料必须具有逻辑意义，这种逻辑意义指的是材料本身在人的学习能力范围内而且与有关观念能够建立非任意的和实质性的联系。

②学习者必须具有有意义学习的心向，也就是积极主动地把新知识与认知结构中原有的适当知识加以联系的倾向。

③学习者认知结构中必须具有适当的知识，以便与新知识进行联系。

④学习者必须积极主动地使这种具有潜在意义的新知识与他认知结构中有关的原有知识发生相互作用，导致原有知识得到改造，新知识获得实际意义，即心理意义。

2. 个人本位论及其主要观点。

【答案要点】

个人本位论的代表人物：卢梭、裴斯泰洛齐、福禄培尔等。其主要观点包括：

（1）教育目的是根据个人发展的需要制定的，而不是根据社会的需要制定的。

（2）个人价值高于社会价值。社会价值只有在有助于个人发展时才有价值，应由个人来决定社会，个人价值恒久高于社会价值。

（3）人生来就有健全的潜在本能，教育的基本职能就在于使这种潜能得到发展。

个人本位论把个人的自身需要作为制定教育目的的依据，在一定的历史条件下具有一定的进步意义；但如果只强调个人的需求与个性的发展，而一味贬低和反对满足社会发展的需要，则是片面的、错误的。

3. 智者学派的观点。

【答案要点】

"智者"又称诡辩家，在荷马时代，是指某种精神方面的能力和技巧，以及拥有这些能力和技巧的人。后来各行各业具有专门知识和技艺的人，如诗人、音乐家、医生、自然哲学家等，也被称为"智者"。

（1）智者云游各地，授徒讲学，以钱财而不以门第作为教学的唯一条件，这既推动了文化的传播，又由于教育对象范围的扩大而促进了社会的流动。

（2）智者适应了时代对辩论、演讲的广泛需要，抱着实用的目的研究与辩论、演讲直接相关的文法、修辞、哲学等科目，并把这些知识传授给他人，因而拓展了学术研究的领域，又扩大了教育内容的范围。西方教育史中的"前三艺"，正是由智者学派首先确定的。

（3）智者最关心的是道德问题和政治问题，并把系统的道德知识和政治知识作为主要教育内容。这样不仅丰富了教育的内容，而且提供了一种新型的教育——政治家或统治者的预备教育。

（4）作为职业教师，智者已经较为明确地意识到教育活动的特殊性，并开始自觉地把教育现象与政治现象、道德现象等社会现象相区分。另一方面，他们也认识到教育与政治、道德具有密切的相互联系，教育在国家生活中具有举足轻重的作用。

（5）正是由于智者学派的出现，古希腊教育思想才真正成型，智者们提出并在不同程度上探讨了希腊教育中的很多基本命题。简而言之，在智者学派的教育思想中，已经包含了全部古希腊教育思想发展的基本线索和方向。

4. 斯宾塞的课程论

【答案要点】

斯宾塞按照重要程度把人类活动分为五个部分：第一，直接有助于自我保全的活动；第二，获得生活必需品而间接有助于自我保全的活动；第三，目的在于抚养和教育子女的活动；第四，与维持正常的社会和政治关系有关的活动；第五，在生活中的闲暇时间用于满足爱好和情感的各种活动。

为促使个人有能力从事上述五类活动，斯宾塞提出学校应开设以下五种类型的课程：

（1）生理学与解剖学。此类知识属于直接保全自己的知识，应成为合理教育中最为重要的部分。

（2）逻辑学、数学、力学、化学、天文学、地质学、生物学和社会科学，属于间接保全自己的知识，是文明生活得以维持的基础知识。

（3）生理学、心理学与教育学。此类知识能够保证父母们成功履行自己的责任，进而促使家庭稳定和睦，社会文明进步。

（4）历史学。历史知识有利于人们自己调节自己的行为，成功履行公民的职责。

（5）文学、艺术等。这类知识能够满足人们闲暇时休息与娱乐的需要。

三、分析论述题

1. 教育的社会流动功能和当代意义。

【答案要点】

教育的社会流动功能是指社会成员通过教育的培养、筛选和提高，能够在不同的社会区域、社会层次、职业岗位、科层组织之间转换、调整和变动，以充分发挥其个人的智慧才能，实现其人生价值。它包括横向流动功能和纵向流动功能。前者指改变其环境而不提升其社会层级地位，后者指改变其社会层级地位及作用。

教育的社会流动功能在当代具有重要意义：

（1）教育是个人社会流动的基础。如今，不管从事什么行业，要在社会上生存与流动，就要有一定的文化知识和能力，必须接受一定的教育。它使享受这一教育的人能够选择自己将要从事的职业，参与建设集体的未来和继续学习。

（2）教育是现代社会流动的主要通道。今天，我国农村的年轻一代要成功地进行社会流动，尤其是向上流动，必须经过教育，甚至只有经过优质的高等教育才能实现。

（3）教育深刻影响社会公平。教育的社会流动，实质上涉及教育机会均等与社会公平问题。到近代，人们才逐步提出普及教育与入学机会人人均等的要求。如今，各国纷纷实行普及义务教育制度，注重教育公平，这是教育发展的趋势。

2. 德育过程是提高自我教育能力的过程。

【答案要点】

在德育过程中，要引导学生积极参与社会学习、生活交往和道德践行，培养和提升他们的思想品德素质，均有赖于发挥学生个人的能动性和自我教育能力。

（1）自我教育能力培育的意义。一方面，自我教育能力是德育的一个重要条件，只有注意培养与提高学生的这种能力，德育才能进行得更顺利、更有效。另一方面，学生的自我教育能力的形成又是学生思想道德发展过程的一个重要标志。

（2）自我教育能力的构成因素。自我教育能力主要由自我期望能力、自我评价能力、自我调控能力所构成。

①自我期望能力，是个体设定自我发展愿景的能力。它是自我教育的内在目的和动力。儿童自幼就有做"好孩子""好学生"的热切期望，这是学生自我期望能力发展的心理基础。

②自我评价能力，是个体对自我发展现状和趋势的评判能力。它是进行自我教育的认识基础。

③自我调控能力，是在自我评价的基础上建立起来的自觉调节、控制自己思想与行为的能力。它是进行自我教育的重要机制。

（3）学生自我教育能力的发展。儿童自我意识与自我教育能力的发展是有规律的，大致是从"自我中心"发展到"他律"，又从"他律"发展到"自律"。教师应该依据这一规律，从实际出发，因势利导，有目的地培养学生的自我意识，提高学生的自我期望、自我评价和自我调控能力，形成和发展他们的自我教育能力，充分发挥他们在自身品德建构中的主体作用。

3."五四"新文化运动时期西方教学理论在中国的传播。

【答案要点】

受"五四"新文化运动思想解放潮流的激荡，受实用主义教育、科学主义教育的影响，在学制和课程与教材改革的推动下，一场改革教学法的运动在20世纪20年代逐渐形成高潮。

（1）在近代，输入中国最早的是赫尔巴特教学法。赫尔巴特的"五段教学法"以学生的心理过程为依据，强调教师的主导作用，注重课堂教学形式的组织和规范化。这种教学法给教师的教学带来了便利，但这种方法本身的缺陷和机械地运用，与传统的注入式讲授法合流，影响了教学质量，压抑了学生的个性。

（2）20世纪初，美国和欧洲的一些国家兴起了进步主义教育运动，猛烈冲击"以教师为中心""以课本为中心"的课堂教学模式，形成了以"儿童为中心""以活动为中心"的关注学生兴趣和个性发展的教学思想和教学方式。

新文化运动掀起的思想解放潮流，加速了中国教育界对进步主义教育思想与方法的引进。由此，西方的各种教学理论迅速在中国传播开来。从新文化运动到20世纪二三十年代，在中国广泛传播的各种教学理论和方法主要有设计教学法、道尔顿制、文纳特卡制等。

4. 学生不良行为的原因和如何矫正。

【答案要点】

（1）不良行为的原因。

①不正确的道德认识。儿童和青少年处于品德形成的过程中，他们的道德认识还不明确、不稳定，一些学生不理解或不能正确理解有关的道德要求和道德准则，缺乏独立的道德评价能力，常常不能明辨是非、分清善恶。

②异常的情感表现。品行不良的学生由于长期处于错误观念的支配下，常常造成情感上的异常状态，往往对真正关心他们的老师家长怀有戒心，或处于对立情绪中。

③明显的意志薄弱。有些品行不良的学生并非在道德认识方面无知，而是因为意志薄弱导致正确的认知不能战胜不合理的欲望。"明知故犯"的学生常是意志薄弱者。

③不良习惯的支配。偶然的不良行为经过多次重复就会变成不良习惯，不良习惯又支配不良行为，如此恶性循环必然导致学生的品行不良。

④某些性格缺陷。学生某些性格上的缺陷会直接导致品德不良。比如执拗、任性、骄傲、自私等消极性格特点，很容易让个体表现出无视他人和集体的利益，为私利我行我素，甚至做出破坏集体纪律和违反社会公德的行为。

⑤某些需要未得到满足。当学生的需要没有通过正常途径得到满足，他们就可能会通过一些不正当的方法去满足自己的需要，从而沾染上不良行为。

（2）不良行为的矫正。

①运用行为主义学习理论培养个体的良好行为方式。在教育中适当运用渐进强化的原理，可以有效地塑造学生的良好行为方式或矫正学生的偏差行为方式。

②直接从自我观察学习入手培养人的自律行为。自律是个人根据自己的价值标准评判自己的行为，从而规范自己去做自己认为应该做的事情，或避免做自己认为不应该做的事。

③提高道德认识法。"美德即知识"的命题启示人们，在很多时候丰富人的道德认识的确可以使人少犯错误，尤其是一些低级错误。这样，妥善采取常用的说理法、故事启发法、小组讨论法或价值澄清法等方法以提高人们的道德认知水平，往往是防治品行不端的有效之举。

④改过迁善法。指要求犯错者纠正自己的不良品德，以使自己朝着善的方向发展的方法。该方法由两部分组成：一是消除一个或几个错误的地方；二是通过一定的练习，使自己的行为朝着与原来不良行为相反的或不相容的方向发展。

⑤防范协约法。指以书面形式在教育者与被教育者之间建立和实施一种监督关系的矫正不良行为的方法。

2019年 福建师范大学333教育综合·真题解析

一、名词解释

个体发展

个体发展有广义和狭义之分。广义的个体发展指个人从胚胎到死亡的变化过程，其发展持续于人的一生。狭义的个体发展指个人从出生到成人的变化过程，主要指儿童的发展。

绝对性评价

绝对性评价是指用目标参照性测验对学生成绩进行评定，依据教学目标和教材编制试题来测量学生的学业成绩，判断学生是否达到了教学目标的要求，而不以评定学生之间的差别为目的。也称目标参照性评价。它宜用于升级考试、毕业考试、合格考试，不适用于甄选人才。

以吏为师

以吏为师是推行法治教育的手段。即为了实行法治,选择那些知法的官吏来担任法令的解释者和宣传者。"以吏为师"还包含一层意思,理想的国家和社会是不需要许多人来从事文化、知识和教育工作的,这样的人一多,就会破坏社会秩序。妥善的做法,就是"以吏为师"。

"五育"并举

1912年初,蔡元培发表《对于教育方针之意见》一文,提出了军国民教育、实利主义教育、公民道德教育、世界观教育和美感教育"五育"并举的教育思想,成为制定民国教育方针的理论基础。

《理想国》

《理想国》是一部讨论政治和教育的著作,被认为是西方教育史上最为重要和伟大的教育著作之一。在《理想国》中,柏拉图精心设计了一个他心目中理想的国家,在这个国家中,执政者、军人、工农商服从各自的天性,各安其位,互不干扰,智慧、勇敢、节制、正义成为理想国的四大美德。他还为这个理想国家的实现,提出了完整的教育计划。

五步探究教学法

杜威根据科学的实验主义探究方法和反省思维方式,提出了五步教学法,具体包括创设疑难的情境、确定疑难所在、提出问题的种种假设、推断哪种假设能解决这个困难、验证这种假设。

二、简答题

1. 元认知策略的种类。

【答案要点】

元认知策略是对信息加工流程进行控制的策略,可分为计划策略、监察策略和调节策略。

(1)计划策略。根据认知活动的特定目标,在一项认知活动之前计划各种活动,预计结果、选择策略,想出各种问题解决的方法,并预估其有效性。计划过程涉及设置学习目标、浏览阅读材料、产生待回答的问题以及分析如何完成学习任务。

(2)监察策略。在认知活动的实际过程中,根据认知目标及时评价、反馈自己认知活动的结果与不足,正确估计自己达到认知目标的程度、水平,根据有效性标准评价各种认知行动、策略的效果。监察过程涉及阅读时对注意加以跟踪、对材料进行自我提问和考试时监察自己的速度和时间。使学习者警觉并找出自己在注意和理解方面可能出现的问题并加以修改。

(3)调节策略。核查认知活动结果并采取相应的补救措施,核查认知策略的效果,并及时修正、调整认知策略。

2. 知识对人的发展的价值。

【答案要点】

(1)促进人的认识的发展。知识是人类长期认识与实践的成果,是前人遗留下来的精神财富。学生掌握和运用前人的知识,就等于继承和掌握了前人认识的资源和工具,以此来认识世界。如今,借助于网络与数字化信息,能更快捷有效地获取知识,使人类的认识实现了又一次新的飞跃。

(2)促进人的精神的发展。知识蕴含着科学精神和人文精神。科学精神引导人实事求是、独立思考、追求真理;人文精神则引导人追求人生的意义与尊严,坚持自由、平等与公正,争取人的合理存在,向往人的解放。二者不单是一个知识问题、认识问题,而是引导学生从知识、认识层面上升到人格层面,让学生在这个过程中接受科学精神和人文精神的陶冶。

(3)促进人的能力的发展。知识及其运用能力是前人在认识事物、解决具体问题的过程中提炼形成的结晶。因此,要有效地发展学生的认识问题和处理问题的能力,不仅要引导他们学习、理解知识,还要引导他们运用知识去解决各种实际存在的问题。

(4)促进人的实践的发展。主要指促进人运用知识去指导、推进社会实践的发展。当学生通过学习获取了知识,认识了某种事物特性,就能获得改造某种事物的可能性,推动这一领域的社会实践的发展。

3. 教学评价的意义。

【答案要点】

教学评价是对教学工作质量所做的测量、分析和评定。它以参与教学活动的教师、学生、教学目标、内容、方法、教学设备、场地和时间等因素的优化组合的过程和效果为评价对象,是对教学活动的整体功能所做的评价。

教学评价的意义有:

(1)对学校来说,可以记载和积累学生学习情况的资料,定期向家长报告他们子女的成绩,并作为学生升、留级和能否毕业的依据。

(2)对教师来说,可以及时了解学生的学习情况和获得教学效果的反馈信息,明白自己教学的优缺点,以改进教学。

(3)对学生来说,可以及时得到学习效果的反馈信息,明确自己学习中的长处与不足,以扬长补短。

(4)对领导来说,可以了解每个教师、班级的教学情况,便于发现问题与总结经验,以改进教学。

(5)对家长来说,可以了解子女的学习情况及其变化,以便配合学校进行教育。

4. 疏导原则及要求。

【答案要点】

德育的疏导原则是指进行德育要循循善诱、以理服人,从提高学生认识入手,调动学生的主动性,使他们积极向上。也称循循善诱原则。

在德育过程中贯彻疏导原则的基本要求有:

(1)讲明道理、疏通思想。对青少年进行教育,要注重摆事实、讲道理,做深入细致的思想工作,启发他们自觉认识问题,自觉履行道德规范。即使学生有了缺点、毛病,行为上出现了过失、错误,也要注重疏通思想,提高认识,启发自觉。

(2)因势利导、循循善诱。青少年学生活泼爱动、精力旺盛。他们在课余生活中,唱唱跳跳、奔跑喊叫,积极参加自己喜爱的活动。这是学生身体和心理健康的表现,是很自然的事。不可一味要求他们安安静静、循规蹈矩,像小大人一样。重要的问题在于,善于把学生的积极性和志趣引导到正确方向上来。

(3)以表扬、激励为主,坚持正面教育。青少年学生积极向上,有自尊心、荣誉感;但往往有孩子气,不能正确认识社会和人生问题。教师要给以启示、指点,使他们放眼社会、懂事明理,从幼稚中醒悟,关心他人、祖国和世界,树立自己的理想。在他们的成长过程中,要坚持正面教育,对他们表现的积极性和微小的进步,都要注意肯定,多加赞许、表扬和激励,引导他们步步向前,以培养他们的优良品德。批评与处分只能作为辅助的方法。

三、分析论述题

1. 唐朝私学的演变。

【答案要点】

(1)唐朝私学发展的原因。

①社会民众的需要。由于地方官学设置限在州、县所在地各一所，名额也有严格限制，广大民众要求子弟入学受教育的愿望不能满足，只好从发展私学找出路。

②政府政策的倡导。隋文帝实行德治，重视教化民众，强调劝学行礼，对私学发展起了推动作用。唐初对私学也采取鼓励政策。

③隋唐经济的繁荣。隋唐都有政治较为安定的时段，和平时期利于农业经济的发展，导致经济繁荣，这是民间私学发展的基础。

（2）唐朝私学的分类。

①初级私学。根据办学主体的不同，初级私学分为乡学、村学、私塾、家塾、家学。初级私学没有成文的制度，遵守历史形成的习俗。对入学年龄没有统一的硬性规定；春季始业，无学习年限；单班学校，个别教学。教学内容包括读、写、算。主要进行启蒙的识字教育和一般的生活与伦理常识教育。

②高级私学。教育对象是已受过初级私学教育而具有一定文化基础，要求进一步提高而受专业教育的青年，各社会阶层出身的人都有。高级私学以教师为中心，自由设置。教师具备专门知识或广博学问，有一定的社会影响力，愿意从事教育工作即可开设私学，聚徒教授。高级私学主要进行专经传授或其他专业知识技术传授教育，主要有《三礼》学、《易》学、《春秋》学等。

（3）书院。

书院是由私人读书藏书的场所演化为讲学授徒的场所而产生的，也是由于实行科举考试制度以选士之后，要求应试者必须博学广识这种现实需要推动而形成的。因此，书院兼备培育人才和传播中华文化的任务。书院产生于唐，发展于五代，而繁荣和完善于宋代。唐朝书院主要由民间私家设立，既有藏书，又有教学活动，学习内容适应科举考试的需要，不同于以前以单科学习为主的私学，形成知识面较广的新型教育机构。

2. 班级授课制的优缺点。

【答案要点】

班级授课制是一种集体教学形式。它把一定数量的学生按年龄与知识程度编成固定的班级，根据周课表和作息时间表，安排教师有计划地给全班学生上课，分别学习所设置的各门课程。

（1）特点。第一，从班级人数来看，按年龄或知识水平将学生编班，每个班的人数比较固定，现在的班级人数出现两种趋势，即大班额和小班化；第二，从教学内容来看，教学分学科进行，每节课用于某一门特定学科的教学；第三，从课时安排来看，教学在规定的课时内进行，每门学科的总课时数、学年课时数、周课时数一般根据固定的课时计划来确定；第四，从教学场所来看，班级授课一般在教室、实验室中进行，较为固定，课堂中的座次也是相对固定的。

（2）优点：第一，形成了严格的教学制度；第二，以课为单位科学地组织教学；第三，能充分发挥教师的主导作用；第四，能促进学生的社会化与个性化；第五，便于传授系统的科学知识。

（3）缺点：第一，不利于照顾学生的个别差异；第二，不利于培养学生的兴趣、特长和发展个性；第三，不利于理论联系实际；第四，不利于实现教学的灵活性。

（4）改革趋势：第一，根据学生年龄、学科性质等不同情况，对每节课的时间长度，做有弹性的不同规定；第二，加强班级教学中的小组与个别指导活动；第三，提高学生在教学活动中的主体地位与作用；第四，注重到特定的实验室、作业室里上课，或在现场教学；第五，将班级上课、分组学习、个别辅导恰当地结合起来；第六，防止班的人数超限，逐步实现小班教学；第七，允许成绩优异或有特长的学生跳级、选班或选课等。

3. 加德纳多元智力理论及教育启示。

【答案要点】

（1）加德纳提出的多元智力理论认为，不存在单纯的某种智力和达到目标的唯一方法，每个人都会用自己的方式来发掘各自的大脑资源，这种为达到目的所发挥的各种个人才智才是真正的智力，造就了人与人之间的不同。人的智力可以分为八种。

①逻辑数学智力：运算和推理等科学或数学的一般能力，以及处理较长推理、识别秩序、发现模型和建立因果模型的能力。

②语言智力：运用语言达到各种目的的能力以及对声音、韵律、语意、语序和灵活操纵语言的敏感能力，包括听、说、读和写的能力。

③音乐智力：感受、辨别、记忆、理解、评价、改变和表达音乐的能力。

④空间智力：准确感受视觉－空间世界的能力，包括感受、辨别、记忆、再造、转换以及修改物体的空间关系，并借此表达思想和情感的能力。

⑤身体运动智力：控制自己身体运动和技术性地处理目标的能力。

⑥人际关系智力：与人相处和交往的能力，表现为觉察他人情绪、情感、气质、意图和需求的能力并据此做出适当反应的能力。

⑦内省智力：认识、洞察和反省自身的能力，并在正确的自我意识和自我评价的基础上形成自尊、自律和自制的能力。

⑧自然智力：认识物质世界的相似和相异性及动物、植物和自然环境其他事物的能力。

（2）教育启示。

①加德纳认为用学校的标准化考试来区分儿童智力高低和考察学校教育的效果，是片面的，这种做法过分强调语言智力和逻辑数学智力，否认了学生的其他潜能。

②他提出了"以个人为中心的教育"。强调每个学生都具备这八种智能，但所擅长的智能各不相同，教育要以学生的智能为基础，同时要培养学生的特长智能。

③多元智能理论还指导教师从多种智能途径增进学生对学科内容的理解。

4. 评述现代人文主义教育思想。

【答案要点】

现代人文主义教育思想于20世纪60—70年代盛行于美国，是现代欧美国家一种以人本主义心理学为基础、突出"以人为本"理念、以培养自我实现和完整的人为教育目的的教育思潮，代表人物有马斯洛、罗杰斯和弗洛姆等。其主要观点包括以下几个方面：

（1）教育的目的是培养自我实现的人。教育的目的就是人的自我实现、完美人生的形成以及人的潜能的充分发展。

（2）主张构建人本课程，即"课程人本化"。不仅要注意课程内容的人本主义，而且要注意强调情感在知识教育中的作用。

（3）强调学校应创设自由学习和发展的氛围。教育的作用就是为学习者创造最佳的学习条件，即创造一种积极的学习环境。

现代人文主义教育不仅对西方教育理论和实践产生了重要的影响，而且对发展方向具有牵引的作用；但它过分强调主体性及个人的价值观和个人的自我实现，简单地把个体的潜能实现与个体的社会价值画上等号，也受到了批评。

2018年 福建师范大学 333 教育综合·真题解析

一、名词解释

素丝说

墨子在人的教育方面提出"素丝说",他以素丝和染丝为喻来说明人性及其在教育下的改变和形成。他认为人性不是先天所成,生来的人性如同待染的素丝,下什么色的染缸,就成什么样颜色的丝,即有什么样的环境与教育就造就什么样的人。

熙宁兴学

熙宁兴学是由王安石主持的北宋第二次兴学,其主要内容为改革太学,创立"三舍法";恢复和发展州县地方学校;恢复和创设武学、律学和医学;编撰《三经新义》作为统一教材。"熙宁兴学"虽因王安石被逐出朝廷而半途夭折,但是它将北宋教育事业向前推进了一大步,并对后来的兴学运动产生了深刻影响。

《国防教育法》

1958年美国总统批准颁布了《国防教育法》,内容包括加强普通学校的自然科学、数学和现代外语的教学;加强职业技术教育;强调天才教育和增拨大量教育经费。

昆西教学法

昆西教学法是指帕克在昆西学校和库克师范学校进行的教育改革实验所采取的新的教育方法和措施。主要特征有:强调儿童应处于学校教育的中心;重视学校的社会功能;主张学校课程应尽可能与实践活动相联系;强调培养儿童自我探索和创造的精神。

自我效能感

自我效能感由班杜拉提出,是指个体对自己能否成功进行某一成就行为的主观判断。它影响着个体对行为的选择,付出多大努力以及坚持多久。影响自我效能感的因素有直接经验、替代性经验、言语说服、情绪唤起和身心状况。

最近发展区

维果茨基认为,在进行教学时必须注意到儿童的两种水平,一种是儿童现有的发展水平,另一种是即将达到的发展水平,维果茨基把这两种水平之间的差距称为最近发展区,即独立解决问题的真实发展水平和在成人指导下或与其他儿童合作情况下解决问题的潜在发展水平之间的差距。

二、简答题

1. 简述现代教育的特点。

【答案要点】

(1)学校教育逐步普及。由于资本主义生产尤其是机器大工业生产在欧洲兴起,因而西欧的资本主义国家最先提出普及教育的要求。1619年,德意志魏玛邦在宗教改革的影响下颁布了学校法令,规定父母送6~12岁男女儿童入学,这是普及教育的开端。

(2)教育的公共性日益突出。随着大工业生产发展的需要,随着工人阶级和其他劳动人民对教育权的争取,对受教育权的阶级垄断越来越不合时宜,受到来自被统治阶级和统治阶级两方面的批判。在此情形下，大力发展学校教育逐渐成为社会的公共事业和共同话题。

（3）教育的生产性不断增强。在现代社会，随着工业生产的发展和科学技术的进步，科技与教育在生产中的作用增强。现代教育与生产劳动的逐步结合，对提高社会生产效率和增加社会财富起着重要作用，日益成为经济发展的有力保证。

（4）教育制度逐步完善。随着学校数量的增加，学校教育的层次、种类及其运行和管理的复杂化，需要一定的教育宗旨、制度、要求等，以推动学校教育系统有条不紊地运行。教育制度化的实现，使得教育系统中的各级各类学校、各种教育机构和教育行政部门的工作均有制度可循，能排除来自内外部的干扰，使教育活动有序有效地开展，取得了良好效果。

2. 我国教育目的的基本精神。

【答案要点】

2015年新修订的《中华人民共和国教育法》规定："教育必须为社会主义现代化建设服务，必须与生产劳动和社会实践相结合，培养德、智、体、美等方面全面发展的社会主义事业的建设者和接班人。"这是目前教育目的最规范的表述。

我国教育目的的表述虽几经变化，但其基本精神却是一致的，就是培养学生成为未来国家、社会发展的实践主体与主人。其基本点包括以下几个方面：培养"劳动者"或"社会主义建设人才"；坚持全面发展；培养独立个性。

综上所述，我国教育目的的价值取向的出发点与归宿在于：培养德、智、体、美、劳全面发展，具有创新精神、实践能力和独立个性的社会主义现代化需要的各级各类人才。

3. 长善救失原则及基本要求。

【答案要点】

长善救失的德育原则是指进行德育要调动学生自我教育的积极性，依靠和发扬他们自身的积极因素去克服他们品德上的消极因素，促进学生的道德成长。

贯彻长善救失原则的基本要求如下：

（1）"一分为二"地看待学生。对学生既要看到他积极的一面，也要看到他消极的一面；既要看他过去的表现，也要看他后来的变化和现时的表现；要看到优秀学生的不足之处，懂得"响鼓也要重锤敲"，还要善于发现后进生身上的闪光点，以便长善救失，促进他们的转变。

（2）发扬积极因素，克服消极因素。全面而深入地了解学生，为教育学生打下了良好的基础，但要促进他们的品德发展，根本的一点在于调动其积极性，引导他们自觉地巩固发扬自身的优点来抑制和克服自身的缺点，才能养成良好的品德，获得长足的进步。

（3）引导学生自觉评价自己，勇于自我教育。要帮助学生善于虚心听取父母、教师、同学等各方面的意见，勇于解剖和正确评价自己，能够对自己的思想与行为自觉地进行反省与反思，为自己的优点而自豪，为自己的缺点而自责、内疚，自觉地进行道德修养。

4. 教学目标设计的基本方式。

【答案要点】

教学目标设计可以分为四个步骤：起点分析、任务分解、目标确定、目标表述。

（1）起点分析。教学目标是对预期的学生学习成果的要求，因此设计合适的教学目标，必须对学习者进行分析。学习者的已有知识、经验、技能和能力是教学的起点。通过分析教学起点，才能确定有效的教学目标，提高教学的有效性。

（2）任务分解。任何教学目标的确定，都是以一定教学任务或教学目的为依据的。不同层次的教学目标确定是教学任务自上而下的分析结构，是一个不断具体化的过程。教学任务是通过不同层次的教学目标来体现任务分解的。

（3）目标确定。目标确定是对任务分解进一步思考。这里的目标主要是课时教学目标。课时教学目标的确定，要依据单元教学任务、单元教学目标、单元教学内容的分析。

（4）目标表述。这里的目标表述也是指课时教学目标。常用的课时教学目标有行为目标表述、表意目标表述和综合目标表述三种形式。

三、分析论述题

1. 结合实际评述我国教师劳动的价值。

【答案要点】

教师劳动的价值，是指教师的劳动对社会和个人所产生的直接和间接的积极作用。

（1）教师劳动的社会价值。教师劳动的社会价值可以从宏观和微观两个角度进行分析：

①从宏观上看，突出地表现在教师劳动对延续和发展人类社会的巨大贡献上。教师的工作，联系着人类的过去、现在和未来。

②从微观上看，教师的劳动关系到年轻一代每个人的发展和幸福。在现代社会，一个人的发展状况如何，在很大程度上取决于他所受的教育，取决于教师的劳动。

（2）教师劳动的个人价值。教师劳动的个人价值体现在以下三个方面：

①教师劳动的个人价值首先在于这种劳动能够创造巨大的社会价值。因为，个人价值的大小主要取决于他对社会的贡献。

②教师劳动比一般劳动更具有自我实现的价值。教师的劳动是培养人，具有特殊的复杂性和创造性。教师在自己的劳动中能够充分发挥个人的才智，促进个人自身的完善和发展，满足个人较高层次的需要。

③教师劳动还能享受到一般劳动所享受不到的乐趣。这种乐趣来自学生平日的点滴进步，来自桃李满天下，来自学生毕业后对社会的贡献。

（3）正确认识和评价教师的劳动价值。教师劳动虽有巨大的社会价值，但有它的特殊性，往往不受社会重视，需要我们正确认识与对待。教师的劳动价值具有以下几个特性：

①模糊性。学生的成长与进步，是由遗传、家庭、社会、教师以及学生个人努力等多种因素作用的结果，人们很难准确地指出学生的变化是由哪方面的因素引起的。正是这种模糊性，很难使教师的劳动得到明确的评价。

②滞后性。教师的劳动价值，要在学生进入社会，并为社会做出贡献之后才能最终得到体现。这时，教师及其劳动常常被人淡忘。

③隐蔽性。教师劳动所创造的价值，是作为一种潜在的价值因素寓于学生身上，只有借助于学生行为表现的外显，或对社会做出的贡献才能得到证明，缺乏自明性。所以，教师的价值往往很难为人们所充分了解、正确评价，并给予恰当的报酬。

2. 评述裴斯泰洛齐的要素教育论。

【答案要点】

裴斯泰洛齐要素教育论的基本思想是：初等学校的各种教育都应该从最简单的要素开始，然后逐渐转到日益复杂的要素，循序渐进地促进人的和谐发展。要素教育既要求初等学校为每个人在德、智、体几方面都能受到基本的教育而得到和谐的发展，又要求在德育、智育、体育的每一个方面都通过"要素方法"获得均衡的发展。

（1）德育。道德教育最基本的要素是儿童对母亲的爱。随着孩子的成长，便由爱母亲发展到爱双亲，爱兄弟姐妹，爱周围的人。进入学校后，又把爱逐步扩大到爱所有人，爱全人类。具体方法包括：第一，唤起儿童富有生气的和纯洁的道德情感；第二，教导儿童练习自我控制，关心一切公正和善良的东西；第三，帮助儿童形成应有的道德权利和义务的正确观念。

（2）智育。智育的基本要素是数目、形状和语言。教育就是在这些要素的基础上来进行教学和设计课程，从而促进儿童的心理发展。所对应的科目分别是算数、几何和语文。具体方法包括：第一，教学过程心理学化；第二，改进初等学校的教学科目和教学内容；第三，教师在教学中应引导和组织学生进行各种思维练习。

（3）体育。体育的基本要素是关节活动。儿童的体育训练就是要从各种关节活动的训练开始，并随着年龄的增长逐渐进行较复杂的动作训练，以发展他们身体的力量和各种技能。具体方法包括：①体育训练要从基本动作开始，循序渐进；②体育应从儿童早期开始；③学校体育活动应多样化，以激发儿童的活动兴趣和需求。

要素教育论是裴斯泰洛齐基于教育心理学化理论对初等教育内容和方法的重要论述，也是他为初等教育改革所开展的开创性实践的结晶。裴斯泰洛齐要素教育论的提出，奠定了初等学校各科教学法的基础，对初等教育的发展与普及做出了很大的贡献。

3. 新文化运动影响下的科学教育发展。

【答案要点】

科学教育思潮在新文化运动期间形成并盛行一时。其基本内涵为：一是"物质上之知识"的传授；二是应用科学方法于教育研究和对人的科学精神、科学态度的训练，而尤以后者为重。

五四运动后，科学教育运动在中西方学者和科学成果的推波助澜下，得到较为广泛的开展，具体表现在以下两方面：第一，提倡学校中的科学教育，即按照教育原理和科学方法进行教育，培养学生科学的知识、技能和态度，此即科学的教育化趋势；第二，提倡以科学的方法研究教育，包括儿童心理和教育心理的研究、各种心理和教育统计与测量的试验及量表的编制应用，此即教育的科学化趋势。

科学教育思潮和运动对于中国现代教育进步的促进，表现在：以科学方法研究教育蔚然成风，教育及心理测量、智力测验、教育统计、学务调查在二三十年代的中国教育界成为流行的研究手段；各种新教学方法的试验广泛开展，道尔顿制、设计教学法、蒙台梭利教学法、自学辅导主义等方法，为人们所耳熟能详；高校中培养教育学科专门人才的学科和专业开始设置。

4. 结合实际分析影响解决问题的主要因素。

【答案要点】

（1）问题情境。个体面临的刺激模式与其已有的知识结构所形成的差异。

（2）原型启发。通过从待解决的问题具有相似性的其他事物上发现问题解决的途径和方法。

（3）人际关系。良好的人际关系有助于其解决面临的各类问题。

（4）知识经验。任何问题解决都离不开一定的知识、策略和技能，知识经验不足常常是不能有效解决问题的重要原因。

（5）定势与功能固着。定势是指人在解决一些相似的问题之后会出现一种惯用的方式解决问题的倾向。功能固着是指一个人看到某个物品有一种惯常的用途后，就很难看出它的其他新用途。

（6）酝酿效应。在反复探索一个问题的解决而毫无结果时，如果把问题暂时搁置几个小时、几天或几周，然后再回过头来解决，这时常常就可以很快找到解决方法。

（7）情绪状态。相对平和的心态有利于问题解决，同时，积极的情绪也有利于问题解决。

2017年 福建师范大学 333 教育综合·真题解析

一、名词解释

"六艺"教育

"六艺"即礼、乐、射、御、书、数。礼包括政治、伦理、道德、礼仪各个领域；乐包括诗歌、音乐和舞蹈；射指射箭的技术训练；御指驾驭马拉战车的技术训练；书指文字书写；数指算法。其中，"礼、乐、射、御"为"大艺"，是大学的课程；"书、数"为"小艺"，是小学的课程。

大学院

1927年，国民党中央设中华民国大学院主管全国教育，地方试行大学区。随后，国民政府任命蔡元培为大学院院长，公布了《中华民国大学院组织法》。根据大学院组织法规定，大学院为全国最高学术教育机关，隶属国民政府，管理全国学术和教育行政事宜。

自我效能感

自我效能感由班杜拉提出，是指个体对自己能否成功进行某一成就行为的主观判断。它影响着个体对行为的选择、付出多大努力以及坚持多久。影响自我效能感的因素有直接经验、替代性经验、言语说服、情绪唤起和身心状况。

新教育运动

新教育运动，也称新学校运动，是指19世纪末20世纪初在欧洲兴起的教育改革运动，初期以建立不同于传统学校的新学校作为新教育的"实验室"为其特征。第二次世界大战以后，新教育运动逐步走向衰落。新教育运动中著名的实验学校有乡村寄宿学校、儿童之家和生活学校。

角色扮演法

角色扮演法是教师提供一定的主体情境并讲明表演要求，让学生扮演某种人物角色，演绎某种行为方式、方法与态度，达到深化学生的认识、感受和评价"剧中人"的内心活动和情感的目的。

《国防教育法》

1958年美国总统批准颁布了《国防教育法》，内容包括加强普通学校的自然科学、数学和现代外语的教学；加强职业技术教育；强调天才教育和增拨大量教育经费。

二、简答题

1. 环境对人的发展的作用。

【答案要点】

（1）环境是人的发展的外部条件。

环境是人的发展的外部实现根基与资源，泛指个体生存其中并影响个体发展的外部世界。人的生存与发展环境十分复杂，根据其性质可以分为自然环境和社会环境。自然环境包括自然条件与地理位置，社会环境包括经济的、政治的、文化的以及与个体相关的各种性质的社会关系。社会环境是儿童得以发展的现实条件和现实源泉，对人的发展起着不可替代的作用。

（2）环境的给定性与主体的选择性。

①环境的给定性指的是由自然与社会、历史遗产与他人为儿童个体所创设的环境，它对于儿童

来说是客观的、先在的、给定的。儿童无法抗拒或摆脱环境的影响与限制，只有适应环境，以获得自身的生存与发展。

②主体的选择性是指人是具有能动性的主体，他对环境变化的刺激做出的回应是可以由主体内在的意愿来选择和决定的。环境对人的发展的制约作用离不开人对环境的能动活动，环境的给定性不会限制人的选择性，反而能激发人的能动性、创造性。

2. 教育的政治作用。

【答案要点】

（1）教育通过传播一定的社会的政治意识，完成年轻一代的政治社会化。人的社会化是人的发展的重要方面，而政治社会化又是人的社会化的重要方面。教育作为传递知识、训练思维与培养情感的活动，能向年轻一代传播一定的社会政治意识，促进他们的政治社会化，从而为一定社会政治秩序的稳定创造重要条件。

（2）教育通过造就政治管理人才，促进政治体制的变革与完善。现代社会强调法治，使得教育更重视培养政治管理人才。由于科技向管理部门的全面渗透，社会越发展，国家对政治管理人才的素质要求越高，通过教育选拔、培养政治管理人才显得越重要。

（3）教育通过提高全民文化素质，推动国家的民主政治建设。一个国家的政治是否民主，取决于政体和国民素质。普及教育的程度越高，国民的文化素质越高，其国民就越能认识到民主的价值，在政治生活和社会生活中就越能履行民主的权利。

（4）教育是形成社会舆论、影响政治时局的重要力量。学校是知识分子和青少年集中的地方，他们有见解，勇于发表意见，通过教育者和受教育者的言论、演讲和社会活动等，来宣传思想，造就舆论，借以影响群众，为一定的政治、经济服务。

3. 教育制度的特点。

【答案要点】

教育制度是指一个国家各级各类实施教育的机构体系及其组织运行的规则。它包括相互联系的两个方面：一是各级各类教育机构与组织；二是教育机构与组织赖以存在和运行的规则，如各种相关的教育法律、规则、条例等。具有客观性、规范性、历史性和强制性的特点。

（1）客观性。教育机构的设置、层次类型的分化、各级各类教育机构的制度化，都受客观的生产力发展水平制约，具有客观性。

（2）规范性。教育制度的规范性主要表现在入学条件和各级各类学校培养目标的确定上。

（3）历史性。教育制度是随社会的发展变化而变化的，在不同的社会历史条件下会有不同的教育需要，就要建立不同的教育制度。

（4）强制性。教育制度是先于作为年轻一代的个体而存在的。它对于受教育者个体的行为具有一定的强制作用，要求受教育者个体无条件地去适应和遵守制度。

4. 教师劳动的示范性。

【答案要点】

教育是教师引导、培养学生的活动，它要求教师以身作则，具有示范性。

教师的劳动对象是处在发展过程中的青少年学生，他们具有尊敬教师、乐于接受教师的教导、以教师为表率的所谓"向师性"的特点。因此，教师必须严格要求自己，以身作则，通过示范的方式去影响学生，以便取得最佳教育效果。

三、分析论述题

1. 教学原则中循序渐进的含义及基本要求。

【答案要点】

循序渐进教学原则又称系统性原则,是指教学要按照学科的逻辑系统和学生认识的顺序逐步进行,使学生系统地掌握基础知识、基本技能,形成严密的逻辑思维能力。

贯彻循序渐进原则的基本要求如下:

(1)按教材的系统性进行教学。按课程标准和教科书的逻辑体系进行教学,要求教师深入领会教材的系统性,结合学生认识特点和本班学生的情况,编写一个讲授提纲或设计一个教学双边活动过程计划,以组织、指导教学的过程。

(2)抓主要矛盾,解决好重点与难点。教学循序渐进并不意味着教学要面面俱到、平均使用力量,而是要求区别主次、分清难易、有详有略地教学。这样才能提高质量。

(3)由浅入深、由易到难、由简到繁。这是循序渐进应遵循的一般要求,是行之有效的宝贵经验。一味搞突击、求速成,欲速则不达。如果循序渐进教学,学生的基础打好了,能力提高了,学习的效率速度自然会提高。

(4)将系统连贯性与灵活多样性结合起来。教学是一种复杂的艺术。为了使学生掌握系统而精确的学科知识,教师必须认真备课,吃透教材的重点与难点,确定教学的具体目的与任务,做好教学设计,以便系统而有效地进行教学。

2. 夸美纽斯的教育适应自然原则及对我国基础教育的启示。

【答案要点】

(1)教育适应自然原则。

教育适应自然的原则是贯穿夸美纽斯整个教育理论体系的一条根本的指导性原则,他的"自然"包括两个方面的含义:

①自然界及其普遍法则。夸美纽斯认为在宇宙万物和人的活动中存在着一种"规则",它保证了宇宙万物的和谐发展。所以人的各种活动包括教育活动也都应该遵循这些自然的、普遍的规则。在此基础上,夸美纽斯提出要改革学校,要使学校教育符合自然的规则和秩序。

②人的与生俱来的天性。夸美纽斯认为,人是自然界的一部分,人的发展也有其本身的规则。据此,夸美纽斯提出要依据人的自然本性和儿童年龄特征进行教育,使每个人的智力都得到充分的发展。

(2)对我国基础教育的启示。

①教育要尊重儿童、尊重生命,突出儿童在教育中的主体地位。要尊重儿童生命的独特性、整体性和自主性。

②要关注儿童的现世生活,走向儿童的生活世界。首先课程内容的设置要接近儿童的生活;其次课程的实施要建构儿童的美好生活,使教育真正"贴近生活""回归生活"。

3. 影响问题解决的因素。

【答案要点】

(1)问题情境。个体面临的刺激模式与其已有的知识结构所形成的差异。

(2)原型启发。通过从待解决的问题具有相似性的其他事物上发现问题解决的途径和方法。

(3)人际关系。良好的人际关系有助于其解决面临的各类问题。

(4)知识经验。任何问题解决都离不开一定的知识、策略和技能,知识经验不足常常是不能有效解决问题的重要原因。

（5）定势与功能固着。定势是指人在解决一些相似的问题之后会出现一种惯用的方式解决问题的倾向。功能固着是指一个人看到某个物品有一种惯常的用途后，就很难看出它的其他新用途。

（6）酝酿效应。在反复探索一个问题的解决而毫无结果时，如果把问题暂时搁置几个小时、几天或几周，然后再回过头来解决，这时常常就可以很快找到解决方法。

（7）情绪状态。相对平和的心态有利于问题解决，同时，积极的情绪也有利于问题解决。

4. 论述幼童留美的历史影响。

【答案要点】

1872年，在容闳的促成下，近代中国政府派出了首批留美学生。容闳的留美学生方案主要如下：

选派学生数量每年30名，分4年，共120名，学习年限为15年。在上海、宁波、福建、广东等地挑选聪慧学生，年龄在12~16岁之间，经在国内试读考试合格后录取。经费由海关洋税中指拨。学生到美国后除学习西学后，仍要兼讲中学，课以《孝经》、小学、五经及国朝律例等书，在规定日期由正、副委员集中学生宣讲《圣谕广训》，还要由驻洋委员会率领学生和随行教师向至圣先师神位行礼等。上海设立"沪局"负责留学生出国事务，在美国设立留学事务所。派遣正、副委员和数名"中学"教师前往。

1872年8月第一批留美学生出发，随后，1873年6月、1874年11月、1875年10月第二、三、四期学生也按计划出发。后来由于留美学生思想和作风西化、留美管理人员之间的观念矛盾、国内守旧派的反对等方面的原因，留美幼童计划夭折。1881年，清政府做出了全数撤回留美学生的决定。尽管留美幼童中途归国，但长达5年以上的西方学习经历对成长中的留学生们产生了难以磨灭的影响。西方文化的学习和陶冶使他们不仅打下了一定的自然科学基础，而且获得了相应的西方资产阶级人文理念和社会思想，他们逐渐成为中国现代科技、外交、军事、管理等领域的重要力量，为中国社会发展做出了杰出贡献。

2016年 福建师范大学333教育综合·真题解析

一、名词解释

狭义的教育

狭义的教育主要指学校教育，指一种专门组织的不断趋向规范化、制度化、体系化的教育。它是根据一定的社会现实和未来需要，遵循受教育者身心发展的规律，有目的、有计划、有组织地对受教育者身心施加影响，把他们培养成为一定社会或阶级所需要的人的活动。

教育的社会流动功能

教育的社会流动功能是指社会成员通过教育的培养、筛选和提高，能够在不同的社会区域、社会层次、职业岗位、科层组织之间转换、调整和变动，以充分发挥其个人的智慧才能，实现其人生价值。它包括横向流动功能和纵向流动功能。

综合实践活动

综合实践活动既是我国基础教育的重要组成部分，又是我国基础教育的重要途径。它是对我国几十年来课外活动、活动课的继承、规范和发展，是应对时代发展对国民素质挑战的基本策略，是实施全面发展教育，培养学生的创新精神、实践智慧与能力、强烈的社会责任感以及良好的个性品质的根本要求。

学校教育制度

学校教育制度是现代教育制度的核心部分，指的是一个国家各级各类学校的系统及其管理规则，它规定着各级各类学校的性质、任务、入学年限、修业年限以及它们之间的关系。

课程标准

课程标准是指在一定课程理论指导下，依据培养目标和课程方案以纲要形式编制的关于课程的性质与价值、目标与内容、教学实施建议以及课程资源开发等方面的指导性文件，一般由说明、课程目标、课程内容标准和课程实施建议等部分组成。

形成性评价

形成性评价是指在教学进程中，对学生的知识掌握和能力发展所做的比较经常而及时的测评，包括对学生的提问、书面测验、作业批改等。其目的在于使师生都能及时获得反馈信息，从而更好地改进教与学，以促进师生的发展和提高。

二、简答题

1. 简述启发性教学原则的内容及要求。

【答案要点】

启发性教学原则是指在教学中教师要激发学生的学习主体性，引导他们经过积极思考与探究自觉地掌握科学知识，学会分析问题和解决问题，树立求真意识和人文情怀。也称探究性原则或启发与探究相结合原则。

在教学过程中贯彻启发性教学原则的要求有：

（1）调动学生学习的主动性。在激发学生的学习主动性上，教师要发挥个人的创造性，善于运用发人深思的提问、令人心动的讲述，充分显示教学内容的吸引力，以便激起学生的求知欲和积极性，全神贯注地投入学习。

（2）善于提问激疑，引导教学步步深入。在启发过程中，教师要有耐心，给学生以思考时间；要有重点，问题不能多，不能启而不发；要善于与学生探讨，引导学生一步步去获取新知识和领悟人生的价值。

（3）注重通过解决实际问题启发学生获取知识。接触实际问题对学生更具诱惑力和挑战性，会使他们更积极主动地进行学习和完成任务。

（4）引导学生反思学习过程。教学要引导学生反思学习过程，了解学习过程，分析学习过程中的顺利与障碍、长处与缺点，寻找原因，克服失误，使学习程序简捷、有效，注重积淀适合自己的学习方式，学会学习。

（5）发扬教学民主。要创造宽松、和谐、民主、平等、坦率、活跃的课堂教学氛围，这是启发教学的重要条件。

2. 人文主义情感取向的道德理论。

【答案要点】

人本主义的道德教育思想是情感取向的道德教育理论之一。它主要来自人本主义的心理学和哲学思想。人本主义道德教育的主要观点可以归纳为五个方面：

（1）承认人性是建设性的。

（2）重视情感在道德教育中的作用。

（3）实施道德教育的三个最基本条件：真诚、接受和信任、移情性理解。

（4）视道德教育为一种过程，教师应是这一过程的"促进者"。

（5）以"学生"为中心的非指导性教学模式。

3. 简述东林书院的讲会制度。

【答案要点】

东林书院在江苏无锡城东南，原为北宋理学家杨时讲学之所，后在该地建书院。明朝万历年间顾宪成及其弟顾允成重新修复并讲学其中，形成著名的"东林学派"。东林书院的特点包括：

（1）东林书院是当时一个重要的文化学术中心，形成了一套完备的讲会制度。

（2）密切关注社会政治，将讲学活动与政治斗争紧密结合起来。

东林书院的讲会是明朝书院讲会制度的突出代表，集中反映在《东林会约》的"会约仪式"中。东林书院的讲会定期举行，讲会之日，举行隆重的仪式。讲学内容主要为"四书"，讲授时，与会者"各虚怀以听"，讲授结束，相互讨论，会间还相互歌诗唱和。此外，关于讲会组织的其他一些方面，如通知、稽察、午餐等，也都做了具体规定。

4. 简述美国1958年《国防教育法》的主要内容。

【答案要点】

1957年，苏联卫星上天后，美国朝野震惊，开始反思自身的教育问题，并将教育提高到保卫国家国防的高度，要求对教育进行改革。在此背景下，1958年美国总统批准颁布了《国防教育法》。主要内容包括：

（1）加强普通学校的自然科学、数学和现代外语，即"新三艺"的教学。

（2）加强职业技术教育。要求各地区设立职业技术教育领导机构，有计划地开展职业技术训练。

（3）强调"天才教育"。鼓励有才能的学生完成中等教育，攻读考入高等教育机构所必需的课程并升入该类机构，以便培养拔尖人才。

（4）增拨大量教育经费，作为对各级学校的财政援助。

三、分析论述题

1. 试述我国中小学班主任的素质要求。

【答案要点】

（1）为人师表的风范：班主任应严于律己，其为人处世、一言一行、性情作风等各方面均能为人师表，为学生表率。

（2）相信教育的力量：只有相信教育力量的班主任，才能不畏困难曲折，把学生教育好。

（3）要有家长的情怀：班主任对待学生要像家长对待孩子一样，有深厚的情感，能无微不至地关怀，与学生彼此信赖。

（4）较强的组织亲和力：班主任要善于与人打交道，善于亲近学生、与学生打成一片，这样才能便于组织学生开展活动。

（5）能歌善舞、多才多艺：班主任要有广泛的兴趣、多才多艺，易与学生打成一片，便于开展工作。

2. 评述民国初年的教育方针及其历史意义。

【答案要点】

民国临时政府教育部重要的任务是为新生的资产阶级共和国的教育发展规划蓝图，其中具有战略意义的是确立民国教育方针。1912年，全国临时教育会议召开，蔡元培是当时的教育总长。会议讨论通过了民国教育方针，于当年9月2日由教育部公布实施，其内容为："注重道德教育，以实利教育、军国民教育辅之，更以美感教育完成其道德。"

（1）军国民教育。指将军事教育引入到学校和社会教育之中，让学生和民众受到一定的军事教育和训练。在学校教育中，强调学生生活的军事化，特别是体育的军事化。蔡元培认为，军国民教育并不是理想社会的教育，但在中国仍有提倡的必要。当时的中国不论是在国际形势还是国内形势上都处于不利地位，蔡元培提倡的军国民教育，有寓兵于民、对抗军阀拥兵自雄、捍卫民主共和的良苦用心。

（2）实利主义教育。即密切教育与国民经济生活的关系，加强职业技能的培训，使教育能发挥提高国家经济能力和改善人民生活水平的作用。蔡元培指出，世界各国的竞争不仅在军事，更在经济，武力需要财力的支持。而中国丰富的自然资源并未得到有效利用，人民失业，国家贫穷，因此需要发展实利主义教育。

（3）公民道德教育。蔡元培认为，公民道德的基本内容不外乎法国资产阶级革命所标榜的自由、平等、博爱，虽然与封建道德的专制等级性不相容，但他明确指出中国传统伦理特别是儒家伦理中的一些基本范畴，其内涵是与自由、平等、博爱的精神相通的。蔡元培尊重文化的继承性和发展性的统一。因此他在摒弃封建道德专制性和等级性的同时，汲取其中有利于资产阶级道德建设的养分。

（4）美感教育。美感教育与世界观教育紧密联系。蔡元培认为，美感介于现象世界和实体世界之间，是两者之间的桥梁。世界观教育是引导人们具有实体世界的观念，但不是靠简单的说教可以实现的，其有效的方式是通过美感教育，利用美感这种超越利害关系、人我之分界的特性去破除现象世界的意识，陶冶、净化人的心灵。所以，美感教育是世界观教育的主要途径。大力提倡美感教育是蔡元培教育思想和实践的一个重要特点。

民国教育方针包含有德、智、体、美四育因素，体现了受教育者身心和谐发展的思想。以道德教育为核心，将培养受教育者具有共和国国民的健全人格作为首要任务。以军国民教育和实利教育引导体育和智育，寄希望于教育能在捍卫国家主权、抑制武人政治、振兴民族经济方面发挥基础作用。

3. 试述马斯洛需要层次理论的主要内容及其教育启示。

【答案要点】

人本主义心理学家马斯洛认为，个体的任何行为动机都是在需要发生的基础上被激发起来的。他把动机看作需要，认为动机是由多种不同性质的需要组成，各种需要之间又有先后顺序和高低层次之分，提出了动机的需要层次理论。马斯洛提出，人有7种基本需要，分别为：

（1）生理需要：维持生存和延续种族的需要。

（2）安全需要：受保护与免遭威胁、获得安全感的需要。

（3）归属与爱的需要：被人接纳、爱护、关注、鼓励、支持的需要。

（4）尊重的需要：希望被人认可、关爱、赞许等维护个人自尊心的需要。

（5）求知与理解的需要：个体对不理解的东西寻求理解的需要，学习动机来源于这种需要。

（6）审美的需要：欣赏、享受美好事物的需要。

（7）自我实现的需要：在精神上臻于真、善、美合一的至高人生境界的需要，即个人理想全部实现的需要。

马斯洛将七种需要分为两类：前四种为缺失需要，后三种为成长需要。家长和教师应注重为学生创设良好的成长环境，学生只有在各种缺失性需要都获得满足后才会不断成长，达到自我实现的理想境界。在现实的学校生活中，学生最主要的缺失性需要往往是爱和自尊，只有民主、公正、理解、爱护、尊重学生的教师才有可能使学生产生学习的热情、克服困难的意志和创造的欲望。

4.试述欧洲文艺复兴人文主义教育的特征和影响。

【答案要点】

（1）文艺复兴时期人文主义教育的主要特征。

①人本主义。人文主义教育在培养目标上注重个性发展，在教育教学方法上反对禁欲主义，尊重儿童天性，坚信通过教育这种后天的力量可以重塑个人、改造社会和自然，这些都表现出人本主义内涵，人的力量、人的价值被充分肯定。

②古典主义。人文主义教育思想吸收了许多古人的见解，人文主义教育实践尤其是课程设置亦具有古典性质，但这种古典主义绝非纯粹的"复古"，实则含有古为今用、托古改制的内涵，这在当时是进步的。

③世俗性。不论从教育目的还是从课程设置等方面看，人文主义教育洋溢着浓厚的世俗精神，教育更关注今生而非来世。

④宗教性。几乎所有的人文主义教育家都信仰上帝，他们希冀以世俗和人文精神改造中世纪陈腐专横的宗教性，以造就一种更富世俗色彩和人性色彩的宗教性。

⑤贵族性。人文主义教育的对象主要是上层子弟，教育的形式多为宫廷教育和家庭教育而非大众教育，教育的目的主要是培养上层人物如君主、侍臣、绅士等。

（2）人文主义教育的影响。

第一，教育内容发生变化。对古希腊罗马的热情使其知识和学科成为教学主要内容，导致美育和体育复兴并关注自然知识的学习。第二，教育职能发生变化。从训练、束缚自己服从上帝到使人更好地欣赏、创造和履行地位所赋予人的职责。第三，教育价值观发生变化。重新发现人，重新确立了人的地位，强调人性的高贵，复兴了古希腊的个人主义价值观。第四，复兴了古典的教育理想。形成了全面和谐发展的完人的教育观念。第五，复兴了自由教育的传统。第六，促进了自然主义教育思想兴起。第七，出现了新道德教育观，以原罪论为中心的道德教育已开始解体。第八，在某些空想社会主义教育思想中，首次提出教育与生产劳动相结合的思想以及成人教育的思想。第九，建立了新型的人文主义教育机构。第十，促进了大学的改造和发展。第十一，教育理论不断丰富。第十二，推动了教育世俗化的历史进程。

2015年

福建师范大学333教育综合·真题解析

一、名词解释

遗传素质

遗传素质是人的发展的生理前提，遗传是指人从上代继承下来的生命机体及其解剖上的特点，这些遗传的生理特点，也叫遗传素质，是人的发展的自然的或生理的前提条件，为人的发展提供可能。

社会流动功能

教育的社会流动功能是指社会成员通过教育的培养、筛选和提高，能够在不同的社会区域、社会层次、职业岗位、科层组织之间转换、调整和变动，以充分发挥其个人的智慧才能，实现其人生价值。它包括横向流动功能和纵向流动功能。

发展性原则

发展性原则是我国中小学常用的教学原则之一，指教学的内容、方法和进度，既要适合学生已有的发展水平，又要有一定的难度，激励他们经过努力才能掌握，以便有效地促进学生的身心发展。

学校德育

学校德育是指学生在教师的引导下，以学习活动、社会实践、日常生活、人际交往为基础，同经过选择的人类文化，特别是一定的道德观念、政治意识、处世准则、行为规范相互作用，经过自己的观察、感受、判断、践行和改善，以形成行为习惯、道德品质、人生价值和社会理想的教育。

课程方案

课程方案是指教育机构或学校为了实现教育目的而制定的有关课程设置的文件。我国普通中小学的课程方案是指在国家的教育目的与方针的指导下，为实现各级基础教育的目标，由国家教育主管部门制定的有关课程设置、顺序、学时分配以及课程管理等方面的政策性文件。

学校教育制度

学校教育制度是现代教育制度的核心部分，指的是一个国家各级各类学校的系统及其管理规则，它规定着各级各类学校的性质、任务、入学年限、修业年限以及它们之间的关系。

二、简答题

1. 简述教学评价的原则。

【答案要点】

（1）客观性原则。教学评价要客观公正、科学合理，切实反映教师的教学质量和学生的学业水平，不能掺杂个人情感，不能主观臆断，这样才能使人信服。

（2）发展性原则。教学评价应着眼于学生的学习成绩的进步与能力的发展，其目的在于激励学生的积极性和创造性，而不是压抑和扭曲学生的发展。

（3）指导性原则。教学评价应在指出师生的长处与不足的基础上提出建设性意见，以便他们扬长避短，不断前进。

（4）计划性原则。教学评价应当全面规划，使每门学科都能依据制度与教学进程的要求，有计划、规范地进行教学评价，以确保其效果和质量。

2. 简述严复的三育论。

【答案要点】

严复是中国近代从德、智、体三要素出发构建教育目标模式的先导性人物。严复的德、智、体"三育论"首次在《原强》中提出。

（1）"鼓民力"即提倡体育，包括禁止吸鸦片和女子缠足等陋习，使国民有强健的身体，体育和智育是相辅相成的。

（2）"开民智"就是要全面开发人民的智慧，提高人民的文化教育水平，但实际牵涉对传统教育体制、教育内容、学风和教学方法的改革，其核心是改革科举制度，废除八股取士和训诂词章之学，讲求西学。

（3）"新民德"主要是改变传统德育内容，用西方的民主自由平等取代封建伦理道德，培养人民忠爱国家的观念意识。"新民德"涉及上层建筑的意识形态领域，为三者之中最难。

严复提出的德、智、体三育兼备的教育目标体系，无论就其结构要素，还是各育的内容而言，都基本确立了中国教育目标体系的近代化模式。

3. 自我效能感的定义及其影响因素。

【答案要点】

自我效能感由班杜拉提出，是指个体对自己能否成功进行某一成就行为的主观判断。它影响着个体对行为的选择、付出多大努力以及坚持多久。影响自我效能感的因素包括：

（1）直接经验。学习者的亲身经验对自我效能感的影响是最大的。成功的经验会提高人的自我效能感，多次失败的经验会降低人的自我效能感。

（2）替代性经验。学习者通过观察榜样的行为而获得的间接经验对自我效能感的形成也有重要的影响。当学习者看到与自己水平差不多的人取得了成功时就会增强自我效能感，反之就会降低自我效能感。

（3）言语说服。他人的建议、劝告和解释以及对自我的引导也有助于改变个体的自我效能感，但不持久，一旦面临令人困惑或难于处理的情境就会消失。

（4）情绪唤起和身心状况。情绪和生理状态也影响自我效能的形成。在充满紧张、危险的场合或认知负荷较大的情况下，情绪易于唤起，而高度的情绪唤起和紧张的生理状态会妨碍行为操作，降低个体对成功的预期水准。

4. 人本主义情感取向的道德教育理论。

【答案要点】

人本主义的道德教育思想是情感取向的道德教育理论之一。它主要来自人本主义的心理学和哲学思想。人本主义道德教育的主要观点可以归纳为五个方面：

（1）承认人性是建设性的。

（2）重视情感在道德教育中的作用。

（3）实施道德教育的三个最基本条件：真诚、接受和信任、移情性理解。

（4）视道德教育为一种过程，教师应是这一过程的"促进者"。

（5）以"学生"为中心的非指导性教学模式。

三、分析论述题

1. 论述教学的任务与意义。

【答案要点】

（1）依据教育目的与学生个体素质发展的需求，并考虑到人们的研究成果，我国基础教育的教学任务有以下几个相互联系的方面：

①掌握科学文化基础知识、基本技能和技巧。

②发展体力、智力、能力和创造才能。

③培养正确价值观、情感与态度。

（2）教学在传承文化、促进学生个性全面发展上具有不可替代的重大价值，在学校工作中居于主要地位。教学的意义主要表现在以下几个方面：

①教学是传播系统知识、促进学生发展的最有效的形式。

②教学是进行全面发展教育、实现培养目标的基本途径。

③教学是学校教育的主要工作。

2. 民国时期教育方针的内容及其意义。

【答案要点】

民国临时政府教育部重要的任务是为新生的资产阶级共和国的教育发展规划蓝图，其中具有战略意义的是确立民国教育方针。1912年，全国临时教育会议召开，蔡元培是当时的教育总长。会议讨论通过了民国教育方针，于当年9月2日由教育部公布实施，其内容为："注重道德教育，以实利教育、军国民教育辅之，更以美感教育完成其道德。"

（1）军国民教育。指将军事教育引入到学校和社会教育之中，让学生和民众受到一定的军事教育和训练。在学校教育中，强调学生生活的军事化，特别是体育的军事化。蔡元培认为，军国民教育并不是理想社会的教育，但在中国仍有提倡的必要。当时的中国不论是在国际形势还是国内形势上都处于不利地位，蔡元培提倡的军国民教育，有寓兵于民、对抗军阀拥兵自雄、捍卫民主共和的良苦用心。

（2）实利主义教育。即密切教育与国民经济生活的关系，加强职业技能的培训，使教育能发挥提高国家经济能力和改善人民生活水平的作用。蔡元培指出，世界各国的竞争不仅在军事，更在经济，武力需要财力的支持。而中国丰富的自然资源并未得到有效利用，人民失业，国家贫穷，因此需要发展实利主义教育。

（3）公民道德教育。蔡元培认为，公民道德的基本内容不外乎法国资产阶级革命所标榜的自由、平等、博爱，虽然与封建道德的专制等级性不相容，但他明确指出中国传统伦理特别是儒家伦理中的一些基本范畴，其内涵是与自由、平等、博爱的精神相通的。蔡元培尊重文化的继承性和发展性的统一。因此他在摒弃封建道德专制性和等级性的同时，汲取其中有利于资产阶级道德建设的养分。

（4）美感教育。美感教育与世界观教育紧密联系。蔡元培认为，美感介于现象世界和实体世界之间，是两者之间的桥梁。世界观教育是引导人们具有实体世界的观念，但不是靠简单的说教可以实现的，其有效的方式是通过美感教育，利用美感这种超越利害关系、人我之分界的特性去破除现象世界的意识，陶冶、净化人的心灵。所以，美感教育是世界观教育的主要途径。大力提倡美感教育是蔡元培教育思想和实践的一个重要特点。

民国教育方针包含有德、智、体、美四育因素，体现了受教育者身心和谐发展的思想。以道德教育为核心，将培养受教育者具有共和国国民的健全人格作为首要任务。以军国民教育和实利教育引导体育和智育，寄希望于教育能在捍卫国家主权、抑制武人政治、振兴民族经济方面发挥基础作用。

3. 教学实践中如何培养创造性？

【答案要点】

（1）营造鼓励创造的环境。这是促进学生创造性发展的必要条件。首先，应倡导民主式的教育和管理；其次，应改革考试制度，为学生创造宽松的学习环境；再次，应增加自主选择课程的机会和有针对性的课程设计；最后，应为学生提供创造性人物的榜样。

（2）培养创造性的教师队伍。首先，要转变教师的教育教学观念，使教师形成理解并鼓励学生的创造；其次，要教给教师必要的创造技法和思维策略；再次，为教师提供明晰的、具有实用价值的有关创造性的知识及相应的教学策略和技能；最后，教师应不断学习关于创造性的心理学知识，用心理学的理论指导自己的实践。

（3）培育创造意识，激发创造动机。只有当个人具有自觉的创造意识、强烈的创造动机，才易产生新思想、新方法、新观点。需要做到：树立学生创新的自信心；激发创造热情；磨砺创造意志；

培养创造勇气。

（4）发展和培养创造性思维。创造性思维是创造性的核心。创造性思维的培养应注意以下几个方面：加大思维的"前进跨度"，培养思维的跳跃能力；加大思维的"联想跨度"，使学生敢于把习惯上认为毫不相干的、表面上看来微不足道的问题联系起来或进行移植；加大"转换跨度"，引导学生敢于否定原来的设想，善于打破固有的思路；给学生大胆探索与推测的体会。

（5）开设创造课程，教给创造技法。教学是培养学生创造性的重要途径。因此，开设创造性课程已成为国内外开发创造性的有效途径。在创造性课程的教学中，注重教给学生基本的创造技巧与方法是培养创造性的有效措施。促进创造性发展的主要创造技法有：头脑风暴法、系统探求法、联想类比法、组合创新法、对立思考法、转换思考法。

（6）塑造创造性人格。创造性人格是创造性的重要组成部分，培养学生的创造性人格是培养创造性的重要内容。主要方法有：保护好奇心；解除对错误的恐惧心理；鼓励独创性与多样性。此外，自信与乐观、忍耐与有恒心、合作、严谨等也是创造性人格培养的重要方面。

4. 论述进步主义教育运动的产生、发展及影响。

【答案要点】

进步主义教育运动是指19世纪80年代至20世纪50年代在美国出现的以杜威教育哲学为主要理论基础、以进步主义教育协会为组织中心、以改革美国学校教育为宗旨的教育革新思潮和实践活动。

（1）进步主义运动的产生和发展。进步主义教育运动经历了四个时期，即形成期、拓展期、转变期和衰落期。

①形成期（1883—1919）。帕克的库克师范学校的实习学校、约翰逊的有机教育学校、沃特的葛雷制学校等进步主义学校的建立；进步主义教育理论初步形成；儿童中心论观念的确立。

②拓展期（1919—1929）。进步主义教育协会建立；进步主义教育原则形成；《进步主义教育》杂志创刊；儿童中心论延续。

③转变期（1929—1938）。实验的重心从初等教育转到中等教育；关注的重心从儿童中心转移到社会改造；进步主义教育内部开始分裂。

④衰落期（1938—1957）。1944年，进步主义教育协会更名为美国教育联谊会；1955年协会解散；1957年《进步主义教育》杂志停办，标志着美国教育史上一个时代的结束。

（2）进步主义运动的影响。

①进步主义教育遇到强有力地促进了美国教育从农业时代向工业化时代、从近代向现代的巨大转变，对美国教育的转型发挥了积极的作用，构成了现代美国教育的重要开端，并直接制约着其发展的方向和格局。

②进步主义教育运动对形成美国学校教育的基本特征，产生了深远的影响。它从根本上改变了美国学校和教室的氛围，同时促进了美国教育理论研究的发展和教育理论研究的"美国化"。

③进步主义教育运动对世界许多国家和地区的教育发展，产生了广泛的影响，并且成为中国、苏联、日本和印度等国现代教育历史的重要篇章。

④进步主义教育运动与西欧新教育运动一起，共同构成了西方现代教育的重要开端。

2014年 福建师范大学 333 教育综合·真题解析

一、名词解释

三纲领八条目

三纲领八条目是《大学》的教育目的和具体步骤。《大学》开篇即"大学之道，在明明德，在亲民，在止于至善"，"明明德""亲民"和"止于至善"被称为"三纲领"。八条目即格物、致知、诚意、正心、修身、齐家、治国、平天下。

苏湖教法

"苏湖教法"又称"分斋教学法"，是胡瑗在主持湖州州学时创立的新的教学制度，在"庆历兴学"时被用于太学的教学。其主要内容是在学校内设立经义斋和治事斋，经义斋学习儒家经义，以培养比较高级的统治人才为目标；治事斋分设治兵、治民、水利、算数等学科，学生可主修一科，副修另一科，以造就在某一方面有专长的技术的管理人才为目标。

骑士教育

骑士教育是中世纪世俗教育的一种主要形式，以培养当时封建制度中骑士阶层的成员为目的。它是一种特殊形式的家庭教育，并无专设的教育机构，也没有专职的教育人员。它在骑士生活和社交活动中进行。训练骑士的标准是剽悍勇猛、虔敬上帝、忠君爱国、宠媚贵妇。

《巴尔福法案》

《巴尔福法案》是英国进入20世纪后所制定的第一部重要的教育法。它促成了英国中央教育委员会和地方教育当局的结合，形成了以地方教育当局为主的英国教育行政体制。该法首次强调初等教育和中等教育的衔接，并把中等教育纳入地方教育部门管理，为建立统一的国家公共教育制度奠定了基础。

自我效能感

自我效能感由班杜拉提出，是指个体对自己能否成功进行某一成就行为的主观判断。它影响着个体对行为的选择、付出多大努力以及坚持多久。影响自我效能感的因素有直接经验、替代性经验、言语说服、情绪唤起和身心状况。

移情

移情是由真实或臆想的他人情绪、情感状态引起的并与之一致的情绪、情感体验，是一种替代性的情绪、情感反应，是一种无意识的、有时十分强烈的对他人情绪状态的体验。

二、简答题

1.简述班级授课制的优点。

【答案要点】

班级授课制是一种集体教学形式。它把一定数量的学生按年龄与知识程度编成固定的班级，根据周课表和作息时间表，安排教师有计划地给全班学生上课，分别学习所设置的各门课程。班级授课制的优点包括：

（1）形成了严格的教学制度。

（2）以课为单位科学地组织教学。
（3）能充分发挥教师的主导作用。
（4）能促进学生的社会化与个性化。
（5）便于传授系统的科学知识。

2. 学生在教学中接受学习的基本阶段。

【答案要点】

接受学习也称传授-接受教学，是指教师主要通过语言传授、演示与示范使学生掌握基础知识、基本技能，并对他们进行思想情趣熏陶的教学。学生在教学中接受学习的基本阶段包括：

（1）引起学习动机。
（2）感知教材。
（3）理解教材。
（4）巩固知识。
（5）运用知识。
（6）检查知识、技能和技巧。

3. 简述知识对人的发展的价值。

【答案要点】

（1）促进人的认识的发展。知识是人类长期认识与实践的成果，是前人遗留下来的精神财富。学生掌握和运用前人的知识，就等于继承和掌握了前人认识的资源和工具，以此来认识世界。如今，借助于网络与数字化信息，能更快捷有效地获取知识，使人类的认识实现了又一次新的飞跃。

（2）促进人的精神的发展。知识蕴含着科学精神和人文精神。科学精神引导人实事求是、独立思考、追求真理；人文精神则引导人追求人生的意义与尊严，坚持自由、平等与公正，争取人的合理存在，向往人的解放。二者不单是一个知识问题、认识问题，而是引导学生从知识、认识层面上升到人格层面，让学生在这个过程中接受科学精神和人文精神的陶冶。

（3）促进人的能力的发展。知识及其运用能力是前人在认识事物、解决具体问题的过程中提炼形成的结晶。因此，要有效地发展学生认识问题和处理问题的能力，不仅要引导他们学习、理解知识，还要引导他们运用知识去解决各种实际存在的问题。

（4）促进人的实践的发展。主要指促进人运用知识去指导、推进社会实践的发展。当学生通过学习获取了知识，认识了某种事物特性，就能获得改造某种事物的可能性，推动这一领域的社会实践的发展。

4. 长善救失的德育原则内涵和要求。

【答案要点】

长善救失的德育原则是指进行德育要调动学生自我教育的积极性，依靠和发扬他们自身的积极因素去克服他们品德上的消极因素，促进学生的道德成长。

贯彻长善救失原则的基本要求如下：

（1）"一分为二"地看待学生。对学生既要看到他积极的一面，也要看到他消极的一面；既要看他过去的表现，也要看他后来的变化和现时的表现；要看到优秀学生的不足之处，懂得"响鼓也要重锤敲"，还要善于发现后进生身上的闪光点，以便长善救失，促进他们的转变。

（2）发扬积极因素，克服消极因素。全面而深入地了解学生，为教育学生打下了良好的基础，但要促进他们的品德发展，根本的一点在于调动其积极性，引导他们自觉地巩固发扬自身的优点来抑制和克服自身的缺点，才能养成良好的品德，获得长足的进步。

（3）引导学生自觉评价自己，勇于自我教育。要帮助学生善于虚心听取父母、教师、同学等各方面的意见，勇于解剖和正确评价自己，能够对自己的思想与行为自觉地进行反省与反思，为自己的优点而自豪，为自己的缺点而自责、内疚，自觉地进行道德修养。

三、分析论述题

1. 论述现在教师角色发展的趋势。

【答案要点】

（1）在教学过程中更多地履行多样化的职能，更多地承担组织教学的责任。

（2）从强调知识的传授转向着重组织学生的学习。

（3）注重学习的个性化，改进师生关系。

（4）实现教师之间更为广泛的合作，改进教师与教师的关系。

（5）更广泛地利用现代教育技术，掌握必需的知识与技能。

（6）更密切地与家长和其他社区成员合作，更经常地参与社会生活。

（7）更广泛地参加校内服务和课外活动。

（8）削弱加之于孩子们身上——特别是大龄孩子及其家长身上的传统权威。

教师角色的这些转换，不仅意味着学校教育功能的某些变化，而且对教师素养的要求以及相应的师资培训问题也提出了更高的要求。

2. 论述五四运动中的平民教育思潮和科学教育思潮。

【答案要点】

（1）平民教育思潮。倡导平民教育是新文化运动中民主思潮在教育领域里的反映和重要的组成部分。平民教育思潮的共同点，在于批判传统的"贵族主义"的等级教育，破除千百年来封建统治者独占教育的局面，使普通平民百姓享有教育权利，获得文化知识，改变生存状况。由于政治立场和思想倾向的差异，在平民教育的具体实践中分化出以下两种类别：

①第一类是以共产主义为思想的平民教育，代表人物有陈独秀、李大钊、邓中夏等人，他们要求平民教育必须符合劳动人民谋求自身解放的根本利益，尤其应该与破除阶级统治的革命斗争同时进行。毛泽东创办的工人夜校、邓中夏发起的平民教育演讲团都是这类教育的具体实践。

②第二类是以资产阶级和小资产阶级知识分子在西方尤其是美国杜威民主主义教育思想的影响下实行的平民教育，他们把平民教育视为救国和改良社会的主要手段，希望通过平民教育来实现平民政治。北京高等师范学校的教职员和学生组织的平民教育社，便是这类教育的具体实践。

（2）科学教育思潮。科学教育思潮在新文化运动期间形成并盛行一时。其基本内涵为：一是"物质上之知识"的传授；二是应用科学方法于教育研究和对人的科学精神、科学态度的训练，而尤以后者为重。

五四运动后，科学教育运动在中西方学者和科学成果的推波助澜下，得到较为广泛的开展，具体表现在以下两方面：第一，提倡学校中的科学教育，即按照教育原理和科学方法进行教育，培养学生科学的知识、技能和态度，此即科学的教育化趋势；第二，提倡以科学的方法研究教育，包括儿童心理和教育心理的研究、各种心理和教育统计与测量的试验及量表的编制应用，此即教育的科学化趋势。

科学教育思潮和运动对于中国现代教育进步的促进，表现在：以科学方法研究教育蔚然成风，教育及心理测量、智力测验、教育统计、学务调查在二三十年代的中国教育界成为流行的研究手段；各种新教学方法的试验广泛开展，道尔顿制、设计教学法、蒙台梭利教学法、自学辅导主义等方法，为人们所耳熟能详；高校中培养教育学科专门人才的学科和专业开始设置。

3. 论述杜威的"做中学"理论。

【答案要点】

（1）从做中学。

杜威以其经验论为基础，要求从做中学、从经验中学，要求以活动性、经验性的主动作业来取代传统书本式教材的统治地位。在杜威看来，这种活动性、经验性课程既能满足儿童的心理需要，又能满足社会性的需要，还能使儿童对事物的认识具有统一性和完整性。

杜威并不反对间接经验本身，他反对的是传统教育中那种不顾儿童接受能力的直接灌输、生吞活剥式的获取间接经验的方式。学习的关键在于既要使儿童获得较为系统的知识，又能在学习过程中兼顾儿童的心理水平。

（2）论思维与教学方法。

杜威反对以教师、教科书、教室为中心的传统教学方法而提出"从做中学"，这是一种通过主动作业、在经验的情境中思维的方法，从而达到经验与思维的统一、思维与教学的统一、课程与作业的统一、教材与教法的统一。

杜威所力倡的反省思维是指对某个经验情境中的问题进行反复的、严肃的、持续不断的思考，其功能在于求得一个新情境，把困难解决、疑虑排除、问题解答。

杜威根据科学的实验主义探究方法和反省思维方式，提出了五步教学法，五个阶段的顺序并不固定，实际思维中，有时两个阶段可以合二为一。

①创设疑难的情境。学生要有一个真实的经验的情境，要有一个对活动本身感兴趣的连续的活动。

②确定疑难所在。在这个情境内部产生一个真实的问题，作为思维的刺激物。

③提出问题的种种假设。他要占有知识资料，从事必要的观察，对付这个问题。

④推断哪种假设能解决这个困难。他必须有条不紊地展开他所想出的解决问题的方法。

⑤验证这种假设。他要有机会和需要通过应用检验他的观念，使这个观念意义明确，并且让他自己发现它们是否有效。

4. 分析影响问题解决的主要因素。

【答案要点】

问题解决是指个体在面临问题情境而没有现成方法可以利用时，将已知情境转化为目标情境的认知过程。当常规或自动化的反应不适用于当前的情境时，问题解决者需要超越对过去所学规则的简单应用，对所学规则进行一定的组合，产生一个解答，达到问题解决的目的。它涉及认知、情感和行为活动成分。

影响问题解决的主要因素有：

（1）问题情境。个体面临的刺激模式与其已有的知识结构所形成的差异。

（2）原型启发。通过从待解决的问题具有相似性的其他事物上发现问题解决的途径和方法。

（3）人际关系。良好的人际关系有助于其解决面临的各类问题。

（4）知识经验。任何问题解决都离不开一定的知识、策略和技能，知识经验不足常常是不能有效解决问题的重要原因。

（5）定势与功能固着。定势是指人在解决一些相似的问题之后会出现一种惯用的方式解决问题的倾向。功能固着是指一个人看到某个物品有一种惯常的用途后，就很难看出它的其他新用途。

（6）酝酿效应。在反复探索一个问题的解决而毫无结果时，如果把问题暂时搁置几个小时、几天或几周，然后再回过头来解决，这时常常就可以很快找到解决方法。

（7）情绪状态。相对平和的心态有利于问题解决，同时，积极的情绪也有利于问题解决。

2013年 福建师范大学 333 教育综合·真题解析

一、名词解释

朱子读书法

朱子一生酷爱读书，对于如何读书有深切的体会，并提出了许多精辟的见解。他的弟子将其概括为"朱子读书法"六条，包括循序渐进、熟读精思、虚心涵泳、切己体察、着紧用力、居敬持志。

全人生指导

"全人生指导"由杨贤江提出，就是对青年进行全面关心、教育和引导，即不仅关心他们的文化知识学习，同时对他们生活中各种实际问题给以正确的指点和疏导，使之在德、智、体诸方面都得以健康成长，成为一个"完成的人"，以适社会改进之所用。

先行组织者

先行组织者是指先于学习任务本身呈现的一种引导性材料，它要比学习任务本身具有更高的抽象、概括和综合水平，并且能清晰地与认知结构中原有的观念和新的学习任务关联。

形式训练说

形式训练说是知识迁移的理论之一，主张迁移要经过一个"形式训练"的过程才能产生，以官能心理学为基础，认为迁移是无条件自动发生的。通过一定的训练，心智的各种官能可以得到发展，从而转移到其他学习上去。

产婆术

产婆术也称"问答法""苏格拉底法"，是由讥讽、助产术、归纳和定义四个步骤组成的独特的方法。这是苏格拉底探讨伦理哲学的研究方法，也是他的教学方法。

导生制

导生制又称贝尔－兰开斯特制，指教师在学生中选择一些年龄较大、学习成绩较好的学生充任导生，教师先对导生进行教学，然后由他们去教其他学生。通过这种教学方式，学生的数额得以大大增加，也在一定程度上缓解了教师奇缺的压力，因而一度广受欢迎，但因其难以保证教育质量而最终被人们所抛弃。

二、简答题

1. 人的发展的规律性。

【答案要点】

（1）顺序性。在正常情况下，人的发展具有一定的方向性和顺序性，既不能逾越，也不能逆向发展。如个体动作的发展就遵循自上而下、由躯体中心向外围、从粗动作向细动作的发展规律性。就心理而言，儿童的发展总是从无意注意到有意注意，从机械记忆到意义记忆，从具体形象思维到抽象逻辑思维，从喜怒哀乐等一般情绪发展到道德感、理智感、美感等高级情感。

（2）不平衡性。人的发展不总是匀速直线前进的，不同系统的发展速度、起始时间、达到的成熟水平是不同的；同一机能系统在发展的不同时期也有不同的发展速率。从总体发展来看，幼儿期出现第一个加速发展期，青春发育期出现第二个加速发展期。

（3）阶段性。人的发展变化既体现出量的积累，又表现出质的飞跃。当某些代表新质要素的量积累到一定程度时，就会导致质的飞跃，从而表现出发展的阶段性。个体的身心发展的阶段性表现为不同年龄阶段的个体具有不同的年龄特征及主要矛盾，面临着不同的发展任务。

（4）个别差异性。人的发展的个体差异表现在身心发展的速度、水平、表现方式等方面。如在发展速度上，有的儿童早慧，有的儿童大器晚成。

（5）整体性。人的生理、心理和社会性等方面的发展是密切联系在一起的，并在发展过程中相互作用，使人的发展表现出明显的整体性。

2. 简述学生管理的内容及要求。

【答案要点】

（1）学生管理的内容。

①思想品德管理。包括学生日常行为规范的常规管理，各种偶发事件的非常规管理，后者指学生吸烟、早恋、斗殴、犯罪、人身伤亡事故等。

②学习管理。包括学生课堂堂规管理、学籍管理、学生成绩和档案管理。

③健康管理。包括学生体育活动管理、卫生保健管理和心理健康教育管理。

④学生组织的管理。包括班级、少先队、共青团、学生会等正式组织的建设与管理，以及学生自发形成的各种非正式组织的关注与管理。

⑤课外活动管理。包括帮助学生组织、安排活动的内容、时间和地点，提供必需的物质条件，进行小结等。

（2）学生管理的要求。

①遵照国家的法律法规要求，对学生进行依法管理。

②依据学生的身心发展特点，对学生进行科学管理。

③发挥学生的主动性，引导学生进行自我管理。

3. 学校教育制度的概念，我国现行学校教育制度的改革。

【答案要点】

学校教育制度简称学制，指的是一个国家各级各类学校的系统及其管理规则，它规定着各级各类学校的性质、任务、入学条件、修业年限以及它们之间的关系。

（1）基本普及学前教育。现代学前教育的发展十分迅速。发达国家的学前教育有结束期提前、由高班到低班逐步普及、加强学前教育与小学低年级教育的联系和衔接的趋势。随着我国义务教育和高中阶段教育的逐步普及，学前教育也将逐步普及。

（2）均衡发展义务教育。义务教育对于人的发展、教育发展和社会发展都具有重大意义。到2008年底，我国实现了普及义务教育，但我国的义务教育也存在着发展不平衡的问题，促进义务教育均衡发展成为我国现阶段教育改革和发展的重大任务。

（3）努力普及高中阶段教育。在普及九年义务教育以后，普及高中阶段教育就成为教育发展的重要趋势。为了适应青少年的升学与就业的选择并满足社会的需要，高中阶段的学制应该多样化。

（4）大力发展高等教育。我国高等教育近年来呈现日益开放和大众化的趋势，主要表现为高等教育的多层次、高等教育的多类型和高等教育面向在职人员开放。

4. 教学评价的分类。

【答案要点】

（1）根据评价在教学中的作用不同，分为诊断性评价、形成性评价、总结性评价。

①诊断性评价：在学期教学或单元教学开始时，对学生现有的知识水平和能力发展的评价，如

各种摸底考试。

②形成性评价：在教学进程中，对学生的知识掌握和能力发展所做的比较经常而及时的测评，包括对学生的提问、书面测验、作业批改等。

③总结性评价：在一个大的学习阶段，对学生学习的成果进行制度化的正规考查、考试及其成绩评定，也称终结性评价。

（2）根据评价所运用的方法和标准不同，分为相对性评价和绝对性评价。

①相对性评价：用常模参照性测验对学生成绩进行的评定，依据学生个人的成绩在该班学生成绩序列中或常模所处的位置来评价和决定他的成绩优劣，而不考虑他是否达到教学目标的要求。

②绝对性评价：用目标参照性测验对学生成绩进行评定，依据教学目标和教材编制试题来测量学生的学业成绩，判断学生是否达到了教学目标的要求，而不以评定学生之间的差别为目的。

（3）根据评价主体的不同，分为教师评价和学生自我评价。

①教师评价：指任课教师与班主任对学生的学习状况与成果进行的各种评价。

②学生自我评价：指在教师的引导下学生对自己的作业、试卷、其他学习成果进行的自我评价。

三、分析论述题

1. 结合学校德育的特征，举例说明教师如何运用"奖惩"这一德育方法。

【答案要点】

奖惩法是指对学生的思想和行为做出评价，包括表扬、奖励和批评、处分两个方面。

（1）教师运用"奖惩法"的基本要求包括：

①表扬与批评：一般以表扬为主、批评为辅；二者相辅相成，缺一不可。

②奖励与处分：要公平公正、正确适度、合情合理；要发扬民主，获得群众支持；要注重宣传与教育。

③惩罚应当合情合理，公平公正，决不能为维护教师的权威而随意、武断地施加惩罚，更不能为了惩罚而惩罚。惩罚要与对学生的尊重结合起来，即使在惩罚过程中，也不能侮辱学生的人格，造成精神或身体上的真正伤害。

（2）现代学校德育的特征。

学校德育的特征包括德育目标的全面发展性、德育功能的全面性、德育结构的多样综合性和开放性、德育内容和方法的科学性和民主性、德育社会地位的主体独立性。在运用"奖惩"时，教师必须理解受教育者再也不是那种仅仅是被动受教的对象、客体，而是积极主动地参与德育活动和进行修养的主体，要尊重学生，发扬民主，促进学生的品德充分自由地全面发展，促进学生的主动性、积极性、创造性、独立个性的发展，促进学生的心理全面协调和谐地发展。

2. 评述清末新政时期的"庚子兴学"。

【答案要点】

为了美国的长远利益，1908年，美国国会通过议案，决定从1909年起，将美国所得庚子赔款的一部分以"先赔后退"的形式退还给中国，用以发展中国的留美教育。美国的举动被后来其他国家效仿，形成所谓的"庚子兴学"。

为了实施庚款留美计划，中国政府专门拟定了《遣派留美学生办法大纲》，规定在华盛顿设立"游美留学监督处"作为管理中国留美学生的机构，在北京设立"游美学务处"，负责留美学生的考选派遣事宜，从1909年开始实施。同时，游美学务处开始筹办留美预备学校——清华学堂，清华学堂对提高中国留美学生的层次和系统引入西学起到了重要作用。

通过"庚子兴学"，美国达到了将中国的留学潮流从日本引向美国的目的。此后，中国的留学生的流向结构发生了重大变化。

3. 论述马斯洛的需要层次理论及其对教育的意义。

【答案要点】

人本主义心理学家马斯洛认为，个体的任何行为动机都是在需要发生的基础上被激发起来的。他把动机看作需要，认为动机是由多种不同性质的需要组成，各种需要之间又有先后顺序和高低层次之分，提出了动机的需要层次理论。马斯洛提出，人有7种基本需要，分别为：

（1）生理需要：维持生存和延续种族的需要。

（2）安全需要：受保护与免遭威胁、获得安全感的需要。

（3）归属与爱的需要：被人接纳、爱护、关注、鼓励、支持的需要。

（4）尊重的需要：希望被人认可、关爱、赞许等维护个人自尊心的需要。

（5）求知与理解的需要：个体对不理解的东西寻求理解的需要，学习动机来源于这种需要。

（6）审美的需要：欣赏、享受美好事物的需要。

（7）自我实现的需要：在精神上臻于真、善、美合一的至高人生境界的需要，即个人理想全部实现的需要。

马斯洛将七种需要分为两类：前四种为缺失需要，后三种为成长需要。家长和教师应注重为学生创设良好的成长环境，学生只有在各种缺失性需要都获得满足后才会不断成长，达到自我实现的理想境界。在现实的学校生活中，学生最主要的缺失性需要往往是爱和自尊，只有民主、公正、理解、爱护、尊重学生的教师才有可能使学生产生学习的热情、克服困难的意志和创造的欲望。

4. 中世纪大学的特征及意义。

【答案要点】

中世纪大学是12世纪左右兴起的一种自治的教授和学习中心。一般由一名或数名在某一领域有声望的学者和他的追随者自行组织起来，形成类似于行会的师生团体进行教学和知识交易。最早的中世纪大学包括萨莱诺大学、波隆那大学、巴黎大学等。

（1）中世纪大学的特征。

①教育目的。中世纪大学的基本目的是进行职业训练，培养社会所需要的专业人才。因此大学教育往往分文、法、神、医等专业学院来进行。

②领导体制。中世纪大学按领导体制分为两种，一种为"学生"大学，一种为"先生"大学。前者由学生主管校务，教授的选聘、学费的数额、学期的时限和授课时数等，均由学生决定；后者由教师掌管校务，学校诸事均由教师决定。

③课程设置。大学的课程开始并不固定，各大学甚至各教师自己规定开设的课程。13世纪以后，课程趋向统一。文学院属大学预科，一般课程6年。学生结束学习后分别进入法学院、神学院、医学院，学习有关专业课程。

④教学方法。中世纪大学最常用的教学方法是演讲，由阅读、评注和介绍作业等部分构成，同时穿插不同程度的讨论。此外，还采用辩论的方法。

⑤学位制度。中世纪大学已经有了学位制度。学生学习3~7年，修完规定的课程，考试及格便可以获得"硕士""博士"学位。最初这两种学位并无程度上的差别，以后分化成表示不同学术水平的独立学位。

（2）中世纪大学的意义。

①中世纪大学的产生在当时是进步现象，有积极意义。它打破了教会对教育的垄断，促进了教育普及。它一开始是世俗性教育团体，不受教会统治，使较多的人可以不受封建等级限制而得到教

育，符合当时新兴的市民阶级对世俗教育的要求。

②对于后世高等教育的发展具有重要意义。现代意义的大学基本上直接起源于欧洲中世纪大学，现代大学的一系列组织结构和制度原则都与欧洲中世纪大学有着直接的历史联系。

③中世纪大学还培养了一大批人才，促进了古希腊罗马文化、阿拉伯文化等多种科学文化的保存、交流和发展。

2012年 福建师范大学 333 教育综合·真题解析

一、名词解释

学习策略

学习策略是指学习者为了提高学习的效果和效率，有目的、有意识地制定的有关学习过程的复杂的方案。具有以下四个特征：主动性、有效性、过程性、程序性。

角色扮演法

角色扮演法是教师提供一定的主体情境并讲明表演要求，让学生扮演某种人物角色，演绎某种行为方式、方法与态度，达到深化学生的认识、感受和评价"剧中人"的内心活动和情感的目的。

智者派

智者又称诡辩家，被用来专指以收费授徒为职业的巡回教师。这些人云游各地，积极参加城邦的政治和文化生活，以传播和传授知识获得报酬，并逐步形成了一个阶层。智者派的共同思想特征是相对主义、个人主义、感觉主义和怀疑主义。

壬戌学制

1922年，教育部在北京专门召开了学制会议，同年11月公布了《学校系统改革案》。该学制又被称为"新学制"或"壬戌学制"，由于采用的是美国式的六三三分段法，又称"六三三学制"。壬戌学制最显著的特点是根据儿童身心发展规律划分教育阶段。

性善论

性善论是孟子提出的人性论，说明了人性是人类所独有的、区别于动物的本质属性。人之需要社会伦理与政治，这是为人的内在本质所决定了的。所以人性是一个类范畴，人相对于其他的类绝不相同，而同类之中却相似。

要素教育论

要素教育论由裴斯泰洛齐提出，其基本思想是：初等学校的各种教育都应该从最简单的要素开始，然后逐渐转到日益复杂的要素，循序渐进地促进人的和谐发展。要素教育既要求初等学校为每个人在德、智、体几方面都能受到基本的教育而得到和谐的发展，又要求在德育、智育、体育的每一个方面都通过"要素方法"获得均衡的发展。

二、简答题

1. 人身心发展的规律及意义。

【答案要点】

（1）顺序性。在正常情况下，人的发展具有一定的方向性和顺序性，既不能逾越，也不能逆向发展。如个体动作的发展就遵循自上而下、由躯体中心向外围、从粗动作向细动作的发展规律性。就心理而言，儿童的发展总是从无意注意到有意注意，从机械记忆到意义记忆，从具体形象思维到抽象逻辑思维，从喜怒哀乐等一般情绪发展到道德感、理智感、美感等高级情感。

（2）不平衡性。人的发展不总是匀速直线前进的，不同系统的发展速度、起始时间、达到的成熟水平是不同的；同一机能系统在发展的不同时期也有不同的发展速率。从总体发展来看，幼儿期出现第一个加速发展期，青春发育期出现第二个加速发展期。

（3）阶段性。人的发展变化既体现出量的积累，又表现出质的飞跃。当某些代表新质要素的量积累到一定程度时，就会导致质的飞跃，从而表现出发展的阶段性。个体的身心发展的阶段性表现为不同年龄阶段的个体具有不同的年龄特征及主要矛盾，面临着不同的发展任务。

（4）个别差异性。人的发展的个体差异表现在身心发展的速度、水平、表现方式等方面。如在发展速度上，有的儿童早慧，有的儿童大器晚成。

（5）整体性。人的生理、心理和社会性等方面的发展是密切联系在一起的，并在发展过程中相互作用，使人的发展表现出明显的整体性。

2. 简述课程内容组织编排时要处理好的逻辑组织形式关系。

【答案要点】

（1）直线式与螺旋式。直线式与螺旋式是教科书编写的两种基本的组织方式，它们各有利弊，分别适用于不同性质的学科、不同年级的学生。螺旋式的组编适合对理论性较强、学生不易理解和掌握的内容，尤其是低年级的儿童；直线式组编更适合于对一些理论性、难度或操作性相对较低的学科知识。在组织编写中究竟应当采用何种形式，应根据不同学科内容的特点和学生心理发展的需求而定。

（2）纵向组织与横向组织。比较地看，纵向组织注重课程内容的学科理论体系和知识的深度，而横向组织强调课程内容的综合性和知识的广度。在实际编写过程中，两种组织方式都是不可偏废的。

（3）逻辑顺序与心理顺序。逻辑顺序是指依据学科本身的体系和知识的内在联系来组织课程内容；心理顺序是指按照学生心理发展的特点来组织课程内容。课程内容的组织要把两者结合起来，两者的统一实质上是在课程观上把学生与课程统一起来，在学生观方面，体现为把学生的"未来生活世界"与"现实生活世界"统一起来。

3. 现代学校教育的特点是什么？

【答案要点】

（1）学校教育逐步普及。由于资本主义生产尤其是机器大工业生产在欧洲兴起，因而西欧的资本主义国家最先提出普及教育的要求。1619年，德意志魏玛邦在宗教改革的影响下颁布了学校法令，规定父母送6~12岁男女儿童入学，这是普及教育的开端。

（2）教育的公共性日益突出。随着大工业生产发展的需要，随着工人阶级和其他劳动人民对教育权的争取，对受教育权的阶级垄断越来越不合时宜，受到来自被统治阶级和统治阶级两方面的批判。在此情形下，大力发展学校教育逐渐成为社会的公共事业和共同话题。

（3）教育的生产性不断增强。在现代社会，随着工业生产的发展和科学技术的进步，科技与教育在生产中的作用增强。现代教育与生产劳动的逐步结合，对提高社会生产效率和增加社会财富起着重要作用，日益成为经济发展的有力保证。

（4）教育制度逐步完善。随着学校数量的增加，学校教育的层次、种类及其运行和管理的复杂化，需要一定的教育宗旨、制度、要求等，以推动学校教育系统有条不紊地运行。教育制度化的实现，使得教育系统中的各级各类学校、各种教育机构和教育行政部门的工作均有制度可循，能排除来自内外部的干扰，使教育活动有序、有效地开展，取得了良好效果。

4. 教学中的讨论法及其应用要求。

【答案要点】

讨论法是指学生在教师指导下为解决某个问题而进行探讨、评析，以辨明是非、获取真知、锻炼思维和独立思考能力的方法。讨论的种类有课堂讨论、短暂讨论、全班讨论及小组讨论等。

讨论法的基本要求有：

（1）讨论的问题要有吸引力。讨论的问题要能激起学生们的兴趣，有讨论、辨析的价值。

（2）要善于对学生启发、引导。要鼓励他们独立思考，勇于发表个人见解，把大家的注意力集中到争论的焦点上，向纵深发展，使问题逐步得到深化、解决，切忌暗示问题的结论。

（3）做好讨论小结。讨论结束前，教师要简要概括讨论情况，使学生获得正确的观点和系统的知识，并肯定学生的独立思考，允许保留个人的质疑。

三、分析论述题

1. 联系我国的中小学教育制度现状，试论述其现代中小学教育制度改革的要求。

【答案要点】

（1）我国现行中小学教育制度。

①初等教育，即全日制小学教育，招收6、7岁儿童入学，学制为5~6年。在成人教育方面，还包括成人业余初等教育。

②中等教育，即全日制普通中学、各类中等职业学校和业余中学。全日制中学修业年限为6年，初中3年，高中3年。职业高中2~3年，中等专业学校3~4年，技工学校2~3年。属成人教育的各类业余中学，修业年限适当延长。

（2）现代中小学教育制度改革的要求。

①基本普及学前教育。现代学前教育的发展十分迅速。发达国家的学前教育有结束期提前、由高班到低班逐步普及、加强学前教育与小学低年级教育的联系和衔接的趋势。随着我国义务教育和高中阶段教育的逐步普及，学前教育也将逐步普及。

②均衡发展义务教育。义务教育是国家统一实施的所有适龄儿童、少年必须接受的教育，是国家必须予以保障的公益性事业，对于人的发展、教育发展和社会发展都具有重大意义。到2008年年底，我国实现了普及义务教育，但我国的义务教育也存在着发展不平衡的问题，促进义务教育均衡发展成为我国现阶段教育改革和发展的重大任务。

③努力普及高中阶段教育。在普及九年义务教育以后，普及高中阶段教育就成为教育发展的重要趋势。为了适应青少年的升学与就业的选择并满足社会的需要，高中阶段的学制应该多样化。即应有普通高中、职业高中、中等专业学校和技工学校等不同类型的学校供学生选择；应当扩大普通高中在高中阶段所占的比例，以满足我国高等学校不断扩大招生的需要。九年义务教育后的职业教育也应多样化，使未能升入高中的学生可以选择接受就业前的各种职业培训。

2. 怎样在教学中培养学生的问题解决能力？

【答案要点】

（1）鼓励质疑。教师要尽量从自己提出问题过渡到让学生质疑，从而培养学生主动质疑的内在动机，鼓励学生主动提问，形成一种自由探究的气氛。

（2）设置难度适当的问题。教师给学生的问题要可解，但也要有一定的难度。

（3）帮助学生正确表征问题。学生运用所学知识解释问题，或者画草图、列表、写方程式等，这对回忆相关信息都有很好的作用。

（4）帮助学生养成分析问题的习惯。教师要帮助学生发展系统考虑问题的方式和系统分析的习惯，既不能让学生盲目尝试错误练习，也不能过分热心，先把答案告诉学生。

（5）辅导学生从记忆中提取信息。教师需要帮助学生从记忆中迅速提取与解决问题有关的信息，并能很快找出可利用的信息，明确问题解决情境与想要达到的目的，迅速做出判断。

（6）训练学生陈述自己的假设及其步骤。教师要培养学生由跟从别人的言语指导转变到自行指导思考，然后再要求他们自己用言语把指导步骤表达出来。

（7）提供结构不良问题，培养实际解决问题的能力。通过对这些问题的解决，能让学生将解决问题的能力迁移到实际领域中去。

3. 中世纪大学的特征及意义。

【答案要点】

中世纪大学是12世纪左右兴起的一种自治的教授和学习中心。一般由一名或数名在某一领域有声望的学者和他的追随者自行组织起来，形成类似于行会的师生团体进行教学和知识交易。最早的中世纪大学包括萨莱诺大学、波隆那大学、巴黎大学等。

（1）中世纪大学的特征。

①教育目的。中世纪大学的基本目的是进行职业训练，培养社会所需要的专业人才。因此大学教育往往分文、法、神、医等专业学院来进行。

②领导体制。中世纪大学按领导体制分为两种，一种为"学生"大学，一种为"先生"大学。前者由学生主管校务，教授的选聘、学费的数额、学期的时限和授课时数等，均由学生决定；后者由教师掌管校务，学校诸事均由教师决定。

③课程设置。大学的课程开始并不固定，各大学甚至各教师自己规定开设的课程。13世纪以后，课程趋向统一。文学院属大学预科，一般课程6年。学生结束学习后分别进入法学院、神学院、医学院，学习有关专业课程。

④教学方法。中世纪大学最常用的教学方法是演讲，由阅读、评注和介绍作业等部分构成，同时穿插不同程度的讨论。此外，还采用辩论的方法。

⑤学位制度。中世纪大学已经有了学位制度。学生学习3~7年，修完规定的课程，考试及格便可以获得"硕士""博士"学位。最初这两种学位并无程度上的差别，以后分化成表示不同学术水平的独立学位。

（2）中世纪大学的意义。

①中世纪大学的产生在当时是进步现象，有积极意义。它打破了教会对教育的垄断，促进了教育普及。它一开始是世俗性教育团体，不受教会统治，使较多的人可以不受封建等级限制而得到教育，符合当时新兴的市民阶级对世俗教育的要求。

②对于后世高等教育的发展具有重要意义。现代意义的大学基本上直接起源于欧洲中世纪大学，现代大学的一系列组织结构和制度原则都与欧洲中世纪大学有着直接的历史联系。

③中世纪大学还培养了一大批人才，促进了古希腊罗马文化、阿拉伯文化等多种科学文化的保

存、交流和发展。

4. 评述福建船政学堂及其意义。

【答案要点】

福建船政学堂又称"求是堂艺局"或"福州船政学堂",是福建船政局的组成部分。福建船政局由左宗棠于1866年创办,是近代中国第一个、也是洋务运动时期最大的专门制造近代轮船的工厂。

(1) 教学内容。学堂由前学堂和后学堂两部分组成,学制5年。前学堂专习制造技术,又称造船学堂。目标是培养能够设计制造各种船用零件并能进行整船设计的人才;后学堂学习驾驶和轮机技术。驾驶专业的基本课程有英文、算术、几何、代数、平面三角、球体三角、航海天文学、航行理论、地理等,实践课程主要是上船实习;轮机专业的基本课程有算术、几何、制图、发动机绘制、海上操纵轮机规则及指示计、盐重计和其他仪表应用,实践课程主要是岸上装配和安装发动机。

(2) 意义。福建船政学堂是洋务学堂中持续时间最久的一所学校,在近代中国各项科技事业中发挥了重要作用,尤其是在近代中国海军事业的发展中占有重要地位。

①它为近代中国海军输送了第一代舰战指挥和驾驶人才。在清末抗击外来侵略的两次重大海战中,福建船政学堂毕业生都是骨干力量。

②福建船政学堂为近代中国船舰制造业的发展写下了光辉的一页。1876年,第一届造船专业学生负责领头制造的"艺新号"下水试航。1880年代后,福建船政学堂留欧学生的回国将中国近代的船舰制造业推上了新的水平。

③福建船政学堂是当时同类学校的先驱,也是办得最久的一所。其培养的人才数量和层次是当时任何一所同类学校无法比拟的,是当之无愧的"中国近代海军人才的摇篮"。

福建师范大学 333 教育综合·真题解析

一、名词解释

教育的社会流动功能

教育的社会流动功能是指社会成员通过教育的培养、筛选和提高,能够在不同的社会区域、社会层次、职业岗位、科层组织之间转换、调整和变动,以充分发挥其个人的智慧才能,实现其人生价值。它包括横向流动功能和纵向流动功能。

课程标准

课程标准是指在一定课程理论指导下,依据培养目标和课程方案以纲要形式编制的关于课程的性质与价值、目标与内容、教学实施建议以及课程资源开发等方面的指导性文件,一般由说明、课程目标、课程内容标准和课程实施建议等部分组成。

贝尔-兰开斯特制

贝尔-兰开斯特制又称导生制,指教师在学生中选择一些年龄较大、学习成绩较好的学生充任导生,教师先对导生进行教学,然后由他们去教其他学生。通过这种教学方式,学生的数额得以大大增加,也在一定程度上缓解了教师奇缺的压力,因而一度广受欢迎,但因其难以保证教育质量而最终被人们所抛弃。

昆西教学法

昆西教学法是指帕克在昆西学校和库克师范学校进行的教育改革实验所采取的新的教育方法和措施。主要特征有:强调儿童应处于学校教育的中心;重视学校的社会功能;主张学校课程应尽可能与实践活动相联系;强调培养儿童自我探索和创造的精神。

颜氏家训

《颜氏家训》是颜之推写的我国封建社会第一部系统完整的家庭教科书,用以训诫其子孙。主要包括以下主张:家教奠基,父母有责;教儿婴孩,勿失良机;偏宠有害,严教是爱;注意环境的影响;重视家庭的语言教育;重视儿童心理观察。

中体西用

"中体西用"是洋务派关于中西文化关系的核心命题,也是洋务教育的指导思想。在回答解决"西学"与中国固有文明之间的关系问题时,洋务派提出"中体西用",认为在突出"中学"主导地位的前提下,应肯定"西学"的辅助作用和器用价值。

二、简答题

1. 简述现代教育的趋势和特点。

【答案要点】

(1)学校教育逐步普及。由于资本主义生产尤其是机器大工业生产在欧洲兴起,因而西欧的资本主义国家最先提出普及教育的要求。1619年,德意志魏玛邦在宗教改革的影响下颁布了学校法令,规定父母送6~12岁男女儿童入学,这是普及教育的开端。

(2)教育的公共性日益突出。随着大工业生产发展的需要,随着工人阶级和其他劳动人民对教育权的争取,对受教育权的阶级垄断越来越不合时宜,受到来自被统治阶级和统治阶级两方面的批判。在此情形下,大力发展学校教育逐渐成为社会的公共事业和共同话题。

(3)教育的生产性不断增强。在现代社会,随着工业生产的发展和科学技术的进步,科技与教育在生产中的作用增强。现代教育与生产劳动的逐步结合,对提高社会生产效率和增加社会财富起着重要作用,日益成为经济发展的有力保证。

(4)教育制度逐步完善。随着学校数量的增加,学校教育的层次、种类及其运行和管理的复杂化,需要一定的教育宗旨、制度、要求等,以推动学校教育系统有条不紊地运行。教育制度化的实现,使得教育系统中的各级各类学校、各种教育机构和教育行政部门的工作均有制度可循,能排除来自内外部的干扰,使教育活动有序有效地开展,取得了良好效果。

2. 自我教育能力的构成要素及其在德育过程中的作用。

【答案要点】

在德育过程中,要引导学生积极参与社会学习、生活交往和道德践行,培养和提升他们的思想品德素质,均有赖于发挥学生个人的能动性和自我教育能力。

(1)自我教育能力培育的意义。一方面,自我教育能力是德育的一个重要条件,只有注意培养与提高学生的这种能力,德育才能进行得更顺利、更有效。另一方面,学生的自我教育能力的形成又是学生思想道德发展过程的一个重要标志。

(2)自我教育能力的构成因素。自我教育能力主要由自我期望能力、自我评价能力、自我调控能力所构成。

①自我期望能力，是个体设定自我发展愿景的能力。它是自我教育的内在目的和动力。儿童自幼就有做"好孩子""好学生"的热切期望，这是学生自我期望能力发展的心理基础。

②自我评价能力，是个体对自我发展现状和趋势的评判能力。它是进行自我教育的认识基础。

③自我调控能力，是在自我评价的基础上建立起来的自觉调节、控制自己思想与行为的能力。它是进行自我教育的重要机制。

（3）学生自我教育能力的发展。儿童自我意识与自我教育能力的发展是有规律的，大致是从"自我中心"发展到"他律"，又从"他律"发展到"自律"。教师应该依据这一规律，从实际出发，因势利导，有目的地培养学生的自我意识，提高学生的自我期望、自我评价和自我调控能力，形成和发展他们的自我教育能力，充分发挥他们在自身品德建构中的主体作用。

3. 什么是课程内容？课程内容的逻辑组织形式是什么？

【答案要点】

课程内容是课程的核心要素，是根据课程目标从人类的经验体系中选择出来，并按照一定的学科逻辑序列和儿童心理发展需求组织编排而成的知识体系和经验体系。它以学科文化知识为核心，主要包括间接经验，但也包括设计一定的实践–交往活动要求学生获取的直接经验，以及预期的学习活动方式。课程内容的逻辑组织形式包括：

（1）直线式与螺旋式。直线式与螺旋式是教科书编写的两种基本的组织方式，它们各有利弊，分别适用于不同性质的学科、不同年级的学生。螺旋式的组编适合对理论性较强、学生不易理解和掌握的内容，尤其是低年级的儿童；直线式组编更适合于对一些理论性、难度或操作性相对较低的学科知识。在组织编写中究竟应当采用何种形式，应根据不同学科内容的特点和学生心理发展的需求而定。

（2）纵向组织与横向组织。比较地看，纵向组织注重课程内容的学科理论体系和知识的深度，而横向组织强调课程内容的综合性和知识的广度。在实际编写过程中，两者组织方式都是不可偏废的。

（3）逻辑顺序与心理顺序。逻辑顺序是指依据学科本身的体系和知识的内在联系来组织课程内容；心理顺序是指按照学生心理发展的特点来组织课程内容。课程内容的组织要把两者结合起来，两者的统一实质上是在课程观上把学生与课程统一起来，在学生观方面，体现为把学生的"未来生活世界"与"现实生活世界"统一起来。

4. 简述奥苏伯尔有意义学习的实质与条件。

【答案要点】

（1）有意义学习的实质。有意义学习就是符号所代表的新知识与学习者认知结构中已有的适当观念建立非任意的和实质性的联系。有意义学习的类型包括表征学习、概念学习和命题学习。

①非任意的联系是指新知识与认知结构中有关观念存在某种合理的或逻辑上的联系。

②实质性的联系是指新的符号或观念与学习者认知结构中已有的表象、已经有意义的符号、概念或命题的联系，是一种非字面的联系。

（2）有意义学习的条件。

①有意义学习的材料必须具有逻辑意义，这种逻辑意义指的是材料本身在人的学习能力范围内而且与有关观念能够建立非任意的和实质性的联系。

②学习者必须具有有意义学习的心向，也就是积极主动地把新知识与认知结构中原有的适当知识加以联系的倾向。

③学习者认知结构中必须具有适当的知识，以便与新知识进行联系。

④学习者必须积极主动地使这种具有潜在意义的新知识与他认知结构中有关的原有知识发生相互作用，导致原有知识得到改造，新知识获得实际意义，即心理意义。

三、分析论述题

1. 请结合你的教育经验，根据教师的劳动特点，谈谈合格班主任的素质要求。

【答案要点】

教师劳动的特点：

（1）教师劳动的复杂性。教师劳动的复杂性主要受以下三方面的影响：第一，学生状况的复杂性决定着教师劳动的复杂性；第二，教师任务的多样性制约着教师劳动的复杂性；第三，影响学生发展因素的广泛性制约着教师劳动的复杂性。

（2）教师劳动的示范性。教育是教师引导、培养学生的活动，它要求教师以身作则，具有示范性。教师的劳动对象是处在发展过程中的青少年学生，他们具有尊敬教师、乐于接受教师的教导、以教师为表率的所谓"向师性"的特点。因此，教师必须严格要求自己，以身作则，通过示范的方式去影响学生，以便取得最佳教育效果。

（3）教师劳动的创造性。教师劳动创造性的最重要特征之一是他的工作对象，即儿童经常在发生变化，永远是新的，今天同昨天就不一样。此外，教师劳动的创造性还表现在因材施教上；表现在对教育、教学的原则、方法、内容的运用、选择和处理上；表现在教育教学过程中，教师对各种突发情况做出及时反应、妥善处理的应变能力上。

（4）教师劳动的专业性。教师劳动的专业性突出表现在教师对育人的崇高敬业精神和道德修养上，对教育教学专门化知识和技能的掌握与教育活动的自主权上。

班主任的素质要求：

（1）为人师表的风范。教师劳动具有示范性的特点，班主任是学生的教育者、引路人，是他们崇敬的老师，依靠的长者，学习的榜样。他应严于律己，他的为人处世、一言一行、性情作风等各方面均能为人师表，为学生示范。

（2）相信教育的力量。相信每个学生都有自己的特点、优势和潜能，只要经过教育，都有美好的发展与前途。即使有严重缺点和错误的学生，只要真情关怀，耐心教育，切实帮助，也能转变好。只有确信教育的力量的班主任，才能不畏困难曲折，把学生转变好。

（3）要有家长的情怀。班主任对待学生要像家长对待孩子一样，有深厚的情感，能无微不至地关怀，与学生彼此信赖。这样才能使学生更易亲近班主任，听班主任的话，才能使班主任工作顺利进行。

（4）较强的组织亲和力。班主任要善于与人打交道，善于亲近学生、与学生打成一片，这样才便于组织学生开展活动。他还要善于在工作中表现出魄力，能令行禁止，坚定地引导学生沿着正确的方向，不断前进。

（5）能歌善舞、多才多艺。每个学生都有自己的兴趣与爱好，因而需要展开各种各样、丰富多彩的活动。这就要求班主任也有广泛兴趣、多才多艺，易与学生打成一片，便于开展工作。

2. 裴斯泰洛奇的"教育心理学化"思想。

【答案要点】

在西方乃至世界教育史上，裴斯泰洛齐是第一个明确提出"教育心理学化"的教育家。教育心理学化就是要把教育提高到科学的水平，将教育科学建立在人的心理活动规律的基础上。教育心理学化的基本内涵包括：

（1）教育目的心理学化。要求将教育的目的和理论指导置于儿童本性发展的自然法则的基础上。

只有认真探索和遵循儿童的心理活动和心理发展的规律性，才能有效地达到应有的教育目的。

（2）教学内容心理学化。必须使教学内容的选择和编制适合儿童的学习心理规律。裴斯泰洛齐力图从客观现象和人的心理过程探索教育和教育内容中普遍存在的基本要素，并以此为核心来组织各科课程和教学内容，提出"要素教育"理论。

（3）教学原则和教学方法的心理学化。教学要遵循自然的规律，要使教学程序与学生的认识过程相协调。在此原则下，提出了直观性教学原则、循序渐进原则。

（4）要让儿童成为他自己的教育者。教育者不仅要让儿童接受教育，还要使儿童成为教育中的动因，要适应儿童的心理时机，尽力调动儿童的能动性和积极性，使他们懂得自我教育。

虽然裴斯泰洛齐对人的心理理解是感性的，并不十分科学，但他关于教育心理学化的思想，不仅成为他关于人的和谐发展论、教育要素论、简化的教学方法和初等学校各科教学法的重要理论基础，而且对19世纪欧美一些国家教育研究和实践产生了重大影响。

3. 评述1922年新学制。

【答案要点】

1922年，教育部在北京专门召开了学制会议。同年11月以大总统令公布了《学校系统改革案》。该学制又被称为"新学制"或"壬戌学制"，由于采用的是美国式的六三三分段法，又称"六三三学制"。

（1）"新学制"的七项标准为：第一，适应社会进化之需要；第二，发扬平民教育精神；第三，谋个性之发展；第四，注意国民经济力；第五，注意生活教育；第六，使教育易于普及；第七，多留各地伸缩余地。

这七项标准体现出来的主流是新文化运动以来所倡导的"民主"与"科学"的精神，尤其是实用主义的教育思想。它对其后民国一系列教育改革产生了深远的影响。

（2）新学制的学制体系。

①初等教育。儿童满6周岁入学。小学教育6年，其中初级小学4年，为义务教育，可以单独设立；高级小学2年，可以根据地方具体情况，增加职业准备的课程。

②中等教育。中学教育为9年，分初、高中两级，各3年。初级中学为普通教育，可以单独设立。高级中学实行分科制，设普通科、农、工、商、师范、家事等科，普通科又可以分为文科和理科，主要目标是升学。新学制倡导综合中学模式，以方便学生根据个性和家庭情况选择升学或职业预备。

③高等教育。高等教育分为专门学校和大学两种，专门学校的最低修业年限为3年，取消"壬子癸丑学制"的大学预科制。大学修业年限是4到6年，其中规定医科和法科大学应至少5年。

（3）新学制的特点：第一，根据儿童身心发展规律划分教育阶段；第二，初等教育阶段趋于合理，更加务实；第三，中等教育阶段是改制的核心，是新学制中的精粹；第四，建立了比较完善的职业教育系统；第五，改革师范教育制度；第六，缩短高等教育年限，取消大学预科。

4. 根据教育实践论述如何培养学生的创造性。

【答案要点】

（1）营造鼓励创造的环境。这是促进学生创造性发展的必要条件。首先，应倡导民主式的教育和管理；其次，应改革考试制度，为学生创造宽松的学习环境；再次，应增加自主选择课程的机会和有针对性的课程设计；最后，应为学生提供创造性人物的榜样。

（2）培养创造性的教师队伍。首先，要转变教师的教育教学观念，使教师形成理解并鼓励学生创造；其次，要教给教师必要的创造技法和思维策略；再次，为教师提供明晰的、具有实用价值的有关创造性的知识及相应的教学策略和技能；最后，教师应不断学习关于创造性的心理学知识，用心理学的理论指导自己的实践。

（3）培育创造意识，激发创造动机。只有当个人具有自觉的创造意识、强烈的创造动机，才易产生新思想、新方法、新观点。需要做到：树立学生创新的自信心；激发创造热情；磨砺创造意志；培养创造勇气。

（4）发展和培养创造性思维。创造性思维是创造性的核心。创造性思维的培养应注意以下几个方面：加大思维的"前进跨度"，培养思维的跳跃能力；加大思维的"联想跨度"，使学生敢于把习惯上认为毫不相干的、表面上看来微不足道的问题联系起来或进行移植；加大"转换跨度"，引导学生敢于否定原来的设想，善于打破固有的思路；给学生大胆探索与推测的体会。

（5）开设创造课程，教给创造技法。教学是培养学生创造性的重要途径。因此，开设创造性课程已成为国内外开发创造性的有效途径。在创造性课程的教学中，注重教给学生基本的创造技巧与方法是培养创造性的有效措施。促进创造性发展的主要创造技法有：头脑风暴法、系统探求法、联想类比法、组合创新法、对立思考法、转换思考法。

（6）塑造创造性人格。创造性人格是创造性的重要组成部分，培养学生的创造性人格是培养创造性的重要内容。主要方法有：保护好奇心；解除对错误的恐惧心理；鼓励独创性与多样性。此外，自信与乐观、忍耐与有恒心、合作、严谨等也是创造性人格培养的重要方面。

2010年 福建师范大学 333 教育综合·真题解析

一、名词解释

教育制度

教育制度是指一个国家各级各类实施教育的机构体系及其组织运行的规则。它包括相互联系的两个方面：一是各级各类教育机构与组织；二是教育机构与组织赖以存在和运行的规则，如各种相关的教育法律、规则、条例等。

学校德育

学校德育是指学生在教师的引导下，以学习活动、社会实践、日常生活、人际交往为基础，同经过选择的人类文化，特别是一定的道德观念、政治意识、处世准则、行为规范相互作用，经过自己的观察、感受、判断、践行和改善，以形成行为习惯、道德品质、人生价值和社会理想的教育。

"五育"并举

1912年初，蔡元培发表《对于教育方针之意见》一文，提出了军国民教育、实利主义教育、公民道德教育、世界观教育和美感教育"五育"并举的教育思想，成为制定民国教育方针的理论基础。

教学做合一

教学做合一是陶行知生活教育理论的一重要主张，是"生活即教育"在教学方法问题上的具体化。教学做合一要求在"劳力上劳心"，认为"行是知之始"，要求"有教先学"和"有学有教"，是对注入式教学法的否定。

角色扮演法

角色扮演法是教师提供一定的主体情境并讲明表演要求,让学生扮演某种人物角色,演绎某种行为方式、方法与态度,达到深化学生的认识、感受和评价"剧中人"的内心活动和情感的目的。

形式训练说

形式训练说是知识迁移的理论之一,主张迁移要经过一个"形式训练"的过程才能产生,以官能心理学为基础,认为迁移是无条件自动发生的。通过一定的训练,心智的各种官能可以得到发展,从而转移到其他学习上去。

二、简答题

1. 简述教育的社会流动功能的含义及其在当代的意义。

【答案要点】

教育的社会流动功能是指社会成员通过教育的培养、筛选和提高,能够在不同的社会区域、社会层次、职业岗位、科层组织之间转换、调整和变动,以充分发挥其个人的智慧才能,实现其人生价值。它包括横向流动功能和纵向流动功能。前者指改变其环境而不提升其社会层级地位,后者指改变其社会层级地位及作用。教育的社会流动功能在当代具有重要意义。

(1)教育是个人社会流动的基础。如今,不管从事什么行业,要在社会上生存与流动,就要有一定的文化知识和能力,必须接受一定的教育。它使享受这一教育的人能够选择自己将要从事的职业,参与建设集体的未来和继续学习。

(2)教育是现代社会流动的主要通道。今天,我国农村的年轻一代要成功地进行社会流动,尤其是向上流动,必须经过教育,甚至只有经过优质的高等教育才能实现。

(3)教育深刻影响社会公平。教育的社会流动,实质上涉及教育机会均等与社会公平问题。到近代,人们才逐步提出普及教育与入学机会人人均等的要求。如今,各国纷纷实行普及义务教育制度,注重教育公平,这是教育发展的趋势。

2. 实施教学评价应该遵循哪些基本原则?

【答案要点】

(1)客观性原则。教学评价要客观公正、科学合理,切实反映教师的教学质量和学生的学业水平,不能掺杂个人情感,不能主观臆断,这样才能使人信服。

(2)发展性原则。教学评价应着眼于学生的学习成绩的进步与能力的发展,其目的在于激励学生的积极性和创造性,而不是压抑和扭曲学生的发展。

(3)指导性原则。教学评价应在指出师生的长处与不足的基础上提出建设性意见,以便他们扬长避短,不断前进。

(4)计划性原则。教学评价应当全面规划,使每门学科都能依据制度与教学进程的要求,有计划、规范地进行教学评价,以确保其效果和质量。

3. 简析产婆术。

【答案要点】

产婆术也称"问答法""苏格拉底法",是由讥讽、助产术、归纳和定义四个步骤组成的独特的方法。这是苏格拉底探讨伦理哲学的研究方法,也是他的教学方法。

(1)讥讽。指就对方的发言不断提出追问,迫使对方自陷矛盾,最终承认自己的无知。

(2)助产术。指帮助对方自己得到问题的答案。

(3)归纳。从各种具体事物中找到事物的共性或本质,通过对具体事物的比较寻求"一般"。

（4）定义。指把个别事物归入一般概念，得到关于事物的普遍概念。

这种教学方法不将现成的结论硬性灌输或强加于对方，而是与对方共同讨论，通过不断提问诱导对方认识并承认自己的错误，自然而然地得到正确的结论。这种方法遵循从具体到抽象、从个别到一般、从已知到未知的规则，为后世的教学法所吸取。

4. 在现代社会变迁中教师角色体现出哪些发展趋势？

【答案要点】

（1）在教学过程中更多地履行多样化的职能，更多地承担组织教学的责任。

（2）从强调知识的传授转向着重组织学生的学习。

（3）注重学习的个性化，改进师生关系。

（4）实现教师之间更为广泛的合作，改进教师与教师的关系。

（5）更广泛地利用现代教育技术，掌握必需的知识与技能。

（6）更密切地与家长和其他社区成员合作，更经常地参与社会生活。

（7）更广泛地参加校内服务和课外活动。

（8）削弱加之于孩子们身上——特别是大龄孩子及其家长身上的传统权威。

三、分析论述题

1. 试述新一轮基本教育课程改革的具体目标并说明课程改革发展趋势。

【答案要点】

（1）新一轮基础教育课程改革的具体目标有六个方面。

①转变课程功能。改变课程过于注重知识传授的倾向，强调形成积极主动的学习态度，使获得基础知识与基本技能的过程同时成为学会学习和形成正确价值观的过程。

②优化课程结构。改变课程结构过于强调学科本位、科目过多和缺乏整合的现状，整体设置九年一贯的课程门类和课时比例，体现课程结构的均衡性、综合性和选择性。

③更新课程内容。改变课程内容"繁、难、偏、旧"和过于注重书本知识的现状，加强课程内容与学生生活以及现代社会和科技发展的联系，关注学生的学习兴趣和经验，精选终身学习必备的基础知识和技能。

④转变学习方式。改变课程实施过于强调接受学习、死记硬背、机械训练的现状，倡导学生主动参与、乐于探究、勤于动手，培养学生搜集处理信息的能力、获取新知识的能力、分析和解决问题的能力以及交流与合作的能力。

⑤改革课程评价。改变课程评价过分强调甄别与选拔的功能，发挥评价促进学生发展、教师提高和改进教学实践的功能。

⑥深化课程管理体系改革。改变课程管理过于集中的状况，实行国家、地方、学校三级课程管理，增强课程对地方、学校及学生的适应性。

（2）课程改革发展的趋势。

①追求卓越的整体性课程目标。当前各国在课程改革中倾向于培养学生公民的责任感和创新精神，社会交往能力和团队精神，灵活处理各种信息、适应急剧变化的社会环境和创造性地进行工作的能力，并注重国际理解教育，要求使学生具有国际视野，尊重文化差异。

②注重课程编制的时代性、基础性、综合性和选择性。面对全球化、信息时代、知识经济等新的世界背景，各国基础教育课程改革都强调把握课程内容的时代性，既要反映科学发展的新趋势，又要关注时代发展对人生存方式及其必备素质的新要求，注重处理基础知识与学科发展的关系，增强课程对学生的适应性，大量开设选修、综合、实践课程，满足学生个性发展的需要。

③讲究学习方式的多样化。信息化社会、知识社会、学习化社会引起了教育教学方式的变革。通过课程改革，创设以"学"为中心的课程，创造以"学"为中心的教学，真正使教学过程成为和事物对话、和他人对话、和自身对话的活动过程，从而超越单一的知识接受性教学，创造一种活动性的、合作性的、反思性的学习，已成为世界各国课程改革的共同选择。

2. 评述北宋的三次兴学。

【答案要点】

（1）"庆历兴学"。第一次兴学运动在宋仁宗庆历四年（1044年），由范仲淹主持，史称"庆历兴学"。

①普遍设立地方学校。要求诸路府州军皆立学，并规定必须接受一定时间的学校教育，才可以应科举。

②改革科举考试。规定科举考试先策，次论，次诗赋，罢帖经、墨义。

③创建太学。在太学中推行著名教育家胡瑗创立的"分斋教学"制度。

庆历兴学对完善中央官学和推进地方教育的发展具有一定积极作用。但不久由于统治集团内部斗争加剧，范仲淹被排挤出朝廷，兴学之举宣告失败。

（2）"熙宁兴学"。第二次兴学运动是在熙宁年间（1068—1077年），由王安石主持，史称"熙宁兴学"。

①改革太学，创立"三舍法"。具体措施有：扩增太学校舍；充实和整顿太学师资；创立"三舍法"。

②恢复和发展州县地方学校。恢复地方学校，整顿教育教学工作。

③恢复和创设武学、律学和医学。使北宋的专科学校教育进入了一个新的发展阶段。

④编撰《三经新义》作为统一教材。为了统一思想，宋神宗下诏根据《诗经》《尚书》《周礼》编写《三经新义》，自此，《三经新义》不仅成为士子必须学习的官定统一教材，而且也是科举考试的基本内容和标准答案。

"熙宁兴学"也同样因为王安石被逐出朝廷而半途夭折，但是它将北宋教育事业向前推进了一大步，并对后来的兴学运动产生了深刻影响。

（3）"崇宁兴学"。第三次兴学运动是蔡京在崇宁年间（1102—1106年）主持的，史称"崇宁兴学"。

①全国普遍设立地方学校。

②建立县学、州学、太学三级相联系的学制系统。

③新建辟雍，发展太学。

④恢复设立医学，创立算学、书学、画学等专科学校。

⑤罢科举，改由学校取士。

以上三次兴学运动，虽然前两次均未能取得预期效果，但都不同程度地将宋朝教育事业向前推进了一大步。第三次兴学，对宋朝教育事业发展所起的作用最大。这三次兴学运动是宋朝"兴文教"政策最直接，也是最重要的体现。

3. 述评赫尔巴特课程理论。

【答案要点】

（1）课程必须与儿童的经验和兴趣相适应。

①经验与课程。一方面，儿童在日常生活中可以获得经验和同情。另一方面，儿童的经验并非完美无缺，需要教学加以补充和整理。因此，课程的内容必须与儿童的日常经验保持联系，通过使

用直观教材使得儿童的经验变得更加丰富、真实和确切。

②兴趣与课程。只有与儿童经验相联系的内容，才能引起儿童的兴趣；只有能够引起兴趣的教学内容，才能使儿童保持意识的警觉状态，从而更好地接受教材。

（2）课程要与统觉过程相适应。

根据统觉原理，新的知识总是在原有的理智背景中形成的，以原有知识为基础。因此，课程安排应当使儿童能够不断地从熟悉的材料逐渐过渡到密切相关但还不熟悉的材料。为此，赫尔巴特提出"相关"和"集中"两项原则，目的是保持课堂教学的逻辑结构和知识的系统性。

（3）课程必须要与儿童发展阶段相适应。

赫尔巴特认为，儿童在一定发展阶段上最理想的学习内容应当是种族发展在相应阶段上所取得的文化发展。以此为基础，他将儿童发展分为婴儿期、幼儿期、童年期和青春期。每个时期对应不同的心理特征，应开设不同的课程。

4. 试述马斯洛需要层次理论的主要内容并分析其教育的启示意义。

【答案要点】

人本主义心理学家马斯洛认为，个体的任何行为动机都是在需要发生的基础上被激发起来的。他把动机看作需要，认为动机是由多种不同性质的需要组成，各种需要之间又有先后顺序和高低层次之分，提出了动机的需要层次理论。马斯洛提出，人有7种基本需要，分别为：

（1）生理需要：维持生存和延续种族的需要。

（2）安全需要：受保护与免遭威胁、获得安全感的需要。

（3）归属与爱的需要：被人接纳、爱护、关注、鼓励、支持的需要。

（4）尊重的需要：希望被人认可、关爱、赞许等维护个人自尊心的需要。

（5）求知与理解的需要：个体对不理解的东西寻求理解的需要，学习动机来源于这种需要。

（6）审美的需要：欣赏、享受美好事物的需要。

（7）自我实现的需要：在精神上臻于真、善、美合一的至高人生境界的需要，即个人理想全部实现的需要。

马斯洛将七种需要分为两类：前四种为缺失需要，后三种为成长需要。家长和教师应注重为学生创设良好的成长环境，学生只有在各种缺失性需要都获得满足后才会不断成长，达到自我实现的理想境界。在现实的学校生活中，学生最主要的缺失性需要往往是爱和自尊，只有民主、公正、理解、爱护、尊重学生的教师才有可能使学生产生学习的热情、克服困难的意志和创造的欲望。

2022年 浙江师范大学 333 教育综合·真题真练

一、分析论述题

1. 中国封建社会读经做官的教育模式是如何形成的？
2. 比较卢梭和夸美纽斯自然教育思想。

二、材料分析题

材料：现在学校的心理健康教育出现了以下几个问题：第一，将心理健康教育与学习捆绑起来，认为心理健康教育是为学习成绩服务的；第二，将心理健康教育的所有任务都推给心理老师，教师一人唱独角戏，没有建立共同解决的局面；第三，将心理问题看作心理疾病。

根据心理教育的基本任务和基本特点，结合材料分析并提出对策。

三、综合应用题

当前教学模式中主要存在着以下两种学习，一种是以知识传递为特征的、教师教学生学，属于传授–接受型学习，另一种是探究问题的模式，属于问题探究学习。请你自主选择一个教育主题，阐述第一种教学模式（传授–接受式）学生掌握知识的基本阶段。

2021年 浙江师范大学 333 教育综合·真题真练

一、分析论述题

1. 请论述陶行知的生活教育思想和实践。
2. 试论述福禄培尔的幼儿教育理论。

二、材料分析题

材料：有学者认为，传统的课堂教学模式过于强调接受学习，忽视学生的自主性，应予以摒弃；发现式教学提倡自主、合作、探究的学习方式，以学生为本，把课堂还给学生。因此，中小学应着力推广发现式学习，构建自主的课堂，培养学生搜集和处理信息的能力，获得新知识、分析和解决问题的能力，让学生在生动、活泼的状态中高效率地学习。

1. 结合布鲁纳和奥苏伯尔的学习理论，评析学者的观点，并说明理由。
2. 请结合建构主义学习理论，分析如何在当前新课程改革中实现传统课程教学与发现式教学的有机结合。

三、综合应用题

1. 谈谈你对理论联系实际原则的理解，以及如何在教学中贯彻这一教学原则。

2. 依据理论联系实际原则，如何对以下教学内容进行教学，谈谈你的设想。

"生活中的大数"是北师大版小学数学二年级下册的教学内容。它的教学要求是在学生掌握了"100以内数的认识"基础之上，让学生进一步认识新的计数单位"千"和"万"，感知生活中有大数，并了解不同计数单位之间的关系。

2020年 浙江师范大学333教育综合·真题真练

一、简答题

1. 人的发展的规律。
2. 隋唐学校教育制度的特点。
3. 美国《国防教育法》的内容。
4. 亲社会行为习得的途径。

二、分析论述题

1. 赫尔巴特的课程与教学论。
2. 蔡元培的教育实践与教育思想。
3. 学习策略的教学训练因素及途径。
4. 论述教学过程的环节。

三、材料分析题

运用班主任工作内容和方法等原理，谈谈你的看法。

有人说班主任就像家长一样操不完的心，一不小心学生就会出问题。也有人说班主任只需找几个得力的学生助手让他们帮着管理学生即可；还有人说班主任要相信学生，尊重学生无为而治即可。

2019年 浙江师范大学333教育综合·真题真练

一、名词解释

"尊德性"与"道问学" 小先生制 快乐之家 贝尔-兰开斯特制 内隐学习 成就动机

二、简答题

1. 简述宋朝书院的教育特点。
2. 简述革命根据地教育的基本经验。
3. 简述我国教育目的的理论基础。
4. 简述教师劳动的价值。

三、分析论述题

1. 论述卢梭的自然教育理论及其影响。
2. 结合实际,谈谈教育的社会功能。
3. 结合实际,谈谈对德育过程的认识。
4. 结合儿童友谊发展的五阶段理论,论述同伴关系的发展及其培养策略。

2018年 浙江师范大学333教育综合·真题真练

一、名词解释

"三纲领八条目" 全人生指导 昆西教学法 泛爱学校 问题解决 学校心理素质教育

二、简答题

1. 简述班级授课制的优点。
2. 简述世界各国的课程改革趋势。
3. 简述孟轲的性善论对教育的作用。
4. 简述严复的"体用一致"的文化教育观。

三、分析论述题

1. 联系实际,试论教师的素养。
2. 试述教育在人的发展过程中的重要作用。
3. 试述苏霍姆林斯基的个性全面和谐发展教育观。
4. 结合态度形成与改变的条件,试述形成与改变态度的方法。

2017年 浙江师范大学333教育综合·真题真练

一、名词解释

自我效能感 陈述性知识 苏格拉底法 学在官府 监生历事制度 进步主义教育运动

二、简答题

1. 简述《学记》的教学思想。
2. 简述世界各国课程改革的趋势。
3. 教学的任务。
4. 简述"中体西用"的历史作用和缺陷。

三、分析论述题

1. 论述杜威的教育思想，并且思考其能否作为我国的课程改革的理论基础。
2. 学生品德不良的纠正机制。
3. 联系实际，论述教师的素养。
4. 联系实际，论述人的发展的规律性以及如何教学。

2016年 浙江师范大学 333 教育综合·真题真练

一、名词解释

学习动机　流体智力　经学教育　苏湖教法　实科中学　初级学院运动

二、简答题

1. 《学记》的教学思想。
2. "五育"并举的方针。
3. 教师劳动的特点。
4. 我国教育目的的精神。

三、分析论述题

1. 夸美纽斯的教学思想及其对后世理论的影响。
2. 皮亚杰的认知发展阶段理论及影响认知发展的因素。
3. 论述教师的素养。
4. 论述教学过程的性质。

2015年 浙江师范大学 333 教育综合·真题真练

一、名词解释

元认知策略　中体西用　学在官府　创造力　苏格拉底教学法　泛爱学校

二、简答题

1. "独尊儒术"的文教政策。
2. 蔡元培教育实践的具体内容及教育思想。
3. 学校管理的主要方面。
4. 教学的不同组织形式及内涵。

三、分析论述题

1. 杜威的思想及其对我国学校教育改革的启示。
2. 学习动机的培养和激发策略。
3. 教育的社会功能。
4. 教师劳动的特点和价值。

2014年 浙江师范大学 333 教育综合·真题真练

一、名词解释

先行组织者　自我效能感　"六艺"教育　《颜氏家训》　智者派　公立学校运动

二、简答题

1. 朱子读书法的含义。
2. 简述蔡元培"五育"并举的思想。
3. 现代教育的发展趋势。
4. 教师劳动的特点。

三、分析论述题

1. 裴斯泰洛齐的教育思想。
2. 结合教学实际论述如何培养学生解决问题的能力。
3. 论述教育在人的发展中的作用。
4. 论述教学过程的性质。

2013年 浙江师范大学 333 教育综合·真题真练

一、名词解释

学在官府　监生历事制度　观察学习　苏格拉底方法　知识　城市学校

二、简答题

1. 汉初三大文教政策。
2. 新文化运动时期的教育思潮和运动。
3. 现代教育发展的基本趋势。
4. 教育目的的基本精神。

三、分析论述题

1. 论述杜威的思想。
2. 联系实际谈谈创造性的培养。
3. 结合实际,谈谈在教学过程中如何处理好直接经验和间接经验的关系。
4. 谈谈人的发展规律及教育如何适应人的发展规律。

2012年 浙江师范大学333教育综合·真题真练

一、名词解释

社会性发展　学习的实质　学习策略　社会规范学习　科举制度　公学

二、简答题

1. 教育的基本要素有哪些?它们在教育活动中发挥怎样的作用?
2. 教育的文化功能。
3. 夸美纽斯教育思想的主要观点。
4. 列举五种现代欧美教育思潮。

三、分析论述题

1. 结合实际,谈谈在教育过程中如何处理直接经验和间接经验的关系。
2. 请你针对我国当前学校道德教育中存在的某个问题,谈谈你的看法。
3. 加德纳的多元智力理论及其教育含义。
4. 论述洋务教育改革。

2011年 浙江师范大学333教育综合·真题真练

一、名词解释

城市学校　知识　苏格拉底教学法　监生历事制度　有教无类　学习动机

二、简答题

1. 简述独尊儒术。
2. 简述我国的教育目的。
3. 简述陶行知的生活教育理论对现行教育体系的意义。
4. 简述你对学校管理的认识。

三、分析论述题

1. 请结合实际，谈谈你对教师师德的认识。
2. 请结合实际，针对课堂教学改革中存在的某一个问题谈谈你的建议。
3. 请谈谈你对学生创造性的培养的认识。
4. 请论述对我国教育改革具有启示意义的相关外国教育思想（列举三个以上相关思想内容，可以结合卢梭、杜威、苏霍姆林斯基等人的思想进行论述）。

2010年 浙江师范大学333教育综合·真题真练

一、名词解释

个人本位论　教学策略　监生历事制度　中体西用　苏格拉底法　骑士教育

二、简答题

1. 教育的要素及相互关系。
2. 在人的发展中，哪四个方面的因素是最重要的？每个方面的基本内容是什么？
3. 什么是学校教育制度？有哪些类型？
4. 自我效能论。

三、分析论述题

1. 根据学科课程的课程性质和课程特点，谈谈中小学设置学科课程的合理性。
2. 论述孔子的教育实践与教育思想。
3. 评述杜威的教育思想。
4. 建构主义关于学习的基本观点。

2022年 浙江师范大学333教育综合·真题解析

一、分析论述题

1. 中国封建社会读经做官的教育模式是如何形成的？

【答案要点】

（1）秦代的教育政策与措施。秦是中国历史上第一个统一的中央集权的封建国家。秦朝的教育政策遵循着一个中心原则，即维护国家统一和君主集权的封建统治制度，以法治思想指导教育实践。为了实现这个目标，秦朝在文化教育上采取了一系列措施。

①统一文字。秦朝对文字所做的整理工作是汉字规范化、定型化发展的重要步骤，奠定了汉字统一的基础。文字的统一对中国文化和教育的发展具有重大的贡献，对维护中国统一，形成中华民族统一的文化心理起到了重要作用。

②禁止私学。秦为了达到思想的统一，简单粗暴地采取禁学、烧书的手段，罔顾民众基本的精神自由和文化需求，这不仅是文化专制的反映，也是愚民政策的反映。秦禁私学以后，"百家争鸣"的风气从此结束。

③实行吏师制度。为了达到思想的高度统一，使法家思想深入人心，同时也是为了培养一大批知法、执法的封建官吏，实现以法治国的目的，秦采取了以法为教、以吏为师的教育政策。

（2）"独尊儒术"的文教政策。

汉武帝执政时，经济和政治都得到了恢复和稳定，他立志要转变汉初的"无为"政治，以一种具有进取精神的政治代之，因此汉武帝渴求一种新的政治指导思想。在此背景下，强调"文事武备"的儒家学说和汉武帝的政治愿望相契合，应时代登上了历史舞台。

①"推明孔氏，抑黜百家"。这是文教政策的总纲领，董仲舒论证了儒学在封建政治中应居独一无二的统治地位。

②兴太学以养士。为了保证封建国家在统治思想上的高度统一，也为了改变统治人才短缺的局面，董仲舒提出了"兴太学以养士"的建议，即由国家设立学校，培养贤士。实际上，兴办太学，政府直接掌握教育大权，决定人才的培养目标，也是整齐学术、促进儒学独尊的重要手段之一。

③重视选举，任贤使能。针对汉初人才选拔和使用中的弊端，董仲舒提出了加强选举、合理任用人才的主张。董仲舒提出了一套严格的选士方案，同时强调"量材而授官，录德而定位"的用人思想。这里的"材""德"是以儒家的经术和道德观念为标准的。这些主张，对促进儒学取得独尊地位有重要的作用。

（3）汉代的学校教育政策。

汉代的学校有官学和私学，官学分为中央官学和地方官学，中央官学最重要的是以传授儒家经典为主的太学，还有东汉的鸿都门学、宫邸学等特殊性质的学校；地方官学主要是指郡国学。私学按其程度可以分为书馆和经馆两类。

①经学教育。汉武帝"罢黜百家，表章六经"之后，儒学取得定于一尊的地位，带来了儒家经学教育与研究的繁荣局面。两汉皇帝会召集一些著名学者对儒学进行讨论，借此达到统一经学的目的。为了统一经学教材，东汉熹平四年（175年），蔡邕等人倡议镌刻石经，立于太学门外，作为规范的经学教科书。经学会议是为了提供经学研究和教育的规范思想，石经创立则是提供经学的规

范教科书，旨在将教育纳入政府所希望的轨道。

②太学。元朔五年（前 124 年），汉武帝采纳董仲舒的建议，为博士置弟子，标志着太学的正式设立。同时也意味着以经学教育为基本内容的中国封建教育制度的正式确立。太学里"设科射策"的考试形式尤受重视，学生通过考试取得一定的科品，获得相应的官职。太学设立后，有了集中培养统治人才的教育机构，朝廷把握教育大权，利用教育这一有力手段控制着学术的发展方向，这是地主阶级在统治策略上走向成熟的表现。

③鸿都门学。鸿都门学的创办在中国教育史上起到过积极的作用。首先，它打破了儒学独尊的教育传统，以社会生活所需的诗、赋、书画作为教育内容，这是教育的一大变革。其次，鸿都门学是一种专门学校，作为一种办学的新型形式，为后代专门学校的发展提供了经验。同时，它也是世界上最早的文学艺术专门学校。

④郡国学。汉朝除了在中央设立官学外，还在地方设立官学。郡国是汉朝时期最大的地方行政单位，地方官学又称为郡国学校。汉景帝时，蜀郡太守文翁到达成都后，积极兴办文化教育事业，发展儒家思想，改变了当地的风俗，促进了经济的发展。这就是教育史上所称颂的"文翁兴学"。汉武帝对文翁一事极为赞赏，下令各郡国依仿蜀郡设立学校，此后，各地方官纷纷在自己的治内设立学校。

2. 比较卢梭和夸美纽斯自然教育思想。

【答案要点】

不同点：

（1）理论基础不同。

夸美纽斯从他的泛智教育理念出发，进一步主张要把教育工作建立在科学理论基础之上，夸美纽斯发现的基本规律就是教育要适应自然；而卢梭的自然教育理论是建立在他的人性论和感觉论的基础上的，从人性论上，卢梭坚持"人性本善"，从感觉论上来说，卢梭深信人的心灵中存在着认识事物的巨大能量。

（2）自然教育的内涵不同。

教育适应自然的原则是贯穿夸美纽斯整个教育理论体系的一条根本的指导性原则，他的"自然"包括两个方面的含义：第一，自然界及其普遍法则。夸美纽斯认为在宇宙万物和人的活动中存在着一种"规则"，它保证了宇宙万物的和谐发展。所以人的各种活动包括教育活动也都应该遵循这些自然的、普遍的规则。在此基础上，夸美纽斯提出要改革学校，要使学校教育符合自然的规则和秩序。第二，人的与生俱来的天性。夸美纽斯认为，人是自然界的一部分，人的发展也有其本身的规则。据此，他提出要依据人的自然本性和儿童年龄特征进行教育，使每个人的智力都得到充分的发展。

卢梭自然主义教育的核心是"回归自然"。一方面，善良的人性存在于纯洁的自然状态之中。只有"回归自然"、远离喧嚣社会的教育，才有利于保持人的善良天性。因此15岁之前的教育必须在远离城市的农村进行。另一方面，每个人都是由自然的教育、事物的教育、人为的教育三者培养起来，只有三种教育圆满地结合才能达到预期的目的。三者之中，应以自然的教育为基准，才能使教育回归自然达到应有的成效。

相同点：

（1）都依据自然教育理论对儿童的发展进行分期。

夸美纽斯按照儿童身心发展的自然规律，提出建立统一的学制系统，把人的学习期（0~24岁）以6年为一阶段，划分为婴儿期、儿童期、少年期和青年期。每个阶段对应不同的学校，各级学校均按照适应自然的原则，分别开设不同的课程来教育和培养儿童。

卢梭根据自然教育的原则，根据人的自然发展的进程和不同年龄时期身心的特点，把自然教育分为婴儿期、儿童期、少年期和青春期，在不同时期进行不同的教育。

（2）都提出了教育教学原则。

夸美纽斯在教育顺应自然的基础上，总结出一套教学原则，如直观性原则、循序渐进性原则、巩固性原则、系统性原则等。

卢梭提出，自然教育的主要原则是要正确地看待儿童，要给儿童以充分的自由，他提出消极教育的主张，注重直观教学，强调通过实际观察学习知识。

二、材料分析题

根据心理教育的基本任务和基本特点，结合材料分析并提出对策。

【答案要点】

（1）心理教育的基本任务和特点。

心理健康教育的总目标是培养学生健全的心理素质，使学生心理素质的各成分都得到健康的发展，使其形成正常的智能、完善的人格和良好的适应能力，为促进学生整体素质的发展奠定良好的心理基础。其基本任务包括：第一，促进和维护学生心理健康；第二，开发智力，促进能力发展；第三，提高德性修养，培养良好品德；第四，培养主体意识，形成完善人格；第五，养成良好行为习惯，提高社会适应能力。

（2）对策。

针对学校心理健康教育出现的问题，反映了人们对学校的心理健康教育概念认识的不准确，没有把握其基本内涵。

①材料中所说"认为心理健康教育是为学习成绩服务的"，是人们没有意识到学校心理健康教育的根本目的在于培养学生良好的心理素质，促进学生身心全面、和谐发展和素质全面提高。

②材料中所说"将心理健康教育的所有任务都推给心理老师，教师一人唱独角戏"，是人们没有意识到学校心理健康教育应该由全体教师共同参与，并整合学校、家庭和社会各方面的教育力量。

③材料中所说"将心理问题看作心理疾病"，是人们没有意识到学校开展心理健康教育的主要任务不是医治和矫正学生的心理异常。应该认识到，绝大多数学生的心理是健康的，他们是正常人，不是病人，学校心理健康教育应该是面向全体学生开展的、预防性和发展性的心理健康教育活动。

三、综合应用题

当前教学模式中主要存在着以下两种学习，一种是以知识传递为特征的、教师教学生学，属于传授接－受型学习，另一种是探究问题的模式，属于问题探究学习。请你自主选择一个教育主题，阐述第一种教学模式（传授－接受式）学生掌握知识的基本阶段。

【答案要点】

传授－接受教学又称接受学习，是指教师主要通过语言传授、演示与示范使学生掌握基础知识、基本技能，并对他们进行思想情趣熏陶的教学。其基本阶段包括：

（1）引起学习动机。教学应从诱发和激起求知欲并把求知欲聚焦于当前学习的知识点开始，从引导学生做好学习的心理准备开始。激发学习动机是教学起始的重要一环，也是教学过程始终应该重视的一个重要的任务。

（2）感知教材。学生在教学中的认知，往往是从感知教材入手的。因为教材是一种用符号表征的书本知识，学生只有凭借自己的生活经验或有关的感性知识才能理解书本知识。学生理解书本知识的过程，是一个感性认识和理性认识相结合的过程。有经验的教师善于通过组织学生的有关感性认识来帮助他们掌握概念。

（3）理解教材。在教学过程中，不能让学生的认识停留在感性上，而要引导他们把所感知的材料同书本知识联系起来，进行思维加工，把握事物的本质和规律，上升到理性认识。理解教材是教学过程的中心环节。

（4）巩固知识。巩固知识就是引导学生把所学知识牢牢保持在记忆里。只有在理解的基础上，记牢所学基础知识，才能顺利地继续学习、理解与运用新知识。

（5）运用知识。理解知识和巩固知识是运用知识的基础。要使学生从理解知识，发展到形成技能、技巧和解决实际问题的能力，单靠动脑不行，还必须引导学生动口、动手，进行反复练习和实际操作才能达成。学生运用知识，主要通过教学性实践，采取反复练习的方法进行。

（6）检查知识、技能和技巧。在教学过程中，教师要随时了解学生对知识的理解和技能的掌握情况，及时调节教学的内容、方法和进度，使教学能确保质量地完成；还要在完成一定教学之后，进行专门的检查，了解学生的知识掌握和技能发展的情况与问题，以改进教学。

2021年 浙江师范大学333教育综合·真题解析

一、分析论述题

1. 请论述陶行知的生活教育思想和实践。

【答案要点】

（1）陶行知的生活教育理论。

① "生活即教育"。"生活即教育"是陶行知生活教育理论的核心。其内涵包括：生活含有教育的意义；实际生活是教育的中心；生活决定教育，教育改造生活。

"生活即教育"所强调的是教育以生活为中心，所反对的是传统教育脱离生活而以书本为中心。尽管它在生活与教育的区别和系统的知识传授方面有所忽视，但在破除传统教育脱离民众、脱离社会生活的弊端方面，有十分重要的意义。

② "社会即学校"。"社会即学校"是生活教育理论另一重要主张，是"生活即教育"思想在学校与社会关系问题上的具体化。"社会即学校"，是指"社会含有学校的意味"，或者说"以社会为学校"。由于到处是生活，到处都是教育，"整个的社会是生活的场所，亦即教育之场所"。

"社会即学校"，也指"学校含有社会的意味"。也就是说，学校通过与社会生活相结合，一方面运用社会的力量使学校进步，另一方面动员学校的力量帮助社会进步，使学校真正成为社会生活必不可少的组成部分。

"社会即学校"扩大了学校教育的内涵和作用，对于传统的学校观、教育观有所改变。传统学校与社会生活脱节，学生孤陋寡闻，而以社会为学校，使得教育的材料、教育的方法、教育的工具、教育的环境可以大大地增加，有利于拓展学生的知识，增强学生的能力。"社会即学校"，还可以使被传统学校拒之门外的劳苦大众能够受到起码的教育，贯穿了普及民众教育的苦心，同样也值得肯定。

③ "教学做合一"。"教学做合一"是生活教育理论的又一重要主张，是"生活即教育"在教学方法问题上的具体化。其含义为：教的方法根据学的方法，学的方法根据做的方法。事怎样做便怎

样学，怎样学便怎样教。教与学都以做为中心。包括以下四个要点："教学做合一"要求在"劳力上劳心"；"教学做合一"是因为"行是知之始"；"教学做合一"要求"有教先学"和"有学有教"；"教学做合一"还是对注入式教学法的否定。

④启示。陶行知的生活教育理论是一种大众的、为人民大众服务的教育理论，且还是一种不断进取创造，旨在探索具有中国民族特色的教育道路的理论。生活教育理论还在教育观念的改变方面颇有建树，无论是强调学校教育与社会生活、生产劳动相结合，还是要求手脑并用、在劳力上劳心，都是对学校与社会割裂、书本与生活脱节、劳心与劳力分离的传统教育的反动，显示出强烈的时代气息，至今都富于启示。陶行知的生活教育理论是我国民族教育理论宝库中十分可贵的遗产，值得我们珍惜并认真研究借鉴。

（2）生活教育实践。

①晓庄学校。1927年，陶行知在南京和平门外晓庄创办南京市试验乡村师范学校，后改名晓庄学校，计划培养一批有农夫的身手、科学的头脑、改造社会的精神、健康的体魄和艺术的兴趣的乡村教师。确立"生活即教育""社会即学校""教学做合一"的生活教育理论，并亲自实验，希望从乡村教育入手，寻找改造中国教育和社会的出路，从而成为中国现代教育史上提倡乡村教育、兴办乡村学校的先行者。

②山海工学团。陶行知于1932年在上海郊区大场创办山海工学团，提出"工以养生，学以明生，团以保生"，力图将工厂、学校、社会打成一片，以达到普及教育的目的。

③"小先生制"。小孩不仅能教小孩、甚至还能教大人，在陶行知看来，儿童是中国实现普及教育的重要力量。他提出的"即知即传"的"小先生制"，就体现了这一认识。"小先生制"是指人人都要将自己认识的字和学到的文化随时随地教给别人，而儿童是这一传授过程的主要承担者。尤其重要的是"小先生"的责任不止在教人识字学文化，而是在"教自己的学生做小先生"，由此将文化知识不断推广。

2. 试论述福禄培尔的幼儿教育理论。

【答案要点】

（1）幼儿园工作的意义和任务。

①意义：福禄培尔重视家庭尤其是母亲在早期教育中的作用。他把幼儿园作为家庭教育的补充而非替代，强调幼儿园是家庭生活的继续和扩展。两者的一致性，是完善教育的首要条件。

②任务：通过各种游戏和活动，培养儿童的社会态度和民族美德，使他们认识自然与人类，发展他们的智力与体力以及做事或生产的技能，尤其是运用知识与实践的能力，从而为下一阶段的发展做好准备。此外，幼儿园还应负担起训练幼儿园教师、推广幼儿教育经验的任务。

（2）幼儿园教育方法。

①基本原理是自我活动或自动性。福禄培尔认为，自我活动是一切生命最基本的特征，也是人类生长的基本法则。自我活动帮助个体认识自然、认识人类，最终认识上帝的统一。

②游戏。福禄培尔高度评价了游戏的教育价值，把游戏看作儿童内在本质向外的自发表现。游戏不等于儿童的外部活动，而更多地指向儿童的心理态度。他主张为儿童建立公共游戏场所，以培养儿童的社会的民族的美德。

③社会参与。福禄培尔也把社会参与作为重要的幼儿园教育方法，要求教育儿童使之充分适应小组生活，并重视家庭和邻里生活之复演。

（3）幼儿园课程。依据感性直观、自我活动与社会参与的思想，福禄培尔建立起一个以活动与游戏为主要特征的幼儿园课程体系，包括游戏与歌谣、恩物游戏、手工作业、运动游戏、自然研究，以及唱歌、表演和讲故事等，其中最重要的是恩物与作业。

二、材料分析题

1. 结合布鲁纳和奥苏伯尔的学习理论，评析学者的观点，并说明理由。

【答案要点】

（1）布鲁纳的发现学习论。

布鲁纳是美国著名的认知教育心理学家，提倡发现学习，主张学习的目的在于采用发现学习的方式，使学科的基本结构转变为学生头脑中的认知结构。因此他的理论被称为发现学习论。

①认知学习观。布鲁纳认为学习的实质是主动形成认知结构。他十分强调学习的主动性和认知结构的重要性，他认为，学习者不是被动地接受知识，而是主动地获取知识，并通过把新获得的知识和已有的认知结构联系起来，积极地建构其知识体系。学习包括获得、转化和评价三个过程。

②发现学习。发现学习是指学生在学习情境中，经过自己探索寻找，从而获得问题答案的一种学习方式，布鲁纳所说的发现不只限于寻求人类尚未知晓的事物的行为，也包括用自己的头脑亲自获取知识的一切形式。发现学习的教学阶段：提出问题、做出假设、验证假设、形成结论。

（2）奥苏伯尔的有意义接受说。

①有意义学习的实质。有意义学习就是符号所代表的新知识与学习者认知结构中已有的适当观念建立非任意的和实质性的联系。其中，非任意的联系是指新知识与认知结构中有关观念存在某种合理的或逻辑上的联系；实质性的联系是指新的符号或观念与学习者认知结构中已有的表象、已经有意义的符号、概念或命题的联系，是一种非字面的联系。

②接受学习，又叫讲授教学，是指在教师的指导下，学习者接受事物意义的学习。在接受学习中，所要学习的内容大多是现成的、已有定论的、科学的基础知识，通过教科书或教师的讲述，用定义的方式直接向学习者呈现，使学习者接受这些已有的知识，掌握它们的意义。

因此，该学者的观点是不正确的。无论是发现学习还是接受学习，都有可能是机械的，也都有可能是有意义的。接受学习是学习者掌握人类文化遗产及先进的科学技术知识的主要途径，在教师合理指导下，学习者可以尽快在较短时间内掌握大量的间接知识，所获得的知识是系统的、完整的、精确的，而且便于存储和巩固。如果教师的讲授实施得法，接受学习并不一定会导致学生机械学习。

同样，发现学习也并不一定是保证学生有意义学习的灵丹妙药。发现法运用范围有限。从学习主体来看，真正能够用发现法学习的只是极少数学生；从学科领域来看，发现法只适合自然科学某些知识的教学，对于文学、艺术等以情感为基础的学科不是完全适用；从执教人员来看，发现法教学没有现成方案，过于灵活，对教师知识素养和教学机智等要求很高；从效率来看，发现法耗时过多，不经济，不适合于在短时间内向学生传授一定数量的知识和技能的集体教学活动。

2. 请结合建构主义学习理论，分析如何在当前新课程改革中实现传统课程教学与发现式教学的有机结合。

【答案要点】

（1）知识观。建构主义者质疑知识的客观性和确定性，强调知识的动态性。具体体现在以下几方面：第一，知识的动态性。知识不是对现实的准确表征，只是一种解释、一种假设，不是问题的最终答案。它会随着人类的进步而不断地被"革命"，并随之出现新的假设。第二，知识的情境性。知识并不能精确地概括世界的法则，不能拿来便用，而是需要针对具体情境进行再创造。第三，知识学习的主动建构性。知识不可能以实体的形式存在于具体个体之外，学习者对于命题的理解只能由个体基于自己的经验背景而建构起来，取决于特定情境下的学习历程。

（2）学生观。建构主义认为，学生并不是被动接受教师传授的知识，而总是以自己的经验背景或自己的经验来建构对事物的理解。具体表现在以下几方面：第一，建构主义者完全否定心灵白板说，强调学生经验世界的丰富性和差异性；第二，学生并不是空着脑袋走进教室的，当问题呈现时，他们基于相关的经验，依靠推理和判断能力，形成对问题的某种解释；第三，教学不能无视学生的先前经验，要把儿童现有的知识经验作为新知识的生长点，引导儿童从原有的知识经验中"生长"出新的知识经验；第四，教学要增进学生之间的合作，使他看到那些与他不同的观点，促进学习的进行。

（3）学习观。建构主义认为，学习是学习者主动地赋予信息以意义，建构自己的知识经验的过程，具有三个重要特征：第一，主动建构性。面对新信息、新概念、新现象或新问题，学习者需要主动激活头脑中的先前知识经验，通过高层次思维活动，对各种信息和观念进行加工转换，对新旧知识进行综合和概括，解释有关现象，形成新的假设和推论。第二，社会互动性。学习是通过对某种社会文化的参与，内化相关知识和技能，掌握有关工具的过程，这一过程常常需要通过一个学习共同体的合作互动来完成。第三，情境性。建构主义者提出，知识存在于具体的、情境性的、可感知的活动中，它不是一套独立于情境的知识符号，不可能脱离活动情境而抽象地存在，它只有通过实际情境中的应用活动才能真正被人理解。

（4）教学观。教学不再是传递客观而确定的现成知识，而是激活学生原有的相关知识经验，促进知识经验的"生长"。在教学中，教师要促进学生的知识建构活动，以实现知识经验的重新组织、转换和改造，以此来培养学生的求知欲和探究能力。教学要为学生创设理想的学习情境，激发学生的推理、分析、鉴别等高级的思维活动，同时给学生提供丰富的信息资源、处理信息的工具以及适当的帮助和支持，促进他们自身建构意义以及解决问题的活动。

根据建构主义的学习理论，教师要注重教学环境的设计，为教育者提供充分的资源；教师要超越单纯讲座或讲授式的教学方法，灵活采取一些新的教学模式来进行创新式教学；教学要以学生为中心；教学过程中要强调协商与合作式学习。

三、综合应用题

1. 谈谈你对理论联系实际原则的理解，以及如何在教学中贯彻这一教学原则。

【答案要点】

理论联系实际原则是指教学要以学习基础知识为主导，将理论运用于解释和解决实际问题，学以致用，发展动脑、动手能力，并理解知识的含义，领悟知识的价值。

贯彻这一教学原则的基本要求：

（1）注重联系实际学好理论。为了引导学生掌握教科书上的学科知识与原理，教师首先必须注重联系实际学好理论。教师要善于通过演示、举出具体事例、回忆生活体验，想方设法联系有关学生的生活实际，唤醒与激活他们已有的经验、情趣与思考力，进行观察与思考、分析、领悟，这样才能让他们生动活泼、主动地理解和掌握抽象难懂的学科概念与原理。

（2）重视引导学生运用知识。首先，要重视教学中知识的运用，如解决实际问题的讨论、作业、实验等教学性实践。这是教学中运用知识的主要方式，让学生多动手解决具体问题，必定要求他们多动脑筋，不仅有利于提高他们的动手能力，还对学生养成学以致用的情趣起着关键作用。其次，要在教学课文的过程中，组织学生开展一些实际的学习活动。

（3）逐步培养与形成学生综合运用知识的能力。它要求把按学科知识的概念系统进行学习的方式，转换为按"问题－解决"建构知识的系统进行学习的方式，而且还要见诸行动，做实验、做事情、做文章、搞艺术、搞交往、搞生产。

（4）面向生活现实，培养学生的对策思维。问题来源于生活。在教导学生向书本学习时，还需把学生的目光引向现实，其中包括学生生活的现实、校园生活的现实、社会生活的现实、国际生活的现实等，对照书本，以发现和提出问题，谋划和讨论问题的解决，并采取与问题相称的可能的行动，以培养学生的对策思维与解决问题的实践能力。

2. 依据理论联系实际原则，如何对以下教学内容进行教学，谈谈你的设想。

【答案要点】

（1）理论联系实际原则是指教学要以学习基础知识为主导，将理论运用于解释和解决实际问题，学以致用，发展动脑、动手能力，并理解知识的含义，领悟知识的价值。

在教学过程中贯彻理论联系实际原则的基本要求有：第一，注重联系实际学好理论；第二，重视引导学生运用知识；第三，逐步培养与形成学生综合运用知识的能力；第四，面向生活现实，培养学生的对策思维。

（2）教学设计。

①导入。

开始以"长江有多长"和"人的头发有多少根"等生活化的问题来导入课堂，抓住学生的注意力；展示有大数的图片，引出新知识，及时比较图中的大数，初步体会大数；再让学生交流找到的生活中的大数，体会到数学与生活的联系，感受学习大数的必要性。

②引导探究，认识新的计数单位"千"和"万"。

教师依次出示大正方体模型、小正方体模型，请同学们估计这个大正方体大约是由多少个小正方体组成的。分小组合作探究正确答案，使学生对"千"和"万"有初步直观的感受。

③感受"千"和"万"的实例。

在学生对"千"和"万"有了初步的概念之后，教师可以将10本数学书摞起来，或者播放本校学生做广播操的场面，使学生对"千"有更深刻的认识；展示万里长城，选播介绍万人大会堂的电影片段，让学生在欣赏的同时，进一步感受"万"的大小。

④反思小结，生活延伸。

在课堂上总结课程内容，课后布置与生活实际相关的作业，如"1000元能买哪些东西？"。

2020年 浙江师范大学333教育综合·真题解析

一、简答题

1. 人的发展的规律。

（1）顺序性。在正常情况下，人的发展具有一定的方向性和顺序性，既不能逾越，也不能逆向发展。如个体动作的发展就遵循自上而下、由躯体中心向外围、从粗动作向细动作的发展规律性。就心理而言，儿童的发展总是从无意注意到有意注意，从机械记忆到意义记忆，从具体形象思维到抽象逻辑思维，从喜怒哀乐等一般情绪发展到道德感、理智感、美感等高级情感。

（2）不平衡性。人的发展不总是匀速直线前进的，不同系统的发展速度、起始时间、达到的成熟水平是不同的；同一机能系统在发展的不同时期也有不同的发展速率。从总体发展来看，幼儿期出现第一个加速发展期；青春发育期出现第二个加速发展期。

（3）阶段性。人的发展变化既体现出量的积累，又表现出质的飞跃。当某些代表新质要素的量积累到一定程度时，就会导致质的飞跃，从而表现出发展的阶段性。个体的身心发展的阶段性表现为不同年龄阶段的个体具有不同的年龄特征及主要矛盾，面临着不同的发展任务。

（4）个别差异性。人的发展的个体差异表现在身心发展的速度、水平、表现方式等方面。如在发展速度上，有的儿童早慧，有的儿童大器晚成。

（5）整体性。人的生理、心理和社会性等方面的发展是密切联系在一起的，并在发展过程中相互作用，使人的发展表现出明显的整体性。

2. 隋唐学校教育制度的特点。

【答案要点】

（1）学校体系形成。私学与官学并存，私学承担基础教育与专业教育两层次教育任务。在教育行政上官学是教育的主干，私学是官学的重要补充。这一古代学校教育体系的形成对中国封建社会后期的教育产生了重要影响。

（2）教育行政体制分级管理的确立。从隋代开始实行分级管理的教育行政体制，中央官学由国子监祭酒负责管理，地方官学由州县长官负责管理。而专科性学校则归对口的行政部门管理，以利于专业教育的实施。

（3）学校内部教学管理制度及法规的完善。隋唐时期对过去学校教学的规定和惯例加以梳理，按现实需要做了新的规定，使对学校教学的管理有法可依。

（4）专业教育的重视。在国子监添设算学专科以培养算学的专门人才，还有其他一些专科教育，从教育制度发展过程来考察，这是实科教育的首创。

（5）学校教育与行政机构及事务部门的结合。一些事务部门，如天台司、太医馆等，负起双重任务，既为政府进行专业服务，又担负起培养专业人才的任务，学生在这种条件下学习，可以更好地把专业知识与专业实践密切结合起来。

3. 美国《国防教育法》的内容。

【答案要点】

1957年，苏联卫星上天后，美国朝野震惊，开始反思自身的教育问题，并将教育提高到保卫国家国防的高度，要求对教育进行改革。在此背景下，1958年美国总统批准颁布了《国防教育法》。主要内容包括：

（1）加强普通学校的自然科学、数学和现代外语，即"新三艺"的教学。

（2）加强职业技术教育。要求各地区设立职业技术教育领导机构，有计划地开展职业技术训练。

（3）强调"天才教育"。鼓励有才能的学生完成中等教育，攻读考入高等教育机构所必需的课程并升入该类机构，以便培养拔尖人才。

（4）增拨大量教育经费。作为对各级学校的财政援助。

4. 亲社会行为习得的途径。

【答案要点】

亲社会行为是指有益于他人和社会的行为，包括助人行为、安慰、分享、合作等。个体亲社会行为发展的过程就是他们道德认识水平提高、道德情感丰富的过程。

亲社会行为的习得途径包括：

（1）移情反应的条件化。亲社会行为使助人者感到愉快或减轻了移情的痛苦，因而强化了亲社会行为。

（2）直接训练。教师利用一切学习和游戏活动，引导训练儿童在实践中表现出合作、谦让、共享等良好行为。

（3）观察学习。一方面，成人的亲社会行为会成为儿童学习的榜样，诱导出儿童相似的亲社会行为；另一方面，儿童经常受到榜样的引导，更有可能内化利他性原则，从而有助于利他倾向的发展。

二、分析论述题

1. 赫尔巴特的课程与教学论。

【答案要点】

（1）赫尔巴特以其心理学说为依据，提出了较为完整的课程理论。主要观点如下：

①课程必须与儿童的经验和兴趣相适应。一方面，儿童在日常生活中可以获得经验和同情，这是教学活动进行的基础。另一方面，儿童的经验并非完美无缺，需要教学加以补充和整理。因此，课程的内容必须与儿童的日常经验保持联系，通过使用直观教材使得儿童的经验变得更加丰富、真实和确切。

只有与儿童经验相联系的内容，才能引起儿童的兴趣；只有能够引起兴趣的教学内容，才能使儿童保持意识的警觉状态，从而更好地接受教材。为了让课程与兴趣保持联系，赫尔巴特把兴趣分为经验的兴趣和同情的兴趣两大类。

②课程要与统觉过程相适应。根据统觉原理，新的知识总是在原有的理智背景中形成的，以原有知识为基础。因此，课程安排应当使儿童能够不断地从熟悉的材料逐渐过渡到密切相关但还不熟悉的材料。为此，赫尔巴特提出"相关"和"集中"两项原则，目的是保持课堂教学的逻辑结构和知识的系统性。

③课程必须要与儿童发展阶段相适应。赫尔巴特认为，儿童在一定发展阶段上最理想的学习内容应当是种族发展在相应阶段上所取得的文化发展。以此为基础，他将儿童发展分为婴儿期、幼儿期、童年期和青春期。每个时期对应不同的心理特征，应开设不同的课程。

（2）赫尔巴特的教学理论主要包括教学进程理论和教学形式阶段理论。

①教学进程理论。统觉过程的完成大体上具有三个环节：感官的刺激、新旧观念的分析和联合、统觉团的形成。与此相应，赫尔巴特提出了三种不同的教学方法：单纯提示的教学、分析教学和综合教学。这三种教学方法的联系，就产生了所谓的"教学进程"。

②教学形式阶段理论。赫尔巴特的教学形式阶段，实际上就是课堂教学的完整过程，是一个包括教学方法、教学形式等内在的规范化的教学程序。他认为，兴趣活动可以划分为四个阶段：注意、期待、要求和行动。儿童在学习活动中的思维方式有两种：专心与审思。在此基础上，他提出了教学形式阶段理论，即"赫尔巴特四段教学法"，具体步骤为明了、联想、系统、方法。

2. 蔡元培的教育实践与教育思想。

【答案要点】

（1）"五育"并举的教育方针。1912年初，蔡元培发表《对教育方针之意见》一文，从"养成共和国民健全之人格"的观点出发，提出军国民教育、实利主义教育、公民道德教育、世界观教育和美感教育的"五育"并举教育思想，成为制定民国元年教育方针的理论基础。

①军国民教育。指将军事教育引入到学校和社会教育之中，让学生和民众受到一定的军事教育和训练。在学校教育中强调学生生活的军事化，特别是体育的军事化。

②实利主义教育。即密切教育与国民经济生活的联系，加强职业技能的培训，使教育能发挥提高国家经济能力和改善人民生活水平的作用。

③公民道德教育。蔡元培认为公民道德的基本内容不外乎法国资产阶级革命所标榜的自由、平

等、博爱，虽然与封建道德的专制等级性不相容，但他明确指出中国传统伦理特别是儒家伦理中的一些基本范畴，其内涵是与自由、平等、博爱的精神相通的。

④世界观教育。是蔡元培独创并被作为教育的最高境界。世界观教育就是要培养人们立足于现象世界但又超脱现象世界而贴近实体世界的观念和精神境界。

⑤美感教育。美感教育与世界观教育紧密联系，美感介于现象世界和实体世界之间，是两者之间的桥梁。利用美感这种超越利害关系、人我之分界的特性去破除现象世界的意识，陶冶、净化人的心灵。美感教育是世界观教育的主要途径。

（2）改革北大的教育实践。民国成立后，京师大学堂改称北京大学。当时北大校政腐败、制度混乱、学生求官心切、学术空气淡薄、封建文化泛滥。为了改变这种风气，蔡元培赴任北大校长，对北大进行全面改革。

①抱定宗旨，改变校风。蔡元培明确大学的宗旨，认为大学应该成为"研究高尚学问之地"。他改革北大的第一步就是要为师生创造研究高深学问的条件和氛围。

②贯彻"思想自由，兼容并包"的办学原则。蔡元培明确声明，在学术上"循'思想自由'原则，取兼容并包主义"，这是他办理北京大学的基本指导思想。该思想不仅体现在学术上，也体现在教师的聘任上。

③教授治校，民主管理。1912年由蔡元培主持制定的《大学令》中，确立了教授治校、民主管理的大学校务管理原则，规定大学设立评议会，各科设立教授会。

④学科与教学体制改革。在学科与教学体制改革方面，蔡元培主要有三个措施：第一，扩充文理，改变"轻学而重术"的思想；第二，沟通文理，废科设系；第三，改年级制为选科制，发展学生个性。

（3）教育独立思想及对收回教育权的推进。1922年，蔡元培发表《教育独立议案》，阐明教育独立的基本观点和方法，成为教育独立思潮中的重要篇章。教育独立的基本要求可以大致归结为：

①教育经费独立。政府指定固定的款项，专作教育经费，不能移作他用。建立独立的教育会计制度等。

②教育行政独立。设立专管教育的行政机构，不附设于政府部门，由懂教育的专业人士主持。教育总长不得因政局的变动而频繁变动。

③教育学术和内容独立。教育方针应保持稳定，不受政治的干扰。能自由编辑、出版、选用教科书。

④教育脱离宗教而独立。

3. 学习策略的教学训练因素及途径。

【答案要点】

（1）影响学习策略教学训练的因素。

①学生因素。

第一，年龄特征。学习策略的发展具有一定的阶段性，学习者的认知发展也具有相应的年龄特征，因此学习策略的教学必须充分考虑策略发展的阶段性和认知发展的阶段性特征。

第二，原有的知识背景。学生原有的知识背景中有策略性知识和非策略性知识，这两种知识对学习策略的掌握和运用都有非常重要的影响。

第三，学习动机。动机的强度对掌握和应用学习策略的影响主要体现在学生掌握策略的意识性和对学习材料的兴趣以及对材料的敏感程度上。

第四，学习归因方式。研究表明，当学习者将学习的成败归于自身能够控制的、相当不稳定的因素时，这些学习者的策略水平相对较高。因此教师要引导学生恰当归因。

第五，自我效能感。它是指学习者对策略应用效能的信任和自信程度。在学习策略教学中，教师应该让学生体验到应用策略所带来的成功感。

②教师因素。

第一，运用学习策略的水平。这是对教师自身策略知识和能力的要求。

第二，策略教学经验。教师的策略教学经验能够有效地促进学生对学习策略的获得和运用。

第三，策略教学方法。教师的策略教学方法影响学习策略的掌握程度。

（2）学习策略的教学训练途径。

①课程式教学训练模式。即学习策略教学的课程化，它通过开设专门的学习策略课程，讲授教与学策略的有关常识，包括教与学的模式、方法、手段等。

②学科渗透式教学训练模式。指将学习策略的训练与特定学科的学习内容相结合，在具体学科知识的学习过程中传授学科学习的方法与技巧。学科渗透式教学训练模式可以贯穿整个教学活动，它要求教师在教学前就应该具有教与学的策略观，以教学策略为指导，进行备课、讲课、评课等。

③交叉学习式教学训练模式。该模式是为了克服前面两种模式的不足而设立的。它先是独立地教授学习策略，再将它与具体的学科内容结合起来，根据具体学习情境的差异，要求并帮助学生把所学的策略运用于具体的学习活动中。

4. 论述教学过程的环节。

【答案要点】

（1）备课。备好课是上好课的先决条件。上课前，教师必须备好课，编制出学期教学进度计划，写好课题计划与课时计划。包括三方面的工作：第一，钻研教材；第二，了解学生；第三，设计教学。

（2）上课。上好课是提高教学质量的关键。应以现代教学理念为指导，遵循教学规律与原则，创造性地运用教学方法，并注重做到以下几点：第一，明确教学目的；第二，保证教学的科学性与思想性；第三，调动学生的学习积极性；第四，注重解惑纠错；第五，组织好教学活动；第六，布置好课外作业。

（3）课后教导工作。课后教师配合学生作业和自学进行教育与辅导，其目的是让学生个人消化、运用和巩固课堂所学的知识技能，以发展他们的智能，为学习下一节新课做好准备。主要包括以下两个方面：第一，做好学生的思想教育工作；第二，做好对学生的辅导工作。

（4）教学评价。教学评价是对教学过程中的教学行为和学生的学习行为及其效果进行价值判断的系统过程。它通过显示教学系统各个环节的实际情况，为学生和教师提供反馈信息，促使教学系统中的各构成要素之间实现优化组合，提高教学效果。

三、材料分析题

运用班主任工作内容和方法等原理，谈谈你的看法。

【答案要点】

有人说班主任的工作就像家长，这句话对也不全对。班主任的工作内容不是简单地照顾而是有技巧且多方面地去照顾：

（1）了解和研究学生。了解学生，包括个人和集体两方面。了解学生个人情况，包括个人德、智、体的发展，他的情趣、特长、习性、诉求，家庭状况和交往情况。了解学生集体情况，是在了解学生个人情况的基础上汇集而成，包括全班学生的年龄、性别、家庭等一般情况；学生德、智、体发展的一般水平和有特殊才能的学生情况，班风与传统等。了解和研究学生的主要方法有观察、谈话、分析书面材料和调查研究等。

（2）教导学生学好功课。学好功课是学生的主要任务也是班主任的一项经常性的重要任务。有成效地完成这一任务，主要靠各科教师，但班主任的作用不可忽视。班主任应做到：第一，注意学习目的与态度的教育；第二，加强学习纪律的教育；第三，指导学生改进学习的方法和习惯。

还有人说，班主任主需要找几个得力的助手就可以管理好班级，但事实上，很多活动只能班主任才能做好；还有人说班主任要相信学生，尊重学生，无为而治即可。事实上也是不可行的。班主任需要做好以下工作：

（1）组织班会活动。班会是向学生进行思想教育的一个重要阵地。有计划地组织班会活动是班主任的一项重要任务。

（2）组织课外活动、校外活动和指导课余生活。课外活动与校外活动对培养学生的志趣、才能，丰富和活跃他们的生活，促进他们德、智、体全面发展有重要意义。在开展课外活动与校外活动方面，班主任主要负责动员和组织工作。对课余活动，班主任的责任是经常关心、了解、给予必要的指导。

（3）组织学生劳动。学生的劳动内容很广，主要有生产劳动、建校劳动和各种公益劳动。每学期开学之初，学习应当根据情况对各班学生的劳动做出统一的计划和安排。班主任则应按学校的安排与要求，有目的有计划地组织好本校学生的劳动。

（4）协调各方面对学生的要求。调节和统一校内外各方面对学生的要求，这是有成效地教育学生的重要条件，也是班主任工作的一项重要内容。这项工作包括统一校内教育者对学生的要求以及统一学校与家庭对学生的要求。

（5）评定学生操行。操行是指学生的思想品德表现。操行评定是对学生一学期或一学年以来的思想品德发展变化情况的评价。操行评定，一般采用评语，有的还要评定等级。

（6）做好班主任工作的计划与总结。为了能够较自觉地做好班主任工作，一要加强计划性，使工作有条不紊地进行；二要注意总结工作经验，以便不断改进和提高。二者是互为基础、相互促进的。

综上所述，班主任的工作是一个需要依据我国教育目的和学校的教育任务，协调来自各方面对学生的要求与影响，有计划地组织全班学生的教导活动，做好学生的思想教育工作，并对他们的学习、劳动、工作、课外活动、课余生活以及社会活动等全面负责，把班培养成为积极向上的集体，使每个学生在德、智、体、美等方面都得到充分的发展。因此，班主任的工作不是像家长，也不是随便找几个得力助手，更不是无为而治就行的。

2019年 浙江师范大学 333 教育综合·真题解析

一、名词解释

"尊德性"与"道问学"

《中庸》开篇指出："天命之谓性，率性之谓道，修道之谓教。"由此可见，人们可以从两条途径得到完善：发掘人的内在天性，进而达到对外部世界的体认，这就是"尊德性。通过向外部世界的求知，以达到人的内在本性的发扬，这就是"道问学"。

小先生制

小先生制由陶行知提出,在他看来,小孩不仅能教小孩、甚至还能教大人,儿童是中国实现普及教育的重要力量。小先生制是指人人都要将自己认识的字和学到的文化随时随地教给别人,而儿童是这一传授过程的主要承担者。

快乐之家

快乐之家是维多里诺创办的一所宫廷学校,被认为是人文主义学校的发源地。"快乐之家"学校环境优美,师生关系融洽,招收贵族子弟和部分天才贫苦学生,实施体育、德育、智育并重的方针,开设以古典学科为中心的内容十分广阔的人文主义课程。

贝尔–兰开斯特制

贝尔–兰开斯特制又称导生制,指教师在学生中选择一些年龄较大、学习成绩较好的学生充任导生,教师先对导生进行教学,然后由他们去教其他学生。通过这种教学方式,学生的数额得以大大增加,也在一定程度上缓解了教师奇缺的压力,因而一度广受欢迎,但因其难以保证教育质量而最终被人们所抛弃。

内隐学习

内隐学习是指机体在与环境接触的过程中不知不觉地获得了一些经验并因之改变其事后某些行为的学习,是一种产生抽象知识、平行于外显学习方式的无意识加工。

成就动机

成就动机是指一种努力克服障碍、施展才能、力求又快又好地解决某一问题的愿望或趋势。它在人的成就需要的基础上产生的,是激励个体从事自己认为重要或有价值的工作,并力求获得成功的一种内在驱动力。

二、简答题

1. 简述宋朝书院的教育特点。

【答案要点】

书院最初属于私学性质,尽管在发展的过程中有官学化倾向,但在培养目标、管理形式、课程设置、教学方法以及师生关系等方面都表现出与官学不同的特点。

(1)书院精神。书院以自由讲学为主,注重讨论,学术风气浓厚,开辟了新的学风,推动了教育和学术的发展。

(2)书院功能。育才、研究和藏书。

(3)培养目标。注重人格修养,强调道德与学问并进,培养学生的学术志趣。

(4)管理形式。较为简单,管理人员少,强调学生遵照院规自我约束、自我管理为主。

(5)课程设置。灵活具有弹性,教学以学生自学、独立研究为主,师生、学生之间注重质疑问难与讨论。

(6)教学组织。教学与研究相结合,教学形式多样,注重讲明义理,躬亲实践。

(7)规章制度。书院作为一种教育制度得以确立,在教育目标、教学方法、教学顺序等方面用学规的形式加以阐明,最著名的是《白鹿洞书院揭示》,它说明南宋后书院已经制度化。

(8)师生关系。较之官学更为平等、学术切磋多于教训,学生来去自由,关系融洽、感情深厚。

(9)学术氛围。教学与学术研究并重,学术氛围自由宽松,人格教育与知识教育并重。

2. 简述革命根据地教育的基本经验。

【答案要点】

（1）教育为政治服务。在当时特定的时代环境下，最大的政治是以武装斗争的手段去夺取民族民主革命的胜利，而动员广大人民群众投入革命战争、支援革命战争，并最大限度地提高人民军队干部战士的觉悟，是中国共产党面临的中心任务。

（2）教育与生产劳动相结合。根据地教育的基本任务是彻底改变建立在封建生产关系之上、以脱离农村生产生活实际为特征、以培养精神贵族为目的的文化教育。

（3）依靠群众办教育。依靠群众办教育加强了学校与群众的联系，争取了群众对学校的支持和监督，有利于学校在边区人民群众中生根，加强了学校的民主管理，大大提高了群众办教育的积极性，促进了根据地教育的发展。

3. 简述我国教育目的的理论基础。

【答案要点】

马克思关于人的自由而全面发展学说是在继承和发展历史上有关理论基础上的新的探索和科学概括，是我们选择社会主义教育目的价值取向的理论基础。

（1）社会主义制度的建立为人的全面发展拓宽了道路。我国建设中国特色社会主义各项事业，既要着眼于人民现实的物质文化生活的需要，同时也要促进人的自由而全面的发展。这是马克思主义关于建设社会主义新社会的本质要求。

（2）要依据我国的特点尽可能地促进人的全面发展。结合我国处于社会主义初级阶段的现实情况，采取各种切实举措，提高人的素质，促进人的全面发展，并以此作为现阶段我国教育目的的基本价值取向。

（3）人的全面发展是构建社会主义和谐社会的基本内涵。教育作为专门培养人的社会实践活动，就是要通过培养全面发展的人来实现我们的社会发展理想和人的发展的理想。

（4）追求人的全面发展与实现人的自由发展必须和谐统一。我国当前教育改革与发展应该高度重视马克思对人的自由发展的憧憬，在引导学生全面发展的同时，关注学生个性的自由发展，着重培养学生的创新精神、批判意识与独立个性。

4. 简述教师劳动的价值。

【答案要点】

教师劳动的价值，是指教师的劳动对社会和个人所产生的直接和间接的积极作用。

（1）教师劳动的社会价值。从宏观上看，突出地表现在教师劳动对延续和发展人类社会的巨大贡献上。教师的工作，联系着人类的过去、现在和未来；从微观上看，教师的劳动关系到年轻一代每个人的发展和幸福。在现代社会，一个人的发展状况如何，在很大程度上取决于他所受的教育，取决于教师的劳动。

（2）教师劳动的个人价值。教师劳动的个人价值首先在于这种劳动能够创造巨大的社会价值；教师劳动比一般劳动更具有自我实现的价值；教师劳动还能享受到一般劳动所享受不到的乐趣。这种乐趣来自学生平日的点滴进步，来自桃李满天下，来自学生毕业后对社会的贡献。

（3）正确认识和评价教师的劳动价值。教师劳动虽有巨大的社会价值，但它的特殊性，往往不受社会重视，需要我们正确认识与对待。教师的劳动价值具有模糊性、滞后性、隐蔽性。

三、分析论述题

1. 论述卢梭的自然教育理论及其影响。

【答案要点】

（1）自然教育的基本含义。卢梭自然主义教育的核心是"回归自然"。一方面，善良的人性存在于纯洁的自然状态之中。只有"回归自然"、远离喧嚣社会的教育，才有利于保持人的善良天性。因此15岁之前的教育必须在远离城市的农村进行。另一方面，每个人都是由自然的教育、事物的教育、人为的教育三者培养起来，只有三种教育圆满地结合才能达到预期的目的。三者之中，应以自然的教育为基准，才能使教育回归自然达到应有的成效。

（2）自然教育的培养目标。自然教育最终目的是培养"自然人"，即身心调和发达、体脑两健、能力强盛的新人，也就是摆脱封建羁绊的资产阶级新人。具有以下特征：第一，自然人是能独立自主的人，他能独自体现出自己的价值；第二，在自然的秩序中，所有的人都是平等的；第三，自然人又是自由的人，他是无所不宜、无所不能的；第四，自然人还是自食其力的人，可无须仰赖他人为生，这是独立自主的可靠保证。

（3）自然教育的方法原则。卢梭猛烈抨击了当时向儿童强迫灌输旧的道德和知识、摧残儿童天性的做法，他提出以下几点原则和方法：第一，树立正确的儿童观，应当把成人看作成人，把孩子看作孩子。第二，对儿童实施消极教育。此外，让他们在同自然的接触中，体会到自己所犯的错误和过失带来的自然后果，使儿童服从于自然法则，结合具体事例让他们从自己的直接经验中受到教育。第三，根据儿童天性的个体差异，因材施教。

（4）自然主义教育的实施。卢梭根据自然教育的原则，根据人的自然发展的进程和不同年龄时期身心的特点，把自然教育分为婴儿期、儿童期、少年期和青春期。婴儿期主要进行体育；儿童期主要进行感官训练和身体发育，这个时期的儿童不宜进行理性教育，不应强迫儿童读书；少年期主要进行智育和劳动教育；青春期主要接受道德教育，包括宗教教育、爱情教育和性教育。

卢梭提出的自然主义教育思想是教育思想史上由教育适应自然向教育心理学化过渡的一个重要环节。在封建社会压制人性的情况下，提倡性善论、尊重儿童天性具有历史进步意义。他呼吁培养身心调和发展的自然人和自由人也反映了对人的发展的合理要求。卢梭论证了自然主义教育的内容和方法。如重视感觉教育的价值；反对古典主义和教条主义，要求人们学习真实有用的知识；反对向儿童灌输道德教条，要求养成符合自然发展的品德等。这些观点既是在前人的基础上的发展，也反映了近代教育的发展方向。

2. 结合实际，谈谈教育的社会功能。

【答案要点】

（1）教育的社会变迁功能。

①教育的经济功能。

教育是使可能的劳动力转变为现实的劳动力的基本途径。一个人只有经过教育和训练，掌握一定生产部门的劳动知识和技能，并能生产某种使用价值，他才能成为现实的生产力。

现代教育是使知识形态的生产力转化为直接的生产力的重要途径。科学技术是一种知识形态的生产力，要使其转化为现实的生产力，除了要通过科学研究、发明创造或革新实践外，其技术成果的推广、经验的总结与提升都需要教育与教学的紧密配合。

现代教育是提高劳动生产率的重要因素。现代生产的生产率提高依靠科学技术在生产中的应用、推广和不断革新，依靠提高劳动者受教育的程度与质量，依靠劳动者的素质、扩大脑力劳动者的比重、发挥劳动者在生产和改革中的创造性。

②教育的政治功能。

教育通过传播一定的社会的政治意识，完成年轻一代的政治社会化。教育作为传递知识、训练思维与培养情感的活动，能向年轻一代传播一定的社会政治意识，促进他们的政治社会化，从而为一定社会政治秩序的稳定创造重要条件。

教育通过造就政治管理人才，促进政治体制的变革与完善。由于科技向管理部门的全面渗透，社会越发展，国家对政治管理人才的素质要求越高，通过教育选拔、培养政治管理人才显得越重要。

教育通过提高全民文化素质，推动国家的民主政治建设。普及教育的程度越高，国民的文化素质越高，其国民就越能认识到民主的价值，在政治生活和社会生活中就越能履行民主的权利。

教育是形成社会舆论、影响政治时局的重要力量。学校是知识分子和青少年集中的地方，他们有见解，勇于发表意见，通过教育者和受教育者的言论、演讲和社会活动等，来宣传思想，造就舆论，借以影响群众，为一定的政治、经济服务。

③教育的文化功能。

传递文化。教育起着传递文化的作用。尤其是学校教育因其具有明确的目的性、计划性等特点，一直承担着传承文化的重任。

选择文化。教育的选择功能十分重要，体现了教育对文化发展的积极引导和自觉规范。

发展文化。教育通过广泛的文化交流，不断地吸收其他民族的文化精华，补充、更新和发展本民族的文化，也是文化发展的一种重要方式。

④教育的生态功能。

树立建设生态文明的理念。通过在学校里和社会上加强生态文明的教育与宣传，让学生从小养成爱护自然、节约资源、保护生态环境的思想情感，从而逐步在全社会牢固树立建设生态文明的观念。

普及生态文明知识，提高民族素质。我们应当有计划地普及生态文明知识，并注意指导与督促人们将知识运用于生活实践。

引导建设生态文明的社会活动。学校的生态文明教育不应局限在校内，要组织学生参加到社区的生态文明建设中去。

（2）教育的社会流动功能。

教育的社会流动功能是指社会成员通过教育的培养、筛选和提高，能够在不同的社会区域、社会层次、职业岗位、科层组织之间转换、调整和变动，以充分发挥其个人的智慧才能，实现其人生价值。它包括横向流动功能和纵向流动功能。前者指改变其环境而不提升其社会层级地位；后者指改变其社会层级地位及作用。

教育的社会流动功能在当代的重要意义：教育是个人社会流动的基础；教育是现代社会流动的主要通道；教育深刻影响社会公平。

3. 结合实际，谈谈对德育过程的认识。

【答案要点】

德育过程是学生在教师的引导下，主动积极地进行道德认识和道德实践，逐步提高自我修养能力，形成个人品德的过程。

（1）德育过程是学生在教师教导下的个体品德的自主建构过程。学生的思想道德认识和行为习惯不是与生俱来的，是学生在与社会环境的相互作用过程中，尤其是在教师有目的、有意识的教育引导下，逐步形成自己的思想认识，发展自己的道德素质的。

（2）德育过程是培养学生知、情、意、行整体和谐发展的过程。学生的品德包含知、情、意、行四个要素。所以德育过程也是培养学生思想品德的知、情、意、行整体和谐发展的过程。

（3）德育过程是提高学生自我教育能力的过程。在德育过程中，要引导学生积极参与社会学习、生活交往和道德践行，培养和提升他们的思想品德素质，均有赖于发挥学生个人的能动性和自我教育能力。

4. 结合儿童友谊发展的五阶段理论，论述同伴关系的发展及其培养策略。

【答案要点】

儿童友谊的发展表现在亲密性、稳定性和选择性等方面。塞尔曼通过研究，提出了儿童友谊的发展要经历五个阶段。

（1）阶段1：尚不稳定的友谊（3~7岁）。儿童还没有形成友谊的概念。儿童间的关系还不能称为友谊，而只是短暂的游戏同伴关系。

（2）阶段2：单向帮助关系（4~9岁）。儿童要求朋友能够服从自己的愿望和要求。如果顺从自己就是朋友，否则就不是朋友。

（3）阶段3：双向帮助关系（6~12岁）。儿童能相互帮助，但还不能共患难。儿童对友谊的交互性有一定的了解，但带有明显的功利性。

（4）阶段4：亲密的共享（9~15岁）。儿童发展了朋友的观念，认为朋友之间可以分享，朋友之间应相互信任和忠诚，同甘共苦。但此阶段朋友关系存在明显的排他性和独占性。

（5）阶段5：友谊发展成熟（12岁以后）。随着年龄的增长，儿童对朋友的选择性逐渐增强。由于选择朋友更加严格，所以一旦建立起来的朋友关系持续时间都比较长。

培养同伴关系良好发展的策略有：

（1）开设相关课程，进行交往技能训练。通过引导学生了解、分析人际冲突的内在因素，使学生掌握非报复性冲突化解的原理与方法，培养其对冲突事件进行自我反省态度，提高学生解决纷争的能力，帮助学生建立良好的同伴关系。

（2）丰富课堂教学交往活动。交往能力主要是在教学中形成发展起来的，教师应该注意为学生创造更多的交往机会，采用合作学习的方式增强课堂交往，以促进同伴关系的发展。

（3）组织丰富多彩的交往实践活动。让学生在真实情境中体验、学习各种交往技能，树立正确的交往观念，提高解决人际冲突的能力，最终在实践中学会交往。

（4）培养学生的亲社会能力。个体做出的亲社会行为越多，其同伴接纳程度越高，就越能发展出良好的同伴关系。因此，教师可以通过培养亲社会行为来促进同伴关系的发展。

2018年 浙江师范大学333教育综合·真题解析

一、名词解释

"三纲领八条目"

三纲领八条目是《大学》的教育目的和具体步骤。《大学》开篇即"大学之道，在明明德，在亲民，在止于至善"，"明明德""亲民"和"止于至善"被称为"三纲领"。八条目即格物、致知、诚意、正心、修身、齐家、治国、平天下。

全人生指导

"全人生指导"由杨贤江提出,就是对青年进行全面关心、教育和引导,即不仅关心他们的文化知识学习,同时对他们生活中各种实际问题给以正确的指点和疏导,使之在德、智、体诸方面都得以健康成长,成为一个"完成的人",以适社会改进之所用。

昆西教学法

昆西教学法是指帕克在昆西学校和库克师范学校进行的教育改革实验所采取的新的教育方法和措施。主要特征有:强调儿童应处于学校教育的中心;重视学校的社会功能;主张学校课程应尽可能与实践活动相联系;强调培养儿童自我探索和创造的精神。

泛爱学校

泛爱学校由巴西多创办,强调适应自然的教育原则和让儿童主动地学习的教学方式,提出培养博爱、节制、勤劳等美德,注重实用性和儿童兴趣,寓教育于游戏之中。泛爱学校的课程主要有实科知识、体育、音乐和劳动等;注重实物教学,反对经院主义、古典主义教育,禁绝体罚。

问题解决

问题解决是指个体在面临问题情境而没有现成方法可以利用时,将已知情境转化为目标情境的认知过程。当常规或自动化的反应不适用于当前情境时,问题解决者需要超越对过去所学规则的简单应用,对所学规则进行一定的组合,产生一个解答,达到问题解决的目的。

学校心理素质教育

学校心理素质教育是指以培养学生健全心理素质为目标的教育活动,是一项具有全面性和全体性、活动性和互动性、主体性和发展性等特征相协调的素质教育形式。学校心理素质教育的根本目标是培养学生健全的心理素质,基本途径主要包括心理素质专题训练、心理辅导和学科渗透三种。

二、简答题

1. 简述班级授课制的优点。

【答案要点】

班级授课制是一种集体教学形式。它把一定数量的学生按年龄与知识程度编成固定的班级,根据周课表和作息时间表,安排教师有计划地给全班学生上课,分别学习所设置的各门课程。班级授课制的优点包括:

(1)形成了严格的教学制度。

(2)以课为单位科学地组织教学。

(3)能充分发挥教师的主导作用。

(4)能促进学生的社会化与个性化。

(5)便于传授系统的科学知识。

2. 简述世界各国的课程改革趋势。

【答案要点】

(1)追求卓越的整体性课程目标。当前各国在课程改革中倾向于培养学生公民的责任感和创新精神,社会交往能力和团队精神,灵活处理各种信息、适应急剧变化的社会环境和创造性地进行工作的能力,并注重国际理解教育,要求使学生具有国际视野,尊重文化差异。

(2)注重课程编制的时代性、基础性、综合性和选择性。面对全球化、信息时代、知识经济等新的世界背景,各国基础教育课程改革都强调把握课程内容的时代性,既要反映科学发展的新趋势,又要关注时代发展对人生存方式及其必备素质的新要求，注重处理基础知识与学科发展的关系，增强课程对学生的适应性，大量开设选修、综合、实践课程，满足学生个性发展的需要。

（3）讲究学习方式的多样化。信息化社会、知识社会、学习化社会引起了教育教学方式的变革。通过课程改革，创设以"学"为中心的课程，创造以"学"为中心的教学，真正使教学过程成为和事物对话、和他人对话、和自身对话的活动过程，从而超越单一的知识接受性教学，创造一种活动性的、合作性的、反思性的学习，已成为世界各国课程改革的共同选择。

3. 简述孟轲的性善论对教育的作用。

【答案要点】

孟轲的"性善论"说明了人性是人类所独有的、区别于动物的本质属性。人之需要社会伦理与政治，这是为人的内在本质所决定了的。所以人性是一个类范畴，人相对于其他的类绝不相同，而同类之中却相似。孟子认为人性的善，即"我固有之"的仁义礼智是人类学习的结果，不是由人的先天决定的，因此每个人都可以通过后天的学习达到理想的境界，即"人皆可以为尧舜"。

（1）教育对人的作用：扩充"善性"。"善端"是指事物的开头或缘由，是人的某种可能性。通过教育、物质生活条件、社会环境等多方面的因素，将其变成现实。教育的作用就是在于引导人保存、找回和扩充其固有的善端。

（2）教育对社会的作用："得民心"。"得民心"是"仁政"的关键，教育是"得民心"最有效的措施。

4. 简述严复的"体用一致"的文化教育观。

【答案要点】

在确立中国未来文化教育发展的基本原则上，严复则以强调"体用一致"而独树一帜。甲午战争后，严复发表了《论世变之亟》《原强》《救亡决论》等文章。他通过对中西文化的比较，明确肯定西方文化的先进性和优越性，其中充满了颂扬民主、自由、平等的激昂文字。

（1）严复的"体用一致"思想倡导对西方的自然科学和社会政治学说要一体学习。此时，他的"体用一致"思想表现为"全盘西化"和西学自成体用的倾向。

（2）严复的"体用一致"思想还包括对西学整体性和发展性的认识。他认为，西学是一个发展的体系，运用考察、实验、归纳等方法创造新知和验证学理，要不断更新、改进和发展。他批评洋务教育对西方的学习仅停留在技术和现有结论上，忽视了西学的整体性和发展性。

（3）1902年，严复发表《与外交报主人论教育书》，鲜明地表达了其"体用一致"的观点，认为一个国家的政教学术是一个整体，文化的整合并不是简单的支解拼凑。他改变了过去全盘西化的倾向，提出要构建一种融会中西、兼备体用的新文化体系的设想。

三、分析论述题

1. 联系实际，试论教师的素养。

【答案要点】

（1）高尚的师德。包括热爱教育事业，富有献身精神和人文精神；热爱学生，诲人不倦；热爱集体，团结协作；严于律己，为人师表。

（2）先进、科学的教育理念。教育理念是教师在对教育工作本质理解的基础上形成的关于教育的观念和理性信念，它是以观念或信念的形式存在于教师头脑中的对教育现象和教育问题的看法。先进、科学的教育理念体现在教师的所有努力都要有利于学生精神世界的丰富、人格尊严的维护和美好人性的成长。如学生主体观、教学交往观、发展性教学评价观等。

（3）宽厚的文化素养。教师的主要任务是通过向学生传授科学文化知识，培养其能力，促进其个性生动活泼地发展。一个好教师的基本条件之一，就是要有比较渊博的知识和多方面的才能。因此，教师对自己所教学科知识应科学、深入地把握，能对自己所教专业融会贯通、深入浅出、高瞻远瞩，达到运用自如的境界，在教学过程中不出知识性的错误。同时，教师还应有比较广博的文化修养。

（4）专门的教育素养。教师的专门教育素养水平及其合理结构是教育教学任务得以完成的重要保证，它主要包括教育理论素养、教育能力素养和教育研究素养。

（5）健康的心理素质。教师的心理健康不仅会直接影响教育工作的优劣成败，而且会影响学生的心理健康水平。因此，教师应该注重提高自己的心理素质。健康的心理素质体现在心理活动的方方面面，概括起来主要指：教师要有轻松愉快的心境、昂扬振奋的精神、乐观幽默的情绪以及坚韧不拔的毅力等。

（6）强健的身体素质。教师的身体素质是指教师在教学活动中的自然力，是教师的身体健康状态和身体素质状态在教学中的表现。它主要通过健康的体魄、旺盛的精力、蓬勃的活力、有节律的生活方式和锻炼习惯等体现。教师的身体素质在教育教学中具有重要的教育意义。

2. 试述教育在人的发展过程中的重要作用。

【答案要点】

（1）教育在人的发展中起引领作用。教育在年轻一代的发展中起着引领作用主要体现在：有意识地为年轻一代的成长选择、建构、调控良好的环境，对他们的生活、交往、学习与实践等活动进行正确的教导、示范和辅助，并注重尊重他们的主体地位和激发、引导他们内在的学习动力与自我发展的能动性和自主性，从各方面引领、关怀、维护他们的发展。

（2）学校教育主要通过传承文化科学知识来培养人。学校教育是教育者有意识地为儿童的身心发展精心设置的一种环境，它把经过选择的、重新组编的、人类长期积累起来的文化知识作为精神客体与儿童互动，以促进儿童的发展，使他们成人成才。

（3）学校教育对提高人的现代性有显著的作用。教育在人的现代化过程中起着重要作用，因为学生在学校里不仅学会了读、写、算等各个方面的基础知识与技巧，而且学到了与他们个人的发展和国家的未来有关的态度、价值和行为方式。人的现代化是社会现代化的重要基础和前提条件，我们应该自觉地优先发展教育，高度重视并充分发挥教育对人的现代化的促进作用。

3. 试述苏霍姆林斯基的个性全面和谐发展教育观。

【答案要点】

苏霍姆林斯基是苏联著名的教育理论家和实践家，被誉为"教育思想的泰斗"。贯穿于他一生的教育实践主线是全面和谐发展的教育思想。主要著作有《给教师的一百条建议》《把整个心灵献给孩子》《帕夫雷什中学》等，被称为"活的教育学"和"学校生活的百科全书"。

（1）全面和谐教育的含义。苏霍姆林斯基认为，为了培养全面和谐发展的人，就必须深入地改善整个教育过程，实施和谐的教育。全面和谐的教育包含两层含义：

①要把学生认识和改造世界的活动和谐地结合起来，要求学生的体力劳动与智力活动结合、课堂教学与课外活动结合、教育与自我教育结合。

②要把德、智、体、美、劳诸育和谐地结合起来，强调的是诸育的相互渗透和交织，统一为一个完整的过程。

（2）全面和谐发展教育实施。

①德育，在全面和谐的教育中应占有主导的地位。德育贯穿于学校教学、教育工作的各个方面，德育任务的完成有赖于其他各育的实施，学校里所做的一切都应当包含深刻的道德意义。

②智育，是学校的主要任务。智育应当包括获得知识，形成科学世界观，发展认识和创造能力，

养成脑力劳动文明等。

③体育,被视为一个人得以全面发展、和谐发展的最重要因素。苏霍姆林斯基认为体育工作首先要关注人的身体健康,其次要关注体育在培养道德、审美和智育等方面的重要作用,要保证人的身体发育、精神生活以及多方面活动的协调一致。

④美育,苏霍姆林斯基对美育的重视以他对情感在人的个性形成中的重要作用的认识为基础,认为"美是心灵的体操",要通过各种活动潜移默化地培养学生的美感。

⑤劳动教育,苏霍姆林斯基认为脱离劳动就不可能有教育,应该尽早开始劳动教育。劳动既是学生认识和理解世界的手段,也是他们进行自我认识和自我教育的重要途径。

(3)全面和谐发展教育的原则。第一,全面与和谐不可分割;第二,多方面教育的相互配合;第三,个性发展与社会需要相适应;第四,学生自由;第五,尊重儿童,重视自我教育。

苏霍姆林斯基的教育理论与实践对20世纪70—80年代苏联教育理论的发展产生了很大的影响,如,苏联教育家巴班斯基就接受了苏霍姆林斯基关于教育和教学工作整体性的观点,将全面和谐发展学生的个性作为学校理想的观点。此外,他的教育理论与实践在中国教育界也受到了十分广泛的关注。

4. 结合态度形成与改变的条件,试述形成与改变态度的方法。

【答案要点】

(1)态度形成与改变的主观条件。

①对态度对象的认识。在进行态度教学前,学生的认知结构中首先要有关于新态度对象的观念或认识,以及还要有一套关于行为与其相应情境的关系的观念。

②认知失调。处于认知失调的个体会努力改变自己的观念来求得新的平衡。

③有形成或改变态度的意向。意向是一种习惯性倾向,有着持久的影响,对于态度教学来说非常重要。

④对教育者的信任度。要做到这一点,教育者就必须先提高自身的综合素质,增强行为的表率性、情感的真挚性、教育方法的科学性和艺术性。

(2)态度形成与改变的客观条件。

①所传递信息的可信度。态度形成和改变的基础就是对信息的认知和理解,信息的真实性和价值性决定主体对所传递信息的信任度。

②榜样人物的选择。在观察他人态度形成与改变时,学生获得关于榜样行为、行为情境及行为结果的知识,导致替代强化,影响自身的态度形成与改变。

③外部强化。分为直接强化和间接强化,直接强化即奖励或惩罚;间接强化指特定的环境氛围、群体舆论、群体成员的评价等潜移默化的方式影响人的态度形成与改变。

(3)态度形成与改变的方法。

①提供榜样法。榜样对态度的影响是巨大的,在学校中,教师应该根据学生心中有关榜样的特点来选择、设计、示范榜样行为,以及运用有关的奖惩,引导学生学习某种合乎要求的态度。

②说服性沟通法。教师通过言语说服向学生提供对其原来态度的支持性或非支持性的证据,使学生获得与教师要求的态度有关的事实和信息,或深化已有态度、或形成新的态度、或改变原有态度。有效的说服技巧包括选择证据、情理服人、逐渐缩小态度差距。

③角色扮演。角色扮演指人按照自己的角色来行事,也指模仿别人的角色来行事。在角色扮演的过程中,个体有了较多的情感投入,因而对于态度改变有很大作用。

2017年 浙江师范大学 333 教育综合·真题解析

一、名词解释

自我效能感

自我效能感由班杜拉提出，是指个体对自己能否成功进行某一成就行为的主观判断。它影响着个体对行为的选择、付出多大努力以及坚持多久。影响自我效能感的因素有直接经验、替代性经验、言语说服、情绪唤起和身心状况。

陈述性知识

从信息加工的角度，可将知识分为陈述性知识和程序性知识。陈述性知识是关于"是什么"的知识，是对事实、定义、规则和原理等的描述。容易被人意识到，并且人能够明确地用词汇或者其他符号将其系统地表述出来。

苏格拉底法

苏格拉底法也称"问答法""产婆术"，是由讥讽、助产术、归纳和定义四个步骤组成的独特的方法。这是苏格拉底探讨伦理哲学的研究方法，也是他的教学方法。

学在官府

学在官府是西周在文化教育上的特征。为了国家管理的需要，西周奴隶主贵族制定法纪规章，并将其汇集成专书，由当官者来掌握。这种现象历史上称之为"学术官守"，并由此造成"学在官府"。"政教合一，官学一体"是"学在官府"的重要标志。

监生历事制度

监生历事制度是明朝国子监在教学制度方面的主要特点，即国子监学习到一定年限，分拨到政府各部门"先习吏事"，称为"监生历事"。除中央政府各部门之外，历事监生也被分派到州、县清理粮田，或督修水利等。监生历事的时间各有不同，期满经考核，分为上、中、下三等，上等者依上等用，中等者不拘品级，随才任用，下等者回监读书。

进步主义教育运动

进步主义教育运动是指19世纪80年代至20世纪50年代在美国出现的以杜威教育哲学为主要理论基础、以进步主义教育协会为组织中心、以改革美国学校教育为宗旨的教育革新思潮和实践活动。进步教育理论的"实验室"主要是美国的公立学校。

二、简答题

1. 简述《学记》的教学思想。

【答案要点】

《学记》是《礼记》的一篇，是中国古代最早的一篇专门论述教育、教学问题的论著，因此有人认为它是"教育学的雏形"。《学记》是先秦时期儒家教育和教学活动的理论总结，它主要论述教育的具体实施，偏重于说明教学过程的各种关系。

（1）教学原则。

①豫时孙摩。预防性原则：要求事先估计学生可能会产生的种种不良倾向，预先采取预防措施。

及时施教原则：要求掌握学习的最佳时机，适时而学，适时而教。循序渐进原则：教学必须遵循一定的顺序，包括内容的顺序和年龄的顺序。学习观摩原则：学习要相互观摩，取长补短。同时，借助集体的力量进行学习。

②长善救失。长善救失原则要求教师懂得并掌握教育的辩证法，坚持正面教育，善于因势利导，利用积极因素，克服消极因素，将缺点转化为优点。

③启发诱导。君子的教育在于诱导学生，靠的是引导而不是强迫服从，是启发而不是全部讲解。只有这样，才能调动学生学习和思考的积极性、主动性，使学生的思维能力得到锻炼和发展。

④藏息相辅。既有有计划的正课学习，又有课外活动和自习，有张有弛，让学生感受到学习的乐趣，感受到老师、同学的可亲可爱，使学习成为学生的一种内在需要。

（2）教学方法。

①讲解法。"约而达"，即语言简约而意思通达。"微而臧"，即义理微妙而说得精善；"罕譬而喻"，即举少量典型的例证而使道理明白易晓。

②问答法。教师的提问应先易简后难坚，要循着问题的内在逻辑，而答问则应随其所问，有针对性地作答，恰如其分，适可而止，无过与不及。

③练习法。根据学习的内容来安排必要的练习，练习需要有规范，并且应逐步地进行。

《学记》为中国教育理论的发展树立了典范，其历史意义和理论价值十分显著。它的出现，意味着中国古代教育思维专门化的形成，是中国教育理论发展的良好开端。

2. 简述世界各国课程改革的趋势。

【答案要点】

（1）追求卓越的整体性课程目标。当前各国在课程改革中倾向于培养学生公民的责任感和创新精神，社会交往能力和团队精神，灵活处理各种信息、适应急剧变化的社会环境和创造性地进行工作的能力，并注重国际理解教育，要求使学生具有国际视野，尊重文化差异。

（2）注重课程编制的时代性、基础性、综合性和选择性。面对全球化、信息时代、知识经济等新的世界背景，各国基础教育课程改革都强调把握课程内容的时代性，既要反映科学发展的新趋势，又要关注时代发展对人生存方式及其必备素质的新要求，注重处理基础知识与学科发展的关系，增强课程对学生的适应性，大量开设选修、综合、实践课程，满足学生个性发展的需要。

（3）讲究学习方式的多样化。信息化社会、知识社会、学习化社会引起了教育教学方式的变革。通过课程改革，创设以"学"为中心的课程，创造以"学"为中心的教学，真正使教学过程成为和事物对话、和他人对话、和自身对话的活动过程，从而超越单一的知识接受性教学，创造一种活动性的、合作性的、反思性的学习，已成为世界各国课程改革的共同选择。

3. 教学的任务。

【答案要点】

教学是在教师引导下学生能动地学习知识以获得素质发展的活动。依据教育目的与学生个体素质发展的需求，并考虑到人们的研究成果，我国基础教育的教学任务有以下几个相互联系的方面：

（1）掌握科学文化基础知识、基本技能和技巧。

（2）发展体力、智力、能力和创造才能。

（3）培养正确价值观、情感与态度。

4. 简述"中体西用"的历史作用和缺陷。

【答案要点】

"中学为体，西学为用"是洋务派关于中西文化关系的核心命题，也是洋务教育的指导思想。

从19世纪60年代初开始，关于"中学"和"西学"主从关系的讨论就一直不停，直到1898年初，张之洞发表《劝学篇》，围绕"旧学为体，新学为用"的主旨集中阐述，形成了一个比较完整的思想体系。

（1）"中体西用"的历史作用。

①洋务派提出"中体西用"，在不危及"中体"的前提下侧重强调采纳西学，既体现了洋务派的文化教育观，也是洋务派应对守旧派的策略。

②在"中体西用"形式下，"西学"教育的规模不断扩大。两次鸦片战争中，"中体西用"的内涵被不断调整，"西用"的范围不断延伸，逐渐纳入新的成分。

③洋务运动时期，"中体西用"理论为"西学"教育的合理性进行了有效论证，促进了资本主义文化在中国的传播。在此原则下实施的留学教育和举办的新式学堂给僵化的封建教育体制打开了缺口，改变了单一的传统教育结构。

（2）缺陷。

①"中体西用"思想本质上还是为了维护封建专制统治，阻碍了后来维新思想的广泛传播，不利于近代刚刚开始的思想启蒙运动。

②"中体西用"作为一种文化整合方案和教育宗旨来说是粗糙的。它是在没有克服中西文化固有矛盾情况下的直接嫁接，必然会引起两者之间的排异反应。

三、分析论述题

1. 论述杜威的教育思想，并且思考其能否作为我国的课程改革的理论基础。

【答案要点】

杜威是20世纪美国著名的哲学家和教育家，他以实用主义哲学、民主主义政治理想和机能心理学为基础，通过批判地继承前人的思想，构建起庞大的教育哲学体系，成为现代教育的代表人物。主要著作有《民主主义与教育》《我的教育信条》等。

（1）论教育的本质。杜威对于"什么是教育"的问题，给出的回答是：教育即生活、学校即社会、教育即生长、教育即经验的持续不断的改造。

（2）论教育的目的。

教育无目的论。从教育本质论出发，杜威反对外在的、固定的、终极的教育目的，认为教育无目的。杜威所希求的是过程内的目的，这个目的就是"生长"。

教育的社会目的。杜威强调过程内的目的不等于否定社会性的目的。杜威要求教育为社会进步服务，为民主制度的完善服务。他认为教育是社会进步及社会改革的基本方法，学校是社会进步和改革的最基本和最有效的工具。在民主社会中，个人发展与社会进步是统一的。

（3）论课程与教材。

从做中学。杜威以其经验论为基础，要求从做中学、从经验中学，要求以活动性、经验性的主动作业来取代传统书本式教材的统治地位。在杜威看来，这种活动性、经验性课程既能满足儿童的心理需要，又能满足社会性的需要，还能使儿童对事物的认识具有统一性和完整性。

教材心理学化。杜威主张以"教材心理学化"来解决怎样使儿童最终获得较系统的知识而同时又能在学习过程中顾及儿童的心理水平。"教材心理学化"是指把各门学科的教材或知识各部分恢复到它所被抽象出来之前的原来的经验。这种心理化就是把间接经验转化为直接经验，即直接经验化。之后再将已经经验到的那些东西累进地发展为更充实、更丰富也更有组织的形式，即逐渐地接近提供给有技能的、成熟的人的那种教材形式。

（4）论思维与教学方法。

反省思维。杜威所力倡的反省思维是指对某个经验情境中的问题进行反复的、严肃的、持续不断的思考，其功能在于求得一个新情境，把困难解决、疑虑排除、问题解答。

五步教学法。杜威根据科学的实验主义探究方法和反省思维方式，提出了五步教学法，即创设疑难的情境、确定疑难所在、提出问题的种种假设、推断哪种假设能解决这个困难、验证这种假设。

（5）论道德教育。

杜威认为道德教育的主要任务是协调个人与社会的关系。他认为个人的充分发展是社会进步的必要条件，社会的进步又可以为个人的发展提供更好的基础。他反对过分强调个人自由和竞争的旧个人主义，而提倡强调人与人之间的合作，强调社会责任和理智作用的新个人主义。

教育的道德性和教育的社会性是相通的，道德教育应在社会性的情境中进行而不能只停留于口头说教；要求学校生活、教材、教法皆应渗透社会精神，视学校生活、教材、教法为"学校道德三位一体"，这三者都是道德教育的重要途径。

（6）杜威教育思想的影响。

杜威是西方现代教育派的理论代表。他对传统教育的整个理论体系发起挑战，奠定了现代教育的理论大厦的基石。

杜威是新教育的思想旗手，他的教育理论突破以往建立在主客体两分之上的传统教育的弊端，将知行合一，使教学中死的知识变为活的知识，突破了内发论和外铄论，将教育看作人与环境的交互过程中经验的观点具有很高的创造性。

杜威奠定了儿童中心论，解决教育与儿童相脱离的问题，并通过学校与社会的统一、思维与经验的统一，解决教育与实践，学校与社会脱离的问题。

杜威提出了做中学这一建立在新哲学和心理学基础上的新方法，拓宽了教学形式和方法，提高了教学专业化水平。

杜威的教育理论对世界教育进程发挥巨大作用，对日本、中国、苏联等国具有直接的影响。但他的理论偏重儿童、活动、经验三中心而使得教育实践忽视了系统知识的传授以致引发了自由与纪律、教师与学生关系等诸多矛盾。另外根据经验和教材心理化原则编写新型教材的设想过于理想化，难以实现。

2. 学生品德不良的纠正机制。

【答案要点】

品德不良是指个体具有的不符合社会道德要求的道德品质与道德行为，表现为个体经常违反道德准则或犯有较严重的道德过错，有的甚至处在犯罪的边缘或已有轻微的犯罪行为。通过借鉴西方现代三大学习理论的精髓思想，矫正学生品行不良的方法主要有以下几种：

（1）运用行为主义学习理论培养个体的良好行为方式。在教育中适当运用渐进强化的原理，可以有效地塑造学生的良好行为方式或矫正学生的偏差行为方式。

（2）直接从自我观察学习入手培养人的自律行为。自律是个人根据自己的价值标准评判自己的行为，从而规范自己去做自己认为应该做的事情，或避免自己认为不应该做的事。

（3）提高道德认识法。"美德即知识"的命题启示人们，在很多时候丰富人的道德认识的确可以使人少犯错误，尤其是一些低级错误。这样，妥善采取常用的说理法、故事启发法、小组讨论法或价值澄清法等方法以提高人们的道德认知水平，往往是防治品行不端的有效之举。

（4）改过迁善法。指要求犯错者纠正自己的不良品德，以使自己朝着善的方向发展的方法。该方法由两部分组成：一是消除一个或几个错误的地方；二是通过一定的练习，使自己的行为朝着与原来不良行为相反的或不相容的方向发展。

（5）防范协约法。指以书面形式在教育者与被教育者之间建立和实施一种监督关系的矫正不良行为的方法。

3. 联系实际，论述教师的素养。

【答案要点】

（1）高尚的师德。包括热爱教育事业，富有献身精神和人文精神；热爱学生，诲人不倦；热爱集体，团结协作；严于律己，为人师表。

（2）先进、科学的教育理念。教育理念是教师在对教育工作本质理解的基础上形成的关于教育的观念和理性信念，它是以观念或信念的形式存在于教师头脑中的对教育现象和教育问题的看法。先进、科学的教育理念体现在教师的所有努力都要有利于学生精神世界的丰富、人格尊严的维护和美好人性的成长。如学生主体观、教学交往观、发展性教学评价观等。

（3）宽厚的文化素养。教师的主要任务是通过向学生传授科学文化知识，培养其能力，促进其个性生动活泼地发展。一个好教师的基本条件之一，就是要有比较渊博的知识和多方面的才能。因此，教师对自己所教学科知识应科学、深入地把握，能对自己所教专业融会贯通、深入浅出、高瞻远瞩，达到运用自如的境界，在教学过程中不出知识性的错误。同时，教师还应有比较广博的文化修养。

（4）专门的教育素养。教师的专门教育素养水平及其合理结构是教育教学任务得以完成的重要保证，它主要包括教育理论素养、教育能力素养和教育研究素养。

（5）健康的心理素质。教师的心理健康不仅会直接影响教育工作的优劣成败，而且会影响学生的心理健康水平。因此，教师应该注重提高自己的心理素质。健康的心理素质体现在心理活动的方方面面，概括起来主要指：教师要有轻松愉快的心境、昂扬振奋的精神、乐观幽默的情绪以及坚韧不拔的毅力等。

（6）强健的身体素质。教师的身体素质是指教师在教学活动中的自然力，是教师的身体健康状态和身体素质状态在教学中的表现。它主要通过健康的体魄、旺盛的精力、蓬勃的活力、有节律的生活方式和锻炼习惯等体现。教师的身体素质在教育教学中具有重要的教育意义。

4. 联系实际，论述人的发展的规律性以及如何教学。

【答案要点】

（1）顺序性。在正常情况下，人的发展具有一定的方向性和顺序性，既不能逾越，也不能逆向发展。如个体动作的发展就遵循自上而下、由躯体中心向外围、从粗动作向细动作的发展规律性。就心理而言，儿童的发展总是从无意注意到有意注意，从机械记忆到意义记忆，从具体形象思维到抽象逻辑思维，从喜怒哀乐等一般情绪发展到道德感、理智感、美感等高级情感。

教学指导：个体身心发展的顺序性，决定了教育教学工作的顺序性，在不同的发展阶段展开不同的教育活动，同时更应该按照发展的序列来施教，做到循序渐进。

（2）不平衡性。人的发展不总是匀速直线前进的，不同的系统的发展速度、起始时间、达到的成熟水平是不同的；同一机能系统在发展的不同时期也有不同的发展速率。从总体发展来看，幼儿期出现第一个加速发展期，青春发育期出现第二个加速发展期。

教学指导：人的发展的不平衡性要求教育要掌握和利用人的发展的成熟机制，抓住发展的关键期，促进学生健康地发展。

（3）阶段性。人的发展变化既体现出量的积累，又表现出质的飞跃。当某些代表新质要素的量积累到一定程度时，就会导致质的飞跃，从而表现出发展的阶段性。个体的身心发展的阶段性表现为不同年龄阶段的个体具有不同的年龄特征及主要矛盾，面临着不同的发展任务。

教学指导：人的发展的阶段性要求教育要从学生的实际出发，尊重不同年龄阶段学生的特点，并根据这些特点提出不同的发展任务，采用不同的教育内容和方法，进行有针对性的教育，以便有效地促进他们的个性发展。

（4）个别差异性。人的发展的个体差异表现在身心发展的速度、水平、表现方式等方面。如在发展速度上，有的儿童早慧，有的儿童大器晚成。

教学指导：人的发展的个别差异性要求教育要深入了解学生，针对学生不同的发展水平及不同的兴趣等因材施教，引导学生扬长避短、发展个性，促进学生自由发展。

（5）整体性。人的生理、心理和社会性等方面的发展是密切联系在一起的，并在发展过程中相互作用，使人的发展表现出明显的整体性。

教学指导：人的发展的整体性要求教育要把学生看作复杂的整体，促进学生在体、智、德、美、行等方面全面和谐地发展，把学生培养成完整和完善的人。

2016年 浙江师范大学333教育综合·真题解析

一、名词解释

学习动机

学习动机是动机在学习活动中的表现，是引起和维持个体进行学习活动，并使活动朝向一定的学习目标，以满足某种学习需要的一种内部心理状态。它的主要内容包括知识价值观、学习兴趣、学习效能感和成败归因。

流体智力

流体智力指基本与文化无关的、非言语的心智能力，如空间关系认知、反应速度、记忆及计算能力等。流体智力在青少年期之前一直增长，30岁左右达到顶峰，然后随着年龄增长逐渐衰退。

经学教育

经学教育是汉代私学的一种形式，经学教育主要由经学大师传授儒家经典，专学一经或数经。经学教育的场所常取名"精舍"或"精庐"，其教学着重于对于儒家经典的深入专研，因此，这类私学大都具有学术研究和教学的性质，程度相当于太学。

苏湖教法

"苏湖教法"又称"分斋教学法"，是胡瑗在主持湖州州学时创立的新的教学制度，在"庆历兴学"时被用于太学的教学。其主要内容是在学校内设立经义斋和治事斋，经义斋学习儒家经义，以培养比较高级的统治人才为目标；治事斋分设治兵、治民、水利、算数等学科，学生可主修一科，副修另一科，以造就在某一方面有专长的技术的管理人才为目标。

实科中学

实科中学是18世纪在德国兴起并得到发展的一种既具有普通教育性质，又具有职业教育性质的新型学校。它排除课程内容的纯古典主义的倾向，注重自然科学和实科知识的学习，适应了德国资本主义经济逐渐发展起来的需要。

初级学院运动

美国初级学院运动是一种从中等教育向高等教育过渡的教育，招收高中毕业生，传授比高中稍广一些的普通教育和职业教育方面的知识。初级学院由地方社区以及私人团体和教会开办，不收费或收费较低。学生就近入学，可以走读，无年龄限制，也无入学考试。初级学院课程设置多样，办学形式灵活，学生毕业后可以直接就业，也可以转入四年制大学的三年级继续学习。

二、简答题

1.《学记》的教学思想。

【答案要点】

《学记》是《礼记》的一篇，是中国古代最早的一篇专门论述教育、教学问题的论著，因此有人认为它是"教育学的雏形"。《学记》是先秦时期儒家教育和教学活动的理论总结，它主要论述教育的具体实施，偏重于说明教学过程的各种关系。

（1）教学原则。

①豫时孙摩。预防性原则：要求事先估计学生可能会产生的种种不良倾向，预先采取预防措施。及时施教原则：要求掌握学习的最佳时机，适时而学，适时而教。循序渐进原则：教学必须遵循一定的顺序，包括内容的顺序和年龄的顺序。学习观摩原则：学习要相互观摩，取长补短。同时，借助集体的力量进行学习。

②长善救失。长善救失原则要求教师懂得并掌握教育的辩证法，坚持正面教育，善于因势利导，利用积极因素，克服消极因素，将缺点转化为优点。

③启发诱导。君子的教育在于诱导学生，靠的是引导而不是强迫服从，是启发而不是全部讲解。只有这样，才能调动学生学习和思考的积极性、主动性，使学生的思维能力得到锻炼和发展。

④藏息相辅。既有有计划的正课学习，又有课外活动和自习，有张有弛，让学生感受到学习的乐趣，感受到老师、同学的可亲可爱，使学习成为学生的一种内在需要。

（2）教学方法。

①讲解法。"约而达"，即语言简约而意思通达；"微而臧"，即义理微妙而说得精善；"罕譬而喻"，即举少量典型的例证而使道理明白易晓。

②问答法。教师的提问应先易简后难坚，要循着问题的内在逻辑，而答问则应随其所问，有针对性地作答，恰如其分，适可而止，无过与不及。

③练习法。根据学习的内容来安排必要的练习，练习需要有规范，并且应逐步地进行。

《学记》为中国教育理论的发展树立了典范，其历史意义和理论价值十分显著。它的出现，意味着中国古代教育思维专门化的形成，是中国教育理论发展的良好开端。

2."五育"并举的方针。

【答案要点】

（1）军国民教育。指将军事教育引入到学校和社会教育之中，让学生和民众受到一定的军事教育和训练。在学校教育中强调学生生活的军事化，特别是体育的军事化。

（2）实利主义教育。即密切教育与国民经济生活的联系，加强职业技能的培训，使教育能发挥提高国家经济能力和改善人民生活水平的作用。

（3）公民道德教育。蔡元培认为公民道德的基本内容不外乎法国资产阶级革命所标榜的自由、平等、博爱，虽然与封建道德的专制等级性不相容，但他明确指出中国传统伦理特别是儒家伦理中的一些基本范畴，其内涵是与自由、平等、博爱的精神相通的。

（4）世界观教育。是蔡元培独创并被作为教育的最高境界。世界观教育就是要培养人们立足于现象世界但又超脱现象世界而贴近实体世界的观念和精神境界。

（5）美感教育。美感教育与世界观教育紧密联系，美感介于现象世界和实体世界之间，是两者之间的桥梁。利用美感这种超越利害关系、人我之分界的特性去破除现象世界的意识，陶冶、净化人的心灵。美感教育是世界观教育的主要途径。

3. 教师劳动的特点。

【答案要点】

（1）教师劳动的复杂性。教师劳动的复杂性主要受以下三方面的影响：第一，学生状况的复杂性决定着教师劳动的复杂性；第二，教师任务的多样性制约着教师劳动的复杂性；第三，影响学生发展因素的广泛性制约着教师劳动的复杂性。

（2）教师劳动的示范性。教育是教师引导、培养学生的活动，它要求教师以身作则，具有示范性。教师的劳动对象是处在发展过程中的青少年学生，他们具有尊敬教师、乐于接受教师的教导、以教师为表率的所谓"向师性"的特点。因此，教师必须严格要求自己，以身作则，通过示范的方式去影响学生，以便取得最佳教育效果。

（3）教师劳动的创造性。教师劳动创造性的最重要特征之一是他的工作对象，即儿童经常在发生变化，永远是新的，今天同昨天就不一样。此外，教师劳动的创造性还表现在因材施教上；表现在对教育、教学的原则、方法、内容的运用、选择和处理上；表现在教育教学过程中，教师对各种突发情况做出及时反应、妥善处理的应变能力上。

（4）教师劳动的专业性。教师劳动的专业性突出表现在教师对育人的崇高敬业精神和道德修养上，对教育教学专门化知识和技能的掌握与教育活动的自主权上。

4. 我国教育目的的精神。

【答案要点】

2015年新修订的《中华人民共和国教育法》规定："教育必须为社会主义现代化建设服务，必须与生产劳动和社会实践相结合，培养德、智、体、美等方面全面发展的社会主义事业的建设者和接班人。"这是目前教育目的最规范的表述。

我国教育目的表述虽几经变化，但其基本精神却是一致的，就是培养学生成为未来国家、社会发展的实践主体与主人。其基本点包括以下几个方面：培养"劳动者"或"社会主义建设人才"；坚持全面发展；培养独立个性。

综上所述，我国教育目的的价值取向的出发点与归宿在于：培养德、智、体、美、劳全面发展，具有创新精神、实践能力和独立个性的社会主义现代化需要的各级各类人才。

三、分析论述题

1. 夸美纽斯的教学思想及其对后世理论的影响。

【答案要点】

（1）班级授课制。

目的：为实现普及教育、提高教学效率，改变教师只对学生进行个别教学和指导的状况，夸美纽斯总结新旧各教派学校中实行班级授课的经验，提出并全面系统地论述了班级授课制度。

具体措施：第一，根据儿童年龄及知识水平分成不同班级，每个班级一间教室，由一个教师对一个班级的学生同时授课；第二，为每个班级制订统一的教学计划，编写统一的教材，规定统一的作息时间，使每年、每月、每日、每时的教学计划都有计划地进行；第三，把全班学生分成若干小组，每组十人，委托一个优秀学生做组长，协助教师管理学生，考查学业。

评价：夸美纽斯关于班级授课制的论述，为彻底改革个别教学提供了理论基础，在实践中对普及教育的发展起了推动作用，这是他对世界教育的贡献。采取班级授课制，可以扩大教育对象，提高教学效率，促进学生集体的形成，锻炼学生的交往能力，也为学校教学管理的制度化、标准化提供了可能；不过夸美纽斯过分强调集体教学，忽视了个别指导，而且认为每班的学生越多越好，这是不科学的。

（2）论教育和教学的基本原则。

①论教育适应自然的原则。教育适应自然的原则是贯穿夸美纽斯整个教育理论体系的一条根本的指导性原则，他的"自然"包括自然界及其普遍法则和人的与生俱来的天性。

②主要教学原则，包括直观性原则、激发学生求知欲望原则、巩固性原则、量力性原则、系统性和循序渐进性原则、因材施教原则。

夸美纽斯是教育史上第一位系统地总结教学原则的教育家，他的教育理论包含了大量宝贵的教学经验，在一定程度上反映了教学工作的客观规律性，具有普遍的指导意义。夸美纽斯是一位杰出的教育革新家，他的教育思想具有明显的民主主义、人文主义色彩。在继承前人经验的基础上，夸美纽斯提出了系统的教育思想。他论述了教育的作用，呼吁开展普及教育，试图使所有人都能接受普及教育。并详细制定了学年制度和班级授课制度，提出了各级学校课程设置，编写了许多教科书，且系统地阐述了教育的基本原则和方法等。

2. 皮亚杰的认知发展阶段理论及影响认知发展的因素。

【答案要点】

（1）认知发展阶段理论。

① 0~2岁：感知运动阶段。这一时期为儿童思维的萌芽期。在这一阶段，儿童主要通过探索感知觉与运动之间的关系来获得动作经验，其中，手的抓取、嘴的吮吸是他们探索世界的主要手段。这个阶段的一个显著标志是儿童渐渐获得了客体永久性，即当某一客体从儿童的视野中消失时，儿童知道该客体并非不存在。

② 2~7岁：前运算阶段。这一时期是儿童表象思维阶段。在这一阶段，儿童能运用语言或较为抽象的符号来代表他们经历过的事物，凭借表象思维，他们可以进行各种象征性活动或游戏、延缓性模仿以及绘画活动等。这一阶段的儿童在认知方面具有以下特点：具体形象性；泛灵论；自我中心主义；集体的独白；思维的不可逆性和刻板性；尚未获得物体守恒的概念；集中化。

③ 7~11/12岁：具体运算阶段。这一阶段相当于小学阶段。此阶段儿童的认知结构已经发生了重组和改善，思维具有一定的弹性，可以逆转，已经获得长度、体积、质量和面积等的守恒，能凭借具体事物或从具体事物中获得的表象进行逻辑思维和群集运算。但其思维仍然需要具体事物的支持。这一阶段的儿童在认知方面具有以下特点：去集中化；去自我中心；刻板地遵守规则；逻辑思维和群集运算。

④ 11岁至成年：形式运算阶段。此阶段儿童的思维已经超越了对具体的可感知的事物的依赖，能以命题的形式进行，并能发现命题之间的关系，能理解符号的意义，能进行一定的概括。思维已经接近成人的水平。这一阶段的儿童在认知方面具有以下特点：抽象思维获得发展；青春期自我

中心。

（2）影响认知发展的因素。

①成熟，指机体的成长，特别是大脑神经系统和内分泌系统的成熟。借助于成熟，个体才能获得发展的可能性，但要使这种可能性变为现实，还必须通过机能的练习与习得经验。

②练习和习得经验，是指个体对物体施加动作过程中的练习和习得的经验，它包括两类：第一，物理经验，指个体作用于物体，抽象出物体的特性；第二，逻辑-数理经验，指个体作用于物体，目的在于理解动作间相互协调的结果。

③社会性经验，是指社会环境中人与人之间的相互作用和社会文化的传递，主要涉及教育、学习和语言等方面。

④平衡化，是指个体在自身不断成熟的内部组织与环境相互作用过程中的自我调节，是心理发展的决定因素。通过调节同化与顺应的关系，使个体的认知不断发展。

3. 论述教师的素养。

【答案要点】

（1）高尚的师德。包括热爱教育事业，富有献身精神和人文精神；热爱学生，诲人不倦；热爱集体，团结协作；严于律己，为人师表。

（2）先进、科学的教育理念。教育理念是教师在对教育工作本质理解的基础上形成的关于教育的观念和理性信念，它是以观念或信念的形式存在于教师头脑中的对教育现象和教育问题的看法。先进、科学的教育理念体现在教师的所有努力都要有利于学生精神世界的丰富、人格尊严的维护和美好人性的成长。如学生主体观、教学交往观、发展性教学评价观等。

（3）宽厚的文化素养。教师的主要任务是通过向学生传授科学文化知识，培养其能力，促进其个性生动活泼地发展。一个好教师的基本条件之一，就是要有比较渊博的知识和多方面的才能。因此，教师对自己所教学科知识应科学、深入地把握，能对自己所教专业融会贯通、深入浅出、高瞻远瞩，达到运用自如的境界，在教学过程中不出知识性的错误。同时，教师还应有比较广博的文化修养。

（4）专门的教育素养。教师的专门教育素养水平及其合理结构是教育教学任务得以完成的重要保证，它主要包括教育理论素养、教育能力素养和教育研究素养。

（5）健康的心理素质。教师的心理健康不仅会直接影响教育工作的优劣成败，而且会影响学生的心理健康水平。因此，教师应该注重提高自己的心理素质。健康的心理素质体现在心理活动的方方面面，概括起来主要指：教师要有轻松愉快的心境、昂扬振奋的精神、乐观幽默的情绪以及坚韧不拔的毅力等。

（6）强健的身体素质。教师的身体素质是指教师在教学活动中的自然力，是教师的身体健康状态和身体素质状态在教学中的表现。它主要通过健康的体魄、旺盛的精力、蓬勃的活力、有节律的生活方式和锻炼习惯等体现。教师的身体素质在教育教学中具有重要的教育意义。

4. 论述教学过程的性质。

【答案要点】

（1）教学过程是一种特殊的认识过程。

教学过程作为特殊的认识过程，其特殊性在于它是学生个体的认识过程，具有不同于人类总体认识的显著特点：第一，间接性，主要以掌握人类长期积累起来的科学文化知识为中介，间接地认识现实世界；第二，引导性，需要在富有知识的教师引导下进行认识，而不能独立完成；第三，简捷性，走的是一条认识的捷径，是一种科学文化知识的再生产。

（2）教学过程是以认识过程为基础的学生全面发展的过程。

教学过程不只是要学生完成认识世界的任务，更重要的是在这个过程中促进学生的全面发展。学生的发展是教学过程的核心，教学过程的本质与社会发展需要相联系，要从生理和心理两个方面来看待学生的发展。

（3）教学过程是以交往为背景和手段的活动过程。

教学活动不是孤立的个体认识活动，它离不开师与生、生与生之间的交往、互动，离不开人们的共同生活。个体最初的学习与认识就是在共同生活与交往中发生与发展的。在教学过程中，教师不仅运用交往引导学生进行认知，而且通过交往对学生达致情感的沟通、同情与共鸣。

（4）教学过程也是一种促进学生身心发展、追寻与实现价值目标的过程。

在教学活动中，教师引导学生学习知识、开展交往、认识与作用世界，进行多方面的演练与实践，其实都是为了促进学生的身心发展，以追寻与实现使他们成人、成才的价值增值目标。从这方面看，教学过程又是一个促进学生身心发展及实现教育目标的过程。

2015年 浙江师范大学333教育综合·真题解析

一、名词解释

元认知策略

元认知策略是对信息加工流程进行控制的策略，分为计划策略、监察策略和调节策略。计划策略包括设置目标、浏览等；监察策略包括自我检查、集中注意力等；调节策略包括调整阅读速度、重新阅读等。

中体西用

"中体西用"是洋务派关于中西文化关系的核心命题，也是洋务教育的指导思想。在回答解决"西学"与中国固有文明之间的关系问题时，洋务派提出"中体西用"，认为在突出"中学"主导地位的前提下，应肯定"西学"的辅助作用和器用价值。

学在官府

学在官府是西周在文化教育上的特征。为了国家管理的需要，西周奴隶主贵族制定法纪规章，并将其汇集成专书，由当官者来掌握。这种现象历史上称之为"学术官守"，并由此造成"学在官府"。"政教合一，官学一体"是"学在官府"的重要标志。

创造力

创造力是个体利用一定内外条件，产生新颖、独特、有社会和个人价值产品的心理特性。这种心理品质是综合的、多维的，它包括与创造活动密切联系的认知品质、人格品质和适应性品质。创造力表现于创造活动之中，其结果以"产品"为标志，其水平以产品的"价值"为标准。

苏格拉底教学法

苏格拉底教学法也称"问答法""产婆术"，是由讥讽、助产术、归纳和定义四个步骤组成的独特的方法。这是苏格拉底探讨伦理哲学的研究方法，也是他的教学方法。

泛爱学校

泛爱学校由巴西多创办，强调适应自然的教育原则和让儿童主动地学习的教学方式，提出培养博爱、节制、勤劳等美德，注重实用性和儿童兴趣，寓教育于游戏之中。泛爱学校的课程主要有实科知识、体育、音乐和劳动等；注重实物教学，反对经院主义、古典主义教育，禁绝体罚。

二、简答题

1."独尊儒术"的文教政策。

【答案要点】

独尊儒术是董仲舒在《对贤良策》中，向汉武帝提出的三大文教政策：一是"推明孔氏，抑黜百家"；二是"兴太学以养士"；三是"重视选举，任贤使能"。这三大文教政策，是董仲舒社会政治思想在文化教育领域的体现。

（1）"推明孔氏，抑黜百家"。这是文教政策的总纲领，董仲舒论证了儒学在封建政治中应居独一无二的统治地位。

（2）兴太学以养士。为了保证封建国家在统治思想上的高度统一，也为了改变统治人才短缺的局面，董仲舒提出了"兴太学以养士"的建议，即由国家设立学校，培养贤士。实际上，兴办太学，政府直接掌握教育大权，决定人才的培养目标，也是整齐学术、促进儒学独尊的重要手段之一。

（3）重视选举，任贤使能。针对汉初人才选拔和使用中的弊端，董仲舒提出了加强选举、合理任用人才的主张。董仲舒提出了一套严格的选士方案，同时强调"量材而授官，录德而定位"的用人思想。这里的"材""德"是以儒家的经术和道德观念为标准的。这些主张，对促进儒学取得独尊地位有重要的作用。

2.蔡元培教育实践的具体内容及教育思想。

【答案要点】

蔡元培教育实践的具体内容体现在改革北大的教育实践中。民国成立后，京师大学堂改称北京大学。当时北大校政腐败、制度混乱、学生求官心切、学术空气淡薄，封建文化泛滥。为了改变这种风气，蔡元培赴任北大校长，对北大进行全面改革。

（1）抱定宗旨，改变校风。蔡元培明确大学的宗旨，认为大学应该成为"研究高尚学问之地"。他改革北大的第一步就是要为师生创造研究高深学问的条件和氛围。

（2）贯彻"思想自由，兼容并包"的办学原则。蔡元培明确声明，在学术上"循'思想自由'原则，取兼容并包主义"，这是他办理北京大学的基本指导思想。该思想不仅体现在学术上，也体现在教师的聘任上。

（3）教授治校，民主管理。1912年由蔡元培主持制定的《大学令》中，确立了教授治校、民主管理的大学校务管理原则，规定大学设立评议会，各科设立教授会。

（4）学科与教学体制改革。在学科与教学体制改革方面，蔡元培主要有三个措施：第一，扩充文理，改变"轻学而重术"的思想；第二，沟通文理，废科设系；第三，改年级制为选科制，发展学生个性。

3.学校管理的主要方面。

【答案要点】

学校管理是学校管理者在一定的社会历史条件下，通过一定的组织机构和制度，采用一定的方法和手段，带领师生员工，充分发挥学校人、财、物、时、空和信息等资源的最佳整体功能，实现学校工作目标的组织活动。

（1）学校管理的特性。

①学校管理以育人为中心，具有教育性。

②学校管理的实质是为师生服务，具有服务性。

③学校管理是在特定的文化环境中进行，具有文化性。

④学校管理是对校内外各种资源的有效整合，具有创造性。

（2）学校管理的构成要素。

①学校管理者。指在学校管理活动中处于领导地位、发挥引领作用的人。学校管理者在学校管理的实践活动中起着关键性的作用。学校的正、副校长和各个职能部门的负责人都是学校的管理者，在学校管理中处于主导地位。此外，在一定意义上，学校的教职员工和学生也是学校的管理者，因为他们也是学校的主人，不仅接受管理，而且积极参与管理。

②学校管理对象。指学校管理者认识和实践的对象，包括学校的人、财、物、时间、空间和信息等资源。

（3）学校管理手段。要想管理好一所学校，学校管理者必须拥有一定的管理手段。学校管理手段主要包括学校的组织机构和规章制度。

4. 教学的不同组织形式及内涵。

【答案要点】

教学组织形式是指为完成特定的教学任务，教师和学生按一定要求组合起来进行活动的结构。教学组织形式不是固定不变的，它随着社会政治经济和科学文化的发展、对所培养人才要求的提高也会不断改进。目前常见的教学组织形式有以下几种：

（1）个别教学制，个别教学制是教师面对个别或少数学生进行教学的一种教学组织形式。在个别教学中，每个学生所学的内容和进度可以有所不同，教师对每个学生教的方法和要求也有所区别，自然学生学习的成效各不一样，甚至差距极大。

（2）班级授课制是一种集体教学形式。它把一定数量的学生按年龄与知识程度编成固定的班级，根据周课表和作息时间表，安排教师有计划地给全班学生上课，分别学习所设置的各门课程。

（3）分组教学制，指按学生的能力或学习成绩把他们分为水平不同的小组进行教学。有两种分类：第一，能力分组和作业分组；第二，内部分组和外部分组。

（4）走班制，指教室和教师固定而学生不固定的一种教学组织形式。学生根据自己的兴趣和能力选择适合自身发展的班级，在不同的教室中流动上课。

三、分析论述题

1. 杜威的思想及其对我国学校教育改革的启示。

【答案要点】

杜威是20世纪美国著名的哲学家和教育家，他以实用主义哲学、民主主义政治理想和机能心理学为基础，通过批判地继承前人的思想，构建起庞大的教育哲学体系，成为现代教育的代表人物。主要著作有《民主主义与教育》《我的教育信条》等。

（1）论教育的本质。杜威对于"什么是教育"的问题，给出的回答是：教育即生活、学校即社会、教育即生长、教育即经验的持续不断的改造。

（2）论教育的目的。

教育无目的论。从教育本质论出发，杜威反对外在的、固定的、终极的教育目的，认为教育无目的。杜威所希求的是过程内的目的，这个目的就是"生长"。

教育的社会目的。杜威强调过程内的目的不等于否定社会性的目的。杜威要求教育为社会进步服务，为民主制度的完善服务。他认为教育是社会进步及社会改革的基本方法，学校是社会进步和改革的最基本和最有效的工具。在民主社会中，个人发展与社会进步是统一的。

（3）论课程与教材。

从做中学。杜威以其经验论为基础，要求从做中学、从经验中学，要求以活动性、经验性的主动作业来取代传统书本式教材的统治地位。在杜威看来，这种活动性、经验性课程既能满足儿童的心理需要，又能满足社会性的需要，还能使儿童对事物的认识具有统一性和完整性。

教材心理学化。杜威主张以"教材心理学化"来解决怎样使儿童最终获得较系统的知识而同时又能在学习过程中顾及儿童的心理水平。"教材心理学化"是指把各门学科的教材或知识各部分恢复到它所被抽象出来之前的原来的经验。这种心理化就是把间接经验转化为直接经验，即直接经验化。之后再将已经经验到的那些东西累进地发展为更充实、更丰富也更有组织的形式，即逐渐地接近提供给有技能的、成熟的人的那种教材形式。

（4）论思维与教学方法。

反省思维。杜威所力倡的反省思维是指对某个经验情境中的问题进行反复的、严肃的、持续不断的思考，其功能在于求得一个新情境，把困难解决、疑虑排除、问题解答。

五步教学法。杜威根据科学的实验主义探究方法和反省思维方式，提出了五步教学法，即创设疑难的情境、确定疑难所在、提出问题的种种假设、推断哪种假设能解决这个困难、验证这种假设。

（5）论道德教育。

杜威认为道德教育的主要任务是协调个人与社会的关系。他认为个人的充分发展是社会进步的必要条件，社会的进步又可以为个人的发展提供更好的基础。他反对过分强调个人自由和竞争的旧个人主义，而提倡强调人与人之间的合作，强调社会责任和理智作用的新个人主义。

教育的道德性和教育的社会性是相通的，道德教育应在社会性的情境中进行而不能只停留于口头说教；要求学校生活、教材、教法皆应渗透社会精神，视学校生活、教材、教法为"学校道德三位一体"，这三者都是道德教育的重要途径。

（6）杜威教育思想的影响。

杜威是西方现代教育派的理论代表。他对传统教育的整个理论体系发起挑战，奠定了现代教育的理论大厦的基石。

杜威是新教育的思想旗手，他的教育理论突破以往建立在主客体两分之上的传统教育的弊端，将知行合一，使教学中死的知识变为活的知识，突破了内发论和外铄论，将教育看作人与环境的交互过程中经验的观点具有很高的创造性。

杜威奠定了儿童中心论，解决教育与儿童相脱离的问题，并通过学校与社会的统一、思维与经验的统一，解决教育与实践、学校与社会脱离的问题。

杜威提出了做中学这一建立在新哲学和心理学基础上的新方法，拓宽了教学形式和方法，提高了教学专业化水平。

杜威的教育理论对世界教育进程发挥了巨大作用，对日本、中国、苏联等国具有直接的影响。但他的理论偏重儿童、活动、经验三中心而使得教育实践忽视了系统知识的传授以致引发了自由与纪律、教师与学生关系等诸多矛盾。另外根据经验和教材心理化原则编写新型教材的设想过于理想化，难以实现。

2.学习动机的培养和激发策略。

【答案要点】

（1）创设问题情境，实施启发式教学。想要实施启发式教学，关键在于创设问题情境。所谓问题情境，指的是一种适度的疑难情境。在学习过程中，仅仅让学生简单地重复已经学过或者过难的东西，学生都不会感兴趣。只有在学习那些"似懂非懂""似会非会"的东西时，学生才感兴趣而且迫切希望掌握它。

（2）根据作业难度，恰当控制动机水平。教师在教学时，要根据学习任务的不同难度，恰当控制学生学习的动机水平。在学习较简单的课题时，应尽量使学生集中注意力；在学习较复杂的课题时，则应尽量创造轻松自由的课堂气氛。在学生遇到困难或出现问题，要尽量心平气和地耐心引导，以免学生过度紧张和焦虑。

（3）充分利用反馈信息，给予恰当的评定。心理学研究表明，来自学习结果的种种反馈信息，对学习效果有明显影响。一方面学习者可以根据反馈信息调整学习活动，改进学习策略；另一方面学习者为了取得更好的成绩或避免再犯错误而增加了学习动机，从而保持了学习的主动性和积极性。

（4）妥善进行奖惩，维护内部学习动机。在对学生进行评价时，奖励和惩罚对于学习动机的激发具有不同的作用。一般而言，表扬与奖励比批评与指责能更有效地激发学生的学习动机，因为前者能使学生获得成就感，增强自信心。但过多使用表扬和奖励，或者使用不当，也会产生消极作用。

（5）合理设置课堂环境，妥善处理竞争和合作。学生的学习主要是在课堂上进行的，课堂的合作与竞争环境无疑是影响学习动机的一个重要的外部因素。在教学活动中，合作与竞争都是必要的，应该强调竞争与合作的相互补充和合理运用。极端的竞争会对学生的学习行为和集体团结产生消极影响。适量与适度的竞争与合作的恰当结合，会有效激励学生的学习动机。

（6）适当进行归因训练，促使学生继续努力。在学生完成某一学习任务后，教师应指导学生进行成败归因。一方面，要引导学生找出成功或失败的真正原因，即进行正确归因；另一方面，教师也应根据每个学生过去一贯的成绩的优劣差异，从有利于今后学习的角度进行积极归因。

（7）培养自我效能感，增强学生成功的自信心。自我效能感影响学生的自我评价和自信心，进而影响学习成绩。尤其是学业不良的学生，由于对自己的学习能力持怀疑态度，表现出很低的自我效能感。因此，教师在教学中要通过一定的方法提高他们的自我效能感。

（8）维护学生自我价值，警惕自我妨碍策略。自我价值理论指出，学生有保护和表现自我价值的需要，这是个人追求成功的内在动力。教师要理解和尊重学生的这种需要，引导他们把自我价值的实现方式与正向、积极的学习行为相联系，避免学生不断从环境中体验到对自我价值的威胁感，从而采取各种自我妨碍的逃避策略。

（9）维护内在需要，促进外部动机内化。兴趣、好奇心、探索欲，是人类学习的最早动力。源于内部需要的学习动机具有更多的坚持性和抗干扰性。然而，不是每个孩子都对教育中涉及的所有内容充满好奇和兴趣。因此，教师要帮助学生将外部调控的学习动机不断内化，形成相对自主调控的学习动机。

3. 教育的社会功能。

【答案要点】

（1）教育的社会变迁功能。

①教育的经济功能。

教育是使可能的劳动力转变为现实的劳动力的基本途径。一个人只有经过教育和训练，掌握一定生产部门的劳动知识和技能，并能生产某种使用价值，他才能成为现实的生产力。

现代教育是使知识形态的生产力转化为直接的生产力的重要途径。科学技术是一种知识形态的生产力，要使其转化为现实的生产力，除了要通过科学研究、发明创造或革新实践外，其技术成果的推广、经验的总结与提升都需要教育与教学的紧密配合。

现代教育是提高劳动生产率的重要因素。现代生产的生产率提高依靠科学技术在生产中的应用、推广和不断革新，依靠提高劳动者受教育的程度与质量，依靠劳动者的素质、扩大脑力劳动者的比重、发挥劳动者在生产和改革中的创造性。

②教育的政治功能。

教育通过传播一定的社会的政治意识，完成年轻一代的政治社会化。教育作为传递知识、训练思维与培养情感的活动，能向年轻一代传播一定的社会政治意识，促进他们的政治社会化，从而为一定社会政治秩序的稳定创造重要条件。

教育通过造就政治管理人才，促进政治体制的变革与完善。由于科技向管理部门的全面渗透，社会越发展，国家对政治管理人才的素质要求越高，通过教育选拔、培养政治管理人才显得越重要。

教育通过提高全民文化素质，推动国家的民主政治建设。普及教育的程度越高，国民的文化素质越高，其国民就越能认识民主的价值，在政治生活和社会生活中就越能履行民主的权利。

教育是形成社会舆论、影响政治时局的重要力量。学校是知识分子和青少年集中的地方，他们有见解，勇于发表意见，通过教育者和受教育者的言论、演讲和社会活动等，来宣传思想，造就舆论，借以影响群众，为一定的政治、经济服务。

③教育的文化功能。

传递文化。教育起着传递文化的作用。尤其是学校教育因其具有明确的目的性、计划性等特点，一直承担着传承文化的重任。

选择文化。教育的选择功能十分重要，体现了教育对文化发展的积极引导和自觉规范。

发展文化。教育通过广泛的文化交流，不断地吸收其他民族的文化精华，补充、更新和发展本民族的文化，也是文化发展的一种重要方式。

④教育的生态功能。

树立建设生态文明的理念。通过在学校里和社会上加强生态文明的教育与宣传，让学生从小养成爱护自然、节约资源、保护生态环境的思想情感，从而逐步在全社会牢固树立建设生态文明的观念。

普及生态文明知识，提高民族素质。我们应当有计划地普及生态文明知识，并注意指导与督促人们将知识运用于生活实践。

引导建设生态文明的社会活动。学校的生态文明教育不应局限在校内，要组织学生参加到社区的生态文明建设中去。

（2）教育的社会流动功能。

教育的社会流动功能是指社会成员通过教育的培养、筛选和提高，能够在不同的社会区域、社会层次、职业岗位、科层组织之间转换、调整和变动，以充分发挥其个人的智慧才能，实现其人生价值。它包括横向流动功能和纵向流动功能。前者指改变其环境而不提升其社会层级地位，后者指改变其社会层级地位及作用。

教育的社会流动功能在当代的重要意义：教育是个人社会流动的基础；教育是现代社会流动的主要通道；教育深刻影响社会公平。

4. 教师劳动的特点和价值。

【答案要点】

（1）教师劳动的特点。

①教师劳动的复杂性。教师劳动的复杂性主要受以下三方面的影响：学生状况的复杂性决定着教师劳动的复杂性；教师任务的多样性制约着教师劳动的复杂性；影响学生发展因素的广泛性制约着教师劳动的复杂性。

②教师劳动的示范性。教育是教师引导、培养学生的活动，它要求教师以身作则，具有示范性。教师的劳动对象是处在发展过程中的青少年学生，他们具有尊敬教师、乐于接受教师的教导、以教师为表率的所谓"向师性"的特点。因此，教师必须严格要求自己，以身作则，通过示范的方式去影响学生，以便取得最佳教育效果。

③教师劳动的创造性。教师劳动创造性的最重要特征之一是他的工作对象，即儿童经常在发生变化，永远是新的，今天同昨天就不一样。此外，教师劳动的创造性还表现在因材施教上；表现在对教育、教学的原则、方法、内容的运用、选择和处理上；表现在教育教学过程中，教师对各种突发情况做出及时反应、妥善处理的应变能力上。

④教师劳动的专业性。教师劳动的专业性突出表现在教师对育人的崇高敬业精神和道德修养上，对教育教学专门化知识和技能的掌握与教育活动的自主权上。

（2）教师劳动的价值，是指教师的劳动对社会和个人所产生的直接和间接的积极作用。

①教师劳动的社会价值。从宏观上看，突出地表现在教师劳动对延续和发展人类社会的巨大贡献上。教师的工作，联系着人类的过去、现在和未来；从微观上看，教师的劳动关系到年轻一代每个人的发展和幸福。在现代社会，一个人的发展状况如何，在很大程度上取决于他所受的教育，取决于教师的劳动。

②教师劳动的个人价值。教师劳动的个人价值首先在于这种劳动能够创造巨大的社会价值；教师劳动比一般劳动更具有自我实现的价值；教师劳动还能享受到一般劳动所享受不到的乐趣。这种乐趣来自学生平日的点滴进步，来自桃李满天下，来自学生毕业后对社会的贡献。

③正确认识和评价教师的劳动价值。教师劳动虽有巨大的社会价值，但有它的特殊性，往往不受社会重视，需要我们正确认识与对待。教师的劳动价值具有模糊性、滞后性、隐蔽性。

2014年 浙江师范大学333教育综合·真题解析

一、名词解释

先行组织者

先行组织者是指先于学习任务本身呈现的一种引导性材料，它要比学习任务本身具有更高的抽象、概括和综合水平，并且能清晰地与认知结构中原有的观念和新的学习任务关联。

自我效能感

自我效能感由班杜拉提出，是指个体对自己能否成功进行某一成就行为的主观判断。它影响着个体对行为的选择、付出多大努力以及坚持多久。影响自我效能感的因素有直接经验、替代性经验、言语说服、情绪唤起和身心状况。

"六艺"教育

"六艺"即礼、乐、射、御、书、数。礼包括政治、伦理、道德、礼仪各个领域，乐包括诗歌、音乐和舞蹈，射指射箭的技术训练，御指驾驭马拉战车的技术训练，书指文字书写，数指算法。其中，"礼、乐、射、御"为"大艺"，是大学的课程；"书、数"为"小艺"，是小学的课程。

《颜氏家训》

《颜氏家训》是颜之推写的我国封建社会第一部系统完整的家庭教科书，用以训诫其子孙。主要包括以下主张：家教奠基，父母有责；教儿婴孩，勿失良机；偏宠有害，严教是爱；注意环境的影响；重视家庭的语言教育；重视儿童心理观察。

智者派

智者又称诡辩家，被用来专指以收费授徒为职业的巡回教师。这些人云游各地，积极参加城邦的政治和文化生活，以传播和传授知识获得报酬，并逐步形成了一个阶层。智者派的共同思想特征是相对主义、个人主义、感觉主义和怀疑主义。

公立学校运动

19世纪30年代，美国出现了公立学校运动。公立学校运动主要是指依靠公共税收维持，由公共教育机关管理，面向所有公众的免费的义务教育运动。19世纪上半期，美国公立学校运动的进行主要是在小学；19世纪后期至20世纪初期，主要是在中学。

二、简答题

1. 朱子读书法的含义。

【答案要点】

朱熹一生酷爱读书，对于如何读书有深切的体会，并提出了许多精辟的见解。他的弟子将其概括为"朱子读书法"六条。

（1）循序渐进。朱熹主张读书要"循序渐进"，意思是读书要按一定的次序，不要颠倒；应根据自己的实际情况和能力，安排读书计划，并切实遵守它；读书要扎扎实实打好基础，不可囫囵吞枣，急于求成。

（2）熟读精思。朱熹认为，读书既要熟读成诵，又要精于思考。熟读有利于理解，熟读的目的是为了精思。精思就是发现问题和解决问题的过程。

（3）虚心涵泳。所谓"虚心"是指读书时要虚怀若谷，静心思虑，仔细体会书中的意思，不要先入为主，牵强附会；所谓"涵泳"是指读书时要反复咀嚼，细心玩味。

（4）切己体察。强调读书不能仅仅停留在书本上和口头上，而必须要见之于自己的实际行动，要身体力行。

（5）着紧用力。包含两方面意思，其一，必须抓紧时间，发愤忘食，反对悠悠然；其二，必须抖擞精神，勇猛奋发，反对松松垮垮。

（6）居敬持志。既是朱熹道德修养的重要方法，也是他最重要的读书法。"居敬"是读书时精神专一，注意力集中；"持志"是要树立远大的志向和高尚的目标，并要以顽强的毅力坚持下去。

2. 简述蔡元培"五育"并举的思想。

【答案要点】

（1）军国民教育。指将军事教育引入到学校和社会教育之中，让学生和民众受到一定的军事教育和训练。在学校教育中强调学生生活的军事化，特别是体育的军事化。

（2）实利主义教育。即密切教育与国民经济生活的联系，加强职业技能的培训，使教育能发挥提高国家经济能力和改善人民生活水平的作用。

（3）公民道德教育。蔡元培认为公民道德的基本内容不外乎法国资产阶级革命所标榜的自由、平等、博爱，虽然与封建道德的专制等级性不相容，但他明确指出中国传统伦理特别是儒家伦理中的一些基本范畴，其内涵是与自由、平等、博爱的精神相通的。

（4）世界观教育。是蔡元培独创并被作为教育的最高境界。世界观教育就是要培养人们立足于现象世界但又超脱现象世界而贴近实体世界的观念和精神境界。

（5）美感教育。美感教育与世界观教育紧密联系，美感介于现象世界和实体世界之间，是两者之间的桥梁。利用美感这种超越利害关系、人我之分界的特性去破除现象世界的意识，陶冶、净化人的心灵。美感教育是世界观教育的主要途径。

3. 现代教育的发展趋势。

【答案要点】

（1）学校教育逐步普及。由于资本主义生产尤其是机器大工业生产在欧洲兴起，因而西欧的资本主义国家最先提出普及教育的要求。1619年，德意志魏玛邦在宗教改革的影响下颁布了学校法令，规定父母送6~12岁男女儿童入学，这是普及教育的开端。

（2）教育的公共性日益突出。随着大工业生产发展的需要，随着工人阶级和其他劳动人民对教育权的争取，对受教育权的阶级垄断越来越不合时宜，受到来自被统治阶级和统治阶级两方面的批判。在此情形下，大力发展学校教育逐渐成为社会的公共事业和共同话题。

（3）教育的生产性不断增强。在现代社会，随着工业生产的发展和科学技术的进步，科技与教育在生产中的作用增强。现代教育与生产劳动的逐步结合，对提高社会生产效率和增加社会财富起着重要作用，日益成为经济发展的有力保证。

（4）教育制度逐步完善。随着学校数量的增加，学校教育的层次、种类及其运行和管理的复杂化，需要一定的教育宗旨、制度、要求等，以推动学校教育系统有条不紊地运行。教育制度化的实现，使得教育系统中的各级各类学校、各种教育机构和教育行政部门的工作均有制度可循，能排除来自内外部的干扰，使教育活动有序有效地开展，取得了良好效果。

4. 教师劳动的特点。

【答案要点】

（1）教师劳动的复杂性。教师劳动的复杂性主要受以下三方面的影响：第一，学生状况的复杂性决定着教师劳动的复杂性；第二，教师任务的多样性制约着教师劳动的复杂性；第三，影响学生发展因素的广泛性制约着教师劳动的复杂性。

（2）教师劳动的示范性。教育是教师引导、培养学生的活动，它要求教师以身作则，具有示范性。教师的劳动对象是处在发展过程中的青少年学生，他们具有尊敬教师、乐于接受教师的教导、以教师为表率的所谓"向师性"的特点。因此，教师必须严格要求自己，以身作则，通过示范的方式去影响学生，以便取得最佳教育效果。

（3）教师劳动的创造性。教师劳动创造性的最重要特征之一是他的工作对象，即儿童经常在发生变化，永远是新的，今天同昨天就不一样。此外，教师劳动的创造性还表现在因材施教上；表现在对教育、教学的原则、方法、内容的运用、选择和处理上；表现在教育教学过程中，教师对各种突发情况做出及时反应、妥善处理的应变能力上。

（4）教师劳动的专业性。教师劳动的专业性突出表现在教师对育人的崇高敬业精神和道德修养上，对教育教学专门化知识和技能的掌握与教育活动的自主权上。

三、分析论述题

1. 裴斯泰洛齐的教育思想。

【答案要点】

（1）论教育目的。

裴斯泰洛齐认为，教育的首要功能应是促进人的发展，尤其是人的能力的发展。教育的最终目的是发展各人天赋的内在力量，使其经过锻炼，使人能尽其才，能在社会上达到他应有的地位。其基本内涵有以下几个方面：第一，教育可以使人的"心、脑、手"的潜能得到充分发展；第二，教育的措施既要适合儿童的天性，也要符合他们所处的社会条件，使人能够遵守社会秩序，让人达到道德状态，成为对社会有用的人；第三，教育要使人的德、智、体得到全面发展，因为只有这样，人才能成为个性完整的人；第四，教育可以使人成为人格得到发展的真正独立的人。

（2）论教育心理学化。

在西方乃至世界教育史上，裴斯泰洛齐是第一个明确提出"教育心理学化"的教育家。教育心理学化就是要把教育提高到科学的水平，将教育科学建立在人的心理活动规律的基础上。其基本内涵包括：第一，教育目的心理学化；第二，教学内容心理学化；第三，教学原则和教学方法的心理学化；第四，要让儿童成为他自己的教育者。

（3）论要素教育。

要素教育论的基本思想是：初等学校的各种教育都应该从最简单的要素开始，然后逐渐转到日益复杂的要素，循序渐进地促进人的和谐发展。要素教育既要求初等学校为每个人在德、智、体几方面都能受到基本的教育而得到和谐的发展，又要求在德育、智育、体育的每一个方面都通过"要素方法"获得均衡的发展。

（4）初等学校各科教学法。

裴斯泰洛齐根据教学心理学化和要素教育的理念，具体地研究了初等学校各科教学法。裴斯泰洛齐是现代初等学校各科教学法的奠基人。

①语言教学。语言教学要从发音教学开始，先使儿童学会发音和听音；然后进行单词教学，扩大儿童的词汇；最后是严格意义上的语言教学。这就是裴斯泰洛齐提出的语言教学的三个阶段。

②算术教学。裴斯泰洛齐认为，数字"1"是数目的最简单要素，而计数是算术能力的要素。算术教学应先通过具体实物或直观教具使儿童产生"1"这个数字的概念，并从"1"开始，进行运算。

③测量教学。测量教学也称形状教学，其目的是发展儿童对事物形状的认识能力。裴斯泰洛齐认为测量教学应从构成各种形状最简单的要素——直线开始，先观察直线，然后认识角，再进而学习由直线组成的四边形、三角形及各种多边形。在此基础上，再学习曲线、圆形和椭圆形等。

④地理教学。裴斯泰洛齐主张地理教学应按照由近及远的原则进行，即从直接观察儿童所熟悉的周围地区的自然环境开始，进而逐渐扩大到对本村、本县、本省、本国以至对全世界地理的了解。

（5）教育与生产劳动相结合。

裴斯泰洛齐是西方教育史上第一位将教育与生产劳动相结合付诸实践的教育家，并在自己的教育实践活动中，推动和发展了这一思想。

（6）评价。

①裴斯泰洛齐的教育思想具有鲜明的民主性和革新性，反映了时代对教育的要求，反映了一定的教育自身的规律。

②他的教育实践和国民教育理论，对欧美国家的教育和19世纪上半期的许多著名教育家都产

生了很大的影响。

③在他的教育思想体系中，也存在缺陷和不足。如，在他的基本教育观中，具有一定的唯心主义色彩；在论述要素主义以及教学原则、教学方法时，又表现出一些机械主义和形式主义。

2. 结合教学实际论述如何培养学生解决问题的能力。

【答案要点】

（1）鼓励质疑。教师要尽量从自己提出问题过渡到让学生质疑，从而培养学生主动质疑的内在动机，鼓励学生主动提问，形成一种自由探究的气氛。

（2）设置难度适当的问题。教师给学生的问题要可解，但也要有一定的难度。

（3）帮助学生正确表征问题。学生运用所学知识解释问题，或者画草图、列表、写方程式等，这对回忆相关信息都有很好的作用。

（4）帮助学生养成分析问题的习惯。教师要帮助学生发展系统考虑问题的方式和系统分析的习惯，既不能让学生盲目尝试错误练习，也不能过分热心，先把答案告诉学生。

（5）辅导学生从记忆中提取信息。教师需要帮助学生从记忆中迅速提取与解决问题有关的信息，并能很快找出可利用的信息，明确问题解决情境与想要达到的目的，迅速做出判断。

（6）训练学生陈述自己的假设及其步骤。教师要培养学生由跟从别人的言语指导转变到自行指导思考，然后再要求他们自己用言语把指导步骤表达出来。

（7）提供结构不良问题，培养实际解决问题的能力。通过对这些问题的解决，能让学生将解决问题的能力迁移到实际领域中去。

3. 论述教育在人的发展中的作用。

【答案要点】

（1）教育在人的发展中起引领作用。教育在年轻一代的发展中起着引领作用主要体现在：有意识地为年轻一代的成长选择、建构、调控良好的环境，对他们的生活、交往、学习与实践等活动进行正确的教导、示范和辅助，并注重尊重他们的主体地位和激发、引导他们内在的学习动力与自我发展的能动性和自主性，从各方面引领、关怀、维护他们的发展。

（2）学校教育主要通过传承文化科学知识来培养人。学校教育是教育者有意识地为儿童的身心发展精心设置的一种环境，它把经过选择的、重新组编的、人类长期积累起来的文化知识作为精神客体与儿童互动，以促进儿童的发展，使他们成人成才。

（3）学校教育对提高人的现代性有显著的作用。教育在人的现代化过程中起着重要作用，是因为学生在学校里不仅学会了读、写、算等各个方面的基础知识与技巧，而且学到了与他们个人的发展和国家的未来有关的态度、价值和行为方式。人的现代化是社会现代化的重要基础和前提条件，我们应该自觉地优先发展教育，高度重视并充分发挥教育对人的现代化的促进作用。

4. 论述教学过程的性质。

【答案要点】

（1）教学过程是一种特殊的认识过程。

教学过程作为特殊的认识过程，其特殊性在于它是学生个体的认识过程，具有不同于人类总体认识的显著特点：第一，间接性，主要以掌握人类长期积累起来的科学文化知识为中介，间接地认识现实世界；第二，引导性，需要在富有知识的教师引导下进行认识，而不能独立完成；第三，简捷性，走的是一条认识的捷径，是一种科学文化知识的再生产。

（2）教学过程是以认识过程为基础的学生全面发展的过程。

教学过程不只是要学生完成认识世界的任务，更重要的是在这个过程中促进学生的全面发展。学生的发展是教学过程的核心，教学过程的本质与社会发展需要相联系，要从生理和心理两个方面来看待学生的发展。

（3）教学过程是以交往为背景和手段的活动过程。

教学活动不是孤立的个体认识活动，它离不开师与生、生与生之间的交往、互动，离不开人们的共同生活。个体最初的学习与认识就是在共同生活与交往中发生与发展的。在教学过程中，教师不仅运用交往引导学生进行认知，而且通过交往对学生达致情感的沟通、同情与共鸣。

（4）教学过程也是一种促进学生身心发展、追寻与实现价值目标的过程。

在教学活动中，教师引导学生学习知识、开展交往、认识与作用世界，进行多方面的演练与实践，其实都是为了促进学生的身心发展，以追寻与实现使他们成人、成才的价值增值目标。从这方面看，教学过程又是一个促进学生身心发展及实现教育目标的过程。

2013年 浙江师范大学 333 教育综合·真题解析

一、名词解释

学在官府

学在官府是西周在文化教育上的特征。为了国家管理的需要，西周奴隶主贵族制定法纪规章，并将其汇集成专书，由当官者来掌握。这种现象历史上称之为"学术官守"，并由此造成"学在官府"。"政教合一，官学一体"是"学在官府"的重要标志。

监生历事制度

监生历事制度是明朝国子监在教学制度方面的主要特点，即国子监学习到一定年限，分拨到政府各部门"先习吏事"，称为"监生历事"。除中央政府各部门之外，历事监生也被分派到州、县清理粮田，或督修水利等。监生历事的时间各有不同，期满经考核，分为上、中、下三等，上等者依上等用，中等者不拘品级，随才任用，下等者回监读书。

观察学习

观察学习是一种间接学习的形式，人类的大多数行为是通过观察而习得的，人们通过观察他人的行为及其后果，可获得榜样行为的符号表征和经验教训，并可引导观察者今后的行为。

苏格拉底方法

苏格拉底法也称"问答法""产婆术"，是由讥讽、助产术、归纳和定义四个步骤组成的独特的方法。这是苏格拉底探讨伦理哲学的研究方法，也是他的教学方法。

知识

从认识的本质上讲，知识是人对事物属性与联系的能动反映，是通过人与客观事物的相互作用形成的。人在与外界相互作用的实践活动中，获得来自客体的各种信息，用一定方式对这些信息进行加工和组织，形成对事物的理解，从而形成知识。

城市学校

城市学校是为新兴市民阶层子弟开办的学校的总称，包含不同种类、不同规模的学校。例如，由手工业行会开办的学校被称为行会学校，由商人联合会设立的学校被称为基尔特学校。

二、简答题

1. 汉初三大文教政策。

【答案要点】

独尊儒术是董仲舒在《对贤良策》中，向汉武帝提出的三大文教政策：一是"推明孔氏，抑黜百家"；二是"兴太学以养士"；三是"重视选举，任贤使能"。这三大文教政策，是董仲舒社会政治思想在文化教育领域的体现。

（1）"推明孔氏，抑黜百家"。这是文教政策的总纲领，董仲舒论证了儒学在封建政治中应居独一无二的统治地位。

（2）兴太学以养士。为了保证封建国家在统治思想上的高度统一，也为了改变统治人才短缺的局面，董仲舒提出了"兴太学以养士"的建议，即由国家设立学校，培养贤士。实际上，兴办太学，政府直接掌握教育大权，决定人才的培养目标，也是整齐学术、促进儒学独尊的重要手段之一。

（3）重视选举，任贤使能。针对汉初人才选拔和使用中的弊端，董仲舒提出了加强选举、合理任用人才的主张。董仲舒提出了一套严格的选士方案，同时强调"量材而授官，录德而定位"的用人思想。这里的"材""德"是以儒家的经术和道德观念为标准的。这些主张，对促进儒学取得独尊地位有重要的作用。

2. 新文化运动时期的教育思潮和运动。

【答案要点】

（1）平民教育运动。倡导平民教育是新文化运动中民主思潮在教育领域里的反映和重要的组成部分。平民教育思潮的共同点，在于批判传统的"贵族主义"的等级教育，破除千百年来封建统治者独占教育的局面，使普通平民百姓享有教育权利，获得文化知识，改变生存状况。

（2）工读主义教育运动。工读主义教育思潮的基本主张有：以工兼学、勤工俭学、工人求学、学生做工、工学结合、工学并进，培养朴素工作和艰苦求学的精神，以求消除体脑差别。由于提倡和参加者思想立场的差异，工读主义也有不同主张。

（3）职业教育思潮。职业教育思潮是由清末民初的实利主义教育思想发展演变而来，且受到欧美职业教育思想传入中国的推波助澜。1917年，黄炎培发起成立了中华职业教育社，这是中国近代第一个研究、倡导、实验和推行职业教育的专门机构，进一步从理论上探讨、在实践中推行职业教育，职业教育思潮由此达到高潮，并出现全国性的职业教育运动。

（4）勤工俭学运动。留法勤工俭学运动最初是一场以输入西方资本主义文明为指导思想，以教育救国和实业救国为主要追求，以工读结合为手段的教育运动，后来逐渐转变为寻求革命救国道路，以马克思主义为指导的新民主主义文化教育运动和革命运动。

（5）科学教育思潮。科学教育思潮在新文化运动期间形成并盛行一时。其基本内涵为：一是"物质上之知识"的传授；二是应用科学方法于教育研究和对人的科学精神、科学态度的训练，而尤以后者为重。

（6）国家主义教育思潮。国家主义教育思潮是一种具有强烈资产阶级民族主义色彩的社会思潮，于20世纪初在中国兴起，是政治上的国家主义在教育领域的反映。其主旨在于以国家为中心，反对社会革命，通过加强国家观念的教育来实现国家的统一与独立。

3. 现代教育发展的基本趋势。

【答案要点】

（1）学校教育逐步普及。由于资本主义生产尤其是机器大工业生产在欧洲兴起，因而西欧的资本主义国家最先提出普及教育的要求。1619年，德意志魏玛邦在宗教改革的影响下颁布了学校法令，规定父母送6~12岁男女儿童入学，这是普及教育的开端。

（2）教育的公共性日益突出。随着大工业生产发展的需要，随着工人阶级和其他劳动人民对教育权的争取，对受教育权的阶级垄断越来越不合时宜，受到来自被统治阶级和统治阶级两方面的批判。在此情形下，大力发展学校教育逐渐成为社会的公共事业和共同话题。

（3）教育的生产性不断增强。在现代社会，随着工业生产的发展和科学技术的进步，科技与教育在生产中的作用增强。现代教育与生产劳动的逐步结合，对提高社会生产效率和增加社会财富起着重要作用，日益成为经济发展的有力保证。

（4）教育制度逐步完善。随着学校数量的增加，学校教育的层次、种类及其运行和管理的复杂化，需要一定的教育宗旨、制度、要求等，以推动学校教育系统有条不紊地运行。教育制度化的实现，使得教育系统中的各级各类学校、各种教育机构和教育行政部门的工作均有制度可循，能排除来自内外部的干扰，使教育活动有序有效地开展，取得了良好效果。

4. 教育目的的基本精神。

【答案要点】

2015年新修订的《中华人民共和国教育法》规定："教育必须为社会主义现代化建设服务，必须与生产劳动和社会实践相结合，培养德、智、体、美等方面全面发展的社会主义事业的建设者和接班人。"这是目前教育目的最规范的表述。

我国教育目的表述虽几经变化，但其基本精神却是一致的，就是培养学生成为未来国家、社会发展的实践主体与主人。其基本点包括以下几个方面：培养"劳动者"或"社会主义建设人才"；坚持全面发展；培养独立个性。

综上所述，我国教育目的的价值取向的出发点与归宿在于：培养德、智、体、美、劳全面发展，具有创新精神、实践能力和独立个性的社会主义现代化需要的各级各类人才。

三、分析论述题

1. 论述杜威的思想。

【答案要点】

杜威是20世纪美国著名的哲学家和教育家，他以实用主义哲学、民主主义政治理想和机能心理学为基础，通过批判地继承前人的思想，构建起庞大的教育哲学体系，成为现代教育的代表人物。主要著作有《民主主义与教育》《我的教育信条》等。

（1）论教育的本质。杜威对于"什么是教育"的问题，给出的回答是：教育即生活、学校即社会、教育即生长、教育即经验的持续不断的改造。

（2）论教育的目的。

教育无目的论。从教育本质论出发，杜威反对外在的、固定的、终极的教育目的，认为教育无目的。杜威所希求的是过程内的目的，这个目的就是"生长"。

教育的社会目的。杜威强调过程内的目的不等于否定社会性的目的。杜威要求教育为社会进步服务，为民主制度的完善服务。他认为教育是社会进步及社会改革的基本方法，学校是社会进步和改革的最基本和最有效的工具。在民主社会中，个人发展与社会进步是统一的。

（3）论课程与教材。

从做中学。杜威以其经验论为基础，要求从做中学、从经验中学，要求以活动性、经验性的主动作业来取代传统书本式教材的统治地位。在杜威看来，这种活动性、经验性课程既能满足儿童的心理需要，又能满足社会性的需要，还能使儿童对事物的认识具有统一性和完整性。

教材心理学化。杜威主张以"教材心理学化"来解决怎样使儿童最终获得较系统的知识而同时又能在学习过程中顾及儿童的心理水平。"教材心理学化"是指把各门学科的教材或知识各部分恢复到它所被抽象出来之前的原来的经验。这种心理化就是把间接经验转化为直接经验，即直接经验化。之后再将已经经验到的那些东西累进地发展为更充实、更丰富也更有组织的形式，即逐渐地接近提供给有技能的、成熟的人的那种教材形式。

（4）论思维与教学方法。

反省思维。杜威所力倡的反省思维是指对某个经验情境中的问题进行反复的、严肃的、持续不断的思考，其功能在于求得一个新情境，把困难解决、疑虑排除、问题解答。

五步教学法。杜威根据科学的实验主义探究方法和反省思维方式，提出了五步教学法，即创设疑难的情境、确定疑难所在、提出问题的种种假设、推断哪种假设能解决这个困难、验证这种假设。

（5）论道德教育。

杜威认为道德教育的主要任务是协调个人与社会的关系。他认为个人的充分发展是社会进步的必要条件，社会的进步又可以为个人的发展提供更好的基础。他反对过分强调个人自由和竞争的旧个人主义，而提倡强调人与人之间的合作，强调社会责任和理智作用的新个人主义。

教育的道德性和教育的社会性是相通的，道德教育应在社会性的情境中进行而不能只停留于口头说教；要求学校生活、教材、教法皆应渗透社会精神，视学校生活、教材、教法为"学校道德三位一体"，这三者都是道德教育的重要途径。

（6）杜威教育思想的影响。

杜威是西方现代教育派的理论代表。他对传统教育的整个理论体系发起挑战，奠定了现代教育的理论大厦的基石。

杜威是新教育的思想旗手，他的教育理论突破以往建立在主客体两分之上的传统教育的弊端，将知行合一，使教学中死的知识变为活的知识，突破了内发论和外铄论，将教育看作人与环境的交互过程中经验的观点具有很高的创造性。

杜威奠定了儿童中心论，解决教育与儿童相脱离的问题，并通过学校与社会的统一、思维与经验的统一，解决教育与实践、学校与社会脱离的问题。

杜威提出了做中学这一建立在新哲学和心理学基础上的新方法，拓宽了教学形式和方法，提高了教学专业化水平。

杜威的教育理论对世界教育进程发挥巨大作用，对日本、中国、苏联等国具有直接的影响。但他的理论偏重儿童、活动、经验三中心而使得教育实践忽视了系统知识的传授以致引发了自由与纪律、教师与学生关系等诸多矛盾。另外根据经验和教材心理化原则编写新型教材的设想过于理想化，难以实现。

2. 联系实际谈谈创造性的培养。

【答案要点】

（1）营造鼓励创造的环境。这是促进学生创造性发展的必要条件。首先，应倡导民主式的教育和管理。其次，应改革考试制度，为学生创造宽松的学习环境。再次，应增加自主选择课程的机会和有针对性的课程设计。最后，应为学生提供创造性人物的榜样。

（2）培养创造性的教师队伍。首先，要转变教师的教育教学观念，使教师形成理解并鼓励学生的创造；其次，要教给教师必要的创造技法和思维策略；再次，为教师提供明晰的、具有实用价值的有关创造性的知识及相应的教学策略和技能；最后，教师应不断学习关于创造性的心理学知识，用心理学的理论指导自己的实践。

（3）培育创造意识，激发创造动机。只有当个人具有自觉的创造意识、强烈的创造动机，才易产生新思想、新方法、新观点。需要做到：树立学生创新的自信心；激发创造热情；磨砺创造意志；培养创造勇气。

（4）发展和培养创造性思维。创造性思维是创造性的核心。创造性思维的培养应注意以下几个方面：加大思维的"前进跨度"，培养思维的跳跃能力；加大思维的"联想跨度"，使学生敢于把习惯上认为毫不相干的、表面上看来微不足道的问题联系起来或进行移植；加大"转换跨度"，引导学生敢于否定原来的设想，善于打破固有的思路；给学生大胆探索与推测的体会。

（5）开设创造课程，教给创造技法。教学是培养学生创造性的重要途径。因此，开设创造性课程已成为国内外开发创造性的有效途径。在创造性课程的教学中，注重教给学生基本的创造技巧与方法是培养创造性的有效措施。促进创造性发展的主要创造技法有：头脑风暴法、系统探求法、联想类比法、组合创新法、对立思考法、转换思考法。

（6）塑造创造性人格。创造性人格是创造性的重要组成部分，培养学生的创造性人格是培养创造性的重要内容。主要方法有：保护好奇心；解除对错误的恐惧心理；鼓励独创性与多样性。此外，自信与乐观、忍耐与有恒心、合作、严谨等也是创造性人格培养的重要方面。

3. 结合实际，谈谈在教学过程中如何处理好直接经验和间接经验的关系。

【答案要点】

（1）学生认识的主要任务是学习间接经验。

儿童认识始于直接经验，并通过直接经验，不断扩大对世界的认识。但个人的活动范围是狭小的，无论个人如何努力，仅仅依靠直接经验来认识世界越来越不可能。学生要适应高度发展的文明社会，便必须以学习间接经验为主，便捷地掌握人类积累起来的基本科学文化知识。

（2）学习间接经验必须以学生个人的直接经验为基础。

学生要把书本知识转化为自己能理解的知识，就必须依靠个人已有的或现时获得的感性经验为基础。教学中要注重联系生活与实际，利用学生已有经验，并补充学生学习新知识所必须有的感性认识，以便学生能顺利地理解书本知识并运用所学知识于实际，获得比较完全的知识。

（3）防止只重书本知识传授或直接经验积累的偏向。

只重书本知识的传授或只重直接经验的积累都违反了教学的规律，割裂了间接经验与直接经验的内在联系，影响了教学质量的提高。

4. 谈谈人的发展规律及教育如何适应人的发展规律。

【答案要点】

（1）顺序性。在正常情况下，人的发展具有一定的方向性和顺序性，既不能逾越，也不能逆向发展。如个体动作的发展就遵循自上而下、由躯体中心向外围、从粗动作向细动作的发展规律性。就心理而言，儿童的发展总是从无意注意到有意注意，从机械记忆到意义记忆，从具体形象思维到抽象逻辑思维，从喜怒哀乐等一般情绪发展到道德感、理智感、美感等高级情感。

教学指导：个体身心发展的顺序性，决定了教育教学工作的顺序性，在不同的发展阶段展开不同的教育活动，同时更应该按照发展的序列来施教，做到循序渐进。

（2）不平衡性。人的发展不总是匀速直线前进的，不同的系统的发展速度、起始时间、达到的成熟水平是不同的；同一机能系统在发展的不同时期也有不同的发展速率。从总体发展来看，幼儿期出现第一个加速发展期；青春发育期出现第二个加速发展期。

教学指导：人的发展的不平衡性要求教育要掌握和利用人的发展的成熟机制，抓住发展的关键期，促进学生健康地发展。

（3）阶段性。人的发展变化既体现出量的积累，又表现出质的飞跃。当某些代表新质要素的量积累到一定程度时，就会导致质的飞跃，从而表现出发展的阶段性。个体的身心发展的阶段性表现为不同年龄阶段的个体具有不同的年龄特征及主要矛盾，面临着不同的发展任务。

教学指导：人的发展的阶段性要求教育要从学生的实际出发，尊重不同年龄阶段学生的特点，并根据这些特点提出不同的发展任务，采用不同的教育内容和方法，进行有针对性的教育，以便有效地促进他们的个性发展。

（4）个别差异性。人的发展的个体差异表现在身心发展的速度、水平、表现方式等方面。如在发展速度上，有的儿童早慧，有的儿童大器晚成。

教学指导：人的发展的个别差异性要求教育要深入了解学生，针对学生不同的发展水平及不同的兴趣等因材施教，引导学生扬长避短、发展个性，促进学生自由发展。

（5）整体性。人的生理、心理和社会性等方面的发展是密切联系在一起的，并在发展过程中相互作用，使人的发展表现出明显的整体性。

教学指导：人的发展的整体性要求教育要把学生看作复杂的整体，促进学生在体、智、德、美、行等方面全面和谐地发展，把学生培养成完整和完善的人。

2012年 浙江师范大学333教育综合·真题解析

一、名词解释

社会性发展

社会性发展是指个体在其生物特性基础上，在与社会生活环境相互作用，掌握社会规范，形成社会技能，学习社会角色，获得社会性需要、态度、价值，发展社会行为，并以独特的个性与人相互交往，相互影响，适应周围社会环境，由自然人发展为社会人的社会化过程。

学习的实质

学习是个体在特定情境下由于练习或反复经验而产生的行为或行为潜能的比较持久的变化，行为的变化并不等同于学习的存在，学习所带来的行为变化往往要通过行为表现出来，但学习与表现不能等同。学习是一个广义概念，它不仅是人类普遍具有的，也是动物所具有的。

学习策略

学习策略是指学习者为了提高学习的效果和效率，有目的、有意识地制定的有关学习过程的复杂的方案。具有以下四个特征：主动性、有效性、过程性、程序性。

社会规范学习

社会规范学习是指个体接受社会规范，内化社会价值，将外在的行为要求内化为自己的行为需要，从而建构主体内部的社会行为调节机制的过程，即社会规范的内化过程。其目的在于使个体适应社会生活。

科举制度

科举制度即个人自愿报考，县州逐级考试筛选，全国举子定时集中到京都，按科命题，同场竞试，以文艺才能为标准，评定成绩，限量选优录取，是一种选官制度，以这种方式选拔国家官员。

公学

公学是一种私立教学机构，相对于私人延聘家庭教师的教学而言，这种学校是由公众团体集资兴办，其教学目的是培养一般公职人员，其学生是在公开场所接受教育。它较之一般的文法学校师资及设施条件好、收费更高，是典型的贵族学校。

二、简答题

1. 教育的基本要素有哪些？它们在教育活动中发挥怎样的作用？

【答案要点】

教育的要素包括教育者、受教育者、教育内容和教育活动方式。

（1）教育者。教育者是指参与教育活动、与受教育者在教学或教导上互动，对受教育者体、智、德、美、行等方面产生影响的人，主要指教师。他们在教育活动中处于领导者、设计者、引导者的地位。教育者的作用在于有目的、有计划地教导受教育者学习与领悟文化科学知识及其蕴含的社会意义，以获得智能、品德、审美与体魄等方面的发展，成为社会所需要的人，保障社会的延续和发展。

（2）受教育者。受教育者是指参与教育活动、与教育者在教学与教导上互动，以期自身获得发展的人，主要是学生。受教育者是既是教育的对象，也是学习的主体。

（3）教育内容。教育内容是指教育者引导受教育者在教育活动中学习的前人积累的经验，包括书本知识和实际经验。教育内容是师生教学互动共同操作的对象，是引导青少年学习与发展成人的精神资源。

（4）教育活动方式。教育活动方式是指教育者引导受教育者学习教育内容所选用的交互活动方式，是教育者、受教育者与教育内容三者形成一个有目的地培养人的教育活动的中介和纽带。教师引导学生学习的教育内容需要经过教育活动的中介作用才能转化为个体素质。

2. 教育的文化功能。

【答案要点】

（1）传递文化。文化教化的前提是人类对文化的创造与传递。教育起着传递文化的作用。尤其是学校教育因其具有明确的目的性、计划性等特点，一直承担着传承文化的重任。

（2）选择文化。为了有效地传承文化，必须发挥教育对文化的选择功能。教育的选择功能十分重要，体现了教育对文化发展的积极引导和自觉规范。

（3）发展文化。文化的生命不仅在于它的保存和积累，更在于它的更新与创造。随着社会的日益开放化，学校在加强国际文化交流中的作用也日益明显。教育通过广泛的文化交流，不断地吸收其他民族的文化精华，补充、更新和发展本民族的文化，也是文化发展的一种重要方式。

3. 夸美纽斯教育思想的主要观点。

【答案要点】

（1）教育的目的。包括两方面：第一，宗教性目的：认为人生的最终目的是为达到"永生"，教育的目的是使人为来世生活做好准备。第二，现实性目的：通过教育使人认识和研究世界上一切事物，培养和发展他们的各种能力、德行和信仰，以便享受现世的幸福，并为永生做好准备。

（2）教育的作用。夸美纽斯认为教育是改造社会、建设国家的手段。人都是有一定天赋的，而这些天赋发展得如何，关键在于教育。

（3）泛智主义教育观。基于教育的崇高目的，夸美纽斯提出了"将一切事物教给一切人"的泛智主义教育观，并由此大力主张普及教育于全体儿童和民众。内容主要包括教育内容泛智化和教育对象普及化。

（4）普及教育。夸美纽斯认为普及教育就是"人人都可接受教育"，其核心是泛智论。夸美纽斯大力主张普及教育于全体儿童和民众。

（5）统一学制。他把人的学习期划分为四个阶段，并按这种年龄分期设立相应的学校。各级学校均按照适应自然的原则，采取班级授课制和学年制开展工作，分别开设不同的课程来教育和培养儿童。

（6）管理实施。夸美纽斯强调国家对教育的管理职责，认为国家应该设立督学对全国的教育进行监督，以保证全国教育的统一发展。

（7）学年制。为改变当时学校教学活动缺乏统一安排的无序状况，夸美纽斯制定了学校教学活动的学年、学日制度。

（8）班级授课制。夸美纽斯总结新旧各教派学校中实行班级授课的经验，提出并全面系统地论述了班级授课制度。

（9）论教育和教学的基本原则。

①论教育适应自然的原则。教育适应自然的原则是贯穿夸美纽斯整个教育理论体系的一条根本的指导性原则，他的"自然"包括自然界及其普遍法则和人的与生俱来的天性。

②主要教学原则，包括直观性原则、激发学生求知欲望原则、巩固性原则、量力性原则、系统性和循序渐进性原则、因材施教原则。

4. 列举五种现代欧美教育思潮。

【答案要点】

（1）改造主义教育。改造主义教育是实用主义教育的一个分支，产生于20世纪30年代的美国，影响于50年代。改造主义教育是一种把"社会改造"作为教育的主要目标，强调学校成为"社会改造"的主要工具的教育思潮，代表人物是布拉梅尔德。

（2）要素主义教育。要素主义教育是20世纪30年代末作为实用主义教育和进步教育的对立面出现的。要素主义教育是现代欧美国家一种强调学校教育的任务主要是传授人类文化遗产共同要素的教育思潮。1938年在美国成立的"要素主义者促进美国教育委员会"，是要素主义教育形成的标志。代表人物有巴格莱、科南特等人。

（3）永恒主义教育。永恒主义教育亦称"新古典主义教育"，产生于20世纪30年代，是现代欧美国家一种强调理性训练以及人的理性和教育基本原则的永恒性的教育思潮，代表人物有美国的赫钦斯、艾德勒，英国的利文斯通和法国的阿兰等。

（4）终身教育思潮。终身教育思潮产生于20世纪50年代的法国，是现代欧美国家一种强调把教育贯穿人的一生的教育思潮，现已成为一种被视为未来教育战略的国际性教育思潮，代表人物是保罗·朗格朗。

（5）现代人文主义教育思潮。现代人文主义教育思潮于20世纪60—70年代盛行于美国，是现代欧美国家一种以人本主义心理学为基础、突出"以人为本"理念、以培养自我实现和完整的人为教育目的的教育思潮，代表人物有马斯洛、罗杰斯和弗洛姆等。

三、分析论述题

1. 结合实际，谈谈在教育过程中如何处理直接经验和间接经验的关系。

【答案要点】

（1）学生认识的主要任务是学习间接经验。

儿童认识始于直接经验，并通过直接经验，不断扩大对世界的认识。但个人的活动范围是狭小的，无论个人如何努力，仅仅依靠直接经验来认识世界越来越不可能。学生要适应高度发展的文明社会，便必须以学习间接经验为主，便捷地掌握人类积累起来的基本科学文化知识。

（2）学习间接经验必须以学生个人的直接经验为基础。

学生要把书本知识转化为自己能理解的知识，就必须依靠个人已有的或现时获得的感性经验为基础。教学中要注重联系生活与实际，利用学生已有经验，并补充学生学习新知识所必须有的感性认识，以便学生能顺利地理解书本知识并运用所学知识于实际，获得比较完全的知识。

（3）防止只重书本知识传授或直接经验积累的偏向。

只重书本知识的传授或只重直接经验的积累都违反了教学的规律，割裂了间接经验与直接经验的内在联系，影响了教学质量的提高。

2. 请你针对我国当前学校道德教育中存在的某个问题，谈谈你的看法。

【答案要点】

我国当前学校德育中存在的问题有：

（1）学校德育地位尴尬。长时间以来，我国学校德育处于"说起来重要，做起来次要，忙起来不要"的尴尬地位，存在着理论上的"德育首位"与实践上的"德育无位"的矛盾。

（2）学校德育目标偏离。我国学校德育目标在某种程度上存在假、大、空现象，只注重方向性，缺乏阶段性和层次性，未能考虑青少年的年龄特征和接受水平，使其在一定程度上缺乏具体性和可操作性。

（3）学校德育内容陈旧，脱离现实生活。现行学校德育和生活社会缺乏广泛的联系，严重脱离现实生活，不足以解释当前复杂的社会现象，也不能解决学生的实际思想问题。

（4）学校德育方法落后、呆板。德育方法必须是多种多样各具特色的，在学校德育实施过程中，各种方法也必须有机配合，灵活运用。但当前我国学校德育实践中，大多数教师采用的德育方法依然是以说服教育为主，德育方法单一，强调灌输，偏重权威说教。

（5）学校德育环境封闭。我国现行学校德育环境呈现出典型的封闭性与限制性的特点，是一种"硬控"的、校内外由隔离带阻隔的环境。

（6）学校德育师资队伍不容乐观。一方面，部分中小学教师师德衰微；另一方面，部分德育教师缺乏现代德育理论素养，出现德育工作队伍数量庞大与理论水平低下的矛盾。

（7）学校德育评价低效。主要表现在德育评价滞后，随意性大，缺乏应有的激励和制约作用。

3. 加德纳的多元智力理论及其教育含义。

【答案要点】

加德纳提出的多元智力理论认为，不存在单纯的某种智力和达到目标的唯一方法，每个人都会用自己的方式来发掘各自的大脑资源，这种为达到目的所发挥的各种个人才智才是真正的智力，造就了人与人之间的不同。人的智力可以分为八种。

（1）逻辑数学智力：运算和推理等科学或数学的一般能力，以及处理较长推理、识别秩序、发现模型和建立因果模型的能力。

（2）语言智力：运用语言达到各种目的的能力以及对声音、韵律、语意、语序和灵活操纵语言的敏感能力，包括听、说、读和写的能力。

（3）音乐智力：感受、辨别、记忆、理解、评价、改变和表达音乐的能力。

（4）空间智力：准确感受视觉-空间世界的能力。包括感受、辨别、记忆、再造、转换以及修改物体的空间关系，并借此表达思想和情感的能力。

（5）身体运动智力：控制自己身体运动和技术性地处理目标的能力。

（6）人际关系智力：与人相处和交往的能力，表现为觉察他人情绪、情感、气质、意图和需求的能力并据此做出适当反应的能力。

（7）内省智力：认识、洞察和反省自身的能力，并在正确的自我意识和自我评价的基础上形成自尊、自律和自制的能力。

（8）自然智力：认识物质世界的相似和相异性及动物、植物和自然环境其他事物的能力。

教育含义：

①加德纳认为用学校的标准化考试来区分儿童智力高低和考察学校教育的效果，是片面的，这种做法过分强调语言智力和逻辑数学智力，否认了学生的其他潜能。

②他提出了"以个人为中心的教育"。强调每个学生都具备这八种智能，但所擅长的智能各不相同，教育要以学生的智能为基础，同时要培养学生的特长智能。

③多元智能理论还指导教师从多种智能途径增进学生对学科内容的理解。

4. 论述洋务教育改革。

【答案要点】

洋务教育是洋务活动的一个重要组成部分，它既适应帝国主义的需要，又符合清朝统治者的利益。洋务教育改革的主要任务包括：

（1）洋务学堂的兴办。从1861年清政府设立"总理各国事务衙门"到1895年签订《马关条约》的三十多年间，洋务派创办洋务学堂30余所，它们是随着洋务运动的展开而逐渐开办的，其目的在于培养洋务活动所需要的翻译、外交、工程技术、水陆军事等多方面的专门人才，教学内容以"西文"和"西艺"为主。主要分为外国语学堂、军事学堂和技术实业学堂三大类。

①外国语学堂主要有：1862年在北京开设的京师同文馆，1863年在上海设立的广方言馆，1864年设立的广州同文馆等。这种学校以学习外国语为主，主要培养翻译人员。

②军事学堂以天津水师学堂为最早，1881年建成招生，是中国最早的海军学校。

③技术实业学堂以福州船政学堂最为有名，由左宗棠于1866年创办，是近代中国第一个、也是洋务运动时期最大的专门制造近代轮船的工厂。

（2）留学运动的开展。洋务运动开始后，出国留学由从前的零散自发变为由政府统一派遣。洋务派认识到，要全面深入地学习西方的先进技术，国内的学堂存在诸多局限。于是，向国外派遣留学生，便被纳入洋务计划。留学方向主要是美国和欧洲。

2011年

浙江师范大学333教育综合·真题解析

一、名词解释

城市学校

城市学校是为新兴市民阶层子弟开办的学校的总称，包含不同种类、不同规模的学校。例如，由手工业行会开办的学校被称为行会学校，由商人联合会设立的学校被称为基尔特学校。

知识

从认识的本质上讲，知识是人对事物属性与联系的能动反映，是通过人与客观事物的相互作用形成的。人在与外界相互作用的实践活动中，获得来自客体的各种信息，用一定方式对这些信息进行加工和组织，形成对事物的理解，从而形成知识。

苏格拉底教学法

苏格拉底教学法也称"问答法""产婆术"，是由讥讽、助产术、归纳和定义四个步骤组成的独特的方法。这是苏格拉底探讨伦理哲学的研究方法，也是他的教学方法。

监生历事制度

监生历事制度是明朝国子监在教学制度方面的主要特点，即国子监学习到一定年限，分拨到政府各部门"先习吏事"，称为"监生历事"。除中央政府各部门之外，历事监生也被分派到州、县清理粮田，或督修水利等。监生历事的时间各有不同，期满经考核，分为上、中、下三等，上等者依上等用，中等者不拘品级，随才任用，下等者回监读书。

有教无类

"有教无类"的本意是不分贵贱贫富和种族，人人都可以入学接受教育。孔子的教学实践切实地贯彻了这一办学方针，他的弟子来自各个诸侯国，分布地区广泛；弟子成分复杂，出身于不同的阶级和阶层，大多数出身于平民。

学习动机

学习动机是动机在学习活动中的表现，是引起和维持个体进行学习活动，并使活动朝向一定的学习目标，以满足某种学习需要的一种内部心理状态。它的主要内容包括知识价值观、学习兴趣、学习效能感和成败归因。

二、简答题

1. 简述独尊儒术。

【答案要点】

独尊儒术是董仲舒在《对贤良策》中，向汉武帝提出的三大文教政策：一是"推明孔氏，抑黜百家"；二是"兴太学以养士"；三是"重视选举，任贤使能"。这三大文教政策，是董仲舒社会政治思想在文化教育领域的体现。

（1）"推明孔氏，抑黜百家"。这是文教政策的总纲领，董仲舒论证了儒学在封建政治中应居独一无二的统治地位。

（2）兴太学以养士。为了保证封建国家在统治思想上的高度统一，也为了改变统治人才短缺的局面，董仲舒提出了"兴太学以养士"的建议，即由国家设立学校，培养贤士。实际上，兴办太学，政府直接掌握教育大权，决定人才的培养目标，也是整齐学术、促进儒学独尊的重要手段之一。

（3）重视选举，任贤使能。针对汉初人才选拔和使用中的弊端，董仲舒提出了加强选举、合理任用人才的主张。董仲舒提出了一套严格的选士方案，同时强调"量材而授官，录德而定位"的用人思想。这里的"材""德"是以儒家的经术和道德观念为标准的。这些主张，对促进儒学取得独尊地位有重要的作用。

2. 简述我国的教育目的。

【答案要点】

2015年新修订的《中华人民共和国教育法》规定："教育必须为社会主义现代化建设服务，必须与生产劳动和社会实践相结合，培养德、智、体、美等方面全面发展的社会主义事业的建设者和接班人。"这是目前教育目的最规范的表述。

（1）培养"劳动者"或"社会主义建设人才"。教育目的的这个规定，明确了我国教育的社会主义方向，指明了培养出来的人的社会地位和价值，是社会主义的劳动者、建设人才，是国家的主人。

（2）坚持全面发展。受教育者的全面发展，教育界通行的说法是德、智、体、美、劳的发展。从人要处理的现实生活的关系分析，人的全面发展主要包括处理人与自然关系的能力、人与社会关系的能力和人与自我关系的能力的发展。如果一个人的发展在这三个方面都形成了健全的能力，那么这个人的发展就是全面发展。

（3）培养独立个性。培养受教育者的独立个性，是马克思人的全面发展学说的基本内涵和根本目的。追求人的个性发展，就是要使受教育者的自由个性得到保护、尊重和发展，要增强受教育者的主体意识、开拓精神、创造才能，要提高受教育者的个人价值。

3. 简述陶行知的生活教育理论对现行教育体系的意义。

【答案要点】

"生活即教育"是陶行知教育思想的核心，集中反映了他在教育目的、内容和方法等方面的主张，反映了陶行知探索适合中国国情和时代需要的教育理论的努力。

（1）生活即教育。"生活即教育"是陶行知生活教育理论的核心，其内涵十分丰富。第一，生活含有教育的意义；第二，实际生活是教育的中心；第三，生活决定教育，教育改造生活。

（2）社会即学校。"社会即学校"是生活教育理论另一重要主张，是"生活即教育"思想在学校与社会关系问题上的具体化。社会即学校是指社会含有学校的意味，或者说以社会为学校；社会即学校也指学校含有社会的意味，也就是说，学校通过与社会生活相结合，一方面运用社会的力量使学校进步，另一方面动员学校的力量帮助社会进步，使学校真正成为社会生活必不可少的组成部分。

（3）教学做合一。"教学做合一"是生活教育理论的又一重要主张，是"生活即教育"在教学方法问题上的具体化。"教学做合一"要求在"劳力上劳心"，认为"行是知之始"，要求"有教先学"和"有学有教"，是对注入式教学法的否定。

意义：陶行知的生活教育理论是一种大众的、为人民大众服务的教育理论，且还是一种不断进取创造，旨在探索具有中国民族特色的教育道路的理论。生活教育理论还在教育观念的改变方面颇有建树，无论是强调学校教育与社会生活、生产劳动相结合，还是要求手脑并用、在劳力上劳心，都是对学校与社会割裂、书本与生活脱节、劳心与劳力分离的传统教育的反动，显示出强烈的时代气息，至今都富于启示。陶行知的生活教育理论是我国民族教育理论宝库中十分可贵的遗产，值得我们珍惜并认真研究借鉴。

4. 简述你对学校管理的认识。

【答案要点】

学校管理是学校管理者在一定的社会历史条件下，通过一定的组织机构和制度，采用一定的方法和手段，带领师生员工，充分发挥学校人、财、物、时、空和信息等资源的最佳整体功能，实现学校工作目标的组织活动。

（1）学校管理的特性。

①学校管理以育人为中心，具有教育性。

②学校管理的实质是为师生服务，具有服务性。

③学校管理在是特定的文化环境中进行，具有文化性。

④学校管理是对校内外各种资源的有效整合，具有创造性。

（2）学校管理的构成要素。

①学校管理者。指在学校管理活动中处于领导地位、发挥引领作用的人。

②学校管理对象。指学校管理者认识和实践的对象，包括学校的人、财、物、时间、空间和信息等资源。

（3）学校管理手段。要想管理好一所学校，学校管理者必须拥有一定的管理手段。学校管理手段主要包括学校的组织机构和规章制度。

三、分析论述题

1. 请结合实际，谈谈你对教师师德的认识。

【答案要点】

（1）热爱教育事业，富有献身精神和人文精神。热爱教育事业，是搞好教育工作的基本前提。许多优秀教师之所以能在教育工作中做出卓越的成绩，首先是因为他们热爱教育事业，愿意为下一代的成长贡献出自己的毕生精力，甚至自己宝贵的生命。另外，教师还应具备人文精神，要关怀学生的学习和发展，关怀民族、人类的现实境遇和未来发展。

（2）热爱学生，诲人不倦。热爱教育事业具体体现在热爱学生上。爱学生是教师的天职，是教育好学生的重要条件。教师只有热爱学生，才能教育好学生，才能使教育发挥最大限度的作用。教师对学生的爱是一种巨大的教育力量，也是一种重要的教育手段。它往往能激发起学生对教师爱戴、感激和信任之情，使学生愿意接近教师，接受教师的教育。教师的爱还应该表现在对学生的学习、思想和身体的全面关心上，一视同仁地热爱全体学生，公正平等地对待每个学生。

（3）热爱集体，团结协作。教师的劳动既具有个体性，又具有集体性。一个学生的成才，绝非仅仅是哪一位教师的功劳，而是教师群体的智慧和共同劳动的结晶，是许多教育工作者团结协作、一致努力的结果。因此，教师之间，教职员工之间应该相互尊重、团结协作，步调一致地教育学生，最大效度地发挥集体的教育力量。

（4）严于律己，为人师表。教师为人师表，必须以身作则，严于律己。凡是要求学生做到的，教师首先要做到；凡是要求学生不能做的，教师首先要自律。教师只有以身作则，才能树立威信，受到学生的尊敬。

2. 请结合实际，针对课堂教学改革中存在的某一个问题谈谈你的建议。

【答案要点】

课堂教学改革是一个涉及方方面面的过程，目前，教学手段、教学方法、教学结构等问题都较为突出。就教学结构问题，我们建议从以下几个方面入手：

教学结构是指在一定的教育思想、教学理论、学习理论指导下的、在某种环境中展开的教学活动进程的稳定结构形式。

（1）改变传统的以教师为中心的教学结构，创建既能发挥教师主导作用又能充分体现学生主体作用的新型教学结构。

（2）当前创新教学结构的核心在于，如何充分发挥学生在学习过程中的主动性、积极性与创造性，使学生在学习过程中真正成为信息加工的主体和知识意义的主动建构者，而不是外部刺激的被动接受器和知识灌输的对象；教师则应成为课堂教学的组织者、指导者，学生建构意义的帮助者、促进者，而不是知识的灌输者和课堂的主宰。

3. 请谈谈你对学生创造性的培养的认识。

【答案要点】

（1）营造鼓励创造的环境。这是促进学生创造性发展的必要条件。首先，应倡导民主式的教育和管理。其次，应改革考试制度，为学生创造宽松的学习环境。再次，应增加自主选择课程的机会和有针对性的课程设计。最后，应为学生提供创造性人物的榜样。

（2）培养创造性的教师队伍。首先，要转变教师的教育教学观念，使教师形成理解并鼓励学生的创造；其次，要教给教师必要的创造技法和思维策略；再次，为教师提供明晰的、具有实用价值的有关创造性的知识及相应的教学策略和技能；最后，教师应不断学习关于创造性的心理学知识，用心理学的理论指导自己的实践。

（3）培育创造意识，激发创造动机。只有当个人具有自觉的创造意识、强烈的创造动机，才易产生新思想、新方法、新观点。需要做到：树立学生创新的自信心；激发创造热情；磨砺创造意志；培养创造勇气。

（4）发展和培养创造性思维。创造性思维是创造性的核心。创造性思维的培养应注意以下几个方面：加大思维的"前进跨度"，培养思维的跳跃能力；加大思维的"联想跨度"，使学生敢于把习惯上认为毫不相干、表面上看来微不足道的问题联系起来或进行移植；加大"转换跨度"，引导学生敢于否定原来的设想，善于打破固有的思路；给学生大胆探索与推测的体会。

（5）开设创造课程，教给创造技法。教学是培养学生创造性的重要途径。因此，开设创造性课程已成为国内外开发创造性的有效途径。在创造性课程的教学中，注重教给学生基本的创造技巧与方法是培养创造性的有效措施。促进创造性发展的主要创造技法有：头脑风暴法、系统探求法、联想类比法、组合创新法、对立思考法、转换思考法。

（6）塑造创造性人格。创造性人格是创造性的重要组成部分，培养学生的创造性人格是培养创造性的重要内容。主要方法有：保护好奇心；解除对错误的恐惧心理；鼓励独创性与多样性。此外，自信与乐观、忍耐与有恒心、合作、严谨等也是创造性人格培养的重要方面。

4. 请论述对我国教育改革具有启示意义的相关外国教育思想（列举三个以上相关思想内容，可以结合卢梭、杜威、苏霍姆林斯基等人的思想进行论述）

【答案要点】

（1）卢梭自然主义教育，核心是"回归自然"。自然教育最终目的是培养"自然人"，即身心调和发达、体脑两健、能力强盛的新人，也就是摆脱封建羁绊的资产阶级新人。

①自然教育的方法原则：树立正确的儿童观、消极教育、自然后果律、根据儿童天性的个体差异因材施教。

②自然教育的实施：卢梭根据自然教育的原则，根据人的自然发展的进程和不同年龄时期身心的特点，把自然教育分为婴儿期、儿童期、少年期和青春期。

卢梭提出的自然主义教育思想是教育思想史上由教育适应自然向教育心理学化过渡的一个重要环节。在封建社会压制人性的情况下，提倡性善论、尊重儿童天性具有历史进步意义。他呼吁培养身心调和发展的自然人和自由人也反映了对人的发展的合理要求。自然主义教育的观点既是在前人的基础上的发展，也反映了近代教育的发展方向，对欧美教育产生了深远影响。

（2）杜威对于"什么是教育"的问题，给出的回答是：教育即生活、学校即社会、教育即生长、教育即经验的持续不断的改造。

从教育本质论出发，杜威反对外在的、固定的、终极的教育目的，认为教育无目的。杜威所希求的是过程内的目的，这个目的就是"生长"。同时，杜威强调过程内的目的不等于否定社会性的目的。杜威要求教育为社会进步服务，为民主制度的完善服务。他认为教育是社会进步及社会改革的基本方法，学校是社会进步和改革的最基本和最有效的工具。在民主社会中，个人发展与社会进步是统一的。

杜威提出从做中学和教材心理学化的观点。杜威以其经验论为基础，要求从做中学、从经验中学，要求以活动性、经验性的主动作业来取代传统书本式教材的统治地位。杜威主张以"教材心理学化"来解决怎样使儿童最终获得较系统的知识而同时又能在学习过程中顾及儿童的心理水平。"教材心理学化"是指把各门学科的教材或知识各部分恢复到它所被抽象出来之前的原来的经验。

杜威所力倡的反省思维是指对某个经验情境中的问题进行反复的、严肃的、持续不断的思考，其功能在于求得一个新情境，把困难解决、疑虑排除、问题解答。杜威根据科学的实验主义探究方法和反省思维方式，提出了五步教学法，即创设疑难的情境、确定疑难所在、提出问题的种种假设、推断哪种假设能解决这个困难、验证这种假设。

杜威认为道德教育的主要任务是协调个人与社会的关系。他认为个人的充分发展是社会进步的必要条件，社会的进步又可以为个人的发展提供更好的基础。他反对过分强调个人自由和竞争的旧个人主义，而提倡强调人与人之间的合作，强调社会责任和理智作用的新个人主义。

（3）苏霍姆林斯基认为，为了培养全面和谐发展的人，就必须深入地改善整个教育过程，实施和谐的教育。全面和谐的教育包含两层含义：

①要把学生认识和改造世界的活动和谐地结合起来，要求学生的体力劳动与智力活动的结合、课堂教学与课外活动的结合、教育与自我教育的结合。

②要把德、智、体、美、劳诸育和谐地结合起来，强调的是诸育的相互渗透和交织，统一为一个完整的过程。

苏霍姆林斯基的教育理论与实践对20世纪70—80年代苏联教育理论的发展产生了很大的影响，如，苏联教育家巴班斯基就接受了苏霍姆林斯基关于教育和教学工作整体性的观点，将全面和谐发展学生的个性作为学校理想的观点。此外，他的教育理论与实践在中国教育界也受到了十分广泛的关注。

浙江师范大学333教育综合·真题解析

一、名词解释

个人本位论

个人本位论认为教育目的是根据个人发展的需要制定的，而不是根据社会的需要制定的，个人价值高于社会价值，人生来就有健全的潜在本能，教育的基本职能就在于使这种潜能得到发展。代表人物有卢梭、裴斯泰洛齐等。

教学策略

教学策略是为了达成教学目的、完成教学任务，在对教学活动清晰认识的基础上对教学活动进行调节和控制的一系列执行过程。教学策略具有指向性、操作性、综合性、调控性、灵活性和层次性的特征。

监生历事制度

监生历事制度是明朝国子监在教学制度方面的主要特点，即国子监学习到一定年限，分拨到政府各部门"先习吏事"，称为"监生历事"。除中央政府各部门之外，历事监生也被分派到州、县清理粮田，或督修水利等。监生历事的时间各有不同，期满经考核，分为上、中、下三等，上等者依上等用，中等者不拘品级，随才任用，下等者回监读书。

中体西用

"中体西用"是洋务派关于中西文化关系的核心命题，也是洋务教育的指导思想。在回答解决"西学"与中国固有文明之间的关系问题时，洋务派提出"中体西用"，认为在突出"中学"主导地位的前提下，应肯定"西学"的辅助作用和器用价值。

苏格拉底法

苏格拉底法也称"问答法""产婆术"，是由讥讽、助产术、归纳和定义四个步骤组成的独特的方法。这是苏格拉底探讨伦理哲学的研究方法，也是他的教学方法。

骑士教育

骑士教育是中世纪世俗教育的一种主要形式，以培养当时封建制度中骑士阶层的成员为目的。它是一种特殊形式的家庭教育，并无专设的教育机构，也没有专职的教育人员。它在骑士生活和社交活动中进行。训练骑士的标准是剽悍勇猛、虔敬上帝、忠君爱国、宠媚贵妇。

二、简答题

1. 教育的要素及相互关系。

【答案要点】

教育的要素包括教育者、受教育者、教育内容和教育活动方式。

（1）教育者。教育者是指参与教育活动、与受教育者在教学或教导上互动，对受教育者体、智、德、美、行等方面产生影响的人，主要指教师。他们在教育活动中处于领导者、设计者、引导者的地位。

（2）受教育者。受教育者是指参与教育活动、与教育者在教学与教导上互动，以期自身获得发展的人，主要是学生。受教育者是既是教育的对象，也是学习的主体。

（3）教育内容。教育内容是指教育者引导受教育者在教育活动中学习的前人积累的经验，包括书本知识和实际经验。

（4）教育活动方式。教育活动方式是指教育者引导受教育者学习教育内容所选用的交互活动方式，是教育者、受教育者与教育内容三者形成一个有目的地培养人的教育活动的中介和纽带。

教育活动的基本要素之间既相互独立，又相互规定，共同构成一个完整的实践系统。没有教育者，教育活动就不可能开展，受教育者也不可能得到有效的指导；没有受教育者，教育活动就失去了对象，无的放矢；没有教育内容和教育活动方式，教育就成了无米之炊，再好的教育意图、发展目标，也都无法实现。

2. 在人的发展中，哪四个方面的因素是最重要的？每个方面的基本内容是什么？

【答案要点】

（1）遗传在人发展中的作用。第一，遗传素质是人的发展的生理前提，为人的发展提供可能；第二，遗传素质的成熟程度制约着人的发展过程及年龄特征；第三，遗传素质的差异性对人的发展有一定的影响；第四，遗传素质具有可塑性。

（2）环境在人的发展中的作用。第一，环境是人的发展的外部条件；第二，环境的给定性与主体的选择性。

（3）个体活动在人的发展中的作用。第一，个体活动是人的发展的决定因素；第二，个体活动制约着环境影响的内化与主体的自我建构；第三，个体通过能动的活动选择、构建着自我的发展。

（4）教育在人的发展的作用。第一，教育在人的发展中起引领作用；第二，学校教育主要通过传承文化科学知识来培养人；第三，学校教育对提高人的现代性有显著的作用。

3. 什么是学校教育制度？有哪些类型？

【答案要点】

学校教育制度是现代教育制度的核心部分，简称学制，指的是一个国家各级各类学校的系统及其管理规则，它规定着各级各类学校的性质、任务、入学条件、修业年限以及它们之间的关系。

（1）双轨制，主要代表是18—19世纪的西欧。其结构是：一轨自上而下，是为资产阶级的子女设立的，包含大学、中学；另一轨从下而上，是为劳动人民的子女设立的，包含小学及其后的职业学校。

特点：两个平行的系列，一轨基于家庭教育，从初中开始，一轨最初只有小学。这样就剥夺了劳动者子女升入中学和大学的权利，阶级对立性十分明显。

（2）单轨制，主要代表是美国。其结构是：小学、中学、大学。

特点：一个起点、一个系列、多种分段，如六三三、五三四、八四、六六等分段。单轨制被世界许多国家采用，因为它有利于教育的逐级普及，有利于现代生产和科技的发展。

（3）分支型学制，主要代表是苏联，也称为苏联型学制。其结构是：一开始不分轨，升入中学阶段开始分叉，是介于双轨制和单轨制之间的分支型学制。

特点：苏联型学制的中学，上通下达，左右通畅。这显示了分支型学制没有阶级、没有等级差别的优越性。

4. 自我效能论。

【答案要点】

自我效能感由班杜拉提出，是指个体对自己能否成功进行某一成就行为的主观判断。它影响着个体对行为的选择、付出多大努力以及坚持多久。

（1）理论观点。班杜拉指出，人的行为受行为结果的影响，但行为的出现不是由于随后的强化，而是由于人认识了强化与行为之间的依赖关系后建立了对下一步强化的期望。他将期望分为两种：结果期望和效能期望。

（2）自我效能感对行为的影响。第一，影响对活动的选择和坚持；第二，影响在困难面前的态度；第三，影响新行为的获得和习得行为的表现；第四，影响活动时的情绪。

（3）影响自我效能感的因素第一，直接经验；第二，替代性经验；第三，言语说服；第四，情绪唤起和身心状况。

（4）评价。自我效能感理论吸取了联结派和认知派动机理论的合理之处，突破了二者的某些局限，拓展了强化理论关于强化的含义，使之更符合实际，也扩大了传统认知学派关于期望的范围，把人的需要、认知、情感有机结合起来，具有很强的理论和实践价值。

三、分析论述题

1. 根据学科课程的课程性质和课程特点，谈谈中小学设置学科课程的合理性。

【答案要点】

学科课程也称分科课程，是指根据学校培养目标和科学发展，分门别类地从各门科学中选择适合学生年龄特征与发展水平的知识所组成的教学科目。

（1）特点：第一，重视成人生活的分析及对儿童为适应未来社会生活需要所做准备的要求，有明确的目的与目标；第二，能够按照人类整理的科学文化知识的逻辑系统，结合学生身心发展的特点进行教学；第三，强调课程与教材内在的伦理精神价值和智能训练价值。

（2）优点：符合学生认识特点，便于在短时间内掌握人类长期积累起来的科学文化知识与基本技能。

（3）缺点：往往忽视儿童现实的兴趣与欲求，易与学生的生活和经验脱节，使学生被动、消极，造成死记硬背等弊端。

2. 论述孔子的教育实践与教育思想。

【答案要点】

孔子名丘，字仲尼，鲁国人，中国古代伟大的思想家、教育家，儒家学派的创始者，儒学教育理论的奠基人。

（1）创办私学与编订"六经"。

孔子大约在他30岁正式招生办学，开始他的教育生涯。他创办的私学产生了广泛的社会影响，是春秋时期规模最大、持续时间最长、影响最深远的学校。

孔子于晚年完成了《诗》《书》《礼》《乐》《易》《春秋》的编纂和校订工作，整理和保存了我国古代文化典籍，奠定了儒家教育内容的基础。后世将其称为"六经"。

（2）"庶、富、教"：教育与社会发展。

孔子认为教育对社会发展有重要作用，是立国治国的三大要素之一。教育事业的发展要建立在经济发展的基础上。治国的三个重要条件，首先是"庶"，要有较多的劳动力；其次是"富"，要使人民群众有丰足的物质生活；再次是"教"，要使人民受到政治伦理教育，知道如何安分守己。"庶"与"富"是实施教育的先决条件，只有在"庶"与"富"的基础上开展教育才会取得成效。

（3）"性相近也，习相远也"：教育与人的发展。

孔子对教育在人的发展过程中起关键性作用持肯定态度。他在中国历史上首次提出"性相近也，习相远也"。"性"指的是先天素质，"习"指的是后天习染，包括教育与社会环境的影响。孔子认为人的先天素质没有多大差别，只是由于后天教育和社会环境的影响作用，才造成人的发展有重大的差别。从"习相远"的观点出发，孔子认为人要发展，教育条件是很重要的，认为人的生活环境应当受到重视，要争取积极因素的影响，排除消极因素的影响。

（4）"有教无类"与教育对象。

"有教无类"的本意是不分贵贱贫富和种族，人人都可以入学接受教育。孔子的教学实践切实地贯彻了这一办学方针，他的弟子来自各个诸侯国，分布地区广泛；弟子成分复杂，出身于不同的阶级和阶层，大多数出身于平民。

（5）"学而优则仕"与教育目标。

孔子提出由平民中培养德才兼备的从政君子，这条培育人才的路线可简括称之为"学而优则仕"。"学而优则仕"包含多方面的意思：学习是通往做官的途径，培养官员是教育最主要的政治目的，而学习成绩优良是做官的重要条件；如果不学习或虽经学习而成绩不优良，也就没有做官的资格。

（6）以"六艺"为教育内容。

孔子继承西周贵族"六艺"教育传统，吸收采择了有用学科，又根据现实需要创设新学科，虽袭用"六艺"的名称，但对所传授的学科都做了调整，充实了内容。孔子教学的"六艺"即其编撰的"六经"，即《诗》《书》《礼》《乐》《易》《春秋》。

（7）教学方法。主要有因材施教、启发诱导、学思行结合、好学求是的态度。

（8）论道德教育。

孔子的教育目的是培养从政的君子，而成为君子的主要条件是具有道德品质修养，因此，道德教育居首要地位。孔子主张以"礼"为道德规范，以"仁"为最高道德准则。凡符合"礼"的道德行为都要以"仁"的精神为指导，因此，"礼"和"仁"成为道德教育的主要内容。道德修养的原则与方法：立志、克己、力行、中庸、内省和改过。

（9）论教师品格。教师要学而不厌、温故知新、诲人不倦、以身作则、爱护学生、教学相长。

（10）深远的历史影响。孔子是全世界公认伟大的思想家和教育家，他毕生从事教育活动，建树了丰功伟绩。他在实践基础上提出的一些首创的教育学说，为中国古代教育奠定了理论基础。

3. 评述杜威的教育思想。

【答案要点】

杜威是20世纪美国著名的哲学家和教育家，他以实用主义哲学、民主主义政治理想和机能心理学为基础，通过批判地继承前人的思想，构建起庞大的教育哲学体系，成为现代教育的代表人物。主要著作有《民主主义与教育》《我的教育信条》等。

（1）论教育的本质。杜威对于"什么是教育"的问题，给出的回答是：教育即生活、学校即社会、教育即生长、教育即经验的持续不断的改造。

（2）论教育的目的。

教育无目的论。从教育本质论出发，杜威反对外在的、固定的、终极的教育目的，认为教育无目的。杜威所希求的是过程内的目的，这个目的就是"生长"。

教育的社会目的。杜威强调过程内的目的不等于否定社会性的目的。杜威要求教育为社会进步服务，为民主制度的完善服务。他认为教育是社会进步及社会改革的基本方法，学校是社会进步和改革的最基本和最有效的工具。在民主社会中，个人发展与社会进步是统一的。

（3）论课程与教材。

从做中学。杜威以其经验论为基础，要求从做中学、从经验中学，要求以活动性、经验性的主动作业来取代传统书本式教材的统治地位。在杜威看来，这种活动性、经验性课程既能满足儿童的心理需要，又能满足社会性的需要，还能使儿童对事物的认识具有统一性和完整性。

教材心理学化。杜威主张以"教材心理学化"来解决怎样使儿童最终获得较系统的知识而同时又能在学习过程中顾及儿童的心理水平。"教材心理学化"是指把各门学科的教材或知识各部分恢复到它所被抽象出来之前的原来的经验。这种心理化就是把间接经验转化为直接经验，即直接经验化。之后再将已经经验到的那些东西累进地发展为更充实、更丰富也更有组织的形式，即逐渐地接近提供给有技能的、成熟的人的那种教材形式。

（4）论思维与教学方法。

反省思维。杜威所力倡的反省思维是指对某个经验情境中的问题进行反复的、严肃的、持续不断的思考，其功能在于求得一个新情境，把困难解决、疑虑排除、问题解答。

五步教学法。杜威根据科学的实验主义探究方法和反省思维方式，提出了五步教学法，即创设疑难的情境、确定疑难所在、提出问题的种种假设、推断哪种假设能解决这个困难、验证这种假设。

（5）论道德教育。

杜威认为道德教育的主要任务是协调个人与社会的关系。他认为个人的充分发展是社会进步的必要条件，社会的进步又可以为个人的发展提供更好的基础。他反对过分强调个人自由和竞争的旧个人主义，而提倡强调人与人之间的合作，强调社会责任和理智作用的新个人主义。

教育的道德性和教育的社会性是相通的，道德教育应在社会性的情境中进行而不能只停留于口头说教；要求学校生活、教材、教法皆应渗透社会精神，视学校生活、教材、教法为"学校道德三位一体"，这三者都是道德教育的重要途径。

（6）杜威教育思想的影响。

杜威是西方现代教育派的理论代表。他对传统教育的整个理论体系发起挑战，奠定了现代教育的理论大厦的基石。

杜威是新教育的思想旗手，他的教育理论突破以往建立在主客体两分之上的传统教育的弊端，将知行合一，使教学中死的知识变为活的知识，突破了内发论和外铄论，将教育看作人与环境的交互过程中经验的观点具有很高的创造性。

杜威奠定了儿童中心论，解决教育与儿童相脱离的问题，并通过学校与社会的统一、思维与经验的统一，解决教育与实践，学校与社会脱离的问题。

杜威提出了做中学这一建立在新哲学和心理学基础上的新方法，拓宽了教学形式和方法，提高了教学专业化水平。

杜威的教育理论对世界教育进程发挥巨大作用，对日本、中国、苏联等国具有直接的影响。但他的理论偏重儿童、活动、经验三中心而使得教育实践忽视了系统知识的传授以致引发了自由与纪律、教师与学生关系等诸多矛盾。另外根据经验和教材心理化原则编写新型教材的设想过于理想化，难以实现。

4. 建构主义关于学习的基本观点。

【答案要点】

（1）知识观。建构主义者质疑知识的客观性和确定性，强调知识的动态性。具体体现在以下几方面：第一，知识的动态性。知识不是对现实的准确表征，只是一种解释、一种假设，不是问题的最终答案。它会随着人类的进步而不断地被"革命"，并随之出现新的假设。第二，知识的情境性。知识并不能精确地概括世界的法则，不能拿来便用，而是需要针对具体情境进行再创造。第三，知识学习的主动建构性。知识不可能以实体的形式存在于具体个体之外，学习者对于命题的理解只能由个体基于自己的经验背景而建构起来，取决于特定情境下的学习历程。

（2）学生观。建构主义认为，学生并不是被动接受教师传授的知识，而总是以自己的经验背景或自己的经验来建构对事物的理解。具体表现在以下几方面：第一，建构主义者完全否定心灵白板说，强调学生经验世界的丰富性和差异性；第二，学生并不是空着脑袋走进教室的，当问题呈现时，他们基于相关的经验，依靠推理和判断能力，形成对问题的某种解释；第三，教学不能无视学生的先前经验，要把儿童现有的知识经验作为新知识的生长点，引导儿童从原有的知识经验中"生长"出新的知识经验；第四，教学要增进学生之间的合作，使他看到那些与他不同的观点，促进学习的进行。

（3）学习观。建构主义认为，学习是学习者主动地赋予信息以意义，建构自己的知识经验的过程，具有三个重要特征：第一，主动建构性。面对新信息、新概念、新现象或新问题，学习者需要主动激活头脑中的先前知识经验，通过高层次思维活动，对各种信息和观念进行加工转换，对新旧知识进行综合和概括，解释有关现象，形成新的假设和推论。第二，社会互动性。学习是通过对某种社会文化的参与，内化相关知识和技能，掌握有关工具的过程，这一过程常常需要通过一个学习共同体的合作互动来完成。第三，情境性。建构主义者提出，知识存在于具体的、情境性的、可感知的活动中，它不是一套独立于情境的知识符号，不可能脱离活动情境而抽象地存在，它只有通过实际情境中的应用活动才能真正被人理解。

（4）教学观。教学不再是传递客观而确定的现成知识，而是激活学生原有的相关知识经验，促进知识经验的"生长"。在教学中，教师要促进学生的知识建构活动，以实现知识经验的重新组织、转换和改造，以此来培养学生的求知欲和探究能力。教学要为学生创设理想的学习情境，激发学生的推理、分析、鉴别等高级的思维活动，同时给学生提供丰富的信息资源、处理信息的工具以及适当的帮助和支持，促进他们自身建构意义以及解决问题的活动。

2022年 宁波大学 333 教育综合·真题真练

一、名词解释
制度化教育　教育本体功能　形成性评价　学习动机　全人生指导　自我概念

二、简答题
1. 简述学生发展的一般规律。
2. 简述教学设计的基本程序。
3. 简述《理想国》教育观的积极因素与局限性。
4. 简述柏林大学与现代大学制度的建立。
5. 简述马卡连柯的集体主义教育思想。
6. 简述皮亚杰的道德认知发展阶段理论。
7. 简述问题解决的心理过程。

三、分析论述题
1. 试论王守仁"致良知"与教育作用。
2. 为什么说教师职业是一次专门性职业，专业的程度如何？

2021年 宁波大学 333 教育综合·真题真练

一、名词解释
攻击性行为　校本课程　教育目的的价值取向　惩罚　素丝说　非制度化的教育

二、简答题
1. 日本明治维新时期的教育改革措施。
2. 裴斯泰洛齐的要素教育论。
3. 程序性知识的产生机制。
4. 成败归因理论。
5. 永恒主义教育。
6. 终身教育。
7. 学生身心发展的特点。

三、分析论述题
1. 黄炎培职业教育的目的、方针和原则。
2. 教师作为一种专业化的职业的特征，谈如何提高教师专业性。

2020年 宁波大学333教育综合·真题真练

一、名词解释
档案袋评价法　形式训练说　主题班会　苏霍姆林斯基的劳动教育法

二、简答题
1. 简述现代认知学习观。
2. 裴斯泰洛齐的教育心理学化含义和影响。
3. 蒙学教材类型、特点。
4. 智力技能的培养措施。

三、分析论述题
1. 文艺复兴时期的人文主义、新教教育和天主教教育之间的联系、区别及影响。
2. 我国教育目的价值取向和改革启示。

2019年 宁波大学333教育综合·真题真练

一、名词解释
班集体　单轨学制　最近发展区　《学记》　结构主义教育　《普通教育学》

二、简答题
1. 简述教师职业的基本特征。
2. 简述程序性知识的教学策略。
3. 简述夸美纽斯教育适应自然的原则。
4. 简述文艺复兴时期人文主义教育的基本特征。
5. 简述埃里克森的心理社会发展理论。
6. 发现学习有哪些特点？
7. 简述加涅对学习的分类。

三、分析论述题
1. 陈鹤琴的"活教育"思想体系及其启示。
2. 试论学生评价理论与实践的变革及其对我国基础教育改革的影响。

2018年 宁波大学 333 教育综合·真题真练

一、名词解释
非正式群体　教师威信　京师同文馆　昆西教学法　福禄培尔
教育的生物起源说和心理起源说

二、简答题
1. 学生的心理差异主要表现在哪些方面？
2. 简介儿童青少年的身体发展、认知发展和人格发展的关系。
3. 朱熹有关读书法的观点。
4. 科举制与学校教育的关系。
5. 教师职业的社会地位主要包含哪些方面？谈谈你对当前教师社会地位的看法。
6. 简答教育的个体发展功能，为什么说学校教育在人的发展中起主导作用。
7. 简述政治制度和经济发展水平对教育的制约作用。

三、分析论述题
1. 试论述杜威对教育本质的主张及其启示。
2. 师生关系有哪些基本类型，分别有哪些特点？你认为良好的师生关系应该具备什么特征？说出你的依据和理由。

2017年 宁波大学 333 教育综合·真题真练

一、名词解释
白板说　爱弥儿　教育　教育目的　程序性知识　最近发展区

二、简答题
1. 韩愈的尊师重道的思想。
2. 简述古代书院的萌芽及其原因。
3. 蔡元培提出的"五育"之间的关系。
4. 简述教育促进个体社会化和个性化功能的表现。
5. 简述学生的道德认识和道德行为的关系。
6. 简述学生对学业成败的归因如何影响学习行为。

三、分析论述题
1. 赫尔巴特的教学阶段论。

2. 政治、经济、文化因素是如何影响课程变革的？
3. 教师专业发展的内容有哪些？结合自己的经验或体会，谈谈当前教师专业发展中的存在的一个或者几个问题。

2016年 宁波大学 333 教育综合·真题真练

一、名词解释
教育目的和制定教育目的的依据　教育制度和义务教育制度　有教无类
罢黜百家，独尊儒术　自我效能　强化

二、简答题
1. 教育的文化功能及其表现。
2. 卢梭自然教育的基本含义。
3. 教师的社会角色包括哪些？
4. 认知心理学的学习理论的主要观点是什么？

三、分析论述题
1. 作为一名教师，你如何理解学习教育学的价值和意义？
2. 学生发展的含义及一般规律是什么？请根据学生发展的一般规律，谈谈其中的教育意义。
3. 蔡元培主持北京大学的改革措施及其启示。
4. 杜威关于思维与教学方法的主张及其当代价值。

2015年 宁波大学 333 教育综合·真题真练

一、名词解释
夸美纽斯　教育叙事　学生生活　《教育漫话》　陶行知　昆体良

二、简答题
1. 简述文化教育学的基本观点。
2. 简述新教育运动。
3. 列举二三所近代教会大学，并分析其办学特点。
4. 简述行为问题学生的类型及其产生原因。

三、分析论述题

1. 结合今天我国基础教育的实际，论述你对素质教育的看法。
2. 从现实角度论述科举制度的积极意义及局限性。
3. 道尔顿制的特点及局限性。
4. 联系实际阐述男生女生的心理差异及教学建议。

2014年 宁波大学333教育综合·真题真练

一、名词解释

教育和义务教育　学校教育制度　稷下学宫　废科举　品德　图式

二、简答题

1. 简述教师专业发展的内涵及内容。
2. 简述福泽谕吉的教育思想。
3. 什么是意义学习？简述实现意义学习的条件。
4. 简述培养学生动机的有效策略。

三、分析论述题

1. 结合当前我国社会政治改革和发展的特点，谈谈政治对教育的影响和教育应该担负的政治功能。
2. 回答教学的含义，并结合实际，谈谈如何理解教学中教师与学生、知识传授和能力培养、教和学、结果和过程等的关系。
3. 论陶行知的生活教育理论及其当代意义。
4. 如何理解赫尔巴特的教育性教学。

2013年 宁波大学333教育综合·真题真练

一、名词解释

课程标准　学校教育制度　智者　实验教育学　学习动机　品德

二、简答题

1. 简述教育促进文化延续与发展的功能。
2. 试析书院的教学特点。
3. 简述学习策略与学习方法的区别与联系。

4. 简述影响学习迁移的因素。

三、分析论述题

1. 作为一名教师,请谈谈良好师生关系构建的基本策略。
2. 试论教师从事教育研究的意义。
3. 试论陶行知的生活教育理论。
4. 试论赫尔巴特的教学形式阶段理论。

2012年 宁波大学 333 教育综合·真题真练

一、名词解释

教育制度 教材 有教无类 设计教学法 最近发展区 教学设计

二、简答题

1. 试述教育的社会功能。
2. 简述课程目标的基本特征。
3. 简述科举制对中国封建社会后期的影响。
4. 评析裴斯泰洛齐"教育心理学化"思想。

三、分析论述题

1. 请结合实际谈谈教师进行教育研究的优势和素养。
2. 试论蔡元培在北京大学的教育改革实践及其影响。
3. 试评杜威的教育思想。
4. 请举例说明教师威信对教育成效的影响。

2011年 宁波大学 333 教育综合·真题真练

一、名词解释

苏格拉底教学法 骑士教育 要素教育论 新教育运动 教师个体的专业发展 学校教育

二、简答题

1. 简述1922年"新学制"的标准和特点。
2. 简述英国《1988年教育改革法》的主要内容。

3. 简述教育目的的功能。
4. 简述学习与个体心理发展的关系。

三、分析论述题

1. 结合自己体会，论述学习教育学的价值和意义。
2. 从社会和个体两个方面，阐述教育的功能。
3. 论科举制度的全部发展过程及其对当代教育改革的启示。
4. 结合目前的教育教学实践和社会状况，谈谈如何激发学生的学习动机。

2010年 宁波大学333教育综合·真题真练

一、名词解释

学校教育　教师个体的专业发展　教育目的　课程目标　新教育运动

二、简答题

1. 简述教育的功能。
2. 孔子的教育思想及其历史影响。
3. 简述人文主义教育的特征和历史影响。
4. 简述科尔伯格的道德发展阶段模式。

三、分析论述题

1. 论述学习教育学的价值和意义。
2. 论述新文化运动影响下的教育思潮。
3. 解读赫尔巴特和杜威的教育思想及影响，并在此基础上，结合现实对传统教育与现代教育进行对比分析。
4. 举例说明影响学习迁移的条件，以及在教学中如何促进学生的学习迁移。

2022年 宁波大学333教育综合·真题解析

一、名词解释

制度化教育

制度化教育是从非制度化的教育中演化而来的，是指由专门的教育人员、机构及其运行制度所构成的教育形态。制度化教育的出现是人类教育文明的一大进步，也极大地推动了人类整体文明的进步。

教育本体功能

教育本体功能是教育对个体的生存和发展所产生的作用和影响，由于促进个体发展的功能是教育固有的功能，也被称为教育的个体功能。教育本体功能表现为个体社会化功能和个体个性化功能。

形成性评价

形成性评价是指在教学进程中，对学生的知识掌握和能力发展所做的比较经常而及时的测评，包括对学生的提问、书面测验、作业批改等。其目的在于使师生都能及时获得反馈信息，从而更好地改进教与学，以促进师生的发展和提高。

学习动机

学习动机是动机在学习活动中的表现，是引起和维持个体进行学习活动，并使活动朝向一定的学习目标，以满足某种学习需要的一种内部心理状态。它的主要内容包括知识价值观、学习兴趣、学习效能感和成败归因。

全人生指导

"全人生指导"由杨贤江提出，就是对青年进行全面关心、教育和引导，即不仅关心他们的文化知识学习，同时对他们生活中各种实际问题给以正确的指点和疏导，使之在德、智、体诸方面都得以健康成长，成为一个"完成的人"，以适社会改进之所用。

自我概念

自我概念是"由个体对自身的观念、情感和态度组成的混合物"。许多研究假设自我概念是按等级组织的，总体自我概念位于等级的上层，下面是一些具体的自我概念，共同构成一个具有等级的多维结构。自我概念是个体在与环境相互作用而形成的经验的基础上建立的，主要受他人的强化和评价的影响。

二、简答题

1. 简述学生发展的一般规律。

【答案要点】

（1）顺序性。在正常情况下，学生的发展具有一定的方向性和顺序性，既不能逾越，也不能逆向发展。如个体动作的发展就遵循自上而下、由躯体中心向外围、从粗动作向细动作的发展规律性。就心理而言，儿童的发展总是从无意注意到有意注意，从机械记忆到意义记忆，从具体形象思维到抽象逻辑思维，从喜怒哀乐等一般情绪发展到道德感、理智感、美感等高级情感。

（2）不平衡性。学生的发展不总是匀速直线前进的，不同系统的发展速度、起始时间、达到的成熟水平是不同的；同一机能系统在发展的不同时期也有不同的发展速率。从总体发展来看，幼儿期出现第一个加速发展期；青春发育期出现第二个加速发展期。

（3）阶段性。学生的发展变化既体现出量的积累，又表现出质的飞跃。当某些代表新质要素的量积累到一定程度时，就会导致质的飞跃，从而表现出发展的阶段性。个体的身心发展的阶段性表现为不同年龄阶段的个体具有不同的年龄特征及主要矛盾，面临着不同的发展任务。

（4）个别差异性。学生的发展的个体差异表现在身心发展的速度、水平、表现方式等方面。如在发展速度上，有的儿童早慧，有的儿童大器晚成。

（5）整体性。学生的生理、心理和社会性等方面的发展是密切联系在一起的，并在发展过程中相互作用，使人的发展表现出明显的整体性。

2. 简述教学设计的基本程序。

【答案要点】

教学设计是指研究教学系统、教学过程和制订教学计划的系统方法。它是教师在备课过程中，以传播理论和学习理论等为基础，应用系统论的观点和方法，分析教学中的问题和需求，确定教学目标，设计解决问题的步骤，选择相应的教学策略和教学媒体，形成教学方案，分析评价其结果并修改方案的过程。其基本程序有：

（1）规定教学的预期目标，分析教学任务，尽可能用可观察和可测量的行为变化来作为教学结果的指标。

（2）确定学生的起点状态，包括他们原有的知识水平、技能和学习动机、状态等。

（3）分析学生从起点状态过渡到终点状态应掌握的知识技能或应形成的态度与行为习惯。

（4）考虑用什么方式和方法给学生呈现教材，提供学习指导。

（5）考虑用什么方法引起学生的反应并提供反馈。

（6）考虑如何对教学的结果进行科学的测量与评价。

3. 简述《理想国》教育观的积极因素与局限性。

【答案要点】

《理想国》是一部讨论政治和教育的著作，被认为是西方教育史上最为重要和伟大的教育著作之一。在《理想国》中，柏拉图精心设计了一个他心目中理想的国家，在这个国家中，执政者、军人、工农商服从各自的天性，各安其位，互不干扰，智慧、勇敢、节制、正义成为理想国的四大美德。他还为这个理想国家的实现，提出了完整的教育计划。

（1）积极因素：第一，国家重视教育，教育与政治结合；第二，高度评价教育在人的塑造中的作用；第三，将算术、几何、天文、音乐理论四门课程列入教学科目；第四，第一次提出以考试作为选拔人才的手段之一；第五，强调身心协调发展，提倡男女教育平等；第六，注意早期教育，主张课程学习与实际锻炼结合；第七，净化教育内容，反对强迫学习，以理性指导欲望作为道德教育的中心任务。

（2）局限性：《理想国》的教育过于强调一致性，忽视个性发展。此外，它拒绝变革，"不让体育和音乐翻新"，这些思想是有局限性的。

4. 简述柏林大学与现代大学制度的建立。

【答案要点】

1810年，为了挽回普法战争时对普鲁士造成的影响，在洪堡、费希特等人的领导下，德国创办了柏林大学。洪堡认为，大学的真正使命在于提高学术研究水平，为国家长远的发展开拓更广阔的前景。为实现这一理想，柏林大学着意在以下方面体现自己的特色。

（1）柏林大学拥有充分的办学自主权。教师与学生享有研究与学习的自由，即"教学自由"与"学习自由"。

（2）聘请一批学术造诣深厚、教学艺术精湛的教授到校任教，切实提高柏林大学的教学质量与学术声望。

（3）重视柏林大学的学术研究与培养学生的研究能力。

柏林大学是一所新型大学，注重开展哲学、科学和学术研究，提倡学习和教学自由，建立了讲座教授制度和习明纳制度，培养学生的研究能力，从而确立了以研究为核心的现代大学制度，成为现代高等教育的典范，影响了世界高等教育的发展。

5. 简述马卡连柯的集体主义教育思想。

【答案要点】

集体主义教育是马卡连柯教育思想的核心。他认为，在社会主义社会里，每一个人都不能离开集体而单独存在，同时每一个人的创造性和力量也只有在集体中才能得到充分发挥。因此，苏维埃教育的任务只能是培养集体主义者，而要培养集体主义者就必须在集体中通过集体并为了集体来进行教育。马卡连柯在多年的教育实践中，创立了一整套集体教育的原则和方法，具体如下：

（1）平行教育影响原则。它是教育和影响个人的一种形式，是以集体为教育对象，通过集体来教育个人。教育者对集体和集体中每一个成员的教育影响是同时的、平行的。在给个人一种影响的时候，这影响必定同时应当是给集体的一种影响。相反的，每当我们涉及集体的时候，同时也应当成为对于组成集体的每一个人的教育。

（2）前景教育。要求教师在教育过程中经常给学生指出美好的前景，即给学生提出一个或好几个需要经过一定努力才能完成的新任务，吸引学生集体和集体中的每一成员，为完成新的任务，实现新的前景，由近及远、由易到难地开展活动。

（3）优良的作风与传统。培养优良的作风和传统，既是苏维埃教育的主要任务，又是进行集体主义教育的重要方法，对于美化集体和巩固集体具有非常重要的意义。

（4）纪律教育。马卡连柯认为，纪律是达到集体目的的最好方式，它可以使集体更完善，更迅速地达到自己的目的；同时也是良好的教育集体的外部表现形式；还是每一个人充分发展的保障。

（5）尊重与要求相结合的原则。这是马卡连柯基于社会主义人道主义思想而确立的一条基本原则。从这个原则出发，他要求教育工作者最大限度地尊重儿童的人格，相信儿童，对儿童的要求应建立在对他们关怀和信任的基础上。

6. 简述皮亚杰的道德认知发展阶段理论。

【答案要点】

皮亚杰认为，道德是由种种规则体系构成的，道德的实质包括两方面的内容：一是对社会规则的理解和认识；二是对人类关系中平等、互惠的关心。他认为儿童道德认知发展要经历三个阶段：

（1）前道德阶段。皮亚杰认为，5岁幼儿以自我为中心来考虑问题，对引起事情的结果只有朦胧的了解，其行为直接受行为结果支配。该阶段儿童既不是道德的，也不是非道德的。

（2）他律道德阶段。5~8岁的儿童处于他律道德阶段，这一阶段的道德认知一般是服从外部规则，接受权威指定的规范，他们只根据行为后果来判断对错。

（3）自律道德阶段。9~11岁的儿童处于自律的道德阶段，此时的儿童不再无条件服从权威，儿童已经能从主观动机出发，用平等或不平等、公平或不公平等新的标准来进行道德判断，但此时儿童的判断还是不成熟的，他们需要等到十一二岁后才能独立判断。

7. 简述问题解决的心理过程。

【答案要点】

（1）理解和表征问题阶段。第一，识别有效信息：确定问题到底是什么，找出相关信息并忽略无关的细节；第二，理解信息含义：除了能够识别问题的相关信息外，学生还必须准确地表征问题，这要求学生有某一领域特定的知识。成功地表征问题有两个任务，其中的第一个是语言理解，需要理解问题中每一个句子的含义；第三，整体表征：第二个任务是将问题的所有句子综合在一起，达成对整个问题的准确理解；第四，问题归类：将要解决的问题归入某一类中，一个特定的图式就会被激活，这个图式将引导对有关信息的注意，并预期正确答案应该会是什么样的。

（2）寻求解答阶段。第一，算法式。将达到目标的各种可能的方法都列出来，具体化，逐一加以尝试；第二，启发式。根据目标的指引，试图不断地将问题状态转换成与目标状态相近的状态，只试探那些对成功趋向目标状态有价值的操作，也就是使用一般的策略试图解决问题。具体有手段—目的分析法、逆向反推法、爬山法、类比思维法。

（3）执行计划或尝试某种解答阶段。当表征某个问题并选好某种解决方案后，下一步就是执行计划、尝试解答。

（4）评价阶段。当选定并执行某个解决方案之后，学习者还需要对结果进行评价。评价结果的方法之一，就是寻找能够证实或证伪这种解答的证据，对解答进行核查。

三、分析论述题

1. 试论王守仁"致良知"与教育作用。

【答案要点】

（1）致良知。王守仁十分重视教育对于人的发展所起的重要作用，提出了"学以去其昏蔽"的思想，其目的是激发本心所具有的"良知"。其具体内容包括两个方面：

①"心即理"。王守仁认为万物都靠心的认识而存在，"理"并不在"心"外，而在"心"中，"心即理"。

②良知即是天理。良知不仅是宇宙造化者，而且也是伦理道德观念，是"心之本体"。

（2）特点。

它与生俱来，不学自能，不教自会；它为人人所具有，不分圣愚；良知不会泯灭。但是"良知"也有致命的弱点，即在与外物接触中，由于受物欲的引诱，会受昏蔽。

（2）教育作用。

教育是"致良知"或"学以去其昏蔽"的过程。从积极的角度来说，王守仁又认为教育的作用是"明其心"。无论是"学以去其昏蔽"，还是"明其心"，其实质是相同的，教育的作用就在于实现"存天理、灭人欲"的根本任务。基于此，他认为用功求学受教育，并不是为了增加什么新内容，而是为了日减"人欲"。

2. 为什么说教师职业是专门性职业，专业化程度如何？

【答案要点】

教师职业需要经过专业的师范教育训练、掌握专门的知识和技能、通过培养人才为社会服务。教师必须不断学习，及时更新自己的知识结构；必须善于研究，积累自己的教育智慧，才能适应学生发展的时代要求。培养教师的终身学习能力和研究能力是现代教师成长的重要条件。因此，教师职业是一种专门性职业。

教师作为专门职业，具有三个基本特征：一是需要专门技术和特殊智力，在职前必须接受过专门的教育；二是提供专门的社会服务，具有较高的职业道德和社会责任感；三是拥有专业自主权或控制权，如对从业人员聘用、解职的专业权利不受专业外因素控制，表现为专业工作者应获得本专业资格证书，专业内部有不同的职称来标志专业水平差异等。根据学术标准衡量，教师职业是一种专门性职业，它需要经过专门的师范教育训练、掌握专门的知识和技能，通过培养人才为社会服务。

教师职业是专门性职业，因此教师就是专业人员。在国际劳工组织制定的《国际标准职业分类》中，教师被列入了"专家、技术人员和有关工作者"的类别中。我国颁布的《中华人民共和国教师法》把"教师"界定为"履行教育教学职责的专业人员"，并相继颁布了《教师资格条例》和《〈教师资格条例〉实施办法》，通过资格认定来体现教师专门职业的要求。

教师职业是需要持续专业化的职业。由于人类知识激增对课程内容的持久冲击，由于信息化社会对学生广泛而深入的影响，作为以知识传播、生产为主要任务的教师，必须不断学习，及时更新自己的知识结构；必须善于研究，积累自己的教育智慧，才能适应学生发展的时代要求。

2021年 宁波大学333教育综合·真题解析

一、名词解释

攻击性行为

攻击性行为是一种经常有意地伤害和挑衅他人的行为。这是儿童、青少年中比较常见的一种问题行为，对儿童、青少年的人格和品德的发展有着消极的影响，严重的甚至会导致儿童、青少年走向犯罪。

校本课程

校本课程是以学校为课程编制主体，自主开发与实施的一种课程，是相对于国家课程和地方课程的一种课程。校本课程的实施有助于最大限度地促进每个学生的发展，有助于提高教师的专业水平，有助于提高学校的办学水平。

教育目的的价值取向

教育目的的价值取向，是指教育目的的提出者或从事教育活动的主体，依据自身对人和社会发展需要的理解而对教育价值做出选择时所持有的一种倾向。常见的有个人本位论和社会本位论。

惩罚

惩罚指当有机体做出某种反应以后，呈现一个厌恶刺激或不愉快刺激，降低该反应发生的概率。可分为正惩罚和负惩罚。正惩罚通过呈现厌恶刺激而降低反应概率，负惩罚通过消除愉快刺激而降低反应概率。

素丝说

墨子在人的教育方面提出"素丝说"，他以素丝和染丝为喻来说明人性及其在教育下的改变和形成。他认为人性不是先天所成，生来的人性如同待染的素丝，下什么色的染缸，就成什么样颜色的丝，即有什么样的环境与教育就造就什么样的人。

非制度化的教育

非制度化的教育是指那些没有能够形成相对独立的教育形式的教育。这种教育是与生产或生活高度一体化的，没有从日常的生产或生活中分离出来成为一种相对独立的社会机构及其制度化行为。

二、简答题

1. 日本明治维新时期的教育改革措施。

【答案要点】

（1）建立中央集权式的教育管理体制。1871年，明治政府在中央设立文部省，统一管理全国的文化教育事业并兼管宗教事务。1872年颁布的《学制令》，在确立教育领导体制的基础上，建立全国的学校教育体制，规定实行中央集权式的大学区制。

（2）初等教育的发展。1886年颁布的《小学令》规定初等教育年限为八年，分两个阶段实施。前4年为寻常小学阶段，实施义务教育；后4年为高等小学阶段，实施收费制。

（3）中等教育的发展。1886年颁布的《中学校令》规定，中学承担实业教育及为学生升入高等学校做准备的基础教育两大任务。中学类型分为寻常中学与高等中学两类，前者修业五年，由地方设置及管理，每府县设立一所，属普通教育学校；后者修业两年，每学区设一所，属大学预科性质，直接接受文部大臣的领导。

（4）高等教育的发展。日本近代高等教育的发展始于明治维新时期的教育改革，这一改革既吸取借鉴了欧美发展高等教育的经验，同时又较好地利用了本国已有的教育基础。新大学的创办以1877年东京大学的成立为肇端。1886年颁布《帝国大学令》，改东京大学为帝国大学，明确其任务为适应国家发展需要，讲授学术及技术理论，研究学术及技术的奥秘，培养大批管理干部及科技人才。

（5）师范教育的发展。明治时期大规模教育改革的推行及学校的兴办，尤其是初等义务教育运动的开展，客观上要求充分发展师范教育以提供必要的师资保障。1886年颁布的《师范学校令》为日本师范教育的规范发展提供了政策支撑。

2. 裴斯泰洛齐的要素教育论。

【答案要点】

裴斯泰洛齐要素教育论的基本思想是：初等学校的各种教育都应该从最简单的要素开始，然后逐渐转到日益复杂的要素，循序渐进地促进人的和谐发展。要素教育既要求初等学校为每个人在德、智、体几方面都能受到基本的教育而得到和谐的发展，又要求在德育、智育、体育的每一个方面都通过"要素方法"获得均衡的发展。

（1）德育。道德教育最基本的要素是儿童对母亲的爱。随着孩子的成长，便由爱母亲发展到爱双亲，爱兄弟姐妹，爱周围的人。进入学校后，又把爱逐步扩大到爱所有人，爱全人类。

（2）智育。智育的基本要素是数目、形状和语言。教育就是在这些要素的基础上来进行教学和设计课程，从而促进儿童的心理发展。所对应的科目分别是算数、几何和语文。

（3）体育。体育的基本要素是关节活动。儿童的体育训练就是要从各种关节活动的训练开始，并随着年龄的增长逐渐进行较复杂的动作训练，以发展他们身体的力量和各种技能。

3. 程序性知识的产生机制。

【答案要点】

现代认知心理学运用产生式理论来解释程序性知识获得的心理机制。他们认为，计算机之所以智能，能完成各种运算和解决问题，是由于它储存了一系列"如果……那么……"形式编码的规则。人经过学习，头脑中也储存了一系列以"如果……那么……"形式表示的规则。这种规则称为产生式。

产生式由条件和行动两部分组成，基本原则是"如果条件为X，那么实施行动Y"，即当一个产生式的条件得到满足，则执行该产生式规定的某个行动。解决复杂问题需要多个产生式，这些产生式组成了产生式系统，即人所能执行的一组内隐的智力活动。

程序性知识的学习在本质上是掌握一个程序，即在长时记忆中形成一个解决问题的产生式系统。产生式系统理论为揭示程序性知识表征和获得的心理机制提供了新的思路，为程序性知识的教学提供了科学依据。

4. 成败归因理论。

【答案要点】

成败归因理论的基本假设：寻求理解是行为的基本动因。

（1）海德。最早提出归因理论，认为人们具有理解世界和控制环境两种需要，使这两种需要得到满足的根本手段就是了解人们行为的原因，他把行为的原因分为外部环境和个人原因。

（2）罗特。对归因理论进行了发展，提出控制点的概念，并依据控制点把个体分为内控型和外控型。内控型的人认为自己可以控制周围的环境，无论成功还是失败都是由于自己的能力或努力等内部因素造成的；外控型的人则感到自己无法控制周围的环境，无论成败都归因于他人的影响或运气的好坏等外在因素。

（3）韦纳。对行为结果的归因进行了系统探讨，发现人们倾向于将活动成败的原因归结为六个因素：即能力高低、努力程度、任务难易、运气好坏、身心状态、外界环境等。这六个因素可归为三个维度，即内部归因和外部归因、稳定性归因和非稳定性归因、可控制归因和不可控归因。最后，将三维度与六因素结合起来，组成归因模式。

5. 永恒主义教育。

【答案要点】

永恒主义教育亦称"新古典主义教育"，产生于20世纪30年代，是现代欧美国家一种强调理性训练以及人的理性和教育基本原则的永恒性的教育思潮，代表人物有美国的赫钦斯、艾德勒，英国的利文斯通和法国的阿兰等。其主要观点包括以下几个方面：

（1）发展人的理性是教育永恒不变的原则。
（2）教育的主要目的是培养永恒的理性。
（3）永恒的古典学科应该在学校课程中占有中心地位。
（4）学生通过教师的教学进行学习。

永恒主义教育对进步教育的批判比要素主义更加激烈，但从整体上来看，它并未提出新的价值判断标准。永恒主义教育在教育理论上有一定影响，但在教育实践中的影响范围不大，主要限于大学和上层知识界中的少数人。

6. 终身教育。

【答案要点】

终身教育是人一生各阶段当中所受各种教育的总和，也是人所受的不同类型教育的综合。前者从纵向上讲，说明终身教育不仅仅是青少年的教育，而且涵盖了人的一生；后者从横向上讲，说明终身教育既包括正规教育，也包括非正规教育和非正式教育。

（1）终身教育思想是对教育全新的理解，教育不局限于学校，也包括家庭、社会对人的影响。
（2）终身教育使教育与生产、生活重新结合，打破教育长期与劳动世界相隔绝的局面。
（3）终身教育的对象更广泛，学习形式更多样。

终身教育的理念符合"人即目的""机会均等""差别性对待"的原则。终身教育是实现教育平等制度的基础，是现代教育制度的创新，是未来学制发展的趋势。

7. 学生身心发展的特点。

【答案要点】

（1）顺序性。在正常情况下，学生的发展具有一定的方向性和顺序性，既不能逾越，也不能逆向发展。如个体动作的发展就遵循自上而下、由躯体中心向外围、从粗动作向细动作的发展规律性。就心理而言，儿童的发展总是从无意注意到有意注意，从机械记忆到意义记忆，从具体形象思维到抽象逻辑思维，从喜怒哀乐等一般情绪发展到道德感、理智感、美感等高级情感。

（2）不平衡性。学生的发展不总是匀速直线前进的，不同系统的发展速度、起始时间、达到的成熟水平是不同的；同一机能系统在发展的不同时期也有不同的发展速率。从总体发展来看，幼儿期出现第一个加速发展期；青春发育期出现第二个加速发展期。

（3）阶段性。学生的发展变化既体现出量的积累，又表现出质的飞跃。当某些代表新质要素的量积累到一定程度时，就会导致质的飞跃，从而表现出发展的阶段性。个体的身心发展的阶段性表现为不同年龄阶段的个体具有不同的年龄特征及主要矛盾，面临着不同的发展任务。

（4）个别差异性。学生的发展的个体差异表现在身心发展的速度、水平、表现方式等方面。如在发展速度上，有的儿童早慧，有的儿童大器晚成。

（5）整体性。学生的生理、心理和社会性等方面的发展是密切联系在一起的，并在发展过程中相互作用，使人的发展表现出明显的整体性。

三、分析论述题

1. 黄炎培职业教育的目的、方针和原则。

【答案要点】

（1）职业教育的目的。

黄炎培对职业教育目的的认识和表述因不同历史时期和社会场合而有所不同，但他将职业教育的最终目的概括为"使无业者有业，使有业者乐业"。

①"使无业者有业"，是指通过职业教育为资本主义工商业发展造就适用人才，同时解决社会失业问题，使人才不至浪费，使生计得以保障。

②"使有业者乐业"，是指通过职业教育形成人的道德智能，使之能胜任和热爱自己的职业，进而能有所创造发明，造福于社会人类。

（2）职业教育的方针。

黄炎培在数十年的实践中，形成了社会化、科学化的职业教育办学方针。

①社会化。黄炎培将社会化视为"职业教育机关唯一的生命"。他认为，办理职业教育，必须注意时代发展趋势与应行的途径，社会需要哪种人才，就办哪种学校。强调职业教育必须适应社会需要。

②科学化。科学化是黄炎培办职业教育所坚持的另一条方针。科学化是指用科学来解决职业教育问题。开展职业教育需要的工作包括物质方面和人事方面，这两方面的工作都需要遵循科学原则。

（3）职业教育的教学原则。

黄炎培根据职业教育的特点总结出以往教育的经验，提出"手脑并用""做学合一""理论与实际并行""知识与技能并重"等主张，作为开展职业教育教学工作必须坚持的原则。

2. 教师作为一种专业化的职业的特征，谈如何提高教师专业性。

【答案要点】

教师职业是一种专门性职业，需要经过专业的师范教育训练、掌握专门的知识和技能、通过培养人才为社会服务。教师必须不断学习，及时更新自己的知识结构；必须善于研究，积累自己的教育智慧，才能适应学生发展的时代要求。培养教师的终身学习能力和研究能力是现代教师成长的重要条件。

（1）加强和改革师范教育。要发展师范教育，切实提高教师队伍的质量，第一，必须采取有效的政策性措施，鼓励和吸引大批优秀学生报考师范院校。第二，努力提高教师的社会地位和物质待遇，增强师范教育的吸引力。第三，联系现时代对教师作用和职能的新要求，使未来教师能获得与之相应的专业训练，尤其要树立师范生先进的教育理念。第四，吸收除正规教师以外的各种可能参与教育过程的人，并为其从教提供必要的职业帮助。

（2）实施教师资格考察制度。实施教师资格考察制度，不仅有利于加强教师质量的管理与考核，而且为非师范专业毕业的大学生谋求教师职业开辟了道路，从而切实有效地充实了教师队伍。该制度包括三层含义：第一，教师资格制度是国家实行的一种职业资格制度；第二，教师资格制度是法律规定的，必须依法实施；第三，教师资格是教师职业许可。

（3）加强教师在职提高。教师在职提高的主要途径包括教学反思、校本培训、校外支援与合作等形式。

①教学反思是指教师把自己放到研究者、反思者的位置，通过对教育、教学日常工作中出现的某些疑难问题的观察、分析、反思与解决，提升自己的专业理论水平和专业实践的智慧与能力。

②校本培训是指以教师任职的学校为组织单位，以提高教师专业素质为主要目标，通过教育、教学实践和教育科研活动等形式，对全体教师进行的全员性在职培训。

③校外专业支援与合作的主要形式有：跨校合作，包括学校与学校，学校与大学或师范院校的合作；专家指导，包括专家讲座、报告等；政府教育部门和教研机构组织的各类专业培训，包括短期培训、脱产进修、业余进修等。

2020年 宁波大学333教育综合·真题解析

一、名词解释

档案袋评价法

档案袋评价法又称成长记录袋，是一种新的评价方法，属于质性评价的范畴，主要是指有目的地收集学生学习表现的一些信息，包括考试成绩、作业、作品、照片、录音带等放进个人的文件夹中，并附有教师评语、同伴互评、学生自评及家长评语，以展示学生学习的历程及意义。

形式训练说

形式训练说是知识迁移的理论之一，主张迁移要经过一个"形式训练"的过程才能产生，以官能心理学为基础，认为迁移是无条件自动发生的。通过一定的训练，心智的各种官能可以得到发展，从而转移到其他学习上去。

主题班会

主题班会是班级活动中阶段性的教育活动的形式之一，一般是班级自己主导组织的、针对班级的发展需要而展开的。在活动主题的选择上应注意：主题班会要贴近学生成长的实际；主题班会应体现学生的全员参与和获益；主题班会的形式要丰富而具有创意。

苏霍姆林斯基的劳动教育法

苏霍姆林斯基十分重视劳动在人的全面和谐发展中的作用。他认为劳动既是学生认识和理解客观世界的手段，也是他们自我认识和自我教育的途径，劳动教育和德育、智育、体育、美育是不可分割和相辅相成的，要使热爱劳动及早成为一个人最重要的品质之一。

二、简答题

1. 简述现代认知学习观。

【答案要点】

布鲁纳是美国著名的认知教育心理学家，提倡发现学习，主张学习的目的在于采用发现学习的方式，使学科的基本结构转变为学生头脑中的认知结构。他的认知学习观内容包括：

（1）认知表征系统。布鲁纳把智慧生长看作形成表征系统的过程，他认为人类的智慧生长经历了三种表征系统阶段：第一，动作性表征；第二，映象性表征；第三，符号性表征。

（2）学习的实质。学习的实质是主动形成认知结构。所谓认知结构就是编码系统，是"一组相互关联的、非具体性的类别"，它是人用以感知外界的分类模式，是新信息借以加工的依据，也是人的推理活动的参照框架。

布鲁纳十分强调学习的主动性和认知结构的重要性，他认为，学习者不是被动地接受知识，而是主动地获取知识，并通过把新获得的知识和已有的认知结构联系起来，积极地建构其知识体系。

（3）学习的过程。学习包括获得、转化和评价三个过程。学习活动首先是新知识的获得；获得新知识以后还要对它进行转化，运用各种方法将它们变成另外的形式，以适合新任务，并获得更多的知识；评价是对知识转化的一种检查，通过评价可以核对我们处理知识的方法是否适合新的任务，或者运用得是否正确。

2. 裴斯泰洛齐的教育心理学化含义和影响。

【答案要点】

在西方乃至世界教育史上，裴斯泰洛齐是第一个明确提出"教育心理学化"的教育家。教育心理学化就是要把教育提高到科学的水平，将教育科学建立在人的心理活动规律的基础上。其教育的心理学化的内涵为：

（1）教育目的的心理学化。要求将教育的目的和理论指导置于儿童本性发展的自然法则的基础上。只有认真探索和遵循儿童的心理活动和心理发展的规律性，才能有效地达到应有的教育目的。

（2）教学内容心理学化。必须使教学内容的选择和编制适合儿童的学习心理规律。裴斯泰洛齐力图从客观现象和人的心理过程探索教育和教育内容中普遍存在的基本要素，并以此为核心来组织各科课程和教学内容，提出"要素教育"理论。

（3）教学原则和教学方法的心理学化。教学要遵循自然的规律，要使教学程序与学生的认识过程相协调。在此原则下，提出了直观性教学原则、循序渐进原则。

（4）要让儿童成为他自己的教育者。教育者不仅要让儿童接受教育，还要使儿童成为教育中的动因，要适应儿童的心理时机，尽力调动儿童的能动性和积极性，使他们懂得自我教育。

虽然裴斯泰洛齐对人的心理理解是感性的，并不十分科学，但他关于教育心理学化的思想，不仅成为他关于人的和谐发展论、教育要素论、简化的教学方法和初等学校各科教学法的重要理论基础，而且对19世纪欧美一些国家教育研究和实践产生了重大影响。

3. 蒙学教材类型、特点。

【答案要点】

（1）宋元时期的蒙学教材按其内容的侧重点，大致可以分为五类：

①识字教学类。如《三字经》《百家姓》《千字文》等。主要目的是教儿童识字，掌握文字工具，同时也综合介绍一些基础知识。

②伦理道德类。如《童蒙训》《少仪外传》《性理字训》等，侧重于向儿童传授伦理道德知识以及为人处世、待人接物的准则。

③历史教学类。如《十七史蒙求》《叙古千文》《史学提要》《历代蒙求》《左氏蒙求》等。这类教材既向儿童传授历史知识，又对他们进行思想教育。

④诗歌教学类。如《训蒙诗》《小学诗礼》等，选择适合儿童的诗词歌赋供他们学习，对他们进行文辞和美感教育。

⑤名物制度和自然常识教学的教材。以《名物蒙求》为代表，内容涉及天文、地理、人事、鸟兽、草木、衣服、建筑、器具等。

（2）宋元明清时期的蒙学教材逐渐形成了鲜明的特点，具体表现在以下几个方面：

①按专题分类编写，使蒙学教材在内容和形式上呈现多样化。

②一些著名学者如朱熹等亲自编撰蒙学教材，对提高蒙学教材的质量起了重要作用。

③注意儿童的心理特点，采用韵语形式，文字简练，通俗易懂，并力求将识字教育、基本知识教育和伦理道德教育有机地结合起来。

4. 智力技能的培养措施。

【答案要点】

（1）遵循智力活动按阶段形成的理论。心智技能按阶段形成的理论，充分体现了心智技能形成的一般规律。因此，在培养学生形成心智技能时应遵循这一理论，积极创造条件，帮助他们从外部的物质活动向内部的智力活动转化。

（2）根据心智技能的种类选择方法。心智技能与动作技能一样也有简单和复杂之分，要根据其不同的复杂程度而采取不同的途径。

（3）积极创造应用心智技能的机会。学生的实践活动是心智技能形成和发展的基础。要想促进学生心智技能的形成和发展，使之达到熟练掌握和灵活运用的水平，教师必须积极创设问题情境，让他们的心智技能在解决问题的练习中得到锻炼。

（4）注重思维训练。学生心智技能的核心心理成分是思维。为此，教师在教学过程中要重视学生的思维训练，培养他们思维的独立性与批判性、敏捷性与灵活性、流畅性与逻辑性以及敏感性等良好品质，养成认真思考的习惯。

三、分析论述题

1. 文艺复兴时期的人文主义、新教教育和天主教教育之间的联系、区别及影响。

【答案要点】

人文主义教育、新教教育、天主教教育三种教育势力之间既有相互冲突的方面，也有相互融合吸收的方面。

（1）联系。

人文主义教育、新教教育和天主教教育三者都很重视古典人文学科。人文主义教育重视古典人文学科自不待言，新教教育和耶稣会教育也以古典人文学科为学校课程的主干。此外，在教育教学管理方面，三种教育也有很多相同之处。

（2）区别。

①尽管人文主义运动导致了宗教改革，但大多数人文主义者都反对宗教改革造成的教会分裂，而主张在教会内部实行不流血的改革，人文主义和天主教都是反对宗教改革的。

②人文主义教育和天主教教育具有贵族性，新教教育则具有较强的群众性和普及性。但人文主义教育的贵族性是由人文主义运动的性质所决定的，与耶稣会教育的贵族性在性质上是不同的，后者的目的在于通过教育使社会精英或未来的社会精英为天主教服务。

③这三种教育的根本差异在于它们所服务的教育目的不同。新教教育为新教服务，天主教教育为天主教服务，教育在新教和天主教那儿主要是作为一种宗教的工具而被运用，渗透于新教教育和天主教教育中的古典人文教育主要是作为一种技术性的语言工具而被利用，对个人发展的考虑、对世俗利益的考虑，一直被放在次要地位。

2.我国教育目的价值取向和改革启示。

【答案要点】

教育目的的价值取向是指教育目的的提出者或从事教育活动的主体，依据自身对人的发展和社会发展需要的理解而对教育价值做出选择时所持有的一种倾向。我国教育目的是造就德、智、体、美、劳等全面发展的社会主义事业的建设者和接班人。其体现的基本精神有：第一，坚持社会主义方向；第二，培养全面发展的人；第三，培养现代人的品质。

我国教育目的的价值取向是社会本位的价值取向。社会本位论者认为，教育的根本目的是由社会发展的需要决定的，至于人的潜能与个性的需要是无关紧要的。代表人物有那托尔普、涂尔干、凯兴斯泰纳等。

（1）个人的一切发展都有赖于社会。人的身心发展的各个方面都依赖于社会，都受社会的制约，人的一切发展也是为了满足社会的需要。

（2）教育除了满足社会需要以外并无其他目的。个人与个性的形成，是在与他人进行精神交往的过程中产生的，脱离社会就没有个性的产生与发展。

（3）教育的结果或效果是以其社会功能发挥的程度来衡量的。教育结果的好坏，以它能否维持人类的生存和社会的繁荣来加以衡量。离开了社会，就无法对教育的结果做出衡量。

对教育改革的启示：

我们必须改造和更新传统的文化观念，改革传统的教育观念和教育方式，改革单一的教育教学目标，改革繁、难、偏、旧的课程结构和体系，建立民主、平等、交往、对话的师生关系，真正实现培养创新人才的目的。

宁波大学333教育综合·真题解析

一、名词解释

班集体

班集体是一个有一定人数规模的学生集体，是学校行政根据一定的任务、按照一定的规章制度组织起来的有目标、有计划地执行管理、教育职能的正式小群体。班集体不仅是学生在校生活的基本组织单位，而且也是促进学生成长的正式组织之一。

单轨学制

单轨学制，主要代表是美国。其结构是：小学、中学、大学。其特点有：一个起点、一个系列、多种分段，如六三三、五三四、八四、六六等分段。单轨制被世界许多国家采用，因为它有利于教育的逐级普及，有利于现代生产和科技的发展。

最近发展区

维果茨基认为，在进行教学时必须注意到儿童的两种水平，一种是儿童现有的发展水平，另一种是即将达到的发展水平，维果茨基把这两种水平之间的差距称为最近发展区，即独立解决问题的真实发展水平和在成人指导下或与其他儿童合作情况下解决问题的潜在发展水平之间的差距。

《学记》

《学记》是《礼记》的一篇，是中国古代最早的一篇专门论述教育、教学问题的论著，因此有人认为它是"教育学的雏形"。《学记》是先秦时期儒家教育和教学活动的理论总结，它主要论述教育的具体实施，偏重于说明教学过程的各种关系。

结构主义教育

结构主义教育产生于20世纪50年代末，是现代欧美国家一种强调认知结构的研究和认知能力的发展的教育思潮。它以结构主义心理学为理论基础，侧重研究课程教学改革问题，代表人物有皮亚杰、布鲁纳等。

《普通教育学》

《普通教育学》是赫尔巴特的一本自成体系的教育学著作，它标志着教育学已经成为一门独立学科。在此书中，赫尔巴特全面、系统地阐述了其教育理论：由儿童的管理、教学和道德教育构成的教育过程，兴趣的多方面性，教学形式阶段，教育性教学原则，由单纯提示的教学、分析教学和综合教学构成的教学进程，等等。

二、简答题

1. 简述教师职业的基本特征。

【答案要点】

（1）教师职业是一种专业性职业。教师职业是一种专门性职业，它需要经过专业的师范教育训练、掌握专门的知识和技能、通过培养人才为社会服务。

（2）教师职业是以教书育人为职责的创造性职业。有目的地培养人才是教育区别于其他社会领域的根本特征。教育人的工作是由多方面力量协调来完成的，教师是通过教书来育人的。教师应根据不同教育的对象、不同的教育内容和教育条件，运用自己的知识、经验，设计各式各样的教育教学方案和方法，形成不同的教育教学风格和特色。

（3）教师职业是需要持续专业化的职业。教师必须不断学习，及时更新自己的知识结构；必须善于研究，积累自己的教育智慧，才能适应学生发展的时代要求。培养教师的终身学习能力和研究能力是现代教师成长的重要条件。

2. 简述程序性知识的教学策略。

【答案要点】

（1）课题选择与设计策略。在教学过程中，教师根据程序性知识的不同特点，为学生选择和设计学习课题来促进程序性知识的理解和获得，是教师指导作用的一个重要方面。

（2）示范与讲解策略。示范的有效性首先取决于示范者的身份，其次示范的准确性是影响操作技能学习的直接决定因素。此外，在教学过程中通过讲解，可以突出动作要领，提高学生对动作的认识水平。

（3）变式练习与比较策略。在教学中，教师精心设计的变式练习，对于避免大量的重复练习，消除题海战术，减轻学生的学业负担，提高学生对实际问题的解决能力有重要的意义。比较是指在呈现例证或感性材料时，与正例相匹配呈现一些学生容易混淆的典型反例，以促进分化的顺利实现，并提高其准确性。

（4）练习与反馈策略。采用何种练习方式直接影响着程序性知识的学习。从练习时间安排来看，练习的方式有集中练习和分散练习；从是否把动作步骤加以分解进行练习来看，有整体练习和部分练习。此外，给学习者提供适当的反馈信息也是提高练习效果的有效方法，通过反馈学生能辨别动作的正误，知晓自己动作是否达到要求。

（5）条件化策略。要使所学知识在需要时能迅速、顺利、准确地提取和执行，就必须使所学的知识在头脑中建立一个"触发条件"，使之随时处于良好的备用状态。教师应注意经常提醒和帮助学生进行这种将知识"条件化"的工作，即明确程序性知识的条件项。

（6）分解性策略。在程序性知识的教学中，教师还应注意将完成某类程序操作的完整过程分解为几个阶段，总结每个阶段上的最佳运算方式和可能的运算方式，同时对学生进行训练，使之掌握这些运算方式，再将它们连贯起来。

3. 简述夸美纽斯教育适应自然的原则。

【答案要点】

教育适应自然的原则是贯穿夸美纽斯整个教育理论体系的一条根本的指导性原则，他的"自然"包括两个方面的含义：

（1）自然界及其普遍法则。夸美纽斯认为在宇宙万物和人的活动中存在着一种"规则"，它保证了宇宙万物的和谐发展。所以人的各种活动包括教育活动也都应该遵循这些自然的、普遍的规则。在此基础上，夸美纽斯提出要改革学校，要使学校教育符合自然的规则和秩序。

（2）人的与生俱来的天性。夸美纽斯认为，人是自然界的一部分，人的发展也有其本身的规则。据此，夸美纽斯提出要依据人的自然本性和儿童年龄特征进行教育，使每个人的智力都得到充分的发展。

4. 简述文艺复兴时期人文主义教育的基本特征。

【答案要点】

（1）人本主义。人文主义教育在培养目标上注重个性发展，在教育教学方法上反对禁欲主义，尊重儿童天性，坚信通过教育这种后天的力量可以重塑个人、改造社会和自然，这些都表现出人本主义内涵，人的力量、人的价值被充分肯定。

（2）古典主义。人文主义教育思想吸收了许多古人的见解，人文主义教育实践尤其是课程设置亦具有古典性质，但这种古典主义绝非纯粹的"复古"，实则含有古为今用、托古改制的内涵，这在当时是进步的。

（3）世俗性。不论从教育目的还是从课程设置等方面看，人文主义教育洋溢着浓厚的世俗精神，教育更关注今生而非来世。

（4）宗教性。几乎所有的人文主义教育家都信仰上帝，他们希冀以世俗和人文精神改造中世纪陈腐专横的宗教性，以造就一种更富世俗色彩和人性色彩的宗教性。

（5）贵族性。人文主义教育的对象主要是上层子弟，教育的形式多为宫廷教育和家庭教育而非大众教育，教育的目的主要是培养上层人物如君主、侍臣、绅士等。

5. 简述埃里克森的心理社会发展理论。

【答案要点】

埃里克森是美国现代著名的精神分析学家之一，他基于对文化和个性关系的重要性的认识，提出了社会文化发展理论。

（1）出生到18个月：婴儿期。这一阶段的主要矛盾是信任对怀疑。如果婴儿得到较好的抚养并与母亲建立了良好的亲子关系，儿童将对周围世界产生信任感，否则将产生怀疑和不安。家长在这一时期应该积极地、始终如一地满足婴儿的需求。

（2）18个月到3岁：儿童期。这一阶段的主要矛盾是自主对羞怯。儿童在这一时期开始表现出自我控制的需要与倾向，渴望自主并试图自己做一些事情，如吃饭、穿衣。如果父母给儿童过多的限制或者过度的保护，儿童就开始对自己的能力产生怀疑，产生羞愧感。

（3）3到6岁：学龄初期。这一阶段的主要矛盾是主动对内疚。这个阶段的儿童开始想象自己扮演成年人的角色，并希望在活动中获得成年人的欢迎和赞赏。父母或教师需要对儿童提出的问题进行正面的鼓励，提出合理的建议，这样儿童的主动性会得到加强，反之则会降低儿童从事活动的热情，也影响他们的积极性。

（4）6到12岁：学龄期。这一阶段的主要矛盾是勤奋对自卑。儿童在这一阶段进入学校，学习知识和技能。儿童开始发展勤奋感，形成一种成功感和对成就的认识。如果面临的任务太过困难，造成了失败，那么儿童可能会产生自卑感。教师或父母如果对儿童在活动中表现出的勤奋视而不见，也会发展出自卑的人格。

（5）12到18岁：青春期。这一阶段的主要矛盾是角色同一性对角色混乱。这一时期的个体开始考虑"我是谁"这一问题。个体尝试把自己的各个方面形成自我形象的整体评价。但由于经验等的限制，个体难以对自己的各个方面形成明确的认识，也难以在实际生活中始终保持自我的一致性。

（6）18到30岁：成年初期。这一阶段的主要矛盾是友爱亲密对孤独。婚姻问题和家庭生活是这一时期面临的重大问题。如果个体乐于与他人交往，不过分计较得失，能在交往中获得乐趣，可以形成一种亲密感。但如果一个人缺乏与朋友、配偶之间的亲密友爱关系，则会产生孤独感。

（7）30到60岁：成年中期。这一阶段的主要矛盾是繁殖对停滞。这个阶段的个体已经成家立业，面临着抚育和关怀下一代的任务。如果个体事业有成、家庭美满，则表现出较大的创造力。但如果个体过于自我专注，满足私利，则容易产生颓废感，生活消极懈怠。

（8）60岁以后：成年晚期。这一阶段的主要矛盾是完美无憾对悲观绝望。这个阶段的个体已经进入老年期。如果前几个阶段发展顺利，个体在这个时期会巩固自我感觉并完全接受自我，对自己的过去不再遗憾，获得自我完满感。反之，如果个体对过去有过多悔恨，但又感觉力不从心，则会在绝望中度过余生。

6. 发现学习有哪些特点？

【答案要点】

发现学习是指学生在学习情境中，经过自己探索寻找，从而获得问题答案的一种学习方式，布鲁纳所说的发现不只限于寻求人类尚未知晓的事物的行为，也包括用自己的头脑亲自获取知识的一切形式。布鲁纳认为发现学习具有如下特点：

（1）发生较早。

（2）发现学习的内容是尚无定论的实际材料，而不是现成的结论，学生必须独立地分析事物的各种属性和联系，发现其中的规律和原理。

（3）学习的过程较为复杂。

（4）特别强调学生的主动探索，认为从现象中发现其原理原则，才是构成学习的主要条件。

（5）直觉是发现学习的前奏。

（6）探索中发现的正误答案同具反馈价值。

7. 简述加涅对学习的分类。

【答案要点】

加涅根据学习的繁简水平不同，将学习分为八类：

（1）信号学习：个体学习对某种信号做出某种反应，其过程是刺激—强化—反应。

（2）刺激-反应学习：在一定情境下，个体做出反应，然后得到强化，其过程是情境—反应—强化。

（3）连锁学习：一系列刺激-反应的联合。

（4）言语联想学习：由言语单位所联结的一系列刺激-反应的联合。

（5）辨别学习：个体学会识别多种刺激的异同，并对它们做出不同的反应。

（6）概念学习：个体对刺激进行分类时，学会对一类刺激做出同样的反应。

（7）规则的学习：规则指两个或两个以上概念的联合，规则学习则是个体了解两个或两个以上概念之间的关系。

（8）解决问题的学习：个体使用所学规则解决问题。

三、分析论述题

1. 陈鹤琴的"活教育"思想体系及其启示。

【答案要点】

陈鹤琴是中国近代学前儿童教育理论和实践的开创者，通过对长子陈一鸣的追踪研究，力行观察、实验方法，探索中国儿童心理发展及教育规律；同时创办了中国第一所实验幼稚园——鼓楼幼稚园，进行中国化、科学化的幼儿园实验，总结并形成了系统的、有民族特色的学前教育思想。

"活教育"思想体系包括以下内容：

（1）"活教育"的目的论。陈鹤琴提出"活教育"的目的是"做人，做中国人，做现代中国人"。

①"做人"是"活教育"最为一般意义的目的。"活教育"提倡学习如何做人，如何求社会进步、人类发展。学会"做人"，是个体参与社会生活、增进人类全体，同时也是个体幸福的基础。

②"做中国人"体现了"活教育"目的的民族特征，指要懂得爱护这块生养自己的土地，爱自己国家长期延续的光荣历史，爱与自己共命运的同胞。并且，应该与其他中国人团结起来共同谋国家发展。

③"做现代中国人"体现了时代精神，有五个具体方面的要求：要有健全的身体；要有建设的能力；要有创造的能力；要能够合作；要服务。

"活教育"目的论从普遍而抽象的人类情感和认识理性出发，逐层赋予教育以民族意识、国家观念、时代精神和现实需求等含义，使教育目标逐渐具体，表达了陈鹤琴对人的发展、教育与社会变革的追求。

（2）"活教育"的课程论。"大自然、大社会都是活教材"，是陈鹤琴对"活教育"课程论的概括表述，即让儿童在与自然、社会的直接接触中，在亲身观察中获取经验和知识。"活教育"的课程打破惯常按学科组织的体系，采取活动中心和活动单元的形式，即能体现儿童生活整体性和连贯性的"五指活动"形式。"五指活动"包括儿童健康活动、儿童社会活动、儿童科学活动、儿童艺术活动、儿童文学活动。

（3）"活教育"的教学论。"做中教，做中学，做中求进步"是活教育教学方法的基本原则。陈鹤琴认为，"做"是学生学习的基础，因此也是"活教育"教学论的出发点。它强调儿童在学习过程中的主体地位和在活动中直接经验的获取。陈鹤琴提出了"活教育"的17条教学原则,这些教学原则体现出的特点有:第一,强调以"做"为基础,确立学生在教学活动中的主体性;第二,鼓励学生在"做"的同时,教师要进行有效的指导。陈鹤琴还归纳出"活教育"教学的四个步骤:实验观察、阅读思考、创作发表和批评研讨。这四个步骤体现了以"做"为基础的学生主动学习。

"活教育"思想明显地受到杜威实用主义教育思想的影响,陈鹤琴对此也毫不讳言。但"活教育"如同陶行知的"生活教育"理论一样,吸取了杜威实用主义教育的合理内核,即批判传统教育忽视儿童生活和主体性,力图去除以学校和课堂为中心而脱离社会生活、以书本知识为中心而脱离实际和实践、以教师为中心而漠视学生的存在等弊端,同时也充分考虑到中国的时代背景和国情。这是一种有吸收、有创造、有创新的教育思想。"活教育"是对中国现代教育产生过重要影响的教育思想,其精神至今都未过时,不少观点对当今的教育改革仍然富有启发。

2.试论学生评价理论与实践的变革及其对我国基础教育改革的影响。

【答案要点】

我国新一轮课程改革中包括课程评价改革,改变课程评价过分强调甄别与选拔的功能,发挥评价促进学生发展、教师提高和改进教学实践的功能。

课程评价改革要建立多种评价体系,继续改革和完善考试制度:

(1)建立促进学生全面发展的评价体系:不仅要关注学生的学业成绩,而且要了解和发现学生的潜能,帮助学生认识自我、建立自信。

(2)建立促进教师不断提高的评价体系:强调教师对自己教学行为的分析和反思,建立以教师自评为主,校长、教师、学生、家长共同参与的评价体系。

(3)建立促进课程不断发展的评价体系:周期性地对学校课程执行的情况、课程实施中的问题进行分析评估,调整课程内容、改进教学管理,形成课程不断革新的机制。

(4)继续改革和完善考试制度:在已普及九年义务教育的地方,实行小学毕业生免试就近升学的办法。高中毕业会考改革方案由省级教育行政部门制定,继续实行会考的地方应突出水平考试的性质,减轻学生考试负担。高等学校招生考试制度改革,应与基础教育改革相衔接。

对我国基础教育改革的影响:

(1)学生评价理论与实践的变革推动了教师评价观念的转变,帮助教师树立"发展性评价"的新观念,把评价作为促进学生发展、教师提高和改进教学的手段。

(2)学生评价理论与实践的变革优化了评价方法。教师能更关注学生获得知识与能力的过程,使学生养成正确的学习态度,促进学生的全面发展。

2018年 宁波大学333教育综合·真题解析

一、名词解释

非正式群体

非正式群体是指学生自发形成或要求成立的。它包括因兴趣爱好相同,感情融洽,或是邻居、亲友、同学关系而形成的各种学生群体。

教师威信

教师威信是他们的教育教学行为对学生影响所产生的众望所归的心理效应，把教育和教学对象紧密聚集在自己周围，是进行双向交流、完成教学任务的重要条件。教师威信体现着对学生的凝聚力、吸引力、号召力和影响力。

京师同文馆

京师同文馆最初是作为外语学校设立的，是近代中国被动开放的产物，1902年，京师同文馆并入京师大学堂。在教学内容的设置上，重视外语学习以及科学技术的学习。就其历史地位而言，它是洋务学堂的开端，也是中国近代新教育的开端。

昆西教学法

昆西教学法是指帕克在昆西学校和库克师范学校进行的教育改革实验所采取的新的教育方法和措施。主要特征有：强调儿童应处于学校教育的中心；重视学校的社会功能；主张学校课程应尽可能与实践活动相联系；强调培养儿童自我探索和创造的精神。

福禄培尔

福禄培尔是19世纪德国著名的教育家、幼儿园的创立者、近代学前教育理论的奠基人。他对世界幼儿教育的发展有着深刻的影响，被誉为"幼儿教育之父"。主要著作有《人的教育》。

教育的生物起源说和心理起源说

教育的生物起源说的代表人物有法国哲学家利托尔诺、英国教育学家沛西·能，认为教育的产生完全来自动物的本能，是种族发展的需要；教育的心理起源说的代表人物有美国教育家孟禄，认为原始教育的形式和方法主要是日常生活中儿童对成人的无意识模仿。

二、简答题

1. 学生的心理差异主要表现在哪些方面？

【答案要点】

心理差异是指人在认识、情感、意志等心理活动中表现出来的相对稳定而又不同于他人的心理特征方面的差异。

（1）认知差异。

①认知水平的差异。认知水平的差异主要表现为智力水平的差异，而智力水平的差异又表现为智力发展水平的差异和智力发展速度的差异。

②认知类型的差异。认知类型差异就是人们在感知、理解、记忆、思维等过程中采用的与众不同的方式。

（2）人格差异。人格差异又称个性差异，是指个人在稳定的心理特征方面的差异，反映的是人格特征在个体之间所形成的不同品质。

①性格差异。主要表现为性格类型的差异，是指在某一类人身上共同具有的某些性格特质的组合，主要有以下两种：根据心理活动的倾向，可分为外向型和内向型；根据个人独立性的程度，可分为独立型和顺从型。

②气质差异。气质就是平常所说的脾气秉性，是表现在心理活动的强度、速度、灵活性与指向性的一种稳定的心理特征。心理学家把人的气质分为多血质、胆汁质、抑郁质和黏液质四种类型。一般认为，气质无好坏之分，每种气质都有其长处和短处。

（3）性别差异。性别差异是指男女两性的生理差异及在智力、人格和成就等方面的心理差异。

2. 简介儿童青少年的身体发展、认知发展和人格发展的关系。

【答案要点】

个体的发展包括身体发展和心理发展两个方面。心理发展包括认知发展和人格发展。

（1）身体发展是指个体有机体的各个组织系统的健康发育和体质的增强。

（2）认知发展是指个体在心理上表征世界、思考世界的方式的发展。

（3）人格发展是指个体自出生经成年到老年的整个生命全程中人格特征或个性心理形成、发展和表现的过程。

（4）关系：个体的身体发展与心理发展是紧密相连、不可分割的统一体。身体的发展是心理发展的物质基础，心理的发展也影响着身体发展。

3. 朱熹有关读书法的观点。

【答案要点】

朱熹一生酷爱读书，对于如何读书有深切的体会，并提出了许多精辟的见解。他的弟子将其概括为"朱子读书法"六条。

（1）循序渐进。朱熹主张读书要"循序渐进"，意思是读书要按一定的次序，不要颠倒；应根据自己的实际情况和能力，安排读书计划，并切实遵守它；读书要扎扎实实打好基础，不可囫囵吞枣，急于求成。

（2）熟读精思。朱熹认为，读书既要熟读成诵，又要精于思考。熟读有利于理解，熟读的目的是为了精思。精思就是发现问题和解决问题的过程。

（3）虚心涵泳。所谓"虚心"是指读书时要虚怀若谷，静心思虑，仔细体会书中的意思，不要先入为主，牵强附会；所谓"涵泳"是指读书时要反复咀嚼，细心玩味。

（4）切己体察。强调读书不能仅仅停留在书本上和口头上，而必须要见之于自己的实际行动，要身体力行。

（5）着紧用力。包含两方面意思，其一，必须抓紧时间，发愤忘食，反对悠悠然；其二，必须抖擞精神，勇猛奋发，反对松松垮垮。

（6）居敬持志。既是朱熹道德修养的重要方法，也是他最重要的读书法。"居敬"是读书时精神专一，注意力集中；"持志"是要树立远大的志向和高尚的目标，并要以顽强的毅力坚持下去。

4. 科举制与学校教育的关系。

【答案要点】

（1）学校教育制度是培养人才的制度，成为国家社会人才的重要来源，学校不断输送人才供科举考试选拔，是科举赖以发展的基础；科举考试是国家选拔人才的重要渠道，也为学校培养的人才开辟了政治出路。

（2）科举考试受重视，居于主导地位，学校教育受轻视，居于次要地位。学校教育要适应科举考试的需要，成为科举的附庸，学校作为考试的预备场所，一切都受到科举考试的直接支配。科举考试对学校教育发挥着导向调控的作用，直接影响着学校教育。

5. 教师职业的社会地位主要包含哪些方面？谈谈你对当前教师社会地位的看法。

【答案要点】

教师职业的社会地位是通过教师职业在整个社会中所发挥的作用和所占有的地位资源来体现的，主要体现在以下几个方面：

（1）教师职业的政治地位。即指教师职业在国家或民族的政治生活中所处的地位和所起的作用，表现为教师政治身份的获得、教师自治组织的建立、政治参与度、政治影响力等。随着社会的发展、教育地位的提升，教师政治地位的提高成为提高教师职业社会地位的前提。

（2）教师职业的经济地位。即指将教师职业与其他职业相比较，其劳动报酬的差异状况及其经济生活状态。教师的经济地位不仅影响教师个体的生存和发展，也影响教师队伍的稳定和教师职业的专业化程度，它是教师社会地位的最直观表现。

（3）教师职业的法律地位。即指法律赋予教师职业的权利、责任。教师职业的权利主要是指法律赋予教师在履行职责时所享受的权利。

（4）教师职业的专业地位。它是教师职业社会地位的内在标准。它主要是通过其从业标准来体现。教师职业的从业标准既有软性标准，如道德要求等；也有硬性标准，如教师资格证书等。这成为教师职业学术性要求和从事专业活动的基本要求，保证了教师队伍的专业性。

6. 简答教育的个体发展功能，为什么说学校教育在人的发展中起主导作用？

【答案要点】

个体发展功能指教育对个体的生存和发展所产生的影响，是由教育活动的内容结构决定的，又称教育的本体功能。教育在人的发展过程中，促进着个体的社会化和个性化。

（1）教育在人的发展中起引领作用。教育在年轻一代的发展中起着引领作用主要体现在：有意识地为年轻一代的成长选择、建构、调控良好的环境，对他们的生活、交往、学习与实践等活动进行正确的教导、示范和辅助，并注重尊重他们的主体地位和激发、引导他们内在的学习动力与自我发展的能动性和自主性，从各方面引领、关怀、维护他们的发展。

（2）学校教育主要通过传承文化科学知识来培养人。学校教育是教育者有意识地为儿童的身心发展精心设置的一种环境，它把经过选择的、重新组编的、人类长期积累起来的文化知识作为精神客体与儿童互动，以促进儿童的发展，使他们成人成才。

（3）学校教育对提高人的现代性有显著的作用。教育在人的现代化过程中起着重要作用，因为学生在学校里不仅学会了读、写、算等各个方面的基础知识与技巧，而且学到了与他们个人的发展和国家的未来有关的态度、价值和行为方式。

7. 简述政治制度和经济发展水平对教育的制约作用。

【答案要点】

（1）社会经济政治制度制约教育的性质。一定的教育具有什么样的性质是由那个社会的经济政治制度的性质决定的，而且教育的发展也受制于社会经济政治制度的发展变革。

（2）社会经济政治制度制约教育的宗旨和目的。教育目的是一个社会的经济政治制度对教育的权益要求的集中体现，它直接反映着统治阶级的利益和需求。

（3）社会经济政治制度制约教育的领导权。在人类社会中，掌握政权的阶级必然掌管着社会生产资料，从而必然掌握着精神生产资料，也就掌握着教育的领导权。

（4）社会经济政治制度制约受教育权。在一个社会里，让哪些人受教育，达到什么程度，受什么样的教育，教育的结果如何，都是由社会的经济政治制度决定的。

（5）社会经济政治制度制约教育内容、教育结构和教育管理体制。为了实现不同的教育目标，不同社会经济政治条件下的教育有着不同的教育内容，尤其是社会科学方面的内容。特定的社会教育结构也是由该社会的社会结构、经济结构决定的。教育的管理体制更直接受制于社会的经济政治制度。

三、分析论述题

1. 试论述杜威对教育本质的主张及其启示。

【答案要点】

（1）教育即生活。杜威认为教育是生活的过程，学校是社会生活的一种形式，那么学校生活也是生活的一种形式。学校生活应与儿童自己的生活相契合，满足儿童的需要和兴趣，使校园成为儿童的乐园，使儿童在现实的学校生活中得到乐趣；学校生活应与学校以外的社会生活相契合，适应现代社会变化的趋势并成为推动社会发展的重要力量，校园不应是世外桃源而应积极参与社会生活。

杜威要做的就是改造不合时宜的学校教育和学校生活，使之更富活力，更有乐趣，更具实效，更有益于儿童发展和社会改造。

（2）学校即社会。杜威"学校即社会"意在使学校生活成为一种经过选择的、净化的、理想的社会生活，使学校成为一个合乎儿童发展的雏形的社会。而要将此落于实处，就必须改革学校课程，从分科课程转变为活动课程。"学校即社会"是对"教育即生活"这一命题的进一步引申，代表社会生活的活动性课程的引入是使学校与社会生活相联系的基本保证。杜威坚信教育是社会进步及社会改革的基本方法，通过教育改造社会生活，使之更完善、更美好。

（3）教育即生长。杜威针对当时教育无视儿童天性，消极对待儿童，不考虑儿童的需要和兴趣的现象，提出了"教育即生长"的观念。杜威要求摒除压抑、阻碍儿童自由发展之物，使教育和教学适应儿童的心理发展水平和兴趣、需要的要求。他所理解的生长是机体与外部环境、内在条件与外部条件交互作用的结果，是一个持续不断的社会化的过程。杜威要求尊重儿童但不同意放纵儿童，这也是杜威与进步主义教育实践的一个重要区别。

（4）教育即经验的持续不断的改造。教育即经验的持续不断的改造是指构成人的身心的各种因素在外部环境和人的主动经验过程中统一的全面改造、发展、生长的连续过程。

（5）评价。杜威关于教育本质的这三个论点具有重要的意义：这些观点是杜威改革旧教育的纲领，他的意图是要使教育为缓和社会矛盾、完善美国社会制度服务，对于推动当时的教育改革有积极意义；杜威关于教育本质的观点是他的教育哲学的三个主要命题，内涵丰富并具有启发意义；杜威力图把教育的社会功能与个体发展功能统一起来，并把社会活动视为使两者得以协调的重要手段或中介。但杜威对于教育本质的表述不够科学，"学校即社会"的提法也存在着片面性，它忽视社会与个体发展的各自的相对独立性，进而导致抹杀学校与社会的本质区别。

2. 师生关系有哪些基本类型，分别有哪些特点？你认为良好的师生关系应该具备什么特征？说出你的依据和理由。

【答案要点】

（1）师生关系的类型。从对师生关系的意义及稳定性等的综合分析，师生关系主要表现为以下几个方面：

①以年轻一代成长为目标的社会关系。师生之间的社会关系是教师作为成人社会的代表与学生作为未成年的社会成员在教育教学过程中结成的代际关系、政治关系、文化关系、道德关系、法律关系等。

②以直接促进学生发展为目标的教育关系。师生的教育关系是指教师和学生在教育教学活动中为促进学生的整体发展和自主发展而结成的教育与被教育、组织与被组织、引导与被引导等主体间关系。

③以维持和发展教育关系为目标的心理关系。师生间的心理关系是指教师和学生为了维持和发

展教育关系而构成的内在联系，包括人际认知关系、情感关系、个性关系等。

（2）师生关系的模式。在现实的教学实践中，基本的师生关系体现为放任型、专制型、民主型三种模式，不同的师生关系往往会产生不同的教育结果。

①放任型。在放任型师生关系中，教师只管教书，完成教学任务，对学生不管不顾，学生处于放任自流状态。教师没有尽到自己的育人职责，不利于学生的发展，容易培养自我中心主义的、我行我素的人。

②专制型。在专制型师生关系中，教师作为专制者，管理学生的一切事务，学生完全处于被动接受的地位。专制型师生关系不仅压抑了学生的主动性、积极性，而且容易培养懦弱、两面三刀的人。

③民主型。在民主型师生关系中，教师既尊重学生，又严格要求学生，在发挥学生主体性的同时又给予其合理的引导；教师与学生的关系是平等的、相互促进的，是一种比较理想的师生关系模式。民主型师生关系培养自主、自立、自强、自律的人。

（3）理想师生关系的基本特征。理想的师生关系是师生主体间关系的优化，从其发生、发展的过程及其结果来看，具有三个基本特征：第一，尊师爱生，相互配合；第二，民主平等，和谐亲密；第三，共享共创，教学相长。

依据和理由可联系实际，结合个人经验体会，有针对性地加以陈述。

宁波大学 333 教育综合·真题解析

一、名词解释

白板说

白板说由洛克提出，洛克反对"天赋观念"论，认为人出生后心灵如同一块白板，一切知识是建立在由外部而来的感官经验之上的。

爱弥儿

《爱弥儿》是卢梭的教育哲理小说，批判了经院主义教育，提倡自然主义教育；认为教育应受天性指引，以培养"自然人"为目的；论述了儿童身心发展的四个时期的特点、教育内容和方法；论述了女子教育。该书反映了新兴资产阶级改革教育的要求，在西方教育史上首次系统提出新的儿童教育观，在教育史上掀起一场"哥白尼式的革命"。

教育

教育是人的发展与社会发展的中介活动，其主旨在于以人为本、育人成人，培养人成为他所生存的那个时代的社会实践主体，引导人和社会的持续发展。其概念有广义和狭义之分。狭义的教育主要指学校教育。

教育目的

教育目的是对教育活动所要培养的人的个体素质的总的预期与设想，是对社会历史活动的主体的个体素质的规定。它体现一定社会对受教育者质量规格的界定和要求，也体现人自身发展所应该达到的水准和高度。

程序性知识

从信息加工的角度，将知识分为陈述性知识和程序性知识。程序性知识，是关于"怎么做"的知识，如怎样进行推理、决策或者解决某类问题等。程序性知识主要以产生式为表征。

最近发展区

维果茨基认为，在进行教学时必须注意到儿童的两种水平，一种是儿童现有的发展水平，另一种是即将达到的发展水平，维果茨基把这两种水平之间的差距称为最近发展区，即独立解决问题的真实发展水平和在成人指导下或与其他儿童合作情况下解决问题的潜在发展水平之间的差距。

二、简答题

1. 韩愈的尊师重道的思想。

【答案要点】

（1）教师的地位。由"人非生而知之者"出发，肯定"学者必有师"。强调后天学习的重要性，认为学习一定要有教师的指导，教师是社会所必需。

（2）教师的任务。"传道、授业、解惑"是教师的基本任务。"传道"传的是儒家的仁义之道，"授业"授的是儒学的"六艺经传"与古文，"解惑"是解决学"道"与"业"过程中的疑问。三项最主要的是"传道"，"授业"和"解惑"都要贯穿"传道"，为"传道"服务。

（3）教师的标准。以"道"为求师的标准，主张"学无常师"。韩愈认为教师教学的主要任务在于"传道"，学生求学的任务主要在于学道，能否当教师也就以"道"为标准来衡量。社会上有道的人不少，皆可为师，求学的范围不应受到限制，应当学无常师。韩愈提出以道为师、学无常师的主张，在当时对打破士大夫们妄自尊大的心理，促进思想和文学上的交流，具有一定的积极意义。

（4）师生关系。提倡"相师"，确立民主性的师生关系。韩愈认为，士大夫应当矫正"耻学于师"的坏风气，形成相互学习的新风气，不限于同辈朋友之间，也要实行于教师学生之间。教师与学生年龄有差别，而闻道则不以年龄大小定先后，学术业务也可能各有专长。"弟子不必不如师，师不必贤于弟子"。韩愈把师生的关系看作是可以相互转化的，这种具有辩证法因素的民主性的教育思想，在教育发展史上有重要意义。

2. 简述古代书院的萌芽及其原因。

【答案要点】

书院是我国封建社会自唐以来一种重要的教育组织形式。"书院"的名称始出现于唐朝，当时有两种场所被称为书院。

（1）一种是由中央政府设立的主要用作收藏、校勘和整理图书的机构。

（2）另一种是由民间设立的主要供个人读书治学的地方。这类书院或者直接以个人名字称呼，或者以所在地命名。

（3）书院萌发于唐朝的原因：官学衰落，士人失学；我国有源远流长的私人讲学传统；受佛教禅林的影响；印刷术的发展，书籍大量增加。

3. 蔡元培提出的"五育"之间的关系。

【答案要点】

（1）军国民教育。指将军事教育引入到学校和社会教育之中，让学生和民众受到一定的军事教育和训练。在学校教育中强调学生生活的军事化，特别是体育的军事化。

（2）实利主义教育。即密切教育与国民经济生活的联系，加强职业技能的培训，使教育能发挥提高国家经济能力和改善人民生活水平的作用。

（3）公民道德教育。蔡元培认为公民道德的基本内容不外乎法国资产阶级革命所标榜的自由、平等、博爱，虽然与封建道德的专制等级性不相容，但他明确指出中国传统伦理特别是儒家伦理中的一些基本范畴，其内涵是与自由、平等、博爱的精神相通的。

（4）世界观教育。是蔡元培独创并被作为教育的最高境界。世界观教育就是要培养人们立足于现象世界但又超脱现象世界而贴近实体世界的观念和精神境界。

（5）美感教育。美感教育与世界观教育紧密联系，美感介于现象世界和实体世界之间，是两者之间的桥梁。利用美感这种超越利害关系、人我之分界的特性去破除现象世界的意识，陶冶、净化人的心灵。美感教育是世界观教育的主要途径。

蔡元培认为，"五育"不可偏废，其中军国民教育、实利主义教育、公民道德教育偏于现象世界，隶属于政治教育；世界观教育和美感教育以追求实体世界之观念为目的，为超越政治的教育。根据当时流行的德、智、体三育的说法，蔡元培认为，军国民教育为体育，实利主义教育为智育，公民道德教育为德育，美感教育可以辅助德育，世界观教育将德、智、体三育合而为一，是教育的最高境界。学校中每种教学科目虽于"五育"中各有侧重，但又同时兼通数育。

4. 简述教育促进个体社会化和个性化功能的表现。

【答案要点】

教育的个体功能是教育对个体的生存和发展所产生的作用和影响，由于促进个体发展的功能是教育固有的功能，因此也被称为教育的本体功能。教育的个体功能表现为个体社会化功能和个体个性化功能。

（1）社会化是个体由一个"自然人"变成"社会人"的过程。教育促进个体思想意识的社会化；教育促进个体行为的社会化；教育促进个体角色和职业的社会化。

（2）个性化是个体在社会生活中追求独特性、主体性、创造性的过程。教育促进人的主体意识的形成和主体能力的发展；教育促进个性差异的充分发展，形成人的独特性；教育开发人的创造性，促进个体价值的实现。

5. 简述学生的道德认识和道德行为的关系。

【答案要点】

道德认识指人们根据一定的道德规范对社会现象的是非、善恶、美丑的认识、评价和判断。道德认识在品德形成中具有重要作用。只有具备深刻的道德认识，才能有效地在道德行为中体现出来。

道德行为是个人在一定道德认识、道德情感和道德意志的指引和激励下，表现出对他人或对社会所履行的具有道德意义的一系列具体行动。道德行为是道德认识的具体表现和外部标志。任何道德品质最终都要以道德行为及效果来确证和表现，也只有见诸道德行为的品德才具有社会价值。

6. 简述学生对学业成败的归因如何影响学习行为。

【答案要点】

韦纳对行为结果的归因进行了系统探讨，发现人们倾向于将活动成败的原因归结为六个因素：即能力高低、努力程度、任务难易、运气好坏、身心状态、外界环境等。这六个因素可归为三个维度，即内部归因和外部归因、稳定性归因和非稳定性归因、可控归因和不可控归因。

（1）当学生将学业成功归因于能力和努力等内部因素时，会产生骄傲、自豪感，增强自信心和动机水平。

（2）当学生将学业成功归因于任务容易、运气好、别人帮助等外部原因时，则满意感较少；当学生将学业失败归因于能力弱、不努力等内部原因时，会产生愧疚感；将学业失败归因于任务太难、运气不好或教师评分不公正等外部原因时，则较少产生愧疚感。

（3）归因于努力相比于归因于能力，无论成败都会引发更强烈的情绪体验。努力而成功体验到愉快，不努力而失败体验到羞愧，努力而失败也应受到鼓励。

三、分析论述题

1. 赫尔巴特的教学阶段论。

【答案要点】

赫尔巴特的教学形式阶段，实际上就是课堂教学的完整过程，是一个包括教学方法、教学形式等内在的规范化的教学程序。

他认为，兴趣活动可以划分为四个阶段：注意、期待、要求和行动。儿童在学习活动中的思维方式有两种：专心与审思。在此基础上，他提出了教学形式阶段理论，即"赫尔巴特四段教学法"。

（1）明了：当一个表象由自身的力量突出在感官前，兴趣活动对它产生注意；这时，学生处于静止的专心活动；教师通过运用直观教具和讲解的方法，进行明确的提示，使学生获得清晰的表象，以做好观念联合，即学习新知识的准备。

（2）联合：由于新表象的产生并进入意识，激起原有观念的活动，因而产生新旧观念的联合，但又尚未出现最后的结果；这时，兴趣活动处于获得新观念前的期待阶段；教师的主要任务是与学生进行无拘无束的谈话，运用分析的教学方法。

（3）系统：新旧观念最初形成的联系并不是十分有序的，因而需要对前一阶段由专心活动得到的结果进行审思；兴趣活动处于要求阶段；这时，需要采用综合的教学方法，使新旧观念间的联合系统化，从而获得新的概念。

（4）方法：新旧观念间的联合形成后需要进一步巩固和强化，这就要求学生自己进行活动，通过练习巩固新习得的知识。

赫尔巴特的阶段教学论，在一定程度上揭示了教学过程方面的某些规律，反映了人类对教学过程和教学活动本质认识的发展，具有广泛的实践意义是值得充分肯定的；但是，该理论认为任何一堂课都必须遵循这样一个阶段，既限制了学生学习的积极主动性和创造精神，也束缚了教师教学的主动性和灵活性。

2. 政治、经济、文化因素是如何影响课程变革的？

【答案要点】

（1）政治因素。

政治因素对课程变革的影响是多层面的、深刻的，而且课程变革也不可能脱离社会政治因素的影响。政治因素对课程目标的制约大致表现为以下几个方面：第一，课程改革的目标厘定；第二，课程改革的内容选择；第三，课程的编制过程。

（2）经济因素。

经济因素对学校课程变革有着直接的推动作用，主要表现为以下几个方面：第一，经济领域劳动力素质提高的要求制约课程目标；第二，经济发展的地区差异性制约课程变革；第三，市场经济影响课程变革。

（3）文化因素。

文化通过教育的传递、传播和创造，而得以保存和发展。课程是社会文化的缩影，需要通过教育机制的筛选才能进入学校课程。文化对学校课程变革的影响表现为以下几个方面：第一，文化模式影响课程变革；第二，文化变迁影响课程变革；第三，文化多元影响课程变革。

3.教师专业发展的内容有哪些？结合自己的经验或体会，谈谈当前教师专业发展中的存在的一个或者几个问题。

教师专业发展，又称教师专业成长，是指教师在整个专业生涯中，依托专业组织、专门的培养制度和管理制度，通过持续的专业教育，习得教育教学专业技能，形成专业理想、专业道德和专业能力，从而实现专业自主的过程。它包括教师群体的专业发展和教师个体的专业发展。

（1）教师群体的专业发展是指教师职业不断成熟，逐渐达到专业标准，并获得相应的专业地位的过程。它既是教师个体专业化的条件与保障，同时也最终代表着教师职业的专业化。主要包括：

①教育知识技能的体系化，形成学科专业和教育专业，国家对教师任职既有规定的学历标准，也有必要的教育知识、教育能力和职业道德的要求。

②国家有教师教育的专门机构、专门教育内容和措施，教师教育专业化。

③国家有对教师资格和教师教育机构的认定制度和管理制度。

④形成社会公认的教师专业团体。

（2）教师个体的专业发展是指教师作为专业人员，从专业理想到专业知识、专业能力、专业心理品质等方面由不成熟到比较成熟的发展过程，即由一个专业新手发展成为专家型教师或教育家型教师的过程。

教师个体专业发展途径包括师范教育、新教师的入职辅导、教师的在职培训、教师专业发展学校、同伴互助和教师的自我教育。

（3）当前我们中小学教师专业发展现状还存在着众多问题，具体如下：第一，教师的分布与结构失调；第二，教师的质量不均衡；第三，教师队伍不够稳定，师资流失严重；第四，不少教师还缺乏现代教育的意识与能力。

2016年 宁波大学 333 教育综合·真题解析

一、名词解释

教育目的和制定教育目的的依据

教育目的是对教育活动所要培养的人的个体素质的总的预期与设想，是对社会历史活动的主体的个体素质的规定。它体现一定社会对受教育者质量规格的界定和要求，也体现人自身发展所应该达到的水准和高度。教育目的的制定需要反映社会发展规律，遵循社会历史条件的可能与限定，还需要反映人的发展规律，遵循人的发展的可能与限定。

教育制度和义务教育制度

教育制度是指一个国家各级各类实施教育的机构体系及其组织运行的规则。它包括相互联系的两个方面：一是各级各类教育机构与组织；二是教育机构与组织赖以存在和运行的规则，如各种相关的教育法律、规则、条例等。义务教育是国家统一实施的所有适龄儿童、少年必须接受的教育，是国家必须予以保障的公共性事业。

有教无类

"有教无类"的本意是不分贵贱贫富和种族，人人都可以入学接受教育。孔子的教学实践切实地贯彻了这一办学方针，他的弟子来自各个诸侯国，分布地区广泛；弟子成分复杂，出身于不同的阶级和阶层，大多数出身于平民。

罢黜百家，独尊儒术

罢黜百家，独尊儒术是董仲舒提出的文教政策。他站在儒家的立场上，从《春秋》大一统的观点出发，论证了儒学在封建统治中应居独一无二的统治地位。汉武帝接受了董仲舒的建议，在朝廷只设五经博士，自此国家政策和文化教育皆以儒术为本，儒学成为统一的指导思想和官学的主要内容。

自我效能

自我效能感由班杜拉提出，是指个体对自己能否成功进行某一成就行为的主观判断。它影响着个体对行为的选择、付出多大努力以及坚持多久。影响自我效能感的因素有直接经验、替代性经验、言语说服、情绪唤起和身心状况。

强化

凡是能增强反应概率的刺激和事件都叫强化，可分为正强化和负强化。正强化是通过呈现愉快刺激增强反应概率，负强化是通过消除厌恶刺激来增强反应概率。

二、简答题

1. 教育的文化功能及其表现。

【答案要点】

（1）传递文化。文化教化的前提是人类对文化的创造与传递。教育起着传递文化的作用。尤其是学校教育因其具有明确的目的性、计划性等特点，一直承担着传承文化的重任。

（2）选择文化。为了有效地传承文化，必须发挥教育对文化的选择功能。教育的选择功能十分重要，体现了教育对文化发展的积极引导和自觉规范。

（3）发展文化。文化的生命不仅在于它的保存和积累，更在于它的更新与创造。随着社会的日益开放化，学校在加强国际文化交流中的作用也日益明显。教育通过广泛的文化交流，不断地吸收其他民族的文化精华，补充、更新和发展本民族的文化，也是文化发展的一种重要方式。

2. 卢梭自然教育的基本含义。

【答案要点】

（1）卢梭自然主义教育的核心是"回归自然"。自然教育最终目的是培养"自然人"，即身心调和发达、体脑两健、能力强盛的新人，也就是摆脱封建羁绊的资产阶级新人。

（2）自然教育的方法原则：树立正确的儿童观、消极教育、自然后果律、根据儿童天性的个体差异因材施教。

（3）自然教育的实施：卢梭根据自然教育的原则，根据人的自然发展的进程和不同年龄时期身心的特点，把自然教育分为婴儿期、儿童期、少年期和青春期。

3. 教师的社会角色包括哪些？

【答案要点】

教师角色丛是指与教师特定的社会职业和地位相关的所有角色的集合。仅就教师与学生的关系而言，教师就要扮演多重角色。

（1）"家长代理人"和"朋友、知己者"的角色。
（2）"传道、授业、解惑者"的角色。
（3）"管理者"的角色。
（4）"心理调节者"的角色。
（5）"研究者"的角色。

4. 认知心理学的学习理论的主要观点是什么？

【答案要点】

认知心理学的学习理论包括布鲁纳的认知－发现说、奥苏伯尔的有意义接受说和加涅的信息加工学习理论。

（1）认知－发现说。布鲁纳提倡发现学习，主张学习的目的在于采用发现学习的方式，使学科的基本结构转变为学生头脑中的认知结构。因此他的理论被称为发现学习论。发现学习是指学生在学习情境中，经过自己探索寻找，从而获得问题答案的一种学习方式。布鲁纳所说的发现不只限于寻求人类尚未知晓的事物的行为，也包括用自己的头脑亲自获取知识的一切形式。

（2）有意义接受说。有意义学习就是符号所代表的新知识与学习者认知结构中已有的适当观念建立非任意的和实质性的联系。奥苏伯尔的认知同化理论认为，有意义学习是通过新信息与学生认知结构中已有的有关观念相互作用而发生的，这种相互作用导致了新旧知识有意义的同化。根据新旧观念的概括水平及其联系方式的不同，奥苏伯尔提出了三种认知同化过程。

（3）信息加工学习理论。加涅根据现代信息加工理论对学习的实质、过程、条件以及教学做出了系统的论述，致力于将行为主义的刺激－反应学习模式和认知心理学的学习分类模式相结合，形成了自己的学习理论。

三、分析论述题

1. 作为一名教师，你如何理解学习教育学的价值和意义？

【答案要点】

（1）教育学的理论价值。

①反思日常教育经验。教育习俗性认识以及由此产生的日常教育经验本身具有局限性，随着教育实践活动范围的扩大和内容的丰富，日常教育经验逐渐失去了解释、规范与指导的作用。因此，现代社会就必然要求以科学的教育理论来代替日常的教育经验。

②科学解释教育问题。教育学研究的主要任务就是对教育问题提供超越日常习俗和传统理论认识的新解释；教育学作为对于教育问题的科学解释，就必须使用专门的语言、概念或符号；教育学对于教育问题的科学解释不是直接建立在感性经验与判断基础上的，是一种理性的解释。

（2）教育学的实践价值。教育学对教育问题进行科学研究的最终目的是为了更好地开展教育实践，实践价值有：

①启发教育实践工作者的教育自觉，使他们不断地领悟教育的真谛。

②获得大量的教育理论知识，拓展教育工作的理论视野。

③养成正确的教育态度，培植坚定的教育信念。

④提高教育实践工作者的自我反思和发展能力。

⑤为成为研究型的教师打下基础。

2. 学生发展的含义及一般规律是什么？请根据学生发展的一般规律，谈谈其中的教育意义。

【答案要点】

（1）顺序性。在正常情况下，人的发展具有一定的方向性和顺序性，既不能逾越，也不能逆向发展。如个体动作的发展就遵循自上而下、由躯体中心向外围、从粗动作向细动作的发展规律性。就心理而言，儿童的发展总是从无意注意到有意注意，从机械记忆到意义记忆，从具体形象思维到抽象逻辑思维，从喜怒哀乐等一般情绪发展到道德感、理智感、美感等高级情感。

教学指导：个体身心发展的顺序性，决定了教育教学工作的顺序性，在不同的发展阶段展开不同的教育活动，同时更应该按照发展的序列来施教，做到循序渐进。

（2）不平衡性。人的发展不总是匀速直线前进的，不同的系统的发展速度、起始时间、达到的成熟水平是不同的；同一机能系统在发展的不同时期也有不同的发展速率。从总体发展来看，幼儿期出现第一个加速发展期，青春发育期出现第二个加速发展期。

教学指导：人的发展的不平衡性要求教育要掌握和利用人的发展的成熟机制，抓住发展的关键期，促进学生健康地发展。

（3）阶段性。人的发展变化既体现出量的积累，又表现出质的飞跃。当某些代表新质要素的量积累到一定程度时，就会导致质的飞跃，从而表现出发展的阶段性。个体的身心发展的阶段性表现为不同年龄阶段的个体具有不同的年龄特征及主要矛盾，面临着不同的发展任务。

教学指导：人的发展的阶段性要求教育要从学生的实际出发，尊重不同年龄阶段学生的特点，并根据这些特点提出不同的发展任务，采用不同的教育内容和方法，进行有针对性的教育，以便有效地促进他们的个性发展。

（4）个别差异性。人的发展的个体差异表现在身心发展的速度、水平、表现方式等方面。如在发展速度上，有的儿童早慧，有的儿童大器晚成。

教学指导：人的发展的个别差异性要求教育要深入了解学生，针对学生不同的发展水平及不同的兴趣等因材施教，引导学生扬长避短、发展个性，促进学生自由发展。

（5）整体性。人的生理、心理和社会性等方面的发展是密切联系在一起的，并在发展过程中相互作用，使人的发展表现出明显的整体性。

教学指导：人的发展的整体性要求教育要把学生看作复杂的整体，促进学生在体、智、德、美、行等方面全面和谐地发展，把学生培养成完整和完善的人。

3. 蔡元培主持北京大学的改革措施及其启示。

【答案要点】

民国成立后，京师大学堂改称北京大学。当时北大校政腐败、制度混乱、学生求官心切、学术空气淡薄，封建文化泛滥。为了改变这种风气，蔡元培赴任北大校长，对北大进行全面改革。

（1）抱定宗旨，改变校风。蔡元培明确大学的宗旨，认为大学应该成为"研究高尚学问之地"。他改革北大的第一步就是要为师生创造研究高深学问的条件和氛围。

（2）贯彻"思想自由，兼容并包"的办学原则。蔡元培明确声明，在学术上"循'思想自由'原则，取兼容并包主义"，这是他办理北京大学的基本指导思想。该思想不仅体现在学术上，也体现在教师的聘任上。

（3）教授治校，民主管理。1912年由蔡元培主持制定的《大学令》中，确立了教授治校、民主管理的大学校务管理原则，规定大学设立评议会，各科设立教授会。

（4）学科与教学体制改革。在学科与教学体制改革方面，蔡元培主要有三个措施：第一，扩充文理，改变"轻学而重术"的思想；第二，沟通文理，废科设系；第三，改年级制为选科制，发展学生个性。

北京大学的改革不仅仅使自身改变了面貌，也是我国高等教育近代化发展中的一个里程碑。这次改革的灵魂是"思想自由，兼容并包"，其中"兼容并包"不仅包容不同的学术和学说流派、不同的人物和主张，也在男生之外包容女生，在正式生之外包容旁听生。北大因此成为新文化运动和马克思主义的传播中心、五四运动的策源地，其影响远远超出了教育领域。

4. 杜威关于思维与教学方法的主张及其当代价值。

【答案要点】

杜威反对以教师、教科书、教室为中心的传统教学方法而提出"从做中学"，这是一种通过主动作业、在经验的情境中思维的方法，从而达到经验与思维的统一、思维与教学的统一、课程与作业的统一、教材与教法的统一。

（1）反省思维。杜威所力倡的反省思维是指对某个经验情境中的问题进行反复的、严肃的、持续不断的思考，其功能在于求得一个新情境，把困难解决、疑虑排除、问题解答。

（2）五步教学法。杜威根据科学的实验主义探究方法和反省思维方式，提出了五步教学法，五个阶段的顺序并不固定，实际思维中，有时两个阶段可以合二为一。

①创设疑难的情境。学生要有一个真实的经验的情境，要有一个对活动本身感兴趣的连续的活动。

②确定疑难所在。在这个情境内部产生一个真实的问题，作为思维的刺激物。

③提出问题的种种假设。他要占有知识资料，从事必要的观察，对付这个问题。

④推断哪种假设能解决这个困难。他必须有条不紊地展开他所想出的解决问题的方法。

⑤验证这种假设。他要有机会和需要通过应用检验他的观念，使这个观念意义明确，并且让他自己发现它们是否有效。

杜威这种教学方法重视科学探究思维，重视解决实际问题的行动能力，与主智主义的传统教育理论有本质区别。但该方法过于注重活动，忽视了系统知识的传授，窄化了认知的途径，泛化了问题意识，在实践中也存在诸多影响教育质量的问题。

2015年 宁波大学333教育综合·真题解析

一、名词解释

夸美纽斯

夸美纽斯是17世纪捷克伟大的爱国者、教育改革家和教育理论家，他继承了文艺复兴以来人文主义教育思想的成果，总结了自己丰富的教育实践经验，系统地论述了教育的理论和实际问题，代表作有《大教学论》《世界图解》《母育学校》等。

教育叙事

教育叙事研究一般是指以讲故事为手段，通过描述相关教育事件发生、发展以及事件中人物的内心活动体验，来建构教育活动意义的研究方式。

学生生活

学生生活是学生生命成长的历程。学生生活不仅包括学生在不同环境中与周围世界的关系，即与社会、与他人、与自然的关系；还包括学生的生活方式、交往方式、人生态度和对生活意义的理解。

《教育漫话》

其作者为英国著名教育家洛克。《教育漫话》集中反映了欧洲文艺复兴时期新兴资产阶级的教育观。本书以"绅士教育"为主题，分为体育保健、道德教育、智育三个部分，阐明了如何才能培养出符合时代需要的、有理性、有德行、有才干的绅士或者有开拓精神的事业家。

陶行知

陶行知是现代杰出的人民教育家、大众诗人和坚定的民主战士，毕生从事教育，勇于批判和改革旧教育，为中国探索民族教育的新路。他的生活教育理论是我国民族教育理论宝库中十分可贵的遗产，值得我们珍惜并认真研究汲取。

昆体良

昆体良是古代罗马帝国时期著名的雄辩家、教育家。其著作《论演说家的教育》是西方第一部专门以教育为题材的教育学著作，也是系统的教学方法著作。他对教学理论的真知灼见，都对后世欧洲教育产生了深远的影响。

二、简答题

1. 简述文化教育学的基本观点。

【答案要点】

文化教育学又称精神科学教育学，是19世纪末出现在德国的一种教育学说。

（1）代表人物及著作：狄尔泰《关于普遍妥当的教育学的可能》、斯普朗格《教育与文化》、利特《职业陶冶、专业教育、人的陶冶》。

（2）主要观点：第一，人是一种文化的存在，因此人类历史是一种文化的历史；第二，教育对象是人，教育是在一定社会历史背景下进行，因此教育的过程是一种历史文化过程；第三，教育研究既不能采用纯粹思辨，也不能依靠数量统计来进行，而是要采用精神科学或文化科学的方法，即理解与解释的方法进行；第四，教育的目的是培养完整的人格，通过"陶冶"与"唤醒"的途径，发挥教师和学生个体两方面的积极作用，建构和谐对话的师生关系。

（3）评价：文化教育学作为实验教育学和赫尔巴特式教育学的对立面而存在与发展，在教育的本质、目的、师生关系以及教育学性质等方面都能给人以许多启发；但其思辨气息较浓，有很强的哲学色彩，在解决现实的教育问题上很难提出有针对性和可操作性的建议，许多理论缺乏彻底性。

2. 简述新教育运动。

【答案要点】

新教育运动也称新学校运动，是指19世纪末20世纪初在欧洲兴起的教育改革运动，初期以建立不同于传统学校的新学校作为新教育的"实验室"为其特征。第二次世界大战以后，新教育运动逐步走向衰落。新教育运动中著名的实验学校有：

（1）阿博茨霍尔姆乡村寄宿学校。英国教育家雷迪于1889年创办，标志着新教育运动的开端，被视为欧洲"新学校"的典范。

（2）乡村之家运动。德国的利茨在参观了雷迪的学校之后，于1898年创办了德国第一所乡村教育之家，招收12~16岁的学生。在利茨的影响下，德国先后出现了许多以他的学校为模式的新学校，形成"乡村之家运动"。

（3）罗歇斯学校。法国的社会学家和教育家德莫林于1899年创办。该校重视"小家庭"式的师生之间的亲密关系；在开设各种正规课程的同时，还从事体力劳动和小组游戏，尤其重视体育运动,因此这所学校又有"运动学校"之称。

(4)儿童之家。蒙台梭利于1907年创办。她认为,新教育的基本目的就是发现和解放儿童,教育方法的根本就是为儿童身心的发展提供适宜的环境和条件。儿童之家正是体现这种思想的实验环境。通过儿童之家的实验,蒙台梭利形成了蒙台梭利教育方法。

(5)生活学校。德可乐利创办,也称隐修学校。学校不仅仅是教育教学机构,还是一个实验室、活动室甚至是工厂车间,目的是使儿童通过实践活动把学习和日常生活相结合。学校以儿童的本能需要和兴趣为中心设置课程,打破分科。组成教学单元,从而形成了德可乐利教学法。

3. 列举二三所近代教会大学,并分析其办学特点。

【答案要点】

19世纪末20世纪初西方传教士为培养高层次人才,开始在中国筹办教会大学,其中最积极的是美国传教士。至20世纪20年代中期,教会大学有16所,其中13所属于美国的基督教教会系统。有名的教会大学有燕京大学、齐鲁大学等。

(1)燕京大学:燕京大学是近代中国著名的教会大学之一,是20世纪初由四所美国及英国基督教教会联合在北京开办的大学,也是近代中国规模最大、质量最好、环境最优美的大学之一。燕京大学创办于1919年,由司徒雷登担任校长。

(2)齐鲁大学:齐鲁大学的前身是中国最早的基督教高等教育机构——登州文会馆,后发展成为基督教会在全国的十三所重点教会大学之一。为山东近代新式教育的产生做出了不可磨灭的贡献。

(3)教会大学的办学特点:

①课程设置上:教会大学的课程包含宗教课程和文化课程。

②教学方法上,重视理论研究、强调社会实践,注重培养学生的科学研究和社会服务能力。

教会大学的广泛设立加速了西学在中国传播的进程,在学校教学体制、课程规划、教学方法、考试管理等各方面,都具有近代教育的特征。

4. 简述行为问题学生的类型及其产生原因。

【答案要点】

问题行为是指学生不能遵守班级的行为规范和道德标准,表现为违反班级纪律,不同程度地妨碍及干扰班级活动正常进行的不良行为。

(1)我国有学者将问题行为分为6种:

①隐蔽性违反行为,表现为上课不认真听讲、思想开小差、漫不经心等。

②轻度的矛盾冲突,表现为同桌或前后位同学发生纠纷、互不相让、互相干扰等。

③不遵守作息制度,表现为迟到、早退、随意离开课堂等。

④不听从教师的管理,表现为因对教师不满而不合作,甚至有意和教师作对。

⑤扰乱课堂,表现为上课说话、故意制造事端等。

⑥恶作剧,表现为上课做怪模样、故意"坑害"同学等。

(2)问题行为产生的原因:从一定意义上说,青少年的问题行为是不可避免的,这与他们身心发展的不成熟有关。但造成学生问题行为的原因是复杂的,不能只归结到学生身上,教师不适当的教学和管理,也直接导致了学生问题行为的出现。

三、分析论述题

1. 结合今天我国基础教育的实际,论述你对素质教育的看法。

【答案要点】

素质教育是以人的素质发展为核心的教育。它以注重人各方面的程度和水平的实际发展为主要特征,追求对人的发展的有效引领和促进。素质教育的内涵包括以下几个方面:

(1)素质教育是面向全体学生的教育。素质教育就是要改变以往教育只重视升学有望的学生的做法,坚持面向全体学生,依法保障义务教育阶段儿童和青少年学习和发展的基本权利,努力开发每个学生的潜能,使所有的学生都得到平等健康的发展。

(2)素质教育是全面发展的教育。实施素质教育,必须把德、智、体、美等有机地统一在教育活动的各个环节,使各方面教育相互渗透、协调发展,促进学生的全面发展和健康成长。

(3)素质教育是促进学生个性发展的教育。素质教育反对应试教育不顾学生个性差异的"一刀切"的做法,主张从人的个性出发,承认个性的客观存在,尊重每个人的个性,并以此作为实施教育和教学的依据,通过教育使不同层次、不同程度的学生得到个性的健康、完善与发展。

(4)素质教育是以培养创新精神为重点的教育。长期以来的应试教育片面强调知识传授,采用"填鸭式"教学。素质教育则以创新精神和创新能力培养为重点,注重发现和开发蕴藏在学生身上的潜在的创造性品质,全面提高学生的综合素质。

2. 从现实角度论述科举制度的积极意义及局限性。

【答案要点】

科举制度即个人自愿报考,县州逐级考试筛选,全国举子定时集中到京都,按科命题,同场竞试,以文艺才能为标准,评定成绩,限量选优录取,是一种选官制度,以这种方式选拔国家官员。

(1)积极意义。

①扩大了统治基础,有利于加强中央集权。

②使选士与育士紧密结合。促进人们的思想统一于儒学,成为实施儒家"学而优则仕"原则的途径。刺激学校教育的发展,有利于教育的普及。

③使选拔人才较为客观公正。隋唐科举考试在发展的过程中逐步建立了较为完备的考试制度,同时逐步建立了一系列的考试防范措施,加强考试管理。

(2)局限性。

①国家只重科举取士,而忽略了学校教育。学校成为科举考试的预备机构,一切教学活动都围绕着科举考试来进行,学校失去了相对独立的地位和作用。

②束缚思想,败坏学风。在科举制的影响下,读书的目的不是求知求真,而是为了功名利禄,具有强烈的功利色彩。

③科举考试内容的狭隘也阻碍了中国文化的和谐发展,特别是科技文化的发展。

3. 道尔顿制特点及局限性。

【答案要点】

道尔顿制是美国进步主义教育家帕克赫斯特针对班级授课制的弊端在道尔顿中学实施的一种个别教学制度,也称"道尔顿计划"。主要内容包括:

(1)在学校里废除课堂教学,废除课程表和年级制,代之以"公约"或合同式的学习。

(2)将各教室改为各科作业室或实验室,按学科性质陈列参考用书和实验仪器,供学生使用。各作业室配有该科教师一人,负责指导学生。

(3)用表格法来了解学生的学习进度,以增强学生学习的动力,使学生管理简单化。

(4)道尔顿制的两个重要原则是自由与合作。要使儿童自由学习,养成独立工作的能力,也强调师生之间的合作，以培养学生的社会意识。

20世纪20年代，道尔顿制在许多国家流行一时，产生过较大影响。道尔顿制存在的主要问题是过于强调个体差别，对教师要求过高，以及在实施时易导致放任自流；并且，将教室完全改为实验室也不太实际。

4. 联系实际阐述男生女生的心理差异及教学建议。

【答案要点】

性别差异是指男女两性的生理差异及在智力、人格和成就等方面的心理差异。

（1）智力的性别差异。

①男女两性在智力发展的总体上是平衡的，男性智力分布的离散程度比女性大。

②男女两性在智力结构上表现出不平衡性。

③男女智力差异发展变化具有年龄倾向。

④智力差异取决于遗传、环境和教育等许多因素的影响，特别是环境和教育的影响。

（2）人格和行为上的性别差异。

①性格特征。小学阶段男女学生的性格特征并无显著的性别差异，但到了中学阶段，学生逐渐形成了对现实的稳固的态度和习惯了的行为方式，并表现出性别差异。

②学习兴趣。一般来说，小学男生对数学、体育和美术的兴趣超过女生；女生对语文、英语和音乐的兴趣超过男生。中学男生对数学、物理、化学等理科的兴趣超过女生；女生对语文、外语、政治、历史等文科的兴趣超过男生。

③学习动机。小学阶段，女生在成就性动机、认知性动机上都显著高于男生；男生在附属性动机上显著高于女生。中学阶段，男生成就性动机显著高于女生，女生的成功性因素、认知性动机中的获取知识因素显著高于男生；威信性动机和班级威信因素女生略高于男生，他人尊重、社会影响因素男生略高于女生，附属性动机和执行教师要求、挣大钱因素男生显著高于女生。

④学习归因。一般来说女生比男生更容易把失败的原因归结为自己内部的因素，如努力程度不够、自己的学习能力较低等。男生则更多地归结为外部环境的因素，如学习内容太困难、学习任务重、教师教学方法有问题等。

（3）依据性别差异的教育。

①改变不同性别学生的性格局限，培养积极兴趣，提高多种能力。男女生的性格，各有所长，各有所短，要教育他们以人之长，补己之短，发扬优点，弥补缺点。

②改变传统观念，对男女学生一视同仁，彻底改变男尊女卑的思想。对女生的进步要注意表扬，增强其自信心和自尊心，对女生应热心指导，帮助她们与男生并驾齐驱。

宁波大学333教育综合·真题解析

一、名词解释

教育和义务教育

教育是人的发展与社会发展的中介活动，其主旨在于以人为本、育人成人，培养人成为他所生存的那个时代的社会实践主体，引导人和社会的持续发展。义务教育是国家统一实施的所有适龄儿童、少年必须接受的教育，是国家必须予以保障的公共性事业。

学校教育制度

学校教育制度是现代教育制度的核心部分，指的是一个国家各级各类学校的系统及其管理规则，它规定着各级各类学校的性质、任务、入学年限、修业年限以及它们之间的关系。

稷下学宫

稷下学宫是战国时代齐国一所著名的高等学府，因其建立于齐国都城临淄的稷门附近而得名。它既是百家争鸣的中心与缩影，也是当时教育上的重要创造，稷下学宫对中国古代学术、文化和教育的发展产生过重大的历史影响。

废科举

1903年，张之洞、袁世凯上书废科举。1905年，光绪帝正式下令自丙午科为始，所有乡会试一律停止，各省岁科考试亦即停止。这宣告了自隋代起实行了1300年的科举考试制度的终结。

品德

品德是指个人依据一定的道德行为准则行动时所表现出来的某些稳固的特征，它是个性中具有道德评价意义的核心部分。品德心理结构一般包括道德认知、道德情感和道德行为三个部分。

图式

图式是指儿童用来适应环境的认知结构。从发展的角度来看，儿童最初的图式是遗传所带来的一些本能反射行为，如吸吮反射等。

二、简答题

1. 简述教师专业发展的内涵及内容。

【答案要点】

教师专业发展，又称教师专业成长，是指教师在整个专业生涯中，依托专业组织、专门的培养制度和管理制度，通过持续的专业教育，习得教育教学专业技能，形成专业理想、专业道德和专业能力，从而实现专业自主的过程。它包括教师群体的专业发展和教师个体的专业发展。

（1）教师群体的专业发展是指教师职业不断成熟，逐渐达到专业标准，并获得相应的专业地位的过程。它既是教师个体专业化的条件与保障，同时也最终代表着教师职业的专业化。主要包括：

①教育知识技能的体系化，形成学科专业和教育专业，国家对教师任职既有规定的学历标准，也有必要的教育知识、教育能力和职业道德的要求。

②国家有教师教育的专门机构、专门教育内容和措施，教师教育专业化。

③国家有对教师资格和教师教育机构的认定制度和管理制度。

④形成社会公认的教师专业团体。

（2）教师个体的专业发展是指教师作为专业人员，从专业理想到专业知识、专业能力、专业心理品质等方面由不成熟到比较成熟的发展过程，即由一个专业新手发展成为专家型教师或教育家型教师的过程。

教师个体专业发展途径包括师范教育、新教师的入职辅导、教师的在职培训、教师专业发展学校、同伴互助和教师的自我教育。

2. 简述福泽谕吉的教育思想。

【答案要点】

福泽谕吉是日本明治时代杰出的启蒙教育家、思想家，有"日本的伏尔泰"之称。代表学术著作有《劝学篇》和《文明论概略》等。

（1）教育的作用：知识富人，教育立国。福泽谕吉认为，只有教育才可消除贵贱，才可培养富有学识的国民，才可缔造一个文明、独立、富强的国家。为此，他主张大力普及学校教育，以最终实现教育立国的主张。

（2）智育：修习学问，唯尚实学。

①学问包括有形学问和无形学问，并且修习学问时应分清主次，应主要学习那些能够解决实际问题的学问。

②在研究学问时必须确立远大的志向，切忌舍难就易，浅尝辄止。研究学问的最终目的在于追求独立不羁和自由自主。

③学者绝不可满足于普通的学校教育，其志趣要远大，要力求通晓科学的本质，要有独立不羁的精神。即便单枪匹马，也要有担负国家兴旺重责的气魄。

（3）德育：培养国家观念与独立意识。福泽谕吉认为，道德"就是内心的准则。也就是指一个人内心真诚"。这种内心真诚首先体现在个人所拥有的国家观念与天赋民权意识。他认为培养日本国民的爱国之心是德育的首要任务。道德教育在个人身上还体现为独立意识的培养。

（4）体育：造就健康国民。福泽谕吉认为，健康的国民必须先具有健康的身体，健康的体魄是任何智慧和道德观念培养和形成的基础。开展体育活动必须首先端正体育目标，在福泽谕吉看来，体育锻炼的目标旨在使人健壮无病，精神活泼、愉快，从而能够克服社会上的各种艰难以独立生活。

作为新兴资产阶级的代言人，福泽谕吉积极投身于文明开化、思想启蒙运动，大力发展教育，提高日本国民整体素质。福泽谕吉的教育思想对当时及后来的日本教育改革与发展产生了显著的影响。

3. 什么是意义学习？简述实现意义学习的条件。

【答案要点】

有意义学习就是符号所代表的新知识与学习者认知结构中已有的适当观念建立非任意的和实质性的联系。有意义学习的类型包括表征学习、概念学习和命题学习。

①非任意的联系是指新知识与认知结构中有关观念存在某种合理的或逻辑上的联系。

②实质性的联系是指新的符号或观念与学习者认知结构中已有的表象、已经有意义的符号、概念或命题的联系，是一种非字面的联系。

（2）有意义学习的条件。

①有意义学习的材料必须具有逻辑意义，这种逻辑意义指的是材料本身在人的学习能力范围内而且与有关观念能够建立非任意的和实质性的联系。

②学习者必须具有有意义学习的心向，也就是积极主动地把新知识与认知结构中原有的适当知识加以联系的倾向。

③学习者认知结构中必须具有适当的知识，以便与新知识进行联系。

④学习者必须积极主动地使这种具有潜在意义的新知识与他认知结构中有关的原有知识发生相互作用，导致原有知识得到改造，新知识获得实际意义，即心理意义。

4. 简述培养学生动机的有效策略。

【答案要点】

（1）创设问题情境，实施启发式教学。

（2）根据作业难度，恰当控制动机水平。

（3）充分利用反馈信息，给予恰当的评定。

（4）妥善进行奖惩，维护内部学习动机。
（5）合理设置课堂环境，妥善处理竞争和合作。
（6）适当进行归因训练，促使学生继续努力。
（7）培养自我效能感，增强学生成功的自信心。
（8）维护学生自我价值，警惕自我妨碍策略。
（9）维护内在需要，促进外部动机内化。

三、分析论述题

1. 结合当前我国社会政治改革和发展的特点，谈谈政治对教育的影响和教育应该担负的政治功能。

【答案要点】

（1）政治对教育的影响。

①社会政治制度制约教育的性质。一定的教育具有什么样的性质是由那个社会的政治制度的性质决定的，而且教育的发展也受制于社会政治制度的发展变革。

②社会政治制度制约教育的宗旨和目的。教育目的是一个社会的政治制度对教育的权益要求的集中体现，它直接反映着统治阶级的利益和需求。

③社会政治制度制约教育的领导权。在人类社会中，掌握政权的阶级必然掌管着社会生产资料，从而必然掌握着精神生产资料，也就掌握着教育的领导权。

④社会政治制度制约受教育权。在一个社会里，让哪些人受教育，达到什么程度，受什么样的教育，教育的结果如何，都是由社会的政治制度决定的。

⑤社会政治制度制约教育内容、教育结构和教育管理体制。为了实现不同的教育目标，不同社会政治条件下的教育有着不同的教育内容，尤其是社会科学方面的内容。特定的社会教育结构也是由该社会的社会结构、经济结构决定的。教育的管理体制更直接受制于社会的政治制度。

（2）教育应该担负的政治功能。

①教育通过传播一定的社会的政治意识，完成年轻一代的政治社会化。人的社会化是人的发展的重要方面，而政治社会化又是人的社会化的重要方面。教育作为传递知识、训练思维与培养情感的活动，能向年轻一代传播一定的社会政治意识，促进他们的政治社会化，从而为一定社会政治秩序的稳定创造重要条件。

②教育通过造就政治管理人才，促进政治体制的变革与完善。现代社会强调法治，使得教育更重视培养政治管理人才。由于科技向管理部门的全面渗透，社会越发展，国家对政治管理人才的素质要求越高，通过教育选拔、培养政治管理人才显得越重要。

③教育通过提高全民文化素质，推动国家的民主政治建设。一个国家的政治是否民主，取决于政体和国民素质。普及教育的程度越高，国民的文化素质越高，其国民就越能认识民主的价值，在政治生活和社会生活中就越能履行民主的权利。

④教育是形成社会舆论、影响政治时局的重要力量。学校是知识分子和青少年集中的地方，他们有见解，勇于发表意见，通过教育者和受教育者的言论、演讲和社会活动等，来宣传思想，造就舆论，借以影响群众，为一定的政治、经济服务。

2. 回答教学的含义，并结合实际，谈谈如何理解教学中教师与学生、知识传授和能力培养、教和学、结果和过程等的关系。

【答案要点】

教学是在一定教育目的规范下，在教师有计划的引导下，学生能动地学习、掌握系统的课程预设的科学文化基础知识，发展自身的智能与体力，养成良好的品行与美感，逐步形成全面发展的个体素质的活动。简言之，教学是在教师引导下学生能动地学习知识以获得素质发展的活动。

（1）教师与学生的关系。

第一，良好的师生关系是教育教学活动顺利进行的重要条件；第二，师生关系是衡量教师和学生学校生活质量的重要指标；第三，师生关系是一种重要的课程资源和校园文化。

（2）知识传授和能力培养的关系。

第一，能力的发展与知识的掌握二者相互依存，相互促进；第二，生动活泼地理解和创造性地运用知识才能有效地发展能力；第三，防止单纯抓知识教学或只重能力发展的片面性。

（3）教与学的关系。

①发挥教师的主导作用是学生简捷有效地学习知识、发展身心的必要条件；②尊重学生、调动学生的学习主动性是教师有效地教学的一个主要因素；③防止忽视学生积极性和忽视教师主导作用的偏向。

（4）结果和过程的关系。

传统的评价过分注重结果，对于学生的思维过程、探究精神、科学态度等因素重视不够，因而限制了学生的发展。近年来，评价的重心逐渐转移到关注学生的求知过程、探究过程和努力过程，关注学生、教师和学校在各个时期的发展状况，这样才能有效地指导学生的持续发展，真正发挥评价促进发展的功能。

3. 论陶行知的生活教育理论及其当代意义。

【答案要点】

（1）"生活即教育"。"生活即教育"是陶行知生活教育理论的核心。其内涵包括：生活含有教育的意义；实际生活是教育的中心；生活决定教育，教育改造生活。

"生活即教育"所强调的是教育以生活为中心，所反对的是传统教育脱离生活而以书本为中心。尽管它在生活与教育的区别和系统的知识传授方面有所忽视，但在破除传统教育脱离民众、脱离社会生活的弊端方面，有十分重要的意义。

（2）"社会即学校"。"社会即学校"是生活教育理论另一重要主张，是"生活即教育"思想在学校与社会关系问题上的具体化。"社会即学校"，是指"社会含有学校的意味"，或者说"以社会为学校"。由于到处是生活，到处都是教育，"整个的社会是生活的场所，亦即教育之场所"。

"社会即学校"，也指"学校含有社会的意味"。也就是说，学校通过与社会生活相结合，一方面运用社会的力量使学校进步，另一方面动员学校的力量帮助社会进步，使学校真正成为社会生活必不可少的组成部分。

"社会即学校"扩大了学校教育的内涵和作用，对于传统的学校观、教育观有所改变。传统学校与社会生活脱节，学生孤陋寡闻，而以社会为学校，使得教育的材料、教育的方法、教育的工具、教育的环境可以大大地增加，有利于拓展学生的知识，增强学生的能力。"社会即学校"，还可以使被传统学校拒之门外的劳苦大众能够受到起码的教育，贯穿了普及民众教育的苦心，同样也值得肯定。

（3）"教学做合一"。"教学做合一"是生活教育理论的又一重要主张，是"生活即教育"在教学方法问题上的具体化。其含义为：教的方法根据学的方法，学的方法根据做的方法。事怎样做便怎样学，怎样学便怎样教。教与学都以做为中心。包括以下四个要点："教学做合一"要求在"劳力上劳心"；"教学做合一"是因为"行是知之始"；"教学做合一"要求"有教先学"和"有学有教"；"教学做合一"还是对注入式教学法的否定。

（4）意义。陶行知的生活教育理论是一种大众的、为人民大众服务的教育理论，且还是一种不断进取创造，旨在探索具有中国民族特色的教育道路的理论。生活教育理论还在教育观念的改变方面颇有建树，无论是强调学校教育与社会生活、生产劳动相结合，还是要求手脑并用、在劳力上劳心，都是对学校与社会割裂、书本与生活脱节、劳心与劳力分离的传统教育的反动，显示出强烈的时代气息，至今都富于启示。陶行知的生活教育理论是我国民族教育理论宝库中十分可贵的遗产，值得我们珍惜并认真研究借鉴。

4. 如何理解赫尔巴特的教育性教学？

【答案要点】

（1）内涵：教育性教学原则是指以教学来进行教育的原则。赫尔巴特指出，不存在"无教学的教育"，也不存在"无教育的教学"。即教育是通过教学，而且只有通过教学才能真正产生实际作用，教学是道德教育的基本途径。

（2）措施：首先要求教学的目的与整个教育的目的保持一致。因此教学工作的最高目的在于养成德行。为了实现这个最终目的，教学还必须为自己设立一个近期的、较为直接的目的，即"多方面的兴趣"。

（3）评价：赫尔巴特的突出贡献在于，运用其心理学的研究成果，具体阐明了教育与教学之间存在的内在的本质联系，使道德教育获得了坚实的基础；但他把教学完全从属于教育，把教育和教学完全等同起来，也是一种机械论的倾向。

2013年 宁波大学333教育综合·真题解析

一、名词解释

课程标准

课程标准是指在一定课程理论指导下，依据培养目标和课程方案以纲要形式编制的关于课程的性质与价值、目标与内容、教学实施建议以及课程资源开发等方面的指导性文件，一般由说明、课程目标、课程内容标准和课程实施建议等部分组成。

学校教育制度

学校教育制度是现代教育制度的核心部分，指的是一个国家各级各类学校的系统及其管理规则，它规定着各级各类学校的性质、任务、入学年限、修业年限以及它们之间的关系。

智者

智者又称诡辩家，被用来专指以收费授徒为职业的巡回教师。这些人云游各地，积极参加城邦的政治和文化生活，以传播和传授知识获得报酬，并逐步形成了一个阶层。智者学派的共同思想特征是相对主义、个人主义、感觉主义和怀疑主义。

实验教育学

实验教育学是19世纪末20世纪初兴起的一种具有重要影响的新教育思潮，代表人物是德国心理学家、教育家梅伊曼和德国教育家拉伊。实验教育学所强调的定量研究成为20世纪教育学研究的一个基本范式，并极大地推动了教育科学的发展；但当他们把实验方法夸大为教育研究唯一有效的方法时，就使教育学陷入了"唯科学主义"的迷途。

学习动机

学习动机是动机在学习活动中的表现，是引起和维持个体进行学习活动，并使活动朝向一定的学习目标，以满足某种学习需要的一种内部心理状态。它的主要内容包括知识价值观、学习兴趣、学习效能感和成败归因。

品德

品德是指个人依据一定的道德行为准则行动时所表现出来的某些稳固的特征，它是个性中具有道德评价意义的核心部分。品德心理结构一般包括道德认知、道德情感和道德行为三个部分。

二、简答题

1. 简述教育促进文化延续与发展的功能。

【答案要点】

（1）传递文化。文化教化的前提是人类对文化的创造与传递。教育起着传递文化的作用。尤其是学校教育因其具有明确的目的性、计划性等特点，一直承担着传承文化的重任。

（2）选择文化。为了有效地传承文化，必须发挥教育对文化的选择功能。教育的选择功能十分重要，体现了教育对文化发展的积极引导和自觉规范。

（3）发展文化。文化的生命不仅在于它的保存和积累，更在于它的更新与创造。随着社会的日益开放化，学校在加强国际文化交流中的作用也日益明显。教育通过广泛的文化交流，不断地吸收其他民族的文化精华，补充、更新和发展本民族的文化，也是文化发展的一种重要方式。

2. 试析书院的教学特点。

【答案要点】

书院最初属于私学性质，尽管在发展的过程中有官学化倾向，但在培养目标、管理形式、课程设置、教学方法以及师生关系等方面都表现出与官学不同的特点。

（1）书院精神。书院以自由讲学为主，注重讨论，学术风气浓厚，开辟了新的学风，推动了教育和学术的发展。

（2）书院功能。育才、研究和藏书。

（3）培养目标。注重人格修养，强调道德与学问并进，培养学生的学术志趣。

（4）管理形式。较为简单，管理人员少，强调学生遵照院规自我约束、自我管理为主。

（5）课程设置。灵活具有弹性，教学以学生自学、独立研究为主，师生、学生之间注重质疑问难与讨论。

（6）教学组织。教学与研究相结合，教学形式多样，注重讲明义理，躬亲实践。

（7）规章制度。书院作为一种教育制度得以确立，在教育目标、教学方法、教学顺序等方面用学规的形式加以阐明，最著名的是《白鹿洞书院揭示》，它说明南宋后书院已经制度化。

（8）师生关系。较之官学更为平等、学术切磋多于教训，学生来去自由，关系融洽、感情深厚。

（9）学术氛围。教学与学术研究并重，学术氛围自由宽松，人格教育与知识教育并重。

3. 简述学习策略与学习方法的区别与联系。

【答案要点】

学习策略是指学习者为了提高学习的效果和效率，有目的、有意识地制定有关学习过程的复杂的方案，具有主动性、有效性、过程性和程序性四个特点。

学习方法是学习者在一次具体的学习活动中为达到一定的学习目的而采用的手段和措施。

学习方法与学习策略的区别是：第一，具体的学习方法常常与具体学习任务相联系，有较强的情境性；学习策略既与具体任务相联系，又与一般学习过程相联系。第二，学习方法经学习者反复运用，熟练掌握后，学习者在具体情境中往往凭习惯加以运用；学习策略是学习者经过对学习任务、学习者自身特点等各方面进行分析，反复考虑后才产生的方案；第三，具体的学习方法可以用来达到一定的学习目的，完成学习任务，但不考虑最佳效益；学习策略是以追求最佳效益为基本点的。

学习策略与学习方法虽有区别，但也有联系。学习策略虽不同于具体方法，但又不能脱离具体方法，学习策略的策划最终要落实到学习方法上，借助学习方法表现出来；同时，只有那些经过学习者整体策划之后启用的方法才会获得策略的性质，成为学习策略系统不可分割的一部分。

4. 简述影响学习迁移的因素。

【答案要点】

（1）相似性。包括学习材料的相似性、学习目标与学习过程的相似性。

①学习材料的相似性：包含结构特性的相似和表面特性的相似。前者即本质特征的相似，后者即非本质特征的相似。

②学习目标与学习过程的相似性：由于加工过程往往受到活动目标的制约，因此，目标要求是否相似将在一定程度上决定了加工过程是否相似，进而决定了能否产生迁移。

（2）原有认知结构。

①原有经验的概括水平。原有经验的概括水平越高，迁移的可能性越大，效果越好；概括水平越低，迁移的范围越小，效果也越差。

②原有经验的组织性。组织合理的经验结构不仅表现在其抽象、概括性方面，还表现在经验的丰富性方面。

③原有经验的可利用性。要产生迁移，原有的经验结构须能够被有效地激活、提取。

（3）学习定势。定势通常指先于一定的活动而又指向该活动的一种动力准备状态，也称为心向。定势对迁移的影响表现为两种：促进和阻碍。

三、分析论述题

1. 作为一名教师，请谈谈良好师生关系构建的基本策略。

【答案要点】

良好师生关系的构建就是师生关系建立、调整和优化的过程。教师在师生关系建立与发展中占有重要地位，起着主导作用。要建立民主、和谐亲密、充满活力的师生关系，对教师来说，有以下几种策略：

（1）了解和研究学生。包括了解学生个体的思想意识、道德品质、兴趣、需要、知识水平、学习态度和方法、个性特点、身体状况和班集体的特点及其形成原因。

（2）树立正确的学生观。学生观就是教师对学生的基本看法，它影响着教师对学生的认识及其态度与行为，进而影响学生的发展。正确的学生观来自教师对学生的观察和了解，来自教师向学生的学习和对自我的反思。

（3）热爱、尊重学生，公平对待学生。热爱学生包括热爱所有学生，对学生充满爱心，经常走到学生之中，忌讳挖苦、讽刺、粗暴对待学生。尊重学生特别要尊重学生的人格，保护学生的自尊心，维护学生的合法权益，避免师生对立。教师处理问题必须公正无私，使学生心悦诚服。

（4）主动与学生沟通，善于与学生交往。要求教师掌握沟通与交往的主动性，经常与学生保持接触、交心；同时教师还要掌握与学生交往的策略和技巧，如寻找共同的兴趣或话题、一起参加活动等。

（5）努力提高自我修养，健全人格。教师要使师生关系和谐，就必须通过自己崇高的理想，科学的世界观、人生观，渊博的知识，严谨的治学态度，活泼开朗的性格，多方面的爱好与兴趣等来吸引学生。

2. 试论教师从事教育研究的意义。

【答案要点】

教育研究是以发现或发展科学知识体系为导向，通过对教育现象的解释、预测和控制，以促进一般化原理、原则的发展。其宗旨是解决一定的教育科学问题。教师从事教育研究的意义表现在以下几个方面：

（1）教师的教育研究有利于解决教育教学实际问题。教育研究不仅能增进教师对有效教学的认识，扩展教师对新思想、新方法的运用，引发他们对教育教学信念的追求；而且更能增进教师对学生学习需求的关注和了解，更有效地促进和指导学生的学习与成长。

（2）教师的教育研究可以使课程、教学与教师真正融为一体。课程中的教育观念只有通过教师的注释才能转化为实际，教师只有通过基于研究的教学，才能真正实施课程。尤其是学校课程开发，更要求教师通过研究进行积极的创造，只有这样，才能将课程落到实处。

（3）教师的教育研究也是教育科学发展的需要。教师基于实践情境、实践问题和实践智慧而开展的教育教学研究，是对理论性研究的重要补充，是推动教育科学繁荣和发展的重要资源与力量。

（4）教师的教育研究可以促进教师持续的专业成长与发展。教师的教育研究，可以使教师真正成为有思想、有能力、有智性、有悟性的教育实践主体。通过教育教学研究，教师才能不断地找到专业发展的新基点。

3. 试论陶行知的生活教育理论。

【答案要点】

（1）"生活即教育"。"生活即教育"是陶行知生活教育理论的核心。其内涵包括：生活含有教育的意义；实际生活是教育的中心；生活决定教育，教育改造生活。

"生活即教育"所强调的是教育以生活为中心，所反对的是传统教育脱离生活而以书本为中心。尽管它在生活与教育的区别和系统的知识传授方面有所忽视，但在破除传统教育脱离民众、脱离社会生活的弊端方面，有十分重要的意义。

（2）"社会即学校"。"社会即学校"是生活教育理论另一重要主张，是"生活即教育"思想在学校与社会关系问题上的具体化。"社会即学校"，是指"社会含有学校的意味"，或者说"以社会为学校"。由于到处是生活，到处都是教育，"整个的社会是生活的场所，亦即教育之场所"。

"社会即学校"，也指"学校含有社会的意味"。也就是说，学校通过与社会生活相结合，一方面运用社会的力量使学校进步，另一方面动员学校的力量帮助社会进步，使学校真正成为社会生活必不可少的组成部分。

"社会即学校"扩大了学校教育的内涵和作用，对于传统的学校观、教育观有所改变。传统学校与社会生活脱节，学生孤陋寡闻，而以社会为学校，使得教育的材料、教育的方法、教育的工具、教育的环境可以大大地增加，有利于拓展学生的知识，增强学生的能力。"社会即学校"，还可以使被传统学校拒之门外的劳苦大众能够受到起码的教育，贯穿了普及民众教育的苦心，同样也值得肯定。

（3）"教学做合一"。"教学做合一"是生活教育理论的又一重要主张，是"生活即教育"在教学方法问题上的具体化。其含义为：教的方法根据学的方法，学的方法根据做的方法。事怎样做便怎样学，怎样学便怎样教。教与学都以做为中心。包括以下四个要点："教学做合一"要求在"劳力上劳心";"教学做合一"是因为"行是知之始";"教学做合一"要求"有教先学"和"有学有教";"教学做合一"还是对注入式教学法的否定。

（4）启示。陶行知的生活教育理论是一种大众的、为人民大众服务的教育理论，且还是一种不断进取创造，旨在探索具有中国民族特色的教育道路的理论。生活教育理论还在教育观念的改变方面颇有建树，无论是强调学校教育与社会生活、生产劳动相结合，还是要求手脑并用、在劳力上劳心，都是对学校与社会割裂、书本与生活脱节、劳心与劳力分离的传统教育的反动，显示出强烈的时代气息，至今都富于启示。陶行知的生活教育理论是我国民族教育理论宝库中十分可贵的遗产，值得我们珍惜并认真研究汲取。

4.试论赫尔巴特的教学形式阶段理论。

【答案要点】

赫尔巴特的教学形式阶段，实际上就是课堂教学的完整过程，是一个包括教学方法、教学形式等内在的规范化的教学程序。

他认为，兴趣活动可以划分为四个阶段：注意、期待、要求和行动。儿童在学习活动中的思维方式有两种：专心与审思。在此基础上，他提出了教学形式阶段理论，即"赫尔巴特四段教学法"。

（1）明了：当一个表象由自身的力量突出在感官前，兴趣活动对它产生注意；这时，学生处于静止的专心活动；教师通过运用直观教具和讲解的方法，进行明确的提示，使学生获得清晰的表象，以做好观念联合，即学习新知识的准备。

（2）联合：由于新表象的产生并进入意识，激起原有观念的活动，因而产生新旧观念的联合，但又尚未出现最后的结果；这时，兴趣活动处于获得新观念前的期待阶段；教师的主要任务是与学生进行无拘无束的谈话，运用分析的教学方法。

（3）系统：新旧观念最初形成的联系并不是十分有序的，因而需要对前一阶段由专心活动得到的结果进行审思；兴趣活动处于要求阶段；这时，需要采用综合的教学方法，使新旧观念间的联合系统化，从而获得新的概念。

（4）方法：新旧观念间的联合形成后需要进一步巩固和强化，这就要求学生自己进行活动，通过练习巩固新习得的知识。

赫尔巴特的阶段教学论，在一定程度上揭示了教学过程方面的某些规律，反映了人类对教学过程和教学活动本质认识的发展，具有广泛的实践意义，是值得充分肯定的；但是，该理论认为任何一堂课都必须遵循这样一个阶段，既限制了学生学习的积极主动性和创造精神，也束缚了教师教学的主动性和灵活性。

2012年 宁波大学333教育综合·真题解析

一、名词解释

教育制度

教育制度是指一个国家各级各类实施教育的机构体系及其组织运行的规则。它包括相互联系的两个方面：一是各级各类教育机构与组织；二是教育机构与组织赖以存在和运行的规则，如各种相关的教育法律、规则、条例等。

教材

教材是部分课程教学专家与部分一线教师在一定时间内对课程标准的诠释，它是教师课堂教学的蓝本，也是学生学习的主要参考书。教材尽管很重要，但也只是给教师进行教学提供一定的素材和教学思路。

有教无类

"有教无类"的本意是不分贵贱贫富和种族，人人都可以入学接受教育。孔子的教学实践切实地贯彻了这一办学方针，他的弟子来自各个诸侯国，分布地区广泛；弟子成分复杂，出身于不同的阶级和阶层，大多数出身于平民。

设计教学法

设计教学法是美国进步主义教育家克伯屈提出的新的教育方法。他将设计教学法定义为在社会环境中进行有目的的活动，重视教学活动的社会的和道德的因素。强调有目的的活动是设计教学法的核心，儿童自动的、自发的、有目的的学习是设计教学法的本质。

最近发展区

维果茨基认为，在进行教学时必须注意到儿童的两种水平，一种是儿童现有的发展水平，另一种是即将达到的发展水平，维果茨基把这两种水平之间的差距称为最近发展区，即独立解决问题的真实发展水平和在成人指导下或与其他儿童合作情况下解决问题的潜在发展水平之间的差距。

教学设计

教学设计指研究教学系统、教学过程和制订教学计划的系统方法。它是教师在备课过程中，以传播理论和学习理论等为基础，应用系统论的观点和方法，分析教学中的问题和需求，确定教学目标，设计解决问题的步骤，选择相应的教学策略和教学媒体，形成教学方案，分析评价其结果并修改方案的过程。

二、简答题

1.试述教育的社会功能。

【答案要点】

（1）教育的社会变迁功能。

①教育的经济功能。教育是使可能的劳动力转变为现实的劳动力的基本途径；现代教育是使知识形态的生产力转化为直接的生产力的重要途径；现代教育是提高劳动生产率的重要因素。

②教育的政治功能。教育通过传播一定的社会的政治意识，完成年轻一代的政治社会化；教育通过造就政治管理人才，促进政治体制的变革与完善；教育通过提高全民文化素质，推动国家的民主政治建设；教育是形成社会舆论、影响政治时局的重要力量。

③教育的文化功能。传递文化、选择文化和发展文化。

④教育的生态功能。树立建设生态文明的理念；普及生态文明知识，提高民族素质；引导建设生态文明的社会活动。

（2）教育的社会流动功能。

教育的社会流动功能是指社会成员通过教育的培养、筛选和提高，能够在不同的社会区域、社会层次、职业岗位、科层组织之间转换、调整和变动，以充分发挥其个人的智慧才能，实现其人生价值。它包括横向流动功能和纵向流动功能。前者指改变其环境而不提升其社会层级地位，后者指改变其社会层级地位及作用。

2. 简述课程目标的基本特征。

【答案要点】

课程目标是课程实施应达到的学生身心素质发展的预期结果，是对培养目标的具体化。具有以下特征：

（1）整体性。各级各类的课程目标都是相互关联的，而不是彼此孤立的。

（2）阶段性。课程目标是一个多层次和全方位的系统。

（3）持续性。高年级课程目标是低年级课程目标的延续和深化。

（4）层次性。课程目标可以逐步分解为总目标和从属目标。

（5）递进性。低年级课程目标是高年级课程目标的基础。

（6）时间性。随着时间的推移，课程目标会有相应的调整。

3. 简述科举制对中国封建社会后期的影响。

【答案要点】

科举制对中国封建社会后期的影响包括：

（1）国家只重科举取士，而忽略了学校教育。学校成为科举考试的预备机构，一切教学活动都围绕着科举考试来进行，学校失去了相对独立的地位和作用。

（2）束缚思想，败坏学风。在科举制的影响下，读书的目的不是求知求真，而是为了功名利禄，具有强烈的功利色彩。

（3）科举考试内容的狭隘也阻碍了中国文化的和谐发展，特别是科技文化的发展。

4. 评析裴斯泰洛齐"教育心理学化"思想。

【答案要点】

在西方乃至世界教育史上，裴斯泰洛齐是第一个明确提出"教育心理学化"的教育家。教育心理学化就是要把教育提高到科学的水平，将教育科学建立在人的心理活动规律的基础上。其教育的心理学化的内涵为：

（1）教育目的心理学化。要求将教育的目的和理论指导置于儿童本性发展的自然法则的基础上。只有认真探索和遵循儿童的心理活动和心理发展的规律性，才能有效地达到应有的教育目的。

（2）教学内容心理学化。必须使教学内容的选择和编制适合儿童的学习心理规律。裴斯泰洛齐力图从客观现象和人的心理过程探索教育和教育内容中普遍存在的基本要素，并以此为核心来组织各科课程和教学内容，提出"要素教育"理论。

（3）教学原则和教学方法的心理学化。教学要遵循自然的规律，要使教学程序与学生的认识过程相协调。在此原则下，提出了直观性教学原则、循序渐进原则。

（4）要让儿童成为他自己的教育者。教育者不仅要让儿童接受教育，还要使儿童成为教育中的动因，要适应儿童的心理时机，尽力调动儿童的能动性和积极性，使他们懂得自我教育。

三、分析论述题

1. 请结合实际谈谈教师进行教育研究的优势和素养。

【答案要点】

教师进行教育教学研究有很多优势，主要体现在以下几个方面：

（1）教师工作于真实的教育教学情境之中，最了解教学的困难、问题与需求，能及时清晰地知觉到问题的存在。

（2）教师与学生的共同交往构成了教师的教育教学生活，因此教师能准确地从教育教学现场中、从学生的各种资料中获得第一手资料，这就为研究提供了良好的条件。

（3）实践性是教育教学研究的重要品性。教师是教育教学实践的主体，针对具体的、真实的问题所采取的变革尝试，能够在实践中得到检验，进而产生自己的知识，建构实践性的教学理论。

教师进行教育研究还应具备以下素养：

（1）有对于教育教学改进的热情，有对于教育教学问题研究的意识。

（2）有终身学习和思考的习惯，及时了解和把握教育教学改革与发展的新动向与新知识。

（3）具有自我反思和批判的能力。

（4）掌握教育教学研究的基本方法，使教育教学研究体现客观、科学的本真特性。

（5）具有独立的研究精神。只有来自教师内在的执着、求真、创新的精神，才能推动教师进入"研究"的境地。

2. 试论蔡元培在北京大学的教育改革实践及其影响。

【答案要点】

民国成立后，京师大学堂改称北京大学。当时北大校政腐败、制度混乱、学生求官心切、学术空气淡薄，封建文化泛滥。为了改变这种风气，蔡元培赴任北大校长，对北大进行全面改革。

（1）抱定宗旨，改变校风。蔡元培明确大学的宗旨，认为大学应该成为"研究高尚学问之地"。他改革北大的第一步就是要为师生创造研究高深学问的条件和氛围。

（2）贯彻"思想自由，兼容并包"的办学原则。蔡元培明确声明，在学术上"循'思想自由'原则，取兼容并包主义"，这是他办理北京大学的基本指导思想。该思想不仅体现在学术上，也体现在教师的聘任上。

（3）教授治校，民主管理。1912年由蔡元培主持制定的《大学令》中，确立了教授治校、民主管理的大学校务管理原则，规定大学设立评议会，各科设立教授会。

（4）学科与教学体制改革。在学科与教学体制改革方面，蔡元培主要有三个措施：第一，扩充文理，改变"轻学而重术"的思想；第二，沟通文理，废科设系；第三，改年级制为选科制，发展学生个性。

北京大学的改革不仅仅使自身改变了面貌，也是我国高等教育近代化发展中的一个里程碑。这次改革的灵魂是"思想自由，兼容并包"，其中"兼容并包"不仅包容不同的学术和学说流派、不同的人物和主张，也在男生之外包容女生，在正式生之外包容旁听生。北大因此成为新文化运动和马克思主义的传播中心、五四运动的策源地，其影响远远超出了教育领域。

3. 试评杜威的教育思想。

【答案要点】

杜威是20世纪美国著名的哲学家和教育家，他以实用主义哲学、民主主义政治理想和机能心理学为基础，通过批判地继承前人的思想，构建起庞大的教育哲学体系，成为现代教育的代表人物。主要著作有《民主主义与教育》《我的教育信条》等。

（1）论教育的本质。杜威对于"什么是教育"的问题，给出的回答是：教育即生活、学校即社会、教育即生长、教育即经验的持续不断的改造。

（2）论教育的目的。

教育无目的论。从教育本质论出发，杜威反对外在的、固定的、终极的教育目的，认为教育无目的。杜威所希求的是过程内的目的，这个目的就是"生长"。

教育的社会目的。杜威强调过程内的目的不等于否定社会性的目的。杜威要求教育为社会进步服务，为民主制度的完善服务。他认为教育是社会进步及社会改革的基本方法，学校是社会进步和改革的最基本和最有效的工具。在民主社会中，个人发展与社会进步是统一的。

（3）论课程与教材。

从做中学。杜威以其经验论为基础，要求从做中学、从经验中学，要求以活动性、经验性的主动作业来取代传统书本式教材的统治地位。在杜威看来，这种活动性、经验性课程既能满足儿童的心理需要，又能满足社会性的需要，还能使儿童对事物的认识具有统一性和完整性。

教材心理学化。杜威主张以"教材心理学化"来解决怎样使儿童最终获得较系统的知识而同时又能在学习过程中顾及儿童的心理水平。"教材心理学化"是指把各门学科的教材或知识各部分恢复到它所被抽象出来之前的原来的经验。这种心理化就是把间接经验转化为直接经验，即直接经验化。之后再将已经经验到的那些东西累进地发展为更充实、更丰富也更有组织的形式，即逐渐地接近提供给有技能的、成熟的人的那种教材形式。

（4）论思维与教学方法。

反省思维。杜威所力倡的反省思维是指对某个经验情境中的问题进行反复的、严肃的、持续不断的思考，其功能在于求得一个新情境，把困难解决、疑虑排除、问题解答。

五步教学法。杜威根据科学的实验主义探究方法和反省思维方式，提出了五步教学法，即创设疑难的情境、确定疑难所在、提出问题的种种假设、推断哪种假设能解决这个困难、验证这种假设。

（5）论道德教育。

杜威认为道德教育的主要任务是协调个人与社会的关系。他认为个人的充分发展是社会进步的必要条件，社会的进步又可以为个人的发展提供更好的基础。他反对过分强调个人自由和竞争的旧个人主义，而提倡强调人与人之间的合作，强调社会责任和理智作用的新个人主义。

教育的道德性和教育的社会性是相通的，道德教育应在社会性的情境中进行而不能只停留于口头说教；要求学校生活、教材、教法皆应渗透社会精神，视学校生活、教材、教法为"学校道德三位一体"，这三者都是道德教育的重要途径。

（6）杜威教育思想的影响。

杜威是西方现代教育派的理论代表。他对传统教育的整个理论体系发起挑战，奠定了现代教育的理论大厦的基石。

杜威是新教育的思想旗手，他的教育理论突破以往建立在主客体两分之上的传统教育的弊端，将知行合一，使教学中死的知识变为活的知识，突破了内发论和外铄论，将教育看作人与环境的交互过程中经验的观点具有很高的创造性。

杜威奠定了儿童中心论，解决教育与儿童相脱离的问题，并通过学校与社会的统一、思维与经验的统一，解决教育与实践、学校与社会脱离的问题。

杜威提出了做中学这一建立在新哲学和心理学基础上的新方法，拓宽了教学形式和方法，提高了教学专业化水平。

杜威的教育理论对世界教育进程发挥巨大作用，对日本、中国、苏联等国具有直接的影响。

杜威的理论偏重儿童、活动、经验三中心而使得教育实践忽视了系统知识的传授以致引发了自由与纪律、教师与学生关系等诸多矛盾。另外根据经验和教材心理化原则编写新型教材的设想过于理想化，难以实现。

4. 请举例说明教师威信对教育成效的影响。

【答案要点】

教师威信是他们的教育教学行为对学生影响所产生的众望所归的心理效应，把教育和教学对象紧密聚集在自己周围,是进行双向交流,完成教学任务的重要条件。教师威信体现着对学生的凝聚力、吸引力、号召力和影响力。

(1)教师的威信影响学生的认识,是学生接受其教诲的前提。有威信的教师能使学生产生信任的心理感受,对于他们的指导,学生会更积极主动地接受。而对于威信较低的教师,学生往往持不大信任的态度,甚至会有抵触情绪,因而学习效果一般较差。

(2)教师的威信影响学生的思想品德和行为习惯。有威信的教师常常被学生自觉或不自觉地视为心目中的榜样而加以模仿,所以有威信的教师一言一行都能起到教育作用,这样的"言传"和"身教"无形当中塑造着学生的思想品性。

(3)教师的威信影响学生的情感体验。有威信的教师的表扬能让学生感到愉快和自豪,其批评能让学生感到悔悟、自责和内疚。这样的情感体验有利于强化学生的行为方式,对思想和行为的塑造具有推波助澜的作用,因而能够放大教育的效果。

2011年 宁波大学 333 教育综合·真题解析

一、名词解释

苏格拉底教学法

苏格拉底教学法也称"问答法""产婆术",是由讥讽、助产术、归纳和定义四个步骤组成的独特的方法。这是苏格拉底探讨伦理哲学的研究方法,也是他的教学方法。

骑士教育

骑士教育是中世纪世俗教育的一种主要形式,以培养当时封建制度中骑士阶层的成员为目的。它是一种特殊形式的家庭教育,并无专设的教育机构,也没有专职的教育人员。它在骑士生活和社交活动中进行。训练骑士的标准是剽悍勇猛、虔敬上帝、忠君爱国、宠媚贵妇。

要素教育论

要素教育论由裴斯泰洛齐提出,其基本思想是:初等学校的各种教育都应该从最简单的要素开始,然后逐渐转到日益复杂的要素,循序渐进地促进人的和谐发展。要素教育既要求初等学校为每个人在德、智、体几方面都能受到基本的教育而得到和谐的发展,又要求在德育、智育、体育的每一个方面都通过"要素方法"获得均衡的发展。

新教育运动

新教育运动,也称新学校运动,是指19世纪末20世纪初在欧洲兴起的教育改革运动,初期以建立不同于传统学校的新学校作为新教育的"实验室"为其特征。第二次世界大战以后,新教育运动逐步走向衰落。新教育运动中著名的实验学校有乡村寄宿学校、儿童之家和生活学校。

教师个体的专业发展

教师个体的专业发展是指教师作为专业人员,从专业理想到专业知识、专业能力、专业心理品质等方面由不成熟到比较成熟的发展过程,即由一个专业新手发展成为专家型教师或教育家型教师的过程。

学校教育

学校教育指一种专门组织的不断趋向规范化、制度化、体系化的教育。它是根据一定的社会现实和未来需要，遵循受教育者身心发展的规律，有目的、有计划、有组织地对受教育者身心施加影响，把他们培养成为一定社会或阶级所需要的人的活动。

二、简答题

1. 简述1922年"新学制"的标准和特点。

【答案要点】

1922年，教育部在北京专门召开了学制会议。同年11月以大总统令公布了《学校系统改革案》。该学制又被称为"新学制"或"壬戌学制"，由于采用的是美国式的六三三分段法，又称"六三三学制"。

（1）"新学制"的七项标准为：第一，适应社会进化之需要；第二，发扬平民教育精神；第三，谋个性之发展；第四，注意国民经济力；第五，注意生活教育；第六，使教育易于普及；第七，多留各地伸缩余地。

这七项标准体现出来的主流是新文化运动以来所倡导的"民主"与"科学"的精神，尤其是实用主义的教育思想。它对其后民国一系列教育改革产生了深远的影响。

（2）新学制的特点：第一，根据儿童身心发展规律划分教育阶段；第二，初等教育阶段趋于合理，更加务实；第三，中等教育阶段是改制的核心，是新学制中的精粹；第四，建立了比较完善的职业教育系统；第五，改革师范教育制度；第六，缩短高等教育年限，取消大学预科。

2. 简述英国《1988年教育改革法》的主要内容。

【答案要点】

（1）规定实施全国统一课程。确定在5~16岁的义务教育阶段开设三类课程：核心课程、基础课程和附加课程。核心课程和基础课程合称为"国家课程"，为中小学必修课程。

（2）设立全国统一考试制度。规定在整个义务教育阶段学生要参加四次全国性考试。分别在7、11、14、16岁时举行，作为对学生进行甄别和评估的主要依据。此外，对学生的评估还要结合教师对学生的平时考查。由学校考试委员会负责的全国性考试的结果，还将作为对学校工作进行评价的依据。

（3）实施摆脱选择政策。即规定地方教育当局管理下的所有中学和规模较大的小学，在多数家长要求下可以摆脱地方教育当局的控制，直接接受中央教育机构的指导。此外，该法还赋予学生家长为子女自由选择学校的权利。

（4）建立一种新型的城市技术学校，以培养企业急需的精通技术的中等人才。

（5）废除高等教育的"双重制"。根据新规定，包括多科技术学院和其他学院在内的高等院校将脱离地方教育当局的管辖，成为"独立"机构，并获得与大学同等的法人地位。同时成立"多科技术学院基金委员会"，负责多科技术学院的发展规划和拨款事务。

3. 简述教育目的的功能。

【答案要点】

教育目的是对教育活动所要培养的人的个体素质的总的预期与设想，是对社会历史活动的主体的个体素质的规定。它体现一定社会对受教育者质量规格的界定和要求，也体现人自身发展所应该达到的水准和高度。教育目的的功能包括：

（1）定向功能。教育目的规定了学校教育和学生发展的根本方向，是学校办学的根本指导思想，也是学生发展的总方向,是学校教育工作的起点与归宿,并制约其全过程。

(2)调控功能。教育目的规定了学校教育培养人才的基本质量规格,对学校教育的内容和活动方式起选择、协作、调节和控制作用。

(3)评价功能。学校的办学质量以及学生的发展质量如何,可以有很多的标准来衡量,但根本标准是教育目的。

4. 简述学习与个体心理发展的关系。

【答案要点】

学习是个体在特定情境下由于练习或反复经验而产生的行为或行为潜能的比较持久的变化,具有以下几个特点:学习是由反复经验引起的;学习导致行为或行为潜能的变化且这种变化是相对持久的;行为的变化并不等同于学习的存在;学习所带来的行为变化往往要通过行为表现出来,但学习与表现不能等同;学习是一个广义概念,它不仅是人类普遍具有的,也是动物所具有的。

心理发展是指个体从胚胎经由出生、成熟、衰老一直到死亡的整个生命过程中所发生的持续而稳定的内在心理变化过程,主要包括认知发展、人格发展和社会性发展三个方面。

学习与心理发展的关系:

(1)个体心理发展是学习的背景和前提。

虽然教育对个体身心素质发展起主导作用,但个体身心发展的规律又制约着教育主导作用的发挥,影响着教育的效率,教育必须以个体身心发展的水平和特点为依据。

(2)学习能促进个体心理的发展。

教育一方面要依据个体心理的发展状况和水平,另一方面又能够极大地促进个体心理的发展并对个体的心理发展起着主导作用。

三、分析论述题

1. 结合自己体会,论述学习教育学的价值和意义。

【答案要点】

(1)教育学的理论价值。

①反思日常教育经验。教育习俗性认识以及由此产生的日常教育经验本身具有局限性,随着教育实践活动范围的扩大和内容的丰富,日常教育经验逐渐失去了解释、规范与指导的作用。因此,现代社会就必然要求以科学的教育理论来代替日常的教育经验。

②科学解释教育问题。教育学研究的主要任务就是对教育问题提供超越日常习俗和传统理论认识的新解释;教育学作为对于教育问题的科学解释,就必须使用专门的语言、概念或符号;教育学对于教育问题的科学解释不是直接建立在感性经验与判断基础上的,是一种理性的解释。

(2)教育学的实践价值。教育学对教育问题进行科学研究的最终目的是为了更好地开展教育实践,实践价值有:

①启发教育实践工作者的教育自觉,使他们不断地领悟教育的真谛。

②获得大量的教育理论知识,拓展教育工作的理论视野。

③养成正确的教育态度,培植坚定的教育信念。

④提高教育实践工作者的自我反思和发展能力。

⑤为成为研究型的教师打下基础。

2. 从社会和个体两个方面,阐述教育的功能。

【答案要点】

教育功能就是教育对人的发展和社会发展所能够起到的影响和作用,尤指积极的促进作用,具有客观性、社会性、多样性、整体性和条件性。从对象上将教育功能分为个体功能与社会功能。

（1）教育的个体功能。

教育的个体功能是教育对个体的生存和发展所产生的作用和影响，由于促进个体发展的功能是教育固有的功能，因此也被称为教育的本体功能。教育的个体功能表现为个体社会化功能和个体个性化功能。

①个性化是个体在社会生活中追求独特性、主体性、创造性的过程。教育促进人的主体意识的形成和主体能力的发展；教育促进个性差异的充分发展，形成人的独特性；教育开发人的创造性，促进个体价值的实现。

②社会化是个体由一个"自然人"变成"社会人"的过程。教育促进个体思想意识的社会化；教育促进个体行为的社会化；教育促进个体角色和职业的社会化。

（2）教育的社会功能。

社会功能是教育对社会的稳定、运行和发展所产生的影响，它的发挥必须通过培养人来实现，因此也被称为教育的派生功能。

①教育的经济功能。教育是使可能的劳动力转变为现实的劳动力的基本途径；现代教育是使知识形态的生产力转化为直接的生产力的重要途径；现代教育是提高劳动生产率的重要因素。

②教育的政治功能。教育通过传播一定的社会的政治意识，完成年轻一代的政治社会化；教育通过造就政治管理人才，促进政治体制的变革与完善；教育通过提高全民文化素质，推动国家的民主政治建设；教育是形成社会舆论、影响政治时局的重要力量。

③教育的文化功能。传递文化、选择文化和发展文化。

④教育的生态功能。树立建设生态文明的理念；普及生态文明知识，提高民族素质；引导建设生态文明的社会活动。

3. 论科举制度的全部发展过程及其对当代教育改革的启示。

【答案要点】

（1）科举制度的发展过程。

①科举制度的产生。科举制度是由察举制演化而来的。隋炀帝大业二年（606年）"始建进士科"是科举考试制度确立的标志。它产生于隋朝，发展于唐朝。

②唐代科举制度的发展。唐代选官，沿用隋代科举考试制度，但又不是全部照旧，而是有发展有创新，逐步调整，使科举考试制度趋于健全。主要改革措施集中在科目标准与贡举名额、科目设置与适时变化、考试内容与项目调整几方面。

③宋朝的科举制度。宋元时期的科举制度渐趋于完善和成熟，成为选拔各级官员的主要途径，对社会发展和学校教育产生了重要影响。宋朝科举制度的变化主要表现在以下几个方面：扩大科举科目；扩大科举名额；确定"三年一贡举"；殿试成为定制；建立新制，防止科场作弊。

④元朝的科举制度。元朝的科举考试分为乡试、会试和御试三级。将地方解送考试称之为乡试，即始于元朝。相对于其他朝代，元朝科举制度具有以下特点：民族歧视明显、规定从《四书》中出题，以《四书章句集注》为答案标准、科举制度日益严密。

⑤明朝的科举制度。明朝科举制是中国科举制度史上的鼎盛时期。它在继承宋、元科举制度的基础上，建立了称为"永制"的科举定式，将八股文作为一种固定的考试文体，并将学校教育纳入科举体系，这严重地影响和制约着学校教育的发展。

⑥清朝的科举制度。清朝的科举制度是国家人才选拔的根本制度，它在沿袭明制的基础上根据自身的利益和实际需要进行损益，建立了更为严密的制度体系。但是清朝科场舞弊层出不穷，积重难返，学校成为科举的附庸，丧失了作为教育机构的独立性。突出表现在以下三个方面：学校以科

举中式为目的、教学内容空疏无用、教学管理松弛。

科举制度在中国历史上延续了1300年，直到清末才废除，是我国封建社会中持续时间最长、影响范围最广的选士制度，对封建社会的政治、经济和文化产生了重大影响。

（2）对当代教育改革的启示。

①教育目标的影响：科举传统的教育目标，即读书、考试、做官一直根深蒂固在当代教育中，以清朝八股文取士多缺乏真才实干为鉴。当代教育要以培养创新创造力和实践应用能力的学生为目标。

②教育评价的影响：到了明清时期，科举范围缩小，受重视的只有进士，且考试内容受四书五经的限制。当代教育的评价应该从"目标取向的评价"向"过程取向的评价"转化。

③遵循开放原则，确保平等教育。宋朝的科举改革使大量的庶民子弟通过科举跨入仕途，科举考试变得更加"平民化"。当今教育要坚定贯彻平等理念，遵循开放性原则，尤其需要打破户籍地报考的限制，为教育公平提供一份有力的支持。

4. 结合目前的教育教学实践和社会状况，谈谈如何激发学生的学习动机

【答案要点】

（1）创设问题情境，实施启发式教学。想要实施启发式教学，关键在于创设问题情境。所谓问题情境，指的是一种适度的疑难情境。在学习过程中，仅仅让学生简单地重复已经学过或者过难的东西，学生都不会感兴趣。只有在学习那些"似懂非懂""似会非会"的东西时，学生才感兴趣而且迫切希望掌握它。

（2）根据作业难度，恰当控制动机水平。教师在教学时，要根据学习任务的不同难度，恰当控制学生学习的动机水平。在学习较简单的课题时，应尽量使学生集中注意力；在学习较复杂的课题时，则应尽量创造轻松自由的课堂气氛；在学生遇到困难或出现问题，要尽量心平气和地耐心引导，以免学生过度紧张和焦虑。

（3）充分利用反馈信息，给予恰当的评定。心理学研究表明，来自学习结果的种种反馈信息，对学习效果有明显影响。一方面学习者可以根据反馈信息调整学习活动，改进学习策略；另一方面学习者为了取得更好的成绩或避免再犯错误而增加了学习动机，从而保持了学习的主动性和积极性。

（4）妥善进行奖惩，维护内部学习动机。在对学生进行评价时，奖励和惩罚对于学习动机的激发具有不同的作用。一般而言，表扬与奖励比批评与指责能更有效地激发学生的学习动机，因为前者能使学生获得成就感，增强自信心。但过多使用表扬和奖励，或者使用不当，也会产生消极作用。

（5）合理设置课堂环境，妥善处理竞争和合作。学生的学习主要是在课堂上进行的，课堂的合作与竞争环境无疑是影响学习动机的一个重要的外部因素。在教学活动中，合作与竞争都是必要的，应该强调竞争与合作的相互补充和合理运用。极端的竞争会对学生的学习行为和集体团结产生消极影响。适量与适度的竞争与合作的恰当结合，会有效激励学生的学习动机。

（6）适当进行归因训练，促使学生继续努力。在学生完成某一学习任务后，教师应指导学生进行成败归因。一方面，要引导学生找出成功或失败的真正原因，即进行正确归因；另一方面，教师也应根据每个学生过去一贯的成绩的优劣差异，从有利于今后学习的角度进行积极归因。

（7）培养自我效能感，增强学生成功的自信心。自我效能感影响学生的自我评价和自信心，进而影响学习成绩。尤其是学业不良的学生，由于对自己的学习能力持怀疑态度，表现出很低的自我效能感。因此，教师在教学中要通过一定的方法提高他们的自我效能感。

（8）维护学生自我价值，警惕自我妨碍策略。自我价值理论指出，学生有保护和表现自我价值的需要，这是个人追求成功的内在动力。教师要理解和尊重学生的这种需要，引导他们把自我价值的实现方式与正向、积极的学习行为相联系，避免学生不断从环境中体验到对自我价值的威胁感，从而采取各种自我妨碍的逃避策略。

（9）维护内在需要，促进外部动机内化。兴趣、好奇心、探索欲，是人类学习的最早动力。源于内部需要的学习动机具有更多的坚持性和抗干扰性。然而，不是每个孩子都对教育中涉及的所有内容充满好奇和兴趣。因此，教师要帮助学生将外部调控的学习动机不断内化，形成相对自主调控的学习动机。

2010年 宁波大学 333 教育综合·真题解析

一、名词解释

学校教育

学校教育指一种专门组织的不断趋向规范化、制度化、体系化的教育。它是根据一定的社会现实和未来需要，遵循受教育者身心发展的规律，有目的、有计划、有组织地对受教育者身心施加影响，把他们培养成为一定社会或阶级所需要的人的活动。

教师个体的专业发展

教师个体的专业发展是指教师作为专业人员，从专业理想到专业知识、专业能力、专业心理品质等方面由不成熟到比较成熟的发展过程，即由一个专业新手发展成为专家型教师或教育家型教师的过程。

教育目的

教育目的是对教育活动所要培养的人的个体素质的总的预期与设想，是对社会历史活动的主体的个体素质的规定。它体现一定社会对受教育者质量规格的界定和要求，也体现人自身发展所应该达到的水准和高度。

课程目标

课程目标即课程方案设置的各个教学科目所规定的教学应当达到的要求或标准。这个层次的目标是各级各类学校培养目标的具体化，通过课程目标的实现来完成培养目标。

新教育运动

新教育运动也称新学校运动，是指 19 世纪末 20 世纪初在欧洲兴起的教育改革运动，初期以建立不同于传统学校的新学校作为新教育的"实验室"为其特征。第二次世界大战以后，新教育运动逐步走向衰落。新教育运动中著名的实验学校有乡村寄宿学校、儿童之家和生活学校。

二、简答题

1.简述教育的功能。

【答案要点】

教育功能就是教育对人的发展和社会发展所能够起到的影响和作用，尤指积极的促进作用，具有客观性、社会性、多样性、整体性和条件性。从对象上将教育功能分为个体功能与社会功能。

（1）教育的个体功能。

教育的个体功能是教育对个体的生存和发展所产生的作用和影响，由于促进个体发展的功能是教育固有的功能，因此也被称为教育的本体功能。教育的个体功能表现为个体社会化功能和个体个性化功能。

①个性化是个体在社会生活中追求独特性、主体性、创造性的过程。教育促进人的主体意识的形成和主体能力的发展；教育促进个性差异的充分发展，形成人的独特性；教育开发人的创造性，促进个体价值的实现。

②社会化是个体由一个"自然人"变成"社会人"的过程。教育促进个体思想意识的社会化；教育促进个体行为的社会化；教育促进个体角色和职业的社会化。

（2）教育的社会功能。

社会功能是教育对社会的稳定、运行和发展所产生的影响，它的发挥必须通过培养人来实现，因此也被称为教育的派生功能。教育的社会功能包括经济功能、政治功能、文化功能、生态功能。

2. 孔子的教育思想及其历史影响。

【答案要点】

（1）创办私学与编订"六经"。孔子创办的私学是春秋时期规模最大、持续时间最长、影响最深远的学校。孔子于晚年完成了《诗》《书》《礼》《乐》《易》《春秋》的编纂和校订工作。

（2）"庶、富、教"：教育与社会发展。孔子认为教育对社会发展有重要作用，是立国治国的三大要素之一。治国的三个重要条件，首先是"庶"，要有较多的劳动力；其次是"富"，要使人民群众有丰足的物质生活；再次是"教"，要使人民受到政治伦理教育，知道如何安分守己。

（3）"性相近也，习相远也"：教育与人的发展。"性"指的是先天素质，"习"指的是后天习染，包括教育与社会环境的影响。孔子认为人的先天素质没有多大差别，只是由于后天教育和社会环境的影响作用，才造成人的发展有重大的差别。

（4）"有教无类"与教育对象。"有教无类"的本意是不分贵贱贫富和种族，人人都可以入学接受教育。

（5）"学而优则仕"与教育目标。孔子提出由平民中培养德才兼备的从政君子，这条培育人才的路线可简括称之为"学而优则仕"。

（6）以"六艺"为教育内容。孔子教学的"六艺"即其编撰的"六经"，即《诗》《书》《礼》《乐》《易》《春秋》。

（7）教学方法。主要有因材施教、启发诱导、学思行结合、好学求是的态度。

（8）论道德教育。孔子的教育目的是培养从政的君子，而成为君子的主要条件是具有道德品质修养，因此，道德教育居首要地位。道德修养的原则与方法：立志、克己、力行、中庸、内省和改过。

（9）论教师品格。教师要学而不厌、温故知新、诲人不倦、以身作则、爱护学生、教学相长。

（10）深远的历史影响。孔子是全世界公认伟大的思想家和教育家，他毕生从事教育活动，建树了丰功伟绩。他在实践基础上提出的一些首创的教育学说，为中国古代教育奠定了理论基础。

3. 简述人文主义教育的特征和历史影响。

【答案要点】

（1）文艺复兴时期人文主义教育的主要特征。

①人本主义。人文主义教育在培养目标上注重个性发展，在教育教学方法上反对禁欲主义，尊重儿童天性，坚信通过教育这种后天的力量可以重塑个人、改造社会和自然，这些都表现出人本主

义内涵，人的力量、人的价值被充分肯定。

②古典主义。人文主义教育思想吸收了许多古人的见解，人文主义教育实践尤其是课程设置亦具有古典性质，但这种古典主义绝非纯粹的"复古"，实则含有古为今用、托古改制的内涵，这在当时是进步的。

③世俗性。不论从教育目的还是从课程设置等方面看，人文主义教育洋溢着浓厚的世俗精神，教育更关注今生而非来世。

④宗教性。几乎所有的人文主义教育家都信仰上帝，他们希冀以世俗和人文精神改造中世纪陈腐专横的宗教性，以造就一种更富世俗色彩和人性色彩的宗教性。

⑤贵族性。人文主义教育的对象主要是上层子弟，教育的形式多为宫廷教育和家庭教育而非大众教育，教育的目的主要是培养上层人物如君主、侍臣、绅士等。

（2）人文主义教育的影响。

第一，教育内容发生变化。对古希腊罗马的热情使其知识和学科成为教学主要内容，导致美育和体育复兴并关注自然知识的学习。第二，教育职能发生变化。从训练、束缚自己服从上帝到使人更好地欣赏、创造和履行地位所赋予人的职责。第三，教育价值观发生变化。重新发现人，重新确立了人的地位，强调人性的高贵，复兴了古希腊的个人主义价值观。第四，复兴了古典的教育理想。形成了全面和谐发展的完人的教育观念。第五，复兴了自由教育的传统。第六，促进了自然主义教育思想兴起。第七，出现了新道德教育观，以原罪论为中心的道德教育已开始解体。第八，在某些空想社会主义教育思想中，首次提出教育与生产劳动相结合的思想以及成人教育的思想。第九，建立了新型的人文主义教育机构。第十，促进了大学的改造和发展。第十一，教育理论不断丰富。第十二，推动了教育世俗化的历史进程。

4. 简述科尔伯格的道德发展阶段模式。

【答案要点】

美国心理学家科尔伯格认为儿童道德的发展是分阶段的，他在研究中发现道德发展不是只有两个水平，而应该有多个水平，提出了著名的"三水平六阶段"的道德发展阶段论。

（1）前习俗水平。大约出现在幼儿园及小学低中年级阶段。该时期的特征是儿童遵守规范，但尚未形成自己的主见，着眼于人物行为的具体结果，关心自身的利害。包括惩罚和服从的定向阶段和工具性的相对主义定向阶段。

（2）习俗水平。在小学中年级以上出现，一直到青年、成年。该时期的特征是个人逐渐认识到团体的行为规范，进而接受并付诸实践。包括人际协调的定向阶段和维护权威或秩序的定向阶段。

（3）后习俗水平。该阶段已经发展到超越现实道德规范的约束，达到完全自律的境界，这个水平是理想的境界，成人也只有少数人才能达到。包括社会契约的定向阶段和普遍道德原则的定向阶段。

三、分析论述题

1. 论述学习教育学的价值和意义。

【答案要点】

（1）教育学的理论价值。

①反思日常教育经验。教育习俗性认识以及由此产生的日常教育经验本身具有局限性，随着教育实践活动范围的扩大和内容的丰富，日常教育经验逐渐失去了解释、规范与指导的作用。因此，现代社会就必然要求以科学的教育理论来代替日常的教育经验。

②科学解释教育问题。教育学研究的主要任务就是对教育问题提供超越日常习俗和传统理论认

识的新解释；教育学作为对于教育问题的科学解释，就必须使用专门的语言、概念或符号；教育学对于教育问题的科学解释不是直接建立在感性经验与判断基础上的，是一种理性的解释。

（2）教育学的实践价值。教育学对教育问题进行科学研究的最终目的是为了更好地开展教育实践，实践价值有：

①启发教育实践工作者的教育自觉，使他们不断地领悟教育的真谛。

②获得大量的教育理论知识，拓展教育工作的理论视野。

③养成正确的教育态度，培植坚定的教育信念。

④提高教育实践工作者的自我反思和发展能力。

⑤为成为研究型的教师打下基础。

2. 论述新文化运动影响下的教育思潮。

【答案要点】

（1）平民教育思潮。倡导平民教育是新文化运动中民主思潮在教育领域里的反映和重要的组成部分。平民教育思潮的共同点，在于批判传统的"贵族主义"的等级教育，破除千百年来封建统治者独占教育的局面，使普通平民百姓享有教育权利，获得文化知识，改变生存状况。

（2）工读主义教育思潮。工读主义教育思潮的基本主张有：以工兼学、勤工俭学、工人求学、学生做工、工学结合、工学并进，培养朴素工作和艰苦求学的精神，以求消除体脑差别。由于提倡和参加者思想立场的差异，工读主义也有不同主张。

（3）职业教育思潮。职业教育思潮是由清末民初的实利主义教育思想发展演变而来，且受到欧美职业教育思想传入中国的推波助澜。1917年，黄炎培发起成立了中华职业教育社，这是中国近代第一个研究、倡导、实验和推行职业教育的专门机构，进一步从理论上探讨、在实践中推行职业教育，职业教育思潮由此达到高潮，并出现全国性的职业教育运动。

（4）科学教育思潮。科学教育思潮在新文化运动期间形成并盛行一时。其基本内涵为：一是"物质上之知识"的传授；二是应用科学方法于教育研究和对人的科学精神、科学态度的训练，而尤以后者为重。

（5）国家主义教育思潮。国家主义教育思潮是一种具有强烈资产阶级民族主义色彩的社会思潮，于20世纪初在中国兴起，是政治上的国家主义在教育领域的反映。其主旨在于以国家为中心，反对社会革命，通过加强国家观念的教育来实现国家的统一与独立。

3. 解读赫尔巴特和杜威的教育思想及影响，并在此基础上，结合现实对传统教育与现代教育进行对比分析。

【答案要点】

（1）赫尔巴特的教育思想。

①教育思想的理论基础。赫尔巴特教育思想具有伦理学和心理学双重理论基础。他认为伦理学为教育指明目的，而心理学则指出教育学的途径、手段和障碍。

②教育目的论。赫尔巴特认为，教育的基本目的可以区分为两种，即"必要的目的"和"可能的目的"。

③教育性教学原则。教育性教学原则是指以教学来进行教育的原则。赫尔巴特认为，知识与道德具有直接的和内在的联系。所以道德教育只有通过教学才能产生实际的作用，教学是道德教育的基本途径。

④课程理论。赫尔巴特以其心理学说为依据，提出了较为完整的课程理论。主要观点有：第一，课程必须与儿童的经验和兴趣相适应；第二，课程要与统觉过程相适应；第三，课程必须要与儿童

发展阶段相适应。

⑤教学形式阶段理论。赫尔巴特认为，兴趣活动可以划分为四个阶段：注意、期待、要求和行动。在此基础上，他提出了教学形式阶段理论，称为赫尔巴特四段教学法，即明了、联合、系统、方法。

（2）杜威的教育思想。

①论教育的本质。教育即生活：杜威认为教育是生活的过程，学校是社会生活的一种形式，那么学校生活也是生活的一种形式；学校即社会：杜威意在使学校生活成为一种经过选择的、净化的、理想的社会生活，使学校成为一个合乎儿童发展的雏形的社会；教育即生长：杜威要求摒除压抑、阻碍儿童自由发展之物，使教育和教学适应儿童的心理发展水平和兴趣、需要的要求；教育即经验的持续不断的改造：指构成人的身心的各种因素在外部环境和人的主动经验过程中统一的全面改造、发展、生长的连续过程。

②论教育的目的。从教育本质论出发，杜威反对外在的、固定的、终极的教育目的，认为教育无目的。他所追求的是过程内的目的，即"生长"。

杜威强调过程内的目的不等于否定社会性的目的。杜威要求教育为社会进步服务，为民主制度的完善服务。杜威认为，教育是社会改良和进步的基本方法。

③论课程与教材。第一，批判传统课程。杜威要求教材不能只从本身出发，而应与社会生活相联系；第二，从做中学。要求以活动性、经验性的主动作业来取代传统书本式教材的统治地位。但杜威并不反对间接经验本身；第三，杜威主张以"教材心理学化"来解决怎样使儿童最终获得较系统的知识而同时又能在学习过程中顾及儿童的心理水平。

④论思维与教学方法。杜威根据科学的实验主义探究方法和反省思维方式，提出了五步教学法。创设疑难的情境；确定疑难所在；提出问题的种种假设；推断哪种假设能解决这个困难；验证这种假设。

⑤论道德教育。杜威认为，道德教育的主要任务是协调个人与社会关系。道德教育应该在社会性的情境中进行。学校生活、教材、教法是道德教育的重要途径。他要求学校生活、教材、教法皆应渗透社会精神，视其为"学校道德之三位一体"，这三者都是道德教育的重要途径。

（3）传统教育与现代教育的对比分析。

赫尔巴特被认为是近代教育心理学化和科学的教育学之父，他丰富了近代教育学理论体系，确立传统教育学派，对传统教育影响巨大。杜威通过批判地继承前人的思想，构建起庞大的教育哲学体系，成为现代教育的代表人物。

①两者教育目的的不同。赫尔巴特认为，教育的基本目的可以区分为两种，即"必要的目的"和"可能的目的"。杜威从教育本质论出发，反对外在的、固定的、终极的教育目的，认为教育无目的。他所追求的是过程内的目的，即"生长"。

②两者课程内容不同。赫尔巴特以其心理学说为依据，提出了较为完整的课程理论。主要观点有：第一，课程必须与儿童的经验和兴趣相适应；第二，课程要与统觉过程相适应；第三，课程必须要与儿童发展阶段相适应。杜威批判传统课程，要求教材不能只从本身出发，而应与社会生活相联系。

③两者教学过程不同。赫尔巴特提出了教学形式阶段理论，称为赫尔巴特四段教学法，即明了、联合、系统、方法。杜威根据科学的实验主义探究方法和反省思维方式，提出了五步教学法，即创设疑难的情境；确定疑难所在；提出问题的种种假设；推断哪种假设能解决这个困难；验证这种假设。

4. 举例说明影响学习迁移的条件，以及在教学中如何促进学生的学习迁移。

【答案要点】

（1）影响学习迁移的条件。

①相似性。包括学习材料的相似性、学习目标与学习过程的相似性。

②原有认知结构。包括原有经验的概括水平、原有经验的组织性和原有经验的可利用性。

③学习定势。定势通常指先于一定的活动而又指向该活动的一种动力准备状态，也称为心向。定势对迁移的影响表现为两种：促进和阻碍。

（2）在教学中促进学生学习迁移的措施。

①整合学科内容。教师要注意把各个独立的教学内容整合起来，鼓励学生把在某一门学科中学到的知识运用到其他学科中去。

②加强知识联系。教师要重视简单的知识技能与复杂的知识技能、新旧知识技能之间的联系。教师要促使学生把已学过的内容迁移到新的学习内容中去。

③强调概括总结。教师在教学中要注意启发学生对所学内容进行概括总结。一方面在教学中，教师要引导学生自己对原理进行概括，培养和提高其概括总结的能力，充分利用原理的迁移；另一方面，在讲解原理时，教师要在最大范围内列举各种变式，使学生正确把握其内涵和外延。

④重视学习策略。教师应有意识地教学生学会如何学习，帮他们掌握概括化的认知策略和元认知策略，从而促进学习的迁移。

⑤培养迁移意识。教师可以通过反馈和归因控制等方式使学生形成关于学习和学校的积极态度。教师要注意对学生的反馈，当学生用其他学科的知识来解决某一学科的问题时应给予鼓励。

2022年 安徽师范大学 333 教育综合·真题真练

一、名词解释
教育制度　教育目的　图式　课程　德育过程　有意义学习

二、简答题
1. 简述学习的本质。
2. 简述教学过程的几对关系。
3. 创造性品质的内容和概念。
4. 新文化运动对教育观念的影响。

三、分析论述题
1. 陶行知的生活教育理论和现代意义。
2. 20 世纪 50 年代以来终身教育演变和启示。
3. 人本主义特征和启示。
4. 从马克思主义人的全面发展理论看教育评价改革。

2021年 安徽师范大学 333 教育综合·真题真练

一、名词解释
尊德性　素丝说　组织策略　酝酿效应　表现目标　明理教育法

二、简答题
1. 简述稷下学宫的性质和特点。
2. 简述 1922 年"新学制"的特点。
3. 简述循序渐进原则的基本要求。
4. 简述改造主义教育的基本观点。

三、分析论述题
1. 论述教学过程的性质。
2. 论述 1958 年美国《国防教育法》的主要内容及时代价值。
3. 论述实际教学中学生问题解决能力的培养策略。

四、案例分析
《中共中央国务院关于全面加强新时代大中小学劳动教育的意见》（2020 年 3 月 20 日）指出：

"劳动教育是中国特色社会主义教育制度的重要内容，直接决定社会主义建设者和接班人的劳动精神面貌、劳动价值取向和劳动技能水平。长期以来，各地区和学校坚持教育与生产劳动相结合，在实践育人方面取得了一定成效。同时也要看到，近年来一些青少年中出现了不珍惜劳动成果、不想劳动、不会劳动的现象，劳动的独特育人价值在一定程度上被忽视，劳动教育正在被淡化、弱化。对此，全党全社会必须高度重视，采取有效措施切实加强劳动教育。"

结合材料与现实，谈谈你对劳动教育的认识和理解。（可从性质、内容、途径等方面论述）

2020年 安徽师范大学333教育综合·真题真练

一、名词解释

特殊迁移　认知内驱力　形成性评价　掌握学习　长善救失原则　教育的相对独立性

二、简答题

1. 简述情境陶冶法的内涵及要求。
2. 简述存在主义教育思想的主要观点。
3. 简述蔡元培的"五育"并举。
4. 简述促进迁移的教学原则。

三、分析论述题

1. 论述教育的社会功能及其有效发挥的条件。
2. 试论述马卡连柯的劳动教育思想及其当代价值。
3. 试论述颜元的"实学""真学"和"习行"的内容是什么？有何现实意义？

四、材料分析题

"2013年2月，国务院印发的《国民旅游休闲发展纲要》明确要求'逐步推行中小学研学旅行'。2014年8月，《关于促进旅游业改革发展的若干意见》首次明确研学旅行要纳入中小学生日常教育范畴。2015年8月，国务院办公厅发布《关于进一步促进旅游投资和消费的若干意见》，提出要'支持研学旅行发展，把研学旅行纳入学生综合素质教育范畴'。2016年年初，教育部基础教育一司在工作要点中将加强研学旅行工作、建设研学旅行试验区和建设研学旅行统筹协调机制作为年度工作重点，并将之作为'坚持创新发展、深入育人方式改革'的重要举措。同年11月，教育部等11部门联合颁发《关于推进中小学生研学旅行的意见》，要求各中小学要把研学旅行纳入教育教学计划，与综合实践活动课程统筹考虑，促进研学旅行和学校课程的有机融合。"

——引自吴支奎等. 研学旅行：培育学生核心素养的重要路径【J】. 课程·教材·教法，2018（4）

结合上述材料，谈谈你对研学旅行的认识和理解。

2019年 安徽师范大学 333 教育综合·真题真练

一、名词解释
双轨制　锻炼法　下位学习　藏息相辅的教学原则　精细加工策略　教育无目的

二、简答题
1. 简述教学过程的几种关系。
2. 简述颜之推的儿童教育思想。
3. 影响知识理解的因素。
4. 简述永恒主义教育思潮。

三、分析论述题
1. 马克思主义关于人的全面发展学说的主要内容及现实意义。
2. 加涅的学习过程阶段以及信息加工理论对课堂教学的启示。
3. 论述陈鹤琴教育思想的启示及其现实价值。

四、分析题
材料：随着全球化、信息化时代与知识社会的来临，各国综合国力竞争开始加剧，以经济发展为核心，致力于公民素养的提升，已成为世界各国发展的共同主题。那么，现代公民应当具备哪些最基本、最重要的知识、能力与情感态度，才能更好地促进个人自我实现与成功地生活，继而更好地推动社会的良好运转与健康发展等问题已转化为当下世界各国基础教育课程改革中无法规避的核心问题。21世纪培养的学生应该具备哪些最基本、最重要的知识、能力与情感态度？怎样才能更有效地培养学生使其具备这些知识、能力与情感态度？针对这一问题，21世纪以来，世界各国包括一些重要的国际组织都纷纷启动了学生"核心素养"的研究，并在此基础上开启了新一轮基础教育课程改革。

结合材料与现实，谈谈你对当前世界基础教育课程改革发展新趋势的认识。

2018年 安徽师范大学 333 教育综合·真题真练

一、名词解释
课程标准　发现法　最近发展区　先行组织者　"七艺"　要素主义教育

二、简答题
1. 简述教学是德育的基本途径。
2. 简述陈述性知识与程序性知识的区别与联系。

3. 王守仁儿童教育思想的主张有哪些？
4. 简述斯宾塞的智育论

三、分析论述题

1. 论述我国教育目的的基本精神。
2. 论述社会规范学习心理过程的三个阶段。
3. 论述"五四"新文化运动对国人教育观念转变的影响。

四、材料分析题

材料：1972年，联合国教科文组织教育发展委员会主席埃德加·富尔在以《学会生存——教育世界的今天和明天》的报告中指出："多少世纪以来，特别在发动产业革命的欧洲国家，教育的发展一般是在经济增长之后发生的。现在，教育在全世界的发展正倾向先于经济的发展，这在人类历史上大概还是第一次。"有人因此而提出疑问，在现代社会里，社会物质生产与教育的关系是不是已经颠倒过来？即由教育决定社会物质生产，而不是由社会物质生产决定教育？

请回答你对这个问题有什么看法，用教育学的理论进行分析

2017年 安徽师范大学 333 教育综合·真题真练

一、名词解释

教育制度　校本管理　程序性知识　观察学习　自然教育　公学

二、简答题

1. 教育应如何适应学生的身心发展规律？
2. 在教学评价中，应如何处理好教师评价与学生自评之间的关系？
3. 简述学校美育过程中应遵循的基本原则。
4. 韩愈的《师说》提出了哪些主要的教育观点。

三、论述题

1. 试述终身教育思想的提出对学习型社会的意义。
2. 结合实际论述自我效能感及其培养途径。
3. 试论革命根据地教育经验的现代价值。

四、案例分析题

材料：在苏联著名教育家苏霍姆林斯基当校长时，曾发生过这样一件感人的故事：校园里开出了几朵很大的玫瑰花，每天都吸引了很多学生来看。一天早晨，苏霍姆林斯基看见一个小女孩摘下了一朵玫瑰花，他便问小女孩是什么原因让她摘花，小女孩羞愧地告诉他，奶奶病得很重，她不相信校园里有这么大的玫瑰花，摘下来是想让奶奶看看自己说得没错。听了小女孩的回答，苏霍姆林斯基立即摘下了两朵玫瑰花对小女孩说："这一朵是奖励给你的，因为你是一个懂得爱的孩子；这一朵是送给你奶奶的，感谢她养育了你这样好的孩子。"

在案例中苏霍姆林斯基面对这位摘花的小女孩不但没有粗暴地批评，而且另摘了两朵花送给她，为什么？如果是你，你会怎么做？请运用有关教育理论进行分析。

2016年 安徽师范大学333教育综合·真题真练

一、名词解释
实验教育学　潜在课程　有意义学习　元认知策略　苏格拉底法　生活准备说

二、简答题
1. 教学活动中如何处理智力活动与非智力活动的关系。
2. 简述德育与其他各育的关系。
3. 学校管理过程包括哪些基本环节？
4. 卢梭自然教育理论的基本观点是什么？有何积极意义？
5. 简述我国隋唐时期教育制度的特点。
6. 简述张之洞的"中体西用"教育思想。

三、分析论述题
1. 美国教育家杜威提出"做中学"的教育信条，我国教育家陶行知倡导"教学做合一"的主张。请你在分析两种观点的基础上，结合实际论述它们对我国基础教育改革的理论价值和实际意义。
2. 运用多元智力理论论述学习方式的多样性。
3. 运用教育社会功能理论论述教育在我国全面建成小康社会进程中的作用。

2015年 安徽师范大学333教育综合·真题真练

一、名词解释
教育目的（狭义）　长善救失原则　活动课程　生活教育　癸卯学制　教学模式

二、简答题
1. 简述蔡元培关于教育方针的基本理论。
2. 问题解决能力的培养措施有哪些？
3. 为什么把教育摆在优先发展的战略地位？
4. 简述朱熹的"朱子读书法"。
5. 洛克的道德教育方法主要包括哪些内容？
6. 简述教师角色的冲突及其解决措施。

三、分析论述题

1. 试述夸美纽斯的学校改革思想及其对近代教育的影响。
2. 联系教育实际论述人格发展理论及其教育含义。
3. 结合我国当前教育发展与改革实际，谈谈依法治教的意义及其途径。

2014年 安徽师范大学333教育综合·真题真练

一、名词解释

课程目标　陶冶教育　永恒主义　工读主义教育思潮　骑士教育　道尔顿制

二、简答题

1. 简要说明问题解决分哪几个阶段？
2. 简述教育的生态功能。
3. 我国教师必须承担的责任和义务是什么？
4. 孔子关于道德教育理论的基本观点是什么？
5. 简述新民主主义教育方针的形成过程及其内涵。
6. 如何贯彻启发性教学原则？

三、分析论述题

1. 论述杜威教育思想的主要观点及其影响。
2. 联系教学实际论述认知建构主义学习理论与应用。
3. 材料：党的十八届三中全会通过的《中共中央关于全面深化改革若干重大问题的决定》提出：全面贯彻党的教育方针，坚持立德树人，加强社会主义核心价值体系教育，完善中华优秀传统文化教育，形成爱学习、爱劳动、爱祖国活动的有效形式和长效机制，增强学生社会责任感、创新精神、实践能力。

联系基础教育实际论述加强社会主义核心价值体系教育的意义及其举措。

2013年 安徽师范大学333教育综合·真题真练

一、名词解释

美育　学校管理目标　要素主义　课程标准　教学模式　最近发展区

二、简答题

1. 简述杜威关于教育本质与目的的理论。

2. 共产党领导下的革命根据地教育的基本经验包括哪些方面？
3. 简述卢梭的自然教育理论及其影响。
4. 为什么说德育过程是培养学生知、情、意、行的过程？
5. 世界各国课程改革的趋势是什么？
6. 简述社会规范学习的心理过程。

三、分析论述题

1. 论述黄炎培的职业教育思想及其当代教育价值。
2. 论述在基础教育改革中如何体现"以人为本"这一理念。
3. 论述班杜拉的观察学习理论及其教育应用。

2012年 安徽师范大学 333 教育综合·真题真练

一、名词解释
教育　教育目的　学校教育制度　教学组织形式　道尔顿制　学习策略

二、简答题
1. 简述掌握知识与发展智力的关系。
2. 在对学生进行思想品德教育时，如何贯彻"严格要求与尊重学生相结合"的原则？
3. 当代学校管理的发展趋势是什么？
4. 杜威关于教育的本质与目的的基本观点是什么？
5. 我国古代书院教育的特点是什么？
6. 简述终身教育思潮的基本观点。

三、分析论述题
1. 联系社会实际，论述教育社会流动功能的含义及其在当代的教育意义。
2. 论述陶行知的"生活教育"思想体系。
3. 联系教学实际论述学习动机的培养与激发。

2011年 安徽师范大学 333 教育综合·真题真练

一、名词解释
《大教学论》　内发论　高等教育大众化　癸卯学制　个人本位论　义务教育

二、简答题

1. 简述学校教育在人的身心发展中的作用。
2. 简述"六艺"教育的内容和特征。
3. 试比较欧洲的新教育运动和美国的进步教育运动。
4. 学生品德不良产生的原因及其矫正措施。

三、分析论述题

1. 论述教师专业发展的内涵与途径。
2. 评述赫尔巴特的教学阶段理论。
3. 评述陶行知的"生活教育理论"。
4. 结合我国基础教育课程改革，谈谈建构主义学习理论的知识观、学生观、学习观对教学实践的作用。

2010年 安徽师范大学333教育综合·真题真练

一、名词解释

实验教育学　学校教育　媒介素养　教育目的　教学策略　学生非正式群体

二、简答题

1. 现代型学校的特质主要表现在哪些方面？
2. 当代学生观的更新体现在哪些方面？
3. 简述教学与信息技术的关系。
4. 如何创建富有生命气息的班级文化？
5. 新型教师的基础性素养主要包括哪些方面？
6. 怎样发挥学校对家庭教育的指导与促进作用？

三、分析论述题

1. 结合自身实际，谈谈学习教育对教师专业成长的价值。
2. 试述当代中国学校教育价值取向更新的基本走向。
3. 结合教学实际，试述你对教学评价改革的看法。

四、案例分析题

材料：期中考试之前，校长向教师们宣布了在初一和高一年级实行无人监考的决定，教师们议论纷纷：有人监考还作弊呢，无人监考行吗？在学生动员会上，听说取消监考，学生们的眼睛里先是露出半信半疑的神色，当彼此交换一下眼神，证明自己的耳朵没出毛病以后，雷鸣般的掌声爆发了。显然，他们热烈欢迎无人监考……考试以后，每个同学都写了总结。一位同学写道："无人监考使我考试时很轻松，发挥得很好，根本没有作弊的念头。"另一位同学写道："无人监考体现了老师对我们的信任和尊重，而我们更应该自尊自爱。"还有一位同学写道："我试卷上的分数也许并不理想，但我的人格卷是100分。"同学们一致表示，赞成这样的考试，希望能够继续下去。教师们也认为无人监考是一次突破，无人监考，利大于弊。

试用相关教育理论评析案例中"无人监考"活动的教育思想、教学方法及其育人效果。

2022年 安徽师范大学333教育综合·真题解析

一、名词解释

教育制度

教育制度是指一个国家各级各类实施教育的机构体系及其组织运行的规则。它包括相互联系的两个方面：一是各级各类教育机构与组织；二是教育机构与组织赖以存在和运行的规则，如各种相关的教育法律、规则、条例等。

教育目的

教育目的是对教育活动所要培养的人的个体素质的总的预期与设想，是对社会历史活动的主体的个体素质的规定。它体现一定社会对受教育者质量规格的界定和要求，也体现人自身发展所应该达到的水准和高度。

图式

图式是指儿童用来适应环境的认知结构。从发展的角度来看，儿童最初的图式是遗传所带来的一些本能反射行为，如吸吮反射等。

课程

课程是由一定的育人目标、特定的知识经验和预期的学习活动方式构成的一种蕴含着丰富、基本而又有创造性与潜质的一套计划与设定。广义的课程指所有学科的总和，狭义的课程指一门学科。

德育过程

德育过程是学生在教师的引导下，主动积极地进行道德认识和道德实践，逐步提高自我修养能力，形成个人品德的过程。

有意义学习

有意义学习就是符号所代表的新知识与学习者认知结构中已有的适当观念建立非任意的和实质性的联系。有意义学习的类型包括表征学习、概念学习和命题学习。

二、简答题

1. 简述学习的本质。

【答案要点】

学习是个体在特定情境下由于练习或反复经验而产生的行为或行为潜能的比较持久的变化，具有以下几个特点：

（1）学习是由反复经验引起的。

（2）学习导致行为或行为潜能的变化且这种变化是相对持久的。

（3）行为的变化并不等同于学习的存在。

（4）学习所带来的行为变化往往要通过行为表现出来，但学习与表现不能等同。

（5）学习是一个广义概念，它不仅是人类普遍具有的，也是动物所具有的。

2. 简述教学过程的几对关系。

【答案要点】

（1）间接经验与直接经验的关系。学生认识的主要任务是学习间接经验；学习间接经验必须以学生个人的直接经验为基础；防止只重书本知识传授或直接经验积累的偏向。

（2）掌握知识与发展智力的关系。智力的发展与知识的掌握二者相互依存，相互促进；生动活泼地理解和创造性地运用知识才能有效地发展智力；防止单纯抓知识教学或只重能力发展的片面性。

（3）掌握知识与进行教育的关系。进行教育性教学是现代教学的重要特性；只有使所学知识引发了学生情感、态度的积极变化，才能让他们的思想真正得到提高；防止单纯传授知识或脱离知识教学的思想教育的偏向。

（4）智力活动与非智力活动的关系。教学活动既要注重引导学生进行智力活动，也要重视调节学生的非智力活动；按教学需要调节学生的非智力活动，才能有成效地进行智力活动。

（5）教师主导作用与学生主动性的关系。发挥教师的主导作用是学生简捷有效地学习知识、发展身心的必要条件；尊重学生、调动学生的学习主动性是教师有效地教学的一个主要因素；防止忽视学生积极性和忽视教师主导作用的偏向。

3. 创造性品质的内容和概念。

【答案要点】

创造性是由多种心理因素构成的复合体，其心理结构具有多维性。张大均等认为创造性是由多种心理品质有机结合构成的心理结构系统，主要包括创造性认知品质、创造性人格品质和创造性适应品质三个子系统。

（1）创造性认知品质，是指创造性心理结构中与认知加工有关的部分，它是创造性心理活动的核心。创造性认知品质主要包括创造性想象、创造性思维、创造性认知策略三个方面。

（2）创造性人格品质，是有创造性的人所具有的个性特点。创造性人格品质包括创造性动力特征、创造性情意特征、创造性人格特质等。

（3）创造性适应品质，是指个体在其创造性认知品质和创造性人格品质的基础上，在自己特定年龄阶段所规定的社会生活背景中，通过与社会生活环境的相互作用，所表现出来的对外在社会环境进行创造性的操作应对，对内在创造过程进行调适所表现出来的创造性行为倾向，具体表现为创造行为习惯、创造策略和创造技法的掌握运用等。

4. 新文化运动对教育观念的影响。

【答案要点】

在抨击封建传统教育的基础上，新文化运动促进了中国教育的变化，推进着中国教育观念朝着教育个性化、教育平民化、教育实用化、教育科学化的方向进行变革。

（1）教育的个性化。主要表现在四个方面：第一，在教育上"使个人享有自由平等之机会而不为政府、社会、家庭所抑制"；第二，教育要尊重个人，又从尊重儿童起，甚至"以儿童为中心"；第三，不能让社会淹没个性，要使人各尽其性，能够发挥个人潜能；第四，学校教育尤忌"随便教育"。教师要以合适的方法帮助学生，学生要充分发挥主观能动性，学会主动学习。

（2）教育的平民化。通过"庶民"教育可以保障普通民众受教育的权利，使他们的能力得到发展和发挥，这些能力不仅可以改善民众的个人生活，汇聚在一起更是改造社会的巨大潜力。

（3）教育的实用化。在新文化运动时期，提倡务实的教育成为共识。一方面，人们认识到教育对于个性生活能力的培养、对社会生产发展的适应的重要意义；另一方面，人们认识到学校内部必须进行全面改革，强调从社会生活和学生生活的实际出发，沟通教育与生活、学校与社会的关系，强调对学生的主动学习、创造性学习和实际能力的培养，要求课程内容和教学组织形式均须适应生产和生活发展的需要。

（4）教育的科学化。对科学方法和观念的倡导是"五四"新文化运动思想启蒙的重要内涵与特点，表现出强烈的理性色彩，这是一种更深层次的启蒙和洗礼。民主斗士们认为学校在进行科学教育，社会讲究科学，重要的是让科学内容和方法渗入社会各项事业，改变人的态度和观念。

三、分析论述题

1. 陶行知的生活教育理论和现代意义。

【答案要点】

（1）"生活即教育"。"生活即教育"是陶行知生活教育理论的核心。其内涵包括：生活含有教育的意义；实际生活是教育的中心；生活决定教育，教育改造生活。

"生活即教育"所强调的是教育以生活为中心，所反对的是传统教育脱离生活而以书本为中心。尽管它在生活与教育的区别和系统的知识传授方面有所忽视，但在破除传统教育脱离民众、脱离社会生活的弊端方面，有十分重要的意义。

（2）"社会即学校"。"社会即学校"是生活教育理论另一重要主张，是"生活即教育"思想在学校与社会关系问题上的具体化。"社会即学校"，是指"社会含有学校的意味"，或者说"以社会为学校"。由于到处是生活，到处都是教育，"整个的社会是生活的场所，亦即教育之场所"。

"社会即学校"，也指"学校含有社会的意味"。也就是说，学校通过与社会生活相结合，一方面运用社会的力量使学校进步，另一方面动员学校的力量帮助社会进步，使学校真正成为社会生活必不可少的组成部分。

"社会即学校"扩大了学校教育的内涵和作用，对于传统的学校观、教育观有所改变。传统学校与社会生活脱节，学生孤陋寡闻，而以社会为学校，使得教育的材料、教育的方法、教育的工具、教育的环境可以大大地增加，有利于拓展学生的知识，增强学生的能力。"社会即学校"，还可以使被传统学校拒之门外的劳苦大众能够受到起码的教育，贯穿了普及民众教育的苦心，同样也值得肯定。

（3）"教学做合一"。"教学做合一"是生活教育理论的又一重要主张，是"生活即教育"在教学方法问题上的具体化。其含义为：教的方法根据学的方法，学的方法根据做的方法。事怎样做便怎样学，怎样学便怎样教。教与学都以做为中心。包括以下四个要点："教学做合一"要求在"劳力上劳心"；"教学做合一"是因为"行是知之始"；"教学做合一"要求"有教先学"和"有学有教"；"教学做合一"还是对注入式教学法的否定。

（4）现代意义。陶行知的生活教育理论是一种大众的、为人民大众服务的教育理论，且还是一种不断进取创造，旨在探索具有中国民族特色的教育道路的理论。生活教育理论还在教育观念的改变方面颇有建树，无论是强调学校教育与社会生活、生产劳动相结合，还是要求手脑并用、在劳力上劳心，都是对学校与社会割裂、书本与生活脱节、劳心与劳力分离的传统教育的反动，显示出强烈的时代气息，至今都富于启示。陶行知的生活教育理论是我国民族教育理论宝库中十分可贵的遗产，值得我们珍惜并认真研究借鉴。

2. 20世纪50年代以来终身教育演变和启示。

【答案要点】

终身教育思潮产生于20世纪50年代的法国，是现代欧美国家一种强调把教育贯穿人的一生的教育思潮，现已成为一种被视为未来教育战略的国际性教育思潮，代表人物是保罗·朗格朗。终身教育思想也经历一个不断发展、丰富和完善的过程。

(1)"学习化社会"的提出。

学习化社会是在终身教育概念的基础上形成和发展起来的,它是由美国著名教育家赫钦斯在1968年发表的《学习化社会》中首次提出。

(2)《学会生存——教育世界的今天和明天》。

1972年,由联合国教科文组织国际教育发展委员会主席埃德加·富尔执笔的题为《学会生存——教育世界的今天和明天》的报告,进一步确认了"学习化社会"的概念。

(3)《教育——财富蕴藏其中》。

1996年,时任国际21世纪教育委员会主席的雅克·德洛尔向联合国教科文组织提交了题为《教育——财富蕴藏其中》的报告。报告提出应重新思考和扩大终身教育这一观点的内涵,并建议终身教育应"建立在四个支柱的基础上:学会认知、学会做事、学会共同生活、学会生存"。

(4)终身学习的提出。

1997年7月,第五届世界成人教育大会通过的《汉堡宣言》和《为了成人学习的未来》,明确提出:为了构筑起一个面向21世纪的学习社会,必须建立终身学习体系,必须把正规教育和非正规教育的功能和效果紧密结合起来。

启示:终身教育理论自20世纪60年代中期兴起以后,在教育领域中引起了一场广泛而深刻的革命。终身教育已成为建立一个学习化社会的象征。按照"终身教育"的设想,从学校毕业将不再被看作是教育的终结,而是新教育的开始,终身教育将有助于社会为每一个人的受教育权利提供终身保证。许多国家把终身教育作为教育改革和发展的战略重点,但终身教育的具体实施规划仍需进一步探讨。

3. 人本主义特征和启示。

【答案要点】

人本主义强调把人作为一个整体来研究,而不是将人的心理分解为不能整合的几个部分;人本主义心理学的学习理论从全人教育的视角阐释了学习者整个人的成长历程,重视如何为学习者创造一个良好的环境,让其从自己的角度感知世界,发展出对世界的理解,达到自我实现的最高境界。

(1)人本主义特征。人本主义教育是围绕人的"自我实现"这一教育目标来展开论述的,其主要特点是:第一,凸显人的主体性是教育的出发点和归宿;第二,强调人的理智和情感的和谐一致;第三,注重课程和教学的改革。

(2)启示。人本主义教育力图纠正20世纪以来教育领域中"主知主义"和"主情主义"两种偏向,从多方面来考虑人的整体发展,强调认知和情感两方面在教育过程中的作用,主张学校应形成最佳的学习气氛,充分发挥和实现人的各种潜能,这给教育理论带来了观念上的革新,对西方教育理论和实践产生了重要的影响。但过分强调主体性,过分强调个人的价值观和个人的自我实现,简单地把个体的潜能实现与个体的社会价值画上等号,也受到了批判。

4. 从马克思主义人的全面发展理论看教育评价改革

【答案要点】

马克思、恩格斯所讲的人的发展,是指在人的劳动能力全面发展的基础上包括人的社会关系、体力、智力、道德精神面貌、意志、情感、个性及审美意识和实践能力等各方面的和谐统一发展。

教育评价的改革主要包括以下几方面:

(1)树立科学成才观念。坚持以德为先、能力为重、全面发展,坚持面向人人、因材施教、知行合一。在实施路径上,提出创新德、智、体、美、劳过程性评价办法,完善综合素质评价体系,切实引导学生坚定理想信念、厚植爱国主义情怀、加强品德修养、增长知识见识、培养奋斗精神、增强综合素质。

（2）完善德育评价。在目标引领上，提出根据学生不同阶段身心特点，科学设计各级各类教育德育目标要求，引导学生养成良好思想道德、心理素质和行为习惯，传承红色基因，增强"四个自信"，立志听党话、跟党走，立志扎根人民、奉献国家。在评价方式上，提出通过信息化等手段，探索学生、家长、教师以及社区等参与评价的有效方式，客观记录学生品行日常表现和突出表现，特别是践行社会主义核心价值观情况，将其作为学生综合素质评价的重要内容。

（3）强化体育评价。在总体要求上，提出建立日常参与、体质监测和专项运动技能测试相结合的考查机制，将达到国家学生体质健康标准要求作为教育教学考核的重要内容。同时，分学段提出具体要求，中小学要客观记录学生日常体育参与情况和体质健康监测结果并定期向家长反馈；改进中考体育测试内容、方式和计分办法；探索在高等教育所有阶段开设体育课程。

（4）改进美育评价。对中小学，提出把中小学生学习音乐、美术、书法等艺术类课程以及参与学校组织的艺术实践活动情况纳入学业要求；探索将艺术类科目纳入中考改革试点。对高校，提出推动高校将公共艺术课程与艺术实践纳入人才培养方案，实行学分制管理。

（5）加强劳动教育评价。一是实施大中小学劳动教育指导纲要，明确不同学段、不同年级劳动教育的目标要求，引导学生崇尚劳动、尊重劳动。二是探索建立劳动清单制度，明确学生参加劳动的具体内容和要求，让学生在实践中养成劳动习惯、学会劳动、学会勤俭。三是加强过程性评价，将参与劳动教育课程学习和实践情况纳入学生综合素质档案。

2021年 安徽师范大学333教育综合·真题解析

一、名词解释

尊德性

《中庸》开篇指出："天命之谓性，率性之谓道，修道之谓教。"发掘人的内在天性，进而达到对外部世界的体认，这就是"尊德性"。

素丝说

墨子在人的教育方面提出"素丝说"，他以素丝和染丝为喻来说明人性及其在教育下的改变和形成。他认为人性不是先天所成，生来的人性如同待染的素丝，下什么色的染缸，就成什么样颜色的丝，即有什么样的环境与教育就造就什么样的人。

组织策略

组织策略指整合所学新知识之间、新旧知识之间的内在联系，形成新的知识的结构的策略。组织策略的使用是为了发现学习材料的共同特征或性质，从而达到减轻记忆负担的目的。

酝酿效应

酝酿效应是指在反复探索一个问题的解决而毫无结果时，如果把问题暂时搁置几个小时、几天或几周，然后再回过头来解决，这时常常就可以很快找到解决方法。

表现目标

表现目标是指明确安排学生个性化的发展机会和发展程度。它在设计中所采用的行为动词通常是与学生表现什么有关的或者结果是开放性的,主要应用于"制作"领域。

明理教育法

明理教育法,也叫说服法,是指引导学生摆事实、讲道理,经过思想情感上的沟通与互动,让他们悟明道德真谛,自觉践行的方法。包括讲理、沟通、报告、讨论、参观等。

二、简答题

1. 简述稷下学宫的性质和特点。

【答案要点】

稷下学宫是战国时代齐国一所著名的高等学府,因其建立于齐国都城临淄的稷门附近而得名。它既是百家争鸣的中心与缩影,也是当时教育上的重要创造,稷下学宫对中国古代学术、文化和教育的发展产生过重大的历史影响。

(1)性质。其一,稷下学宫是一所由官家举办而由私家主持的特殊形式的学校;其二,稷下学宫是一所集讲学、著述、育才活动为一体并兼有咨议作用的高等学府。

(2)特点。

①学术自由。这是稷下学宫的基本特点。容纳百家是学术自由的一种表现,来者不拒,包容百家是稷下学宫的办学方针。各家各派的学术地位平等;相互争鸣与吸取是学术自由的又一种表现。

②待遇优厚。"不治而议论"是齐国君主给予学者们很高的政治待遇,因为学者所看重的是自己的思想主张能否被接受,人格是否受尊重;在物质待遇上也很丰厚,对稷下先生优越的物质待遇甚至惠及其弟子,这是稷下学宫能长期兴盛的重要原因之一。

③管理规范。在学生管理上,稷下学宫制定了历史上第一个学生守则——《弟子职》。

2. 简述 1922 年"新学制"的特点。

【答案要点】

1922 年,教育部在北京专门召开了学制会议。同年 11 月以大总统令公布了《学校系统改革案》。该学制又被称为"新学制"或"壬戌学制",由于采用的是美国式的六三三分段法,又称"六三三学制"。新学制的特点包括:

(1)根据儿童身心发展规律划分教育阶段。

(2)初等教育阶段趋于合理,更加务实。

(3)中等教育阶段是改制的核心,是新学制中的精粹。

(4)建立了比较完善的职业教育系统。

(5)改革师范教育制度。

(6)缩短高等教育年限,取消大学预科。

3. 简述循序渐进原则的基本要求。

【答案要点】

循序渐进教学原则又称系统性原则,是指教学要按照学科的逻辑系统和学生认识的顺序逐步进行,使学生系统地掌握基础知识、基本技能,形成严密的逻辑思维能力。

贯彻循序渐进原则的基本要求如下:

(1)按教材的系统性进行教学。按课程标准和教科书的逻辑体系进行教学,要求教师深入领会教材的系统性,结合学生认识特点和本班学生的情况,编写一个讲授提纲或设计一个教学双边活动过程计划，以组织、指导教学的过程。

（2）抓主要矛盾，解决好重点与难点。教学循序渐进并不意味着教学要面面俱到、平均使用力量，而是要求区别主次、分清难易、有详有略地教学。这样才能提高质量。

（3）由浅入深、由易到难、由简到繁。这是循序渐进应遵循的一般要求，是行之有效的宝贵经验。一味搞突击、求速成，欲速则不达。如果循序渐进教学，学生的基础打好了，能力提高了，学习的效率速度自然会提高。

（4）将系统连贯性与灵活多样性结合起来。教学是一种复杂的艺术。为了使学生掌握系统而精确的学科知识，教师必须认真备课，吃透教材的重点与难点，确定教学的具体目的与任务，做好教学设计，以便系统而有效地进行教学。

4. 简述改造主义教育的基本观点。

【答案要点】

改造主义教育是实用主义教育的一个分支，产生于20世纪30年代的美国，影响于50年代。改造主义教育是一种把"社会改造"作为教育的主要目标，强调学校成为"社会改造"的主要工具的教育思潮，代表人物是布拉梅尔德。其主要观点包括以下几个方面：

（1）教育应当以"改造社会"为目标。
（2）教育应当重视培养"社会一致"的精神。
（3）教育工作应当以行为科学为依据。
（4）课程教学应当以社会问题为中心。
（5）教师的主要职责是劝说教育。

三、分析论述题

1. 论述教学过程的性质。

【答案要点】

（1）教学过程是一种特殊的认识过程。

教学过程作为特殊的认识过程，其特殊性在于它是学生个体的认识过程，具有不同于人类总体认识的显著特点：第一，间接性，主要以掌握人类长期积累起来的科学文化知识为中介，间接地认识现实世界；第二，引导性，需要在富有知识的教师引导下进行认识，而不能独立完成；第三，简捷性，走的是一条认识的捷径，是一种科学文化知识的再生产。

（2）教学过程是以认识过程为基础的学生全面发展的过程。

教学过程不只是要学生完成认识世界的任务，更重要的是在这个过程中促进学生的全面发展。学生的发展是教学过程的核心，教学过程的本质与社会发展需要相联系，要从生理和心理两个方面来看待学生的发展。

（3）教学过程是以交往为背景和手段的活动过程。

教学活动不是孤立的个体认识活动，它离不开师与生、生与生之间的交往、互动，离不开人们的共同生活。个体最初的学习与认识就是在共同生活与交往中发生与发展的。在教学过程中，教师不仅运用交往引导学生进行认知，而且通过交往对学生达致情感的沟通、同情与共鸣。

（4）教学过程也是一种促进学生身心发展、追寻与实现价值目标的过程。

在教学活动中，教师引导学生学习知识、开展交往、认识与作用世界，进行多方面的演练与实践，其实都是为了促进学生的身心发展，以追寻与实现使他们成人、成才的价值增值目标。从这方面看，教学过程又是一个促进学生身心发展及实现教育目标的过程。

2. 论述1958年美国《国防教育法》的主要内容及时代价值。

【答案要点】

1957年，苏联卫星上天后，美国朝野震惊，开始反思自身的教育问题，并将教育提高到保卫国家国防的高度，要求对教育进行改革。在此背景下，1958年美国总统批准颁布了《国防教育法》。主要内容包括：

（1）加强普通学校的自然科学、数学和现代外语，即"新三艺"的教学。

（2）加强职业技术教育。要求各地区设立职业技术教育领导机构，有计划地开展职业技术训练。

（3）强调"天才教育"。鼓励有才能的学生完成中等教育，攻读考入高等教育机构所必需的课程并升入该类机构，以便培养拔尖人才。

（4）增拨大量教育经费。作为对各级学校的财政援助。

《国防教育法》是作为改革美国教育、加快人才培养的紧急措施推出的，其颁布与实施，为第二次世界大战后美国教育改革提供了坚实的法律保障，促进了美国教育事业的发展，有利于美国教育质量的提高和科技人才的培养。

3. 论述实际教学中学生问题解决能力的培养策略。

（1）鼓励质疑。教师要尽量从自己提出问题过渡到学生质疑，从而培养学生主动质疑的内在动机，鼓励学生主动提问，形成一种自由探究的气氛。

（2）设置难度适当的问题。教师给学生的问题要可解，但也要有一定的难度。

（3）帮助学生正确表征问题。学生运用所学知识解释问题，或者画草图、列表、写方程式等，这对回忆相关信息都有很好的作用。

（4）帮助学生养成分析问题的习惯。教师要帮助学生发展系统考虑问题的方式和系统分析的习惯，既不能让学生盲目尝试错误练习，也不能过分热心，先把答案告诉学生。

（5）辅导学生从记忆中提取信息。教师需要帮助学生从记忆中迅速提取与解决问题有关的信息，并能很快找出可利用的信息，明确问题解决情境与想要达到的目的，迅速做出判断。

（6）训练学生陈述自己的假设及其步骤。教师要培养学生由跟从别人的言语指导转变到自行指导思考，然后再要求他们自己用言语把指导步骤表达出来。

（7）提供结构不良问题，培养实际解决问题的能力。通过对这些问题的解决，能让学生将解决问题的能力迁移到实际领域中去。

四、案例分析

1. 结合材料与现实，谈谈你对劳动教育的认识和理解。（可从性质、内容、途径等方面论述）

【答案要点】

（1）劳动教育的含义。学校中的劳动教育是指由专职人员和专门机构承担的，有目的、有系统、有组织的劳动教育，它具有不同于其他教育活动的独特性。

（2）劳动教育的作用。

①树立正确的劳动观。通过生产实践活动，可以使学生逐步养成良好的劳动习惯，树立正确的劳动观点。

②促进人的全面发展。在现代教育中，教学与劳动结合，一方面可以验证所学的书本知识的科学性，另一方面可以使学生获得关于自然科学和社会科学方面的感性认识，加深对自己所学知识的理解，而且还为学习新知识奠定比较好的基础。

③锻炼肌体，增进健康。通过参加适量的劳动可以协调身体器官的发育，锻炼体力和耐力，增强体质，培养意志，提高审美能力，形成健康向上的心理素质。

④发展学生个性，增进情趣和美感。

（3）劳动教育的基本内容。

①工农业生产劳动。工农业生产劳动有助于培养学生的劳动能力和形成新的精神品质。组织学生参加工农业生产劳动，其中包括一般性的工农业生产劳动和现代化的工农业生产劳动。

②社会公益劳动。社会公益劳动是直接服务于社会公益事业的，不计任何报酬的义务劳动。通过公益劳动可以培养学生的劳动观念和对劳动人民的感情，锻炼他们的意志和体力，培养社会责任感。

③服务性劳动。服务性劳动主要指料理个人、家庭、班级以及学校生活的劳动，它有利于培养学生独立生活能力和养成良好的生活习惯。

（4）劳动教育的途径。

第一，劳动教育与劳动课相结合；第二，有效利用课堂，落实劳动教育；第三，提供劳动实践机会，耐心指导劳动方法；第四，体验教育；第五，学校、家庭、社会劳动教育和谐统一。

2020年 安徽师范大学333教育综合·真题解析

一、名词解释

特殊迁移

根据迁移的方式和范围，可将迁移分为特殊迁移和非特殊迁移。特殊迁移是指某一领域或课题的学习直接对学习另一领域或课题所产生的影响。

认知内驱力

认知内驱力，是个体了解、理解和掌握知识，以及系统地阐述问题并解决问题的需要。是一种最重要和最稳定的动机。它指向学习任务本身，满足这种动机的奖励是由学习本身提供的，因而是一种内部动机。

形成性评价

形成性评价是指在教学进程中，对学生的知识掌握和能力发展所做的比较经常而及时的测评，包括对学生的提问、书面测验、作业批改等。其目的在于使师生都能及时获得反馈信息，从而更好地改进教与学，以促进师生的发展和提高。

掌握学习

掌握学习是由布卢姆提出的一种确保所有学生都能达到一定学习水平的教学模式，其指导思想是：在适当的学习条件下，几乎所有人都能学会学校所教的知识。掌握学习教学模式包括两部分：掌握学习的准备和掌握学习的操作。

长善救失原则

长善救失原则指进行德育要调动学生自我教育的积极性，依靠和发扬他们自身的积极因素去克服他们品德上的消极因素，促进学生的道德成长。要求老师要"一分为二"地看待学生；发扬积极因素，克服消极因素；引导学生自觉评价自己，勇于自我教育。

教育的相对独立性

教育的相对独立性是指作为社会一个子系统的教育，它对社会的能动作用具有自身的特点和规律性，它的历史发展也有其独特连续性和继承性。

二、简答题

1. 简述情境陶冶法的内涵及要求。

【答案要点】

情境陶冶法是指通过创设良好的教育情境，潜移默化地培养学生品德的方法。它利用暗示原理，让学生通过无意识的心理活动来接受某种影响。包括人格感化、环境陶冶和艺术陶冶等。

运用情境陶冶法要注意以下几点要求：

（1）创设良好的情境。良好的情境是陶冶的条件和工具。要有效地陶冶学生，行不言之教，必先创设良好的情境。学校领导要考虑如何创设一个良好的学校环境，班主任则应千方百计地创设一个良好的班级环境。同时，还要改变和消除对学生可能产生不良影响的各种情境。

（2）与启发引导相结合。为了更有效地发挥情境的陶冶作用，不能只让创设的情境自发地影响学生，还需要教师有意识地引导与启发，使学生感受到情境的美好与可贵，认同、珍惜这种良好的情境，并在自己的身上培养起相应的良好品德与作风。

（3）引导学生参与情境的创设。良好的情境不是固有的，需要人为地创设；也不能只靠教师去做，应当激励学生自己去创设、优化。例如，组织学生参加学校劳动、环境清扫、教室布置等等。

2. 简述存在主义教育思想的主要观点。

【答案要点】

存在主义教育是现代欧美国家一种以存在主义哲学为价值取向的教育思潮。它以"人的存在"为研究的对象，强调品德教育的重要性，并提倡个人自由选择，代表人物有海德格尔、雅斯贝尔斯等。其主要观点有：

（1）教育的目的在于使学生实现自我完成。

（2）品德教育在人的自我发展中具有重要作用。

（3）学生应该能自由选择道德标准。

（4）采用个别教育的方法。

（5）教师是学生自我实现的影响者和激励者。

3. 简述蔡元培的"五育"并举。

【答案要点】

（1）军国民教育。指将军事教育引入到学校和社会教育之中，让学生和民众受到一定的军事教育和训练。在学校教育中强调学生生活的军事化，特别是体育的军事化。

（2）实利主义教育。即密切教育与国民经济生活的联系，加强职业技能的培训，使教育能发挥提高国家经济能力和改善人民生活水平的作用。

（3）公民道德教育。蔡元培认为公民道德的基本内容不外乎法国资产阶级革命所标榜的自由、平等、博爱，虽然与封建道德的专制等级性不相容，但他明确指出中国传统伦理特别是儒家伦理中的一些基本范畴，其内涵是与自由、平等、博爱的精神相通的。

（4）世界观教育。是蔡元培独创并被作为教育的最高境界。世界观教育就是要培养人们立足于现象世界但又超脱现象世界而贴近实体世界的观念和精神境界。

（5）美感教育。美感教育与世界观教育紧密联系，美感介于现象世界和实体世界之间，是两者之间的桥梁。利用美感这种超越利害关系、人我之分界的特性去破除现象世界的意识，陶冶、净化人的心灵。美感教育是世界观教育的主要途径。

4. 简述促进迁移的教学原则。

【答案要点】

（1）整合学科内容。教师要注意把各个独立的教学内容整合起来，鼓励学生把在某一门学科中学到的知识运用到其他学科中去。

（2）加强知识联系。教师要重视简单的知识技能与复杂的知识技能、新旧知识技能之间的联系。教师要促使学生把已学过的内容迁移到新的学习内容中去。

（3）强调概括总结。教师在教学中要注意启发学生对所学内容进行概括总结。一方面在教学中，教师要引导学生自己对原理进行概括，培养和提高其概括总结的能力，充分利用原理的迁移；另一方面，在讲解原理时，教师要在最大范围内列举各种变式，使学生正确把握其内涵和外延。

（4）重视学习策略。教师应有意识地教学生学会如何学习，帮他们掌握概括化的认知策略和元认知策略，从而促进学习的迁移。

（5）培养迁移意识。教师可以通过反馈和归因控制等方式使学生形成关于学习和学校的积极态度。教师要注意对学生的反馈，当学生用其他学科的知识来解决某一学科的问题时应给予鼓励。

三、分析论述题

1. 论述教育的社会功能及其有效发挥的条件。

【答案要点】

教育被社会发展所制约，但教育也能动地反作用于社会，具有推动社会发展的功能。教育的社会功能主要有：教育的社会变迁功能、教育的社会流动功能。

（1）教育的社会变迁功能。

①教育的经济功能。教育是使可能的劳动力转变为现实的劳动力的基本途径；现代教育是使知识形态的生产力转化为直接的生产力的重要途径；现代教育是提高劳动生产率的重要因素。

②教育的政治功能。教育通过传播一定的社会的政治意识，完成年轻一代的政治社会化；教育通过造就政治管理人才，促进政治体制的变革与完善；教育通过提高全民文化素质，推动国家的民主政治建设；教育是形成社会舆论、影响政治时局的重要力量。

③教育的文化功能。传递文化、选择文化和发展文化。

④教育的生态功能。树立建设生态文明的理念；普及生态文明知识，提高民族素质；引导建设生态文明的社会活动。

（2）教育的社会流动功能。教育的社会流动功能是指社会成员通过教育的培养、筛选和提高，能够在不同的社会区域、社会层次、职业岗位、科层组织之间转换、调整和变动，以充分发挥其个人的智慧才能，实现其人生价值。它包括横向流动功能和纵向流动功能。前者指改变其环境而不提升其社会层级地位，后者指改变其社会层级地位及作用。

（3）教育的社会功能有效发挥的条件。

①遵循教育发展的社会规律。教育发展的社会规律是教育与社会之间本质的、必然的联系，这种联系不仅表现为教育对社会的促进作用，更表现为社会对教育的制约作用。教育的社会发展功能的实现是以符合社会对教育的制约为前提的。

②正确地把握教育与社会之间的张力。我们既要看到社会对教育的影响，又要看到教育自身的独立性；既要看到教育与社会之间的密切关系，又要看到教育与社会的区别，正确地把握教育与社会之间的张力。

③正确地处理教育功能间的关系。教育的社会发展功能的发挥需要正确处理教育的本体功能与社会功能、教育的保守功能与超越功能之间的关系。

2. 试论述马卡连柯的劳动教育思想及其当代价值。

【答案要点】

（1）马卡连柯的劳动教育思想。

马卡连柯非常重视年轻一代的劳动教育。他认为，劳动教育就是人的劳动品质的教育，也是公民将来生活水平及其幸福的教育。其目的是要发展儿童的体力、智力和培养他们从事生产劳动的技能技巧，尤其重要的是使学生在道德上和精神上得到良好的发展。

但不是任何劳动都能教育人，只有那些按照教育原则组织的、作为教育过程总的体系的一部分的劳动才有教育意义。马卡连柯要求在让儿童从事体力劳动的同时对他们进行思想道德教育，注意培养他们对待劳动的态度以及对劳动者的尊敬和对寄生者的憎恨等思想感情，培养自觉的劳动纪律和爱护公共财产等劳动品质。

马卡连柯较为详细地论述了劳动教育的原则和方法：第一，要使教学与生产劳动有机地结合，而非机械地结合；第二，要使学生的生产劳动服从于学校的教育目的；第三，劳动不能单纯强调体力劳动；第四，必须让学生创造性地劳动；第五，劳动任务应具有量力性、长期性、复杂性和多样性。

（2）当代价值。

马卡连柯关于劳动和劳动教育的基本论点，是从他具体实践经验中概括和总结出来的。就其基本原则方面看，这一理论是正确的，对一般的学校基本上也是适用的。但并不等于说可以随意套用或盲目抄袭，必须结合实际情况，分析具体条件，灵活加以运用。

3. 试论述颜元的"实学""真学"和"习行"的内容是什么？有何现实意义？

【答案要点】

（1）为了培养"实才实德之士"，在教育内容上，颜元针对理学教育的虚浮空疏，提出了"真学""实学"的主张。他认为，尧舜周孔时代的学术便是"真学""实学"。他大力提倡当时的"六府""三事""三物"，其核心是强调"六艺"教育。颜元强调"六艺之学"并非是真的要回复到尧舜周孔时代，而是托古改制，在古代圣贤"六艺"教育的旗帜下宣扬自己的主张。

颜元"真学""实学"的教育内容不仅同理学教育有本质的区别，而且无论是在广度上，还是在深度上，都大大超越了"六艺"教育。它除了经、史、礼、乐等知识之外，还把诸多门类的自然科技知识、各种军事知识和技能正式列进教育内容，并且实行分科设教。这在当时确实是别开生面的，已经蕴涵近代课程设置的萌芽，将中国古代关于教育内容的理论推进到一个新的发展阶段。

（2）颜元的"习行"教学方法强调在教学过程中要联系实际，要坚持练习和躬行实践，认为只有如此，学得的知识才是真正有用的。

颜元重视"习行"教学法，一方面同他朴素的唯物主义认识论有密切的关系。他主张"见理于世，因行得知"，认为"理"存在于客观事物之中，只有接触事物，躬行实践，才能获得真正有用的知识。另一方面，是为了反对理学家静坐读书、空谈心性的教学方法。

颜元强调"习行"，并非排斥通过读和讲学习书本知识，而是主张读书、讲说必须与"习行"相结合，而且要在"习行"上下更多功夫。"习行"虽然讲的是个人行动，没有社会实践的意义，但他强调接触实际，重视练习，从亲身躬行实践中获得知识，这在当时学生只是纯粹地"读书"而脱离实际的"文墨世界"中，无疑是吹进了一股清新之风，令人耳目一新。

四、材料分析题

结合上述材料，谈谈你对研学旅行的认识和理解。

【答案要点】

（1）研学旅行的含义。

中小学生研学旅行是由教育部门和学校有计划地组织安排，通过集体旅行、集中食宿方式开展的研究性学习和旅行体验相结合的校外教育活动，是学校教育和校外教育衔接的创新形式，是教育教学的重要内容，是综合实践育人的有效途径。

（2）研学旅行的意义。

开展研学旅行，有利于促进学生培育和践行社会主义核心价值观，激发学生对党、对国家、对人民的热爱之情；有利于推动全面实施素质教育，创新人才培养模式，引导学生主动适应社会，促进书本知识和生活经验的深度融合；有利于加快提高人民生活质量，满足学生日益增长的旅游需求，从小培养学生文明旅游意识，养成文明旅游行为习惯。

（3）研学旅游应遵循的基本原则。

①教育性原则。研学旅行要结合学生身心特点、接受能力和实际需要，注重系统性、知识性、科学性和趣味性，为学生全面发展提供良好成长空间。

②实践性原则。研学旅行要因地制宜，呈现地域特色，引导学生走出校园，在与日常生活不同的环境中拓展视野、丰富知识、了解社会、亲近自然、参与体验。

③安全性原则。研学旅行要坚持安全第一，建立安全保障机制，明确安全保障责任，落实安全保障措施，确保学生安全。

④公益性原则。研学旅行不得开展以营利为目的的经营性创收，对贫困家庭学生要减免费用。

2019年 安徽师范大学333教育综合·真题解析

一、名词解释

双轨制

双轨制主要代表是18—19世纪的西欧。一轨自上而下，是为资产阶级的子女设立的，其结构是大学、中学；另一轨从下而上，是为劳动人民的子女设立的，其结构是小学及其后的职业学校。

锻炼法

锻炼法也称实践锻炼法，是指有目的、有组织地安排学生进行一定的生活交往与社会践行活动以培养品德的方法，包括练习、委托任务和组织活动等。其基本要求包括调动学生的主动性、教师给予适当的指导、坚持严格要求学生、及时检查并长期坚持。

下位学习

下位学习，又称类属学习，是指学习者认知结构中原有的观念在包摄和概括的水平上高于新知识，在新旧知识之间构成一种类属关系。可以分为派生类属学习和相关类属学习。

藏息相辅的教学原则

藏息相辅的教学原则出自《学记》。藏息相辅是指既有有计划的正课学习，又有课外活动和自习，有张有弛，让学生感受到学习的乐趣，感受到老师、同学的可亲可爱，使学习成为学生的一种内在需要。

精细加工策略

精细加工策略是通过把所学的新信息和已有的知识联系起来以增加新信息意义的策略，即通过对学习材料的精细加工，将新旧知识联系起来，帮助学习者增进对新知识的理解，并把信息储存到长时记忆中的学习策略。

教育无目的

教育无目的是杜威的教育思想，杜威从教育本质论出发，反对外在的、固定的、终极的教育目的，认为教育无目的。杜威所希求的是过程内的目的，这个目的就是"生长"。

二、简答题

1. 简述教学过程的几种关系。

【答案要点】

（1）间接经验与直接经验的关系。学生认识的主要任务是学习间接经验；学习间接经验必须以学生个人的直接经验为基础；防止只重书本知识传授或直接经验积累的偏向。

（2）掌握知识与发展智力的关系。智力的发展与知识的掌握二者相互依存，相互促进；生动活泼地理解和创造性地运用知识才能有效地发展智力；防止单纯抓知识教学或只重能力发展的片面性。

（3）掌握知识与进行教育的关系。进行教育性教学是现代教学的重要特性；只有使所学知识引发了学生情感、态度的积极变化，才能让他们的思想真正得到提高；防止单纯传授知识或脱离知识教学的思想教育的偏向。

（4）智力活动与非智力活动的关系。教学活动既要注重引导学生进行智力活动，也要重视调节学生的非智力活动；按教学需要调节学生的非智力活动，才能有成效地进行智力活动。

（5）教师主导作用与学生主动性的关系。发挥教师的主导作用是学生简捷有效地学习知识、发展身心的必要条件；尊重学生、调动学生的学习主动性是教师有效地教学的一个主要因素；防止忽视学生积极性和忽视教师主导作用的偏向。

2. 简述颜之推的儿童教育思想。

【答案要点】

《颜氏家训》以讨论家庭教育为主，而家庭教育基本是长辈对未成年人主要是儿童的教育。儿童教育应当注意一些基本的原则。

（1）及早施教。幼年时期是奠定基础的重要阶段，长辈应及早地对幼儿进行教育，早期教育甚至可以从胎教开始。

（2）严慈相济。善于教育子女的父母，能把慈爱与严格要求相结合，并能收到良好的教育效果。

（3）均爱原则。在家庭教育中应该切忌偏宠，不论子女聪慧与否，都应以同样的爱护与教育标准来对待。

（4）重视语言教育。语言的学习应成为儿童教育的一项重要内容，对儿童进行的语言教育应注意规范，重视通用语言，而不应强调方言。

（5）重视品德教育。道德的教育应包括以孝悌为中心的人伦道德教育和立志教育两方面。颜之推认为对儿童进行道德教育应该以"风化"的方式进行，这是一种通过长辈道德行为的示范，使儿童受到潜移默化的影响，从而形成所要求的德行的教育过程。立志教育即为生活理想的教育，颜之推要求士族应教育其后代以实行尧舜的政治思想为志向，继承世代家业，注重气节培养。

3. 影响知识理解的因素。

【答案要点】

（1）学习材料的内容。学习材料的意义性、学习材料内容的具体程度、学习材料的相对复杂性和难度都会影响学生对知识的理解。

（2）学习材料的形式。采用直观的方式如实物、模型和言语等可以为抽象的内容提供具体感性信息的支持，影响学生对知识的理解；当所教的内容较为复杂时，多媒体和虚拟现实技术等计算机技术则会起到很好的教学辅助作用。

（3）教师言语的提示和指导。教师在不同教学阶段的言语提示对学生的学习有直接的影响。在教学中，教师言语的作用不应仅仅局限于对某一具体知识的描述和解释，重要的是用言语引导学生进行主动建构。

（4）原有的知识经验背景。学生对新信息的理解会受到原有知识经验背景的制约，这种知识背景有着丰富而广泛的含义，它包括来源不同的、以不同的表征方式存在的知识经验，是一个动态的、整合的认知结构。

（5）学生的能力水平。学生的认知发展水平和学生的语言能力直接影响知识的理解。

（6）主动理解的意识与方法。学生要有主动理解的意识倾向和主动理解的策略与方法。

4. 简述永恒主义教育思潮。

【答案要点】

永恒主义教育亦称"新古典主义教育"，产生于20世纪30年代，是现代欧美国家一种强调理性训练以及人的理性和教育基本原则的永恒性的教育思潮，代表人物有美国的赫钦斯、艾德勒，英国的利文斯通和法国的阿兰等。其主要观点包括以下几个方面：

（1）发展人的理性是教育永恒不变的原则。

（2）教育的主要目的是培养永恒的理性。

（3）永恒的古典学科应该在学校课程中占有中心地位。

（4）学生通过教师的教学进行学习。

永恒主义教育对进步教育的批判比要素主义更加激烈，但从整体上来看，它并未提出新的价值判断标准。永恒主义教育在教育理论上有一定影响，但在教育实践中的影响范围不大，主要限于大学和上层知识界中的少数人。

三、分析论述题

1. 马克思主义关于人的全面发展学说的主要内容及现实意义。

【答案要点】

（1）人的全面发展的内涵。

①人的全面发展，既意味着劳动者智力和体力两方面，以及智力和体力的各方面都得到发展，达到体力劳动和脑力劳动相结合，这是人的全面发展的基础。

②从更深层次来看，人的全面发展也是指一个人在志趣、道德、个性等方面的发展，即作为一个真正完整的、全面性的人的发展，而且是每个社会成员得到自由的、充分的发展，即人的彻底解放。

（2）人的全面发展的实现。

①人的全面发展及其实现只能依据现实的社会条件。根本变革资本主义方式，废除生产资料的私有制，消灭阶级划分，全面占有生产力，是实现人的全面发展的前提条件。

②必须向全体社会成员施以普遍的全面教育，包括智育、综合技术教育、体育和德育，以及实行教育与真正自由的生产劳动相结合。

③马克思、恩格斯指出，实现每个人的全面发展，是一个历史发展过程。实现人的全面发展和彻底消灭私有制、建立共产主义社会是互为条件的。

（3）人的全面发展学说的现实意义。

马克思关于人的自由而全面发展学说是在继承和发展历史上有关理论基础上的新的探索和科学概括，是我们选择社会主义教育目的价值取向的理论基础。

①社会主义制度的建立为人的全面发展拓宽了道路。我国建设中国特色社会主义各项事业，既要着眼于人民现实的物质文化生活的需要，同时也要促进人的自由而全面的发展。这是马克思主义关于建设社会主义新社会的本质要求。

②要依据我国的特点尽可能地促进人的全面发展。结合我国处于社会主义初级阶段的现实情况，采取各种切实举措，提高人的素质，促进人的全面发展，并以此作为现阶段我国教育目的的基本价值取向。

③人的全面发展是构建社会主义和谐社会的基本内涵。教育作为专门培养人的社会实践活动，就是要通过培养全面发展的人来实现我们的社会发展理想和人的发展的理想。

④追求人的全面发展与实现人的自由发展必须和谐统一。我国当前教育改革与发展应该高度重视马克思对人的自由发展的憧憬，在引导学生全面发展的同时，关注学生个性的自由发展，着重培养学生的创新精神、批判意识与独立个性。

2. 加涅的学习过程阶段以及信息加工理论对课堂教学的启示。

【答案要点】

从学习的信息加工模式中可以看到，学习是学生与环境之间相互作用的结果。学习过程是由一系列事件构成的。加涅将学习过程分解成八个阶段：

（1）动机阶段：学习者被告知学习目标，形成对学习结果的期望，激起学习兴趣。

（2）领会阶段：依据其动机和预期对信息进行选择，只注意那些与学习目标有关的刺激。

（3）习得阶段：对信息进行编码和储存。

（4）保持阶段：将已编码的信息存入长时记忆。

（5）回忆阶段：根据线索对信息进行检索和回忆。

（6）概括阶段：利用所学知识对知识进行概括，将知识迁移到新的情境中。

（7）操作阶段：利用所学知识，对各种形式的作业进行反应。

（8）反馈阶段：通过操作活动的结果认识到学习是否达到了预定目标，从而在内心得到强化，使学习活动告一段落。

加涅认为教师是教学活动的设计者和管理者，也是学生学习效果的评定者。一个完整的学习过程是由上述八个阶段组成的。有效的教学要求教师根据学生的内部学习条件，创设或安排适当的外部条件，促进学生有效地学习，以实现预期的教学目标。

3. 论述陈鹤琴教育思想的启示及其现实价值。

【答案要点】

陈鹤琴是中国近代学前儿童教育理论和实践的开创者，通过对长子陈一鸣的追踪研究，力行观察、实验方法，探索中国儿童心理发展及教育规律；同时创办了中国第一所实验幼稚园——鼓楼幼稚园，进行中国化、科学化的幼儿园实验，总结并形成了系统的、有民族特色的学前教育思想。

"活教育"思想体系包括以下内容：

（1）"活教育"的目的论。陈鹤琴提出"活教育"的目的是"做人，做中国人，做现代中国人"。

①"做人"是"活教育"最为一般意义的目的。"活教育"提倡学习如何做人，如何求社会进步、人类发展。学会"做人"，是个体参与社会生活、增进人类全体，同时也是个体幸福的基础。

②"做中国人"体现了"活教育"目的的民族特征，指要懂得爱护这块生养自己的土地，爱自己国家长期延续的光荣历史，爱与自己共命运的同胞。并且，应该与其他中国人团结起来共同谋国家发展。

③"做现代中国人"体现了时代精神，有五个具体方面的要求：要有健全的身体；要有建设的能力；要有创造的能力；要能够合作；要服务。

"活教育"目的论从普遍而抽象的人类情感和认识理性出发，逐层赋予教育以民族意识、国家观念、时代精神和现实需求等含义，使教育目标逐渐具体，表达了陈鹤琴对人的发展、教育与社会变革的追求。

（2）"活教育"的课程论。"大自然、大社会都是活教材"，是陈鹤琴对"活教育"课程论的概括表述，即让儿童在与自然、社会的直接接触中，在亲身观察中获取经验和知识。"活教育"的课程打破惯常按学科组织的体系，采取活动中心和活动单元的形式，即能体现儿童生活整体性和连贯性的"五指活动"形式。"五指活动"包括儿童健康活动、儿童社会活动、儿童科学活动、儿童艺术活动、儿童文学活动。

（3）"活教育"的教学论。"做中教，做中学，做中求进步"是活教育教学方法的基本原则。陈鹤琴认为，"做"是学生学习的基础，因此也是"活教育"教学论的出发点。它强调儿童在学习过程中的主体地位和在活动中直接经验的获取。陈鹤琴提出了"活教育"的17条教学原则，这些教学原则体现出的特点有：第一，强调以"做"为基础，确立学生在教学活动中的主体性；第二，鼓励学生在"做"的同时，教师要进行有效的指导。陈鹤琴还归纳出"活教育"教学的四个步骤：实验观察、阅读思考、创作发表和批评研讨。这四个步骤体现了以"做"为基础的学生主动学习。

"活教育"思想明显地受到杜威实用主义教育思想的影响，陈鹤琴对此也毫不讳言。但"活教育"如同陶行知的"生活教育"理论一样，吸取了杜威实用主义教育的合理内核，即批判传统教育忽视儿童生活和主体性，力图去除以学校和课堂为中心而脱离社会生活、以书本知识为中心而脱离实际和实践、以教师为中心而漠视学生的存在等弊端，同时也充分考虑到中国的时代背景和国情。这是一种有吸收、有创造、有创新的教育思想。"活教育"是对中国现代教育产生过重要影响的教育思想，其精神至今都未过时，不少观点对当今的教育改革仍然富有启发。

四、分析题

结合材料与现实，谈谈你对当前世界基础教育课程改革发展新趋势的认识。

【答案要点】

当前世界基础教育课程改革发展新趋势有以下几个方面：

（1）追求卓越的整体性课程目标。

当前各国在课程改革中倾向于培养学生公民的责任感和创新精神，社会交往能力和团队精神，灵活处理各种信息、适应急剧变化的社会环境和创造性地进行工作的能力，并注重国际理解教育，要求使学生具有国际视野，尊重文化差异。

（2）注重课程编制的时代性、基础性、综合性和选择性。

面对全球化、信息时代、知识经济等新的世界背景，各国基础教育课程改革都强调把握课程内容的时代性,既要反映科学发展的新趋势,又要关注时代发展对人生存方式及其必备素质的新要求,注重处理基础知识与学科发展的关系,增强课程对学生的适应性,大量开设选修、综合、实践课程,满足学生个性发展的需要。

(3)讲究学习方式的多样化。

信息化社会、知识社会、学习化社会引起了教育教学方式的变革。通过课程改革,创设以"学"为中心的课程,创造以"学"为中心的教学,真正使教学过程成为和事物对话、和他人对话、和自身对话的活动过程,从而超越单一的知识接受性教学,创造一种活动性的、合作性的、反思性的学习,已成为世界各国课程改革的共同选择。

2018年 安徽师范大学333教育综合·真题解析

一、名词解释

课程标准

课程标准是指在一定课程理论指导下,依据培养目标和课程方案以纲要形式编制的关于课程的性质与价值、目标与内容、教学实施建议以及课程资源开发等方面的指导性文件,一般由说明、课程目标、课程内容标准和课程实施建议等部分组成。

发现法

发现法是指学生在学习情境中,经过自己探索寻找,从而获得问题答案的一种学习方式,布鲁纳所说的发现不只限于寻求人类尚未知晓的事物的行为,也包括用自己的头脑亲自获取知识的一切形式。

最近发展区

维果茨基认为,在进行教学时必须注意到儿童的两种水平,一种是儿童现有的发展水平,另一种是即将达到的发展水平,维果茨基把这两种水平之间的差距称为最近发展区,即独立解决问题的真实发展水平和在成人指导下或与其他儿童合作情况下解决问题的潜在发展水平之间的差距。

先行组织者

先行组织者是指先于学习任务本身呈现的一种引导性材料,它要比学习任务本身具有更高的抽象、概括和综合水平,并且能清晰地与认知结构中原有的观念和新的学习任务关联。

"七艺"

"七艺"是西方教育史上对七种教学科目的总称,包含文法、修辞、辩证法、音乐、算术、几何、天文。西方教育史上沿用长达千年之久的"七艺"中的前"三艺"是由智者首先确定下来的。后来柏拉图将"四艺"作为教学科目详加论述,并认为"三艺"是高级课程,"四艺"是初级课程。"三艺"和"四艺"合称为"七艺"。

要素主义教育

要素主义教育是现代欧美国家一种强调学校教育的任务主要是传授人类文化遗产共同要素的教

育思潮。1938年在美国成立的"要素主义者促进美国教育委员会",是要素主义教育形成的标志。代表人物有巴格莱、科南特等人。

二、简答题

1. 简述教学是德育的基本途径。

【答案要点】

学校为了向学生施加教育影响而组织的各种活动、开展的各项工作都是德育的途径。学校有目的、有计划、系统地对学生进行德育的基本途径是政治课与其他学科教学。

一方面要充分挖掘教材本身所固有的德育内容,把科学性与思想性有机地结合起来,提高他们的认识水平。另一方面要选择富有德育意义的教学方法和组织形式,使学生从中受到科学精神、人文精神、道德品质的陶冶。

在教学中还应注意避免空洞的说教,把握学生的思想品德发展现状与问题脉络,紧贴学校教育和学生生活实际,根据时代要求和社会发展理念,对学生未来生活需要予以必要的恰当引导。将道德认识逐步内化为学生的精神品质,指导他们的道德行为。

课程教学在学校中处于核心的地位,学习德育的任务、内容主要通过课程教学来实施。主要体现在以下几个方面:

通过德育课程实施德育。根据中小学生的年龄特点,中小学由浅入深开设了诸如品德与生活、品德与社会、道德与法治等德育课程。

在学科课程中渗透德育。各门学科课程都包含着丰富的思想教育因素,例如语文课可培养学生热爱祖国语言文字和中华优秀文化的思想感情,历史课可以培养学生对祖国历史和文化的认同感,树立对国家、民族的历史责任感和历史使命感。

通过综合实践活动增强德育的针对性和实效性。综合实践活动课程由研究性学习、社会实践与社区服务、劳动与技术教育、信息技术教育等方面组成,其宗旨是促使学生改变学习方式,培养创新精神与实践能力,形成关心国家命运和前途的崇高品德,树立爱国主义精神和社会责任感。

2. 简述陈述性知识与程序性知识的区别与联系。

【答案要点】

(1) 区别。

①定义。陈述性知识是关于"是什么"的知识,是对事实、定义、规则和原理等的描述。容易被人意识到,并且人能够明确地用词汇或者其他符号将其系统地表述出来。程序性知识是关于"怎么做"的知识,如怎样进行推理、决策或者解决某类问题等。

②表征方式。陈述性知识的表征方式有概念、命题和命题网络、表象等,程序性知识主要以产生式为表征。

③获得机制。陈述性知识的获得机制是同化,程序性知识的获得机制是产生式。

④学习过程。陈述性知识的学习要经历理解符号代表的意义,建立符号与事物之间的等值关系,对事实进行归类,掌握同类事物的关键特征,理解概念、事实之间的关系等一系列步骤。需要的是理解和记忆。程序性知识的学习在此基础上还包括两个相互联系的地方:模式识别和动作序列。

(2) 联系。

陈述性知识和程序性知识在实际的学习与问题解决活动中是相互联系的。在实际活动中,陈述性知识常常可以为执行某个实际操作程序提供必要的信息。在学习中,陈述性知识常常是学习程序性知识的基础。反过来,程序性知识的掌握也会促进陈述性知识的深化。

3. 王守仁儿童教育思想的主张有哪些？

【答案要点】

王守仁十分重视儿童教育，在《训蒙大意示教读刘伯颂等》一文中比较集中地阐发了他的儿童教育思想。主要内容包括：

（1）揭露和批判传统儿童教育不顾儿童的身心特点。王守仁指出当时从事儿童教育的老师每天只是督促儿童读书识字，责备他们修身，对待儿童就像对付囚犯，这种不顾儿童的身心特点，把他们当作小大人是传统儿童教育的致命弱点。

（2）儿童教育必须顺应儿童的性情。王守仁认为，一般来说儿童的性情总是爱好嬉游而厌恶拘束，因此他主张儿童教育必须顺应儿童的身心特点，这样儿童就能不断地长进。

（3）儿童教育的内容是"诗歌""习礼"和"读书"。王守仁认为对儿童进行诗歌、习礼和读书教育，是为了培养儿童的意志，调理他们的性情，在德育、智育、体育和美育诸方面都得到发展。

（4）要"随人分限所及"，量力施教。教育必须根据儿童的接受能力水平来进行。

4. 简述斯宾塞的智育论。

【答案要点】

为保证课程教学获得较好的效果，斯宾塞提出了一些具体的教学原则与方法。

（1）教育应符合心智发展的顺序，表现为从简单到复杂、从不准确到准确、从具体到抽象。

（2）儿童所接受的教育必须在方式和安排上与历史上的人类教育相一致。

（3）教学的各部分都应从纯粹实验入门，积累了充分观察后才开始推理。

（4）引导儿童自己进行探讨和推论。

（5）注意学生的学习兴趣。

（6）重视实物教学。

斯宾塞反对传统教育照本宣科、死记硬背等无视学生身心健康的教学方法，主张重视学生心理规律、兴趣与实验等，表现出鲜明的历史进步性。

三、分析论述题

1. 论述我国教育目的的基本精神。

【答案要点】

2015年新修订的《中华人民共和国教育法》规定："教育必须为社会主义现代化建设服务，必须与生产劳动和社会实践相结合，培养德、智、体、美等方面全面发展的社会主义事业的建设者和接班人。"这是目前教育目的最规范的表述。

我国教育目的的表述虽几经变化，但其基本精神却是一致的，就是培养学生成为未来国家、社会发展的实践主体与主人。其基本点包括以下几个方面：

（1）培养"劳动者"或"社会主义建设人才"。我国当代教育目的在表述上不断发生变化，但培养"劳动者"或"社会主义建设人才"这一基本规定却始终没有变。教育目的的这个规定，明确了我国教育的社会主义方向，指明了培养出来的人的社会地位和价值，是社会主义的劳动者、建设人才，是国家的主人。

（2）坚持全面发展。受教育者的全面发展，教育界通行的说法是德、智、体、美、劳的发展。从人要处理的现实生活的关系分析，人的全面发展主要包括处理人与自然关系的能力、人与社会关系的能力和人与自我关系的能力的发展。如果一个人的发展在这三个方面都形成了健全的能力，那么这个人的发展就是全面发展。

（3）培养独立个性。培养受教育者的独立个性，是马克思人的全面发展学说的基本内涵和根本目的。追求人的个性发展，就是要使受教育者的自由个性得到保护、尊重和发展，要增强受教育者的主体意识、开拓精神、创造才能，要提高受教育者的个人价值。

综上所述，我国教育目的的价值取向的出发点与归宿在于：培养德、智、体、美、劳全面发展，具有创新精神、实践能力和独立个性的社会主义现代化需要的各级各类人才。

2. 论述社会规范学习心理过程的三个阶段。

【答案要点】

（1）社会规范的依从。

依从即表面上接受规范，按照规范的要求来行动，但对规范的必要性或根据缺乏认识，甚至有抵触情绪。依从具有一定的盲目性和被动性，个体对规范所要求的行为缺乏足够的了解，只是迫于权威或环境的压力才遵从了规范。因此，依从水平上的规范是最不稳定的，一旦外部监控和压力消失了，相应的规范行为就可能会动摇和改变。依从是规范内化的初级阶段，也是进一步内化的基础。

依从包括从众和服从。从众现象指主体对于某种行为要求的依据或必要性缺乏认识与体验，跟随他人行动的现象；服从现象指主体对于某种行为本身的必要性缺乏认识甚至有抵触时，由于某种权威的命令或现实的压力，仍然遵从这种行为要求的现象。

依从具有盲目性、被动性、工具性、情境性的特点。

影响社会规范依从的因素可以分为群体特征、个性特征和外界压力。其中群体特征包括群体规范、群体舆论和群体凝聚力；个性特征指不同个体在相同的群体中，面对相同情境会有不同的表现；外界压力包括直接的外部压力和间接的外部压力。

（2）社会规范的认同。

认同比依从深入了一层，简单地说，它是对自己所认可、仰慕的榜样的遵从、模仿。认同具有自觉性和主动性，虽然学习者对规范必要性的认识还有不足，但他已有明确的行为意图，团体的规范对学习者具有一定的吸引力和感染力。相应地，认同水平的规范已经具有一定的稳定性，是规范内化的深入阶段。

认同包括偶像认同和价值认同。偶像认同指出于对某人或者某团体的崇拜、仰慕等趋同心理而产生的遵从现象，价值认同指个体出于对规范本身的意义及必要性的认识而发生的对规范的遵从现象。

认同具有自觉性、主动性和稳定性的特点。

影响社会规范认同的因素包括规范本身的特性、榜样的特点和强化方式。

（3）社会规范的内化。

社会规范的内化是社会规范接受的高级水平，是品德形成的最高阶段，指主体随着对规范认识的概括化与系统化，以及对规范体验的逐步累积与深化，最终形成一种价值信念作为个体规范行为的驱动力。

内化具有高度自觉性、高度主动性和坚定性的特点。

影响社会规范内化的因素包括对规范价值的认知和对价值规范的情感体验。

3. 论述"五四"新文化运动对国人教育观念转变的影响。

【答案要点】

在抨击封建传统教育的基础上，新文化运动促进了中国教育的变化，推进着中国教育观念朝着教育个性化、教育平民化、教育实用化、教育科学化的方向进行变革。

（1）教育的个性化。主要表现在四个方面：第一，在教育上"使个人享有自由平等之机会而不为政府、社会、家庭所抑制"；第二，教育要尊重个人，又从尊重儿童起，甚至"以儿童为中心"；

第三，不能让社会淹没个性，要使人各尽其性，能够发挥个人潜能；第四，学校教育尤忌"随便教育"。教师要以合适的方法帮助学生，学生要充分发挥主观能动性，学会主动学习。

（2）教育的平民化。通过"庶民"教育可以保障普通民众受教育的权利，使他们的能力得到发展和发挥，这些能力不仅可以改善民众的个人生活，汇聚在一起更是改造社会的巨大潜力。

（3）教育的实用化。在新文化运动时期，提倡务实的教育成为共识。一方面，人们认识到教育对于个性生活能力的培养、对社会生产发展的适应的重要意义；另一方面，人们认识到学校内部必须进行全面改革，强调从社会生活和学生生活的实际出发，沟通教育与生活、学校与社会的关系，强调对学生的主动学习、创造性学习和实际能力的培养，要求课程内容和教学组织形式均须适应生产和生活发展的需要。

（4）教育的科学化。对科学方法和观念的倡导是"五四"新文化运动思想启蒙的重要内涵与特点，表现出强烈的理性色彩，这是一种更深层次的启蒙和洗礼。民主斗士们认为学校在进行科学教育，社会讲究科学，重要的是让科学内容和方法渗入社会各项事业，改变人的态度和观念。

四、材料分析题

1. 请回答你对这个问题有什么看法，用教育学的理论进行分析。

【答案要点】

（1）社会生产力对教育的制约。

①生产力的发展制约教育事业发展的规模和速度。物质资料的生产是社会存在与发展的基础。教育事业发展的规模和速度，归根结底是由生产力发展的水平和状况决定的，一定的教育必须与一定的生产力发展相适应，这是学校教育发展必须遵循的规律。

②生产力的发展水平制约人才的培养规格和教育结构。不同的生产力发展水平，对教育所培养的人提出了不同层次的要求。生产力的发展与分工，也必然引起教育结构的变化。因此学校教育结构必须反映经济的技术结构和产业结构的发展变革。这样教育为生产培养的人才在总量、类型和质量上才能满足生产力发展的需求。

③生产力的发展制约教学内容、教学方法和教学组织形式的发展和改革。生产力的发展推动了科学技术的发展，也必然促进教学内容的发展与更新。教学方法和教学组织形式的变革也是一样，如班级教学组织形式的产生与改进、多媒体教学等现代方法的运用，都是与生产力的发展和科学技术的运用紧密相关的。

（2）教育的社会经济功能。

①教育是使可能的劳动力转变为现实的劳动力的基本途径。劳动力是生产力中能动的要素。个体的生命的成长只构成了可能的劳动力，一个人只有经过教育和训练，掌握一定生产部门的劳动知识和技能，并能生产某种使用价值，他才能成为现实的生产力。

②现代教育是使知识形态的生产力转化为直接的生产力的重要途径。科学技术是一种知识形态的生产力，要使其转化为现实的生产力，除了要通过科学研究、发明创造或革新实践外，其技术成果的推广、经验的总结与提升都需要教育与教学的紧密配合。

③现代教育是提高劳动生产率的重要因素。现代生产有其显著特点，它的生产率提高依靠科学技术在生产中的应用、推广和不断革新，依靠提高劳动者受教育的程度与质量，依靠劳动者的素质、扩大脑力劳动者的比重、发挥劳动者在生产和改革中的创造性。

（3）教育的相对独立性。

教育的相对独立性是指作为社会一个子系统的教育，它对社会的能动作用具有自身的特点和规律性，它的历史发展也有其独特连续性和继承性。主要表现为以下几方面：

①教育是培养人的活动，通过所培养的人作用于社会。教育尤其是学校教育，是有意识地影响人、培育人、塑造人的社会活动。它主要通过引导和促进年轻一代社会化、个性化，成为社会活动的参与者和继承者，以保证并促进社会的生存、延续与发展。

②教育具有自身的活动特点、规律及原理。教育是培养人的活动，而人具有特殊的身心发展和成熟的规律。教育教学及其相关活动必须认识、遵循和创造性地运用这些基本特点与规律，才能有效地培育人才。此外，还应重视和遵循前人的宝贵经验，并在此基础上继续发展、前进。

③教育具有自身发展的传统与连续性。由于教育有自身的规律和特有的社会功能，它一经产生、发展便将形成和强化其相对独立性，具有发展的连续性、继承性和惯性。因此，无论是办学校、发展教育事业，或进行教育改革，都要重视与借鉴教育的历史经验，都应在原有的基础上积极改进、稳步前行。

教育的相对独立性与教育的社会功能是具有内在联系的。可以说，教育的社会功能是教育的相对独立性的依据和主要体现。如果教育没有自己特有的社会功能，便不可能发展成为社会的一个重要的子系统，形成教育的相对独立性。

由于教育具有相对独立性，我们在分析研究教育问题时，不能单就生产力的发展水平、经济与科技及发展水平、政治制度与文化要求来考察教育；还应当重视教育的相对独立性，注重发挥教育特有的社会功能，注意遵循教育自身的规律性和发展的连续性。

但是，我们也不能把教育的相对独立性理解为绝对独立性。因为，教育归根到底是由生产力的发展水平和政治经济制度的性质决定的，受民族文化的发展状况与需求的制约，也就是说教育的社会制约性仍是其根本的特性。

2017年 安徽师范大学 333 教育综合·真题解析

一、名词解释

教育制度

教育制度是指一个国家各级各类实施教育的机构体系及其组织运行的规则。它包括相互联系的两个方面：一是各级各类教育机构与组织；二是教育机构与组织赖以存在和运行的规则，如各种相关的教育法律、规则、条例等。

校本管理

校本管理是指学校在教育方针与法规的指引下，可以根据自己的实际情况和需要自主确定发展的目标与任务，进行管理工作。简言之，校本管理即以学校为本位的自主管理。

程序性知识

从信息加工的角度，将知识分为陈述性知识和程序性知识。程序性知识，是关于"怎么做"的知识，如怎样进行推理、决策或者解决某类问题等。程序性知识主要以产生式为表征。

观察学习

观察学习是一种间接学习的形式，人类的大多数行为是通过观察而习得的，人们通过观察他人的行为及其后果，可获得榜样行为的符号表征和经验教训，并可引导观察者今后的行为。

自然教育

卢梭自然教育的核心是"回归自然"。一方面，善良的人性存在于纯洁的自然状态之中。只有"回归自然"、远离喧嚣社会的教育，才有利于保持人的善良天性。因此15岁之前的教育必须在远离城市的农村进行。另一方面，每个人都是由自然的教育、事物的教育、人为的教育三者培养起来的，只有三种教育圆满地结合才能达到预期的目的。

公学

公学是一种私立教学机构，相对于私人延聘家庭教师的教学而言，这种学校是由公众团体集资兴办，其教学目的是培养一般公职人员，其学生是在公开场所接受教育。它较之一般的文法学校师资及设施条件好、收费更高，是典型的贵族学校。

二、简答题

1. 教育应如何适应学生的身心发展规律？

【答案要点】

（1）个体身心发展的顺序性，决定了教育教学工作的顺序性，应在不同的发展阶段展开不同的教育活动，同时更应该按照发展的序列来施教，做到循序渐进。

（2）人的发展的不平衡性要求教育要掌握和利用人的发展的成熟机制，抓住发展的关键期，促进学生健康地发展。

（3）人的发展的阶段性要求教育要从学生的实际出发，尊重不同年龄阶段学生的特点，并根据这些特点提出不同的发展任务，采用不同的教育内容和方法，进行有针对性的教育，以便有效地促进他们的个性发展。

（4）人的发展的个别差异性要求教育要深入了解学生，针对学生不同的发展水平及不同的兴趣等因材施教，引导学生扬长避短、发展个性，促进学生自由发展。

（5）人的发展的整体性要求教育要把学生看作复杂的整体，促进学生在体、智、德、美、行等方面全面和谐地发展，把学生培养成完整和完善的人。

2. 在教学评价中，应如何处理好教师评价与学生自评之间的关系。

【答案要点】

根据评价主体的不同，分为教师评价和学生自我评价。

（1）教师评价：指任课教师与班主任对学生的学习状况与成果进行的各种评价。

（2）学生自我评价：指在教师的引导下学生对自己的作业、试卷、其他学习成果进行的自我评价。

学生学会自我评价意味着他们开始懂得了要有意识地、细心而严格地检验自己的学习成果，分析其正误、优劣，悉心改进。特别是学生有了自我评价的意识和习惯后，就会更加重视教师、同学对自己的评价，更有助于提高自我学习与反思的动力与质量。

3. 简述学校美育过程中应遵循的基本原则。

【答案要点】

美育指培养学生正确的审美观，发展他们鉴赏美、创造美的能力，培养其高尚情操和文明素质的教育。普通中学在美育方面的要求主要是：通过音乐、美术、文学教育等审美活动，充实学生的精神生活，培养他们感受美、欣赏美和创造美的能力，养成审美情趣和高尚情操。

根据我国中小学实施美育的经验和人的审美意识发展的规律实施美育主要应遵循以下原则：

（1）形象性原则。美育是感性形象的教育，应当运用现实的或艺术的美的形象，使学生直接感知到美的清秀、艳丽、和谐、匀称、奇特、雄伟等形式，感受到美的熏陶，养成高尚的情操。

（2）情感性原则。对学生进行美育要引导他们深入现实的和艺术的美的意境中去，激起情感上的共鸣，达到入迷、陶醉状态，使美融化于心灵。

（3）活动性原则。对学生进行美育应该通过审美活动，让学生在活动中去感受美、鉴赏美、创造美，受到美的熏陶。这是审美教育区别于其他教育的主要标志。

（4）差异性原则。对学生进行美育应当根据学生的年龄特征、个性差异及审美情趣的不同，选择不同的内容和方式进行，使他们的审美兴趣、爱好与创造才能得到自由的发展。

（5）创造性原则。对学生进行美育不是让学生消极、被动、静观地接受美的形式，而是应当引导他们积极主动地富有想象力和创造性地感知、理解和创造美。

4. 韩愈的《师说》提出了哪些主要的教育观点？

【答案要点】

（1）教师的地位。由"人非生而知之者"出发，肯定"学者必有师"。强调后天学习的重要性，认为学习一定要有教师的指导，教师是社会所必需。

（2）教师的任务。"传道、授业、解惑"是教师的基本任务。"传道"传的是儒家的仁义之道，"授业"授的是儒学的"六艺经传"与古文，"解惑"是解决学"道"与"业"过程中的疑问。三项最主要的是"传道"，"授业"和"解惑"都要贯穿"传道"，为"传道"服务。

（3）教师的标准。以"道"为求师的标准，主张"学无常师"。韩愈认为教师教学的主要任务在于"传道"，学生求学的任务主要在于学道，能否当教师也就以"道"为标准来衡量。社会上有道的人不少，皆可为师，求学的范围不应受到限制，应当学无常师。韩愈提出以道为师、学无常师的主张，在当时对打破士大夫们妄自尊大的心理，促进思想和文学上的交流，具有一定的积极意义

（4）师生关系。提倡"相师"，确立民主性的师生关系。韩愈认为，士大夫应当矫正"耻学于师"的坏风气，形成相互学习的新风气，不限于同辈朋友之间，也要实行于教师学生之间。教师与学生年龄有差别，而闻道则不以年龄大小定先后，学术业务也可能各有专长。"弟子不必不如师，师不必贤于弟子"。韩愈把师生的关系看为是可以相互转化的，这种具有辩证法因素的民主性的教育思想，在教育发展史上有重要意义。

三、分析论述题

1. 试述终身教育思想的提出对学习型社会的意义。

【答案要点】

终身教育思潮产生于20世纪50年代的法国，是现代欧美国家一种强调把教育贯穿人的一生的教育思潮，现已成为一种被视为未来教育战略的国际性教育思潮，代表人物是保罗·朗格朗。终身教育思想也经历一个不断发展、丰富和完善的过程。终身教育思想的提出对学习型社会的意义主要如下：

（1）推动"学习型社会"的提出。

学习化社会是在终身教育概念的基础上形成和发展起来的，它是由美国著名教育家赫钦斯在1968年发表的《学习型社会》中首次提出。整个社会要从"学校型社会"变为"学习型社会"，构成社会的所有部门都要提供学习资源，参与教育活动；所有社会成员都要充分发挥学校以外的教育制度和机构的教育能力，自觉地去进行学习。

（2）确认"学习型社会"的概念。

1972年，由联合国教科文组织国际教育发展委员会主席埃德加·富尔执笔的题为《学会生存——教育世界的今天和明天》的报告，进一步确认了"学习型社会"的概念。富尔认为，社会的教育功能正在由传统的教学向自学转变，要实现培养"完人"的目标必须促成学习型社会的形成，而一个所有部门都参与教育工作的社会，一个把教育放在最优先地位的社会，一个人们自觉主动地学习的社会，就是学习型社会。

（3）构建"学习型社会"的必要性。

1996年，时任国际21世纪教育委员会主席的雅克·德洛尔向联合国教科文组织提交了题为《教育——财富蕴藏其中》的报告。在报告中，德洛尔认为学习型社会是建立在获得知识、更新知识和应用知识这三个基础上，而这也是教育过程应强调的三个方面；强调学习型社会必须把终身教育放在社会的中心位置上。

（4）终身学习的提出。

1997年7月，第五届世界成人教育大会通过的《汉堡宣言》和《为了成人学习的未来》，明确提出：为了构筑起一个面向21世纪的学习型社会，必须建立终身学习体系，必须把正规教育和非正规教育的功能和效果紧密结合起来。

终身教育理论自20世纪60年代中期兴起以后，在教育领域中引起了一场广泛而深刻的革命。终身教育已成为建立一个学习化社会的象征。

2. 结合实际论述自我效能感及其培养途径。

【答案要点】

自我效能感由班杜拉提出，是指个体对自己能否成功进行某一成就行为的主观判断。它影响着个体对行为的选择、付出多大努力以及坚持多久。

自我效能感影响学生的自我评价和自信心，进而影响学习成绩。尤其是学业不良的学生，由于对自己的学习能力持怀疑态度，表现出很低的自我效能感。因此，教师在教学中要通过一定的方法提高他们的自我效能感。提高自我效能感具体措施如下：

（1）选择难易适中的任务，让学生不断地获得成功体验，进而提高自我效能感。

（2）通过获得替代性经验和强化来提高他们的自我效能感。当一个人看到与自己水平接近的学生学习成功时，就会增强他的自我效能感，激发其学习动机。

（3）引导学生坦然面对失败，从失败中找出可以改进的因素，进而提高自己的学习技能，增强获得成功的自信。

3. 试论革命根据地教育经验的现代价值。

【答案要点】

（1）教育为政治服务。

在当时特定的时代环境下，最大的政治是以武装斗争的手段去夺取民族民主革命的胜利，而动员广大人民群众投入革命战争、支援革命战争，并最大限度地提高人民军队干部战士的觉悟，是中国共产党面临的中心任务。革命根据地的教育正是围绕着这一中心任务展开的，教育的功能得到了最大限度的发挥。主要表现在以下几方面：

①在安排各类教育的发展时，正确处理了特定环境下的轻重缓急，保证了最迫切需要的满足，将干部教育作为优先，国民教育作为次要。

②在教育内容的确定上，始终服从了战争的需要，注重形势教育、对敌斗争教育、阶级斗争教育、纪律教育、群众路线教育。

③在教育教学的组织安排上，也充分考虑到战争条件和政治需要。在学制方面，因时、因地制宜；课程安排少而精，以切合战争需要为主；教学形式和方法更强调教学内容要联系实际斗争和工作，并在战斗中工作和学习。

此外，根据地的干部学校、军事学校乃至一般中小学，均不同程度地采取军事化管理形式，强化教育工作和教育对象对战争环境的适应性。

（2）教育与生产劳动相结合。

根据地教育的基本任务是彻底改变建立在封建生产关系之上、以脱离农村生产生活实际为特征、以培养精神贵族为目的的文化教育。同时，根据地工作虽以战争为主，但也需要积极发展生产，以保障前线和后方基本的物质需求。因此，根据地学生将教育与生产劳动相结合，就有着特定的历史意义，主要体现在：第一，教育内容紧密联系当时当地的生产和生活实际，进行劳动习惯和观点、劳动知识和技能的教育；第二，教育教学的组织形式和时间安排注意适应生产需要；第三，要求学生参加实际的生产劳动，这不仅具有教育意义，也具有经济意义。

（3）依靠群众办教育。

根据地教育之所以能在严峻的战争环境中、困难的经济条件下办得生气勃勃，其重要原因就是依靠群众办学，发掘了蕴藏在人民群众中巨大的教育能量。

毛泽东总结出群众路线有两条原则，一是要满足群众的需要，二是要出于群众的自愿。依据群众需要，出于群众自愿，并实行民办公助的政策，成为根据地教育的巨大动力。依靠群众办教育加强了学校与群众的联系，争取了群众对学校的支持和监督，有利于学校在边区人民群众中生根，加强了学校的民主管理，大大提高了群众办教育的积极性，促进了根据地教育的发展。

四、案例分析题

1. 在案例中苏霍姆林斯基面对这位摘花的小女孩不但没有粗暴地批评，而且另摘了两朵花送给她，为什么？如果是你，你会怎么做？请运用有关教育理论进行分析。

【答案要点】

苏霍姆林斯基面对这位摘花的小女孩不但没有粗暴地批判她，而且还另摘了两朵花送给她是因为他被小女孩摘花背后的原因所感动，被小女孩对奶奶的爱所感染。如果是我发现小女孩摘花也会先是询问其中的原因，再做出相应的回应。

（1）苏霍姆林斯基的全面和谐发展与教育。苏霍姆林斯基认为教师应当比任何人都更好地了解孩子，了解涉及孩子的智力发展、兴趣和爱好的一切。他曾提出，到学生中去，到课堂中去，到教师中去。他热爱学生，关心每一个学生的健康成长。

（2）学生是具有思想感情的人。学生带着家庭生活、社会生活中培养起来的情感来到学校，在学习过程中与教师和学生进行着情感交往。尊重学生的感情，发展学生积极的情感，是教育活动的重要特点。在材料中，苏霍姆林斯基从小女孩的实际情况出发，进行情感的交流。

（3）坚持正面教育。在学校德育环境下，正面教育具体指的是在教育学生时要讲清道理，树立先进典型，利用榜样示范，让学生从远大理想、光明前途方面受到启发和诱导；同时要尽可能激发学生的积极因素，帮助他们将消极因素转化成积极因素，从而帮助他们树立自尊、自信的教育方法。正面教育是教师必须坚持的德育原则。

安徽师范大学 333 教育综合·真题解析

一、名词解释

实验教育学

实验教育学是 19 世纪末 20 世纪初兴起的一种具有重要影响的新教育思潮，代表人物是德国心理学家、教育家梅伊曼和德国教育家拉伊。实验教育学所强调的定量研究成为 20 世纪教育学研究的一个基本范式，并极大地推动了教育科学的发展；但当他们把实验方法夸大为教育研究唯一有效的方法时，就使教育学陷入了"唯科学主义"的迷途。

潜在课程

潜在课程也称隐性课程、隐蔽课程，是以内隐的、间接的方式呈现的课程，是学生在显性课程以外所获得的所有学校教育的经验，不作为获得特定教育学历或资格证书的必备条件。主要表现形式有观念性隐形课程、物质性隐形课程、制度性隐形课程和心理性隐形课程。

有意义学习

有意义学习就是符号所代表的新知识与学习者认知结构中已有的适当观念建立非任意的和实质性的联系。有意义学习的类型包括表征学习、概念学习和命题学习。

元认知策略

元认知策略是对信息加工流程进行控制的策略，分为计划策略、监察策略和调节策略。计划策略包括设置目标、浏览等；监察策略包括自我检查、集中注意力等；调节策略包括调整阅读速度、重新阅读等。

苏格拉底法

苏格拉底法也称"问答法""产婆术"，是由讥讽、助产术、归纳和定义四个步骤组成的独特的方法。这是苏格拉底探讨伦理哲学的研究方法，也是他的教学方法。

生活准备说

生活准备说是由斯宾塞提出，斯宾塞主张教育的目的是为完满生活做准备。为实现此目的，教育应从当时古典主义的传统束缚中解放出来，应该切实适应社会生活与生产的需要。

二、简答题

1. 教学活动中如何处理智力活动与非智力活动的关系？

【答案要点】

（1）教学活动既要注重引导学生进行智力活动，也要重视调节学生的非智力活动。

学生的智力活动，主要指为认知事物、掌握知识而进行的感知、观察、思维等心理因素的活动，它是进行学习、认识世界的工具。学生的非智力活动，主要指在认知事物、掌握知识过程中诱发的好奇、欲求、情趣等心理因素的活动，它是学生进行学习、研究与实践的内在动力。在教学过程中，学生的智力活动与非智力活动同在，各有特点与功能，二者相互依存，相互作用。只有正确地发挥其整体功能，才能提高学生的学习效能和教学的质量。

（2）按教学需要调节学生的非智力活动，才能有成效地进行智力活动。

在教学中，调节非智力活动需要注重两个方面。一方面，要改进教学本身，使教学的内容和过程都富有知识性、趣味性、启发性、吸引力，以便激发、保持学生的求知欲和学习兴趣，使他们能够生气勃勃地主动学习。另一方面，要提高学生的自我教育能力，让他们能够逐步按教学要求自觉加强学习的注意力、毅力、责任感等，以提高学习效率。

2. 简述德育与其他各育的关系。

【答案要点】

德育是培养学生思想品德的教育。德育对实现全方面发展教育具有重要意义。

（1）德育和智育。智育给人以知识和能力。任何一种具有真理性认识的知识，一般都可能包含着德育因素，并成为道德发展的一个重要条件。德育渗透在智育中，并促进智育向更高层次发展。

（2）德育和体育。体育是德育的物质前提，体育不仅是增强人的体质，而通过体育锻炼，还可以培养人的坚强意志，德育对体育也起到促进作用，优秀的道德素质有助于体育活动的开展，并起定向和监督作用。

（3）德育和美育。美育可以塑造学生的灵魂进而深化德育；德育教人以高尚的品德，教人有美的心灵、美的语言、美的行为，也说明德育中有美育，德育进而促进美育。

（4）德育和劳动教育。德育在劳动实践中形成学生对劳动人民的情感和主人公的劳动态度，以及自觉的创造意识，可看出劳动教育更直接发挥着德育的作用。

德育与智育、体育、美育、劳动教育有着紧密的联系，甚至可以说德育引领了其他各育的道德方向，它是整个教育系统的目的维度，智育、体育、美育、劳动教育都蕴含着道德的目的，都需要接受道德目标的引领。

3. 学校管理过程包括哪些基本环节？

【答案要点】

学校管理过程就是学校管理者为实现学校管理的预定目标，对学校管理对象进行策划、引领、规范、调整与提高的动态过程。通常包括计划、实施、检查和总结四个基本环节。

（1）计划，指对学校工作目标的全面设计和统筹规划。它是学校管理过程的起始环节，起着指明方向、规划进程、统一步调、提高效率的作用。

（2）实施，指将计划付诸行动，将设想转变为现实，使学校的人、财、物、时间、空间、信息等资源产生最大的实际效益与社会价值。

（3）检查，指对计划的执行情况进行考核，其目的在于发现问题和解决问题。检查在学校管理中具有监督、考评和激励的作用。

（4）总结，指对学校管理过程的计划、实施、检查等工作做分析、评价等反思性活动。

4. 卢梭自然教育理论的基本观点是什么？有何积极意义？

【答案要点】

（1）卢梭自然主义教育的核心是"回归自然"。自然教育最终目的是培养"自然人"，即身心调和发达、体脑两健、能力强盛的新人，也就是摆脱封建羁绊的资产阶级新人。

（2）自然教育的方法原则：树立正确的儿童观、消极教育、自然后果律、根据儿童天性的个体差异因材施教。

（3）自然教育的实施：卢梭根据自然教育的原则，根据人的自然发展的进程和不同年龄时期身心的特点，把自然教育分为婴儿期、儿童期、少年期和青春期。

（4）意义。卢梭提出的自然主义教育思想是教育思想史上由教育适应自然向教育心理学化过渡的一个重要环节。在封建社会压制人性的情况下，提倡性善论，尊重儿童天性具有历史进步意义。他呼吁培养身心调和发展的自然人和自由人也反映了对人的发展的合理要求。自然主义教育的观点既是在前人的基础上的发展，也反映了近代教育的发展方向，对欧美教育产生了深远影响。

5. 简述我国隋唐时期教育制度的特点。

【答案要点】

（1）学校体系形成。私学与官学并存，私学承担基础教育与专业教育两层次教育任务。在教育行政上官学是教育的主干，私学是官学的重要补充。这一古代学校教育体系的形成对中国封建社会后期的教育产生了重要影响。

（2）教育行政体制分级管理的确立。从隋代开始实行分级管理的教育行政体制，中央官学由国子监祭酒负责管理，地方官学由州县长官负责管理。而专科性学校则归对口的行政部门管理，以利于专业教育的实施。

（3）学校内部教学管理制度及法规的完善。隋唐时期对过去学校教学的规定和惯例加以梳理，按现实需要做了新的规定，使对学校教学的管理有法可依。

（4）专业教育的重视。在国子监添设算学专科以培养算学的专门人才，还有其他一些专科教育，从教育制度发展过程来考察，这是实科教育的首创。

（5）学校教育与行政机构及事务部门的结合。一些事务部门，如天台司、太医馆等，负起双重任务，既为政府进行专业服务，又担负起培养专业人才的任务，学生在这种条件下学习，可以更好地把专业知识与专业实践密切结合起来。

6. 简述张之洞的"中体西用"教育思想。

【答案要点】

1898年初，张之洞发表《劝学篇》，围绕"旧学为体，新学为用"的主旨集中阐述，形成了一个比较完整的思想体系。《劝学篇》是对洋务运动的理论总结，并试图为以后的中国改革提供理论模式，通篇主旨归为"中学为体，西学为用"。

"中学"包括四书五经、中国史事、政书、地图等。张之洞认为对"中学"的各方面都要通其大概，尤其是纲常名教。"西学"包括西政、西艺、西史，在这其中，张之洞着重强调西政和西艺。西政是指西方有关文教制度、工商财政、军事建制和法律行政等管理层面的文化；西艺即近代西方科技。在办理教育和个人学习时，应该根据具体情况分出西政与西艺的轻重缓急，张之洞认为西艺难学，适合年少者，着眼于长远；西政相对易学，适合年长者，着眼于当前急需。对于中、西学的关系，可以概括为"旧学为体、新学为用，不使偏废"。

三、分析论述题

1. 美国教育家杜威提出"做中学"的教育信条，我国教育家陶行知倡导"教学做合一"的主张。请你在分析两种观点的基础上，结合实际论述它们对我国基础教育改革的理论价值和实际意义。

【答案要点】

（1）杜威的"做中学"。

杜威以其经验论为基础，要求从做中学、从经验中学，要求以活动性、经验性的主动作业来取代传统书本式教材的统治地位。在杜威看来，这种活动性、经验性课程既能满足儿童的心理需要，又能满足社会性的需要，还能使儿童对事物的认识具有统一性和完整性。

杜威并不反对间接经验本身，他反对的是传统教育中那种不顾儿童接受能力的直接灌输、生吞活剥式的获取间接经验的方式。学习的关键在于既要使儿童获得较为系统的知识，又能在学习过程中兼顾儿童的心理水平。

（2）陶行知的"教学做合一"。

"教学做合一"是陶行知生活教育理论的一项重要主张，是"生活即教育"在教学方法问题上的具体化。其含义为：教的方法根据学的方法，学的方法根据做的方法。事怎样做便怎样学，怎样学便怎样教。教与学都以做为中心。"教学做合一"包括以下四个要点：第一，"教学做合一"要求在"劳力上劳心"；第二，"教学做合一"是因为"行是知之始"；第三，"教学做合一"要求"有教先学"和"有学有教"；第四，"教学做合一"还是对注入式教学法的否定。

无论是强调学校教育与社会生活、生产劳动相结合，还是要求手脑并用、在劳力上劳心，都是对学校与社会割裂、书本与生活脱节、劳心与劳力分离的传统教育的反动，显示出强烈的时代气息，至今都富于启示。

结合实际部分需联系我国的教育现状，阐述上述理论对我国基础教育改革的借鉴意义。

2. 运用多元智力理论论述学习方式的多样性。

【答案要点】

多元智力理论认为，不存在单纯的某种智力和达到目标的唯一方法，每个人都会用自己的方式来发掘各自的大脑资源，这种为达到目的所发挥的各种个人才智才是真正的智力，造就了人与人之间的不同。人的智力可以分为八种。

（1）逻辑数学智力：运算和推理等科学或数学的一般能力，以及处理较长推理、识别秩序、发现模型和建立因果模型的能力。

（2）语言智力：运用语言达到各种目的的能力以及对声音、韵律、语意、语序和灵活操纵语言的敏感能力，包括听、说、读和写的能力。

（3）音乐智力：感受、辨别、记忆、理解、评价、改变和表达音乐的能力。

（4）空间智力：准确感受视觉－空间世界的能力，包括感受、辨别、记忆、再造、转换以及修改物体的空间关系，并借此表达思想和情感的能力。

（5）身体运动智力：控制自己身体运动和技术性地处理目标的能力。

（6）人际关系智力：与人相处和交往的能力，表现为觉察他人情绪、情感、气质、意图和需求的能力并据此做出适当反应的能力。

（7）内省智力：认识、洞察和反省自身的能力，并在正确的自我意识和自我评价的基础上形成自尊、自律和自制的能力。

（8）自然智力：认识物质世界的相似和相异性及动物、植物和自然环境其他事物的能力。

加德纳强调每个学生都具备这八种智能，但所擅长的智能各不相同，教育要以学生的智能为基础，同时要培养学生的特长智能。多元智能理论还指导教师从多种智能途径增进学生对学科内容的理解。教师在教学中可采用八种智能视角开展教学活动，帮助学生利用各自擅长的智能来理解所学内容。

3. 运用教育社会功能理论论述教育在我国全面建成小康社会进程中的作用。

【答案要点】

（1）教育的社会变迁功能。

①教育的经济功能。

教育是使可能的劳动力转变为现实的劳动力的基本途径。一个人只有经过教育和训练，掌握一定生产部门的劳动知识和技能，并能生产某种使用价值，他才能成为现实的生产力。

现代教育是使知识形态的生产力转化为直接的生产力的重要途径。科学技术是一种知识形态的生产力，要使其转化为现实的生产力，除了要通过科学研究、发明创造或革新实践外，其技术成果的推广、经验的总结与提升都需要教育与教学的紧密配合。

现代教育是提高劳动生产率的重要因素。现代生产的生产率提高依靠科学技术在生产中的应用、推广和不断革新，依靠提高劳动者受教育的程度与质量，依靠劳动者的素质、扩大脑力劳动者的比重、发挥劳动者在生产和改革中的创造性。

②教育的政治功能。

教育通过传播一定的社会的政治意识，完成年轻一代的政治社会化。教育作为传递知识、训练思维与培养情感的活动，能向年轻一代传播一定的社会政治意识，促进他们的政治社会化，从而为一定社会政治秩序的稳定创造重要条件。

教育通过造就政治管理人才，促进政治体制的变革与完善。由于科技向管理部门的全面渗透，社会越发展，国家对政治管理人才的素质要求越高，通过教育选拔、培养政治管理人才显得越重要。

教育通过提高全民文化素质，推动国家的民主政治建设。普及教育的程度越高，国民的文化素质越高，其国民就越能认识到民主的价值，在政治生活和社会生活中就越能履行民主的权利。

教育是形成社会舆论、影响政治时局的重要力量。学校是知识分子和青少年集中的地方，他们有见解，勇于发表意见，通过教育者和受教育者的言论、演讲和社会活动等，来宣传思想、造就舆论，借以影响群众，为一定的政治、经济服务。

③教育的文化功能。

传递文化。教育起着传递文化的作用。尤其是学校教育因其具有明确的目的性、计划性等特点，一直承担着传承文化的重任。

选择文化。教育的选择功能十分重要，体现了教育对文化发展的积极引导和自觉规范。

发展文化。教育通过广泛的文化交流，不断地吸收其他民族的文化精华，补充、更新和发展本民族的文化，也是文化发展的一种重要方式。

④教育的生态功能。

树立建设生态文明的理念。通过在学校里和社会上加强生态文明的教育与宣传，让学生从小养成爱护自然、节约资源、保护生态环境的思想情感，从而逐步在全社会牢固树立建设生态文明的观念。

普及生态文明知识，提高民族素质。我们应当有计划地普及生态文明知识，并注意指导与督促人们将知识运用于生活实践。

引导建设生态文明的社会活动。学校的生态文明教育不应局限在校内，要组织学生参加到社区的生态文明建设中去。

（2）教育的社会流动功能。

教育的社会流动功能是指社会成员通过教育的培养、筛选和提高，能够在不同的社会区域、社会层次、职业岗位、科层组织之间转换、调整和变动，以充分发挥其个人的智慧才能，实现其人生价值。它包括横向流动功能和纵向流动功能。前者指改变其环境而不提升其社会层级地位；后者指改变其社会层级地位及作用。

教育的社会流动功能在当代的重要意义：教育是个人社会流动的基础；教育是现代社会流动的主要通道；教育深刻影响社会公平。

2015年 安徽师范大学333教育综合·真题解析

一、名词解释

教育目的（狭义）
狭义的教育目的是指国家对教育培养出什么样人才的基本要求，它规定了教育所要培养的人的基本规格和质量要求，是各级各类学校都必须遵守的总要求。

长善救失原则
长善救失原则指进行德育要调动学生自我教育的积极性，依靠和发扬他们自身的积极因素去克服他们品德上的消极因素，促进学生的道德成长。要求老师要"一分为二"地看待学生；发扬积极因素，克服消极因素；引导学生自觉评价自己，勇于自我教育。

活动课程
活动课程又称经验课程、儿童中心课程，与学科课程相对立，它打破学科逻辑的界线，是以学生的兴趣、需要、经验和能力为基础，通过引导学生自己组织的有目的的系列活动而编制的课程。

生活教育
生活教育是陶行知提出的教育理论，其主要内涵包括"生活即教育""社会即学校""教学做合一"。生活教育理论是一种大众的、为人民大众服务的教育理论，且还是一种不断进取创造，旨在探索具有中国民族特色的教育道路的理论，也是我国民族教育理论宝库中十分可贵的遗产。

癸卯学制
"癸卯学制"是中国近代由中央政府颁布并首次得到施行的全国性法定学制系统，较"壬寅学制"更为系统完备。学制主系列分为三段七级。

教学模式
教学模式是指在一定教学理论指导下为设计和组织教学而在实践中建立起来的各种类型教学活动的基本结构或者是一整套开展教学活动的方法论体系。教学模式主要包括理论依据、教学目标、教学程序、实施条件和教学评价五个要素。

二、简答题

1. 简述蔡元培关于教育方针的基本理论。

【答案要点】

（1）军国民教育。指将军事教育引入到学校和社会教育之中，让学生和民众受到一定的军事教育和训练。在学校教育中强调学生生活的军事化，特别是体育的军事化。

（2）实利主义教育。即密切教育与国民经济生活的联系，加强职业技能的培训，使教育能发挥提高国家经济能力和改善人民生活水平的作用。

（3）公民道德教育。蔡元培认为公民道德的基本内容不外乎法国资产阶级革命所标榜的自由、平等、博爱，虽然与封建道德的专制等级性不相容，但他明确指出中国传统伦理特别是儒家伦理中的一些基本范畴，其内涵是与自由、平等、博爱的精神相通的。

（4）世界观教育。是蔡元培独创并被作为教育的最高境界。世界观教育就是要培养人们立足于现象世界但又超脱现象世界而贴近实体世界的观念和精神境界。

（5）美感教育。美感教育与世界观教育紧密联系，美感介于现象世界和实体世界之间，是两者之间的桥梁。利用美感这种超越利害关系、人我之分界的特性去破除现象世界的意识，陶冶、净化人的心灵。美感教育是世界观教育的主要途径。

2. 问题解决能力的培养措施有哪些。

【答案要点】

（1）鼓励质疑。教师要尽量从自己提出问题过渡到让学生质疑，从而培养学生主动质疑的内在动机，鼓励学生主动提问，形成一种自由探究的气氛。

（2）设置难度适当的问题。教师给学生的问题要可解，但也要有一定的难度。

（3）帮助学生正确表征问题。学生运用所学知识解释问题，或者画草图、列表、写方程式等，这对回忆相关信息都有很好的作用。

（4）帮助学生养成分析问题的习惯。教师要帮助学生发展系统考虑问题的方式和系统分析的习惯，既不能让学生盲目尝试错误练习，也不能过分热心，先把答案告诉学生。

（5）辅导学生从记忆中提取信息。教师需要帮助学生从记忆中迅速提取与解决问题有关的信息，并能很快找出可利用的信息，明确问题解决情境与想要达到的目的，迅速做出判断。

（6）训练学生陈述自己的假设及其步骤。教师要培养学生由跟从别人的言语指导转变到自行指导思考，然后再要求他们自己用言语把指导步骤表达出来。

（7）提供结构不良问题，培养学生实际解决问题的能力。通过对这些问题的解决，能让学生将解决问题的能力迁移到实际领域中去。

3. 为什么把教育摆在优先发展的战略地位？

【答案要点】

"百年大计，教育为本。"教育在我国社会主义现代化建设中具有基础性、先导性、全局性意义。落实科学发展观，实现科教兴国战略和人才兴国战略，就必然要求把教育摆在优先发展的地位。

（1）教育的基础性，指人的素质在社会主义现代化建设中的基础性。教育对人的个体素质全面发展的促进，既是个人为人处世的基础，也是社会稳定发展的基础。

（2）教育的先导性，指教育的发展对社会主义现代化建设具有引领作用。要使经济社会可持续发展，关键在于知识创新，掌握核心技术，这要依靠教育传播最新知识技术，培养创新性人才。教育的先导性不仅表现在经济发展方面，还表现在对科学技术的引领与文化价值观念方面。

（3）教育的全局性，指教育的发展关乎社会主义现代化建设的方方面面，具有全局性的影响。我们应当全面发挥教育的功能，促进人的全面发展和社会的全面进步。

4. 简述朱熹的"朱子读书法"。

【答案要点】

朱熹一生酷爱读书，对于如何读书有深切的体会，并提出了许多精辟的见解。他的弟子将其概括为"朱子读书法"六条。

（1）循序渐进。朱熹主张读书要"循序渐进"，意思是读书要按一定的次序，不要颠倒；应根据自己的实际情况和能力，安排读书计划，并切实遵守它；读书要扎扎实实打好基础，不可囫囵吞枣，急于求成。

（2）熟读精思。朱熹认为，读书既要熟读成诵，又要精于思考。熟读有利于理解，熟读的目的是为了精思。精思就是发现问题和解决问题的过程。

（3）虚心涵泳。所谓"虚心"是指读书时要虚怀若谷，静心思虑，仔细体会书中的意思，不要先入为主，牵强附会；所谓"涵泳"是指读书时要反复咀嚼，细心玩味。

（4）切己体察。强调读书不能仅仅停留在书本上和口头上，而必须要见之于自己的实际行动，要身体力行。

（5）着紧用力。包含两方面意思，其一，必须抓紧时间，发愤忘食，反对悠悠然；其二，必须抖擞精神，勇猛奋发，反对松松垮垮。

（6）居敬持志。既是朱熹道德修养的重要方法，也是他最重要的读书法。"居敬"是读书时精神专一，注意力集中；"持志"是要树立远大的志向和高尚的目标，并要以顽强的毅力坚持下去。

5.洛克的道德教育方法主要包括哪些内容？

【答案要点】

洛克继承并发展了人文主义者关于教育遵循自然的思想，强调研究儿童的一般心理特征和个性特征对教育方法的重要意义。洛克的道德教育方法主要包括以下内容：

（1）自由与管理。洛克花了许多气力研究自由与意志、自由与放纵和自由与管理的问题。在他看来"无论需要何种严格的管理，总是儿童愈小愈须多用；一旦施用适度，获得效果之后，便应放松，改用比较温和的管教方法"。父母应当首先凭借畏惧取得支配儿童的精神的力量，而待他们年岁稍长以后就要用友爱去维系。

（2）奖励与惩罚。洛克认为应该采取奖励与惩罚的方法作为支配儿童的重要手段。但他反对人们通常选择身体上的痛苦或快乐作为奖惩的方法。洛克主张隐恶扬善，即斥责应在私底下进行，不应当众宣布儿童的过失，相反，对儿童的赞扬应公开进行，以使其奖励的意义更大。

（3）通过练习及早培养各种良好习惯。洛克认为儿童不是用规则可以教得好的，规则总是会被他们忘掉。克制不合理欲望的能力的获得和增进靠习惯，而使这种能力更加容易，熟练地发挥则靠及早练习。习惯的力量比理智更加有恒、更加简便。

（4）说理和榜样。洛克所倡导的说理是以适合儿童的能力与理解力为限的。如果要用道理打动儿童，那么道理必须适合他们的思想水平。洛克重视榜样的教育力量，父亲和导师都应以身作则，绝不可食言，还应把儿童应该做的和应该避免做的事情的榜样放在他们的眼前。

6.简述教师角色的冲突及其解决措施。

【答案要点】

（1）教师角色的常见冲突。

由于个人在社会不同群体中所处的地位不同，往往需要同时扮演若干个角色。当这些角色与个人的期待发生矛盾、难以取得一致时，就会出现角色冲突。教师职业常见的角色冲突主要有以下几种：

①社会"楷模"与"普通人"的角色冲突。

②"令人羡慕"的职业与教师地位低下的实况冲突。

③教育者与研究者的角色冲突。

④教师角色与家庭角色的冲突。

（2）调适教师角色冲突的解决方式。

①主观上，首先要树立自尊、自信、自律、自强的自我意识；其次要根据实际情况的需要，善于处理多种角色的矛盾冲突，做到有主有辅，有急有缓，统筹兼顾；最后要善于控制自己的思想情绪，意志坚定地完成所承担的任务。

②客观上，首先要进一步提高教师的社会地位与经济待遇，改善教师的生活和工作条件，解决教师的实际困难；其次要努力创造条件，给教师提供选修、培训与发展、提高的机会；最后要提高

教师的思想修养，增强其责任感与使命感等。

三、分析论述题

1. 试述夸美纽斯的学校改革思想及其对近代教育的影响。

【答案要点】

（1）统一学制及管理实施。

①统一学制。为了使国家便于管理全国的学校，使所有儿童都有上学的机会，夸美纽斯提出建立全国统一学制的主张。他把人的学习期划分为四个阶段，并按这种年龄分期设立相应的学校。

各级学校均按照适应自然的原则，采取班级授课制和学年制开展工作，分别开设不同的课程来教育和培养儿童。

②管理实施。夸美纽斯强调国家对教育的管理职责，认为国家应该设立督学对全国的教育进行监督，以保证全国教育的统一发展。

夸美纽斯这种建立全国统一的既分段又连贯的学校制度，并加强国家管理的思想，对后世影响很大，各国的普及教育及公立学校制度正是在此基础上逐步发展起来的。

（2）论学年制和班级授课制。

①学年制。为改变当时学校教学活动缺乏统一安排的无序状况，夸美纽斯制定了学校教学活动的学年、学日制度。具体措施：各年级应在同一时间开学和放假；每年招生一次，学生同时入学，以便使全班的学习进度一致；学年结束时，经过考试，同年级学生同时升级；强调学校工作要有计划，使每月、每周、每日、每时都按计划进行各项工作，规定了工作、休息、娱乐、礼拜时间。

②班级授课制。为实现普及教育、提高教学效率，改变教师只对学生进行个别教学和指导的状况，夸美纽斯总结新旧各教派学校中实行班级授课的经验，提出并全面系统地论述了班级授课制度。

具体措施：根据儿童年龄及知识水平分成不同班级，每个班级一间教室，由一个教师对一个班级的学生同时授课；为每个班级制订统一的教学计划，编写统一的教材，规定统一的作息时间，使每年、每月、每日、每时的教学计划都有计划地进行；把全班学生分成若干小组，每组十人，委托一个优秀学生做组长，协助教师管理学生，考查学业。

夸美纽斯关于班级授课制的论述，为彻底改革个别教学提供了理论基础，在实践中对普及教育的发展起了推动作用，这是他对世界教育的贡献。采取班级授课制，可以扩大教育对象，提高教学效率，促进学生集体的形成，锻炼学生的交往能力，也为学校教学管理的制度化、标准化提供了可能；不过夸美纽斯过分强调集体教学，忽视了个别指导，而且认为每班的学生越多越好，这是不科学的。

2. 联系教育实际论述人格发展理论及其教育含义。

【答案要点】

人格发展理论包括埃里克森的心理社会发展理论和科尔伯格的道德发展阶段理论。

（1）埃里克森的心理社会发展理论。埃里克森认为个体的人格发展是在社会背景下进行的，受文化和社会背景的影响和制约。人格的发展是一个经历一系列阶段的过程，每个阶段都有一种特定的危机和特定的任务，即亟待解决的心理社会问题。危机的解决标志着前一阶段向后一阶段的转化。危机的成功解决有助于自我力量的增强和对环境的适应；不成功的解决则会削弱自我的力量，阻碍对环境的适应。埃里克森把人的心理发展分为8个阶段。

（2）科尔伯格的道德发展阶段理论。科尔伯格是美国心理学家，他继承了皮亚杰的理论，认为儿童道德的发展是分阶段的，但是他在研究中发现道德发展不是只有两个水平，而应该有多个水平，在20世纪60年代提出了著名的三水平六阶段的道德发展阶段论。

（3）人格发展理论的教育启示。

①强调在社会文化环境中形成和发展学生的健全人格。优化社会文化和学校教育环境是学生健全人格发展的前提。

②依据个体人格发展不同阶段的主要任务，提高学校人格教育的针对性。教师要针对青少年阶段人格发展各阶段的主要任务，有针对性地有效促进各阶段发展任务的顺利完成。

3. 结合我国当前教育发展与改革实际，谈谈依法治教的意义及其途径。

【答案要点】

随着科教兴国战略的实施和依法治国方略的确立，依法治教已成为党和政府管理教育的基本方针，而依法治校是依法治教的重要组成部分，将成为21世纪学校管理的必然选择。依法治校可分为两个方面：第一，政府及教育行政部门依法管理学校；第二，学校管理者依法管理学校。

为推进依法治校工作，学校管理者应采取以下措施：

（1）转变行政管理职能，切实依法行政。

（2）加强制度建设，依法加强管理。

（3）推进民主建设，完善民主监督。

（4）加强法制教育，提高法律素质。

（5）严格教师管理，维护教师权益。

（6）完善学校保护机制，依法保护学生权益。

2014年 安徽师范大学333教育综合·真题解析

一、名词解释

课程目标

课程目标即课程方案设置的各个教学科目所规定的教学应当达到的要求或标准。这个层次的目标是各级各类学校培养目标的具体化，通过课程目标的实现来完成培养目标。

陶冶教育

陶冶教育指通过创设良好的教育情境，潜移默化地培养学生品德的方法。它利用暗示原理，让学生通过无意识的心理活动来接受某种影响，包括人格感化、环境陶冶和艺术陶冶等。

永恒主义

永恒主义教育亦称"新古典主义教育"，产生于20世纪30年代，是现代欧美国家一种强调理性训练以及人的理性和教育基本原则的永恒性的教育思潮，代表人物有美国的赫钦斯、艾德勒，英国的利文斯通和法国的阿兰等。

工读主义教育思潮

工读主义教育思潮是新文化运动影响下出现的教育思潮，其的基本主张有：以工兼学、勤工俭学、工人求学、学生做工、工学结合、工学并进，培养朴素工作和艰苦求学的精神，以求消除体脑差别。由于提倡和参加者思想立场的差异，工读主义也有不同主张。

骑士教育

骑士教育是中世纪世俗教育的一种主要形式,以培养当时封建制度中骑士阶层的成员为目的。它是一种特殊形式的家庭教育,并无专设的教育机构,也没有专职的教育人员。它在骑士生活和社交活动中进行。训练骑士的标准是剽悍勇猛、虔敬上帝、忠君爱国、宠媚贵妇。

道尔顿制

道尔顿制是美国进步主义教育家帕克赫斯特针对班级授课制的弊端在道尔顿中学实施的一种个别教学制度,也称"道尔顿计划",主要内容包括在学校废除课堂教学、课程表和年级制,代之以"公约"或"合同式"的学习;将教室改为作业室或实验室,用表格法来了解学生的学习进度等。

二、简答题

1. 简要说明问题解决分哪几个阶段。

【答案要点】

(1)理解和表征问题阶段。第一,识别有效信息:确定问题到底是什么,找出相关信息并忽略无关的细节。第二,理解信息含义:除了能够识别问题的相关信息外,学生还必须准确地表征问题,这要求学生有某一领域特定的知识。成功地表征问题有两个任务,其中第一个是语言理解,需要理解问题中每一个句子的含义。第三,整体表征:成功地表征问题的第二个任务是将问题的所有句子综合在一起,达成对整个问题的准确理解。第四,问题归类:将要解决的问题归入某一类中,一个特定的图式就会被激活,这个图式将引导对有关信息的注意,并预期正确答案应该会是什么样的。

(2)寻求解答阶段。第一,算法式。将达到目标的各种可能的方法都列出来,具体化,逐一加以尝试。第二,启发式。根据目标的指引,试图不断地将问题状态转换成与目标状态相近的状态,只试探那些对成功趋向目标状态有价值的操作,也就是使用一般的策略试图解决问题。具体有手段-目的分析法、逆向反推法、爬山法、类比思维法。

(3)执行计划或尝试某种解答阶段。当表征某个问题并选好某种解决方案后,下一步就是执行计划、尝试解答。

(4)评价阶段。当选定并执行某个解决方案之后,学习者还需要对结果进行评价。评价结果的方法之一,就是寻找能够证实或证伪这种解答的证据,对解答进行核查。

2. 简述教育的生态功能。

【答案要点】

(1)树立建设生态文明的理念。

通过在学校里和社会上加强生态文明的教育与宣传,让学生从小养成爱护自然、节约资源、保护生态环境的思想情感,从而逐步在全社会牢固树立建设生态文明的观念。

(2)普及生态文明知识,提高民族素质。

造成生态灾害与失衡的原因很多,大多都与人的素质不高相关。因此,我们应当有计划地向学生普及生态文明知识,并注意指导与督促他们将知识运用于生活实践。只要从小普及生态文明知识,养成保护生态环境的行为习惯,最终就能提高民族的生态文明素质。

(3)引导建设生态文明的社会活动。

生态文明建设关涉社会的移风易俗,因此,学校的生态文明教育不应局限在校内,要组织学生参加到社区的生态文明建设中去。

3. 我国教师必须承担的责任和义务是什么？

【答案要点】

教师的义务是指教师依法应当承担的各种职责。《中华人民共和国教师法》规定，教师除了必须承担国家宪法规定的公民的一般义务外，还必须履行如下基本职责：

（1）遵守宪法、法律和职业道德，为人师表。

（2）贯彻国家的教育方针，遵守规章制度，执行学校的教学计划，履行教师聘约，完成教育教学工作任务。

（3）对学生进行宪法所确定的基本原则的教育和爱国主义、民族团结教育，法制教育以及思想品德、文化、科学技术教育，组织、带领学生开展有益的社会活动。

（4）关心、爱护全体学生，尊重学生人格，促进学生在品德、智力、体质等方面全面发展。

（5）制止有害于学生的行为或者其他侵犯学生合法权益的行为，批评和抵制有害于学生健康成长的现象。

（6）不断提高思想政治觉悟和教育教学业务水平。

4. 孔子关于道德教育理论的基本观点是什么？

【答案要点】

（1）道德教育的内容。孔子的教育目的是培养从政的君子，而成为君子的主要条件是具有道德品质修养，因此，道德教育居首要地位。孔子主张以"礼"为道德规范，以"仁"为最高道德准则。凡符合"礼"的道德行为都要以"仁"的精神为指导，因此，"礼"和"仁"成为道德教育的主要内容。

（2）道德修养的原则与方法。

①立志。认为人不应以当前的物质生活为满足，还应有对未来的精神上有更高的追求，要有自己的理想。

②克己。主张应着重在要求自己上，约束和克制自己的言行，使之合乎礼、仁的规范。"君子求诸己，小人求诸人。"

③力行。要求言行一致，不要出现脱节，道德认识依靠道德实践的检验而证实。"言必信，行必果。"

④中庸。待人处事都要中庸，防止发生偏向，一切行为都要中道而行。

⑤内省。就日常所做的事进行自我检查，查看其是否合乎道德规范。

⑥改过。人人都会犯错，但要以正确的态度重视改过，鼓励学生要勇于改正错误。

5. 简述新民主主义教育方针的形成过程及其内涵。

【答案要点】

1940年，毛泽东在《新民主主义论》中提出新民主主义文化教育方针，即民族的、科学的和大众的文化教育。

（1）"民族的"，指新民主主义教育是反对帝国主义压迫，主张中华民族的独立和尊严，带有民族特性的教育。

（2）"科学的"，指新民主主义教育是反对一切封建、迷信思想，主张实事求是，主张客观真理，主张理论与实践统一。对于中国传统教育，取其精华，去其糟粕。

（3）"大众的"，指新民主义教育是为全民族百分之九十以上的工农劳苦民众服务的，并逐渐成为他们的教育，因而又是民主的。

新民主主义教育方针的提出，对抗日民主根据地和此后阶段新民主主义革命时期的教育产生了实际影响。抗日民主根据地和以后解放区的一系列行之有效的教育方针政策，都是新民主主义教育方针的具体化。

6. 如何贯彻启发性教学原则？

【答案要点】

启发性教学原则是指在教学中教师要激发学生的学习主体性，引导他们经过积极思考与探究自觉地掌握科学知识，学会分析问题和解决问题，树立求真意识和人文情怀。也称探究性原则或启发与探究相结合原则。

贯彻启发性教学原则的要求有：

（1）调动学生学习的主动性。在激发学生的学习主动性上，教师要发挥个人的创造性，善于运用发人深思的提问、令人心动的讲述，充分显示教学内容的吸引力，以便激起学生的求知欲和积极性，全神贯注地投入学习。

（2）善于提问激疑，引导教学步步深入。在启发过程中，教师要有耐心，给学生以思考时间；要有重点，问题不能多，不能启而不发；要善于与学生探讨，引导学生一步步去获取新知识和领悟人生的价值。

（3）注重通过解决实际问题启发学生获取知识。接触实际问题对学生更具诱惑力和挑战性，会使他们更积极主动地进行学习和完成任务。

（4）引导学生反思学习过程。教学要引导学生反思学习过程，了解学习过程，分析学习过程中的顺利与障碍、长处与缺点，寻找原因，克服失误，使学习程序简捷、有效，注重积淀适合自己的学习方式，学会学习。

（5）发扬教学民主。要创造宽松、和谐、民主、平等、坦率、活跃的课堂教学氛围，这是启发教学的重要条件。

三、分析论述题

1. 论述杜威教育思想的主要观点及其影响。

【答案要点】

杜威是20世纪美国著名的哲学家和教育家，他以实用主义哲学、民主主义政治理想和机能心理学为基础，通过批判地继承前人的思想，构建起庞大的教育哲学体系，成为现代教育的代表人物。主要著作有《民主主义与教育》《我的教育信条》等。

（1）论教育的本质。杜威对于"什么是教育"的问题，给出的回答是：教育即生活、学校即社会、教育即生长、教育即经验的持续不断的改造。

（2）论教育的目的。

教育无目的论。从教育本质论出发，杜威反对外在的、固定的、终极的教育目的，认为教育无目的。杜威所希求的是过程内的目的，这个目的就是"生长"。

教育的社会目的。杜威强调过程内的目的不等于否定社会性的目的。杜威要求教育为社会进步服务，为民主制度的完善服务。他认为教育是社会进步及社会改革的基本方法，学校是社会进步和改革的最基本和最有效的工具。在民主社会中，个人发展与社会进步是统一的。

（3）论课程与教材。

从做中学。杜威以其经验论为基础，要求从做中学、从经验中学，要求以活动性、经验性的主动作业来取代传统书本式教材的统治地位。在杜威看来，这种活动性、经验性课程既能满足儿童的心理需要，又能满足社会性的需要，还能使儿童对事物的认识具有统一性和完整性。

教材心理学化。杜威主张以"教材心理学化"来解决怎样使儿童最终获得较系统的知识而同时又能在学习过程中顾及儿童的心理水平。"教材心理学化"是指把各门学科的教材或知识各部分恢复到它所被抽象出来之前的原来的经验。这种心理化就是把间接经验转化为直接经验，即直接经验化。之后再将已经经验到的那些东西累进地发展为更充实、更丰富也更有组织的形式，即逐渐地接近提供给有技能的、成熟的人的那种教材形式。

（4）论思维与教学方法。

反省思维。杜威所力倡的反省思维是指对某个经验情境中的问题进行反复的、严肃的、持续不断的思考，其功能在于求得一个新情境，把困难解决、疑虑排除、问题解答。

五步教学法。杜威根据科学的实验主义探究方法和反省思维方式，提出了五步教学法，即创设疑难的情境、确定疑难所在、提出问题的种种假设、推断哪种假设能解决这个困难、验证这种假设。

（5）论道德教育。

杜威认为道德教育的主要任务是协调个人与社会的关系。他认为个人的充分发展是社会进步的必要条件，社会的进步又可以为个人的发展提供更好的基础。他反对过分强调个人自由和竞争的旧个人主义，而提倡强调人与人之间的合作，强调社会责任和理智作用的新个人主义。

教育的道德性和教育的社会性是相通的，道德教育应在社会性的情境中进行而不能只停留于口头说教；要求学校生活、教材、教法皆应渗透社会精神，视学校生活、教材、教法为"学校道德三位一体"，这三者都是道德教育的重要途径。

（6）杜威教育思想的影响。

杜威是西方现代教育派的理论代表。他对传统教育的整个理论体系发起挑战，奠定了现代教育的理论大厦的基石。

杜威是新教育的思想旗手，他的教育理论突破以往建立在主客体两分之上的传统教育的弊端，将知行合一，使教学中死的知识变为活的知识，突破了内发论和外铄论，将教育看作人与环境的交互过程中经验的观点具有很高的创造性。

杜威奠定了儿童中心论，解决教育与儿童相脱离的问题，并通过学校与社会的统一、思维与经验的统一，解决教育与实践，学校与社会脱离的问题。

杜威提出了做中学这一建立在新哲学和心理学基础上的新方法，拓宽了教学形式和方法，提高了教学专业化水平。

杜威的教育理论对世界教育进程发挥巨大作用，对日本、中国、苏联等国具有直接的影响。但他的理论偏重儿童、活动、经验三中心而使得教育实践忽视了系统知识的传授以致引发了自由与纪律、教师与学生关系等诸多矛盾。另外根据经验和教材心理化原则编写新型教材的设想过于理想化，难以实现。

2.联系教学实际论述认知建构主义学习理论与应用。

【答案要点】

（1）认知建构主义的内涵。认知建构主义关注个体如何建构某种认知或情感，主要是以皮亚杰的思想为基础发展起来的。其基本观点是：学习是一个意义建构的过程，通过新旧经验的相互作用而形成的、丰富和调整自己认知结构的过程。一方面，新经验要获得意义需要以原来的经验为基础，从而融入原来的经验结构中；另一方面，新经验的进入又会使原有的经验发生一定的改变，使它得到丰富、调整或改造。

（2）认知建构主义学习理论。

①维特洛克的生成性学习模式。维特洛克认为学习的生成过程就是学习者原有的认知结构和从

环境中接受的感觉信息相互作用,主动地选择信息和注意信息,以及主动地建构事物的意义的过程。教学必须从学生已有的知识、态度和兴趣出发,精心设计能够给学生提供经验的情境,这些经验应能与学生已有的经验有效地发生相互作用,使学生能够建构自己的理解,然后在教师的促进下,由学生自己去建构自己的知识。

②认知灵活性理论。认知灵活论认为,学习包括两方面的建构:一是建构对新信息意义的理解;二是对原有知识经验的改组和重建。它主张既要提供建构理解所需的基础,同时又要留给学生广阔的建构空间,让他们针对具体情境采用适当的策略。

(3)认知建构主义学习理论的应用。

①探究性学习。指学习者通过发现问题和解决问题而建构知识的过程。按其思路,应该把学习活动设置到有意义的问题情境中,教师或学生针对所要探究的领域提出感兴趣的问题,学习者通过不断解决问题和发现新问题,来学习与所探究的问题有关的知识,形成解决问题的技能,并形成自主学习的能力。

②随机通达教学。指对同一内容,学习者要在不同的时间、重新安排的情境中,带着不同目的、从不同的角度进行多次交叉反复的学习,以此把握概念的复杂性并促进迁移。随机通达教学运用各种媒体交互技术为学习者提供一个复杂与结构不良的学习环境,并由此鼓励学习者自己对知识的积极探索与建构。在这种学习中,学习者可以形成对概念的多角度理解,并与具体情境联系起来,形成背景性经验,为今后的灵活迁移做准备。

3. 联系基础教育实际论述加强社会主义核心价值体系教育的意义及其举措。

【答案要点】

(1)全面贯彻党的教育方针,坚持立德树人,加强社会主义核心价值体系教育,完善中华优秀传统文化教育,形成爱学习、爱劳动、爱祖国活动的有效形式和长效机制,增强学生社会责任感、创新精神、实践能力。

(2)强化体育课和课外锻炼,促进青少年身心健康、体魄强健。改进美育教学,提高学生审美和人文素养。

(3)大力促进教育公平,健全家庭经济困难学生资助体系,构建利用信息化手段扩大优质教育资源覆盖面的有效机制,逐步缩小区域、城乡、校际差距。

(4)统筹城乡义务教育资源均衡配置,实行公办学校标准化建设和校长教师交流轮岗,不设重点学校重点班,破解择校难题,标本兼治减轻学生课业负担。

(5)推进考试招生制度改革,探索招生和考试相对分离、学生考试多次选择、学校依法自主招生、专业机构组织实施、政府宏观管理、社会参与监督的运行机制,从根本上解决一考定终身的弊端。

(6)义务教育免试就近入学,试行学区制和九年一贯对口招生。推行初高中学业水平考试和综合素质评价。加快推进职业院校分类招考或注册入学。

(7)深入推进管办评分离,扩大省级政府教育统筹权和学校办学自主权,完善学校内部治理结构。强化国家教育督导,委托社会组织开展教育评估监测。健全政府补贴、政府购买服务、助学贷款、基金奖励、捐资激励等制度,鼓励社会力量兴办教育。

2013年 安徽师范大学 333 教育综合·真题解析

一、名词解释

美育

美育是培养学生正确的审美观，发展他们鉴赏美、创造美的能力，培养其高尚情操和文明素质的教育。普通中学在美育方面的要求主要是：通过音乐、美术、文学教育等审美活动，充实学生的精神生活，培养他们感受美、欣赏美和创造美的能力，养成审美情趣和高尚情操。

学校管理目标

学校管理目标是指学校管理主体对管理活动的要求和期望，也就是通过管理活动所要达到的状态、标准和结果。它在学校管理活动中占据重要地位，既是学校管理活动的指南，也是衡量学校管理工作好坏的标尺。

要素主义

要素主义教育是现代欧美国家一种强调学校教育的任务主要是传授人类文化遗产共同要素的教育思潮。1938年在美国成立的"要素主义者促进美国教育委员会"，是要素主义教育形成的标志。代表人物有巴格莱、科南特等人。

课程标准

课程标准是指在一定课程理论指导下，依据培养目标和课程方案以纲要形式编制的关于课程的性质与价值、目标与内容、教学实施建议以及课程资源开发等方面的指导性文件，一般由说明、课程目标、课程内容标准和课程实施建议等部分组成。

教学模式

教学模式是指在一定教学理论指导下为设计和组织教学而在实践中建立起来的各种类型教学活动的基本结构或者是一整套开展教学活动的方法论体系。教学模式主要包括理论依据、教学目标、教学程序、实施条件和教学评价五个要素。

最近发展区

维果茨基认为，在进行教学时必须注意到儿童的两种水平，一种是儿童现有的发展水平，另一种是即将达到的发展水平，维果茨基把这两种水平之间的差距称为最近发展区，即独立解决问题的真实发展水平和在成人指导下或与其他儿童合作情况下解决问题的潜在发展水平之间的差距。

二、简答题

1. 简述杜威关于教育本质与目的的理论。

【答案要点】

杜威是20世纪美国著名的哲学家和教育家，他以实用主义哲学、民主主义政治理想和机能心理学为基础，通过批判地继承前人的思想，构建起庞大的教育哲学体系，成为现代教育的代表人物。主要著作有《民主主义与教育》《我的教育信条》等。

（1）论教育的本质。杜威对于"什么是教育"的问题，给出的回答是：教育即生活、学校即社会、教育即生长、教育即经验的持续不断的改造。

（2）论教育的目的。

教育无目的论。从教育本质论出发，杜威反对外在的、固定的、终极的教育目的，认为教育无目的。杜威所希求的是过程内的目的，这个目的就是"生长"。

教育的社会目的。杜威强调过程内的目的不等于否定社会性的目的。杜威要求教育为社会进步服务，为民主制度的完善服务。他认为教育是社会进步及社会改革的基本方法，学校是社会进步和改革的最基本和最有效的工具。在民主社会中，个人发展与社会进步是统一的。

2. 共产党领导下的革命根据地教育的基本经验包括哪些方面？

【答案要点】

（1）教育为政治服务。在当时特定的时代环境下，最大的政治是以武装斗争的手段去夺取民族民主革命的胜利，而动员广大人民群众投入革命战争、支援革命战争，并最大限度地提高人民军队干部战士的觉悟，是中国共产党面临的中心任务。

（2）教育与生产劳动相结合。根据地教育的基本任务是彻底改变建立在封建生产关系之上、以脱离农村生产生活实际为特征、以培养精神贵族为目的的文化教育。

（3）依靠群众办教育。依靠群众办教育加强了学校与群众的联系，争取了群众对学校的支持和监督，有利于学校在边区人民群众中生根，加强了学校的民主管理，大大提高了群众办教育的积极性，促进了根据地教育的发展。

3. 简述卢梭的自然教育理论及其影响

【答案要点】

（1）卢梭自然主义教育的核心是"回归自然"。自然教育最终目的是培养"自然人"，即身心调和发达、体脑两健、能力强盛的新人，也就是摆脱封建羁绊的资产阶级新人。

（2）自然教育的方法原则：树立正确的儿童观、消极教育、自然后果律、根据儿童天性的个体差异因材施教。

（3）自然教育的实施：卢梭根据自然教育的原则，根据人的自然发展的进程和不同年龄时期身心的特点，把自然教育分为婴儿期、儿童期、少年期和青春期。

（4）影响。卢梭提出的自然主义教育思想是教育思想史上由教育适应自然向教育心理学化过渡的一个重要环节。在封建社会压制人性的情况下，提倡性善论，尊重儿童天性具有历史进步意义。他呼吁培养身心调和发展的自然人和自由人也反映了对人的发展的合理要求。自然主义教育的观点既是在前人的基础上的发展，也反映了近代教育的发展方向，对欧美教育产生了深远影响。

4. 为什么说德育过程是培养学生知、情、意、行的过程？

【答案要点】

学生的品德包含知、情、意、行四个要素。所以德育过程也是培养学生思想品德的知、情、意、行整体和谐的发展过程。

（1）思想道德发展的整体性。个体思想品德的发展是品德各要素协调统一的发展。依据这一品德形成规律，开展德育活动时，就应该注意全面性，兼顾知情意行各要素。个体品德结构中的知、情、意、行等要素，是相互制约、相互促进的，共同推动着个体思想品德的发展；应该晓之以理、动之以情、导之以行、持之以恒，全面关心学生品德中知、情、意、行的培养，使它们全面而和谐地发展。

（2）德育过程有多种开端。开展德育可以有多种开端，既可以从知或情的培养入手，也可以从行的锻炼开始。在思想品德的发展过程中，知、情、意、行诸因素的发展往往是不平衡的，而且每个学生的品德发展也有显著差异。这就要求我们进行德育时，必须针对不同情况加以灵活处理，有的放矢，因材施教。

（3）德育实践的针对性。道德品质的知、情、意、行的培养不能一概而论，简单对待，用一种方法进行，应该根据知、情、意、行每一要素的特点，开展具有针对性的教育活动。

5. 世界各国课程改革的趋势是什么？

【答案要点】

（1）追求卓越的整体性课程目标。当前各国在课程改革中倾向于培养学生公民的责任感和创新精神，社会交往能力和团队精神，灵活处理各种信息、适应急剧变化的社会环境和创造性地进行工作的能力，并注重国际理解教育，要求使学生具有国际视野，尊重文化差异。

（2）注重课程编制的时代性、基础性、综合性和选择性。面对全球化、信息时代、知识经济等新的世界背景，各国基础教育课程改革都强调把握课程内容的时代性，既要反映科学发展的新趋势，又要关注时代发展对人生存方式及其必备素质的新要求，注重处理基础知识与学科发展的关系，增强课程对学生的适应性，大量开设选修、综合、实践课程，满足学生个性发展的需要。

（3）讲究学习方式的多样化。信息化社会、知识社会、学习化社会引起了教育教学方式的变革。通过课程改革，创设以"学"为中心的课程，创造以"学"为中心的教学，真正使教学过程成为和事物对话、和他人对话、和自身对话的活动过程，从而超越单一的知识接受性教学，创造一种活动性的、合作性的、反思性的学习，已成为世界各国课程改革的共同选择。

6. 简述社会规范学习的心理过程。

【答案要点】

（1）社会规范的依从。

依从，即表面上接受规范，按照规范的要求来行动，但对规范的必要性或根据缺乏认识，甚至有抵触情绪。依从具有一定的盲目性和被动性。包括从众和服从。

（2）社会规范的认同。

认同比依从深入了一层，简单地说，它是对自己所认可、仰慕的榜样的遵从、模仿。认同具有自觉性和主动性。包括偶像认同和价值认同。

（3）社会规范的内化。

社会规范的内化是社会规范接受的高级水平，是品德形成的最高阶段，指主体随着对规范认识的概括化与系统化，以及对规范体验的逐步累积与深化，最终形成一种价值信念作为个体规范行为的驱动力。

三、分析论述题

1. 论述黄炎培的职业教育思想及其当代教育价值。

【答案要点】

（1）职业教育的作用。职业教育的功能就其理论价值而言，在于"谋个性之发展"，"为个人谋生之准备"，"为个人服务社会之准备"，"为国家及世界增进生产力之准备"。就其教育和社会影响而言，在于通过提高国民的职业素养，确立社会国家的基础。就其对当时中国社会的作用而言，在于有助于解决中国最大、最重要、最急需解决的人民生计的问题，消灭贫困，并进而使国家每一个公民享受到基本的自由权利。

（2）职业教育的地位。职业教育在学校教育制度上的地位是一贯的、整个的和正统的。"一贯的"，是指应建立起从初级到高级的职业教育系统。"整个的"，是指不仅在学校教育体系中要有一个独立的职业教育系统，其他各级各类教育也要与职业教育相互沟通。不仅普通教育要适应职业需要，职业教育也要防止偏执实用的片面。"正统的"，是指应破除以普通教育为正统，以职业教育为偏系的传统观念，平等地看待二者。

（3）职业教育的目的。黄炎培对职业教育目的的认识和表述因不同历史时期和社会场合而有所不同，但他将职业教育的最终目的概括为"使无业者有业，使有业者乐业"。

"使无业者有业"，是指通过职业教育为资本主义工商业发展造就适用人才，同时解决社会失业问题，使人才不至浪费，使生计得以保障。

"使有业者乐业"，是指通过职业教育形成人的道德智能，使之能胜任和热爱自己的职业，进而能有所创造发明，造福于社会人类。

（4）职业教育的方针。黄炎培在数十年的实践中，形成了社会化、科学化的职业教育办学方针。

①社会化。黄炎培将社会化视为"职业教育机关唯一的生命"。他认为，办理职业教育，必须注意时代发展趋势与应行的途径，社会需要哪种人才，就办哪种学校。强调职业教育必须适应社会需要。

②科学化。科学化是黄炎培办职业教育所坚持的另一条方针。科学化是指用科学来解决职业教育问题。开展职业教育需要的工作包括物质方面和人事方面，这两方面的工作都需要遵循科学原则。

（5）职业教育的教学原则。黄炎培根据职业教育的特点总结出以往教育的经验，提出"手脑并用""做学合一""理论与实际并行""知识与技能并重"等主张，作为开展职业教育教学工作必须坚持的原则。

（6）职业道德教育。黄炎培把职业道德教育的基本要求概括为"敬业乐群"。"敬业"是指热爱自己的职业，做到尽职，为为所从事职业和全社会做出贡献的追求。"乐群"是指有高尚情操和群体合作精神，有服务和奉献精神。"敬业乐群"的职业道德教育思想，贯穿于黄炎培职业教育的实践，不仅在中华职业学校以之为校训，而且在教育和教学的每一个环节都努力体现。

作为中国近现代职业教育的先行者，黄炎培及其职业教育思想开创和推进了中国的职业教育事业；其平民化、实用化、科学化和社会化特征，也丰富了中国的教育理论，并对20世纪二三十年代中国教育改革产生了巨大的影响。

2. 论述在基础教育改革中如何体现"以人为本"这一理念。

【答案要点】

（1）树立以人为本的教育观，意味着肯定教育的根本主旨在于促进人的全面发展，在生产力发展的基础上尽可能地满足大多数人的文化需要，尽可能地让每个人有公平的受教育机会，尽可能地开发每个人的发展潜能，启发每个人的能动性、创造性，引导每个人成为社会的主人、国家的公民，自觉地为人民服务，为社会主义现代化建功立业，在实现民族复兴梦中实现自我。

（2）树立以人为本的教育观，还意味着肯定人是自我教育、自我发展的主体。教育对人的个性素质的发展只是人的发展的外因，必须经过人的发展的内因，经过人的自我教育，才能转化为人的个性素质。教育必须尊重人在自我教育、自我发展中的主体地位。教育的艺术和教育的实效，取决于培养和发挥人的自我教育、自我发展的能动性。

3. 论述班杜拉的观察学习理论及其教育应用。

【答案要点】

观察学习是一种间接学习的形式，人类的大多数行为是通过观察而习得的，人们通过观察他人的行为及其后果，可获得榜样行为的符号表征和经验教训，并可引导观察者今后的行为。其基本过程如下：

（1）注意过程。注意过程影响观察者对榜样行为的探索和知觉过程，决定观察者的观察内容。影响注意过程的因素有：榜样行为的特性、榜样的特征和观察者的特征。

（2）保持过程。保持过程使观察者将示范行为以某种形式储存在头脑中以便今后可以指导操作。

示范信息的保持主要依赖两种符号系统——表象系统和言语系统。影响保持过程的因素有：注意过程的效果、榜样呈现的方式和次数以及观察者自身记忆能力、动机等。

（3）复制过程。观察者以内部表征为指导，将榜样行为再现出来。影响复制过程的因素有：观察的有效性、从属反应的有效性、反馈的及时性和准确性以及自我效能感。

（4）动机过程。动机过程决定个体复现榜样行为的具体内容，换言之，决定哪一种经由观察习得的行为得以表现。

教育应用：

（1）教授新行为、技能、态度和情感。教师需要将所期望的行为、技能、态度和情感以明确外显的方式示范出来，并对学生的模仿予以强化。同时，教师也要注意发挥自身的榜样作用，用自身对世界的好奇心、对本学科的热爱以及对学习的热情等感染学生。

（2）监控学生习得行为的表现。教师需要在创造榜样的同时，对良好的行为给予及时的表扬和鼓励，对错误的行为则给予批评和教育。

（3）对学生道德行为的养成具有现实指导意义。在该理论的基础上创建的认知行为矫正法在心理咨询和心理治疗中也得到了广泛应用。

2012年 安徽师范大学333教育综合·真题解析

一、名词解释

教育

教育是人的发展与社会发展的中介活动，其主旨在于以人为本、育人成人，培养人成为他所生存的那个时代的社会实践主体，引导人和社会的持续发展。其概念有广义和狭义之分。狭义的教育主要指学校教育。

教育目的

教育目的是对教育活动所要培养的人的个体素质的总的预期与设想，是对社会历史活动的主体的个体素质的规定。它体现一定社会对受教育者质量规格的界定和要求，也体现人自身发展所应该达到的水准和高度。

学校教育制度

学校教育制度是现代教育制度的核心部分，指的是一个国家各级各类学校的系统及其管理规则，它规定着各级各类学校的性质、任务、入学年限、修业年限以及它们之间的关系。

教学组织形式

教学组织形式是指为完成特定的教学任务，教师和学生按一定要求组合起来进行活动的结构。教学组织形式不是固定不变的，它随着社会政治经济和科学文化的发展，对所培养人才要求的提高也会不断改进。

道尔顿制

道尔顿制是美国进步主义教育家帕克赫斯特针对班级授课制的弊端在道尔顿中学实施的一种个

别教学制度，也称"道尔顿计划"，主要内容包括在学校废除课堂教学、课程表和年级制，代之以"公约"或"合同式"的学习；将教室改为作业室或实验室，用表格法来了解学生的学习进度等。

学习策略

学习策略是指学习者为了提高学习的效果和效率，有目的、有意识地制定的有关学习过程的复杂的方案。具有以下四个特征：主动性、有效性、过程性、程序性。

二、简答题

1. 简述掌握知识与发展智力的关系。

【答案要点】

（1）智力的发展与知识的掌握二者相互依存，相互促进。

在教学过程中，学生智力的发展依赖于他们知识的掌握，对学生来说，掌握、运用知识及其反思、改进的过程，也就是他们运用和发展智力的过程；同时，学生对知识的掌握又依赖于他们的智力发展，只有那些智力发展好的学生，他们的接受能力才强、学习效率才高，而智力发展较差的学生在学习中则有较多的困难。

（2）生动活泼地理解和创造性地运用知识才能有效地发展智力。

通过传授知识发展学生智力是教学的一个重要任务，然而知识不等于智力，一个学生知识的多少并不一定能标志他的智力发展的高低。因此，在教学中不仅要教给学生知识，而且要引导学生通过生动活泼的教学活动，透彻地理解知识原理，了解获取知识的过程与方法，学会独立思考、推理与论证，创造性地解决实际问题，这样才能使学生的智力获得高水平的发展。

（3）防止单纯抓知识教学或只重能力发展的片面性。

在教学实践中，有的认为"双基"教学抓好了，学生的智力就自然地发展了，却忽视引导学生通过探究、反思有意识地锻炼学生的智力；有的则只注重学生自主探究、反思，却忽视通过系统知识和原理的学习与运用来发展智力。这两者都不利于提高教学质量。

2. 在对学生进行思想品德教育时，如何贯彻"严格要求与尊重学生相结合"的原则。

【答案要点】

严格要求与尊重学生相结合原则是指进行德育要把对学生的思想品行的严格要求与对他们个人的尊重信赖结合起来，使教育者的严格要求易于转化为学生主动的道德自律。

在对学生进行思想品德教育时，贯彻严格要求与尊重学生相结合原则的基本要求有：

（1）尊重和信赖学生。尊重、呵护与信赖学生是一个优秀教师必须具备的基本品德。爱护、尊重与信赖孩子又是教好孩子、获得良好德育效果的一个重要条件。

（2）严格要求学生。教师向学生提出的教育要求应当是正确的、简明的、有计划的、积极的和严格的。严格要求应当与尊重、信赖学生很好地结合起来。

3. 当代学校管理的发展趋势是什么？

【答案要点】

（1）学校管理法治化。随着科教兴国战略的实施和依法治国方略的确立，依法治教已成为党和政府管理教育的基本方针，而依法治校是依法治教的重要组成部分，将成为21世纪学校管理的必然选择。依法治校可分为两个方面：第一，政府及教育行政部门依法管理学校；第二，学校管理者依法管理学校。

（2）学校管理人性化。人性化管理是指学校管理工作要以人为本，关注人的情感、满足人的需要、崇尚人的价值、尊重人的主体人格和地位。

（3）学校管理民主化。民主管理以对个体价值的肯定为基础，以个体才能的充分发挥和潜能挖掘为前提，积极吸引全员参与管理活动，集思广益，共同参与，以取得最优的管理效益。

（4）学校管理信息化。在信息化时代，学校管理呈现出信息化的新特点。它表现在两个方面：第一，学校对信息技术的开发和使用，把计算机、网络、多媒体等现代技术运用到管理上，以提高学校管理的实效；第二，学校管理方式的信息化，实行"人－机"管理，即注重对有关信息资源的管理。

（5）学校管理校本化。校本管理是指学校在教育方针与法规的指引下，可以根据自己的实际情况和需要自主确定发展的目标与任务，进行管理工作。简言之，校本管理即以学校为本位的自主管理。

4. 杜威关于教育的本质与目的的基本观点是什么？

【答案要点】

杜威是20世纪美国著名的哲学家和教育家，他以实用主义哲学、民主主义政治理想和机能心理学为基础，通过批判地继承前人的思想，构建起庞大的教育哲学体系，成为现代教育的代表人物。主要著作有《民主主义与教育》《我的教育信条》等。

（1）论教育的本质。杜威对于"什么是教育"的问题，给出的回答是：教育即生活、学校即社会、教育即生长、教育即经验的持续不断的改造。

（2）论教育的目的。

教育无目的论。从教育本质论出发，杜威反对外在的、固定的、终极的教育目的，认为教育无目的。杜威所希求的是过程内的目的，这个目的就是"生长"。

教育的社会目的。杜威强调过程内的目的不等于否定社会性的目的。杜威要求教育为社会进步服务，为民主制度的完善服务。他认为教育是社会进步及社会改革的基本方法，学校是社会进步和改革的最基本和最有效的工具。在民主社会中，个人发展与社会进步是统一的。

5. 我国古代书院教育的特点是什么？

【答案要点】

书院最初属于私学性质，尽管在发展的过程中有官学化倾向，但在培养目标、管理形式、课程设置、教学方法以及师生关系等方面都表现出与官学不同的特点。

（1）书院精神。书院以自由讲学为主，注重讨论，学术风气浓厚，开辟了新的学风，推动了教育和学术的发展。

（2）书院功能。育才、研究和藏书。

（3）培养目标。注重人格修养，强调道德与学问并进，培养学生的学术志趣。

（4）管理形式。较为简单，管理人员少，强调学生遵照院规自我约束、自我管理为主。

（5）课程设置。灵活具有弹性，教学以学生自学、独立研究为主，师生、学生之间注重质疑问难与讨论。

（6）教学组织。教学与研究相结合，教学形式多样，注重讲明义理，躬亲实践。

（7）规章制度。书院作为一种教育制度得以确立，在教育目标、教学方法、教学顺序等方面用学规的形式加以阐明，最著名的是《白鹿洞书院揭示》，它说明南宋后书院已经制度化。

（8）师生关系。较之官学更为平等、学术切磋多于教训，学生来去自由，关系融洽、感情深厚。

（9）学术氛围。教学与学术研究并重，学术氛围自由宽松，人格教育与知识教育并重。

6. 简述终身教育思潮的基本观点。

【答案要点】

终身教育思潮产生于20世纪50年代的法国，是现代欧美国家一种强调把教育贯穿人的一生的教育思潮,现已成为一种被视为未来教育战略的国际性教育思潮,代表人物是保罗·朗格朗。

(1)终身教育的缘由:终身教育是应对人类在现代社会中所面临各种新挑战的需要,是一种能够使人在各方面做好准备并应付新的挑战的教育模式和教育观念。

(2)终身教育的含义:终身教育包括了教育的各个方面、各项内容,从一个人出生的那一刻起一直到生命终结时为止的不间断的发展,也包括了在教育发展过程中的各个阶段之间的内在联系。它并不是传统教育的简单延伸,而是包括一切正规教育、非正规教育以及非正式教育。其基本特点是具有连续性和整体性。此外终身教育没有固定的教育内容和方法,强调人的个性发展。

(3)终身教育的目标:实现更美好的生活,使人过一种更和谐、更充实和符合生命真谛的生活。具体目标包含两方面:培养新人;实现教育民主化。

三、分析论述题

1.联系社会实际,论述教育社会流动功能的含义及其在当代的教育意义。

【答案要点】

教育的社会流动功能是指社会成员通过教育的培养、筛选和提高,能够在不同的社会区域、社会层次、职业岗位、科层组织之间转换、调整和变动,以充分发挥其个人的智慧才能,实现其人生价值。它包括横向流动功能和纵向流动功能。前者指改变其环境而不提升其社会层级地位;后者指改变其社会层级地位及作用。教育的社会流动功能在当代具有重要意义。

(1)教育是个人社会流动的基础。如今,不管从事什么行业,要在社会上生存与流动,就要有一定的文化知识和能力,必须接受一定的教育。它使享受这一教育的人能够选择自己将要从事的职业,参与建设集体的未来和继续学习。

(2)教育是现代社会流动的主要通道。今天,我国农村的年轻一代要成功地进行社会流动,尤其是向上流动,必须经过教育,甚至只有经过优质的高等教育才能实现。

(3)教育深刻影响社会公平。教育的社会流动,实质上涉及教育机会均等与社会公平问题。到近代,人们才逐步提出普及教育与入学机会人人均等的要求。如今,各国纷纷实行普及义务教育制度,注重教育公平,这是教育发展的趋势。

2.论述陶行知的"生活教育"思想体系。

【答案要点】

(1)"生活即教育"。"生活即教育"是陶行知生活教育理论的核心。其内涵包括:生活含有教育的意义;实际生活是教育的中心;生活决定教育,教育改造生活。

"生活即教育"所强调的是教育以生活为中心,所反对的是传统教育脱离生活而以书本为中心。尽管它在生活与教育的区别和系统的知识传授方面有所忽视,但在破除传统教育脱离民众、脱离社会生活的弊端方面,有十分重要的意义。

(2)"社会即学校"。"社会即学校"是生活教育理论另一重要主张,是"生活即教育"思想在学校与社会关系问题上的具体化。"社会即学校",是指"社会含有学校的意味",或者说"以社会为学校"。由于到处是生活,到处都是教育,"整个的社会是生活的场所,亦即教育之场所"。

"社会即学校",也指"学校含有社会的意味"。也就是说,学校通过与社会生活相结合,一方面运用社会的力量使学校进步,另一方面动员学校的力量帮助社会进步,使学校真正成为社会生活必不可少的组成部分。

"社会即学校"扩大了学校教育的内涵和作用,对于传统的学校观、教育观有所改变。传统学校与社会生活脱节,学生孤陋寡闻,而以社会为学校,使得教育的材料、教育的方法、教育的工具、教育的环境可以大大地增加,有利于拓展学生的知识,增强学生的能力。"社会即学校",还可以使被传统学校拒之门外的劳苦大众能够受到起码的教育，贯穿了普及民众教育的苦心，同样也值得肯定。

（3）"教学做合一"。"教学做合一"是生活教育理论的又一重要主张，是"生活即教育"在教学方法问题上的具体化。其含义为：教的方法根据学的方法，学的方法根据做的方法。事怎样做便怎样学，怎样学便怎样教。教与学都以做为中心。包括以下四个要点："教学做合一"要求在"劳力上劳心"；"教学做合一"是因为"行是知之始"；"教学做合一"要求"有教先学"和"有学有教"；"教学做合一"还是对注入式教学法的否定。

（4）启示。陶行知的生活教育理论是一种大众的、为人民大众服务的教育理论，且还是一种不断进取创造，旨在探索具有中国民族特色的教育道路的理论。生活教育理论还在教育观念的改变方面颇有建树，无论是强调学校教育与社会生活、生产劳动相结合，还是要求手脑并用、在劳力上劳心，都是对学校与社会割裂、书本与生活脱节、劳心与劳力分离的传统教育的反动，显示出强烈的时代气息，至今都富于启示。陶行知的生活教育理论是我国民族教育理论宝库中十分可贵的遗产，值得我们珍惜并认真研究借鉴。

3. 联系教学实际论述学习动机的培养与激发。

【答案要点】

（1）创设问题情境，实施启发式教学。想要实施启发式教学，关键在于创设问题情境。所谓问题情境，指的是一种适度的疑难情境。在学习过程中，仅仅让学生简单地重复已经学过或者过难的东西，学生都不会感兴趣。只有在学习那些"似懂非懂""似会非会"的东西时，学生才感兴趣而且迫切希望掌握它。

（2）根据作业难度，恰当控制动机水平。教师在教学时，要根据学习任务的不同难度，恰当控制学生学习的动机水平。在学习较简单的课题时，应尽量使学生集中注意力；在学习较复杂的课题时，则应尽量创造轻松自由的课堂气氛。在学生遇到困难或出现问题，要尽量心平气和地耐心引导，以免学生过度紧张和焦虑。

（3）充分利用反馈信息，给予恰当的评定。心理学研究表明，来自学习结果的种种反馈信息，对学习效果有明显影响。一方面学习者可以根据反馈信息调整学习活动，改进学习策略；另一方面学习者为了取得更好的成绩或避免再犯错误而增加了学习动机，从而保持了学习的主动性和积极性。

（4）妥善进行奖惩，维护内部学习动机。在对学生进行评价时，奖励和惩罚对于学习动机的激发具有不同的作用。一般而言，表扬与奖励比批评与指责能更有效地激发学生的学习动机，因为前者能使学生获得成就感，增强自信心。但过多使用表扬和奖励，或者使用不当，也会产生消极作用。

（5）合理设置课堂环境，妥善处理竞争和合作。学生的学习主要是在课堂上进行的，课堂的合作与竞争环境无疑是影响学习动机的一个重要的外部因素。在教学活动中，合作与竞争都是必要的，应该强调竞争与合作的相互补充和合理运用。极端的竞争会对学生的学习行为和集体团结产生消极影响。适量与适度的竞争与合作的恰当结合，会有效激励学生的学习动机。

（6）适当进行归因训练，促使学生继续努力。在学生完成某一学习任务后，教师应指导学生进行成败归因。一方面，要引导学生找出成功或失败的真正原因，即进行正确归因；另一方面，教师也应根据每个学生过去一贯的成绩的优劣差异，从有利于今后学习的角度进行积极归因。

（7）培养自我效能感，增强学生成功的自信心。自我效能感影响学生的自我评价和自信心，进而影响学习成绩。尤其是学业不良的学生，由于对自己的学习能力持怀疑态度，表现出很低的自我效能感。因此，教师在教学中要通过一定的方法提高他们的自我效能感。

（8）维护学生自我价值，警惕自我妨碍策略。自我价值理论指出，学生有保护和表现自我价值的需要，这是个人追求成功的内在动力。教师要理解和尊重学生的这种需要，引导他们把自我价值的实现方式与正向、积极的学习行为相联系，避免学生不断从环境中体验到对自我价值的威胁感，从而采取各种自我妨碍的逃避策略。

（9）维护内在需要，促进外部动机内化。兴趣、好奇心、探索欲，是人类学习的最早动力。源于内部需要的学习动机具有更多的坚持性和抗干扰性。然而，不是每个孩子都对教育中涉及的所有内容充满好奇和兴趣。因此，教师要帮助学生将外部调控的学习动机不断内化，形成相对自主调控的学习动机。

2011年 安徽师范大学 333 教育综合·真题解析

一、名词解释

《大教学论》

《大教学论》是夸美纽斯的教育代表作，标志着独立形态的教育学的开端，论述了教育的目的和任务、教育适应自然的原则、学校制度及各阶段的教育任务、班级授课制、教学原则和教学方法等，成为近代教育理论的奠基之作。

内发论

内发论认为，人的身心发展的动力来自个体自身的内在需要，身心发展是自然而然的成熟和完善的过程。其代表人物有孟子和马斯洛等。

高等教育大众化

高等教育大众化是当代学校教育制度改革的趋势。目前，日本、美国等发达国家的高等教育已经达到大众化，正在向着普及化发展，大多发展中国家正在为高等教育的大众化而努力。主要表现为高等教育机构的日益多样化；高等教育机构中学生的成分发生了变化，成人大学生所占比重增加。

癸卯学制

"癸卯学制"是中国近代由中央政府颁布并首次得到施行的全国性法定学制系统，较"壬寅学制"更为系统完备。学制主系列分为三段七级。

个人本位论

个人本位论认为教育目的是根据个人发展的需要制定的，而不是根据社会的需要制定的，个人价值高于社会价值，人生来就有健全的潜在本能，教育的基本职能就在于使这种潜能得到发展。代表人物有卢梭、裴斯泰洛齐等。

义务教育

义务教育是国家统一实施的所有适龄儿童、少年必须接受的教育，是国家必须予以保障的公益性事业，对于人的发展、教育发展和社会发展都具有重大意义。到 2008 年底，我国实现了普及义务教育。

二、简答题

1. 简述学校教育在人的身心发展中的作用。

【答案要点】

（1）教育在人的发展中起引领作用。教育在年轻一代的发展中起着引领作用主要体现在：有意识地为年轻一代的成长选择、建构、调控良好的环境，对他们的生活、交往、学习与实践等活动进行正确的教导、示范和辅助，并注重尊重他们的主体地位和激发、引导他们内在的学习动力与自我发展的能动性和自主性，从各方面引领、关怀、维护他们的发展。

（2）学校教育主要通过传承文化科学知识来培养人。学校教育是教育者有意识地为儿童的身心发展精心设置的一种环境，它把经过选择的、重新组编的、人类长期积累起来的文化知识作为精神客体与儿童互动，以促进儿童的发展，使他们成人成才。

（3）学校教育对提高人的现代性有显著的作用。教育在人的现代化过程中起着重要作用，因为学生在学校里不仅学会了读、写、算等各个方面的基础知识与技巧，而且学到了与他们个人的发展和国家的未来有关的态度、价值和行为方式。人的现代化是社会现代化的重要基础和前提条件，我们应该自觉地优先发展教育，高度重视并充分发挥教育对人的现代化的促进作用。

2. 简述"六艺"教育的内容和特征。

【答案要点】

西周的教育内容总称为"六艺"教育，它是西周教育的特征和标志。"六艺"即礼、乐、射、御、书、数。其中，"礼、乐、射、御"为"大艺"，是大学的课程；"书、数"为"小艺"，是小学的课程。

（1）礼乐。礼乐教育是"六艺"的中心。礼的内容极广，包括政治、伦理、道德、礼仪各个领域。乐教是当时的艺术教育，包括诗歌、音乐和舞蹈。

（2）射御。"射"指射箭的技术训练，"御"指驾驭马拉战车的技术训练。

（3）书数。"书"指文字书写，"数"指算法。书、数是文化基础技能，安排在小学学习。

"六艺"教育包含多方面的教育因素，它既重视思想道德，也重视文化知识；既注意传统文化，也注意实用技能；既重视文事，也重视武备；既要符合礼仪规范，也要求内心情感修养。"六艺"教育有符合教育规律的历史经验，对其后的教育家的思想产生了重要影响，对整个封建社会的教育也影响至深。

3. 试比较欧洲的新教育运动和美国的进步教育运动。

【答案要点】

（1）新教育运动，也称新学校运动，是指19世纪末20世纪初在欧洲兴起的教育改革运动，初期以建立不同于传统学校的新学校作为新教育的"实验室"为其特征。第二次世界大战以后，新教育运动逐步走向衰落。

（2）进步主义教育运动是指19世纪80年代至20世纪50年代在美国出现的以杜威教育哲学为主要理论基础、以进步主义教育协会为组织中心、以改革美国学校教育为宗旨的教育革新思潮和实践活动。

（3）比较。进步教育理论的"实验室"主要是美国的公立学校。相对欧洲的"新学校"来说，进步学校更关心普通民众的教育，更强调教育与生活的联系，更重视从做中学，更注意学校的民主化问题。

4. 学生品德不良产生的原因及其矫正措施。

【答案要点】

品德不良是指个体具有的不符合社会道德要求的道德品质与道德行为，表现为个体经常违反道德准则或犯有较严重的道德过错,有的甚至处在犯罪的边缘或已有轻微的犯罪行为。

(1)品德不良产生的原因有很多方面,包括:第一,家庭方面。如家庭成员的溺爱、迁就等。第二,学校方面,某些教育工作者存在某些错误观念或方法上的偏颇。第三,社会方面。如长期封建社会遗留下来的某些腐朽思想、现实生活中的某些不正之风等。第四,不正确的道德认识。第五,异常的情感表现。第六,明显的意志薄弱。第七,不良习惯的支配。第八,某些性格缺陷。第九,某些需要未得到满足。

(2)矫正学生品行不良的方法主要有以下几种:

①运用行为主义学习理论培养个体的良好行为方式。在教育中适当运用渐进强化的原理,可以有效地塑造学生的良好行为方式或矫正学生的偏差行为方式。

②直接从自我观察学习入手培养人的自律行为。自律是个人根据自己的价值标准评判自己的行为,从而规范自己去做自己认为应该做的事情,或避免做自己认为不应该做的事。

③提高道德认识法。"美德即知识"的命题启示人们,在很多时候丰富人的道德认识的确可以使人少犯错误,尤其是一些低级错误。这样,妥善采取常用的说理法、故事启发法、小组讨论法或价值澄清法等方法以提高人们的道德认知水平,往往是防治品行不端的有效之举。

④改过迁善法。指要求犯错者纠正自己的不良品德,以使自己朝着善的方向发展的方法。该方法由两部分组成:一是消除一个或几个错误的地方;二是通过一定的练习,使自己的行为朝着与原来不良行为相反的或不相容的方向发展。

⑥防范协约法。指以书面形式在教育者与被教育者之间建立和实施的一种监督关系的矫正不良行为的方法。

三、分析论述题

1. 论述教师专业发展的内涵与途径。

【答案要点】

(1)教师专业发展的内涵。

教师专业发展,又称教师专业成长,是指教师在整个专业生涯中,依托专业组织、专门的培养制度和管理制度,通过持续的专业教育,习得教育教学专业技能,形成专业理想、专业道德和专业能力,从而实现专业自主的过程。它包括教师群体的专业发展和教师个体的专业发展。

①教师群体的专业发展是指教师职业不断成熟,逐渐达到专业标准,并获得相应的专业地位的过程。它既是教师个体专业化的条件与保障,同时也最终代表着教师职业的专业化。

②教师个体的专业发展是指教师作为专业人员,从专业理想到专业知识、专业能力、专业心理品质等方面由不成熟到比较成熟的发展过程,即由一个专业新手发展成为专家型教师或教育家型教师的过程。

(2)教师专业发展的途径。

①加强和改革师范教育。要发展师范教育,切实提高教师队伍的质量,要做到以下四点:第一,必须采取有效的政策性措施,鼓励和吸引大批优秀学生报考师范院校;第二,努力提高教师的社会地位和物质待遇,增强师范教育的吸引力;第三,联系现时代对教师作用和职能的新要求,使未来教师能获得与之相应的专业训练,尤其要树立师范生先进的教育理念;第四,吸收除正规教师以外的各种可能参与教育过程的人,并为其从教提供必要的职业帮助。

②实施教师资格考察制度。实施教师资格考察制度,不仅有利于加强教师质量的管理与考核,而且为非师范专业毕业的大学生谋求教师职业开辟了道路,从而切实有效地充实了教师队伍。该制度包括三层含义:教师资格制度是国家实行的一种职业资格制度;教师资格制度是法律规定的,必

须依法实施；教师资格是教师职业许可。

③加强教师在职提高。教师在职提高的主要途径包括教学反思、校本培训、校外支援与合作等形式。

教学反思是指教师把自己放到研究者、反思者的位置，通过对教育、教学日常工作中出现的某些疑难问题的观察、分析、反思与解决，提升自己的专业理论水平和专业实践的智慧与能力。

校本培训是指以教师任职的学校为组织单位，以提高教师专业素质为主要目标，通过教育、教学实践和教育科研活动等形式，对全体教师进行的全员性在职培训。

校外专业支援与合作的主要形式有：跨校合作，包括学校与学校、学校与大学或师范院校的合作；专家指导，包括专家讲座、报告等；政府教育部门和教研机构组织的各类专业培训，包括短期培训、脱产进修、业余进修等。

2.评述赫尔巴特的教学阶段理论。

【答案要点】

赫尔巴特的教学形式阶段，实际上就是课堂教学的完整过程，是一个包括教学方法、教学形式等内在的规范化的教学程序。

他认为，兴趣活动可以划分为四个阶段：注意、期待、要求和行动。儿童在学习活动中的思维方式有两种：专心与审思。在此基础上，他提出了教学形式阶段理论，即"赫尔巴特四段教学法"。

（1）明了：当一个表象由自身的力量突出在感官前，兴趣活动对它产生注意；这时，学生处于静止的专心活动；教师通过运用直观教具和讲解的方法，进行明确的提示，使学生获得清晰的表象，以做好观念联合，即学习新知识的准备。

（2）联合：由于新表象的产生并进入意识，激起原有观念的活动，因而产生新旧观念的联合，但又尚未出现最后的结果；这时，兴趣活动处于获得新观念前的期待阶段；教师的主要任务是与学生进行无拘无束的谈话，运用分析的教学方法。

（3）系统：新旧观念最初形成的联系并不是十分有序的，因而需要对前一阶段由专心活动得到的结果进行审思；兴趣活动处于要求阶段；这时，需要采用综合的教学方法，使新旧观念间的联合系统化，从而获得新的概念。

（4）方法：新旧观念间的联合形成后需要进一步巩固和强化，这就要求学生自己进行活动，通过练习巩固新习得的知识。

赫尔巴特的阶段教学论，在一定程度上揭示了教学过程方面的某些规律，反映了人类对教学过程和教学活动本质认识的发展，具有广泛的实践意义，是值得充分肯定的；但是，该理论认为任何一堂课都必须遵循这样一个阶段，既限制了学生学习的积极主动性和创造精神，也束缚了教师教学的主动性和灵活性。

3.评述陶行知的"生活教育理论"。

【答案要点】

（1）"生活即教育"。"生活即教育"是陶行知生活教育理论的核心。其内涵包括：生活含有教育的意义；实际生活是教育的中心；生活决定教育，教育改造生活。

"生活即教育"所强调的是教育以生活为中心，所反对的是传统教育脱离生活而以书本为中心。尽管它在生活与教育的区别和系统的知识传授方面有所忽视，但在破除传统教育脱离民众、脱离社会生活的弊端方面，有十分重要的意义。

（2）"社会即学校"。"社会即学校"是生活教育理论另一重要主张，是"生活即教育"思想在学校与社会关系问题上的具体化。"社会即学校"，是指"社会含有学校的意味"，或者说"以社会为学校"。由于到处是生活，到处都是教育，"整个的社会是生活的场所，亦即教育之场所"。

"社会即学校"，也指"学校含有社会的意味"。也就是说，学校通过与社会生活相结合，一方面运用社会的力量使学校进步，另一方面动员学校的力量帮助社会进步，使学校真正成为社会生活必不可少的组成部分。

"社会即学校"扩大了学校教育的内涵和作用，对于传统的学校观、教育观有所改变。传统学校与社会生活脱节，学生孤陋寡闻，而以社会为学校，使得教育的材料、教育的方法、教育的工具、教育的环境可以大大地增加，有利于拓展学生的知识，增强学生的能力。"社会即学校"，还可以使被传统学校拒之门外的劳苦大众能够受到起码的教育，贯穿了普及民众教育的苦心，同样也值得肯定。

（3）"教学做合一"。"教学做合一"是生活教育理论的又一重要主张，是"生活即教育"在教学方法问题上的具体化。其含义为：教的方法根据学的方法，学的方法根据做的方法。事怎样做便怎样学，怎样学便怎样教。教与学都以做为中心。包括以下四个要点："教学做合一"要求在"劳力上劳心"；"教学做合一"是因为"行是知之始"；"教学做合一"要求"有教先学"和"有学有教"；"教学做合一"还是对注入式教学法的否定。

（4）启示。陶行知的生活教育理论是一种大众的、为人民大众服务的教育理论，且还是一种不断进取创造，旨在探索具有中国民族特色的教育道路的理论。生活教育理论还在教育观念的改变方面颇有建树，无论是强调学校教育与社会生活、生产劳动相结合，还是要求手脑并用、在劳力上劳心，都是对学校与社会割裂、书本与生活脱节、劳心与劳力分离的传统教育的反动，显示出强烈的时代气息，至今都富于启示。陶行知的生活教育理论是我国民族教育理论宝库中十分可贵的遗产，值得我们珍惜并认真研究借鉴。

4. 结合我国基础教育课程改革，谈谈建构主义学习理论的知识观、学生观、学习观对教学实践的作用。

【答案要点】

（1）知识观。建构主义者质疑知识的客观性和确定性，强调知识的动态性。具体体现在以下几方面：第一，知识的动态性。知识不是对现实的准确表征，只是一种解释、一种假设，不是问题的最终答案。它会随着人类的进步而不断地被"革命"，并随之出现新的假设。第二，知识的情境性。知识并不能精确地概括世界的法则，不能拿来便用，而是需要针对具体情境进行再创造。第三，知识学习的主动建构性。知识不可能以实体的形式存在于具体个体之外，学习者对于命题的理解只能由个体基于自己的经验背景而建构起来，取决于特定情境下的学习历程。

（2）学生观。建构主义认为，学生并不是被动接受教师传授的知识，而总是以自己的经验背景或自己的经验来建构对事物的理解。具体表现在以下几方面：第一，建构主义者完全否定心灵白板说，强调学生经验世界的丰富性和差异性；第二，学生并不是空着脑袋走进教室的，当问题呈现时，他们基于相关的经验，依靠推理和判断能力，形成对问题的某种解释；第三，教学不能无视学生的先前经验，要把儿童现有的知识经验作为新知识的生长点，引导儿童从原有的知识经验中"生长"出新的知识经验；第四，教学要增进学生之间的合作，使他看到那些与他不同的观点，促进学习的进行。

（3）学习观。建构主义认为，学习是学习者主动地赋予信息以意义，建构自己的知识经验的过程，具有三个重要特征：第一，主动建构性。面对新信息、新概念、新现象或新问题，学习者需要主动激活头脑中的先前知识经验，通过高层次思维活动，对各种信息和观念进行加工转换，对新旧知识进行综合和概括，解释有关现象，形成新的假设和推论。第二，社会互动性。学习是通过对某种社会文化的参与，内化相关知识和技能，掌握有关工具的过程，这一过程常常需要通过一个学习共同体的合作互动来完成。第三，情境性。建构主义者提出，知识存在于具体的、情境性的、可感知的活动中，它不是一套独立于情境的知识符号，不可能脱离活动情境而抽象地存在，它只有通过实际情境中的应用活动才能真正被人理解。

根据建构主义的学习理论，教师要注重教学环境的设计，为教育者提供充分的资源；教师要超越单纯讲座或讲授式的教学方法，灵活采取一些新的教学模式来进行创新式教学；教学要以学生为中心；教学过程中要强调协商与合作式学习。

2010年 安徽师范大学 333 教育综合·真题解析

一、名词解释

实验教育学

实验教育学是19世纪末20世纪初兴起的一种具有重要影响的新教育思潮，代表人物是德国心理学家、教育家梅伊曼和德国教育家拉伊。实验教育学所强调的定量研究成为20世纪教育学研究的一个基本范式，并极大地推动了教育科学的发展；但当他们把实验方法夸大为教育研究唯一有效的方法时，就使教育学陷入了"唯科学主义"的迷途。

学校教育

学校教育指一种专门组织的不断趋向规范化、制度化、体系化的教育。它是根据一定的社会现实和未来需要，遵循受教育者身心发展的规律，有目的、有计划、有组织地对受教育者身心施加影响，把他们培养成为一定社会或阶级所需要的人的活动。

媒介素养

媒介素养是指师生对于大众媒介的认识、利用和参与方面的素养。媒介素养教育是指借由教授媒体的内容，由学生最日常的经验出发，让学生能够了解媒介中所呈现的问题，认识其中哪些与他们切身相关，知道如何去面对，其中蕴含着批判能力和自我反省意识。

教育目的

教育目的是对教育活动所要培养的人的个体素质的总的预期与设想，是对社会历史活动的主体的个体素质的规定。它体现一定社会对受教育者质量规格的界定和要求，也体现人自身发展所应该达到的水准和高度。

教学策略

教学策略是为了达成教学目的、完成教学任务，在对教学活动清晰认识的基础上对教学活动进行调节和控制的一系列执行过程。教学策略具有指向性、操作性、综合性、调控性、灵活性和层次性的特征。

学生非正式群体

学生非正式群体是指学生自发形成或要求成立的。它包括因兴趣爱好相同，感情融洽，或是邻居、亲友、同学关系而形成的各种学生群体。

二、简答题

1. 现代型学校的特质主要表现在哪些方面？

【答案要点】

（1）学校系统日益完备。进入当代社会，西方发达资本主义国家如英国、法国等都纷纷进行了学校的变革，促进了学校的发展，形成了完备的学校系统。

（2）学校系统的服务意识不断强化。首先，不同类型的学校向公民提供不同类型的教育服务，向公民提供参与角色的渠道和方式。其次，学校服务于学生、家长、企业、政府，学校的社会责任感逐渐增强，力图为建设自由、民主、开放，充满法制的社会负责，并对各种新教育理念做出回应。再次，教师服务于学生。学校的最终目的是以学生的利益为本位，实现学生的发展。

（3）中小学学校改革的重心是提高教育质量。自20世纪80年代以来，教育质量问题逐渐走进各国学校教育政策的视野，成为国际化时代学校改革的主题词。

（4）关注"教师共同体"。现代学校发展的一个重要趋势是关注"教师共同体"，因为教师是学校发展的核心资源，学校的发展不仅依赖于教师个体，也依赖于教师团队。只有教师团队整体的专业素质得到了提升，才能真正实现学校的发展。

2. 当代学生观的更新体现在哪些方面？

【答案要点】

（1）学生是主体性的人。尊重学生主体地位和主体人格，培养和发展学生的主体性，是全面实施素质教育必须首先遵循的一条根本规律，也是当代学生观首先确立的基本观点。

（2）学生是发展性的人。传统教育的缺陷在于只看到学生现有的静态的发展，看不到学生潜在的动态发展，而当代教育认为每个学生作为一个指向未来的无限变化体，都具有无限的发展潜能。

（3）学生是完整性的人。传统教育把教育目的定位于为个人的谋生做准备，它并没有把学生当作人来培养，而只是当作"工具"看待。教育必须回归生活世界寻求走向完人理想的道路，最大限度地追求灵与肉、感性与理性的高度发展与和谐统一，从而使学生获得作为人的全部规定性。

（4）学生是个性化的人。长期以来，教育实践过分强调共性要求统一发展，忽视了对学生个性的培养。当代学生观要求教师应尊重每一个学生丰富的差异性，并拒绝运用同一标准来评价学生，力图使每个学生都成为充满个性的生命体。

3. 简述教学与信息技术的关系。

【答案要点】

（1）信息技术改变着人们的知识结构和教育内容。信息技术的发展带来了知识结构、内容发生了相应的变化。为了适应信息化时代的要求，提高公民素质，培养信息人才，各国相继进行了教学内容和课程设置的调整改革。此外，信息技术还改变着知识的质量观念，知识更新的周期不断缩短。

（2）信息技术改变着教学和教育的观念。在信息时代，教学的效率在于怎样使学生在有限的时间内高质量地掌握知识，具备不断更新知识，创造新知识的能力。电脑和网络以及其他多媒体设备成为教育的中介，教师通过信息技术发送信息，学生通过信息技术接受信息。

（3）信息技术的日益成熟和普及为实现教育的第三次飞跃提供了平台。首先，信息技术的智能化使因材施教的理想真正成为现实。其次，信息技术实现了人机互动模式，根据学习者的目标、选择和努力程度等给予不同的反馈。最后，信息技术将促进师生关系的民主化。

4. 如何创建富有生命气息的班级文化？

【答案要点】

班级文化是"班级群体文化"的简称。作为社会群体的班级所有或部分成员共有的信念、价值观、态度的复合体。班级文化的建设需要从以下几个方面进行。

（1）班级物质文化建设。班级物质文化是班级文化的基础，这是班级文化的硬件，也是班级精神文化形成的基础和外在标志。

（2）班级制度文化建设。班级制度文化是班级全体成员共同认可并自觉遵循的行为准则，也是班级文化形成并顺利发挥各种功能的保障。

（3）班级精神文化建设。班级精神文化是班级文化的核心，它是一个班级的本质、个性和精神面貌的集中反映，具体表现在班风、学风、班集体舆论和班级人际关系等方面。

5. 新型教师的基础性素养主要包括哪些方面？

【答案要点】

（1）高尚的师德。包括热爱教育事业，富有献身精神和人文精神；热爱学生，诲人不倦；热爱集体，团结协作；严于律己，为人师表。

（2）先进、科学的教育理念。先进、科学的教育理念体现在教师的所有努力都要有利于学生精神世界的丰富、人格尊严的维护和美好人性的成长。如学生主体观、发展性教学评价观等。

（3）宽厚的文化素养。教师的主要任务是通过向学生传授科学文化知识，培养其能力，促进其个性生动活泼地发展。一个好教师的基本条件之一，就是要有比较渊博的知识和多方面的才能。同时，教师还应有比较广博的文化修养。

（4）专门的教育素养。教师的专门教育素养水平及其合理结构是教育教学任务得以完成的重要保证，它主要包括教育理论素养、教育能力素养和教育研究素养。

（5）健康的心理素质。教师的心理健康不仅会直接影响教育工作的优劣成败，而且会影响学生的心理健康水平。

（6）强健的身体素质。教师的身体素质主要通过健康的体魄、旺盛的精力、蓬勃的活力、有节律的生活方式和锻炼习惯等体现。教师的身体素质在教育教学中具有重要的教育意义。

6. 怎样发挥学校对家庭教育的指导与促进作用？

【答案要点】

（1）学校和家庭之间要及时交流思想，协调行动，共同促进儿童在德、智、体等方面的全面发展。

（2）学校可以定期召开家长会，对学生进行家访，与家长共同研究教育学生的方法。

（3）学校可以与家长建立密切的联系，向家长介绍正确的教育方法，从而为学生的健康发展创设良好的氛围。

（4）学校应主动组织教师和家长共同分析学生在学校、家庭中的表现，研究家庭教育和学校教育中存在的矛盾和分歧，并采取相应的措施进行协调。

（5）对家长而言，也应主动与学校联系，反映孩子在家庭中的表现，了解孩子在学校中的学习情况，并采取有针对性的教育措施。

三、分析论述题

1. 结合自身实际，谈谈学习教育对教师专业成长的价值。

【答案要点】

教师专业成长，是指教师在整个专业生涯中，依托专业组织、专门的培养制度和管理制度，通过持续的专业教育，习得教育教学专业技能，形成专业理想、专业道德和专业能力，从而实现专业自主的过程。它包括教师群体的专业发展和教师个体的专业发展。

教师的专门教育素养水平及其合理结构是教育教学任务得以完成的重要保证，它主要包括三个方面的内容。学习教育对教师专业成长的价值具体包括以下几个方面：

（1）教育理论素养使教师能恰当地运用教育学、心理学的基本概念、范畴、原理去处理教育教学中的各种问题，能自觉、恰当地运用教育理论总结、概括自己的教育教学经验并使之升华，能清晰、准确地表达自己的教育思想和进行改革的设想。

（2）教育能力素养能保证教师顺利完成教育、教学任务。这要求教师具有：课程开发的能力、良好的语言表达能力、组织与引导教学的能力、机智地应变与创新的能力等。

（3）教育研究素养能使教师富有问题意识和"反思"能力，善于总结工作中的经验教训，创造性地、灵活地解决和改进各种教育问题。

（4）学习教育能启发教师的教育自觉，使他们不断地领悟教育的真谛。

（5）学习教育能使教师获得大量的教育理论知识，拓展教育工作的理论视野。

（6）学习教育能使教师养成正确的教育态度，培植坚定的教育信念。

（7）学习教育能提高教师的自我反思和发展能力。

（8）学习教育为成为研究型的教师打下基础。

2. 试述当代中国学校教育价值取向更新的基本走向。

【答案要点】

学校教育价值取向是指学校教育工作者对学校教育价值的自觉选择。从"生命"这一元视点出发，关怀生命可以成为当代中国学校教育价值的一种新取向。

（1）关怀生命，意味着当代中国学校教育要直面生命存在，以"自我"的身份承担自身的时代责任。

（2）关怀生命，意味着当代中国学校教育以"生命"为本体性前提，以积极的关怀作为基本的行为方式。

（3）关怀生命，意味着当代中国学校教育以培养具有积极的生存方式、主动健康发展的个体为己任。

（4）关怀生命，意味着当代中国学校教育以整体的、深层次的眼光进行自我改造，以建设性的方式促进生命的成长。

3. 结合教学实际，试述你对教学评价改革的看法。

【答案要点】

（1）在评价目标上，更加重视发展，淡化甄别与选拔，实现评价功能的转化。传统教学评价主要强调评价的区分与选择功能。随着知识的急速增长，原有的以传授知识为主的基础教育课程的功能受到了极大的挑战，现代教学理念要求注重培养学生包括积极的学习态度、创新意识和实践能力以及健康的身心品质等方面的综合素质，为学生的终身发展奠定基础。因此，现代教学评价应更关注学生的知识掌握情况、技能习得情况、方法培养情况以及情感态度价值观的形成情况，更关注如何促进学生个体的全面发展。

（2）在评价主体上，注重学生参与评价，强调被评价者与评价者之间的互动。传统教育评价的主体比较单一，表现在由领导、教研员或专家形成的自上而下的评价主体占主导地位，而任课教师和学生的参与相对较少。改变这种状况，使评价成为教师、学生乃至家长等多主体共同参与的交互活动，已成为当前课程教学评价改革的又一新趋势。

（3）在评价内容上，更加重视纵横两维度的全方位评价。传统教学评价大多是单维的，包括单项和单科评价两种。但随着社会的发展，人们开始关注个体发展的其他方面，如积极的学习态度、创新精神、分析与解决问题的能力等，评价内容得以不断扩大，形成了纵向和横向两个发展脉络。

（4）在评价方法上，更加重视科学性，主张定性与定量相结合，实现评价方法的多样化。在教学评价早期，人们一般认为只有客观的方法才是科学的，从而对客观评价方法大加赞赏。因此，将定性与定量评价相结合，应用多种评价方法，将有利于更清晰、更准确地反映学生和教师的发展状况。

（5）在评价重心上，注重过程，强调总结性评价与形成性评价相结合。传统的评价过分注重结果，对于学生的思维过程、探究精神、科学态度等因素重视不够，因而限制了学生的发展。近年来，评价的重心逐渐转移到关注学生的求知过程、探究过程和努力过程，关注学生、教师和学校在各个时期的发展状况，这样才能有效地指导学生的持续发展，真正发挥评价促进发展的功能。

四、案例分析题

试用相关教育理论评析案例中"无人监考"活动的教育思想、教学方法及其育人效果。

【答案要点】

（1）实施"无人监考"教育活动体现了教师贯彻严格要求与尊重学生相结合原则，该原则指进行德育要把对学生的思想品行的严格要求与对他们个人的尊重信赖结合起来，使教育者的严格要求易于转化为学生主动的道德自律。其基本要求：第一，尊重和信赖学生；第二，严格要求学生。实施"无人监考"体现了教师对学生们的尊重和信赖。

（2）学生是发展的个体。学生作为教育的对象，处在不断发展的过程中，教师应该用发展的观点认识和对待学生，相信每一个学生都具有巨大的潜能，看到学生的未完成性，给学生创造发展的环境和机会。实施"无人监考"也是给学生创设了发展的环境。

（3）实施"无人监考"也是促进学生品德发展的一种途径。群体约定是经过集体成员讨论制定的公约、规则会有助于学生形成积极的态度。由于各个成员参与了规则的讨论和制定，每个人都对规则负有责任，这会增加规则的约束力。同时，群体中意见高度一致，行为取向一致，这会形成一种无形的约束力。实施"无人监考"，同样也会形成无形的约束力，从而促进学生品德的发展。

2022年 山东师范大学 333 教育综合·真题真练

一、名词解释

书院　产婆术　骑士教育　品德　附属内驱力　诊断性评价

二、辨析题

1. 学生认识的主要任务是学习直接经验。
2. 晏阳初的平民教育主张以文艺教育攻愚，培养知识力。
3. 奥苏贝尔的意识学习和罗杰斯的意识学习本质相同。

三、简答题

1. 简述贯彻德育的教育影响一致性和连贯性原则的基本要求。
2. 简述活动课程和学科课程的区别与联系。
3. 简述教育的社会制约性。
4. 简述柏林大学的办学理念。
5. 简述赫尔巴特的"教育性教学原则"。
6. 结合动机理论，简述学习动机的培养及激发策略。

四、分析论述题

1. 论述班级上课制的局限性及改进策略。
2. 论述魏晋玄学教育思潮的主要特点。

2021年 山东师范大学 333 教育综合·真题真练

一、名词解释

形成性评价　结构不良问题　精细加工策略　《学记》　七艺　《莫里尔法案》

二、辨析题

1. 教育内容即课程教科书，教学参考资料中的内容。
2. 负迁移就是逆向迁移。
3. 赫尔巴特提出了"五段教学法"。

三、简答题

1. 简述现代教育的主要特征。
2. 简述活动课程的特点。

3. 简述当代学校管理的发展趋势。
4. 简述学习动机与学习效果的关系。
5. 简述革命根据地教育的基本经验。
6. 简述斯宾塞教育科学化思想的主要内容。

四、分析论述题

1. 如何理解和贯彻德育的教育影响一致性与连贯性原则？
2.陶行知的生活理论及其现实意义。

2020年 山东师范大学333教育综合·真题真练

一、名词解释

双轨制　先行组织者　《大学》　《爱弥儿》　进步主义教育运动　逆向迁移

二、辨析题

1. 学校管理没有育人功能。
2. 组织策略和计划策略属于认知策略。
3. 公学就是公立学校。

三、简答题

1. 教育目的的社会本位论。
2. 直观性原则。
3. 孔子的教学方法。
4. 要素主义理论。
5. 简述归因理论及对学习动机培养的作用。
6. 教师角色。

四、分析论述题

1. 试述德育原则中的理论与实际相结合的原则。
2. 试述蔡元培改造北京大学的实践。

2019年 山东师范大学333教育综合·真题真练

一、名词解释

教育规律　教学策略　六艺　鸿都门学　品德不良　智者派

二、辨析题

1. 所有接受学习都是机械的。
2. 教师专业性最突出的特征是教师资格证。
3. 朱熹关于小学教育的目的是培养"圣贤坯璞"。

三、简答题

1. 孔子的德育内容及方法。
2. 简述《费里教育法》。
3. 学习知识与发展智力的关系。
4. 简述加里培林关于智力技能的发展阶段。
5. 启发式教学原则的要求。
6. 环境对人的发展的作用。

四、分析论述题

1. 试论述个别教学、班级授课制、分组教学的优缺点。
2. 论述洪堡的教育改革。

2018年 山东师范大学 333 教育综合·真题真练

一、名词解释

教育中介系统　正迁移　庚款兴学　课程内容　认知风格　社会本位论

二、辨析题

1. 在学习中发展的速度不总是直线的，说明人有阶段性。
2. 法国教育系统是中央集权。
3. 负强化是惩罚。

三、简答题

1. 直接经验与间接经验的关系。
2. 中世纪大学的意义。
3. 影响问题解决的因素。
4. 永恒主义教育的原则。
5. 察举制与九品中正制的异同。
6. 理论联系实际的原则。

四、分析论述题

1. 教师的素质。
2. 王守仁的儿童教育思想。

2017年 山东师范大学 333 教育综合·真题真练

一、名词解释
教学评价　上位学习　成就动机　教育准备说　苏湖教法　平民教育思潮

二、辨析题
1. 课程内容即教材内容。
2. 智力水平高的人创造力也高。
3. 蔡元培在改革北大时提出的指导思想"思想自由，兼容并包"指所有的思想无所不包。

三、简答题
1. 教师角色冲突的主要表现。
2. 文化对教育的制约与影响。
3. 课程目标有哪几种基本表达方式？
4. 有意义学习的条件。
5. 简述夸美纽斯的教育内容。
6. 察举制和九品中正制的异同。

四、分析论述题
1. 根据下面的材料，说明教育对人的发展作用。

材料：毕业于北京大学哲学系的肖清和因他的博士论文后记《从放牛娃到博士》而引起人们的关注。以下内容摘自这篇后记。"那一年秋天，同龄人都在新学校上学，过着让人兴奋、让我充满想象和向往的中学生活；可我，只能在家里放牛。……来到北大后，先前的担心变得没必要了。……2003 年，我获得免试上本系研究生的机会。非常感谢我的导师孙尚扬教授的帮助，2005 年，我又由硕士研究生转为博士研究生。2006 年，在孙师无私的帮助以及香港中文大学卢光龙教授的支持下，我获得北大与中大联合培养博士生的资格。从 2006 年到 2008 年期间，我在香港生活、学习。直到今天，除去在香港的两年，我在北大整整生活了 8 年。其间，欢乐多于泪水，幸福多于痛苦。但是，一想到家里的情况，忍不住还很痛苦。尤其是想到自己还没有能力让母亲安享晚年，心中甚是愧疚。"

2. 苏格拉底法述评。

2016年 山东师范大学 333 教育综合·真题真练

一、名词解释
活动课程　致良知　大学区制　自我效能感

二、辨析题

1. 教育目的是人制定的，所以是主观的。
2. 教师在教学过程中担任多种角色。
3. 新教育运动是19世纪末20世纪初兴起于美国的教育革新运动。
4. 场独立型的人适合学习人文知识，场依存型的人适合学习数理知识。

三、简答题

1. 教育的政治功能。
2. 教学的任务。
3. 九品中正制。
4. 基督教教育的特点。
5. 严复的"三教论"。
6. 明治维新的教育改革。

四、分析论述题

1. 论述教师主导与学生主动性的关系。
2. 联系实际说明促进学习迁移的措施。

2015年 山东师范大学333教育综合·真题真练

一、名词解释

个人本位论　三舍法　学在官府　智者

二、辨析题

1. "近朱者赤，近墨者黑"，所以说明环境在人的发展中起决定作用。
2. 教师劳动具有专业性。
3. 法家的绝对"性恶论"否定了教育的价值。
4. 经典性操作反射和操作性条件反射没有实质性的区别。

三、简答题

1. 现代教育的特征。
2. 学科课程的特点。
3. 汉代"独尊儒术"的文教政策。
4. 《巴特勒教育法》。
5. 奥苏伯尔的认知同化理论。
6. 简述规范学习的心理过程。

四、分析论述题

1. 如何理解教学中的掌握知识与发展智力的关系？

2. 对卢梭的自然主义教育进行评述。

2014年 山东师范大学 333 教育综合·真题真练

一、名词解释
综合实践活动　学园　骑士教育　潜伏学习

二、辨析题
1. 人的身心发展的不平衡要求教育要循序渐进。
2. 学习可以引起个体的行为发生变化，因此，一个人行为发生了变化可以判定发生了学习。
3. 促进学生的全面发展与培养学生的个性发展是相对立的。
4. 卡特尔认为，流体智力是在实践中获得的，因此人的一生流体智力都是在生长的。

三、简答题
1. 政治经济制度对教育的影响。
2. 教师劳动的特点。
3. 清朝末期的教育改革。
4.《国防教育法》的主要内容及意义。
5. 改造主义流派的主要观点。
6. 维果茨基的理论中，低级心理机能向高级心理机能的转化主要表现在哪几个方面？

四、分析论述题
1. 在教学过程中，如何正确处理直接经验和间接经验的关系？
2. 孟子和荀子的教育思想的异同。

2013年 山东师范大学 333 教育综合·真题真练

一、名词解释
中体西用　朱子读书法　京师同文馆　导生制　学习风格

二、简答题
1. 北宋的三次兴学及其结果。
2. 学生的学习特点。
3. 人文主义教育的主要特征。

4. 要素主义教育学派的理论。
5. 教学过程的性质。
6. 问题解决的含义及心理过程。

三、分析论述题

1. 结合实际谈谈教师应具备哪些素质？应该怎样培养。
2. 评价教育目的的价值取向中的个人本位论和社会本位论。

2012年 山东师范大学333教育综合·真题真练

一、名词解释

课程 "三纲领八条目" 苏格拉底方法 修道院学校 德育

二、简答题

1. 简述稷下学官的性质与特点。
2. 简述教育的政治功能。
3. 简述裴斯泰洛齐的"教育心理学化"理论。
4. 简要分析影响自我效能感形成的因素。
5. 简述陶行知生活教育的主要内容。
6. 简述皮亚杰认知发展阶段理论。

三、分析论述题

1. 中国当前的教育不公平主要表现在哪几个方面？请你选择某一方面并分析其产生的原因，尝试提出解决的对策。
2. 什么是教育的社会制约性和相对独立性？怎样协调二者的关系？

2011年 山东师范大学333教育综合·真题真练

一、名词解释

教育目的 教育的社会变迁功能 学校管理 教学 《理想国》

二、简答题

1. 简述先秦时期的私学兴起及意义。
2. 简述杜威关于教育本质的认识。

3. 简述夸美纽斯在教育史上的贡献。
4. 简述清末的四次留学。
5. 简述教育的经济功能。
6. 简述晏阳初关于"四大教育"的思想。

三、分析论述题

1. 依据你所掌握的教育理论和自身的教育实践，谈谈我们新一轮基础教育改革对教师提出了哪些新的要求。
2. 论述影响问题解决的因素，以及教学实际中问题解决能力的培养。

2010年 山东师范大学 333 教育综合·真题真练

一、名词解释

教育目的　教学　教育制度　学校管理　最近发展区　精细加工策略

二、简答题

1. 简要回答《大学》中"三纲要""八条目"的内容及其含义。
2. 简述人文主义教育的主要特征。
3. 简述问题解决的过程。
4. 简要分析罗杰斯的学习理论。

三、分析论述题

1. 有人认为"近墨者黑"。有人认为"近墨者未必黑"。请联系相关理论和个体实践谈谈你对这一问题的看法。
2. 中国当前的教育不公平主要表现在哪几个方面？请你选择某一方面并分析其产生的原因，尝试提出解决的对策。
3. 试论述陶行知"生活教育"理论的主要内容。
4. 试论述杜威的教育本质论。

2022年 山东师范大学333教育综合·真题解析

一、名词解释

书院

书院是由私人读书藏书的场所演化为讲学授徒的场所而产生的，也是由于实行科举考试制度以选士之后，要求应试者必须博学广识这种现实需要推动而形成的。因此，书院兼备培育人才和传播中华文化的任务。

产婆术

产婆术也称"问答法""苏格拉底法"，是由讥讽、助产术、归纳和定义四个步骤组成的独特的方法。这是苏格拉底探讨伦理哲学的研究方法，也是他的教学方法。

骑士教育

骑士教育是中世纪世俗教育的一种主要形式，以培养当时封建制度中骑士阶层的成员为目的。它是一种特殊形式的家庭教育，并无专设的教育机构，也没有专职的教育人员。它在骑士生活和社交活动中进行。训练骑士的标准是剽悍勇猛、虔敬上帝、忠君爱国、宠媚贵妇。

品德

品德是指个人依据一定的道德行为准则行动时所表现出来的某些稳固的特征，它是个性中具有道德评价意义的核心部分。品德心理结构一般包括道德认知、道德情感和道德行为三个部分。

附属内驱力

奥苏伯尔根据对学业成就的影响，将学习动机划分为划分认知内驱力、附属内驱力和自我提高内驱力，附属内驱力是个体为了保持长者们的赞许或认可而表现出来的把工作做好的一种需要。

诊断性评价

诊断性评价是在学期教学或单元教学开始时，对学生现有的知识水平和能力发展的评价，如各种摸底考试。其目的是为了弄清学生现有知识和能力发展情况，优点与不足之处，以便更好地改进教学，因材施教，因势利导。

二、辨析题

1. 学生认识的主要任务是学习直接经验。

【答案要点】

该观点不正确。

儿童认识始于直接经验，并通过直接经验，不断扩大对世界的认识。但个人的活动范围是狭小的，无论个人如何努力，仅仅依靠直接经验来认识世界越来越不可能。学生要适应高度发展的文明社会，便必须以学习间接经验为主，便捷地掌握人类积累起来的基本科学文化知识。

因此，学生认识的主要任务是学习间接经验，而不是直接经验。

2. 晏阳初的平民教育主张以文艺教育攻愚，培养知识力。

【答案要点】

该观点正确。

晏阳初把中国农村的问题归结为"愚""穷""弱""私"四个方面，他认为，要解决这四点，就必须通过"四大教育"来进行。

①以文艺教育攻愚，培养知识力。具体做法是从文字及艺术教育着手，使人民认识基本文字，得到求知识的工具，以为接受一切建设事务的准备。其首要工作就是除净青年文盲，将农村优秀青年组成同学会，使他们成为农村建设的中坚分子。

②以生计教育攻穷，培养生产力。它从农业生产、农村经济、农村工业各方面着手，以达到农村建设的目标。

③以卫生教育攻弱，培养强健力。注重大众卫生和健康及科学医药的设施，使农民在他们现有经济状况下，能得到科学治疗的机会，以保证他们最低限度的健康。

④以公民教育攻私，培养团结力。通过激起人民的道德观念，施加良好的公民训练，使他们有公共心、团结力，有最低限度的公民常识，政治道德，以立地方自治的基础。晏阳初认为，四大教育中，公民教育是最根本的。

3. 奥苏贝尔的意识学习和罗杰斯的意识学习本质相同。

【答案要点】

该观点不正确。

罗杰斯的有意义学习是一种经验学习，它涉及学生个人的情感、需要、愿望与动机，以学生的经验生长为中心，以学生的自动自发为动力，关注的是学习内容与个人之间的关系。

奥苏伯尔的有意义学习是一种认知学习，它只涉及心智而不涉及情感或个人意义，是一种"只在颈部以上发生的学习"，与全人无关。

因此，奥苏贝尔的意识学习和罗杰斯的意识学习本质不同。

三、简答题

1. 简述贯彻德育的教育影响一致性和连贯性原则的基本要求。

【答案要点】

（1）内涵。

教育影响的一致性和连贯性原则指德育应当有目的有计划地把来自各方面对学生的影响加以组织，使其优化为教育的合力前后连贯地进行，以获得最大的成效。

（2）基本要求。

①组建教师集体，使校内对学生的教育影响一致。为了提高德育工作的效率和效果，使全体教师对学生的影响与要求一致起来，有必要组建相应的教师集体。

②做好衔接工作，使对学生的教育前后连贯和一致。德育要做好衔接工作，包括小学与初中、初中与高中以及学期之间的思想教育衔接工作；做好教师因工作调换而产生的衔接工作。

③发挥学校教育的引领作用，使学校、家庭和社会对学生的教育得到整合、优化。学校应与家庭和社会的有关机构建立和保持联系，形成一定的教育协作制度；要及时、定期地交流情况；要分工负责；要引导学生提升自我修养。

2. 简述活动课程和学科课程的区别与联系。

【答案要点】

学科课程，是指根据学校培养目标和科学发展，分门别类地从各门科学中选择适合学生年龄特征与发展水平的知识所组成的教学科目；活动课程与学科课程相对立，它打破学科逻辑的界限，是以学生的兴趣、需要、经验和能力为基础，通过引导学生自己组织的有目的的活动系列而编制的课程。

（1）联系。活动课程与学科课程，在总体上都服从于整体的课程目标，二者都是学校课程结构中不可缺少的要素。

（2）区别。在目的、编排方式、教学方式和评价上，两者有着明显的区别。

①从目的来看，学科课程主要向学生传递人类长期创造和积累起来的种族经验的精华，而活动课程则主要让学生获得包括直接经验和直接感知的新信息在内的个体教育性经验。

②从编排方式来看，学科课程重视学科知识逻辑的系统性，而活动课程则强调各种有教育意义的学生活动的系统性。

③从教学方式来看，学科课程是以教师为主导，而活动课程则主要是以学生自主的实践交往活动为主导。

④从评价方面来看，学科课程强调终结性评价，侧重考查学生学习的结果，而活动课程则重视过程性评价，侧重考查学生学习的过程。

3. 简述教育的社会制约性。

【答案要点】

教育的社会制约性是指，在社会历史发展的过程中，教育的目的与制度、内容与方法、规模与速度，都受到一定社会的生产力、经济政治与文化等因素的制约。

（1）生产力对教育的制约。生产力的发展制约教育事业发展的规模和速度；生产力的发展水平制约人才的培养规格和教育结构；生产力的发展制约教学内容、教学方法和教学组织形式的发展和改革。

（2）社会经济政治制度对教育的制约。社会经济政治制度制约教育的性质；社会经济政治制度制约教育的宗旨和目的；社会经济政治制度制约教育的领导权；社会经济政治制度制约受教育权；社会经济政治制度制约教育内容、教育结构和教育管理体制。

（3）文化对教育的制约。文化知识制约教育的内容与水平；文化模式制约教育的背景与模式；文化传统制约教育传统的特性。

4. 简述柏林大学的办学理念。

【答案要点】

（1）柏林大学拥有充分的办学自主权。教师与学生享有研究与学习的自由，即"教学自由"与"学习自由"。

（2）聘请一批学术造诣深厚、教学艺术精湛的教授到校任教，切实提高柏林大学的教学质量与学术声望。

（3）重视柏林大学的学术研究与培养学生的研究能力。

柏林大学是一所新型大学，注重开展哲学、科学和学术研究，提倡学习自由和教学自由，建立了讲座教授制度和习明纳制度，培养学生的研究能力，从而确立了以研究为核心的现代大学制度，成为现代高等教育的典范，影响了世界高等教育的发展。

5. 简述赫尔巴特的"教育性教学原则"。

【答案要点】

（1）内涵：教育性教学原则是指以教学来进行教育的原则。赫尔巴特指出，不存在"无教学的教育"，也不存在"无教育的教学"。即教育是通过教学，而且只有通过教学才能真正产生实际作用，教学是道德教育的基本途径。

（2）措施：首先要求教学的目的与整个教育的目的保持一致。因此教学工作的最高目的在于养成德行。为了实现这个最终目的，教学还必须为自己设立一个近期的、较为直接的目的，即"多方面的兴趣"。

（3）评价：赫尔巴特的突出贡献在于，运用其心理学的研究成果，具体阐明了教育与教学之间存在的内在的本质联系，使道德教育获得了坚实的基础；但他把教学完全从属于教育，把教育和教学完全等同起来，也是一种机械论的倾向。

6. 结合动机理论，简述学习动机的培养及激发策略。

【答案要点】

（1）成就动机的培养。成就动机的训练一般采用直接训练和间接训练两种形式。直接训练指学生直接接受研究者的训练；间接训练指教师先接受研究者的训练，然后再去训练学生。成就动机的训练过程通常分为意识化、体验化、概念化、练习、迁移及内化六个阶段。

（2）成败归因训练。归因训练的基本假设是：只要学生相信努力将带来成功，就会坚持不懈地努力学习。因此，归因训练的关键在于使学生反复体验学习的成败，同时引导他们学会并养成将成败的原因归于努力与否的归因倾向。其训练的过程一般分为四个阶段：了解学生的归因倾向、创设情境，让学生在活动中取得成败体验、让学生对自己的成败进行归因、引导学生进行积极归因。

归因训练的目的不在于帮助学生找到造成学习失败的真正原因，而在于增强学生学习的信心和积极性，把学生引导到努力学习和讲究学习方法上去。

（3）自我效能感的培养。自我效能感的培养要从影响自我效能感的因素入手，包括三种方式：

①直接经验培训。在对学生进行训练时要选择难易适中的任务，并引导学生通过努力去获取成功，成功后要引导和帮助他们对成功做出积极的归因。

②间接经验培训。当学生看到与自己水平相仿的示范者取得了成功，就会增强自我效能感，认为自己也能完成同样的任务；反之，若示范者失败了，就会降低自我效能感。

③说服教育。通过书面或口头说服性的建议、劝告、解释及自我引导等方式来增强学生的自我效能感。该方法使用简便，被广泛应用。

四、分析论述题

1. 论述班级上课制的局限性及改进策略。

【答案要点】

班级上课制是一种集体教学形式。它把一定数量的学生按年龄与知识程度编成固定的班级，根据周课表和作息时间表，安排教师有计划地给全班学生上课，分别学习所设置的各门课程。

（1）优点：第一，形成了严格的教学制度；第二，以课为单位科学地组织教学；第三，能充分发挥教师的主导作用；第四，能促进学生的社会化与个性化；第五，便于传授系统的科学知识。

（2）局限性：第一，不利于照顾学生的个别差异；第二，不利于培养学生的兴趣、特长和发展个性；第三，不利于理论联系实际；第四，不利于实现教学的灵活性。

（3）改革趋势：第一，根据学生年龄、学科性质等不同情况，对每节课的时间长度，做有弹性的不同规定；第二，加强班级教学中的小组与个别指导活动；第三，提高学生在教学活动中的主体地位与作用；第四，注重到特定的实验室、作业室里上课，或在现场教学；第五，将班级上课、分组学习、个别辅导恰当地结合起来；第六，防止班级的人数超限，逐步实现小班教学；第七，允许成绩优异或有特长的学生跳级、选班或选课等。

2. 论述魏晋玄学教育思潮的主要特点。

【答案要点】

玄学形成于曹魏正始年间，至东晋时期消退。玄学虽然不是一种教育理论，然而玄学家对于现实社会和世俗教育的批评，包含着对理想教育的向往与追求，却成为一种教育思潮。"自然"是其教育主张的灵魂，"自然主义"是其整个教育思潮的主要特征。

（1）以顺应天性自然发展为教育旨归。针对功利主义和违背自然人性的教育现实，玄学家们以道家自然无为为理论，对于现实教育中远离教育本质的现象进行批判、反思，并提出他们的教育主张。

首先，他们秉持自然无为观，认为教育在本质上并不是有为，不是按照既定的规范去塑造人、发展人，而是无为，是顺应人的自然本性、任其发展而已。教育不可能改变人的自然本性，也不需要改变人的自然本性。

其次，他们从个体自然本性的正当性看，认为人的自然本性本身便是合理的，根本不需要后天教育的改造。

后期玄学代表张湛等对于人的自然本性的宣扬走得更远，甚至将人的自然本性满足推向极致。

（2）以"真性""无为"为理想人格。玄学家对于理想人格的设计，一方面继承了圣人名号，另一方面吸收了道家尤其是庄子理想人格的思想，体现出对于理想人格的描述从内圣外王的英雄典型向"真性""无为"的自然主义人格转型。所谓"真"，既指事物的本然、原始和朴素的状态，也指人内心道德、情感的纯真、"真性"和天然。

玄学家们以自然为准则，对于真性人格的追求，试图通过自然主义教育的超越性赋予传统理想人格新的精神内涵，以适应时代的思想需求。

（3）顺应自然的道德教育论。

①道德教育的起源。三纲五常一类道德规范，即名教，被赋予具有先天性的合理性、合法性和权威性，然而社会政治中统治者道德上的虚伪等，激起了人们对名教价值的否定，名教陷入空前的危机之中。玄学家们秉持自然主义准则，由道德起源、道德本体的讨论入手，从不同的立场解析这场危机，并将其归结为如何看待道德名教与人的自然本性之间的关系问题。

②顺应自然的道德教育法则。按照道家无为的思想，自然是万物法则的最高法则。玄学家将自然法则也作为教育的最高要求。顺应自然包含两层含义：一是顺应人的自然本性、自然性情，二是因循自然无为的发展进程。

自然主义教育在当时有颓废的一面，但对于个性自由的倡导和教育思维的拓展，对中国教育思想的发展有着积极的意义。

2021年 山东师范大学 333 教育综合·真题解析

一、名词解释

形成性评价

形成性评价是指在教学进程中，对学生的知识掌握和能力发展所做的比较经常而及时的测评，包括对学生的提问、书面测验、作业批改等。其目的在于使师生都能及时获得反馈信息，从而更好地改进教与学，以促进师生的发展和提高。

结构不良问题

结构不良问题是指问题的给定状态、目标状态以及用于转换状态的方法中的一项或几项缺乏明确的界定，如全球水资源短缺。

精细加工策略

精细加工策略是通过把所学的新信息和已有的知识联系起来以增加新信息意义的策略，即通过对学习材料的精细加工，将新旧知识联系起来，帮助学习者增进对新知识的理解，并把信息储存到长时记忆中的学习策略。

《学记》

《学记》是《礼记》的一篇，是中国古代最早的一篇专门论述教育、教学问题的论著，因此有人认为它是"教育学的雏形"。《学记》是先秦时期儒家教育和教学活动的理论总结，它主要论述教育的具体实施，偏重于说明教学过程的各种关系。

七艺

七艺是西方教育史上对七种教学科目的总称，包含文法、修辞、辩证法、音乐、算术、几何、天文。西方教育史上沿用长达千年之久的"七艺"中的前"三艺"是由智者首先确定下来的。后来柏拉图将"四艺"作为教学科目详加论述，并认为"三艺"是高级课程，"四艺"是初级课程。"三艺"和"四艺"合称为"七艺"。

《莫里尔法案》

1862年，林肯总统批准实施《莫里尔法案》。该法规定：联邦政府按各州在国会的议员人数，按照每位议员三万英亩的标准向各州拨赠土地，各州应将赠地收入用于开办或资助农业和机械工艺学院。此类农业或机械工艺学院的设立与发展，确立了美国高等教育为工农业生产服务的方向，在一定程度上改善了高等教育发展与社会需要联系不够密切的状况。

二、辨析题

1. 教育内容即课程教科书，教学参考资料中的内容。

【答案要点】

该观点不正确。

教育内容是指教育者引导受教育者在教育活动中学习的前人积累的经验，包括书本知识和实际经验。教育内容在教育活动过程中具有重要意义，它是师生教学互动共同操作的对象，是引导青少年学习与发展成人的精神资源。

因此，课程教科书只是教育内容中的一部分。

2. 负迁移就是逆向迁移。

【答案要点】

该观点不正确。

负迁移是一种学习对另一种学习的消极影响；逆向迁移是后来的学习对先前学习的影响，这种影响可以是消极的也可以是积极的。

因此，负迁移不是逆向迁移。

3. 赫尔巴特提出了"五段教学法"。

【答案要点】

该观点不正确。

赫尔巴特提出了教学形式阶段理论。赫尔巴特认为，兴趣活动可以划分为四个阶段：注意、期待、要求和行动。在此基础上，他提出了教学形式阶段理论，可以划分为明了、联合、系统和方法四个阶段，即"赫尔巴特四段教学法"。

后来，以齐勒尔、斯托伊、莱因等人为首的赫尔巴特学派发展了赫尔巴特思想。他们在赫尔巴特四个教学阶段的基础上提出了"五步教学法"，即把"明了、联合、系统和方法"改成"准备、提示、联想、概括和运用"。

三、简答题

1. 简述现代教育的主要特征。

【答案要点】

（1）学校教育逐步普及。由于资本主义生产尤其是机器大工业生产在欧洲兴起，因而西欧的资本主义国家最先提出普及教育的要求。1619年，德意志魏玛邦在宗教改革的影响下颁布了学校法令，规定父母送6~12岁男女儿童入学，这是普及教育的开端。

（2）教育的公共性日益突出。随着大工业生产发展的需要，随着工人阶级和其他劳动人民对教育权的争取，对受教育权的阶级垄断越来越不合时宜，受到来自被统治阶级和统治阶级两方面的批判。在此情形下，大力发展学校教育逐渐成为社会的公共事业和共同话题。

（3）教育的生产性不断增强。在现代社会，随着工业生产的发展和科学技术的进步，科技与教育在生产中的作用增强。现代教育与生产劳动的逐步结合，对提高社会生产效率和增加社会财富起着重要作用，日益成为经济发展的有力保证。

（4）教育制度逐步完善。随着学校数量的增加，学校教育的层次、种类及其运行和管理的复杂化，需要一定的教育宗旨、制度、要求等，以推动学校教育系统有条不紊地运行。教育制度化的实现，使得教育系统中的各级各类学校、各种教育机构和教育行政部门的工作均有制度可循，能排除来自内外部的干扰，使教育活动有序有效地开展，取得了良好效果。

2. 简述活动课程的特点。

【答案要点】

活动课程又称经验课程、儿童中心课程，与学科课程相对立，它打破学科逻辑的界限，是以学生的兴趣、需要、经验和能力为基础，通过引导学生自己组织的有目的的系列活动而编制的课程。活动课程的特点包括：

（1）重视儿童的兴趣、需要、能力和阅历，以及儿童在学习中的自我指导作用与内在动力。

（2）注重引导儿童从做中学，通过探究、交往、合作等活动使学生的经验得到改组与改造。

（3）强调解决问题的动态活动的过程。

（4）把课程资源作为解决问题的工具，反对预先确定目标的观念。

3. 简述当代学校管理的发展趋势。

【答案要点】

（1）学校管理法治化。随着科教兴国战略的实施和依法治国方略的确立，依法治教已成为党和政府管理教育的基本方针，而依法治校是依法治教的重要组成部分，将成为21世纪学校管理的必然选择。依法治校可分为两个方面：第一，政府及教育行政部门依法管理学校；第二，学校管理者依法管理学校。

（2）学校管理人性化。人性化管理是指学校管理工作要以人为本，关注人的情感、满足人的需要、崇尚人的价值、尊重人的主体人格和地位。

（3）学校管理民主化。民主管理以对个体价值的肯定为基础，以个体才能的充分发挥和潜能挖掘为前提，积极吸引全员参与管理活动，集思广益，共同参与，以取得最优的管理效益。

（4）学校管理信息化。在信息化时代，学校管理呈现出信息化的新特点。它表现在两个方面：第一，学校对信息技术的开发和使用，把计算机、网络、多媒体等现代技术运用到管理上，以提高学校管理的实效；第二，学校管理方式的信息化，实行"人－机"管理，即注重对有关信息资源的管理。

（5）学校管理校本化。校本管理是指学校在教育方针与法规的指引下，可以根据自己的实际情况和需要自主确定发展的目标与任务，进行管理工作。简言之，校本管理即以学校为本位的自主管理。

4. 简述学习动机与学习效果的关系。

【答案要点】

（1）动机具有加强学习的作用，高动机水平的学生其成就水平也高；反之，高成就水平也能导致高的动机水平。但是学习效率与学习动机强度并不完全成正比。过于强烈的学习动机往往使学生处于一种紧张的情绪状态中，注意和知觉范围变得狭窄，由此限制了学生正常的智力活动，降低了学习效率。

（2）耶克斯－多德森定律。

①学习效率随学习动机强度的增加而提高，直至达到最佳水平，之后则随学习动机强度的进一步增加而下降。

②学习动机强度与学习效果之间的这种关系因学习者的个性、课题性质、课题材料难易程度等因素而异，动机强度的最佳水平会随学习活动的难易程度而有所变化。一般来说，从事比较容易的学习活动，动机强度的最佳水平点会高一些，而从事比较困难的学习活动，动机强度的最佳水平会低一些。

③动机强度的最佳点因人而异，进行同样难度的学习活动对有的学生来说动机强度的最佳水平点高一些更为有利，但对于另一些学生来说则相反。

5. 简述革命根据地教育的基本经验。

【答案要点】

（1）教育为政治服务。在当时特定的时代环境下，最大的政治是以武装斗争的手段去夺取民族民主革命的胜利，而动员广大人民群众投入革命战争、支援革命战争，并最大限度地提高人民军队干部战士的觉悟，是中国共产党面临的中心任务。

（2）教育与生产劳动相结合。根据地教育的基本任务是彻底改变建立在封建生产关系之上、以脱离农村生产生活实际为特征、以培养精神贵族为目的的文化教育。

（3）依靠群众办教育。依靠群众办教育加强了学校与群众的联系，争取了群众对学校的支持和监督，有利于学校在边区人民群众中生根，加强了学校的民主管理，大大提高了群众办教育的积极性，促进了根据地教育的发展。

6. 简述斯宾塞教育科学化思想的主要内容。

【答案要点】

斯宾塞主张教育的目的是为完满生活做准备。为实现此目的，教育应从当时古典主义的传统束缚中解放出来，应该切实适应社会生活与生产的需要。此外，斯宾塞提出了"什么知识最有价值"这一问题，并将评价知识价值的标准定义为对生活、生产和个人发展的作用，知识对生活的作用越大则价值越大。

斯宾塞按照重要程度把人类活动分为五个部分：第一，直接有助于自我保全的活动；第二，从获得生活必需品而间接有助于自我保全的活动；第三，目的在于抚养和教育子女的活动；第四，与维持正常的社会和政治关系有关的活动；第五，在生活中的闲暇时间用于满足爱好和情感的各种活动。

为促使个人有能力从事上述五类活动，斯宾塞提出学校应开设以下五种类型的课程：

（1）生理学与解剖学。此类知识属于直接保全自己的知识，应成为合理教育中最为重要的部分。

（2）逻辑学、数学、力学、化学、天文学、地质学、生物学和社会科学，属于间接保全自己的知识，是文明生活得以维持的基础知识。

（3）生理学、心理学与教育学。此类知识能够保证父母们成功履行自己的责任，进而促使家庭稳定和睦，社会文明进步。

（4）历史学。历史知识有利于人们自己调节自己的行为，成功履行公民的职责。

（5）文学、艺术等。这类知识能够满足人们闲暇时休息与娱乐的需要。

斯宾塞的教育理论主张以科学知识为中心，兼顾个人和社会生活的双重需要，是教育思想上的一次变革。斯宾塞及其他提倡科学教育的思想家们不仅对英国中学和大学冲破古典教育传统的禁锢产生了深刻的影响，而且影响到欧美其他国家，极大地推动了科学教育的发展。但是，他的教育观也带有明显的时代局限性，他的课程论反映了资产阶级利益，带有个人主义、功利主义的色彩。

四、分析论述题

1. 如何理解和贯彻德育的教育影响一致性与连贯性原则。

【答案要点】

教育影响一致性和连贯性原则是指德育应当有目的、有计划地把来自各方面对学生的影响加以组织，使其优化为教育的合力前后连贯地进行，以获得最大的成效。

贯彻教育影响一致性和连贯性原则的基本要求有：

（1）组建教师集体，使校内对学生的教育影响一致。为了组建教师集体以便对学生的影响一致，首先，全校教职员工应当明确对学生进行德育的目的、任务和学生应遵循的行为准则及要求，使对学生的德育工作步调一致地开展起来。其次，应当分工协作、互通情况，定期研究、协同一致地解决学生思想品德发展中存在的主要问题，以便切实有效、自觉主动地推进德育工作。

（2）做好衔接工作，使对学生的教育前后连贯和一致。德育应做好衔接工作，包括做好小学与初中、初中与高中以及学期之间的思想教育衔接工作；做好班主任和教师因工作调换而产生的衔接工作；这不仅要求后来的教育者应当了解前一阶段学生的教育情况，使学生的思想教育紧密衔接、前后一贯，并有所增强；而且每个教师都要防止德育中出现前紧后松、一曝十寒的现象，这会给学生品德的成长带来不良的后果。

（3）发挥学校教育的引领作用，使学校、家庭和社会对学生的教育得到整合、优化。学校德育绝不能无所作为，绝不能放弃引领学生道德发展的责任，应该审时度势，有所作为。首先，学校应与家庭和社会的有关机构建立和保持联系，形成一定的教育协作制度。其次，要及时或定期地交流情况，制定互相配合的举措。再次，要分工负责，控制和消除环境中对学生不良的自发影响。最后，最重要的是，要引导学生在多种多样甚至相互冲突的影响中，学会独立思考、明辨是非，以锻炼和提升学生自我修养的能力。

2. 陶行知的生活理论及其现实意义。

【答案要点】

（1）"生活即教育"。"生活即教育"是陶行知生活教育理论的核心。其内涵包括：生活含有教育的意义；实际生活是教育的中心；生活决定教育，教育改造生活。

"生活即教育"所强调的是教育以生活为中心，所反对的是传统教育脱离生活而以书本为中心。尽管它在生活与教育的区别和系统的知识传授方面有所忽视，但在破除传统教育脱离民众、脱离社会生活的弊端方面，有十分重要的意义。

（2）"社会即学校"。"社会即学校"是生活教育理论另一重要主张，是"生活即教育"思想在学校与社会关系问题上的具体化。"社会即学校"，是指"社会含有学校的意味"，或者说"以社会为学校"。由于到处是生活，到处都是教育，"整个的社会是生活的场所，亦即教育之场所"。

"社会即学校"，也指"学校含有社会的意味"。也就是说，学校通过与社会生活相结合，一方面运用社会的力量使学校进步，另一方面动员学校的力量帮助社会进步，使学校真正成为社会生活必不可少的组成部分。

"社会即学校"扩大了学校教育的内涵和作用，对于传统的学校观、教育观有所改变。传统学校与社会生活脱节，学生孤陋寡闻，而以社会为学校，使得教育的材料、教育的方法、教育的工具、教育的环境可以大大地增加，有利于拓展学生的知识，增强学生的能力。"社会即学校"，还可以使被传统学校拒之门外的劳苦大众能够受到起码的教育，贯穿了普及民众教育的苦心，同样也值得肯定。

（3）"教学做合一"。"教学做合一"是生活教育理论的又一重要主张，是"生活即教育"在教学方法问题上的具体化。其含义为：教的方法根据学的方法，学的方法根据做的方法。事怎样做便怎样学，怎样学便怎样教。教与学都以做为中心。包括以下四个要点："教学做合一"要求在"劳力上劳心"；"教学做合一"是因为"行是知之始"；"教学做合一"要求"有教先学"和"有学有教"；"教学做合一"还是对注入式教学法的否定。

（4）启示。陶行知的生活教育理论是一种大众的、为人民大众服务的教育理论，且还是一种不断进取创造，旨在探索具有中国民族特色的教育道路的理论。生活教育理论还在教育观念的改变方面颇有建树，无论是强调学校教育与社会生活、生产劳动相结合，还是要求手脑并用、在劳力上劳心，都是对学校与社会割裂、书本与生活脱节、劳心与劳力分离的传统教育的反动，显示出强烈的时代气息，至今都富于启示。陶行知的生活教育理论是我国民族教育理论宝库中十分可贵的遗产，值得我们珍惜并认真研究借鉴。

山东师范大学 333 教育综合·真题解析

一、名词解释

双轨制

双轨制主要代表是 18—19 世纪的西欧。一轨自上而下，是为资产阶级的子女设立的，其结构是大学、中学；另一轨从下而上，是为劳动人民的子女设立的，其结构是小学及其后的职业学校。

先行组织者

先行组织者是指先于学习任务本身呈现的一种引导性材料，它要比学习任务本身具有更高的抽象、概括和综合水平，并且能清晰地与认知结构中原有的观念和新的学习任务关联。

《大学》

《大学》是《礼记》中的一篇，是儒家学者论述大学教育的一篇论文，它着重阐明"大学之道"，即大学教育的纲领，被认为是与论述大学教育之法的《学记》互为表里之作，对大学教育的目的、程序和要求作了完整、扼要和明确的概括。

《爱弥儿》

《爱弥儿》是卢梭的教育哲理小说，批判了经院主义教育，提倡自然主义教育；认为教育应受天性指引，以培养"自然人"为目的；论述了儿童身心发展的四个时期的特点、教育内容和方法；论述了女子教育。该书反映了新兴资产阶级改革教育的要求，在西方教育史上首次系统提出新的儿童教育观，在教育史上掀起了一场"哥白尼式的革命"。

进步主义教育运动

进步主义教育运动是指 19 世纪 80 年代至 20 世纪 50 年代在美国出现的以杜威教育哲学为主要理论基础、以进步主义教育协会为组织中心、以改革美国学校教育为宗旨的教育革新思潮和实践活动。进步教育理论的"实验室"主要是美国的公立学校。

逆向迁移

根据迁移的方向将迁移分为顺向迁移和逆向迁移。逆向迁移是指后来的学习对先前学习的影响。这种影响可以是积极的，也可以是消极的。

二、辨析题

1. 学校管理没有育人功能。

【答案要点】

该观点不正确。

学校管理是管理者通过一定的组织形式以实现学校教育目标的活动。有如下特性：

（1）学校管理以育人为中心，具有教育性。

（2）学校管理的实质是为师生服务，具有服务性。

（3）学校管理在是特定的文化环境中进行，具有文化性。

（4）学校管理是对校内外各种资源的有效整合，具有创造性。

因此，学校管理具有育人功能。

2. 组织策略和计划策略属于认知策略。

【答案要点】

该观点不正确。

认知策略是加工信息的一些方法和技术，能使信息有效地从记忆中提取出来。认知策略可以分为注意策略、精细加工策略、复述策略、编码与组织策略。

元认知策略是对信息加工流程进行控制的策略，可分为计划策略、监察策略和调节策略。

因此，组织策略属于认知策略，计划策略属于元认知策略。

3. 公学就是公立学校。

【答案要点】

该观点不正确。

公学是一种私立教学机构，相对于私人延聘家庭教师的教学而言，这种学校是由公众团体集资兴办，其教学目的是培养一般公职人员，其学生是在公开场所接受教育。它较之一般的文法学校师资及设施条件好、收费更高，是典型的贵族学校。

因此，公学不是公立学校。

三、简答题

1. 教育目的的社会本位论。

【答案要点】

社会本位论的代表人物：德国哲学家那托尔普、法国思想家涂尔干、德国教育家凯兴斯泰纳等。社会本位论的主要观点包括：

（1）个人的一切发展都有赖于社会，都受社会的制约，人的一切发展也是为了满足社会的需要。

（2）教育除了满足社会需要以外并无其他目的。

（3）教育结果的好坏是以其社会功能发挥的程度来衡量的，离开了社会，就无法对教育的结果做出衡量。

社会本位论者从社会需要出发来选择教育目的的价值取向，无疑是看到了教育的社会作用，在今天这样生产高度社会化的时代，也具有一定的借鉴价值；但只站在社会的立场看教育而抹杀了个人在选择教育目的过程中的作用，并以此来排斥教育满足个人发展的需要，则是片面的、不正确的。

2. 直观性原则。

【答案要点】

直观性原则是指在教学中要通过引导学生观察所学事物或图像，聆听教师用语言对所学对象的形象描绘，形成有关事物具体而清晰的表象，以便他们理解所学知识。

贯彻直观性教学原则的要求有：

（1）正确选择直观教具和现代化教学手段。直观教具一般分为实物直观、模像直观和多媒体教学三类。直观教具或多媒体课件的制作和运用，要注重使它与教学的需要相契合；要放大所学部分，用色彩显示所要观察的部分；要动态地揭示、呈现所学事物的运动、变化和发展。

（2）直观要与讲解相结合。教学中的直观是要在教师的指导下有目的地观察，或配合讲解边听边看。教师要通过提出问题，引导学生去把握事物的特征，发现事物之间的联系，应鼓励学生提问，解答学生在观察中的疑惑，以便更深刻地掌握理性知识。

（3）防止直观的不当与滥用。一节课是否运用直观，以什么方式、怎样进行直观，都应当根据教学的需要来决定，即不能把直观当作目的，不能为直观而直观，不是直观得越多越好。

（4）重视运用语言直观。教师用语言做生动的讲解、形象地描述、通俗的比喻都能够起直观作用。

3. 孔子的教学方法。

【答案要点】

（1）因材施教。孔子是我国历史上首倡因材施教的教育家。实行因材施教的前提条件是承认学生间的个体差异，并了解学生特点。孔子了解学生最常用的方法是谈话和个别观察，主张在了解学生的基础上，根据学生的具体情况，有针对性地进行教育。

（2）启发诱导。孔子是世界上最早提出启发式教学的教育家，比苏格拉底的"助产术"早几十年。他认为，不论学习知识或培养道德，都要建立在学生自觉需要的基础上，应充分发挥学生的主动性、积极性。

（3）学思行结合。"学而知之"是孔子进行教学的主导思想，学是求知的途径，也是求知的唯一手段。在学习的基础上认真深入地进行思考，把学习与思考结合起来。孔子强调学习知识还要"学以致用"。如果不能应用，学得再多也没有意义。由学而思进而行，这是孔子所探究和总结的学习过程，也就是教育过程，与人的一般认识过程基本符合。这一思想对后来的教学理论和实践产生了深远的影响。

（4）好学求是的态度。孔子认为，教学需要师生双方配合协作，学生端正学习态度，是教学成功的重要条件。首先要有好学、乐学的态度；其次要有不耻下问的态度；最后还要有实事求是的态度。

4. 要素主义理论。

【答案要点】

要素主义教育是20世纪30年代末作为实用主义教育和进步教育的对立面出现的。要素主义教育是现代欧美国家一种强调学校教育的任务主要是传授人类文化遗产共同要素的教育思潮。1938年在美国成立的"要素主义者促进美国教育委员会"，是要素主义教育形成的标志。代表人物有巴格莱、科南特等人。其主要观点包括以下几个方面：

（1）教育核心：传授给学生人类基本知识的要素或民族共同文化传统的要素。

（2）教育目的：强调人的心智或智力的发展，主张心智训练。

（3）教育内容：教授基础科目，开设以学科为中心的系统的学习科目。

（4）师生关系：教师中心，强调教师的权威地位。

（5）教育与社会的关系：教育要为社会服务。

（6）教育重心：基本技能和基础知识的学习。

5. 简述归因理论及对学习动机培养的作用。

【答案要点】

韦纳认为，归因的每一维度对动机都有重要的影响。归因对学习动机的影响具体表现为以下几方面：

（1）当个体将成功归因于能力和努力等内部因素时，会产生骄傲、自豪感，增强自信心和动机水平。

（2）将成功归因于任务容易、运气好、别人帮助等外部原因时，则满意感较少。当个体将失败归因于能力弱、不努力等内部原因时，会产生愧疚感；将失败归因于任务太难、运气不好或教师评分不公正等外部原因时，则较少产生愧疚感。

（3）归因于努力相比归因于能力，无论成败都会引发更强烈的情绪体验。努力而成功体验到愉快，不努力而失败体验到羞愧，努力而失败也应受到鼓励。

6. 教师角色。

【答案要点】

（1）教师角色的常见冲突。

由于个人在社会不同群体中所处的地位不同，往往需要同时扮演若干个角色。当这些角色与个人的期待发生矛盾、难以取得一致时，就会出现角色冲突。教师职业常见的角色冲突主要有以下几种：

①社会"楷模"与"普通人"的角色冲突。

②"令人羡慕"的职业与教师地位低下的实况冲突。

③教育者与研究者的角色冲突。

④教师角色与家庭角色的冲突。

（2）调适教师角色冲突的解决方式。

①主观上，首先要树立自尊、自信、自律、自强的自我意识；其次要根据实际情况的需要，善于处理多种角色的矛盾冲突，做到有主有辅，有急有缓，统筹兼顾；最后要善于控制自己的思想情绪，意志坚定地完成所承担的任务。

②客观上，首先要进一步提高教师的社会地位与经济待遇，改善教师的生活和工作条件，解决教师的实际困难；其次要努力创造条件，给教师提供选修、培训与发展、提高的机会；最后要提高教师的思想修养，增强其责任感与使命感等。

四、分析论述题

1. 试述德育原则中的理论与实际相结合的原则。

【答案要点】

德育原则是教师对学生进行德育应该遵循的基本要求。它以个体品德发展规律和社会发展要求为依据，概括了德育实践的宝贵经验，反映了德育过程的规律性。

理论与实际相结合原则是指进行德育要注重引导学生把思想政治观念和社会道德规范的学习同参与生活实践结合起来，把提高道德认识与养成良好道德行为结合起来，做到心口如一，言行一致。在德育过程中贯彻理论与实际相结合的原则基本要求有：

（1）理论学习要结合学生生活实际，切实提高学生的思想。思想认识是行为的先导。在德育中，以一定的道德观念和思想政治理论教育学生是必要的。德育源于生活，品德养成于生活，但这并不意味着可以拒斥理论的学习，而是表明理论的教育与学习必须以学生的实际生活为基点，同学生的实际生活相结合。

（2）注重实践，培养道德行为习惯。德育要以生活为基础，要寓于经常的活动与交往。德育的理论学习要见诸行动，要注重引导学生的实践活动与交往，组织他们适当地参加集体生活、公益劳动等，让他们在实践中锻炼成长，深化思想认识和情感体验，养成好的行为习惯，这是学校德育不可或缺的方面。

此外，道德信念具有抽象性和普遍性，而生活则是具体特殊的，学生即令具有一定道德信念，但遇到复杂的生活问题往往会不知所措。因此要指导学生的活动与交往，让学生在实践中学习行为方式，锻炼应变能力。

2. 试述蔡元培改造北京大学的实践。

【答案要点】

民国成立后，京师大学堂改称北京大学。当时北大校政腐败、制度混乱、学生求官心切、学术空气淡薄，封建文化泛滥。为了改变这种风气，蔡元培赴任北大校长，对北大进行全面改革。

（1）抱定宗旨，改变校风。蔡元培明确大学的宗旨，认为大学应该成为"研究高尚学问之地"。他改革北大的第一步就是要为师生创造研究高深学问的条件和氛围。

（2）贯彻"思想自由，兼容并包"的办学原则。蔡元培明确声明，在学术上"循'思想自由'原则，取兼容并包主义"，这是他办理北京大学的基本指导思想。该思想不仅体现在学术上，也体现在教师的聘任上。

（3）教授治校，民主管理。1912年由蔡元培主持制定的《大学令》中，确立了教授治校、民主管理的大学校务管理原则，规定大学设立评议会，各科设立教授会。

（4）学科与教学体制改革。在学科与教学体制改革方面，蔡元培主要有三个措施：第一，扩充文理，改变"轻学而重术"的思想；第二，沟通文理，废科设系；第三，改年级制为选科制，发展学生个性。

北京大学的改革不仅仅使自身改变了面貌，也是我国高等教育近代化发展中的一个里程碑。这次改革的灵魂是"思想自由，兼容并包"，其中"兼容并包"不仅包容不同的学术和学说流派、不同的人物和主张，也在男生之外包容女生，在正式生之外包容旁听生。北大因此成为新文化运动和马克思主义的传播中心、五四运动的策源地，其影响远远超出了教育领域。

山东师范大学 333 教育综合·真题解析

一、名词解释

教育规律

教育规律是指不以人们意志为转移的教育内部诸因素之间、教育与其他事物之间具有本质性的联系，以及教育发展变化过程的规律性。探究教育规律是教育学的研究任务之一。

教学策略

教学策略是为了达成教学目的、完成教学任务，在对教学活动清晰认识的基础上对教学活动进行调节和控制的一系列执行过程。教学策略具有指向性、操作性、综合性、调控性、灵活性和层次性的特征。

六艺

"六艺"即礼、乐、射、御、书、数。礼包括政治、伦理、道德、礼仪各个领域；乐包括诗歌、音乐和舞蹈；射指射箭的技术训练；御指驾驭马拉战车的技术训练；书指文字书写；数指算法。其中，"礼、乐、射、御"为"大艺"，是大学的课程；"书、数"为"小艺"，是小学的课程。

鸿都门学

鸿都门学创办于东汉灵帝时期，因校址位于洛阳的鸿都门而得名。鸿都门学在性质上属于一种研究文学艺术的专门学校，规模曾发展到千人以上。鸿都门学的创办是统治集团内部各派政治力量的较量在教育上的反映，同时也与汉灵帝的个人爱好有密切关系。

品德不良

品德不良是指个体具有的不符合社会道德要求的道德品质与道德行为，表现为个体经常违反道德准则或犯有较严重的道德过错，有的甚至处在犯罪的边缘或已有轻微的犯罪行为。

智者派

智者又称诡辩家，被用来专指以收费授徒为职业的巡回教师。这些人云游各地，积极参加城邦的政治和文化生活，以传播和传授知识获得报酬，并逐步形成了一个阶层。智者派的共同思想特征是相对主义、个人主义、感觉主义和怀疑主义。

二、辨析题

1. 所有接受学习都是机械的。

【答案要点】

该观点不正确。

在奥苏伯尔看来，无论是发现学习还是接受学习，都有可能是机械的，也都有可能是有意义的。如果教师的讲授实施得法，接受学习并不一定会导致学生机械学习。同样，发现学习也并不一定是保证学生有意义学习的灵丹妙药。

因此，接受学习不一定是机械的。

2. 教师专业性最突出的特征是教师资格证。

【答案要点】

该观点不正确。

1966年，国际劳工组织、联合国教科文组织在《关于教师地位的建议》中提出："教育工作应被视为专门职业，这种职业是一种要求教员具备经过严格而持续不断的研究才能获得并维持专业知识及专门技能的公共业务；要求对所辖学生的教育和福利具有个人的及共同的责任感。"1993年颁布的《中华人民共和国教师法》也明确规定"教师是履行教育教学职责的专业人员"。这从根本上肯定了教师劳动的专业性。

教师劳动的专业性突出表现在教师对育人的崇高敬业精神和道德修养上，对教育教学专门化知识和技能的掌握与教育活动的自主权上。

3. 朱熹关于小学教育的目的是培养"圣贤坯璞"。

【答案要点】

该观点正确。

朱熹提出小学教育的任务是培养"圣贤胚璞"。他指出，若儿童时期没有打好基础，长大就会做出违背伦理纲常的事，再要弥补，就极为困难。小学教育对一个人的成长非常重要，必须抓紧、抓好。

三、简答题

1. 孔子的德育内容及方法。

【答案要点】

（1）道德教育的内容。孔子的教育目的是培养从政的君子，而成为君子的主要条件是具有道德品质修养，因此，道德教育居首要地位。孔子主张以"礼"为道德规范，以"仁"为最高道德准则。凡符合"礼"的道德行为都要以"仁"的精神为指导，因此，"礼"和"仁"成为道德教育的主要内容。

（2）道德修养的原则与方法。

①立志。认为人不应以当前的物质生活为满足，还应有对未来的精神上有更高的追求，要有自己的理想。

②克己。主张应着重在要求自己上，约束和克制自己的言行，使之合乎礼、仁的规范。"君子求诸己，小人求诸人。"

③力行。要求言行一致，不要出现脱节，道德认识依靠道德实践的检验而证实。"言必信，行必果。"

④中庸。待人处事都要中庸，防止发生偏向，一切行为都要中道而行。

⑤内省。就日常所做的事进行自我检查，查看其是否合乎道德规范。

⑥改过。人人都会犯错，但要以正确的态度重视改过，鼓励学生要勇于改正错误。

2. 简述《费里教育法》。

【答案要点】

1881年和1882年法国先后颁布的《第一费里法案》和《第二费里法案》，不但确立了国民教育义务、免费、世俗化三大原则，而且把这些原则的贯彻实施予以具体化。

（1）义务化。6~13岁为法定义务教育阶段，接受家庭教育的儿童须自第三年起每年到学校接受一次考试检查。对不送儿童入校学习的家长予以罚款。

（2）免费化。免除公立幼儿园及初等学校的学杂费，免除师范学校的学费、膳食与住宿费用。

（3）世俗化。废除教会监督学校及牧师担任教师的特权，取消公立学校的宗教课，改设道德课与公民教育课。

《费里法案》的颁布与实施为这一时期初等教育的发展提供了必要的法律保障，指明了进一步努力的方向，标志着法国初等教育步入了一个新的历史发展阶段。

3. 学习知识与发展智力的关系。

【答案要点】

（1）智力的发展与知识的学习二者相互依存，相互促进。

在教学过程中，学生智力的发展依赖于他们知识的学习，对学生来说，学习、运用知识及其反思、改进的过程，也就是他们运用和发展智力的过程；同时，学生对知识的学习又依赖于他们的智力发展，只有那些智力发展好的学生，他们的接受能力才强、学习效率才高，而智力发展较差的学生在学习中则有较多的困难。

（2）生动活泼地理解和创造性地运用知识才能有效地发展智力。

通过传授知识发展学生智力是教学的一个重要任务，然而知识不等于智力，一个学生知识的多少并不一定能标志他的智力发展的高低。因此，在教学中不仅要教给学生知识，而且要引导学生通过生动活泼的教学活动，透彻地理解知识原理，了解获取知识的过程与方法，学会独立思考、推理与论证，创造性地解决实际问题，这样才能使学生的智力获得高水平的发展。

（3）防止单纯抓知识教学或只重能力发展的片面性。

在教学实践中，有的认为"双基"教学抓好了，学生的智力就自然地发展了，却忽视引导学生通过探究、反思有意识地锻炼学生的智力；有的则只注重学生自主探究、反思，却忽视通过系统知识和原理的学习与运用来发展智力。这两者都不利于提高教学质量。

4. 简述加里培林关于智力技能的发展阶段。

【答案要点】

苏联著名心理学家加里培林等人根据维果茨基的活动论的观点提出，学生心智技能的形成"是外部物质活动转化到……知觉、表象和概念水平的结果"。这种转化过程需要经历五个阶段。

（1）活动定向阶段。活动定向是让学生在头脑中形成对活动程序和活动结果的映像。教师需要根据学生的基础水平，将活动分解成学生能够理解，并且能够做到的操作程序，建立起学生对原型活动的定向预期。

（2）物质活动或物质化活动阶段。物质活动是指运用实物的教学活动，物质化活动则是指利用实物的模拟品进行的教学活动。这两者都是基本的直观形式，后者是前者的一种变形。

（3）有声的言语活动阶段。有声的言语活动指不直接依赖实物或模拟品，而是借助出声的外部言语活动来完成各个操作步骤。这是活动从外部形式向内部形式转化的开始。

（4）无声的外部言语活动阶段。无声的外部言语活动是指以词的声音表象、动觉表象为中介，进行智力活动。这种不出声的外部言语活动貌似是知识言语减去了声音，实际是动作向智力转向的开始。

（5）内部言语活动阶段。内部言语活动是指凭借简化了的内部言语，似乎不需要多少意识参与就能自动化进行的智力活动。这一阶段是外部动作转化为内在智力的最后阶段。

5. 启发式教学原则的要求。

【答案要点】

启发性教学原则是指在教学中教师要激发学生的学习主体性，引导他们经过积极思考与探究自觉地掌握科学知识，学会分析问题和解决问题，树立求真意识和人文情怀。也称探究性原则或启发与探究相结合原则。

贯彻启发性教学原则的要求有：

（1）调动学生学习的主动性。在激发学生的学习主动性上，教师要发挥个人的创造性，善于运用发人深思的提问、令人心动的讲述，充分显示教学内容的吸引力，以便激起学生的求知欲和积极性，全神贯注地投入学习。

（2）善于提问激疑，引导教学步步深入。在启发过程中，教师要有耐心，给学生以思考时间；要有重点，问题不能多，不能启而不发；要善于与学生探讨，引导学生一步步去获取新知识和领悟人生的价值。

（3）注重通过解决实际问题启发学生获取知识。接触实际问题对学生更具诱惑力和挑战性，会使他们更积极主动地进行学习和完成任务。

（4）引导学生反思学习过程。教学要引导学生反思学习过程，了解学习过程，分析学习过程中的顺利与障碍、长处与缺点，寻找原因，克服失误，使学习程序简捷、有效，注重积淀适合自己的学习方式，学会学习。

（5）发扬教学民主。要创造宽松、和谐、民主、平等、坦率、活跃的课堂教学氛围，这是启发教学的重要条件。

6. 环境对人的发展的作用。

【答案要点】

（1）环境是人的发展的外部条件。环境是人的发展的外部实现根基与资源，泛指个体生存于其中并影响个体发展的外部世界。人的生存与发展环境十分复杂，根据其性质可以分为自然环境和社会环境。自然环境包括自然条件与地理位置；社会环境包括经济的、政治的、文化的以及与个体相关的各种性质的社会关系。社会环境是儿童得以发展的现实条件和现实源泉，对人的发展起着不可替代的作用。

（2）环境的给定性与主体的选择性。

①环境的给定性：指的是由自然与社会、历史遗产与他人为儿童个体所创设的环境，它对于儿

童来说是客观的、先在的、给定的。儿童无法抗拒或摆脱环境的影响与限制，只有适应环境，以获得自身的生存与发展。

②主体的选择性：人是具有能动性的主体，他对环境变化的刺激做出的回应是可以由主体内在的意愿来选择和决定的。环境对人的发展的制约作用离不开人对环境的能动活动，环境的给定性不会限制人的选择性，反而能激发人的能动性、创造性。

四、分析论述题

1. 试论述个别教学、班级授课制、分组教学的优缺点。

【答案要点】

（1）个别教学。个别教学是教师面对个别或少数学生进行教学的一种教学组织形式。在个别教学中，每个学生所学的内容和进度可以有所不同，教师对每个学生教的方法和要求也有所区别，自然学生学习的成效各不一样，甚至差距极大。

①优点：教师能够根据每个学生的特点包括天赋、接受能力和努力程度而因材施教，加强教学的针对性，比较充分地发展每个学生的潜能、特长和个性。

②缺点：教师每次只能教一个学生，教学具有较大的随意性。因此教学的规模较小、教学成本较高，但效率不高。

（2）班级授课制是一种集体教学形式。它把一定数量的学生按年龄与知识程度编成固定的班级，根据周课表和作息时间表，安排教师有计划地给全班学生上课，分别学习所设置的各门课程。

①优点：形成了严格的教学制度；以课为单位科学地组织教学；能充分发挥教师的主导作用；能促进学生的社会化与个性化；便于传授系统的科学知识。

②缺点：不利于照顾学生的个别差异；不利于培养学生的兴趣、特长和发展个性；不利于理论联系实际；不利于实现教学的灵活性。

（3）分组教学。分组教学制是指按学生的能力或学习成绩把他们分为水平不同的小组进行教学。

①优点：能较好地照顾个别差异，重视学生的个别性，有利于因材施教，有利于发展学生的个性特点。

②缺点：对学生能力和水平的鉴别不一定科学，却要按能力和水平进行分组教学，忽视了学生的发展性；对学生心理发展的负面影响较大，被分到快班的学生容易骄傲自满，被分到慢班的学生容易产生破罐子破摔的心理；家长、学生、教师和学校就分组教学问题很难达成一致；考虑到学生的发展性，分组必须经常进行，教育管理上比较麻烦。

2. 论述洪堡的教育改革。

【答案要点】

洪堡在1809—1811年担任普鲁士内务部文教总管期间，实行了教育改革，史称"洪堡教育改革"。

（1）初等教育：洪堡注重提高基础教育的质量，加强小学师资的培训，促进师范教育的发展，初步构建了师范教育体系。

（2）中等教育：洪堡对文科中学进行了多方面的改革，消减了古典学科，使文科中学更接近实际生活；并由国家进行中学师资的考核与选择，保证了中学教师的质量。

（3）高等教育：洪堡重视创新型大学，主张把大学办成哲学、科学和学术研究的中心。1810年，他在任期间创建的柏林大学提倡学习自由和教学自由，建立讲座教授制度和习明纳制度，强调科学研究，从而一举建立现代大学制度。

洪堡教育改革虽然历时较短，但帮助德国完善了近代教育制度，为德国教育的发展奠定了坚实的基础，尤其是在高等教育方面，德国大学成为现代高等教育的经典模式之一。

2018年 山东师范大学333教育综合·真题解析

一、名词解释

教育中介系统

教育中介系统是教育者与受教育者联系与互动的纽带，包括开展教育活动的内容和方式。教育内容是教育者用来作用受教育者的影响物。教育活动方式涉及教育基本要素的组合与教育工具和手段的应用。此外，教育活动的中介系统还应当有以培养人为目的而组织的包括生产劳动在内的社会实践活动。

正迁移

正迁移是指一种学习对另一种学习的积极影响。例如，平面几何的学习促进立体几何的学习。正迁移表现在个体对于新学习或解决某一问题具有积极的心理准备状态，从事某一活动所需的时间或练习次数减少，学习效率提高。

庚款兴学

为了美国的长远利益，1908年，美国国会通过议案，决定从1909年起，将美国所得庚子赔款的一部分以"先赔后退"的形式退还给中国，用以发展中国的留美教育。美国的举动被后来其他国家效仿，形成所谓的"庚款兴学"。

课程内容

课程内容是根据课程目标从人类的经验体系中选择出来，并按照一定的学科逻辑序列和儿童心理发展需求组织编排而成的知识体系和经验体系。它以学科文化知识为核心，主要包括间接经验，但也包括设计一定的实践－交往活动要求学生获取的直接经验，以及预期的学习活动方式。

认知风格

认知风格又叫认知类型，是人在信息加工的过程中所偏好的相对稳定的态度和方式。认知类型差异就是人们在感知、理解、记忆、思维等过程中采用的与众不同的方式。

社会本位论

社会本位论认为个人的一切发展都有赖于社会，都受社会的制约，人的一切发展也是为了满足社会的需要；教育除了满足社会需要以外并无其他目的；教育结果的好坏是以其社会功能发挥的程度来衡量的，离开了社会，就无法对教育的结果做出衡量。代表人物有那托尔普、涂尔干和凯兴斯泰纳等。

二、辨析题

1. 在学习中发展的速度不总是直线的，说明人有阶段性。

【答案要点】

该观点不正确。

阶段性是指人的发展变化既体现出量的积累，又表现出质的飞跃。当某些代表新质要素的量积累到一定程度时，就会导致质的飞跃，从而表现出发展的阶段性。个体的身心发展的阶段性表现为不同年龄阶段的个体具有不同的年龄特征及主要矛盾，面临着不同的发展任务。

不平衡性是指人的发展不总是匀速直线前进的，不同的系统的发展速度、起始时间、达到的成熟水平是不同的；同一机能系统在发展的不同时期也有不同的发展速率。

因此，在学习中发展的速度不总是直线的，说明人有不平衡性。

2. 法国教育系统是中央集权。

【答案要点】

该观点正确。

法国中央集权式教育管理体制确立于法兰西第一帝国时期，为牢固掌握教育管理权，拿破仑颁布了一系列的帝国教育法令。由此法国确立了中央集权式教育管理体制。

拿破仑第一帝国时期确立的中央集权式教育管理体制，虽在此后各历史时期也发生了某些变化，但其基本框架得以保留和延续，并对法国国民教育发展发生了深远影响。

3. 负强化是惩罚。

【答案要点】

该观点不正确。

负强化是通过消除厌恶刺激来增强反应概率。惩罚是指当有机体做出某种反应以后，呈现一个厌恶刺激或不愉快刺激，降低该反应发生的概率。

因此，负强化不是惩罚。

三、简答题

1. 直接经验与间接经验的关系。

【答案要点】

（1）学生认识的主要任务是学习间接经验。

儿童认识始于直接经验，并通过直接经验，不断扩大对世界的认识。但个人的活动范围是狭小的，无论个人如何努力，仅仅依靠直接经验来认识世界越来越不可能。学生要适应高度发展的文明社会，便必须以学习间接经验为主，便捷地掌握人类积累起来的基本科学文化知识。

（2）学习间接经验必须以学生个人的直接经验为基础。

学生要把书本知识转化为自己能理解的知识，就必须依靠个人已有的或现时获得的感性经验为基础。教学中要注重联系生活与实际，利用学生已有经验，并补充学生学习新知识所必须有的感性认识，以便学生能顺利地理解书本知识并运用所学知识于实际，获得比较完全的知识。

（3）防止只重书本知识传授或直接经验积累的偏向。

只重书本知识的传授或只重直接经验的积累都违反了教学的规律，割裂了间接经验与直接经验的内在联系，影响了教学质量的提高。

2. 中世纪大学的意义。

【答案要点】

中世纪大学是12世纪左右兴起的一种自治的教授和学习中心。一般由一名或数名在某一领域有声望的学者和他的追随者自行组织起来，形成类似于行会的师生团体进行教学和知识交易。最早的中世纪大学包括萨莱诺大学、波隆那大学、巴黎大学等。

（1）中世纪大学的产生在当时是进步现象，有积极意义。它打破了教会对教育的垄断，促进了教育普及。它一开始是世俗性教育团体，不受教会统治，使较多的人可以不受封建等级限制而得到教育，符合当时新兴的市民阶级对世俗教育的要求。

（2）对于后世高等教育的发展具有重要意义。现代意义的大学基本上直接起源于欧洲中世纪大学，现代大学的一系列组织结构和制度原则都与欧洲中世纪大学有着直接的历史联系。

（3）中世纪大学还培养了一大批人才，促进了古希腊罗马文化、阿拉伯文化等多种科学文化的保存、交流和发展。

3. 影响问题解决的因素。

【答案要点】

（1）问题情境。个体面临的刺激模式与其已有的知识结构所形成的差异。

（2）原型启发。通过从待解决的问题具有相似性的其他事物上发现问题解决的途径和方法。

（3）人际关系。良好的人际关系有助于其解决面临的各类问题。

（4）知识经验。任何问题解决都离不开一定的知识、策略和技能，知识经验不足常常是不能有效解决问题的重要原因。

（5）定势与功能固着。定势是指人在解决一些相似的问题之后会出现一种惯用的方式解决问题的倾向。功能固着是指一个人看到某个物品有一种惯常的用途后，就很难看出它的其他新用途。

（6）酝酿效应。在反复探索一个问题的解决而毫无结果时，如果把问题暂时搁置几个小时、几天或几周，然后再回过头来解决，这时常常就可以很快找到解决方法。

（7）情绪状态。相对平和的心态有利于问题解决，同时，积极的情绪也有利于问题解决。

4. 永恒主义教育的原则。

【答案要点】

永恒主义教育亦称"新古典主义教育"，产生于20世纪30年代，是现代欧美国家一种强调理性训练以及人的理性和教育基本原则的永恒性的教育思潮，代表人物有美国的赫钦斯、艾德勒，英国的利文斯通和法国的阿兰等。其主要观点包括以下几个方面：

（1）发展人的理性是教育永恒不变的原则。

（2）教育的主要目的是培养永恒的理性。

（3）永恒的古典学科应该在学校课程中占有中心地位。

（4）学生通过教师的教学进行学习。

永恒主义教育对进步教育的批判比要素主义更加激烈，但从整体上来看，它并未提出新的价值判断标准。永恒主义教育在教育理论上有一定影响，但在教育实践中的影响范围不大，主要限于大学和上层知识界中的少数人。

5. 察举制与九品中正制的异同。

【答案要点】

察举制是我国汉代选拔官吏的制度，由地方官根据朝廷所定科目和选拔标准，向朝廷荐举，经过考核，任以官职。

九品中正制。九品中正制又称"九品官人法"，即郡设小中正，州设大中正，由地方上有声望的人充任，将士人按"才能"评定为九等，实际上是按门第高低列等，政府按等选用。

（1）相同点。察举制和九品中正制都是我国古代重要的选官制度。

（2）不同点。第一，察举制不问出身，但九品中正制限制庶族；第二，察举制提高了人们求学的积极性，九品中正制相反；第三，察举制设有"孝廉"等科目，但是九品中正制无科目。

6. 理论联系实际的原则。

【答案要点】

理论联系实际原则是指教学要以学习基础知识为主导，将理论运用于解释和解决实际问题，学以致用，发展动脑、动手能力，并理解知识的含义，领悟知识的价值。

贯彻这一教学原则的基本要求：

（1）注重联系实际学好理论。为了引导学生掌握教科书上的学科知识与原理，教师首先必须注重联系实际学好理论。教师要善于通过演示、举出具体事例、回忆生活体验，想方设法联系有关学生的生活实际，唤醒与激活他们已有的经验、情趣与思考力，进行观察与思考、分析、领悟，这样才能让他们生动活泼、主动地理解和掌握抽象难懂的学科概念与原理。

（2）重视引导学生运用知识。首先，要重视教学中知识的运用，如解决实际问题的讨论、作业、实验等教学性实践。这是教学中运用知识的主要方式，让学生多动手解决具体问题，必定要求他们多动脑筋，不仅有利于提高他们的动手能力，还对学生养成学以致用的情趣起着关键作用。其次，要在教学课文的过程中，组织学生开展一些实际的学习活动。

（3）逐步培养与形成学生综合运用知识的能力。它要求把按学科知识的概念系统进行学习的方式，转换为按"问题－解决"建构知识的系统进行学习的方式，而且还要见诸行动，做实验、做事情、做文章、搞艺术、搞交往、搞生产。

（4）面向生活现实，培养学生的对策思维。问题来源于生活。在教导学生向书本学习时，还需把学生的目光引向现实，其中包括学生生活的现实、校园生活的现实、社会生活的现实、国际生活的现实等，对照书本，以发现和提出问题，谋划和讨论问题的解决，并采取与问题相称的可能的行动，以培养学生的对策思维与解决问题的实践能力。

四、分析论述题

1. 教师的素质。

【答案要点】

（1）高尚的师德。

①热爱教育事业，富有献身精神和人文精神。热爱教育事业，是搞好教育工作的基本前提。许多优秀教师之所以能在教育工作中做出卓越的成绩，首先是因为他们热爱教育事业，愿意为下一代的成长贡献出自己的毕生精力，甚至自己宝贵的生命。另外，教师还应具备人文精神，要关怀学生的学习和发展，关怀民族、人类的现实境遇和未来发展。

②热爱学生，诲人不倦。热爱教育事业具体体现在热爱学生上。爱学生是教师的天职，是教育好学生的重要条件。教师只有热爱学生，才能教育好学生，才能使教育发挥最大限度的作用。教师对学生的爱是一种巨大的教育力量，也是一种重要的教育手段。它往往能激发起学生对教师爱戴、感激和信任之情，使学生愿意接近教师，接受教师的教育。教师的爱还应该表现在对学生的学习、思想和身体的全面关心上，一视同仁地热爱全体学生，公正平等地对待每个学生。

③热爱集体，团结协作。教师的劳动既具有个体性，又具有集体性。一个学生的成才，绝非仅仅是哪一位教师的功劳，而是教师群体的智慧和共同劳动的结晶，是许多教育工作者团结协作、一致努力的结果。因此，教师之间，教职员工之间应该相互尊重、团结协作，步调一致地教育学生，最大限度地发挥集体的教育力量。

④严于律己，为人师表。教师为人师表，必须以身作则，严于律己。凡是要求学生做到的，教师首先要做到；凡是要求学生不能做的，教师首先要自律。教师只有以身作则，才能树立威信，受到学生的尊敬。

（2）先进、科学的教育理念。教育理念是教师在对教育工作本质理解的基础上形成的关于教育的观念和理性信念，它是以观念或信念的形式存在于教师头脑中的对教育现象和教育问题的看法。先进、科学的教育理念体现在教师的所有努力都要有利于学生精神世界的丰富、人格尊严的维护和美好人性的成长。如学生主体观、教学交往观、发展性教学评价观等。

（3）宽厚的文化素养。教师的主要任务是通过向学生传授科学文化知识，培养其能力，促进其个性生动活泼地发展。一个好教师的基本条件之一，就是要有比较渊博的知识和多方面的才能。因此，教师对自己所教学科知识应科学、深入地把握，能对自己所教专业融会贯通、深入浅出、高瞻远瞩，达到运用自如的境界，在教学过程中不出知识性的错误。同时，教师还应有比较广博的文化修养。

（4）专门的教育素养。教师的专门教育素养水平及其合理结构是教育教学任务得以完成的重要保证，它主要包括教育理论素养、教育能力素养和教育研究素养。

（5）健康的心理素质。教师的心理健康不仅会直接影响教育工作的优劣成败，而且会影响学生的心理健康水平。因此，教师应该注重提高自己的心理素质。健康的心理素质体现在心理活动的方方面面，概括起来主要指：教师要有轻松愉快的心境，昂扬振奋的精神，乐观幽默的情绪以及坚韧不拔的毅力等。

（6）强健的身体素质。教师的身体素质是指教师在教学活动中的自然力，是教师的身体健康状态和身体素质状态在教学中的表现。它主要通过健康的体魄、旺盛的精力、蓬勃的活力、有节律的生活方式和锻炼习惯等体现。教师的身体素质在教育教学中具有重要的教育意义。

2. 王守仁的儿童教育思想。

【答案要点】

王守仁十分重视儿童教育，在《训蒙大意示教读刘伯颂等》一文中比较集中地阐发了他的儿童教育思想。主要内容包括：

（1）揭露和批判传统儿童教育不顾儿童的身心特点。王守仁指出当时从事儿童教育的老师每天只是督促儿童读书识字，责备他们修身，对待儿童就像对付囚犯，这种不顾儿童的身心特点，把他们当作小大人是传统儿童教育的致命弱点。

（2）儿童教育必须顺应儿童的性情。王守仁认为，一般来说儿童的性情总是爱好嬉游而厌恶拘束，因此他主张儿童教育必须顺应儿童的身心特点，这样儿童就能不断地长进。

（3）儿童教育的内容是"诗歌""习礼"和"读书"。王守仁认为对儿童进行诗歌、习礼和读书教育，是为了培养儿童的意志，调理他们的性情，在德育、智育、体育和美育诸方面都得到发展。

（4）要"随人分限所及"，量力施教。教育必须根据儿童的接受能力水平来进行。

王守仁的儿童教育思想的目的是为了向儿童灌输封建伦理道德，但他反对"小大人式"的传统儿童教育方法和粗暴的体罚等教育手段，要求顺应儿童性情、根据儿童的接受能力施教，使他们在德育、智育、体育和美育诸方面得到发展等主张，反映了其教育思想的自然主义倾向。

2017年
山东师范大学333教育综合·真题解析

一、名词解释

教学评价

教学评价是对教学工作质量所做的测量、分析和评定。它以参与教学活动的教师、学生、教学目标、内容、方法、教学设备、场地和时间等因素的优化组合的过程和效果为评价对象，是对教学活动的整体功能所做的评价。

上位学习

上位学习，又称总括学习，是指学习者在已形成若干观念的基础上学习包摄程度更高的知识。如学生熟悉了胡萝卜、菠菜这些概念之后再学习蔬菜这一概念。

成就动机

成就动机是指一种努力克服障碍、施展才能、力求又快又好地解决某一问题的愿望或趋势。它在人的成就需要的基础上产生的，是激励个体从事自己认为重要或有价值的工作，并力求获得成功的一种内在驱动力。

教育准备说

斯宾塞提出了"什么知识最有价值"这一问题，并将评价知识的标准定义为对生活、生产和个人发展的作用，知识对生活的作用越大则价值越大。根据这一标准，斯宾塞提出教育目的在于为"完满生活做准备"。为实现此目的，教育应从当时古典主义的传统束缚中解放出来，应该切实适应社会生活与生产的需要。

苏湖教法

"苏湖教法"又称"分斋教学法"，是胡瑗在主持湖州州学时创立的新的教学制度，在"庆历兴学"时被用于太学的教学。其主要内容是在学校内设立经义斋和治事斋，经义斋学习儒家经义，以培养比较高级的统治人才为目标；治事斋分设治兵、治民、水利、算数等学科，学生可主修一科，副修另一科，以造就在某一方面有专长的技术的管理人才为目标。

平民教育思潮

倡导平民教育是新文化运动中民主思潮在教育领域里的反映和重要的组成部分。平民教育思潮的共同点，在于批判传统的"贵族主义"的等级教育，破除千百年来封建统治者独占教育的局面，使普通平民百姓享有教育权利，获得文化知识，改变生存状况。

二、辨析题

1. 课程内容即教材内容。

【答案要点】

该观点不正确。

课程内容是课程的核心要素，是根据课程目标从人类的经验体系中选择出来，并按照一定的学科逻辑序列和儿童心理发展需求组织编排而成的知识体系和经验体系。它以学科文化知识为核心，主要包括间接经验，但也包括设计一定的实践－交往活动要求学生获取的直接经验，以及预期的学习活动方式。

教科书虽然选编了课程的基本内容，但并不等于明确地展现了课程的全部内容，课程内容所包含的学生应获取的各种丰富的直接经验、情感经验有时隐含在教科书中，难以完全呈现出来。

2. 智力水平高的人创造力也高。

【答案要点】

该观点不正确。

创造性与智力存在一定的关系，但并不呈线性正相关。其关系主要表现为：高创造力者，智商一定很高；低创造力者，智商可高可低；高智商者，创造力可高可低；低智商者，创造力一定低。

因此，智力水平高的人创造力不一定高。

3. 蔡元培在改革北大时提出的指导思想"思想自由，兼容并包"指所有的思想无所不包。

【答案要点】

该观点不正确。

蔡元培提出的思想自由，兼容并包并不是指无所不包，他说道："无论为何种学派，苟其言之成理，持之有故，尚不达自然淘汰之命运者，虽彼此相反，而悉知其自由发展。"这句话就包含了他的前提条件"苟其言之成理，持之有故，尚不达自然淘汰之命运者"。

因此，蔡元培在改革北大时提出的指导思想"思想自由，兼容并包"并不是指无所不包。

三、简答题

1. 教师角色冲突的主要表现。

【答案要点】

由于个人在社会不同群体中所处的地位不同，往往需要同时扮演若干个角色。当这些角色与个人的期待发生矛盾、难以取得一致时，就会出现角色冲突。教师职业常见的角色冲突主要有以下几种：

（1）社会"楷模"与"普通人"的角色冲突。

（2）"令人羡慕"的职业与教师地位低下的实况冲突。

（3）教育者与研究者的角色冲突。

（4）教师角色与家庭角色的冲突。

2. 文化对教育的制约与影响。

【答案要点】

（1）文化知识制约教育的内容与水平。文化是教育的基础，教育的本质是通过传承和创新文化来培养人才。学校教育的一个重要任务就是传授系统的文化知识。因此，文化是教育的主要资源，文化知识的发展特性与水平制约着教育的发展特性与水平。

（2）文化模式制约教育的背景与模式。首先，文化模式为教育提供了特定的背景；其次，文化模式还从多方面制约教育的模式。不同文化模式影响的教育模式，在教育目的、内容与方式等各方面也有明显的差异。

（3）文化传统制约教育传统的特性。文化传统越久，对教育传统的制约性越大。我们在教育改革中遇到的许多阻力，究其根源，都与文化传统的消极因素有一定的关系。正确认识文化传统与教育传统的制约关系，对于指导我们今天的教育改革具有重大现实意义。

3. 课程目标有哪几种基本表达方式？

【答案要点】

课程目标是课程实施应达到的学生身心素质发展的预期结果，是对培养目标的具体化。一般说来，完整的课程目标体系包括三类：结果性目标、体验性目标与表现性目标。

（1）结果性目标：明确告诉人们学生的学习结果是什么。在设计时所采用的行为动词要求具体、明确、可观测、可量化，主要应用于"知识"领域。

（2）体验性目标：描述学生自己的心理感受、情绪体验应达成的标准。它在设计中所采用的行为动词往往是历时性、过程性的，主要应用于"过程"领域。

（3）表现性目标：明确安排学生个性化的发展机会和发展程度。它在设计中所采用的行为动词通常是与学生表现什么有关的或者结果是开放性的，主要应用于"制作"领域。

4. 有意义学习的条件。

【答案要点】

（1）有意义学习的材料必须具有逻辑意义，这种逻辑意义指的是材料本身在人的学习能力范围内而且与有关观念能够建立非任意的和实质性的联系。

（2）学习者必须具有有意义学习的心向，也就是积极主动地把新知识与认知结构中原有的适当知识加以联系的倾向。

（3）学习者认知结构中必须具有适当的知识，以便与新知识进行联系。

（4）学习者必须积极主动地使这种具有潜在意义的新知识与他认知结构中有关的原有知识发生相互作用，导致原有知识得到改造，新知识获得实际意义，即心理意义。

5. 简述夸美纽斯的教育内容。

【答案要点】

（1）教育的目的。包括两方面：第一，宗教性目的：认为人生的最终目的是为达到"永生"，教育的目的是使人为来世生活做好准备。第二，现实性目的：通过教育使人认识和研究世界上一切事物，培养和发展他们的各种能力、德行和信仰，以便享受现世的幸福，并为永生做好准备。

（2）教育的作用。夸美纽斯认为教育是改造社会、建设国家的手段。人都是有一定天赋的，而这些天赋发展得如何，关键在于教育。只要接受合理的教育，任何人的智力都能够得到发展。

（3）泛智主义教育观。基于教育的崇高目的，夸美纽斯提出了"将一切事物教给一切人"的泛智主义教育观，并由此大力主张普及教育于全体儿童和民众。内容主要包括教育内容泛智化和教育对象普及化。

（4）普及教育。夸美纽斯认为普及教育就是"人人都可接受教育"，其核心是泛智论。实现普及教育的可能性一方面在于人自身具有接受教育的先天条件，另一方面在于教育可以改进社会和塑造人，社会和人的进步离不开教育。

（5）统一学制。为了使国家便于管理全国的学校，使所有儿童都有上学的机会，夸美纽斯提出建立全国统一学制的主张。他把人的学习期划分为四个阶段，并按这种年龄分期设立相应的学校。各级学校均按照适应自然的原则，采取班级授课制和学年制开展工作，分别开设不同的课程来教育和培养儿童。

（6）管理实施。夸美纽斯强调国家对教育的管理职责，认为国家应该设立督学对全国的教育进行监督，以保证全国教育的统一发展。

（7）学年制。为改变当时学校教学活动缺乏统一安排的无序状况，夸美纽斯制定了学校教学活动的学年、学日制度。

（8）班级授课制。为实现普及教育、提高教学效率，改变教师只对学生进行个别教学和指导的状况，夸美纽斯总结新旧各教派学校中实行班级授课的经验，提出并全面系统地论述了班级授课制度。

（9）论教育和教学的基本原则。第一，论教育适应自然的原则。第二，主要教学原则，包括直观性原则、激发学生求知欲望原则、巩固性原则、量力性原则、系统性和循序渐进性原则、因材施教原则。

6. 察举制和九品中正制的异同。

【答案要点】

察举制是我国汉代选拔官吏的制度，由地方官根据朝廷所定科目和选拔标准，向朝廷荐举，经过考核，任以官职。

九品中正制。九品中正制又称"九品官人法"，即郡设小中正，州设大中正，由地方上有声望的人充任，将士人按"才能"评定为九等，实际上是按门第高低列等，政府按等选用。

（1）相同点。察举制和九品中正制都是我国古代重要的选官制度。

（2）不同点。①察举制不问出身，但九品中正制限制庶族；②察举制提高了人们求学的积极性，九品中正制相反；③察举制设有"孝廉"等科目，但是九品中正无科目。

四、分析论述题

1. 根据下面的材料，说明教育对人的发展作用。

【答案要点】

（1）教育在人的发展中起引领作用。教育在年轻一代的发展中起着引领作用主要体现在：有意识地为年轻一代的成长选择、建构、调控良好的环境，对他们的生活、交往、学习与实践等活动进行正确的教导、示范和辅助，并注重尊重他们的主体地位和激发、引导他们内在的学习动力与自我发展的能动性和自主性，从各方面引领、关怀、维护他们的发展。

（2）学校教育主要通过传承文化科学知识来培养人。学校教育是教育者有意识地为儿童的身心发展精心设置的一种环境，它把经过选择的、重新组编的、人类长期积累起来的文化知识作为精神客体与儿童互动，以促进儿童的发展，使他们成人成才。

（3）学校教育对提高人的现代性有显著的作用。教育在人的现代化过程中起着重要作用，因为学生在学校里不仅学会了读、写、算等各个方面的基础知识与技巧，而且学到了与他们个人的发展和国家的未来有关的态度、价值和行为方式。人的现代化是社会现代化的重要基础和前提条件，我们应该自觉地优先发展教育，高度重视并充分发挥教育对人的现代化的促进作用。

2. 苏格拉底法述评。

【答案要点】

产婆术也称"问答法""苏格拉底法"，是由讥讽、助产术、归纳和定义四个步骤组成的独特的方法。这是苏格拉底探讨伦理哲学的研究方法，也是他的教学方法。

（1）讥讽。指就对方的发言不断提出追问，迫使对方自陷矛盾，最终承认自己的无知。

（2）助产术。指帮助对方自己得到问题的答案。

（3）归纳。从各种具体事物中找到事物的共性或本质，通过对具体事物的比较寻求"一般"。

（4）定义。指把个别事物归入一般概念，得到关于事物的普遍概念。

这种教学方法不将现成的结论硬性灌输或强加于对方，而是与对方共同讨论，通过不断提问诱导对方认识并承认自己的错误，自然而然地得到正确的结论。这种方法遵循从具体到抽象、从个别到一般、从已知到未知的规则，为后世的教学法所吸取。

2016年

山东师范大学 333 教育综合·真题解析

一、名词解释

活动课程

活动课程又称经验课程、儿童中心课程，与学科课程相对立，它打破学科逻辑的界线，是以学生的兴趣、需要、经验和能力为基础，通过引导学生自己组织的有目的的活动系列而编制的课程。

致良知

王守仁十分重视教育对于人的发展所起的重要作用，提出了"学以去其昏蔽"的思想，其目的是激发本心所具有的的"良知"。其具体内容包括两个方面："心即理"和良知即是天理。

大学区制

大学区制是在19世纪法兰西第一共和国时期开始实行的一种教育行政体制。为牢固掌握教育管理权，拿破仑授意颁布了一系列教育法令，其中就有关于设置大学区的内容。1927年，国民党教育行政委员会仿照法国，设立了中华民国大学院主管全国教育，地方试行大学区。

自我效能感

自我效能感由班杜拉提出，是指个体对自己能否成功进行某一成就行为的主观判断。它影响着个体对行为的选择，付出多大努力以及坚持多久。影响自我效能感的因素有直接经验、替代性经验、言语说服、情绪唤起和身心状况。

二、辨析题

1. 教育目的是人制定的，所以是主观的。

【答案要点】

该观点不正确。

教育目的包含着社会对教育所要培养的人的规格做出主观性的预期与规定，往往给人造成一种错觉，认为教育目的是一种主观性的东西。但是教育目的在本质上是一种客观的东西，首先，教育目的得以产生的依据是客观的，任何教育目的的提出都依赖于一定的客观现实条件，如一定社会的生产方式等；其次，教育目的所包含的内容本身也是客观的。

因此，教育目的具有客观实在性，不是主观的。

2. 教师在教学过程中担任多种角色。

【答案要点】

该观点正确。

教师角色丛是指与教师特定的社会职业和地位相关的所有角色的集合。仅就教师与学生的关系而言，教师就要扮演多重角色。如"家长代理人"和"朋友、知己者"的角色、"传道、授业、解惑者"的角色、"管理者"的角色、"心理调节者"的角色、"研究者"的角色。

3. 新教育运动是19世纪末20世纪初兴起于美国的教育革新运动。

【答案要点】

该观点不正确。

新教育运动是指19世纪末20世纪初在欧洲兴起的教育改革运动，初期以建立不同于传统学校的新学校作为新教育的"实验室"为其特征。

19世纪末20世纪初兴起于美国的教育革新运动是进步主义教育运动，是以杜威教育哲学为主要理论基础、以进步主义教育协会为组织中心、以改革美国学校教育为宗旨的教育革新思潮和实践活动。

4. 场独立型的人适合学习人文知识，场依存型的人适合学习数理知识。

【答案要点】

该观点不正确。

场依存型受环境影响因素大，倾向于把外在参照系作为心理活动的依据。一般而言，场依存性者对人文学科和社会学科更感兴趣。

场独立型不受或很少受环境因素影响，倾向于利用个体内在参照系作为心理活动的依据。一般而言，场独立型者在数学与自然科学方面更为擅长。

因此，场独立型的人适合学习数理知识，场依存型的人适合学习人文知识。

三、简答题

1. 教育的政治功能。

【答案要点】

（1）教育通过传播一定的社会的政治意识，完成年轻一代的政治社会化。人的社会化是人的发展的重要方面，而政治社会化又是人的社会化的重要方面。教育作为传递知识、训练思维与培养情感的活动，能向年轻一代传播一定的社会政治意识，促进他们的政治社会化，从而为一定社会政治秩序的稳定创造重要条件。

（2）教育通过造就政治管理人才，促进政治体制的变革与完善。现代社会强调法治，使得教育更重视培养政治管理人才。由于科技向管理部门的全面渗透，社会越发展，国家对政治管理人才的素质要求越高，通过教育选拔、培养政治管理人才显得越重要。

（3）教育通过提高全民文化素质，推动国家的民主政治建设。一个国家的政治是否民主，取决于政体和国民素质。普及教育的程度越高，国民的文化素质越高，其国民就越能认识民主的价值，在政治生活和社会生活中就越能履行民主的权利。

（4）教育是形成社会舆论、影响政治时局的重要力量。学校是知识分子和青少年集中的地方，他们有见解，勇于发表意见，通过教育者和受教育者的言论、演讲和社会活动等，来宣传思想，造就舆论，借以影响群众，为一定的政治、经济服务。

2. 教学的任务。

【答案要点】

教学是在教师引导下学生能动地学习知识以获得素质发展的活动。依据教育目的与学生个体素质发展的需求，并考虑到人们的研究成果，我国基础教育的教学任务有以下几个相互联系的方面：

（1）掌握科学文化基础知识、基本技能和技巧。

（2）发展体力、智力、能力和创造才能。

（3）培养正确价值观、情感与态度。

3. 九品中正制。

【答案要点】

九品中正制，又称九品官人法，是魏晋南北朝时期重要的选官制度。它上承两汉察举制，下启隋唐科举制，在中国古代政治制度史上占有十分重要的地位。

九品中正制的基本内容是：各州设大中正，各郡设小中正，依据所管辖区域内人物的品行，品评后分为九个等级：上上、上中、上下、中上、中中、中下、下上、下中、下下。按择"上品"录用的原则，从中选择官吏。

九品中正制改变了东汉以来世家大族结成朋党操纵选士的局面，确实起过选贤任能的积极作用，但纵观史籍，魏晋南北朝的中正官全部都是由著姓大族所把持，形成了"上品无寒门，下品无士族"的局面，堵塞了一般中小地主士人的入仕之路。这种不以德才取士专重门第的做法，伤害了读书士子的学习积极性，严重影响了学校教育的正常发展。

4. 基督教教育的特点。

【答案要点】

（1）教育目的宗教化。主要是为了培养教会人才，扩大教会势力，巩固封建统治。

（2）教学内容神学化。主要课程是神学和"七艺"。神学包括《圣经》、祈祷文、教会的礼仪等；"七艺"是从古希腊内容演变而来的，经基督教改造，为神学服务。

（3）教育方法原始、机械、烦琐。为了维护教会、神学的绝对权威，教会学校强迫学生服从《圣经》和教师，学校个别施教，纪律严格，体罚盛行。

5. 严复的"三教论"。

【答案要点】

严复是中国近代从德、智、体三要素出发构建教育目标模式的先导性人物。严复的德、智、体"三教论"首次在《原强》中提出。

（1）"鼓民力"即提倡体育，包括禁止吸鸦片和女子缠足等陋习，使国民有强健的身体，体育和智育是相辅相成的。

（2）"开民智"就是要全面开发人民的智慧，提高人民的文化教育水平，但实际牵涉对传统教育体制、教育内容、学风和教学方法的改革，其核心是改革科举制度，废除八股取士和训诂词章之学，讲求西学。

（3）"新民德"主要是改变传统德育内容，用西方的民主自由平等取代封建伦理道德，培养人民忠爱国家的观念意识。"新民德"涉及上层建筑的意识形态领域，为三者之中最难。

6. 明治维新的教育改革。

【答案要点】

（1）建立中央集权式的教育管理体制。1871年，明治政府在中央设立文部省，统一管理全国的文化教育事业并兼管宗教事务。1872年颁布的《学制令》，在确立教育领导体制的基础上，建立全国的学校教育体制。规定实行中央集权式的大学区制。

（2）初等教育的发展。1886年颁布的《小学令》规定初等教育年限为八年，分两个阶段实施。前4年为寻常小学阶段，实施义务教育；后4年为高等小学阶段，实施收费制。

（3）中等教育的发展。1886年颁布的《中学校令》规定，中学承担实业教育及为学生升入高等学校做准备的基础教育两大任务；中学类型分为寻常中学与高等中学两类，前者修业5年，由地方设置及管理，每府县设立一所，属普通教育学校；后者修业2年，每学区设一所，属大学预科性质，直接接受文部大臣的领导。

（4）高等教育的发展。日本近代高等教育的发展始于明治维新时期的教育改革，这一改革既吸取借鉴了欧美发展高等教育的经验，同时又较好地利用了本国已有的教育基础。新大学的创办以1877年东京大学的成立为肇端。1886年颁布《帝国大学令》，改东京大学为帝国大学，明确其任务为适应国家发展需要，讲授学术及技术理论，研究学术及技术的奥秘，培养大批管理干部及科技人才。

（5）师范教育的发展。明治时期大规模教育改革的推行及学校的兴办，尤其是初等义务教育运动的开展，客观上要求充分发展师范教育以提供必要的师资保障。1886年颁布的《师范学校令》为日本师范教育的规范发展提供了政策支撑。

四、分析论述题

1. 论述教师主导与学生主动性的关系。

【答案要点】

（1）发挥教师的主导作用是学生简捷有效地学习知识、发展身心的必要条件。

在教学过程中，教师的教一般是矛盾的主导方面。教师主导作用是针对能否引导学生积极学习与上进而言的。因而学生的主动性、反思性、创造性发挥得怎样，学习的效果怎样，又是衡量教师主导作用发挥得好坏的根本标志。教学中一切不民主的强迫灌输和独断专横的做法，都有悖于教师的主导作用。

（2）尊重学生、调动学生的学习主动性是教师有效地教学的一个主要因素。

学生是有能动性的人，他们不只是教学的对象，而且是学习主体与发展主体。学生的学习主动性、积极性发挥得怎么样，直接影响并最终决定着学生个人的学习质量、成效和身心发展的方向与水平。

（3）防止忽视学生积极性和忽视教师主导作用的偏向。

过于突出教师或者过于强调学生在教学中的主体地位与作用都是片面的。最可靠的措施是普遍提高教师的修养和水平，加强对学生的了解、沟通，提高教师的责任感与创造性，这样才能实现师生之间的民主平等、尊师爱生、教学相长地互动与合作，使师、生两方面主动性都能得到弘扬，在教学互动的过程中达到动态的平衡和相得益彰。

2. 联系实际说明促进学习迁移的措施。

【答案要点】

（1）整合学科内容。教师要注意把各个独立的教学内容整合起来，鼓励学生把在某一门学科中学到的知识运用到其他学科中去。

（2）加强知识联系。教师要重视简单的知识技能与复杂的知识技能、新旧知识技能之间的联系。教师要促使学生把已学过的内容迁移到新的学习内容中去。

（3）强调概括总结。教师在教学中要注意启发学生对所学内容进行概括总结。一方面在教学中，教师要引导学生自己对原理进行概括，培养和提高其概括总结的能力，充分利用原理的迁移；另一方面，在讲解原理时，教师要在最大范围内列举各种变式，使学生正确把握其内涵和外延。

（4）重视学习策略。教师应有意识地教学生学会如何学习，帮他们掌握概括化的认知策略和元认知策略，从而促进学习的迁移。

（5）培养迁移意识。教师可以通过反馈和归因控制等方式使学生形成关于学习和学校的积极态度。教师要注意对学生的反馈，当学生用其他学科的知识来解决某一学科的问题时应给予鼓励。

2015年 山东师范大学 333教育综合·真题解析

一、名词解释

个人本位论

个人本位论认为教育目的是根据个人发展的需要制定的，而不是根据社会的需要制定的，个人价值高于社会价值，人生来就有健全的潜在本能，教育的基本职能就在于使这种潜能得到发展。代表人物有卢梭、裴斯泰洛齐等。

三舍法

"三舍法"是王安石在"熙宁兴学"期间创立的一种改革太学最重要的措施。将太学分为外舍、内舍和上舍三个程度不同、依次递升的等级。太学生相应地分为三个部分，学员依学业程度考核，依次升舍。

学在官府

学在官府是西周在文化教育上的特征。为了国家管理的需要，西周奴隶主贵族制定法纪规章，并将其汇集成专书，由当官者来掌握。这种现象历史上称之为"学术官守"，并由此造成"学在官府"。"政教合一，官学一体"是"学在官府"的重要标志。

智者

智者又称诡辩家，被用来专指以收费授徒为职业的巡回教师。这些人云游各地，积极参加城邦的政治和文化生活，以传播和传授知识获得报酬，并逐步形成了一个阶层。智者派的共同思想特征是相对主义、个人主义、感觉主义和怀疑主义。

二、辨析题

1. "近朱者赤，近墨者黑"，所以说明环境在人的发展中起决定作用。

【答案要点】

该观点不正确。

"近朱者赤，近墨者黑"肯定了环境在人的发展中的作用，但环境对人的发展的制约作用离不开人对环境的能动活动。环境是个体身心发展的外部条件，为个体的身心发展提供了可能和限制，环境对个体身心发展的影响，最终取决于个体主观能动性的发挥。

个体的活动、个体的社会实践是个体与环境互动的中介，是个体发展的基础，是个体发展的决定性因素。

2. 教师劳动具有专业性。

【答案要点】

该观点正确。

1966 年，国际劳工组织、联合国教科文组织在《关于教师地位的建议》中提出："教育工作应被视为专门职业，这种职业是一种要求教员具备经过严格而持续不断的研究才能获得并维持专业知识及专门技能的公共业务；要求对所辖学生的教育和福利具有个人的及共同的责任感。"1993 年颁布的《中华人民共和国教师法》也明确规定"教师是履行教育教学职责的专业人员"。这从根本上肯定了教师劳动的专业性。

3. 法家的绝对"性恶论"否定了教育的价值。

【答案要点】

该观点正确。

法家的人性观表现为绝对的"性恶论"。法家认为人性是自私的，趋利避害是人的本性。基于此，法家强调治国必须靠高压政治、法制手段，无须用温情脉脉的教育感化。

法家强调法制对改造人的自私品质的作用，主张严格要求，有一定的道理，但是法家忽视了自我道德教育的必要性，否认了教育存在的价值，其结果必然走向惩罚主义。

4. 经典性操作反射和操作性条件反射没有实质性的区别。

【答案要点】

该观点不正确。

从行为的角度来说，经典性条件反射是无意的、情绪的、生理的，但是操作性条件反射是有意的；从发生的顺序来说，经典性操作反射是行为发生在刺激之后，而操作性条件反射为行为发生在刺激之前；从学习的发生来说，经典性条件反射为中性刺激与无条件刺激的匹配，操作性条件反射则为行为后果影响随后的行为。

因此，经典性操作反射和操作性条件反射有实质性的区别。

三、简答题

1. 现代教育的特征。

【答案要点】

（1）学校教育逐步普及。由于资本主义生产尤其是机器大工业生产在欧洲兴起，因而西欧的资本主义国家最先提出普及教育的要求。1619年，德意志魏玛邦在宗教改革的影响下颁布了学校法令，规定父母送6~12岁男女儿童入学，这是普及教育的开端。

（2）教育的公共性日益突出。随着大工业生产发展的需要，随着工人阶级和其他劳动人民对教育权的争取，对受教育权的阶级垄断越来越不合时宜，受到来自被统治阶级和统治阶级两方面的批判。在此情形下，大力发展学校教育逐渐成为社会的公共事业和共同话题。

（3）教育的生产性不断增强。在现代社会，随着工业生产的发展和科学技术的进步，科技与教育在生产中的作用增强。现代教育与生产劳动的逐步结合，对提高社会生产效率和增加社会财富起着重要作用，日益成为经济发展的有力保证。

（4）教育制度逐步完善。随着学校数量的增加，学校教育的层次、种类及其运行和管理的复杂化，需要一定的教育宗旨、制度、要求等，以推动学校教育系统有条不紊地运行。教育制度化的实现，使得教育系统中的各级各类学校、各种教育机构和教育行政部门的工作均有制度可循，能排除来自内外部的干扰，使教育活动有序有效地开展，取得了良好效果。

2. 学科课程的特点。

【答案要点】

学科课程也称分科课程，是指根据学校培养目标和科学发展，分门别类地从各门科学中选择适合学生年龄特征与发展水平的知识所组成的教学科目。

（1）特点：第一，重视成人生活的分析及对儿童为适应未来社会生活需要所做准备的要求，有明确的目的与目标；第二，能够按照人类整理的科学文化知识的逻辑系统，结合学生身心发展的特点进行教学；第三，强调课程与教材内在的伦理精神价值和智能训练价值。

（2）优点：符合学生认识特点，便于在短时间内掌握人类长期积累起来的科学文化知识与基本技能。

（3）缺点：往往忽视儿童现实的兴趣与欲求，易与学生的生活和经验脱节，使学生被动、消极，造成死记硬背等弊端。

3. 汉代"独尊儒术"的文教政策。

【答案要点】

独尊儒术是董仲舒在《对贤良策》中，向汉武帝提出的三大文教政策：一是"推明孔氏，抑黜百家"；二是"兴太学以养士"；三是"重视选举，任贤使能"。这三大文教政策，是董仲舒社会政治思想在文化教育领域的体现。

（1）"推明孔氏，抑黜百家"。这是文教政策的总纲领，董仲舒论证了儒学在封建政治中应居独一无二的统治地位。

（2）兴太学以养士。为了保证封建国家在统治思想上的高度统一，也为了改变统治人才短缺的局面，董仲舒提出了"兴太学以养士"的建议，即由国家设立学校，培养贤士。实际上，兴办太学，政府直接掌握教育大权，决定人才的培养目标，也是整齐学术、促进儒学独尊的重要手段之一。

（3）重视选举，任贤使能。针对汉初人才选拔和使用中的弊端，董仲舒提出了加强选举、合理任用人才的主张。董仲舒提出了一套严格的选士方案，同时强调"量材而授官，录德而定位"的用人思想。这里的"材""德"是以儒家的经术和道德观念为标准的。这些主张，对促进儒学取得独尊地位有重要的作用。

4.《巴特勒教育法》。

【答案要点】

1944年，英国政府通过了以巴特勒为主席的教育委员会提出的教育改革方案，即《巴特勒教育法》。其主要内容包括：

（1）加强国家对教育的控制和领导。法案废除教育委员会，设立教育部，统一领导全国的教育。同时，设立中央教育咨询委员会，负责向教育部长提供咨询和建议。

（2）加强地方行政管理权限，设立由初等教育、中等教育和继续教育组成的公共教育系统。地方当局负责为本地区提供初等、中等和继续教育。其中，初等教育包括幼儿园、幼儿学校和初等学校。小学生毕业后根据11岁考试结果，按成绩、能力和性向分别进入文法中学、技术中学和现代中学。初等学校和中等学校实行董事会制。

（3）实施5—15岁的义务教育。父母有保证子女接受义务教育和在册学生正常上学的职责。地方教育当局应向义务教育超龄者提供全日制教育和业余教育。

（4）要求改革宗教教育、师范教育和高等教育等。

5. 奥苏伯尔的认知同化理论。

【答案要点】

奥苏伯尔的认知同化理论认为，有意义学习是通过新信息与学生认知结构中已有的有关观念相互作用而发生的，这种相互作用导致了新旧知识有意义的同化。根据新旧观念的概括水平及其联系方式的不同，奥苏伯尔提出了三种认知同化过程。

（1）影响认知同化的因素。

①固着观念。指认知结构中对新知识起固定作用的适当观念。

②可辨别性。指新材料与原有观念之间区别的程度。

③清晰稳定性。认知结构中的固着观念是否清晰、稳定也影响学生能否对新旧观念做出区分。

（2）同化模式。

①下位学习。又称类属学习，是指学习者认知结构中原有的观念在包摄和概括的水平上高于新知识，在新旧知识之间构成一种类属关系。

②上位学习。又称总括学习，是指学习者在已形成若干观念的基础上学习包摄程度更高的知识。

③组合学习。又称并列学习，指新概念或新命题与认知结构中的观念不产生下位关系又不产生上位关系时，它们之间可能存在组合关系。这种只能凭借组合关系来理解意义的学习就是组合学习。

6. 简述规范学习的心理过程。

【答案要点】

（1）社会规范的依从。依从，即表面上接受规范，按照规范的要求来行动，但对规范的必要性或根据缺乏认识，甚至有抵触情绪。依从具有一定的盲目性和被动性，包括从众和服从。

（2）社会规范的认同。认同比依从深入了一层，简单地说，它是对自己所认可、仰慕的榜样的遵从、模仿。认同具有自觉性和主动性，包括偶像认同和价值认同。

（3）社会规范的内化。社会规范的内化是社会规范接受的高级水平，是品德形成的最高阶段，指主体随着对规范认识的概括化与系统化，以及对规范体验的逐步累积与深化，最终形成一种价值信念作为个体规范行为的驱动力。

四、分析论述题

1. 如何理解教学中的掌握知识与发展智力的关系。

【答案要点】

（1）智力的发展与知识的掌握二者相互依存，相互促进。

在教学过程中，学生智力的发展依赖于他们知识的掌握，对学生来说，掌握、运用知识及其反思、改进的过程，也就是他们运用和发展智力的过程；同时，学生对知识的掌握又依赖于他们的智力发展，只有那些智力发展好的学生，他们的接受能力才强、学习效率才高，而智力发展较差的学生在学习中则有较多的困难。

（2）生动活泼地理解和创造性地运用知识才能有效地发展智力。

通过传授知识发展学生智力是教学的一个重要任务，然而知识不等于智力，一个学生知识的多少并不一定能标志他的智力发展的高低。因此，在教学中不仅要教给学生知识，而且要引导学生通过生动活泼的教学活动，透彻地理解知识原理，了解获取知识的过程与方法，学会独立思考、推理与论证，创造性地解决实际问题，这样才能使学生的智力获得高水平的发展。

（3）防止单纯抓知识教学或只重能力发展的片面性。

在教学实践中，有的认为"双基"教学抓好了，学生的智力就自然地发展了，却忽视引导学生通过探究、反思有意识地锻炼学生的智力；有的则只注重学生自主探究、反思，却忽视通过系统知识和原理的学习与运用来发展智力。这两者都不利于提高教学质量。

2. 对卢梭的自然主义教育进行评述。

【答案要点】

（1）自然教育的基本含义。卢梭自然主义教育的核心是"回归自然"。一方面，善良的人性存在于纯洁的自然状态之中。只有"回归自然"、远离喧嚣社会的教育，才有利于保持人的善良天性。因此15岁之前的教育必须在远离城市的农村进行。另一方面，每个人都是由自然的教育、事物的教育、人为的教育三者培养起来，只有三种教育圆满地结合才能达到预期的目的。三者之中，应以自然的教育为基准，才能使教育回归自然达到应有的成效。

（2）自然教育的培养目标。自然教育最终目的是培养"自然人"，即身心调和发达、体脑两健、能力强盛的新人，也就是摆脱封建羁绊的资产阶级新人。具有以下特征：第一，自然人是能独立自主的人，他能独自体现出自己的价值；第二，在自然的秩序中，所有的人都是平等的；第三，自然人又是自由的人，他是无所不宜、无所不能的；第四，自然人还是自食其力的人，可无须仰赖他人为生，这是独立自主的可靠保证。

（3）自然教育的方法原则。卢梭猛烈抨击了当时向儿童强迫灌输旧的道德和知识、摧残儿童天性的做法，他提出以下几点原则和方法：第一，树立正确的儿童观，应当把成人看作成人，把孩子看作孩子。第二，对儿童实施消极教育。此外，让他们在同自然的接触中，体会到自己所犯的错误和过失带来的自然后果，使儿童服从于自然法则，结合具体事例让他们从自己的直接经验中受到教育。第三，根据儿童天性的个体差异，因材施教。

（4）自然主义教育的实施。卢梭根据自然教育的原则，根据人的自然发展的进程和不同年龄时期身心的特点，把自然教育分为婴儿期、儿童期、少年期和青春期。婴儿期主要进行体育；儿童期主要进行感官训练和身体发育，这个时期的儿童不宜进行理性教育，不应强迫儿童读书；少年期主要进行智育和劳动教育；青春期主要接受道德教育，包括宗教教育、爱情教育和性教育。

（5）影响。卢梭提出的自然主义教育思想是教育思想史上由教育适应自然向教育心理学化过渡的一个重要环节。在封建社会压制人性的情况下，提倡性善论，尊重儿童天性具有历史进步意义。他呼吁培养身心调和发展的自然人和自由人也反映了对人的发展的合理要求。卢梭论证了自然主义教育的内容和方法。如重视感觉教育的价值；反对古典主义和教条主义，要求人们学习真实有用的知识；反对向儿童灌输道德教条，要求养成符合自然发展的品德等。这些观点既是在前人的基础上的发展，也反映了近代教育的发展方向。

2014年 山东师范大学 333 教育综合·真题解析

一、名词解释

综合实践活动

综合实践活动既是我国基础教育的重要组成部分，又是我国基础教育的重要途径。它是对我国几十年来课外活动、活动课的继承、规范和发展，是应对时代发展对国民素质挑战的基本策略，是实施全面发展教育，培养学生的创新精神、实践智慧与能力、强烈的社会责任感以及良好的个性品质的根本要求。

学园

柏拉图创办的学园被视为雅典第一个永久性的高等教育机构。学园既开展了广泛的教学活动，培养各类人才，同时也进行了哲学和自然科学领域的学术研究，这些教学和研究活动极大地促进了古希腊科学和文化的发展。

骑士教育

骑士教育是中世纪世俗教育的一种主要形式，以培养当时封建制度中骑士阶层的成员为目的。它是一种特殊形式的家庭教育，并无专设的教育机构，也没有专职的教育人员。它在骑士生活和社交活动中进行。训练骑士的标准是剽悍勇猛、虔敬上帝、忠君爱国、宠媚贵妇。

潜伏学习

潜伏学习又称隐匿学习，是指一种无明显的强化，其结果在一定时间后通过作业才显示出来的学习过程。潜伏学习的特点有二：一是学习的结果不太明显，是"潜伏"的；二是潜伏学习是在没有强化的条件下发生的，一旦受到强化，具备了操作的动机，这种结果就会明显地通过操作而表现出来。

二、辨析题

1. 人的身心发展的不平衡要求教育要循序渐进。

【答案要点】

该观点不正确。

人的发展的不平衡性要求教育要掌握和利用人的发展的成熟机制，抓住发展的关键期，促进学生健康地发展。

个体身心发展的顺序性，决定了教育教学工作的顺序性，在不同的发展阶段展开不同的教育活动，同时更应该按照发展的序列来施教，做到循序渐进。

因此，是人的身心发展的顺序性要求教育要循序渐进。

2. 学习可以引起个体的行为发生变化，因此，一个人行为发生了变化可以判定发生了学习。

【答案要点】

该观点不正确。

学习是个体在特定情境下由于练习或反复经验而产生的行为或行为潜能的比较持久的变化，具有以下几个特点：学习是由反复经验引起的；学习导致行为或行为潜能的变化且这种变化是相对持久的；行为的变化并不等同于学习的存在；学习所带来的行为变化往往要通过行为表现出来，但学习与表现不能等同；学习是一个广义概念，它不仅是人类普遍具有的，也是动物所具有的。

因此，一个人行为发生了改变并不等同于发生了学习。

3. 促进学生的全面发展与培养学生的个性发展是相对立的。

【答案要点】

该观点不正确。

全面发展与独立个性二者并不排斥。所谓"全面发展"，是指受教育者个体必须在德、智、体、美诸方面都得到发展，不可或缺，即个性的全面发展；所谓"独立个性"，是指德、智、体、美等素质在受教育者个体身上的特殊组合，不可一律化，即全面发展的个性。二者的关系是辩证统一的关系。

因此，促进学生的全面发展与培养学生的个性发展是辩证统一的。

4. 卡特尔认为，流体智力是在实践中获得的，因此人的一生流体智力都是在生长的。

【答案要点】

该观点不正确。

流体智力是指基本与文化无关的、非言语的心智能力，如空间关系认知、反应速度、记忆及计算能力等。流体智力在青少年期之前一直增长，30岁左右达到顶峰，然后随着年龄增长逐渐衰退。

晶体智力是指应用从社会文化中习得的解决问题的方法的能力，是在实践中形成的能力。晶体智力在人的整个一生中都在增长。

因此，晶体智力才是在实践中获得的，在人的整个一生中都在生长的。

三、简答题

1. 政治经济制度对教育的影响。

【答案要点】

（1）社会经济政治制度制约教育的性质。一定的教育具有什么样的性质是由那个社会的经济政治制度的性质决定的，而且教育的发展也受制于社会经济政治制度的发展变革。

（2）社会经济政治制度制约教育的宗旨和目的。教育目的是一个社会的经济政治制度对教育的权益要求的集中体现，它直接反映着统治阶级的利益和需求。

（3）社会经济政治制度制约教育的领导权。在人类社会中，掌握政权的阶级必然掌管着社会生产资料，从而必然掌握着精神生产资料，也就掌握着教育的领导权。

（4）社会经济政治制度制约受教育权。在一个社会里，让哪些人受教育，达到什么程度，受什么样的教育，教育的结果如何，都是由社会的经济政治制度决定的。

（5）社会经济政治制度制约教育内容、教育结构和教育管理体制。为了实现不同的教育目标，不同社会经济政治条件下的教育有着不同的教育内容，尤其是社会科学方面的内容。特定的社会教育结构也是由该社会的社会结构、经济结构决定的。教育的管理体制更直接受制于社会的经济政治制度。

2. 教师劳动的特点。

【答案要点】

（1）教师劳动的复杂性。教师劳动的复杂性主要受以下三方面的影响：第一，学生状况的复杂性决定着教师劳动的复杂性；第二，教师任务的多样性制约着教师劳动的复杂性；第三，影响学生发展因素的广泛性制约着教师劳动的复杂性。

（2）教师劳动的示范性。教育是教师引导、培养学生的活动，它要求教师以身作则，具有示范性。教师的劳动对象是处在发展过程中的青少年学生，他们具有尊敬教师、乐于接受教师的教导、以教师为表率的所谓"向师性"的特点。因此，教师必须严格要求自己，以身作则，通过示范的方式去影响学生，以便取得最佳教育效果。

（3）教师劳动的创造性。教师劳动创造性的最重要特征之一是他的工作对象，即儿童经常在发生变化，永远是新的，今天同昨天就不一样。此外，教师劳动的创造性还表现在因材施教上；表现在对教育、教学的原则、方法、内容的运用、选择和处理上；表现在教育教学过程中，教师对各种突发情况做出及时反应、妥善处理的应变能力上。

（4）教师劳动的专业性。教师劳动的专业性突出表现在教师对育人的崇高敬业精神和道德修养上，对教育教学专门化知识和技能的掌握与教育活动的自主权上。

3. 清朝末期的教育改革。

【答案要点】

（1）"壬寅学制"和"癸卯学制"颁布。壬寅学制是中国近代第一个以中央政府名义制定的全国性学制系统，但公布后未曾实行即被"癸卯学制"取代。"癸卯学制"是中国近代由中央政府颁布并首次得到施行的全国性法定学制系统，较"壬寅学制"更为系统完备。

（2）废科举，兴学堂。1905年，光绪帝正式下令废除科举。科举制度废除后，出现了中国近代史上难得的兴办新学的热潮。

（3）建立教育行政体制。1905年，清廷批准成立学部，作为统辖全国教育的中央教育行政机关，并将原来的国子监并入。地方教育行政也相应做了改革。至此，形成了一套新的从中央到地方的教育行政系统。

（4）确定教育宗旨。1906年，学部针对民权思想的流行和资产阶级革命派的活动，拟订"忠君、尊孔、尚公、尚武、尚实"的五项教育宗旨，这是中国近代第一次正式宣布的教育宗旨。

（5）留日高潮与"庚款兴学"。在清末新政的激励下，近代留学教育在进入20世纪后骤然勃兴，首先是在1906年前后形成了规模盛大的留日高潮，其次是在1908年美国实行"退款兴学"政策后留美潮流逐渐兴起。

4.《国防教育法》的主要内容及意义。

【答案要点】

1957年，苏联卫星上天后，美国朝野震惊，开始反思自身的教育问题，并将教育提高到保卫国家国防的高度，要求对教育进行改革。在此背景下，1958年美国总统批准颁布了《国防教育法》。主要内容包括：

（1）加强普通学校的自然科学、数学和现代外语，即"新三艺"的教学。

（2）加强职业技术教育。要求各地区设立职业技术教育领导机构，有计划地开展职业技术训练。

（3）强调"天才教育"。鼓励有才能的学生完成中等教育，攻读考入高等教育机构所必需的课程并升入该类机构，以便培养拔尖人才。

（4）增拨大量教育经费。作为对各级学校的财政援助。

《国防教育法》是作为改革美国教育、加快人才培养的紧急措施推出的，其颁布与实施，为第二次世界大战后美国教育改革提供了坚实的法律保障，促进了美国教育事业的发展，有利于美国教育质量的提高和科技人才的培养。

5. 改造主义流派的主要观点。

【答案要点】

改造主义教育是实用主义教育的一个分支，产生于20世纪30年代的美国，影响于50年代。改造主义教育是一种把"社会改造"作为教育的主要目标，强调学校成为"社会改造"的主要工具的教育思潮，代表人物是布拉梅尔德。其主要观点包括以下几个方面：

（1）教育应当以"改造社会"为目标。

（2）教育应当重视培养"社会一致"的精神。

（3）教育工作应当以行为科学为依据。

（4）课程教学应当以社会问题为中心。

（5）教师的主要职责是劝说教育。

改造主义是实用主义教育在新的社会时期的继续。在批判与它同一时期出现的要素主义教育和永恒主义教育的同时，也吸收了它们所阐述的某些教育观点。改造主义教育在美国教育界曾产生过一定的影响，但因与美国的社会性质不和，在美国教育实践中的影响不大。

6. 维果茨基的理论中，低级心理机能向高级心理机能的转化主要表现在哪几个方面？

【答案要点】

维果茨基认为，心理发展是指一个人的心理从出生到成年，在环境与教育影响下，通过掌握高级心理机能的工具——语言符号这一中介，在低级心理机能的基础上，逐渐向高级心理机能转化的过程。心理机能由低级向高级发展的标志有以下几个方面：

（1）随意机能的不断发展。随意机能是指心理活动的主动性、有意性，是由主体按照预定的目的自觉引发的心理活动。儿童心理活动的随意性越强，心理水平越高。

（2）抽象–概括机能的提高。随着词汇、语言的发展，随着知识经验的增长，儿童的各种心理机能的概括性和间接性得到发展，最后形成了最高级的意识系统。

（3）高级心理结构的形成。各种心理机能之间的关系不断变化、重组，形成间接的、以符号为中介的心理结构。儿童的心理结构越复杂、越间接、越减缩，心理水平越高。

（4）心理活动的社会文化历史制约性。随着年龄的增长，儿童不断地社会化，其心理发展才能趋向成熟，儿童才能成为社会的人。

（5）心理活动的个性化。个性的形成是高级心理机能发展的重要标志，个性特点对其他机能的发展具有重要的作用。

四、分析论述题

1. 在教学过程中，如何正确处理直接经验和间接经验的关系？

【答案要点】

（1）学生认识的主要任务是学习间接经验。

儿童认识始于直接经验，并通过直接经验，不断扩大对世界的认识。但个人的活动范围是狭小的，无论个人如何努力，仅仅依靠直接经验来认识世界越来越不可能。学生要适应高度发展的文明社会，便必须以学习间接经验为主，便捷地掌握人类积累起来的基本科学文化知识。

（2）学习间接经验必须以学生个人的直接经验为基础。

学生要把书本知识转化为自己能理解的知识，就必须依靠个人已有的或现时获得的感性经验为基础。教学中要注重联系生活与实际，利用学生已有经验，并补充学生学习新知识所必须有的感性认识，以便学生能顺利地理解书本知识并运用所学知识于实际，获得比较完全的知识。

（3）防止只重书本知识传授或直接经验积累的偏向。

只重书本知识的传授或只重直接经验的积累都违反了教学的规律，割裂了间接经验与直接经验的内在联系，影响了教学质量的提高。

2. 孟子和荀子的教育思想的异同。

【答案要点】

（1）孟子和荀子的教育思想的不同点。

①教育实践。

孟子受业于孔子之孙子思的门徒，一生崇拜孔子，自称"乃所愿，则学孔子也"。子思、孟子之学，后世称为思孟学派。

荀子被称为"六经传人"，孔子整理的"六艺"后来多经荀子传授。在儒家经典的传授方面，其作用远过于孟子。

②人性论。

孟子主张"性善论"，他认为，人性是人类所独有的、区别于动物的本质属性，是一个类的范畴。人性的善，是人类缓慢进化的结果，"我固有之"的仁、义、礼、智是人类学习的结果。

荀子提出"性恶论"，他认为人之所以能为善，全靠后天的努力，"人之性善，其善者伪也"。

③教学方法。

孟子尤其主张学习中的独立思考和独立见解。学习中特别重要的是由感性学习到理性思维的转化，提出了因材施教、深造自得、盈科而进、专心致志的教学思想。

荀子对于学习过程的分析相当完整而系统，他把教学过程具体化为"闻、见、知、行"四个基本环节。在荀子看来，由学、思而得的知识还带有假设的性质，它最终是否切实可靠，唯有通过行才能得到验证。

（2）孟子和荀子的教育思想的相同点。

①派别。二者都是儒家学派的代表人物，其思想也有一定的共性。

②教育的作用。二者都重视教育对个人和社会的作用。

孟子看来，教育的作用对个人的作用就是在于引导人保存、找回和扩充其固有的善端；教育对社会的作用是"得民心"。"得民心"是"仁政"的关键，而教育是"得民心"的最有效的措施。

荀子认为教育对个人的作用在于"化性为伪"，即人的成就是环境、教育和个体努力共同作用的结果；教育对社会的作用是教育能够统一思想，统一行动，使兵劲城固，国富民强。这也反映了战国末期要求集权统一的历史发展趋势。

③教育目的。二者都认为教育是为统治阶级培养人才。

孟子第一次明确地概括出中国古代学校的教育目的是"明人伦",又说明教育就是通过实现"明人伦"来为政治服务的。

荀子认为教育应当以大儒作为理想目标。荀子认为教育应当培养推行礼法的"贤能之士",或者说具有儒家学者身份且长于治国理政的各级官僚。

④教学内容。

二者的教学内容都是儒家经典。荀子重视文化知识特别是古代典籍的学习,认为各经有不同的教育作用。在诸经中,荀子尤重《礼》,以之为自然与社会的最高法则。

2013年 山东师范大学333教育综合·真题解析

一、名词解释

中体西用

"中体西用"是洋务派关于中西文化关系的核心命题,也是洋务教育的指导思想。在回答解决"西学"与中国固有文明之间的关系问题时,洋务派提出"中体西用",认为在突出"中学"主导地位的前提下,应肯定"西学"的辅助作用和器用价值。

朱子读书法

朱子一生酷爱读书,对于如何读书有深切的体会,并提出了许多精辟的见解。他的弟子将其概括为"朱子读书法"六条,包括循序渐进、熟读精思、虚心涵泳、切己体察、着紧用力、居敬持志。

京师同文馆

京师同文馆最初是作为外语学校设立的,是近代中国被动开放的产物,1902年,京师同文馆并入京师大学堂。在教学内容的设置上,重视外语学习以及科学技术的学习。就其历史地位而言,它是洋务学堂的开端,也是中国近代新教育的开端。

导生制

导生制又称贝尔-兰开斯特制,指教师在学生中选择一些年龄较大、学习成绩较好的学生充任导生,教师先对导生进行教学,然后由他们去教其他学生。通过这种教学方式,学生的数额得以大大增加,也在一定程度上缓解了教师奇缺的压力,因而一度广受欢迎,但因其难以保证教育质量而最终被人们所抛弃。

学习风格

学习风格是指学习者在完成学习任务时所表现出来的一贯的、典型的、独具个人特色的学习策略和学习倾向。学习风格的心理因素包括认知、情感和意动三方面。学习风格的认知因素就是心理学家倾向于使用的认知风格。

二、简答题

1. 北宋的三次兴学及其结果。

【答案要点】

（1）"庆历兴学"。第一次兴学运动在宋仁宗庆历四年（1044年），由范仲淹主持，史称"庆历兴学"。具体措施有：第一，普遍设立地方学校；第二，改革科举考试；第三，创建太学。

庆历兴学对完善中央官学和推进地方教育的发展具有一定积极作用。但不久由于统治集团内部斗争加剧，范仲淹被排挤出朝廷，兴学之举宣告失败。

（2）"熙宁兴学"。第二次兴学运动是在熙宁年间（1068—1077年），由王安石主持，史称"熙宁兴学"。具体措施有：第一，改革太学，创立"三舍法"；第二，恢复和发展州县地方学校；第三，恢复和创设武学、律学和医学；第四，编撰《三经新义》作为统一教材。

"熙宁兴学"也同样因为王安石被逐出朝廷而半途夭折，但是它将北宋教育事业向前推进了一大步，并对后来的兴学运动产生了深刻影响。

（3）"崇宁兴学"。第三次兴学运动是蔡京在崇宁年间（1102—1106年）主持的，史称"崇宁兴学"。具体措施有：第一，全国普遍设立地方学校；第二，建立县学、州学、太学三级相联系的学制系统；第三，新建辟雍，发展太学；第四，恢复设立医学，创立算学、书学、画学等专科学校；第五，罢科举，改由学校取士。

以上三次兴学运动，虽然前两次均未能取得预期效果，但都不同程度地将宋朝教育事业向前推进了一大步。第三次兴学，对宋朝教育事业发展所起的作用最大。这三次兴学运动是宋朝"兴文教"政策最直接、也是最重要的体现。

2. 学生的学习特点。

【答案要点】

（1）接受学习是学习的主要形式。学生的学习是在教师的指导下有目的、有计划、有组织、有系统地进行的，是在较短时间内接受前人所积累的文化科学知识，并以此促进自己发展和完善的过程。

（2）学习过程是主动构建过程。学生的学习必须通过一系列的主动构建活动来接受信息，形成经验结构或心理结构，这意味着学习是主动构建意义的自主活动，而不是被动地接受刺激。

（3）学习内容的间接性。在经验传递系统中，学生主要是接受前人的经验，而不是亲自去发现经验，因此，所获得的经验具有间接性。

（4）学习的连续性。学生的学习是一个连续的过程，这表现在前后学习相互关联。当前的学习与过去的学习有关，同时也将影响以后的学习。

（5）学习目标的全面性。学生的学习不但要掌握知识经验和技能，还要发展智能，以及形成行为习惯、培养道德品质、促进人格发展。

（6）学习过程的互动性。学生的学习是相互作用的过程。师与生、生与生之间的互动质量对学习质量有十分明显的影响。

3. 人文主义教育的主要特征。

【答案要点】

（1）人本主义。人文主义教育在培养目标上注重个性发展，在教育教学方法上反对禁欲主义，尊重儿童天性，坚信通过教育这种后天的力量可以重塑个人、改造社会和自然，这些都表现出人本主义内涵，人的力量、人的价值被充分肯定。

（2）古典主义。人文主义教育思想吸收了许多古人的见解，人文主义教育实践尤其是课程设置亦具有古典性质，但这种古典主义绝非纯粹的"复古"，实则含有古为今用、托古改制的内涵，这在当时是进步的。

（3）世俗性。不论从教育目的还是从课程设置等方面看，人文主义教育洋溢着浓厚的世俗精神，教育更关注今生而非来世。

（4）宗教性。几乎所有的人文主义教育家都信仰上帝，他们希冀以世俗和人文精神改造中世纪陈腐专横的宗教性，以造就一种更富世俗色彩和人性色彩的宗教性。

（5）贵族性。人文主义教育的对象主要是上层子弟，教育的形式多为宫廷教育和家庭教育而非大众教育，教育的目的主要是培养上层人物如君主、侍臣、绅士等。

4. 要素主义教育学派的理论。

【答案要点】

要素主义教育是20世纪30年代末作为实用主义教育和进步教育的对立面出现的。要素主义教育是现代欧美国家一种强调学校教育的任务主要是传授人类文化遗产共同要素的教育思潮。1938年在美国成立的"要素主义者促进美国教育委员会"，是要素主义教育形成的标志。代表人物有巴格莱、科南特等人。其主要观点包括以下几个方面：

（1）教育核心：传授给学生人类基本知识的要素或民族共同文化传统的要素。

（2）教育目的：强调人的心智或智力的发展，主张心智训练。

（3）教育内容：教授基础科目，开设以学科为中心的系统的学习科目。

（4）师生关系：教师中心，强调教师的权威地位。

（5）教育与社会的关系：教育要为社会服务。

（6）教育重心：基本技能和基础知识的学习。

5. 教学过程的性质。

【答案要点】

（1）教学过程是一种特殊的认识过程。教学过程作为特殊的认识过程，其特殊性在于它是学生个体的认识过程，具有不同于人类总体认识的显著特点，即间接性、引导性和简捷性。

（2）教学过程是以认识过程为基础的学生全面发展的过程。教学过程不只是要学生完成认识世界的任务，更重要的是在这个过程中促进学生的全面发展。学生的发展是教学过程的核心，教学过程的本质与社会发展需要相联系，要从生理和心理两个方面来看待学生的发展。

（3）教学过程是以交往为背景和手段的活动过程。教学活动不是孤立的个体认识活动，它离不开师与生、生与生之间的交往、互动，离不开人们的共同生活。在教学过程中，教师不仅运用交往引导学生进行认知，而且通过交往对学生达致情感的沟通、同情与共鸣。

（4）教学过程也是一种促进学生身心发展、追寻与实现价值目标的过程。在教学活动中，教师引导学生学习知识、开展交往、认识与作用世界，进行多方面的演练与实践，其实都是为了促进学生的身心发展，以追寻与实现使他们成人、成才的价值增值目标。

6. 问题解决的含义及心理过程。

【答案要点】

问题解决是指个体在面临问题情境而没有现成方法可以利用时，将已知情境转化为目标情境的认知过程。当常规或自动化的反应不适用于当前情境时，问题解决者需要超越对过去所学规则的简单应用，对所学规则进行一定的组合，产生一个解答，达到问题解决的目的。

（1）理解和表征问题阶段。第一，识别有效信息：确定问题到底是什么，找出相关信息并忽略无关的细节。第二，理解信息含义：除了能够识别问题的相关信息外，学生还必须准确地表征问题，这要求学生有某一领域特定的知识。成功地表征问题有两个任务，其中的第一个是语言理解，需要理解问题中每一个句子的含义。第三，整体表征：成功地表征问题的第二个任务是将问题的所有句子综合在一起，达成对整个问题的准确理解。第四，问题归类：将要解决的问题归入某一类中，一个特定的图式就会被激活，这个图式将引导对有关信息的注意，并预期正确答案应该会是什么样的。

（2）寻求解答阶段。第一，算法式。将达到目标的各种可能的方法都列出来，具体化，逐一加以尝试。第二，启发式。根据目标的指引，试图不断地将问题状态转换成与目标状态相近的状态，只试探那些对成功趋向目标状态有价值的操作，也就是使用一般的策略试图解决问题。具体有手段－目的分析法、逆向反推法、爬山法、类比思维法。

（3）执行计划或尝试某种解答阶段。当表征某个问题并选好某种解决方案后，下一步就是执行计划、尝试解答。

（4）评价阶段。当选定并执行某个解决方案之后，学习者还需要对结果进行评价。评价结果的方法之一，就是寻找能够证实或证伪这种解答的证据，对解答进行核查。

三、分析论述题

1. 结合实际谈谈教师应具备哪些素质。应该怎样培养？

【答案要点】

（1）教师的素质。

①高尚的师德。包括热爱教育事业，富有献身精神和人文精神；热爱学生，诲人不倦；热爱集体，团结协作；严于律己，为人师表。

②先进、科学的教育理念。先进、科学的教育理念体现在教师的所有努力都要有利于学生精神世界的丰富、人格尊严的维护和美好人性的成长。如学生主体观、发展性教学评价观等。

③宽厚的文化素养。教师的主要任务是通过向学生传授科学文化知识，培养其能力，促进其个性生动活泼地发展。一个好教师的基本条件之一，就是要有比较渊博的知识和多方面的才能。同时，教师还应有比较广博的文化修养。

④专门的教育素养。教师的专门教育素养水平及其合理结构是教育教学任务得以完成的重要保证，它主要包括教育理论素养、教育能力素养和教育研究素养。

⑤健康的心理素质。教师的心理健康不仅会直接影响教育工作的优劣成败，而且会影响学生的心理健康水平。

⑥强健的身体素质。教师的身体素质主要通过健康的体魄、旺盛的精力、蓬勃的活力、有节律的生活方式和锻炼习惯等体现。教师的身体素质在教育教学中具有重要的教育意义。

（2）教师素质的培养。

①加强和改革师范教育。要发展师范教育，切实提高教师队伍的质量，第一，必须采取有效的政策性措施，鼓励和吸引大批优秀学生报考师范院校。第二，努力提高教师的社会地位和物质待遇，增强师范教育的吸引力。第三，联系现时代对教师作用和职能的新要求，使未来教师能获得与之相应的专业训练，尤其要树立师范生先进的教育理念。第四，吸收除正规教师以外的各种可能参与教育过程的人，并为其从教提供必要的职业帮助。

②实施教师资格考察制度。实施教师资格考察制度，不仅有利于加强教师质量的管理与考核，而且为非师范专业毕业的大学生谋求教师职业开辟了道路，从而切实有效地充实了教师队伍。该制度包括三层含义：教师资格制度是国家实行的一种职业资格制度；教师资格制度是法律规定的，必须依法实施；教师资格是教师职业许可。

③加强教师在职提高。教师在职提高的主要途径包括教学反思、校本培训、校外支援与合作等形式。

2. 评价教育目的的价值取向中的个人本位论和社会本位论。

【答案要点】

（1）个人本位论的代表人物：卢梭、裴斯泰洛齐、福禄培尔等。其主要观点包括：

①教育目的是根据个人发展的需要制定的，而不是根据社会的需要制定的。

②个人价值高于社会价值。社会价值只有在有助于个人发展时才有价值，应由个人来决定社会，个人价值恒久高于社会价值。

③人生来就有健全的潜在本能，教育的基本职能就在于使这种潜能得到发展。

个人本位论把个人的自身的需要作为制定教育目的的依据，在一定的历史条件下具有一定的进步意义；但如果只强调个人的需求与个性的发展，而一味贬低和反对满足社会发展的需要，则是片面的、错误的。

（2）社会本位论的代表人物：德国哲学家那托尔普、法国思想家涂尔干、德国教育家凯兴斯泰纳等。社会本位论的主要观点包括：

①个人的一切发展都有赖于社会，都受社会的制约，人的一切发展也是为了满足社会的需要。

②教育除了满足社会需要以外并无其他目的。

③教育结果的好坏是以其社会功能发挥的程度来衡量的，离开了社会，就无法对教育的结果做出衡量。

社会本位论者从社会需要出发来选择教育目的的价值取向，无疑是看到了教育的社会作用，在今天这样生产高度社会化的时代，也具有一定的借鉴价值；但只站在社会的立场看教育而抹杀了个人在选择教育目的过程中的作用，并以此来排斥教育满足个人发展的需要，则是片面的、不正确的。

2012年 山东师范大学333教育综合·真题解析

一、名词解释

课程

课程是由一定的育人目标、特定的知识经验和预期的学习活动方式构成的一种蕴含着丰富、基本而又有创造性与潜质的一套计划与设定。广义的课程指所有学科的总和；狭义的课程指一门学科。

"三纲领八条目"

三纲领八条目是《大学》的教育目的和具体步骤。《大学》开篇即"大学之道，在明明德，在亲民，在止于至善"，"明明德""亲民"和"止于至善"被称为"三纲领"。八条目即格物、致知、诚意、正心、修身、齐家、治国、平天下。

苏格拉底方法

苏格拉底方法也称"问答法""产婆术"，是由讥讽、助产术、归纳和定义四个步骤组成的独特的方法。这是苏格拉底探讨伦理哲学的研究方法，也是他的教学方法。

修道院学校

修道院学校，又称僧院学校或隐修院学校，最早是教徒集体修行的场所，后发展成为培养神职人员和为普通世俗人士传授文化知识的机构,是中世纪基督教主要的教育机构之一。

德育

德育是引导学生领悟社会主义思想和道德规范,组织和指导学生的道德实践,培养学生的社会主义品德的教育。普通中学在德育方面的要求主要是:教育学生初步了解马克思主义,热爱中国共产党和社会主义祖国,热爱劳动、学习等;帮助学生提高主体意识、心理承受力、应变力等。

二、简答题

1. 简述稷下学宫的性质与特点。

【答案要点】

稷下学宫是战国时代齐国一所著名的高等学府,因其建立于齐国都城临淄的稷门附近而得名。它既是百家争鸣的中心与缩影,也是当时教育上的重要创造,稷下学宫对中国古代学术、文化和教育的发展产生过重大的历史影响。

(1)性质。第一,稷下学宫是一所由官家举办而由私家主持的特殊形式的学校;第二,稷下学宫是一所集讲学、著述、育才活动为一体并兼有咨议作用的高等学府。

(2)特点。

①学术自由。这是稷下学宫的基本特点。容纳百家是学术自由的一种表现,来者不拒,包容百家是稷下学宫的办学方针。各家各派的学术地位平等,相互争鸣与吸取是学术自由的又一种表现。

②待遇优厚。"不治而议论"是齐国君主给予学者们很高的政治待遇,因为学者所看重的是自己的思想主张能否被接受,人格是否受尊重;在物质待遇上也很丰厚,对稷下先生优越的物质待遇甚至惠及其弟子,这是稷下学宫能长期兴盛的重要原因之一。

③管理规范。在学生管理上,稷下学宫制定了历史上第一个学生守则——《弟子职》。

2. 简述教育的政治功能。

【答案要点】

(1)教育通过传播一定的社会的政治意识,完成年轻一代的政治社会化。人的社会化是人的发展的重要方面,而政治社会化又是人的社会化的重要方面。教育作为传递知识、训练思维与培养情感的活动,能向年轻一代传播一定的社会政治意识,促进他们的政治社会化,从而为一定社会政治秩序的稳定创造重要条件。

(2)教育通过造就政治管理人才,促进政治体制的变革与完善。现代社会强调法治,使得教育更重视培养政治管理人才。由于科技向管理部门的全面渗透,社会越发展,国家对政治管理人才的素质要求越高,通过教育选拔、培养政治管理人才显得越重要。

(3)教育通过提高全民文化素质,推动国家的民主政治建设。一个国家的政治是否民主,取决于政体和国民素质。普及教育的程度越高,国民的文化素质越高,其国民就越能认识民主的价值,在政治生活和社会生活中就越能履行民主的权利。

(4)教育是形成社会舆论、影响政治时局的重要力量。学校是知识分子和青少年集中的地方,他们有见解,勇于发表意见,通过教育者和受教育者的言论、演讲和社会活动等,来宣传思想,造就舆论,借以影响群众,为一定的政治、经济服务。

3. 简述裴斯泰洛齐的"教育心理学化"理论。

【答案要点】

在西方乃至世界教育史上,裴斯泰洛齐是第一个明确提出"教育心理学化"的教育家。教育心理学化就是要把教育提高到科学的水平,将教育科学建立在人的心理活动规律的基础上。其教育的心理学化的内涵为：

（1）教育目的心理学化。要求将教育的目的和理论指导置于儿童本性发展的自然法则的基础上。只有认真探索和遵循儿童的心理活动和心理发展的规律性，才能有效地达到应有的教育目的。

（2）教学内容心理学化。必须使教学内容的选择和编制适合儿童的学习心理规律。裴斯泰洛齐力图从客观现象和人的心理过程探索教育和教育内容中普遍存在的基本要素，并以此为核心来组织各科课程和教学内容，提出"要素教育"理论。

（3）教学原则和教学方法的心理学化。教学要遵循自然的规律，要使教学程序与学生的认识过程相协调。在此原则下，提出了直观性教学原则、循序渐进原则。

（4）要让儿童成为他自己的教育者。教育者不仅要让儿童接受教育，还要使儿童成为教育中的动因，要适应儿童的心理时机，尽力调动儿童的能动性和积极性，使他们懂得自我教育。

4. 简要分析影响自我效能感形成的因素。

【答案要点】

自我效能感由班杜拉提出，是指个体对自己能否成功进行某一成就行为的主观判断。它影响着个体对行为的选择、付出多大努力以及坚持多久。影响自我效能感的因素包括：

（1）直接经验。学习者的亲身经验对自我效能感的影响是最大的。成功的经验会提高人的自我效能感，多次失败的经验会降低人的自我效能感。

（2）替代性经验。学习者通过观察榜样的行为而获得的间接经验对自我效能感的形成也有重要的影响。当学习者看到与自己水平差不多的人取得了成功时就会增强自我效能感，反之就会降低自我效能感。

（3）言语说服。他人的建议、劝告和解释以及对自我的引导也有助于改变个体的自我效能感，但不持久，一旦面临令人困惑或难于处理的情境就会消失。

（4）情绪唤起和身心状况。情绪和生理状态也影响自我效能的形成。在充满紧张、危险的场合或认知负荷较大的情况下，情绪易于唤起，而高度的情绪唤起和紧张的生理状态会妨碍行为操作，降低个体对成功的预期水准。

5. 简述陶行知生活教育的主要内容。

【答案要点】

"生活即教育"是陶行知教育思想的核心，集中反映了他在教育目的、内容和方法等方面的主张，反映了陶行知探索适合中国国情和时代需要的教育理论的努力。

（1）生活即教育。"生活即教育"是陶行知生活教育理论的核心，其内涵十分丰富。第一，生活含有教育的意义；第二，实际生活是教育的中心；第三，生活决定教育，教育改造生活。

（2）社会即学校。"社会即学校"是生活教育理论另一重要主张，是"生活即教育"思想在学校与社会关系问题上的具体化。社会即学校是指社会含有学校的意味，或者说以社会为学校；社会即学校也指学校含有社会的意味，也就是说，学校通过与社会生活相结合，一方面运用社会的力量使学校进步，另一方面动员学校的力量帮助社会进步，使学校真正成为社会生活必不可少的组成部分。

（3）教学做合一。"教学做合一"是生活教育理论的又一重要主张，是"生活即教育"在教学方法问题上的具体化。"教学做合一"要求在"劳力上劳心"，认为"行是知之始"，要求"有教先学"和"有学有教"，是对注入式教学法的否定。

6. 简述皮亚杰认知发展阶段理论。

【答案要点】

（1）0~2岁：感知运动阶段。这一时期为儿童思维的萌芽期。在这一阶段，儿童主要通过探索感知觉与运动之间的关系来获得动作经验，其中，手的抓取、嘴的吮吸是他们探索世界的主要手段。这个阶段的一个显著标志是儿童渐渐获得了客体永久性。

（2）2~7岁：前运算阶段。这一时期是儿童表象思维阶段。在这一阶段，儿童能运用语言或较为抽象的符号来代表他们经历过的事物，凭借表象思维，他们可以进行各种象征性活动或游戏、延缓性模仿以及绘画活动等。这一阶段的儿童具有具体形象性、泛灵论、自我中心主义等特点。

（3）7~11/12岁：具体运算阶段。这一阶段相当于小学阶段。此阶段儿童的认知结构已经发生了重组和改善，思维具有一定的弹性，可以逆转，已经获得长度、体积、质量和面积等的守恒，能凭借具体事物或从具体事物中获得的表象进行逻辑思维和群集运算。但其思维仍然需要具体事物的支持。这一阶段的儿童具有去集中化、去自我中心等特点。

（4）11岁至成年：形式运算阶段。此阶段儿童的思维已经超越了对具体的可感知的事物的依赖，能以命题的形式进行，并能发现命题之间的关系，能理解符号的意义，能进行一定的概括。思维已经接近成人的水平。这一阶段的儿童具有抽象思维获得发展、青春期自我中心的特点。

三、分析论述题

1. 中国当前的教育不公平主要表现在哪几个方面？请你选择某一方面并分析其产生的原因，尝试提出解决的对策。

【答案要点】

（1）中国当前的教育不公平面主要表现在以下方面：第一，城乡之间、地区之间存在明显的差距问题；第二，农民工子女接受教育需要妥善解决的问题；第三，优质教育资源短缺引发的教育机会不公平问题。

（2）现就城乡差距问题展开论述。

由于我国城乡二元经济结构一直没有变革，地区之间的经济与社会发展长期存在严重的不平衡，必然导致城乡之间教育发展的不平衡，导致教育的种种差异与不公平。其主要原因如下：

①教育经费与设备配置的差异导致教育条件的不公平。

②师资力量与教学水平的差异导致教育过程的不公平。

③城乡学校的教育条件与教学水平的差距导致教育结构的不公平。

④教育投入的差异深刻影响教育的公平。因此，关注与促进缩小城乡与地区差距是实现教育公平的基础。

（3）解决对策。

①要巩固和完善建立起来的义务教育经费保障机制，教育公共投入应继续向农村义务教育倾斜，由国家全面负责农村义务教育经费。

②要建立义务教育学校建设的基本指标体系或质量底线，切实保障并大力改善农村学校和城市薄弱学校的办学条件。

③要从政策层面重新系统思考农村教师问题，要逐步消除城乡二元社会结构，采取以"特岗计划"为先导，发挥好师范院校的培训作用，大力提高农村教师待遇，促进城乡教师的合理流动，从根本上解决农村教师的问题。

2. 什么是教育的社会制约性和相对独立性？怎样协调二者的关系？

【答案要点】

（1）教育的社会制约性是指在社会历史发展的过程中，教育的目的与制度、内容与方法、规模与速度，都受到一定社会的生产力、经济政治与文化等因素的制约。

①生产力对教育的制约。生产力的发展制约教育事业发展的规模和速度；生产力的发展水平

制约人才的培养规格和教育结构；生产力的发展制约教学内容、教学方法和教学组织形式的发展和改革。

②社会经济政治制度对教育的制约。社会经济政治制度制约教育的性质；社会经济政治制度制约教育的宗旨和目的；社会经济政治制度制约教育的领导权；社会经济政治制度制约受教育权；社会经济政治制度制约教育内容、教育结构和教育管理体制。

③文化对教育的制约。文化知识制约教育的内容与水平；文化模式制约教育的背景与模式；文化传统制约教育传统的特性。

（2）教育的相对独立性是指作为社会一个子系统的教育，它对社会的能动作用具有自身的特点和规律性，它的历史发展也有其独特连续性和继承性。主要表现为以下几方面：

①教育是培养人的活动，通过所培养的人作用于社会。教育尤其是学校教育，是有意识地影响人、培育人、塑造人的社会活动。它主要通过引导和促进年轻一代社会化、个性化，成为社会活动的参与者和继承者，以保证并促进社会的生存、延续与发展。

②教育具有自身的活动特点、规律及原理。教育是培养人的活动，而人具有特殊的身心发展和成熟的规律。教育教学及其相关活动必须认识、遵循和创造性地运用这些基本特点与规律，才能有效地培育人才。此外，还应重视和遵循前人的宝贵经验，并在此基础上继续发展、前进。

③教育具有自身发展的传统与连续性。由于教育有自身的规律和特有的社会功能，它一经产生、发展便将形成和强化其相对独立性，具有发展的连续性、继承性和惯性。因此，无论是办学校、发展教育事业，或进行教育改革，都要重视与借鉴教育的历史经验，都应在原有的基础上积极改进、稳步前行。

（3）两者关系的协调。

教育的相对独立性与教育的社会功能是具有内在联系的。可以说，教育的社会功能是教育的相对独立性的依据和主要体现。如果教育没有自己特有的社会功能，便不可能发展成为社会的一个重要的子系统，形成教育的相对独立性。

由于教育具有相对独立性，我们在分析研究教育问题时，不能单就生产力的发展水平、经济与科技及发展水平、政治制度与文化要求来考察教育；还应当重视教育的相对独立性，注重发挥教育特有的社会功能，注意遵循教育自身的规律性和发展的连续性。

但是，我们也不能把教育的相对独立性理解为绝对独立性。因为，教育归根到底是由生产力的发展水平和政治经济制度的性质决定的，受民族文化的发展状况与需求的制约，也就是说教育的社会制约性仍是其根本的特性。

2011年 山东师范大学333教育综合·真题解析

一、名词解释

教育目的

教育目的是对教育活动所要培养的人的个体素质的总的预期与设想，是对社会历史活动的主体的个体素质的规定。它体现一定社会对受教育者质量规格的界定和要求，也体现人自身发展所应该达到的水准和高度。

教育的社会变迁功能

教育的社会变迁功能是就教育所培养的社会实践主体在生产、科技、经济、政治和文化等社会主要领域所发挥的作用而言的，它指向社会的存在、变革和发展，以期为社会的发展、为国家与民族的发展服务。

学校管理

学校管理是学校管理者在一定的社会历史条件下，通过一定的组织机构和制度，采用一定的方法和手段，带领师生员工，充分发挥学校人、财、物、时、空和信息等资源的最佳整体功能，实现学校工作目标的组织活动。

教学

教学是在一定教育目的规范下，在教师有计划的引导下，学生能动地学习、掌握系统的课程预设的科学文化基础知识，发展自身的智能与体力，养成良好的品行与美感，逐步形成全面发展的个体素质的活动。

《理想国》

《理想国》是一部讨论政治和教育的著作，被认为是西方教育史上最为重要和伟大的教育著作之一。在《理想国》中，柏拉图精心设计了一个他心目中理想的国家，在这个国家中，执政者、军人、工农商服从各自的天性，各安其位，互不干扰，智慧、勇敢、节制、正义成为理想国的四大美德。他还为这个理想国家的实现，提出了完整的教育计划。

二、简答题

1.简述先秦时期的私学兴起及意义。

【答案要点】

（1）打破了"学在官府"的传统，使文化知识传播于民间。教育过程与政治活动有所分离，培养了不少有贡献的学者和治术人才。

（2）私学扩大了教育对象。教育对象由少数贵族扩大到平民，使学校教育和人才成长的社会基础更为广阔了，也为学术的广泛传播拓宽了道路。

（3）私学使教育内容和教育方式得到了新发展。在教育内容上，突破了"六艺"教育范围；在教育方式上，以教师为中心，以学生主动求学为基础，办学具有相当大的灵活性。

（4）私学在教育理念和教育经验方面有光辉的成就，不仅在中国教育史上有重要贡献，而且在世界教育史上也有很高的地位。

（5）在特定的历史条件下，私学依靠自由办学、自由就学、自由讲学、自由竞争发展教育事业，不仅符合历史潮流，也开辟了中国教育史的新纪元。

2.简述杜威关于教育本质的认识。

【答案要点】

（1）教育即生活。杜威认为教育是生活的过程，学校是社会生活的一种形式，那么学校生活也是生活的一种形式。学校生活应与儿童自己的生活相契合，满足儿童的需要和兴趣；学校生活应与学校以外的社会生活相契合，适应现代社会变化的趋势并成为推动社会发展的重要力量。

（2）学校即社会。杜威"学校即社会"意在使学校生活成为一种经过选择的、净化的、理想的社会生活，使学校成为一个合乎儿童发展的雏形的社会。

（3）教育即生长。杜威针对当时教育无视儿童天性，消极对待儿童，不考虑儿童的需要和兴趣的现象，提出了"教育即生长"的观念。杜威要求摒除压抑、阻碍儿童自由发展之物，使教育和教学适应儿童的心理发展水平和兴趣、需要的要求。

（4）教育即经验的持续不断的改造。教育即经验的持续不断的改造是指构成人的身心的各种因素在外部环境和人的主动经验过程中统一的全面改造、发展、生长的连续过程。

3. 简述夸美纽斯在教育史上的贡献。

【答案要点】

夸美纽斯是教育史上第一位系统地总结教学原则的教育家，他的教育理论包含了大量宝贵的教学经验，在一定程度上反映了教学工作的客观规律性，具有普遍的指导意义。

夸美纽斯是一位杰出的教育革新家，他的教育思想具有明显的民主主义、人文主义色彩。在继承前人经验的基础上，夸美纽斯提出了系统的教育思想。

他论述了教育的作用，呼吁开展普及教育，试图使所有人都能接受普及教育。并详细制定了学年制度和班级授课制度，提出了各级学校课程设置，编写了许多教科书，且系统地阐述了教育的基本原则和方法等。

4. 简述清末的四次留学。

【答案要点】

（1）幼童留美。1872年，在容闳的促成下，近代中国政府派出了首批留美学生。1872年8月第一批留美学生出发，随后，第二、三、四期学生也按计划出发。后来由于留美学生思想和作风西化、留美管理人员之间的观念矛盾、国内守旧派的反对等方面的原因，留美幼童计划夭折。1881年，清政府做出了全数撤回留美学生的决定。这些留美学生虽然没能完成学业计划，但后来仍然成为近代中国科技、实业和管理领域的一支重要力量。

（2）派遣留欧。派遣留欧学生的建议始于船政大臣沈葆桢，留欧学生以福建船政学堂的学生为主。留洋期限为三年。留欧学习的具体目标是：到法国学习制造者，"务令通船新式轮机、器具无一不能自制"；到英国学习驾驶者，"务令精通该国水师兵法，能自驾铁甲船于大洋操战"；如果学生中有天资杰出者，也可学习矿学、化学以及交涉公法等。

（3）留日高潮。清末新政后，清政府多次倡导留学。1903年，清政府公布《约束奖励游学毕业生章程》，明确了对留学毕业生给予相应的科名奖励办法，留日学生逐年增多。1905年，清政府废除科举制度后，士人为求新的出路，纷纷涌向日本，形成留日高峰。

（4）"庚款兴学"。为了美国的长远利益，1908年，美国国会通过议案，决定从1909年起，将美国所得庚子赔款的一部分以"先赔后退"的形式退还给中国，用以发展中国的留美教育。美国的举动被后来其他国家效仿，形成所谓的"庚款兴学"。

5. 简述教育的经济功能。

【答案要点】

（1）教育是使可能的劳动力转变为现实的劳动力的基本途径。

劳动力是生产力中能动的要素。个体的生命的成长只构成了可能的劳动力，一个人只有经过教育和训练，掌握一定生产部门的劳动知识和技能，并能生产某种使用价值，他才能成为现实的生产力。

（2）现代教育是使知识形态的生产力转化为直接的生产力的重要途径。

科学技术是一种知识形态的生产力，要使其转化为现实的生产力，除了要通过科学研究、发明创造或革新实践外，其技术成果的推广、经验的总结与提升都需要教育与教学的紧密配合。

（3）现代教育是提高劳动生产率的重要因素。

现代生产有其显著特点,它的生产率提高依靠科学技术在生产中的应用、推广和不断革新,依靠提高劳动者受教育的程度与质量,依靠劳动者的素质、扩大脑力劳动者的比重、发挥劳动者在生产和改革中的创造性。

6. 简述晏阳初关于"四大教育"的思想。

【答案要点】

晏阳初把中国农村的问题归结为"愚""穷""弱""私"四个方面,他认为,要解决这四点,就必须通过"四大教育"来进行。

(1)以文艺教育攻愚,培养知识力。具体做法是从文字及艺术教育着手,使人民认识基本文字,得到求知识的工具,以为接受一切建设事务的准备。其首要工作就是除净青年文盲,将农村优秀青年组成同学会,使他们成为农村建设的中坚分子。

(2)以生计教育攻穷,培养生产力。它从农业生产、农村经济、农村工业各方面着手,以达到农村建设的目标。

(3)以卫生教育攻弱,培养强健力。注重大众卫生和健康及科学医药的设施,使农民在他们现有经济状况下,能得到科学治疗的机会,以保证他们最低限度的健康。

(4)以公民教育攻私,培养团结力。通过激起人民的道德观念,施加良好的公民训练,使他们有公共心、团结力,有最低限度的公民常识,政治道德,以立地方自治的基础。晏阳初认为,四大教育中,公民教育是最根本的。

三、分析论述题

1. 依据你所掌握的教育理论和自身的教育实践,谈谈我们新一轮基础教育改革对教师提出了哪些新的要求。

【答案要点】

(1)树立平等、民主的教育观。教师应当树立平等、民主的教育观,对自身角色进行重新定位,关注学生的需求,走进学生的内心。新课改要求教师从传统的教育观中跳出来,不仅仅关注学生的考试分数的多少,而更应该面向全体学生,做到"一切为了学生,为了学生一切,为了一切学生",使学生的能力得到全面发展。

(2)改变传统的教学模式。教师应当在新课改理念的指导下,转变传统教学模式,增强师生之间的互动,形成教师引导,学生主动探索的教学方法,让学生合作探究、独立思考、增强学生的主动性、创造性。

(3)不断提高自身素养。教师在教育教学战线上的作用不可替代,教师对学生的影响力之大使得教师必须不断提高自身内在素质。教师一方面要积极补充知识、保证自己知识储备的广泛性;另一方面应当积极反思,通过自我反思不断改善教学,从而更好地完成新课改提出的要求。

(4)具有良好的心理素质。由于教师职业的特殊性,在面对来自各方面的压力下,不少教师处于心理亚健康状态。这种不健康的心理不仅会给教师的个人生活带来困扰,也会给学生带来不适,不利于教师教学工作的开展和学生身心健康的发展。因此,教师要积极观察自己的身心健康状态,及时地调整自己、提高自己的心理适应能力。

2. 论述影响问题解决的因素,以及教学实际中问题解决能力的培养。

【答案要点】

(1)影响问题解决的因素有:

①问题情境。个体面临的刺激模式与其已有的知识结构所形成的差异。

②原型启发。通过从待解决的问题具有相似性的其他事物上发现问题解决的途径和方法。

③人际关系。良好的人际关系有助于其解决面临的各类问题。

④知识经验。任何问题解决都离不开一定的知识、策略和技能，知识经验不足常常是不能有效解决问题的重要原因。

⑤定势与功能固着。定势是指人在解决一些相似的问题之后会出现一种惯用的方式解决问题的倾向。功能固着是指一个人看到某个物品有一种惯常的用途后，就很难看出它的其他新用途。

⑥酝酿效应。在反复探索一个问题的解决而毫无结果时，如果把问题暂时搁置几个小时、几天或几周，然后再回过头来解决，这时常常就可以很快找到解决方法。

⑦情绪状态。相对平和的心态有利于问题解决，同时，积极的情绪也有利于问题解决。

（2）培养学生的问题解决能力措施有：

①鼓励质疑。教师要尽量从自己提出问题过渡到让学生质疑，从而培养学生主动质疑的内在动机，鼓励学生主动提问，形成一种自由探究的气氛。

②设置难度适当的问题。教师给学生的问题要可解，但也要有一定的难度。

③帮助学生正确表征问题。学生运用所学知识解释问题，或者画草图、列表、写方程式等，这对回忆相关信息都有很好的作用。

④帮助学生养成分析问题的习惯。教师要帮助学生发展系统考虑问题的方式和系统分析的习惯，既不能让学生盲目尝试错误练习，也不能过分热心，先把答案告诉学生。

⑤辅导学生从记忆中提取信息。教师需要帮助学生从记忆中迅速提取与解决问题有关的信息，并能很快找出可利用的信息，明确问题解决情境与想要达到的目的，迅速做出判断。

⑥训练学生陈述自己的假设及其步骤。教师要培养学生由跟从别人的言语指导转变到自行指导思考，然后再要求他们自己用言语把指导步骤表达出来。

⑦提供结构不良问题，培养实际解决问题的能力。通过对这些问题的解决，能让学生将解决问题的能力迁移到实际领域中去。

2010年 山东师范大学 333 教育综合·真题解析

一、名词解释

教育目的

教育目的是对教育活动所要培养的人的个体素质的总的预期与设想，是对社会历史活动的主体的个体素质的规定。它体现一定社会对受教育者质量规格的界定和要求，也体现人自身发展所应该达到的水准和高度。

教学

教学是在一定教育目的规范下，在教师有计划的引导下，学生能动地学习、掌握系统的课程预设的科学文化基础知识，发展自身的智能与体力，养成良好的品行与美感，逐步形成全面发展的个体素质的活动。

教育制度

教育制度是指一个国家各级各类实施教育的机构体系及其组织运行的规则。它包括相互联系的两个方面：一是各级各类教育机构与组织；二是教育机构与组织赖以存在和运行的规则，如各种相关的教育法律、规则、条例等。

学校管理

学校管理是学校管理者在一定的社会历史条件下，通过一定的组织机构和制度，采用一定的方法和手段，带领师生员工，充分发挥学校人、财、物、时、空和信息等资源的最佳整体功能，实现学校工作目标的组织活动。

最近发展区

维果茨基认为，在进行教学时必须注意到儿童的两种水平，一种是儿童现有的发展水平，另一种是即将达到的发展水平，维果茨基把这两种水平之间的差距称为最近发展区，即独立解决问题的真实发展水平和在成人指导下或与其他儿童合作情况下解决问题的潜在发展水平之间的差距。

精细加工策略

精细加工策略是通过把所学的新信息和已有的知识联系起来以增加新信息意义的策略，即通过对学习材料的精细加工，将新旧知识联系起来，帮助学习者增进对新知识的理解，并把信息储存到长时记忆中的学习策略。

二、简答题

1. 简要回答《大学》中"三纲要""八条目"的内容及其含义。

【答案要点】

（1）"三纲领"。《大学》开篇就说"大学之道，在明明德，在亲民，在止于至善。"这是儒家对大学教育目的和为学做人目标的纲领性表达。"明明德""亲民"和"止于至善"被称之为"三纲领"。

①明明德：就是指把人天生的善性——"明德"发扬光大，这是每个人为学做人的第一步。

②亲民：个人的完善从来就不是儒家的目标，他们要求凡事都须由己及人，把个人自身的善转化为他人、尤其是民众的善，于是高一步的目标是"亲民"。

③止于至善：是大学教育的终极目标，每个人都应在其不同身份时做到尽善尽美。

（2）"八条目"。为了实现"三纲领"，《大学》进一步提出一系列具体的步骤，即"八条目"：格物、致知、诚意、正心、修身、齐家、治国、平天下。

①格物、致知：格物就是学习儒家"六行""六德""六艺"之类，致知则是在格物基础上的提高，即从寻求事物的理开始，旨在借着综合而得最后的启迪。所以格物、致知是对先秦儒家学习起点思想和知识来源思想的概括。

②诚意、正心：诚意主要指人的意念、动机的纯正；正心就是不受各种情绪的左右，始终保持认识的中正，要求摆脱情绪对人认识和道德活动的影响。

③修身：不再局限于个人内心的自省与自律，开始走出自我，在与他人的相互关系中再认识、要求和提高自我，是人的一种综合修养过程，是人品质的全面养成。

④齐家、治国、平天下：这是个人完善的最高境界。齐家是一个施教过程，即成为家庭与家族的楷模，为人效法；治国是齐家的扩大和深化，而平天下是治国的扩大。其基本精神一以贯之，即为政以德，以孝悌、仁恕、忠恕之道治国。

2. 简述人文主义教育的主要特征。

【答案要点】

（1）人本主义。人文主义教育在培养目标上注重个性发展，在教育教学方法上反对禁欲主义，尊重儿童天性，坚信通过教育这种后天的力量可以重塑个人、改造社会和自然，这些都表现出人本主义内涵，人的力量、人的价值被充分肯定。

（2）古典主义。人文主义教育思想吸收了许多古人的见解，人文主义教育实践尤其是课程设置亦具有古典性质，但这种古典主义绝非纯粹的"复古"，实则含有古为今用、托古改制的内涵，这在当时是进步的。

（3）世俗性。不论从教育目的还是从课程设置等方面看，人文主义教育洋溢着浓厚的世俗精神，教育更关注今生而非来世。

（4）宗教性。几乎所有的人文主义教育家都信仰上帝，他们希冀以世俗和人文精神改造中世纪陈腐专横的宗教性，以造就一种更富世俗色彩和人性色彩的宗教性。

（5）贵族性。人文主义教育的对象主要是上层子弟，教育的形式多为宫廷教育和家庭教育而非大众教育，教育的目的主要是培养上层人物如君主、侍臣、绅士等。

3. 简述问题解决的过程。

【答案要点】

（1）理解和表征问题阶段。第一，识别有效信息：确定问题到底是什么，找出相关信息并忽略无关的细节。第二，理解信息含义：除了能够识别问题的相关信息外，学生还必须准确地表征问题，这要求学生有某一领域特定的知识。成功地表征问题有两个任务，其中的第一个是语言理解，需要理解问题中每一个句子的含义。第三，整体表征：成功地表征问题的第二个任务是将问题的所有句子综合在一起，达成对整个问题的准确理解。第四，问题归类：将要解决的问题归入某一类中，一个特定的图式就会被激活，这个图式将引导对有关信息的注意，并预期正确答案应该会是什么样的。

（2）寻求解答阶段。第一，算法式。将达到目标的各种可能的方法都列出来，具体化，逐一加以尝试。第二，启发式。根据目标的指引，试图不断地将问题状态转换成与目标状态相近的状态，只试探那些对成功趋向目标状态有价值的操作，也就是使用一般的策略试图解决问题。具体有手段—目的分析法、逆向反推法、爬山法、类比思维法。

（3）执行计划或尝试某种解答阶段。当表征某个问题并选好某种解决方案后，下一步就是执行计划、尝试解答。

（4）评价阶段。当选定并执行某个解决方案之后，学习者还需要对结果进行评价。评价结果的方法之一，就是寻找能够证实或证伪这种解答的证据，对解答进行核查。

4. 简要分析罗杰斯的学习理论。

【答案要点】

罗杰斯是人本主义心理学的创始人，他将"来访者中心疗法"移植到教育领域，创立了"以学生为中心"的教学理论，是20世纪最伟大的教育理论之一。

（1）知情统一的教学目标。罗杰斯认为，情感和认知是人类精神世界中两个不可分割的有机组成部分，两者融为一体。因此，教育应该要培养"躯体、心智、情感、精神、心力融汇一体"的人，即既用情感的方式也用认知的方式行事的情知合一的人，他称这种情知融为一体的人为"全人"或"功能完善者"。

（2）有意义学习。有意义学习是一种与个人各部分经验都融合在一起，使个人的行为、态度、个性以及在未来选择行动方针时发生重大变化的学习。它不仅仅是增长知识，更是要引起整个人的变化，对个人的生存和发展有价值。

（3）自由学习。罗杰斯所倡导的学习原则的核心就是让学生自由学习。自由学习就是教师要信任学生、信任学生的学习潜能，为学生提供各种学习的资源和一种促进学习的气氛，让学生自己决定如何学习，使其在交往中形成适应自己风格的、促进学习的最佳方法。

三、分析论述题

1. 有人认为"近墨者黑"。有人认为"近墨者未必黑"。请联系相关理论和个体实践谈谈你对这一问题的看法。

【答案要点】

有人认为"近墨者黑"是认为环境在人的发展中起决定作用；有人认为"近墨者未必黑"，是认为环境在人的发展中并不起决定作用。

（1）环境是人的发展的外部条件。环境是人的发展的外部实现根基与资源，泛指个体生存于其中并影响个体发展的外部世界。人的生存与发展环境十分复杂，根据其性质可以分为自然环境和社会环境。社会环境是儿童得以发展的现实条件和现实源泉，对人的发展起着不可替代的作用。

（2）环境的给定性与主体的选择性。

①环境的给定性：指的是由自然与社会、历史遗产与他人为儿童个体所创设的环境，它对于儿童来说是客观的、先在的、给定的。儿童无法抗拒或摆脱环境的影响与限制，只有适应环境，以获得自身的生存与发展。

②主体的选择性：人是具有能动性的主体，他对环境变化的刺激做出的回应是可以由主体内在的意愿来选择和决定的。环境对人的发展的制约作用离不开人对环境的能动活动，环境的给定性不会限制人的选择性，反而能激发人的能动性、创造性。

（3）个体活动是人的发展的决定因素。个体的活动、个体的社会实践是个体与环境互动的中介，是个体发展的基础，是个体发展的决定性因素。学生的主体活动既是学生存在和发展的方式，又是教育的重要基础。教育必须通过引领和组织学生的主体活动来促进学生的身心与个性的发展。

（4）个体活动制约着环境影响的内化与主体的自我建构。人在同环境的相互作用的过程中，既改造着环境，也在改造环境的活动中发展和提升了个人的素质，从人的发展的视域看，实质上是一个自我建构的过程。学生的能动性主要表现为：在教育者的影响下，在积极参与社会生活和交往活动的基础上能动地进行自我认识、自我发展和自我建构。

（5）个体通过能动的活动选择、构建着自我的发展。个人通过能动的活动不仅能把握自己与外部世界的关系，而且能把自身的发展当作自己认识的对象和自觉实践的对象，选择与建构自己的发展。人的发展的过程就是通过能动的活动不断自我超越的过程。

综上，环境对人的发展的制约作用离不开人对环境的能动活动，个体活动才是人的发展的决定因素，人的发展还受遗传素质、教育等方面的影响。

2. 中国当前的教育不公平主要表现在哪几个方面？请你选择某一方面并分析其产生的原因，尝试提出解决的对策。

【答案要点】

（1）中国当前的教育不公平面主要表现在以下方面：第一，城乡之间、地区之间存在明显的差距问题；第二，农民工子女接受教育需要妥善解决的问题；第三，优质教育资源短缺引发的教育机会不公平问题。

（2）现就城乡差距问题展开论述。

由于我国城乡二元经济结构一直没有变革，地区之间的经济与社会发展长期存在严重的不平衡，必然导致城乡之间教育发展的不平衡，导致教育的种种差异与不公平。其主要原因如下：

①教育经费与设备配置的差异导致教育条件的不公平。

②师资力量与教学水平的差异导致教育过程的不公平。

③城乡学校的教育条件与教学水平的差距导致教育结构的不公平。

④教育投入的差距深刻影响教育的公平。因此，关注与促进缩小城乡与地区差距是实现教育公平的基础。

（3）解决对策。

①要巩固和完善建立起来的义务教育经费保障机制，教育公共投入应继续向农村义务教育倾斜，由国家全面负责农村义务教育经费。

②要建立义务教育学校建设的基本指标体系或质量底线，切实保障并大力改善农村学校和城市薄弱学校的办学条件。

③要从政策层面重新系统思考农村教师问题，要逐步消除城乡二元社会结构，采取以"特岗计划"为先导，发挥好师范院校的培训作用，大力提高农村教师待遇，促进城乡教师的合理流动，从根本上解决农村教师的问题。

3.试论述陶行知"生活教育"理论的主要内容。

【答案要点】

（1）"生活即教育"。"生活即教育"是陶行知生活教育理论的核心。其内涵包括：生活含有教育的意义；实际生活是教育的中心；生活决定教育，教育改造生活。

"生活即教育"所强调的是教育以生活为中心，所反对的是传统教育脱离生活而以书本为中心。尽管它在生活与教育的区别和系统的知识传授方面有所忽视，但在破除传统教育脱离民众、脱离社会生活的弊端方面，有十分重要的意义。

（2）"社会即学校"。"社会即学校"是生活教育理论另一重要主张，是"生活即教育"思想在学校与社会关系问题上的具体化。"社会即学校"，是指"社会含有学校的意味"，或者说"以社会为学校"。由于到处是生活，到处都是教育，"整个的社会是生活的场所，亦即教育之场所"。

"社会即学校"，也指"学校含有社会的意味"。也就是说，学校通过与社会生活相结合，一方面运用社会的力量使学校进步，另一方面动员学校的力量帮助社会进步，使学校真正成为社会生活必不可少的组成部分。

"社会即学校"扩大了学校教育的内涵和作用，对于传统的学校观、教育观有所改变。传统学校与社会生活脱节，学生孤陋寡闻，而以社会为学校，使得教育的材料、教育的方法、教育的工具、教育的环境可以大大地增加，有利于拓展学生的知识，增强学生的能力。"社会即学校"，还可以使被传统学校拒之门外的劳苦大众能够受到起码的教育，贯穿了普及民众教育的苦心，同样也值得肯定。

（3）"教学做合一"。"教学做合一"是生活教育理论的又一重要主张，是"生活即教育"在教学方法问题上的具体化。其含义为：教的方法根据学的方法，学的方法根据做的方法。事怎样做便怎样学，怎样学便怎样教。教与学都以做为中心。包括以下四个要点："教学做合一"要求在"劳力上劳心"；"教学做合一"是因为"行是知之始"；"教学做合一"要求"有教先学"和"有学有教"；"教学做合一"还是对注入式教学法的否定。

（4）启示。陶行知的生活教育理论是一种大众的、为人民大众服务的教育理论，且还是一种不断进取创造，旨在探索具有中国民族特色的教育道路的理论。生活教育理论还在教育观念的改变方面颇有建树，无论是强调学校教育与社会生活、生产劳动相结合，还是要求手脑并用、在劳力上劳心，都是对学校与社会割裂、书本与生活脱节、劳心与劳力分离的传统教育的反动，显示出强烈的时代气息，至今都富于启示。陶行知的生活教育理论是我国民族教育理论宝库中十分可贵的遗产，值得我们珍惜并认真研究借鉴。

4. 试论述杜威的教育本质论。

【答案要点】

（1）教育即生活。杜威认为教育是生活的过程，学校是社会生活的一种形式，那么学校生活也是生活的一种形式。学校生活应与儿童自己的生活相契合，满足儿童的需要和兴趣，使校园成为儿童的乐园，使儿童在现实的学校生活中得到乐趣；学校生活应与学校以外的社会生活相契合，适应现代社会变化的趋势并成为推动社会发展的重要力量，校园不应是世外桃源而应积极参与社会生活。

杜威要做的就是改造不合时宜的学校教育和学校生活，使之更富活力，更有乐趣，更具实效，更有益于儿童发展和社会改造。

（2）学校即社会。杜威"学校即社会"意在使学校生活成为一种经过选择的、净化的、理想的社会生活，使学校成为一个合乎儿童发展的雏形的社会。而要将此落于实处，就必须改革学校课程，从分科课程转变为活动课程。"学校即社会"是对"教育即生活"这一命题的进一步引申，代表社会生活的活动性课程的引入是使学校与社会生活相联系的基本保证。杜威坚信教育是社会进步及社会改革的基本方法，通过教育改造社会生活，使之更完善、更美好。

（3）教育即生长。杜威针对当时教育无视儿童天性，消极对待儿童，不考虑儿童的需要和兴趣的现象，提出了"教育即生长"的观念。杜威要求摒除压抑、阻碍儿童自由发展之物，使教育和教学适应儿童的心理发展水平和兴趣、需要的要求。他所理解的生长是机体与外部环境、内在条件与外部条件交互作用的结果，是一个持续不断的社会化的过程。杜威要求尊重儿童但不同意放纵儿童，这也是杜威与进步主义教育实践的一个重要区别。

（4）教育即经验的持续不断的改造。教育即经验的持续不断的改造是指构成人的身心的各种因素在外部环境和人的主动经验过程中统一的全面改造、发展、生长的连续过程。

（5）评价。杜威关于教育本质的这四个论点具有重要的意义：这些观点是杜威改革旧教育的纲领，他的意图是要使教育为缓和社会矛盾、完善美国社会制度服务，对于推动当时的教育改革有积极意义；杜威关于教育本质的观点是他的教育哲学的四个主要命题，内涵丰富并具有启发意义；杜威力图把教育的社会功能与个体发展功能统一起来，并把社会活动视为使两者得以协调的重要手段或中介。但杜威对于教育本质的表述不够科学，"学校即社会"的提法也存在着片面性，它忽视社会与个体发展的各自的相对独立性，进而导致抹杀学校与社会的本质区别。

2022年 青岛大学333教育综合·真题真练

一、单项选择题

1. 我国西周时期的教育制度的主要特征是（   ）。
   A. 学而优则仕 B. 学在官府 C. 有教无类 D. 学在民间

2. 孔子主张的教育目的是（   ）。
   A. 培养德才兼备的贤能之士 B. 传承并发展儒学
   C. 培养淡泊不争的君子 D. 纠正人与生俱来的恶习

3. 道家的教育主张（   ）。
   A. 兴利除害 B. 以法为教 C. 不言之教 D. 化性起伪

4.（   ）侧重于考查综合运用知识，分析和解决问题的能力。
   A. 帖经 B. 墨义 C. 诗赋 D. 策论

5. 明初规定国子监学习到一定年限，分到政府各部门"先习吏事"称为（   ）。
   A. 历事制 B. 吏事制 C. 三舍法 D. 升斋法

6. "越名教而任自然"的思想是（   ）提出的。
   A. 韩愈 B. 颜元 C. 王勃 D. 嵇康

7. 中国书院发展的纲领性学规是（   ）。
   A. 白鹿洞书院揭示 B. 岳麓书院揭示
   C. 嵩阳书院揭示 D. 鹅湖书院揭示

8. 清政府于1904年颁行的《奏定学堂章程》史称（   ）。
   A. 壬寅学制 B. 癸卯学制 C. 壬戌学制 D. 二二制

9. 提出"做中教，做中学，做中学进步"教学思想的是（   ）。
   A. 陶行知 B. 陈鹤琴 C. 晏阳初 D. 梁漱溟

10. 下面属于朱熹作品的是（   ）。
    A.《传习录》 B.《师说》 C.《四书正误》 D.《四书集注》

11. 与斯巴达的教育相比，雅典教育最重要的特征是（   ）。
    A. 注重智育 B. 旨在培养和谐发展的人
    C. 强调道德灌输 D. 教育内容丰富

12.（   ）认为，教育的首要任务是培养道德。
    A. 柏拉图 B. 亚里士多德 C. 苏格拉底 D. 西塞罗

13. 在教育史上，（   ）第一个明确提"教育性教学"的概念。
    A. 夸美纽斯 B. 福禄贝尔 C. 斯宾塞 D. 赫尔巴特

14.（   ）不属于费里教育法原则。
    A. 义务性 B. 宗教性 C. 免费性 D. 世俗性

15. 1944年通过的（   ）是英国战后教育改革总的指导文件和法律基础。
    A. 福斯特法 B. 巴尔福教育法
    C. 费舍教育法 D. 巴特勒教育法

16. 1947年，日本国会颁布（   ），明确了教育目标，奠定了新日本教育政策的基础。
    A.《教育基本法》   B.《学校教育法》
    C.《大学令》   D.《高等学校令》

17. "出自造物主之手的东西，都是好的，而一到了人的手里，就全变坏了。"这是（   ）对人性的看法。
    A. 爱尔维修   B. 拉夏洛泰   C. 卢梭   D. 涂尔干

18. "我们日常所见之人，他们之所以或好或坏，或有用或无用，十有八九是由他们所受的教育决定，人类之所以千差万别，便是由于教育之故。"这是（   ）的观点。
    A. 卢梭   B. 洛克   C. 夸美纽斯   D. 斯宾塞

19. 提出"泛智教育"主张的教育家是（   ）。
    A. 柏拉图   B. 赫尔巴特   C. 夸美纽斯   D. 斯宾塞

20. 凯洛夫的代表作是（   ）。
    A.《论教育》   B.《教育学》
    C.《发展性教育》   D.《集体主义教育》

21. "祖母法则"是一种选择强化物的原则，以下符合"祖母法则"的是（   ）。
    A. 期末考进全班前五奖励200元
    B. 一人完不成训练任务则全员加练
    C. 获评优秀班集体就安排全体远郊游
    D. 打扫完自己的房间才可以看动画片

22. 刘老师在网络上听到了同行组织课堂讨论的经验介绍。随后，他很快就在自己的课堂上进行了尝试并取得了良好的效果，刘老师的做法体现了较强的（   ）。
    A. 创造性智力   B. 实践性智力
    C. 分析性智力   D. 直觉性智力

23. 在自主完成课题项目研讨的过程中，学生突破了平时课程练习中已形成的解题思路，这体现了哪种知识获得机制？（   ）
    A. 顺应   B. 同化   C. 平衡   D. 内化

24. 身为企业高管的唐女士非常爱她的女儿，也对孩子期望很高，管理非常严格。即使女儿只有五岁，唐女士也坚持要求女儿在任何情况下都要举止成熟得体，这让唐女士很好地控制了女儿的行为。唐女士的教育方式最符合（   ）的特征。
    A. 专制型   B. 溺爱型   C. 忽视型   D. 权威型

25. 小华总认为自己的数学学习不好是因为（   ），这是一种可控的归因倾向。
    A. 发挥不稳定   B. 考试总是很难
    C. 老师要求太高   D. 努力不够

二、简答题

1. 何谓支架式教学？其基本实施过程是怎样的。
2. 何谓问题解决？影响问题解决的因素有哪些。
3. 简述基础教育三级课程管理体制。
4. 简述教学目标的内涵和功能。
5. 简述诊断性评价、形成性评价和总结性评价的内涵和主要目的。
6. 简述严格要求与尊重信任并行的德育原则。

三、作文题

近日，中共中央办公厅、国务院办公厅印发了《关于减轻义务教育阶段学生作业负担和校外培养负担的意见》。文件指出，为了贯彻落实党的十九大和十九届五中全会精神，切实提升学校育人水平，持续规范校外培训（包括线上培养和线下培训），有效减轻义务教育阶段学生的作业负担和校外培训负担，提出了管控学校作业，提高课后服务水平，规范校外培训等一系列重要措施。学校、老师、家长和社会都十分关注，支持者、反对者、担忧者和不知所措者皆有。

请自拟题目，谈谈你对双减政策的看法，要求不少于1000字。

2021年 青岛大学333教育综合·真题真练

一、名词解释

活动课程　教材　相对性评价　最近发展区　自我概念

二、简答题

1. 个人本位论和社会本位论。
2. 简述我国基础教育三级课程的内涵。
3. 品德的构成要素，通过这些要素，进行德育工作的方法是什么？
4. 如何用班杜拉社会学习理论帮助学生树立有效榜样。
5. 技能过程中的特点及基于此的教学启示。
6. 如何备好一堂课？

三、分析论述题

1. 材料：考考考教师法宝，分分分学生命根，一个差生努力取得好成绩，老师怀疑他是抄的！论述传统教学评价存在的问题。
2. 材料：重点班分班（重点班改革，就是国家不让办重点班了，但是学校依然在办。）
（1）根据心理发展的特点分析分班的影响。
（2）针对快慢班改革之后，如何进行因材施教？

四、作文题

劳动教育的现时价值和实施途径（劳动教育的精神、问题、实施）。

2020年 青岛大学 333 教育综合·真题真练

一、名词解释
道德情感　诊断性评价　图式　探究性学习

二、简答题
1. 阿特金森成就动机理论。
2. 简述智力三元理论。
3. 因材施教的内涵和规则。
4. 为什么说教学过程是一种特殊的认识过程？
5. 班主任如何培养班集体？
6. 接受学习和发现学习的区别。

三、材料分析题
1. 材料：一个小孩乱举手，又答不出问题，老师让他会的举左手不会的举右手，最后小孩学习进步了。
根据所给材料评价老师的行为和好老师的启示。
2. 材料缺失，结合新手教师和专家型教师相关内容评价赵老师的不足，如果你是领导，你如何帮助赵老师。

四、作文题
以"教师惩戒权之我见"为题写一篇作文。

2019年 青岛大学 333 教育综合·真题真练

一、名词解释
学制　课标　发现学习　形成性评价

二、简答题
1. 科尔伯格三水平六阶段。
2. 学习动机的培养。
3. 教师的权利。
4. 掌握知识与发展智力的关系。

三、分析论述题

1. 教师如何评价学生？
2. 教师还在给学生作文评分的时候，发现该学生作文只能得60分，但老师并没有直接打60分，而是用 90-25-15=60 表示，并分别标注为什么减分，让你认为教师做法是否正确？

四、案例分析题

1. 校园欺凌的原因。
2. 道德培养的措施。

五、作文题

以"寒门难出贵子之我见"为题写1000字以上作文。

2018年 青岛大学333教育综合·真题真练

一、简答题

1. 政治经济制度和教育的关系。
2. 素质教育。
3. 直接经验和间接经验。
4. 问题解决过程和影响因素。
5. 维果茨基最近发展区理论。
6. 自我效能感。
7. 班级授课制的优缺点。

二、案例分析题

材料：老师第一次称粉笔100克，第二次10克，说这是误差。
1. 你怎么看？你怎么做？结合材料分析教师应该有哪些素质？

三、分析论述题

1. 学习动机的培养与激发。

四、作文题

乡村振兴战略下农村教育。

2017年 青岛大学 333 教育综合·真题真练

一、简答题

1. 简述教学过程中的几个必然联系。
2. 新一轮基础教育课程改革的具体目标有哪些？
3. 简述有关教育目的的两个典型价值取向。
4. 根据皮亚杰的观点，教学中如何发展儿童的认知能力？
5. 简述陈述性知识的获得机制。
6. 简述加德纳的多元智力理论。

二、分析论述题

1. 个体身心发展有哪些规律？针对这些规律你认为应该采取怎样的教育措施？
2. 联系实际，谈谈学校教育中如何培养学生的创造性。

三、案例分析题

材料：当人们谈到天才，马上就会想到爱因斯坦。1955年诺贝尔奖获得者爱因斯坦在普林斯顿逝世，享年76岁。他的儿子授权病理学家托马斯·哈维保存一些爱因斯坦的大脑切片用于科学研究。随后他将大脑切片分发给了至少18位全球各地的研究者。后来陆续有几位研究者发表相关研究，试图说明爱因斯坦大脑中某些部分的与众不同是如何转化为爱因斯坦惊人的思维能力的。

你认为天才来自何处，从爱因斯坦的大脑中能找到天才的因子吗？由此分析。一个人的发展受哪些因素的影响？这些影响因素在人的发展中各自起怎样的作用？对上述的天才研究你作何评价？

2016年 青岛大学 333 教育综合·真题真练

一、选择题

1. 最早系统阐述科学教育思想，并明确构建教育学体系的是（　　）。
   A. 夸美纽斯　　B. 赫尔巴特　　C. 康德　　D. 杜威
2. 裴斯泰洛齐说："为人在世，可贵者在于发展，在于发展个人天赋的内在力量，使其经过锻炼，使人能尽其才，能在社会上达到他应有的地位。这就是教育的最终目的。"这句话反映了（　　）。
   A. 社会本位的教育目的论　　B. 教育目的论
   C. 个体本位的教育目的论　　D. 效能主义的教育目的论
3. 道德包括三种成分，道德认知、道德情感和道德行为，那么你认为责任感和义务感属于（　　）。
   A. 道德认知　　B. 道德情感　　C. 道德行为　　D. 道德观念

4. 课程是人的各种自主性活动的总和,学习者通过与活动对象的相互作用而实现自身各方面的发展。这种观点认为（　　）。
   A. 课程即学科　　　　　　　　　　　　B. 课程即经验
   C. 课程即活动　　　　　　　　　　　　D. 课程即文化的再生产

5. 发现式教学方法的最大缺点是（　　）。
   A. 会导致学生注意力分散　　　　　　　B. 会导致学生机械学习
   C. 不利于发展学生的智力　　　　　　　D. 太耗费时间

6. 学与教的过程从宏观上说包括五个要素,下面选项中不属于其中的是（　　）。
   A. 教师与学生　　　　　　　　　　　　B. 教育行政部门
   C. 教学内容　　　　　　　　　　　　　D. 教学媒体和教学环境

7. 教师将自己的教学实践活动定期进行梳理,总结出自己的教学经验,同时不断听取学生、同事、专家的反馈,这种反思方法属于（　　）。
   A. 行动研究　　　B. 撰写日记　　　C. 观摩讨论　　　D. 案例分析

8. 当一个不爱学习的学生表现出良好的学习行为时,老师撤除对他的批判,老师的做法属于（　　）。
   A. 正强化　　　　B. 负强化　　　　C. 消退　　　　　D. 惩罚

9. "榜样的力量是无穷的",这一观点与下面哪位心理学家的看法异曲同工（　　）。
   A. 布鲁纳　　　　B. 班杜拉　　　　C. 布鲁姆　　　　D. 斯金纳

10. 有的人判断客观事物时,容易受到外来因素的影响和干扰,这种认知方式属于（　　）。
    A. 场依存型　　　B. 场独立型　　　C. 冲动型　　　　D. 外向型

11. "一千个人看小说,就有一千个哈姆雷特",这实质上体现了下面哪个理论的观点？（　　）
    A. 认知主义学习观　　　　　　　　　　B. 行为主义学习观
    C. 建构主义学习观　　　　　　　　　　D. 人本主义学习观

12. 程序性知识特有的表征方式是（　　）。
    A. 命题　　　　　B. 图式　　　　　C. 产生式　　　　D. 故事脚本

13. 贾德所作的著名的水下击靶实验证明的是（　　）。
    A. 智力技能中规则的迁移　　　　　　　B. 陈述性知识的迁移
    C. 动作技能的迁移　　　　　　　　　　D. 认知策略的迁移

14. 学生在解题过程中对题目浏览、测查、完成情况的监控及对速度的把握主要采用了（　　）。
    A. 认知策略　　　B. 元认知策略　　C. 管理策略　　　D. 复述策略

15. 皮亚杰对道德认知的研究方法是（　　）。
    A. 道德两难故事　B. 守恒实验　　　C. 沙盘游戏　　　D. 对偶故事法

二、简答题

1. 简述教育演进中的几种形态及其特点。
2. 简述个体身心发展的一般规律。
3. 简述现代学制的主要类型及其特点。
4. 请列举加涅对学习的分类,并分别给以样例说明。
5. 新手型教师与专家型教师存在哪些差异？

三、分析论述题

1. 教师是一种职业、专业还是事业？为什么？
2. 在日常学习过程中,有的学生考试失败了,可能会将原因归于自己比较笨,以至于破罐子破摔。那么，不同的归因对于学生的学习有什么不同的影响？教师如何指导学生进行积极归因。

四、案例分析题

案例：有次，苏格拉底问一个学生："人人都说要做一个有道德的人，但道德究竟是什么？"

学生说："忠诚老实，不欺骗别人，才是有道德的。"

苏格拉底问："但为什么和敌人作战时，我军将领却千方百计地去欺骗敌人呢？"

"欺骗敌人是符合道德的，但欺骗自己人就不道德了。"学生说。

苏格拉底反驳道："当我军被敌军包围时，为了鼓舞士气，将领就欺骗士兵说援军已经到了，大家奋力突围出去。结果突围果然成功了。这种欺骗也不道德吗？"

学生说："那是战争中出于无奈才这样做的，日常生活中这样做是不道德的。"

苏格拉底又追问起来："假如你的儿子生病了，又不肯吃药，作为父亲，你欺骗他说，这不是药，而是一种很好吃的东西，这也不道德吗？"

学生只好承认："这种欺骗也是符合道德的。"

苏格拉底并不满足，又问道："不骗人是道德的，骗人也可以说是道德的。那就是说，道德不能用骗不骗人来说明。究竟用什么来说明它呢？"

学生想了想，说："不知道道德就不能做到有道德，懂得道德才能做到有道德。"苏格拉底这才满足地笑起来。

（1）在教学过程中，教师常用的教学原则有哪些？

（2）上述案例中，苏格拉底采用的是什么教学原则？贯彻这一教学原则的基本要求有哪些？

2015年 青岛大学333教育综合·真题真练

一、单项选择题

1. 1806年，德国赫尔巴特出版的（　　）一书被誉为教育学独立的标志。
   A.《教育学》　　　　　　　　　　　B.《新教育大纲》
   C.《论演说家的教育》　　　　　　　D.《普通教育学》

2. 从学校教育的产生看，学校这种专门的教育组织和活动形式首先出现在（　　）。
   A. 原始社会　　　B. 奴隶社会　　　C. 封建社会　　　D. 资本主义社会

3. 涂尔干说："教育是成年一代对社会生活尚未成熟的年轻一代所实施的影响。其目的在于，使儿童的身体、智力和道德状况都得到激励与发展，以适应整个社会在总体上对儿童的要求，并适应儿童将来所处的特定环境的要求。"这种论断正确地指出了（　　）。
   A. 教育具有社会性　　　　　　　　　B. 教育是社会复制的工具
   C. 教育要促进人的个性化　　　　　　D. 儿童对成人施加的影响不是教育

4. 某班教师为了激发和保持学生的学习动机，开展了一系列学习竞赛活动。结果如教师所料，学生的学习热情高涨，成绩明显提高。但没有想到的是，学生之间相互猜忌、隐瞒学习资料等现象日趋严重。上述事实表明，教育（　　）。
   A. 既有正向显性功能，又有正向隐性功能

B. 既有负向显性功能，又有负向隐性功能
C. 既有正向隐性功能，又有负向隐性功能
D. 既有正向显性功能，又有负向隐性功能

5. 制度化教育的核心标志是（　　）。
   A. 文字的产生　　　　　　　　　　　B. 脑力和体力劳动分工
   C. 阶级社会产生　　　　　　　　　　D. 学校的出现

6. 学生是人，是教育的对象，因而他们（　　）。
   A. 消极被动地接受教育　　　　　　　B. 对外界的教育影响有选择性
   C. 毫无顾及地接受教育　　　　　　　D. 被动地接受教育

7. 从主导价值来看，体现国家意志的课程是（　　）。
   A. 国家课程　　　B. 地方课程　　　C. 校本课程　　　D. 综合课程

8. 教育过程中最重要的人际关系是（　　）。
   A. 同学关系　　　B. 师生关系　　　C. 学校与家庭　　D. 同事关系

9. 教育上的"拔苗助长"违背人的身心发展的（　　）规律。
   A. 互补性　　　　B. 阶段性　　　　C. 顺序性　　　　D. 个别差异性

10. 教师的劳动对象——学生——经常处于变化之中，同时教师在教育教学过程中要面对并及时妥善处理许多突发事件，这说明教师劳动具有（　　）特点。
    A. 创造性　　　　B. 示范性　　　　C. 复杂性　　　　D. 专业性

11. 程序性知识特有的表征方式是（　　）。
    A. 命题　　　　　B. 命题网络　　　C. 产生式　　　　D. 表象

12. 思维具有可逆性是哪个阶段的成就？（　　）
    A. 感知运动　　　B. 前运算　　　　C. 具体运算　　　D. 形式运算

13. 最具有动机价值的归因模式是（　　）。
    A. 归因于能力　　B. 归因于努力　　C. 归因于任务性质　D. 归因于运气

14. 个人面对某种问题情境时，在规定的时间内产生的观念的数量，表示的是创造性的（　　）。
    A. 流畅性　　　　B. 变通性　　　　C. 独特性　　　　D. 综合性

15. 时间管理策略属于学习策略中的（　　）。
    A. 认知策略　　　B. 元认知策略　　C. 努力管理策略　D. 资源管理策略

二、简答题

1. 简述教育基本要素及其相互关系。
2. 简述教育目的的主要价值取向。
3. 简述教学的启发性原则及其要求。
4. 埃里克森提出的个体心理社会发展要经历哪几个阶段及每个阶段要解决的问题。
5. 简述加德纳多元智力理论的观点。

三、分析论述题

1. 论述教育与文化之间的关系。
2. 论述建构主义学习理论的基本观点及其在学习和教学中的应用。

四、案例分析题

1. 案例一：
   几个学生趴在池塘边的草地上，正观察着什么，并叽叽喳喳说个不停，一个教师看到他们满身

是灰的样子，生气地走过去问："你们在干什么？"

"看蝌蚪在玩小游戏呢。"学生头也不抬，随口而答。

"胡说，蝌蚪会玩什么游戏！"老师的声音提高了八度。严厉的斥责让学生顿时停止了观察，慌忙站立起来，一个个小脑袋耷拉下来，怯怯地看着老师，等候老师发落。只有一个倔强的小家伙还不服气，小声嘟囔说："您又没来看，怎么知道蝌蚪不会玩游戏？"

（1）请你运用现代教育理论对该教师的行为做一评价。

（2）如果你是教师，遇到这样的情况会怎样做？

2. 案例二：

在学校教育中，有的教师认为，如果学生得到了好的学习成绩，受到了老师和家长的赞扬，获得了奖励，学生就会有较强的学习动机；如果没有得到好分数或者赞扬，就会缺乏学习的动机。对于那些不好好学习的学生，需要对他们进行批评教育。

（1）此种看法反映了哪一种动机理论？简述其理论观点。

（2）请分析此动机理论应用于教学实践中的效果。

（3）结合理论和实际谈一谈如何有效激发和培养学生的学习动机。

2014年 青岛大学 333 教育综合·真题真练

一、单项选择题

1. 马克思说："搬运工和哲学家之间的原始差别要比家犬和猎犬之间的差别小得多，他们之间的鸿沟是分工掘成的。"这一论断说明（　　）。
   A. 遗传素质最终决定人的发展　　　　B. 遗传素质只是为人的发展提供可能性
   C. 遗传素质具有差异性　　　　　　　D. 遗传素质对人的发展不起作用

2. 对人的身心发展来说，学校教育是一种（　　）环境。
   A. 宏观的　　　　B. 间接的　　　　C. 一般的　　　　D. 特殊的

3. 因材施教原则的精神实质是教师在教学中要（　　）。
   A. 针对学生的实际情况　　　　B. 采用不同的教学方法
   C. 根据不同的教材　　　　　　D. 设置不同的专业、学科

4. 活动课程论的代表人物是（　　）。
   A. 孔子　　　　B. 杜威　　　　C. 赫尔巴特　　　　D. 布鲁纳

5. 校本课程是（　　）的课程。
   A. 国家规定　　　　B. 学校规定　　　　C. 学校安排　　　　D. 学校教师开发

6. 道德认识、道德情感、道德意志三者高度发展的是（　　）。
   A. 道德信念　　　　B. 道德理想　　　　C. 道德情操　　　　D. 道德行为

7. 教学过程的中心环节是（　　）。
   A. 感知教材　　　　B. 理解教材　　　　C. 巩固知识　　　　D. 运用知识

8. 诊断性评价的目的是（　　）。
   A. 改进教学　　　　B. 了解学生　　　　C. 评定成绩　　　　D. 分班分组

9. 整个教育制度的核心组成部分是（　　）。
   A. 国民教育制度　　　　　　　　　B. 义务教育制度
   C. 学校教育制度　　　　　　　　　D. 成人文化教育制度

10. 属于《中华人民共和国教师法》明确规定的教师专业权利的是（　　）。
    A. 指导学生学习与发展的权利　　　B. 对学校进行管理与领导的权利
    C. 选择教材教法开展教学工作的权利　　D. 检查与评价学生品行、学业、身体的权利

11. 某个厌恶刺激的退出会提高个体的行为反应，这种现象是（　　）。
    A. 正强化　　　　B. 负强化　　　　C. 塑造　　　　D. 惩罚

12. "孟母三迁"终使孟子成才，能够有效解释该现象的心理学理论是（　　）。
    A. 认知学习理论　　　　　　　　　B. 社会学习理论
    C. 人本主义理论　　　　　　　　　D. 建构主义理论

13. 下面不属于创造性思维的主要特征的是（　　）。
    A. 流畅性　　　　B. 变通性　　　　C. 适应性　　　　D. 独特性

14. 迁移的概括原理理论认为实现迁移的原因是两种学习之间共有的概括化的原理，这一理论的代表人物是（　　）。
    A. 桑代克　　　　B. 苛勒　　　　C. 奥苏贝尔　　　　D. 贾德

15. 学习者有目的、有意识地通过对相关认知策略的含义、作用的感知、理解，并在特定的问题解决情境中进行具体的联系，进而掌握该策略并能迁移到其他情境之中，这种学习是（　　）。
    A. 发现学习　　　　　　　　　　　B. 迁移学习
    C. 自上而下的学习　　　　　　　　D. 自下而上的学习

二、简答题

1. 简述个体的能动性在人的发展中的作用。
2. 简述古代教育的基本特征。
3. 什么是讲授法？运用讲授法有哪些基本要求？
4. 自我效能感及其来源。
5. 简述学习动机的需要层次理论。

三、分析论述题

1. 联系实际论述在教学过程中为什么要处理好智力活动与非智力活动的关系。
2. 论述维果茨基文化历史发展理论的主要观点，认为教学与认知发展是一种什么样的关系？

四、案例分析题

1. 案例一：

   某位班主任老师在班会上，用无记名的方式评选出 3 名"坏学生"，其中两位学生是因为最近违反了学习纪律，另外一位学生虽然只有 9 岁，居然被学生选出了 18 条"罪状"。当天下午二年级组组长召集评选出来的"坏学生"开会，对这三个孩子进行批评和警告，要求他们写份检查，将自己干的坏事都写出来，让家长签字，星期一交到年级组长手中。

   当学生家长质疑教师的教育方法会挫伤孩子的自尊心时，班主任是这样回答的：你的孩子是班上最坏的，这是同学们用无记名投票的方式选出来的。自尊心是自己树立的，不是别人给的。

   自从这个 9 岁的孩子被评选为"坏学生"后，情绪一直非常低落，总是想方设法找借口逃学。

   （1）请用相关德育原则对该班主任的做法进行评价。
   （2）你认为针对该学生出现的问题，教师应该怎样做？

2. 案例二：

张A是个十分聪明的学生，但就是太贪玩，学习不用功。每次考试他都有侥幸心理，希望能够靠运气过关。这次期末考试他考得不理想，他认为是运气太差了。

请用归因理论分析：

（1）他这种归因是否正确？这种归因对他以后的学习会产生怎样的影响？

（2）如不正确，正确的归因是怎样的？

（3）对教师来讲，正确掌握归因理论有何意义？

2013年 青岛大学333教育综合·真题真练

一、单项选择题

1. "孟母三迁"的故事反映了（　　）对人的重要影响。
   A. 教育　　　　　　B. 环境　　　　　　C. 遗传　　　　　　D. 家庭教育

2. 编写教科书的直接依据和国家衡量各科教学的主要标准是（　　）。
   A. 课程　　　　　　B. 课程标准　　　　C. 课程计划　　　　D. 课程目标

3. "活到老学到老"是现代教育（　　）特点的要求。
   A. 大众性　　　　　B. 公平性　　　　　C. 终身性　　　　　D. 未来性

4. 我国教育目的的理论基础是（　　）。
   A. 人的身心发展规律　　　　　　　　　B. 人的自然发展学说
   C. 马克思主义的本质观　　　　　　　　D. 马克思关于人的全面发展学说

5. 新课程提出的三维目标是（　　）。
   A. 身体成长、心理健康、知识与能力
   B. 认知、情感、技能
   C. 知识与技能、过程与方法、情感态度价值观
   D. 智力、体力、思想品德

6. 布鲁纳认为，无论我们选择何种学科，都务必使学生理解该学科的基本结构，以此而建立的课程理论是（　　）。
   A. 百科全书式课程理论　　　　　　　　B. 综合课程理论
   C. 实用主义课程理论　　　　　　　　　D. 结构主义课程理论

7. 1996年6月中共中央、国务院颁发了《关于深化教育改革，全面推进素质教育的决定》，提出素质教育的重点是培养学生的创造精神和（　　）。
   A. 道德品质　　　　B. 健壮体魄　　　　C. 实践能力　　　　D. 创造能力

8. 教师通过展示实物、直观教具、进行示范实验，指导学生获取知识的方法，是（　　）。
   A. 练习法　　　　　B. 演示法　　　　　C. 实验法　　　　　D. 发现法

9. 小明写了保证书，决心今后要遵守《中学生守则》，做到上课不再迟到。可是冬天天一冷，小明迟迟不肯钻出被窝，以致又迟到了。因此，对小明的教育应从提高其（　　）水平入手。
   A. 道德意志　　　　B. 道德认识　　　　C. 道德情感　　　　D. 道德行为

10. 提出德育的社会模仿模式的学者是（   ）。
    A. 科尔伯格 B. 彼得·麦克费尔
    C. 班杜拉   D. 皮亚杰
11. 在教育心理学史上，1903年出版了《教育心理学》一书的心理学家是（   ）。
    A. 冯特   B. 詹姆斯   C. 杜威   D. 桑代克
12. 奥苏贝尔提出了三个主要影响迁移与保持的认知结构变量指标，下列指标中不属于的是（   ）。
    A. 可利用性   B. 可辨别性
    C. 稳定性和清晰性   D. 目的性和合理性
13. 遗忘曲线表明遗忘的规律是（   ）。
    A. 先快后慢   B. 先慢后快   C. 前后一样快   D. 没有规律
14. 贾德所做的著名的水下击靶实验证明的是（   ）。
    A. 智力技能中规则的迁移   B. 陈述性知识的迁移
    C. 动作技能的迁移   D. 认知策略的迁移
15. 动作技能教学一般通过示范与指导相结合进行，而不宜采用发现教学法，较恰当的理由是（   ）。
    A. 学生一般不能发现新的动作技能
    B. 学生自己尝试的动作往往不够准确
    C. 通过发现而出现的错误动作难以纠正
    D. 以上三者都是可能的解释

二、判断题（请在题目括号内填√或×号）

（   ）1. 当前的课程标准和过去的教学大纲内容是完全相同的。
（   ）2. 教育不仅可以提高人口质量，也有利于控制人口增长。
（   ）3. 教育目的是教育方针的核心内容。
（   ）4. 伴随着时代发展，教育与生产劳动之间的关系是逐渐走向分离。
（   ）5. 活动课程论是赫尔巴特提出并提倡的。
（   ）6. 对儿童的良好行为要给与尽可能多的奖赏，因为奖赏有助于巩固个体的内在动机。
（   ）7. 一般把智商在80以下的儿童确定为智力低常儿童。
（   ）8. 通常来说创造力高的人，智力也高于一般水平。
（   ）9. 心理发展是指个体从出生到死亡的过程中所发生的有次序的心理变化过程。
（   ）10. 谐音联想法属于学习策略中的精细加工策略。

三、简答题

1. 奥苏伯尔有意义学习的实质和条件。
2. 现代心理健康的标准。
3. 简述选择教学方法的标准和依据。
4. 简述教学过程中直接经验与间接经验的关系。
5. 简述当代教育特征。

四、分析论述题

1. 教师应该具备怎样的素养。
2. 述评皮亚杰的认知发展阶段理论及其与教学的关系。

五、作文题

以"对于基础教育课程改革的认识与思考"为题写一篇作文，字数不少于800字。

2012年 青岛大学333教育综合·真题真练

一、单项选择题

1. 活动课程论的代表人物是（　　）。
   A. 卢梭　　　　　　B. 杜威　　　　　　C. 赫尔巴特　　　　D. 布鲁纳
2. 普通教育学的研究对象主要是（　　）。
   A. 幼儿教育　　　　B. 中小学教育　　　C. 高等教育　　　　D. 职业技术教育
3. 乌申斯基指出："一般说来，儿童是依靠形式、颜色、声音和感觉来进行思维的。"这就要求我们在教学中要重视运用的原则是（　　）。
   A. 循循渐进　　　　B. 因材施教　　　　C. 直观性　　　　　D. 巩固性
4. "矮子里找高个""水涨船高"是一种（　　）。
   A. 相对评价　　　　B. 绝对评价　　　　C. 定性评价　　　　D. 定量评价
5. "最近发展区"理论假设的提出者是（　　）。
   A. 皮亚杰　　　　　B. 罗杰斯　　　　　C. 布鲁纳　　　　　D. 维果茨基
6. 《理想国》的作者是（　　）。
   A. 亚里士多德　　　B. 苏格拉底　　　　C. 柏拉图　　　　　D. 昆体良
7. 《大教学论》的作者是（　　）。
   A. 皮亚杰　　　　　B. 卢梭　　　　　　C. 杜威　　　　　　D. 夸美纽斯
8. 教学过程的中心环节是（　　）。
   A. 感知教材　　　　B. 理解教材　　　　C. 巩固知识　　　　D. 运用知识
9. 我国最早提出并实施的现代学制是（　　）。
   A. 癸卯学制　　　　B. 壬寅学制　　　　C. 壬戌学制　　　　D. 六三三学制
10. 教学是进行全面发展教育、实现培养目标的（　　）。
    A. 基本方法　　　　B. 基本内容　　　　C. 基本制度　　　　D. 基本途径
11. 《民主主义与教育》的作者是（　　）。
    A. 皮亚杰　　　　　B. 赫尔巴特　　　　C. 杜威　　　　　　D. 夸美纽斯
12. "得天下英才而教育之"是谁提出的？（　　）
    A. 陶行知　　　　　B. 孔子　　　　　　C. 孟子　　　　　　D. 朱熹
13. 我国教育目的制定的主要理论基础是（　　）。
    A. 马克思主义人的全面发展学说　　　　B. 实用主义
    C. 建构主义　　　　　　　　　　　　　D. 教育心理学
14. 因材施教原则的精神实质是在教学中要（　　）。
    A. 针对学生的实际情况　　　　　　　　B. 采用不同的教学方法
    C. 根据不同的教材　　　　　　　　　　D. 设置不同专业、学科

15. 重视学科基本结构,提倡发现学习的是( )。
   A. 布鲁纳　　　　　B. 布卢姆　　　　　C. 赞科夫　　　　　D. 杜威

二、名词解释

元认知　班级授课制　课程标准　学制　形成性评价

三、简答题

1. 简述教育的政治功能。
2. 新一轮基础教育课程改革的具体目标。
3. 简述教为主导、学为主体的教学规律。
4. 简述建构主义学习理论的基本观点。
5. 简述教学过程作为一种特殊的认识过程的特殊性。
6. 我国现行学制的改革趋势。

四、分析论述题

1. 结合实际谈谈在教学中怎样处理间接经验与直接经验的关系。
2. 概述教师的职业素养、结合当前教育现状,谈谈你的认识。

五、作文题

"不要让孩子输在起跑线上"已经成为许多家长重视早期教育,甚至为孩子报各种课外辅导班、想方设法选择名校名师的重要依据,你对这种现象怎么看?

2011年 青岛大学333教育综合·真题真练

一、判断改错题(请首先判断每个说法是否正确,若正确,请写正确;若错误,请标明错误后改正。)

1. 我国最早的一部教育学著作是《论语》。
2. 20世纪初,美国教育家杜威认为学校教育应以传授书本知识为主。
3. 最早的正式学校是在原始社会出现的。
4. 广义的教育是指,凡是有目的地增进人的知识技能,影响品德,增强人的体质的活动,不论是有组织的或是无组织的系统的或零碎的,都是教育。
5. 能动性是人的发展的重要特点。
6. 教育目的的制定应完全立足于社会需要。
7. 讲授法是一种注重知识灌输的教学方法。
8. 诊断性评价是在教学进程中对学生的知识掌握和能力发展的比较经常而及时的测评与反馈。
9. 发现学习是学生学习的主要形式。
10. 维果茨基认为,最近发展区是指儿童自身所能达到的心理发展水平。
11. 布鲁纳重视学科的知识结构,倡导发现法教学。
12. 新提倡的三维教学目标是知识、技能和情感。

13. 学校教育与生产劳动相脱离是现代形态教育的特征。
14. 教育有促进社会流动的功能。
15. 德育过程是一种道德认知过程。

二、简答题

1. 简述皮亚杰的认知发展阶段理论。
2. 简述教育的文化功能。
3. 简述教师的权利。
4. 简述传授知识与发展智能的关系。
5. 简述新一轮基础教育课程改革的主要目标。

三、案例分析题

1. 材料：某学校按照上级教育管理部门要求，号召教师开发校本课程，他们认为课程开发是教育专家的工作，普通教师只要上好课就行了。

请针对上述现象，从课程改革、教师角色等方面进行分析。

2. 材料：某初中的王老师第一次当班主任，一位资深班主任对他说，初中孩子最难管，三天不打，上房揭瓦，所以你一定要压制住他们，绝不能给他们好脸色。

请判断这样的说法是否正确，并分析原因，假如你是这位班主任，你应该怎么做？

四、作文题（不少于800字）

题目："学生差异之我见"。（提示：可以从教育学、教育心理学等相关理论出发，结合实际谈谈你如何理解学生差异、如何对待学生差异。）

2010年 青岛大学333教育综合·真题真练

一、填空题

1. 现代学制的类型主要有双轨制、_____、_____。
2. 布鲁姆把教学目标分为_____、_____、_____三领域。
3. 编制课程的三大取向是：学科中心、_____、_____。
4. 教师备课的一般环节是钻研教材、_____、_____、拟定教学计划四个环节。
5. 从课程管理角度，当前课程体系中主要有国家课程、_____、_____。
6. 班级管理主要包括_____、_____和班级生活指导等方面。
7. 国际21世纪教育委员会提交给联合国科教文组织的报告《教育——财富蕴藏其中》一书提出21世纪教育的四个支柱是学会认知、_____、_____、_____。
8. 人类教育在漫长的演进过程中大致经历_____、_____、_____、和当代形态的教育四个阶段。

二、单项选择题

1. 在西方教育史上最早倡导使用问答法教学的思想家是（　　）。
   A. 苏格拉底　　　B. 柏拉图　　　C. 亚里士多德　　　D. 昆体良

2. 从作用的对象看，教育功能可分（　　）。
   A. 个体功能和社会功能　　　B. 正向功能和负向功能
   C. 显性功能和隐性功能　　　D. 本体功能和派生功能

3. 对人的身心发展来说，学校教育是一种（　　）环境。
   A. 宏观的　　　B. 间接的　　　C. 一般的　　　D. 特殊性

4. 讲授教学法的负面作用最可能是（　　）。
   A. 课堂失控　　　B. 教学效率低
   C. 不利于思想品德教育　　　D. 不利于学生主动性发挥

5. 下列哪个不是现代形态教育的特征（　　）。
   A. 教育的世俗化　　　B. 教育的国家化
   C. 学校教育与生产劳动相脱离　　　D. 教育的法制化

6. 我国近现代教育史上最早颁布并实施的现代学制颁布于哪一年？（　　）
   A.1898　　　B.1904　　　C.1919　　　D.1922

7. 我国当前主要教学组织形式是（　　）。
   A. 个别教学　　　B. 班级授课制　　　C. 现场教学　　　D. 启发式教学

8. 由学校教师编制、实施和评价的课程是（　　）。
   A. 广域课程　　　B. 国家课程　　　C. 校本课程　　　D. 学科课程

9. "外塑论"学生观的代表人物是（　　）。
   A. 卢梭　　　B. 杜威　　　C. 赫尔巴特　　　D. 布鲁纳

10. 在教育目的的问题上，法国教育家卢梭主张体现了教育目的（　　）。
    A. 社会效益论思想　　　B. 教育无目的论思想
    C. 社会本位论思想　　　D. 个人本位论思想

11. 只考虑被评价对象应该达到的水平，而不受被评价对象在其特定整体中位置的影响，这种评价属于（　　）。
    A. 相对评价　　　B. 个体内差异评价　　　C. 绝对评价　　　D. 总结性评价

12. 泛智教育思想的提出者是（　　）。
    A. 夸美纽斯　　　B. 赫尔巴特　　　C. 布鲁纳　　　D. 洛克

13. 拔苗助长违背了教学的（　　）。
    A. 启发性原则　　　B. 因材施教原则
    C. 循序渐进原则　　　D. 直观性原则

14. 布鲁纳认为无论我们选择何种学科都务必使学生理解该学科的基本结构，其课程理论被称为（　　）。
    A. 百科全书式课程理论　　　B. 综合课程理论
    C. 实用主义课程理论　　　D. 结构主义课程理论

15. 首次把教育学作为一门独立的科学提出来的学者是（　　）。
    A. 夸美纽斯　　　B. 赫尔巴特　　　C. 卢梭　　　D. 培根

16. 行为目标描述的是（　　）。
    A. 学校的行为　　　B. 教师的行为　　　C. 教师和学生的行为　　　D. 学生的行为

17. 被誉为世界上最早的教育专著是（　　）。
    A.《大学》　　　　　B.《论语》　　　　　C.《学记》　　　　　D.《礼记》
18. 诊断性评价往往在教育活动的（　　）。
    A. 过程中进行　　　B. 开始前进行　　　C. 结束后进行　　　D. 各阶段中进行
19. 新课程提倡的三维教学目标是指（　　）。
    A. 知识、技能和方法
    B. 情感、态度和价值观
    C. 知识、技能和情感
    D. 知识与技能、过程与方法、情感态度和价值观
20. 进步主义教育理论的代表人物是（　　）。
    A. 洛克　　　　　　B. 多尔　　　　　　C. 杜威　　　　　　D. 巴格莱

三、名词解释

学生观　教育民主化　综合课程　讨论法　学校教育

四、简答题

1. 当代教育的主要特征有哪些？
2. 影响个体发展的因素有哪些？
3. 简述教育的文化功能。
4. 简述教学过程中直接经验与间接经验的关系。
5. 简述教师职业的特点。
6. 现行德育课程内容的主要特点有哪些？

五、分析论述题

1. 教学中应该注意哪些教学原则？试对你感受最深刻的一个教学原则举例论述。
2. 试述班级授课制的特点、优点、局限及其变革方向。
3. 结合实际，谈谈你对素质教育的理解和认识。

2022年 青岛大学 333 教育综合·真题解析

一、单项选择题
1~5 BACDA 6~10 DABBD 11~15 BCDBD 16~20 ACBCB 21~25 DBAAD

二、简答题

1. 何谓支架式教学？其基本实施过程是怎样的？

【答案要点】

支架式教学指教师或其他助学者和学习者共同完成某种活动，为学习者参与该活动提供外部支持，帮助他们完成独自无法完成的任务，随着活动的进行，逐渐减少外部支持，使共同活动让位于学生的独立活动。支架式教学包括以下几个环节：

（1）预热。这是教学的开始阶段，将学生引入一定的问题情境，并提供可能需要的工具。

（2）探索。首先由教师为学生确立目标，用以引发情境的各种可能性，让学生进行探索尝试。

（3）独立探索。教师放手让学生自己决定探索的方向和问题，选择方法，独立地进行探索。

2. 何谓问题解决？影响问题解决的因素有哪些？

【答案要点】

（1）问题解决是指个体在面临问题情境而没有现成方法可以利用时，将已知情境转化为目标情境的认知过程。当常规或自动化的反应不适用于当前情境时，问题解决者需要超越对过去所学规则的简单应用，对所学规则进行一定的组合，产生一个解答，达到问题解决的目的。它涉及认知、情感和行为活动成分。

（2）影响问题解决的因素有：

①问题情境。个体面临的刺激模式与其已有的知识结构所形成的差异。

②原型启发。通过从待解决的问题具有相似性的其他事物上发现问题解决的途径和方法。

③人际关系。良好的人际关系有助于其解决面临的各类问题。

④知识经验。任何问题解决都离不开一定的知识、策略和技能，知识经验不足常常是不能有效解决问题的重要原因。

⑤定势与功能固着。定势是指人在解决一些相似的问题之后会出现一种惯用的方式解决问题的倾向。功能固着是指一个人看到某个物品有一种惯常的用途后，就很难看出它的其他新用途。

⑥酝酿效应。在反复探索一个问题的解决而毫无结果时，如果把问题暂时搁置几个小时、几天或几周，然后再回过头来解决，这时常常就可以很快找到解决方法。

⑦情绪状态。相对平和的心态有利于问题解决，同时，积极的情绪也有利于问题解决。

3. 简述基础教育三级课程管理体制。

【答案要点】

国家义务教育课程设计为保障和促进不同地区、学校、学生的适应性，实行国家、地方和学校三级课程管理模式。三类课程在课程体系和结构中，地位各自独立，格局独特的功能、作用，是相辅相成的，要重视三类课程间的相互联系和渗透，以形成一个有机的完整的体系。

（1）国家课程，是由中央教育行政机构编制和审定的课程，其管理权属于中央级教育机关。其课程标准和教材都是由国家统一审定,未经批准,任何地方不得随意变动。

（2）地方课程,是地方教育行政部门在国家规定的课程计划内,以国家课程标准为基础,依据当地的政治、经济、文化和民族等具体发展需要而开发的课程。地方课程的编订权在省、自治区和直辖市,县、校不经批准无权变动。

（3）学校课程,是在实施国家课程和地方课程的前提下,通过对本校学生的需求进行科学评估,充分利用当地社区和学校的课程资源而开发的多样性的、可供学生选择的课程。是对国家课程、地方课程的进一步补充与完善。

4. 简述教学目标的内涵和功能。

【答案要点】

教学目标是指教育者在教学过程中,在完成某一阶段,如一节课、一个单元或一个学期工作时,希望受教育者达到的要求或产生的变化结果。教学目标的功能包括以下几方面：

（1）教学目标规定着教学活动的方向、进程和预期结果。

（2）教学目标是评价教学效果的基本依据。

（3）教学目标是学习者自我激励、自我评估、自我调控的重要手段。

5. 简述诊断性评价、形成性评价和总结性评价的内涵和主要目的。

【答案要点】

根据评价在教学中的作用不同,分为诊断性评价、形成性评价、总结性评价。

（1）诊断性评价：在学期教学或单元教学开始时,对学生现有的知识水平和能力发展的评价,如各种摸底考试。其目的是为了弄清学生现有知识和能力发展情况,优点与不足之处,以便更好地改进教学,因材施教,因势利导。

（2）形成性评价：在教学进程中,对学生的知识掌握和能力发展所做的比较经常而及时的测评,包括对学生的提问、书面测验、作业批改等。其目的不注重于成绩的评定,而是使师与生都能及时获得反馈信息,更好地改进教与学,以促进教师和学生的发展、提高。

（3）总结性评价：在一个大的学习阶段,对学生学习的成果进行制度化的正规考查、考试及其成绩评定,也称终结性评价。其目的是为学生评定一定阶段的学习成绩。

6. 简述严格要求与尊重信任并行的德育原则。

【答案要点】

严格要求与尊重学生相结合原则是指进行德育要把对学生的思想品行的严格要求与对他们个人的尊重信赖结合起来,使教育者的严格要求易于转化为学生主动的道德自律。

在对学生进行思想品德教育时,贯彻严格要求与尊重学生相结合原则的基本要求有：

（1）尊重和信赖学生。尊重、呵护与信赖学生是一个优秀教师必须具备的基本品德。爱护、尊重与信赖孩子又是教好孩子、获得良好德育效果的一个重要条件。

（2）严格要求学生。教师向学生提出的教育要求应当是正确的、简明的、有计划的、积极的和严格的。严格要求应当与尊重、信赖学生很好地结合起来。

三、作文题

请自拟题目,谈谈你对双减政策的看法,要求不少于1000字。

【答案要点】

此题属于开放性问题,考生只需要围绕材料进行正确的阐述即可,可从不同的视角进行分析论述,结合材料表达清楚观点,展现文笔风采。此类题型没有标准答案,言之有理即可。

若考生缺乏思路，可参考以下内容进行作答：

（1）双减政策的背景。

①学生作业负担重，作业管理不够完善。

②校外培训过热，超前超标培训问题未根本解决。

③资本过度涌入存在较大风险隐患，还伴有违法违规行为发生。

④我国目前义务教育最突出的问题之一是中小学生负担太重，短视化、功利性问题没有根本解决。

这些问题导致学生作业和校外培训负担过重，家长经济和精力负担过重，严重对冲了教育改革发展成果，社会反响强烈。

（2）主要任务与措施。

①全面压减作业总量和时长，减轻学生过重作业负担。健全作业管理机制；分类明确作业总量；提高作业设计质量；加强作业完成指导；科学利用课余时间。

②提升学校课后服务水平，满足学生多样化需求。保证课后服务时间；提高课后服务质量；拓展课后服务渠道；做强做优免费线上学习服务。

③坚持从严治理，全面规范校外培训行为。坚持从严审批机构；规范培训服务行为；强化常态运营监管。

④大力提升教育教学质量，确保学生在校内学足学好。促进义务教育优质均衡发展；提升课堂教学质量；深化高中招生改革；纳入质量评价体系。

2021年 青岛大学 333 教育综合·真题解析

一、名词解释

活动课程

活动课程又称经验课程、儿童中心课程，与学科课程相对立，它打破学科逻辑的界限，是以学生的兴趣、需要、经验和能力为基础，通过引导学生自己组织的有目的的活动系列而编制的课程。

教材

教材是部分课程教学专家与部分一线教师在一定时间内对课程标准的诠释，它是教师课堂教学的蓝本，也是学生学习的主要参考书。教材尽管很重要，但也只是给教师进行教学提供一定的素材和教学思路。

相对性评价

相对性评价是用常模参照性测验对学生成绩进行的评定，依据学生个人的成绩在该班学生成绩序列中或常模所处的位置来评价和决定他的成绩优劣，而不考虑他是否达到教学目标的要求。也称常模参照性评价。它宜于选拔人才用，但不能表明他在学业上是否达到了特定的标准。

最近发展区

维果茨基认为，在进行教学时必须注意到儿童的两种水平，一种是儿童现有的发展水平，另一种是即将达到的发展水平，维果茨基把这两种水平之间的差距称为最近发展区，即独立解决问题的真实发展水平和在成人指导下或与其他儿童合作情况下解决问题的潜在发展水平之间的差距。

自我概念

自我概念是"由个体对自身的观念、情感和态度组成的混合物"。许多研究假设自我概念是按等级组织的，总体自我概念位于等级的上层，下面是一些具体的自我概念，共同构成一个具有等级的多维结构。自我概念是个体在与环境相互作用而形成的经验的基础上建立的，主要受他人的强化和评价的影响。

二、简答题

1. 个人本位论和社会本位论。

【答案要点】

（1）个人本位论的代表人物：卢梭、裴斯泰洛齐、福禄培尔等。其主要观点包括：①教育目的是根据个人发展的需要制定的，而不是根据社会的需要制定的；②个人价值高于社会价值。社会价值只有在有助于个人发展时才有价值，应由个人来决定社会，个人价值恒久高于社会价值；③人生来就有健全的潜在本能，教育的基本职能就在于使这种潜能得到发展。

（2）社会本位论的代表人物：德国哲学家那托尔普、法国思想家涂尔干、德国教育家凯兴斯泰纳等。社会本位论的主要观点包括：第一，个人的一切发展都有赖于社会，都受社会的制约，人的一切发展也是为了满足社会的需要；第二，教育除了满足社会需要以外并无其他目的；第三，教育结果的好坏是以其社会功能发挥的程度来衡量的，离开了社会，就无法对教育的结果做出衡量。

2. 简述我国基础教育三级课程的内涵。

【答案要点】

国家义务教育课程设计为保障和促进不同地区、学校、学生的适应性，实行国家、地方和学校三级课程管理模式。三类课程在课程体系和结构中，地位各自独立，格局独特的功能、作用，是相辅相成的，要重视三类课程间的相互联系和渗透，以形成一个有机的完整的体系。

（1）国家课程，是由中央教育行政机构编制和审定的课程，其管理权属于中央级教育机关。其课程标准和教材都是由国家统一审定，未经批准，任何地方不得随意变动。

（2）地方课程，是地方教育行政部门在国家规定的课程计划内，以国家课程标准为基础，依据当地的政治、经济、文化和民族等具体发展需要而开发的课程。地方课程的编订权在省、自治区和直辖市，县、校不经批准无权变动。

（3）学校课程，是在实施国家课程和地方课程的前提下，通过对本校学生的需求进行科学评估，充分利用当地社区和学校的课程资源而开发的多样性的、可供学生选择的课程，是对国家课程、地方课程的进一步补充与完善。

3. 品德的构成要素，通过这些要素，进行德育工作的方法是什么？

【答案要点】

（1）品德的构成要素包括道德认知、道德情感、道德意志和道德行为。

①道德认知是对道德行为准则及其执行意义的认识，是社会的道德要求转化为个人内在品质的首要环节，是道德品质形成的基础和前提。

②道德情感是人们根据社会的道德准则去处理相互关系和评价自己或他人的言谈举止时所体验到的情感。

③道德意志是指人们为了达到某种道德目的而行动时所做的自觉努力，是调节道德行为的精神

意志。

④道德行为是道德认知和道德情感的集中体现，是个体面对一定的道德情境时，充分调动自己的道德认知并产生强烈的道德情感，经过内心冲突及外部情况的影响而做出来的。

（2）进行德育工作的方法有：

①言语说服。教师经常要通过言语讲解和说服来使学生理解和接受一定的道德观念和道德准则。

②小组道德讨论。让学生在小组中就某个有关道德的典型事件进行讨论，以提高他们的道德判断水平。在讨论过程中，教师要起到启发和引导作用。

③移情能力的培养。通过移情训练，青少年更可能设身处地去感受别人的心理反应，更可能做出帮助他人的行为。

④羞愧感。儿童羞愧感的产生意味着儿童个性正在发生变化，当它成为个性中一种稳定的东西时，就会改变个性的结构。

⑤群体约定。经过集体成员讨论制定的公约、规则会有助于学生形成积极的态度。由于各个成员参与了规则的讨论和制定，每个人都对规则负有责任，这会增加规则的约束力。同时，群体中意见高度一致，行为取向一致，这会形成一种无形的约束力。

⑥道德自律。品德培养应该使学生能够按照自己内在的价值标准来评判自己的行为，从而规范自己做自己认为应该做的事，避免做不该做的事情。

4. 如何用班杜拉社会学习理论帮助学生树立有效榜样？

【答案要点】

班杜拉认为，儿童通过观察他们生活中重要人物的行为而习得社会行为。这些观察以心理表象或其他符号表征的形式存储在大脑中，来帮助他们模仿行为。

（1）教授新行为、技能、态度和情感。教师需要将所期望的行为、技能、态度和情感以明确外显的方式示范出来，并对学生的模仿予以强化。同时，教师也要注意发挥自身的榜样作用，用自身对世界的好奇心、对本学科的热爱以及对学习的热情等感染学生。

（2）监控学生习得行为的表现。教师需要在创造榜样的同时，对良好的行为给予及时的表扬和鼓励，对错误的行为则给予批评和教育。

（3）对学生道德行为的养成具有现实指导意义。在该理论的基础上创建的认知行为矫正法在心理咨询和心理治疗中也得到广泛应用。

5. 技能过程中的特点及基于此的教学启示。

【答案要点】

技能是通过练习形成的合乎规则或程序的身体或认知活动方式，包括身体方面的技能和认知方面的技能。

（1）技能的特点。

①技能是由练习导致的。技能不同于我们的身体本能，如眨眼反射、咳嗽动作等，技能需要通过不断地练习，是一个由不会到会、由会到熟练的不断完善的一个过程。

②技能表现为身体或认知动作。技能的掌握主要通过实际的动作活动来实现。

③合乎规则或程序是技能形成的前提。在技能形成的过程中，各个动作要素及顺序都要遵循活动本身的要求。

（2）对教育教学的启示。

①技能的掌握是进行学习活动，提高学习效率的必要条件，是学校教学的重要目标之一。

②技能的形成有助于对有关知识的掌握。虽然技能的形成要以对有关知识的掌握为前提，但技能的形成过程却又能促进对这些知识的理解和掌握。

③技能的形成也有利于智力、能力的发展。学生掌握了某种技能，就能够熟练地按照合理的动作方式去完成相应的活动任务，而这种活动效率的提高就是他们的智力、能力发展的具体体现。

6. 如何备好一堂课？

【答案要点】

上好课必先备好课。备课应做好下述主要工作：

（1）钻研教材。教师首先要认真钻研课程标准，明确学科的性质与教学的特点，所教部分内容的要点与要求；再着重钻研教科书，厘清基础知识、基本概念和基本技能，重点与难点；然后思考启发、探究的路线和师生互动的方式；还要查阅参考书与相关资料；最后，在上述工作基础上，才能对本课的任务内容如何处理、如何教，有较全面、深入、独到的思考。

（2）了解学生。包括了解学生现有的知识技能的质量，有何优点与缺陷；他们的兴趣、欲求、需要与思想状况；他们的学习特点与习惯等；他们学、用新的知识可能出现的困难和问题，应有所了解与准备。

（3）设计教学。即根据教材的内容与要求、学生的状况，结合教师个人的智慧、才能和客观条件，对如何引导学生学习新课的活动做出全面系统的设计。

三、分析论述题

1. 论述传统教学评价存在的问题。

【答案要点】

（1）在评价目标上，传统教学评价主要强调评价的区分与选择功能。随着知识的急速增长，原有的以传授知识为主的基础教育课程的功能受到了极大的挑战，现代教学理念要求注重培养学生包括积极的学习态度、创新意识和实践能力以及健康的身心品质等方面的综合素质，为学生的终身发展奠定基础。因此，现代教学评价应更关注学生的知识掌握情况、技能习得情况、方法培养情况以及情感态度价值观的形成情况，更关注如何促进学生个体的全面发展。

（2）在评价主体上，传统教育评价的主体比较单一，表现在由领导、教研员或专家形成的自上而下的评价主体占主导地位，而任课教师和学生的参与相对较少。改变这种状况，使评价成为教师、学生乃至家长等多主体共同参与的交互活动，已成为当前课程教学评价改革的又一新趋势。

（3）在评价内容上，传统教学评价大多是单维的，包括单项和单科评价两种。但随着社会的发展，人们开始关注个体发展的其他方面，如积极的学习态度、创新精神、分析与解决问题的能力等，评价内容得以不断扩大，形成了纵向和横向两个发展脉络。

（4）在评价方法上，在教学评价早期，人们一般认为只有客观的方法才是科学的，从而对客观评价方法大加赞赏。因此，将定性与定量评价相结合，应用多种评价方法，将有利于更清晰、更准确地反映学生和教师的发展状况。

（5）在评价重心上，传统的评价过分注重结果，对于学生的思维过程、探究精神、科学态度等因素重视不够，因而限制了学生的发展。近年来，评价的重心逐渐转移到关注学生的求知过程、探究过程和努力过程，关注学生、教师和学校在各个时期的发展状况，这样才能有效地指导学生的持续发展，真正发挥评价促进发展的功能。

2. 问1：根据心理发展的特点分析分班的影响。

问2：针对快慢班改革之后，如何进行因材施教？

【答案要点】

问1：心理发展是指个体从胚胎期经由出生、成熟、衰老一直到死亡的整个生命过程中所发生的持续而稳定的内在心理变化过程。心理发展的特点有：

（1）心理发展的连续性和阶段性。儿童心理发展是一个不断由量变到质变的发展过程。这种从量变到质变的过程使儿童心理发展表现出既有连续性又有阶段性的特征。

（2）心理发展具有一定的方向性和顺序性。心理发展总是指向一定的方向并遵循确定的先后顺序。比如儿童体内各大系统成熟的顺序是神经系统、运动系统、生殖系统。

（3）心理发展的不平衡性。个体从出生到成熟体现出多元化的模式，表现在不同系统在发展速度、起始时间、达到的成熟水平方面均存在差异，同一机能系统在发展的不同时期有不同的发展速率。

（4）心理发展的普遍性与差异性。人类心理发展的规律具有普遍性，与此同时，个体心理发展在发展的进程、内容、水平方面又具有千差万别的特殊性，各种特殊性成为心理发展的差异性。

重点班在师资力量、学习深度、学习氛围等方面均与普通班形成差异。重点班的分班教学会对学生的学习造成较大影响：对于优生而言，进入重点班的积极影响在于会形成良性竞争，激发学生学习的更大激情和动力；且在优秀师资的培养下，优生更有利于利用更优秀的平台成长发展起来。

进入重点班的消极影响在于会增加学生对考试的焦虑和产生负评价恐惧，进入重点班的学生对于自己产生不自信的心理便容易造成其他消极影响。对于差生而言，重点班分班会增强其对自己的不自信心理，从而导致学习效率的低下和学习兴趣的降低，容易让学生对自己自暴自弃。

总之，教育应依据学生身心发展的规律、年龄特点和个别差异，促使其智育和心理健康教育协同发展起来。根据心理发展的特点，过重的学习压力会导致不健全的性格特征。学校和教师应在教学中善于通过情感教育引导、启发和帮助同学们发现和开发自己的潜能，在教学中有意识地激发和调动学生的自我激励能力。

问2：因材施教的教学原则是指教师要从学生的实际情况与个性特点出发，有的放矢地进行有区别的教学，使每个学生都能扬长避短、长善救失，获得最佳发展。其基本要求是：针对学生的特点进行有区别的教学；采取灵活多样的举措，使学生的才能得到充分的发展。

每个学生的基础不同，对于新知识的接受速度也不一，将基础水平和接受新知识能力差异大的学生放在一起教学容易形成两极分化，不利于教师组织教学，也难以把握教学的进度，因此快慢班改革分层次进行教学确实有利于做到因材施教。教师要做到因材施教可注意以下事项：

（1）教师在教学中要及时转变角色，转变态度，转变方式。教师要做到讲话明白、简练、清晰，尽量使用幽默语言，注意观察学生流露表情，观察学生心理活动，控制教学节奏，使课堂教学效果得到尽可能得到最大的提高。

（2）根据学生的个性特点，施以恰当的教学方法。每一个学生都有自己的性格、气质、意志、兴趣等个性，教师要对自己所教的学生加以了解，然后再根据其个性特点，施以恰当的教育方法。

四、作文题

劳动教育的现时价值和实施途径（劳动教育的精神、问题、实施）。

【答案要点】

此题属于开放性问题，考生只需要围绕劳动教育这一主题进行正确的阐述即可，可从不同的视角进行分析论述，结合材料表达清楚观点，展现文笔风采。此类题型没有标准答案，言之有理即可。

若考生缺乏思路,可参考以下内容进行作答:

(1)劳动教育的含义。学校中的劳动教育是指由专职人员和专门机构承担的,有目的、有系统、有组织的劳动教育,它具有不同于其他教育活动的独特性。

(2)劳动教育的作用。

①树立正确的劳动观。通过生产实践活动,可以使学生逐步养成良好的劳动习惯,树立正确的劳动观点。

②促进人的全面发展。在现代教育中,教学与劳动结合,一方面可以验证所学的书本知识的科学性,另一方面可以使学生获得关于自然科学和社会科学方面的感性认识,加深对自己所学知识的理解,而且还为学习新知识奠定比较好的基础。

③锻炼肌体,增进健康。通过参加适量的劳动可以协调身体器官的发育,锻炼体力和耐力,增强体质,培养意志,提高审美能力,形成健康向上的心理素质。

④发展学生个性,增进情趣和美感。

(3)劳动教育的基本内容。

①工农业生产劳动。工农业生产劳动有助于培养学生的劳动能力和形成新的精神品质。组织学生参加工农业生产劳动,其中包括一般性的工农业生产劳动和现代化的工农业生产劳动。

②社会公益劳动。社会公益劳动是直接服务于社会公益事业的,不计任何报酬的义务劳动。通过公益劳动可以培养学生的劳动观念和对劳动人民的感情,锻炼他们的意志和体力,培养社会责任感。

③服务性劳动。服务性劳动主要指料理个人、家庭、班级以及学校生活的劳动,它有利于培养学生独立生活能力和养成良好的生活习惯。

(4)劳动教育的途径。第一,劳动教育与劳动课相结合;第二,有效利用课堂,落实劳动教育;第三,提供劳动实践机会,耐心指导劳动方法;第四,体验教育;第五,学校、家庭、社会劳动教育和谐统一。

2020年 青岛大学 333 教育综合·真题解析

一、名词解释

道德情感

道德情感是人们根据社会的道德准则去处理相互关系和评价自己或他人的言谈举止时所体验到的情感。它是品德心理结构的动力机制,也是一种自我监督和自我检查的力量。

诊断性评价

诊断性评价是在学期教学或单元教学开始时,对学生现有的知识水平和能力发展的评价,如各种摸底考试。其目的是为了弄清学生现有知识和能力发展情况,优点与不足之处,以便更好地改进教学,因材施教,因势利导。

图式

图式是指儿童用来适应环境的认知结构。从发展的角度来看,儿童最初的图式是遗传所带来的一些本能反射行为，如吸吮反射等。

探究性学习

探究性学习指学习者通过发现问题和解决问题而建构知识的过程。按其思路，应该把学习活动设置到有意义的问题情境中，教师或学生针对所要探究的领域提出感兴趣的问题，学习者通过不断解决问题和发现新问题，来学习与所探究的问题有关的知识，形成解决问题的技能，并形成自主学习的能力。

二、简答题

1. 阿特金森成就动机理论。

【答案要点】

阿特金森在前人的基础上提出了成就动机理论，他认为人们在追求成就时存在两种倾向：一种是力求成功的倾向；另一种是避免失败的倾向。一个人的成就行为体现了这两种倾向的冲突。

根据两类倾向在个体的动机系统中所占的强度，可以将个体分为力求成功者和避免失败者。力求成功者的目的是获取成功，因而倾向于选择难度适中的任务，通过完成具有挑战性的任务提高其自尊心和获得心理上的满足；而避免失败者倾向于选择最易或最难的任务，即便失败也能找到借口以减少失败感。

2. 简述智力三元理论。

【答案要点】

斯滕伯格提出了三元智力理论，强调智力是一套相互关联的加工过程。三元智力理论认为，智力包括三个相互关联的方面：分析能力、创造能力和实践能力。这三个方面分别对应着不同的三个理论，分别是：

（1）成分亚理论：解释的是影响智力水平的基本信息加工过程或成分。

（2）经验亚理论：将智力与经验关联起来，解释与信息加工成分相关的不同水平的先前经验。

（3）情境亚理论：将智力与个体日常生活情境联系起来，解释个体与周围环境相互作用的基本方式。

3. 因材施教的内涵和规则。

【答案要点】

因材施教的教学原则是指教师要从学生的实际情况与个性特点出发，有的放矢地进行有区别的教学，使每个学生都能扬长避短、长善救失，获得最佳发展。

贯彻因材施教原则的基本要求如下：

（1）针对学生的特点进行有区别的教学。了解学生的特点是搞好因材施教的基础。教师应当了解每个学生德、智、体、美和综合实践能力等各方面发展的特点，包括认知、情趣、擅长、价值取向与不足之处，以便有目的地因材施教。

（2）采取灵活多样的举措，使学生的才能得到充分的发展。现行的班级上课重面向全体，大家齐步走，而难于照顾学生的特点，使许多学生的特殊才能受到局限。因此，我们可以在有条件的学校试行按能力分班或分组教学；开设选修课以照顾学生的兴趣与爱好；允许成绩优异的学生跳级，使每个人的才能都得到充分的发展等。

4. 为什么说教学过程是一种特殊的认识过程。

【答案要点】

教学过程作为特殊的认识过程，其特殊性在于它是学生个体的认识过程，具有不同于人类总体认识的显著特点：

（1）间接性，主要以掌握人类长期积累起来的科学文化知识为中介，间接地认识现实世界。

（2）引导性，需要在富有知识的教师引导下进行认识，而不能独立完成。

（3）简捷性，走的是一条认识的捷径，是一种科学文化知识的再生产。

5. 班主任如何培养班集体？

【答案要点】

（1）确定集体的目标。建构集体首先要使集体明确奋斗的目标。集体的目标应当由班主任同全班同学一道讨论确定，以便统一认识，调动大家的积极性。

（2）健全组织、培养干部以形成集体核心。要注重健全班的组织与功能，关键是要做好班干部的选拔与培养，以形成集体核心，使班组织能正常开展工作。

（3）有计划地开展集体活动。班集体是通过开展集体活动逐步形成起来的，班主任应重视全面开展各种活动，让每个学生都能在活动中得到锻炼与提高，以推动班集体的蓬勃发展。

（4）培养正确的舆论和良好的班风。班主任应经常注意组织学生学习政治理论、道德规范，以提高他们的认识；并注重表扬好人好事，批评不良思想行为，为形成正确舆论打下思想基础。

（5）做好个别教育工作。只有教育好每个学生，使每个学生都积极参与班级的各种活动，都关心班级、热爱班级，在参与班组的活动中发挥作用、获得提高，确保没有一个人掉队，才能真正带好一个班，把班级建设成为真正的集体。

6. 接受学习和发现学习的区别。

【答案要点】

（1）不同点。

①教师的角色不同。发现学习中教师主要是引导者的身份，接受学习中教师是讲授者的身份。

②学习的方式不同。发现学习中学习者是通过自己的探索来获取问题的答案，强调的是直接经验的获得；接受学习中学习者通过教师的讲授来获取知识，属于间接经验的获取。

③学习内容的呈现方式不同。发现学习主要是让学生自己去发现学习内容，接受学习的学习内容则主要是以定论的形式传授给学生。

④学习的过程不同。发现学习强调归纳过程，让学生由特殊发现一般；接受学习则强调演绎的过程，让学生的理解从一般到特殊。

（2）相同点。

①都重视学生学习的主动性。

②都强调新知识的学习对已有知识的依赖性。

③都强调认知结构对学习新知识的重要性，以及认知结构的可变性。

三、材料分析题

1. 根据所给材料评价老师的行为和好老师的启示。

【答案要点】

我认为这位教师的行为是正确的。这位教师的行为对好老师的启示有：

（1）树立发展的学生观。学生是处于发展过程中的人。学生是在教育过程中发展起来的，是在教师指导下成长起来的。从一定意义上说，学生是不是能生活得很有趣味，是不是能学得很好，是不是能健康成长，都和他们所在的学校和所遇到的教师有极大的关系。正因为学生是有待发展的人，教师应该相信学生的身心潜藏着巨大的发展能量，坚信每个学生都是可以积极成长的，是有培养前途的，是追求进步和完善的，是可以获得成功的，因而对教育好每一位学生应充满信心。

这位教师让学生分别举左右手的行为，是看到了学生是有待发展的人，相信学生可以积极成长，能够进步的，同时这位教师的做法，也确实让学生取得了进步。

（2）培养自我效能感，增强学生成功的信心。自我效能感影响学生的自我评价和自信心，进而影响学习成绩。尤其是学业不良的学生，由于对自己的学习能力持怀疑态度，表现出很低的自我效能感。因此，教师在教学中要通过一定的方法提高他们的自我效能感。提高自我效能感具体措施如下：

①选择难易适中的任务，让学生不断地获得成功体验，进而提高自我效能感。

②通过获得替代性经验和强化来提高他们的自我效能感。当一个人看到与自己水平接近的学生学习成功时，就会增强他的自我效能感，激发其学习动机。

③引导学生坦然面对失败，从失败中找出可以改进的因素，进而提高自己的学习技能，增强获得成功的自信。

这位教师通过学生会的和不会的举手的不同，可以明确的知道学生何时是掌握了，能够回答的，能够激发学生的自我效能感，让学生对自己有信心，也能培养和激发学生的学习动机，将学习动机内化。

2.结合新手教师和专家型教师相关内容评价赵老师的不足，如果你是领导，你如何帮助赵老师？

【答案要点】

专家型教师和新教师在课时计划、课堂教学过程和课后教学评价三个方面都存在差异。

（1）课时计划的差异。

对教师课时计划的分析表明，与新教师相比，专家型教师的课时计划简洁、灵活、以学生为中心并具有预见性。

（2）课堂教学过程的差异。

①课堂规则的制定与执行。专家型教师制定的课堂规则明确，并能坚持执行，而新教师的课堂规则较为含糊，不能坚持执行下去。

②吸引学生注意力。专家型教师有一套完善的维持学生注意的方法，新教师则相对缺乏这些方法。

③教材的呈现。专家型教师在教学时注重回顾先前知识，并能根据教学内容选择适当的教学方法，新教师则不能。

④课堂练习。专家型教师将练习看作检查学生学习的手段，新教师仅仅把它当作必经的步骤。

⑤家庭作业的检查。专家型教师具有一套检查学生家庭作业的规范化、自动化的常规程序。

⑥教学策略的运用。专家型教师具有丰富的教学策略，并能灵活应用。新教师或者缺乏或者不会运用教学策略。

（3）课后教学评价的差异。

在课后评价时，专家型教师和新教师关注的焦点不同。研究发现，新教师的课后评价要比专家型教师更多地关注课堂中发生的细节。而专家型教师则多谈论学生对新材料的理解情况和他认为课堂中值得注意的活动，很少谈论课堂管理问题和自己的教学是否成功。

四、作文题

以"教师惩戒权之我见"为题写一篇作文。

【答案要点】

此题属于开放性问题，考生只需要围绕该材料进行正确的阐述即可，可从不同的视角进行分析论述，结合材料表达清楚观点，展现文笔风采。若考生缺乏思路，可从学习动机的理论、儿童身心发展的规律和差异、教师应如何合理运用惩戒权等角度作答，没有标准答案，言之有理即可。

青岛大学 333 教育综合·真题解析

一、名词解释

学制

学制即学校教育制度，它是现代教育制度的核心部分，指的是一个国家各级各类学校的系统及其管理规则，它规定着各级各类学校的性质、任务、入学年限、修业年限以及它们之间的关系。

课标

课标即课程标准，课程标准是指在一定课程理论指导下，依据培养目标和课程方案以纲要形式编制的关于课程的性质与价值、目标与内容、教学实施建议以及课程资源开发等方面的指导性文件，一般由说明、课程目标、课程内容标准和课程实施建议等部分组成。

发现学习

发现学习是指学生在学习情境中，经过自己探索寻找，从而获得问题答案的一种学习方式，布鲁纳所说的发现不只限于寻求人类尚未知晓的事物的行为，也包括用自己的头脑亲自获取知识的一切形式。

形成性评价

形成性评价是指在教学进程中，对学生的知识掌握和能力发展所做的比较经常而及时的测评，包括对学生的提问、书面测验、作业批改等。其目的在于使师生都能及时获得反馈信息，从而更好地改进教与学，以促进师生的发展和提高。

二、简答题

1. 科尔伯格三水平六阶段。

【答案要点】

美国心理学家科尔伯格认为儿童道德的发展是分阶段的，他在研究中发现道德发展不是只有两个水平，而应该有多个水平，提出了著名的"三水平六阶段"的道德发展阶段论。

（1）前习俗水平。大约出现在幼儿园及小学低中年级阶段。该时期的特征是儿童遵守规范，但尚未形成自己的主见，着眼于人物行为的具体结果，关心自身的利害。包括惩罚和服从的定向阶段和工具性的相对主义定向阶段。

（2）习俗水平。在小学中年级以上出现，一直到青年、成年。该时期的特征是个人逐渐认识到团体的行为规范，进而接受并付诸实践。包括人际协调的定向阶段和维护权威或秩序的定向阶段。

（3）后习俗水平。该阶段已经发展到超越现实道德规范的约束，达到完全自律的境界，这个水平是理想的境界，成人也只有少数人才能达到。包括社会契约的定向阶段和普遍的道德原则定向阶段。

2. 学习动机的培养。

【答案要点】

（1）创设问题情境，实施启发式教学。

（2）根据作业难度，恰当控制动机水平。

（3）充分利用反馈信息，给予恰当的评定。

（4）妥善进行奖惩，维护内部学习动机。

（5）合理设置课堂环境，妥善处理竞争和合作。

（6）适当进行归因训练，促使学生继续努力。

（7）培养自我效能感，增强学生成功的自信心。

（8）维护学生自我价值，警惕自我妨碍策略。

（9）维护内在需要，促进外部动机内化。

3. 教师的权利。

【答案要点】

教师除了享有国家宪法规定的公民的一般权利外，还应享有这一领域有关法律所赋予教师的各种特殊权利，主要有以下几个方面：

（1）独立工作的权利，即教师依法享有对学生实施教育、指导、评价的权利。

（2）自我发展的权利，即教师依法享有发展自己、提高专业文化水平的权利。

（3）参与管理的权利，即教师可以通过各种合法途径参与学校的管理。

（4）争取合理报酬、享受各种待遇的权利。法律明确规定：教师享有"按时获取工资报酬，享受国家规定的福利待遇以及寒暑假期的带薪休假"的权利。

4. 掌握知识与发展智力的关系。

【答案要点】

（1）智力的发展与知识的掌握二者相互依存，相互促进。

在教学过程中，学生智力的发展依赖于他们对知识的掌握，对学生来说，掌握、运用知识及其反思、改进的过程，也就是他们运用和发展智力的过程；同时，学生对知识的掌握又依赖于他们的智力发展，只有那些智力发展好的学生，他们的接受能力才强、学习效率才高，而智力发展较差的学生在学习中则有较多的困难。

（2）生动活泼地理解和创造性地运用知识才能有效地发展智力。

通过传授知识发展学生智力是教学的一个重要任务，然而知识不等于智力，一个学生知识的多少并不一定能标志他的智力发展的高低。因此，在教学中不仅要教给学生知识，而且要引导学生通过生动活泼的教学活动，透彻地理解知识原理，了解获取知识的过程与方法，学会独立思考、推理与论证，创造性地解决实际问题，这样才能使学生的智力获得高水平的发展。

（3）防止单纯抓知识教学或只重能力发展的片面性。

在教学实践中，有的认为"双基"教学抓好了，学生的智力就自然地发展了，却忽视引导学生通过探究、反思有意识地锻炼学生的智力；有的则只注重学生自主探究、反思，却忽视通过系统知识和原理的学习与运用来发展智力。这两者都不利于提高教学质量。

三、分析论述题

1. 教师如何评价学生？

【答案要点】

（1）对学生的评价要树立综合质量评价观，动态评价学生的发展，合理运用测评方法，充分发挥班主任在综合评价中的作用。

（2）建立以思想品德、知识、体质健康、劳动习惯和个性心理等方面的素质为重点的综合评价指标体系。指标体系要有层次性和可操作性。

（3）要重视学生的自我评价。通过自我评价和他人评价相结合，使学生掌握评价标准，自觉地将标准作为努力的目标和推动自己不断前进的动力，不断认识自己，不断改进缺点，努力达到目标。

2.教师还在给学生作文评分的时候,发现该学生作文只能得60分,但老师并没有直接打60分,而是用 90-25-15=60 表示,并分别标注为什么减分,让你认为教师做法是否正确?

【答案要点】

我认为这位教师的做法是正确的。这位教师的做法体现了以下教育思想:

(1)学生是发展的人。学生是处于发展过程中的人。学生是在教育过程中发展起来的,是在教师指导下成长起来的。从一定意义上说,学生是不是能生活得很有趣味,是不是能学得很好,是不是能健康成长,都和他们所在的学校和所遇到的教师有极大的关系。正因为学生是有待发展的人,教师应该相信学生的身心潜藏着巨大的发展能量,坚信每个学生都是可以积极成长的,是有培养前途的,是追求进步和完善的,是可以获得成功的,因而对教育好每一位学生应充满信心。

这位教师的做法正是看到了学生的发展前途,相信他可以积极成长,对该学生充满信心。

(2)引导学生正确归因。成败归因理论提出不同归因的会产生不同的影响。第一,当个体将成功归因于能力和努力等内部因素时,会产生骄傲、自豪感,增强自信心和动机水平。第二,将成功归因于任务容易、运气好、别人帮助等外部原因时,则满意感较少。当个体将失败归因于能力弱、不努力等内部原因时,会产生愧疚感;将失败归因于任务太难、运气不好或教师评分不公正等外部原因时,则较少产生愧疚感。第三,归因于努力相比于归因于能力,无论成败都会引发更强烈的情绪体验。努力而成功体验到愉快;不努力而失败体验到羞愧;努力而失败也应受到鼓励。

这位教师在给学生作文评分时,标注了减分的原因,以及减了多少分都明确标注给学生,更有利于引导学生找出扣分的真正原因,正确进行归因。

(3)优化学习评价,促进学生自主发展。改进课堂教学的评价是指评价的主体多一些、角度宽一些、标准弹性一些,让学生多体验一点成功,增强学生的自信,体验到成就感。

这位教师在给学生作文评分时,在评价中采取了宽容态度,顺势引导学生自己发现错误,改正错误。准确地评价学生,及时表扬和鼓励,有助于激发学生自主发展的动力。

四、案例分析题

1.校园欺凌的原因

【答案要点】

学生之间,在年龄、身体或者人数等方面占优势的一方蓄意或者恶意对另一方实施相关行为,或者以其他方式欺压、侮辱另一方,造成人身伤害、财产损失或精神损害的,可以认定构成欺凌。

校园欺凌的成因包括:

(1)从社会来看:当前互联网缺乏监管,某些影片对欺凌暴力过度渲染,强化了某些学生的欺凌意识;在流动、留守儿童密集的地方,欺凌事件往往发生频繁,究其原因是由于流动、留守儿童的父母往往忙于生计,很少关心孩子的教育问题,使得这些孩子要么因缺少保护,成为被欺负的对象,要么走上歪路,成为校园"小霸王";校园欺凌事件频发,反映出我国在青少年法制建设中存在一定滞后和不足;我国城乡之间教育机会不均等导致在教育资源相对匮乏的地区校园欺凌无法得到及时的干预和缓解。

(2)从学校来看:在应试教育背景下,某些学校忽视德育与心理健康教育,只追求升学,把德育作为软任务导致学生法制观念淡薄,价值取向混乱;个别班主任放任校园欺凌的现象不管,未能及时处理导致事件愈演愈烈。个别班主任自身素质差导致师生关系紧张,是出现欺凌现象的又一重要原因。

(3)从家庭来看:父母的观念,表现在对子女的过分溺爱、过度保护、过多照顾等易导致孩子养成极端个性,在学校里当欺凌者;父母经常吵架或离异等,使得父母未能及时察觉孩子的心理问题,从而诱发欺凌事件的发生;从学生自身来看,处在青春期的学生思考力不足,没有形成正确的是非善恶观念,心理健康出现问题等都容易引发欺凌事件。

2. 道德培养的措施。

【答案要点】

(1) 思想政治课与其他学科教学。思想政治课与其他学科的教学都是学校德育的重要途径。需要注意的是,知识转化为品德还需要将知识与学生生活相联系,与学生思想"对话",以激发学生的道德需要,并用这些道德认识来探寻做人的道理,调节对人、对事应持有的态度,并付诸行动。

(2) 劳动和其他社会实践。这是学校德育尤其是劳动教育的重要途径。有意义的劳动和社会实践,能够提高学生的责任意识、服务意识,形成学生勤俭、朴实、艰苦、顽强等许多好的品德,在德育上有着不可或缺、不可替代的意义。

(3) 课外活动和校外活动。课外活动不受教学计划的限制,学生可以根据兴趣、爱好自愿选择活动,自主地制订一定的计划与规则,以组织协调人际关系、开展丰富多彩的活动,是生动活泼地向学生进行德育的一个重要途径。通过课外活动进行德育,能调动学生的积极性,培养他们的自律能力,形成互助友爱、团结合作、尊重规则等品德。

(4) 学校共青团、少先队活动。共青团、少先队是青少年儿童自己的组织。青少年儿童热爱自己的组织,积极参加团队活动,渴望加入团队组织。因而开展团队活动,能激发学生强烈的上进心、荣誉感,使他们能够严于律己,自觉提高思想品德,是德育的重要途径。

(5) 心理咨询。心理咨询是培养学生健康心理品质的有效途径。通过个别谈心、咨询、讲座等多种方式对学生进行心理健康教育,可以帮助学生处理好学习、交往、择业等方面问题,使他们成为积极向上、心理健康的人。

(6) 班主任工作。通过班主任工作,学校不仅能有效地管教学生基层组织和个人,而且能对教育学生的其他途径的活动起协调作用,是学校德育的一个特别重要的途径。

(7) 校园生活。校园生活包括上述活动在内的全部学校生活。要建立良好的校园生活,一是要研究如何使德育在各个途径中真正到位,使之互相补充,构成整体效应;二是要根据学校实际,研究如何增加跨越班级的活动与交往,逐步形成学校特色;三是要研究如何使校园生活能够体现时代精神,蕴含深厚文化,让学生在生活中养成现代文明习气和人文情怀。

五、作文题

以"寒门难出贵子之我见"为题写1000字以上作文。

【答案要点】

此题属于开放性问题,考生只需要围绕该材料进行正确的阐述即可,可从不同的视角进行分析论述,结合材料表达清楚观点,展现文笔风采。若考生缺乏思路,可从教育的城乡发展不平衡、家庭教育、父母期望、教育资源、寒门教育投入相对匮乏、寒门的孩子如何改变命运等角度作答,没有标准答案,言之有理即可。

2018年 青岛大学333教育综合·真题解析

一、简答题

1. 政治经济制度和教育的关系。

【答案要点】

（1）政治经济制度对教育的制约。

第一，社会经济政治制度制约教育的性质；第二，社会经济政治制度制约教育的宗旨和目的；第三，社会经济政治制度制约教育的领导权；第四，社会经济政治制度制约受教育权；第五，社会经济政治制度制约教育内容、教育结构和教育管理体制。

（2）教育的政治经济功能。

第一，教育的政治功能。教育通过传播一定的社会的政治意识，完成年轻一代的政治社会化；教育通过造就政治管理人才，促进政治体制的变革与完善；教育通过提高全民文化素质，推动国家的民主政治建设；教育是形成社会舆论、影响政治时局的重要力量。

第二，教育的经济功能。教育是使可能的劳动力转变为现实的劳动力的基本途径；现代教育是使知识形态的生产力转化为直接的生产力的重要途径；现代教育是提高劳动生产率的重要因素。

2. 素质教育。

【答案要点】

素质教育是以人的素质发展为核心的教育。它以注重人各方面的程度和水平的实际发展为主要特征，追求对人的发展的有效引领和促进。素质教育的内涵包括以下几个方面：

（1）素质教育是面向全体学生的教育。素质教育就是要改变以往教育只重视升学有望的学生的做法，坚持面向全体学生，依法保障义务教育阶段儿童和青少年学习和发展的基本权利，努力开发每个学生的潜能，使所有的学生都得到平等健康的发展。

（2）素质教育是全面发展的教育。实施素质教育，必须把德、智、体、美等有机地统一在教育活动的各个环节，使各方面教育相互渗透、协调发展，促进学生的全面发展和健康成长。

（3）素质教育是促进学生个性发展的教育。素质教育反对应试教育不顾学生个性差异的"一刀切"的做法，主张从人的个性出发，承认个性的客观存在，尊重每个人的个性，并以此作为实施教育和教学的依据，通过教育使不同层次、不同程度的学生得到个性健康、完善与发展。

（4）素质教育是以培养创新精神为重点的教育。长期以来的应试教育片面强调知识传授，采用"填鸭式"教学。素质教育则以创新精神和创新能力培养为重点，注重发现和开发蕴藏在学生身上的潜在的创造性品质，全面提高学生的综合素质。

3. 直接经验和间接经验。

【答案要点】

（1）学生认识的主要任务是学习间接经验。

儿童认识始于直接经验，并通过直接经验，不断扩大对世界的认识。但个人的活动范围是狭小的，无论个人如何努力，仅仅依靠直接经验来认识世界越来越不可能。学生要适应高度发展的文明社会，便必须以学习间接经验为主，便捷地掌握人类积累起来的基本科学文化知识。

(2) 学习间接经验必须以学生个人的直接经验为基础。

学生要把书本知识转化为自己能理解的知识，就必须依靠个人已有的或现时获得的感性经验为基础。教学中要注重联系生活与实际，利用学生已有经验，并补充学生学习新知识所必须有的感性认识，以便学生能顺利地理解书本知识并运用所学知识于实际，获得比较完全的知识。

(3) 防止只重书本知识传授或直接经验积累的偏向。

只重书本知识的传授或只重直接经验的积累都违反了教学的规律，割裂了间接经验与直接经验的内在联系，影响了教学质量的提高。

4. 问题解决过程和影响因素。

【答案要点】

(1) 问题解决的过程：

①理解和表征问题阶段。识别有效信息；理解信息含义；整体表征；问题归类。

②寻求解答阶段。

③执行计划或尝试某种解答阶段。当表征某个问题并选好某种解决方案后，下一步就是执行计划、尝试解答。

④评价阶段。当选定并执行某个解决方案之后，学习者还需要对结果进行评价。评价结果的方法之一，就是寻找能够证实或证伪这种解答的证据，对解答进行核查。

(2) 影响问题解决的因素有：

①问题情境。个体面临的刺激模式与其已有的知识结构所形成的差异。

②原型启发。通过从待解决的问题具有相似性的其他事物上发现问题解决的途径和方法。

③人际关系。良好的人际关系有助于其解决面临的各类问题。

④知识经验。任何问题解决都离不开一定的知识、策略和技能，知识经验不足常常是不能有效解决问题的重要原因。

⑤定势与功能固着。定势是指人在解决一些相似的问题之后会出现一种惯用的方式解决问题的倾向。功能固着是指一个人看到某个物品有一种惯常的用途后，就很难看出它的其他新用途。

⑥酝酿效应。在反复探索一个问题的解决而毫无结果时，如果把问题暂时搁置几个小时、几天或几周，然后再回过头来解决，这时常常就可以很快找到解决方法。

⑦情绪状态。相对平和的心态有利于问题解决，同时，积极的情绪也有利于问题解决。

5. 维果茨基最近发展区理论。

【答案要点】

(1) 最近发展区。维果茨基认为，在进行教学时，必须注意到儿童有两种发展水平：一种是儿童现有的发展水平，另一种是即将达到的发展水平，维果茨基把这两种水平之间的差异称为"最近发展区"，即独立解决问题的真实发展水平和在成人指导下或与其他儿童合作情况下解决问题的潜在发展水平之间的差距。

(2) 启示。维果茨基主张教学应当走在儿童现有发展水平的前面，一方面，教学决定着儿童发展的内容、水平和速度等；另一方面教学也创造着最近发展区。教学需要注重学生的最近发展区，把儿童潜在的发展水平变成实际的发展水平，同时不断创造新的最近发展区。

6. 自我效能感。

【答案要点】

自我效能感由班杜拉提出，是指个体对自己能否成功进行某一成就行为的主观判断。它影响着个体对行为的选择，付出多大努力以及坚持多久。影响自我效能感的因素包括：

（1）直接经验。学习者的亲身经验对自我效能感的影响是最大的。成功的经验会提高人的自我效能感，多次失败的经验会降低人的自我效能感。

（2）替代性经验。学习者通过观察榜样的行为而获得的间接经验对自我效能感的形成也有重要的影响。当学习者看到与自己水平差不多的人取得了成功时就会增强自我效能感，反之就会降低自我效能感。

（3）言语说服。他人的建议、劝告和解释以及对自我的引导也有助于改变个体的自我效能感，但不持久，一旦面临令人困惑或难于处理的情境就会消失。

（4）情绪唤起和身心状况。情绪和生理状态也影响自我效能的形成。在充满紧张、危险的场合或认知负荷较大的情况下，情绪易于唤起，而高度的情绪唤起和紧张的生理状态会妨碍行为操作，降低个体对成功的预期水准。

7. 班级授课制的优缺点。

【答案要点】

班级授课制是一种集体教学形式。它把一定数量的学生按年龄与知识程度编成固定的班级，根据周课表和作息时间表，安排教师有计划地给全班学生上课，分别学习所设置的各门课程。

（1）优点：第一，形成了严格的教学制度；第二，以课为单位科学地组织教学；第三，能充分发挥教师的主导作用；第四，能促进学生的社会化与个性化；第五，便于传授系统的科学知识。

（2）缺点：第一，不利于照顾学生的个别差异；第二，不利于培养学生的兴趣、特长和发展个性；第三，不利于理论联系实际；第四，不利于实现教学的灵活性。

二、案例分析题

你怎么看？你怎么做？结合材料分析教师应该有哪些素质？

【答案要点】

材料中，老师前后两次的答案差别十分大，但是他称之为是误差。很明显，教师在专门的教育素养方面是不够的，还需要进一步加强的。

专门的教育素养是指教师的专门教育素养水平及其合理结构是教育教学任务得以完成的重要保证，它主要包括教育理论素养、教育能力素养和教育研究素养。

除上述教师应具备的素质之外，教师还应该包含以下这些素质：

（1）高尚的师德。包括热爱教育事业，富有献身精神和人文精神；热爱学生，诲人不倦；热爱集体，团结协作；严于律己，为人师表。

（2）先进、科学的教育理念。教育理念是教师在对教育工作本质理解的基础上形成的关于教育的观念和理性信念，它是以观念或信念的形式存在于教师头脑中的对教育现象和教育问题的看法。先进、科学的教育理念体现在教师的所有努力都要有利于学生精神世界的丰富、人格尊严的维护和美好人性的成长。如学生主体观、教学交往观、发展性教学评价观等。

（3）宽厚的文化素养。教师的主要任务是通过向学生传授科学文化知识，培养其能力，促进其个性生动活泼地发展。一个好教师的基本条件之一，就是要有比较渊博的知识和多方面的才能。因此，教师对自己所教学科知识应科学、深入地把握，能对自己所教专业融会贯通、深入浅出、高瞻远瞩，达到运用自如的境界，在教学过程中不出知识性的错误。同时，教师还应有比较广博的文化修养。

（4）专门的教育素养。教师的专门教育素养水平及其合理结构是教育教学任务得以完成的重要保证，它主要包括教育理论素养、教育能力素养和教育研究素养。

（5）健康的心理素质。教师的心理健康不仅会直接影响教育工作的优劣成败，而且会影响学生的心理健康水平。因此，教师应该注重提高自己的心理素质。健康的心理素质体现在心理活动的方方面面，概括起来主要指：教师要有轻松愉快的心境、昂扬振奋的精神、乐观幽默的情绪以及坚韧不拔的毅力等。

（6）强健的身体素质。教师的身体素质是指教师在教学活动中的自然力，是教师的身体健康状态和身体素质状态在教学中的表现。它主要通过健康的体魄、旺盛的精力、蓬勃的活力、有节律的生活方式和锻炼习惯等体现。教师的身体素质在教育教学中具有重要的教育意义。

三、分析论述题

1. 学习动机的培养与激发。

【答案要点】

（1）创设问题情境，实施启发式教学。想要实施启发式教学，关键在于创设问题情境。所谓问题情境，指的是一种适度的疑难情境。在学习过程中，仅仅让学生简单地重复已经学过或者过难的东西，学生都不会感兴趣。只有在学习那些"似懂非懂""似会非会"的东西时，学生才感兴趣而且迫切希望掌握它。

（2）根据作业难度，恰当控制动机水平。教师在教学时，要根据学习任务的不同难度，恰当控制学生学习的动机水平。在学习较简单的课题时，应尽量使学生集中注意力；在学习较复杂的课题时，则应尽量创造轻松自由的课堂气氛。在学生遇到困难或出现问题，要尽量心平气和地耐心引导，以免学生过度紧张和焦虑。

（3）充分利用反馈信息，给予恰当的评定。心理学研究表明，来自学习结果的种种反馈信息，对学习效果有明显影响。一方面学习者可以根据反馈信息调整学习活动，改进学习策略，另一方面学习者为了取得更好的成绩或避免再犯错误而增加了学习动机，从而保持了学习的主动性和积极性。

（4）妥善进行奖惩，维护内部学习动机。在对学生进行评价时，奖励和惩罚对于学习动机的激发具有不同的作用。一般而言，表扬与奖励比批评与指责能更有效地激发学生的学习动机，因为前者能使学生获得成就感，增强自信心。但过多使用表扬和奖励，或者使用不当，也会产生消极作用。

（5）合理设置课堂环境，妥善处理竞争和合作。学生的学习主要是在课堂上进行的，课堂的合作与竞争环境无疑是影响学习动机的一个重要的外部因素。在教学活动中，合作与竞争都是必要的，应该强调竞争与合作的相互补充和合理运用。极端的竞争会对学生的学习行为和集体团结产生消极影响。适量与适度的竞争与合作的恰当结合，会有效激励学生的学习动机。

（6）适当进行归因训练，促使学生继续努力。在学生完成某一学习任务后，教师应指导学生进行成败归因。一方面，要引导学生找出成功或失败的真正原因，即进行正确归因；另一方面，教师也应根据每个学生过去一贯的成绩的优劣差异，从有利于今后学习的角度进行积极归因。

（7）培养自我效能感，增强学生成功的自信心。自我效能感影响学生的自我评价和自信心，进而影响学习成绩。尤其是学业不良的学生，由于对自己的学习能力持怀疑态度，表现出很低的自我效能感。因此，教师在教学中要通过一定的方法提高他们的自我效能感。

（8）维护学生自我价值，警惕自我妨碍策略。自我价值理论指出，学生有保护和表现自我价值的需要，这是个人追求成功的内在动力。教师要理解和尊重学生的这种需要，引导他们把自我价值的实现方式与正向、积极的学习行为相联系，避免学生不断从环境中体验到对自我价值的威胁感，从而采取各种自我妨碍的逃避策略。

（9）维护内在需要，促进外部动机内化。兴趣、好奇心、探索欲，是人类学习的最早动力。源于内部需要的学习动机具有更多的坚持性和抗干扰性。然而，不是每个孩子都对教育中涉及的所有内容充满好奇和兴趣。因此，教师要帮助学生将外部调控的学习动机不断内化，形成相对自主调控的学习动机。

四、作文题

乡村振兴战略下农村教育。

【答案要点】

此题属于开放性问题，考生只需要围绕该材料进行正确的阐述即可，可从不同的视角进行分析论述，结合材料表达清楚观点，展现文笔风采。若考生缺乏思路，可从目前城乡教育发展不平衡、留守儿童家庭教育缺失、乡村振兴战略下农村教育的发展途径（多层面解决留守儿童问题、促进农村职业教育发展、加强农村师资队伍建设、开发农村特有课程资源、加强心理健康教育等）作答，没有标准答案，言之有理即可。

2017年 青岛大学333教育综合·真题解析

一、简答题

1. 简述教学过程中的几个必然联系。

【答案要点】

（1）间接经验与直接经验的关系。学生认识的主要任务是学习间接经验；学习间接经验必须以学生个人的直接经验为基础；防止只重书本知识传授或直接经验积累的偏向。

（2）掌握知识与发展智力的关系。智力的发展与知识的掌握二者相互依存，相互促进；生动活泼地理解和创造性地运用知识才能有效地发展智力；防止单纯抓知识教学或只重能力发展的片面性。

（3）掌握知识与进行教育的关系。进行教育性教学是现代教学的重要特性；只有使所学知识引发了学生情感、态度的积极变化，才能让他们的思想真正得到提高；防止单纯传授知识或脱离知识教学的思想教育的偏向。

（4）智力活动与非智力活动的关系。教学活动既要注重引导学生进行智力活动，也要重视调节学生的非智力活动；按教学需要调节学生的非智力活动，才能有成效地进行智力活动。

（5）教师主导作用与学生主动性的关系。发挥教师的主导作用是学生简捷有效地学习知识、发展身心的必要条件；尊重学生、调动学生的学习主动性是教师有效地教学的一个主要因素；防止忽视学生积极性和忽视教师主导作用的偏向。

2. 新一轮基础教育课程改革的具体目标有哪些？

【答案要点】

（1）转变课程功能。改变课程过于注重知识传授的倾向，强调形成积极主动的学习态度，使获得基础知识与基本技能的过程同时成为学会学习和形成正确价值观的过程。

（2）优化课程结构。改变课程结构过于强调学科本位、科目过多和缺乏整合的现状，整体设置九年一贯的课程门类和课时比例，体现课程结构的均衡性、综合性和选择性。

（3）更新课程内容。改变课程内容"繁、难、偏、旧"和过于注重书本知识的现状，加强课程内容与学生生活以及现代社会和科技发展的联系，关注学生的学习兴趣和经验，精选终身学习必备的基础知识和技能。

（4）转变学习方式。改变课程实施过于强调接受学习、死记硬背、机械训练的现状，倡导学生主动参与、乐于探究、勤于动手，培养学生搜集处理信息的能力、获取新知识的能力、分析和解决问题的能力以及交流与合作的能力。

（5）改革课程评价。改变课程评价过分强调甄别与选拔的功能，发挥评价促进学生发展、教师提高和改进教学实践的功能。

（6）深化课程管理体系改革。改变课程管理过于集中的状况，实行国家、地方、学校三级课程管理，增强课程对地方、学校及学生的适应性。

3. 简述有关教育目的的两个典型价值取向。

【答案要点】

（1）个人本位论的代表人物：卢梭、裴斯泰洛齐、福禄培尔等。其主要观点包括：第一，教育目的是根据个人发展的需要制定的，而不是根据社会的需要制定的；第二，个人价值高于社会价值。社会价值只有在有助于个人发展时才有价值，应由个人来决定社会，个人价值恒久高于社会；第三，人生来就有健全的潜在本能，教育的基本职能就在于使这种潜能得到发展。

（2）社会本位论的代表人物：德国哲学家那托尔普、法国思想家涂尔干、德国教育家凯兴斯泰纳等。社会本位论的主要观点包括：第一，个人的一切发展都有赖于社会，都受社会的制约，人的一切发展也是为了满足社会的需要；第二，教育除了满足社会需要以外并无其他目的；第三，教育结果的好坏是以其社会功能发挥的程度来衡量的，离开了社会，就无法对教育的结果做出衡量。

4. 根据皮亚杰的观点，教学中如何发展儿童的认知能力？

【答案要点】

根据皮亚杰的认知发展理论，教育教学应注意以下几点：

（1）提供活动。教师既应为学生创设大量的物理活动，也应为他们提供相应的心理活动机会。在形式运算阶段前，教师应为学生提供从现实物体和事件中学习的机会。

（2）创设最佳的难度。皮亚杰认为认知发展是通过不平衡来促进的。因而，教师要通过提问来引起学生认知的不平衡，并提供有关的学习材料或活动材料，促使学生的认知发展。

（3）关注儿童的思维过程。在教学中，教师必须认识到儿童思考问题的方式与成人不同，并根据儿童当前的认知水平提供适宜的学习活动，这样才能真正促进儿童的认知发展。

（4）认识儿童认知发展水平的有限性。教师需要认识各年龄阶段儿童认知发展所达到的水平，遵循儿童认知发展顺序来设计课程，这样在教学中就会更加主动。

（5）让儿童多参与社会活动。儿童在参与社会活动的过程中，能够逐渐认识到他人的观点与自己的不同，引发认知发展。

5. 简述陈述性知识的获得机制。

【答案要点】

陈述性知识，是关于"是什么"的知识，是对事实、定义、规则和原理等的描述。容易被人意识到，并且人能够明确地用词汇或者其他符号将其系统地表述出来。陈述性知识获得的心理机制是同化，同化是指学习者接纳、吸收和合并知识并将其转化为自身认知结构的一部分的过程。

（1）最早把"同化"一词运用于心理学的是赫尔巴特，他用同化的概念来解释知识的学习，认为学习过程是新观念进入原有观念团内，使原有观念得到丰富和发展，从而吸收新观念的统觉过程，即新旧观念的同化过程。

（2）皮亚杰发展了赫尔巴特的同化思想，认为儿童已掌握的知识经验是学习新知识的基础和关键，通过同化和顺应两种方式把新旧知识联系起来。

（3）奥苏伯尔进一步继承和发展了皮亚杰的认知同化论思想。他认为，同化是一个使知识从一般到个别、由上位到下位逐渐分化和横向联系的相互作用的过程。它不仅是知识的量变过程，也是知识的质变过程。

6. 简述加德纳的多元智力理论。

【答案要点】

加德纳提出的多元智力理论认为，不存在单纯的某种智力和达到目标的唯一方法，每个人都会用自己的方式来发掘各自的大脑资源，这种为达到目的所发挥的各种个人才智才是真正的智力，造就了人与人之间的不同。人的智力可以分为八种。

（1）逻辑数学智力：运算和推理等科学或数学的一般能力，以及处理较长推理、识别秩序、发现模型和建立因果模型的能力。

（2）语言智力：运用语言达到各种目的的能力以及对声音、韵律、语意、语序和灵活操纵语言的敏感能力，包括听、说、读和写的能力。

（3）音乐智力：感受、辨别、记忆、理解、评价、改变和表达音乐的能力。

（4）空间智力：准确感受视觉-空间世界的能力。包括感受、辨别、记忆、再造、转换以及修改物体的空间关系，并借此表达思想和情感的能力。

（5）身体运动智力：控制自己身体运动和技术性地处理目标的能力。

（6）人际关系智力：与人相处和交往的能力，表现为觉察他人情绪、情感、气质、意图和需求的能力并据此做出适当反应的能力。

（7）内省智力：认识、洞察和反省自身的能力，并在正确的自我意识和自我评价的基础上形成自尊、自律和自制的能力。

（8）自然智力：认识物质世界的相似和相异性及动物、植物和自然环境其他事物的能力。

二、分析论述题

1. 个体身心发展有哪些规律？针对这些规律你认为应该采取怎样的教育措施？

【答案要点】

（1）顺序性。在正常情况下，人的发展具有一定的方向性和顺序性，既不能逾越，也不能逆向发展。如个体动作的发展就遵循自上而下、由躯体中心向外围、从粗动作向细动作的发展规律性。就心理而言，儿童的发展总是从无意注意到有意注意，从机械记忆到意义记忆，从具体形象思维到抽象逻辑思维，从喜怒哀乐等一般情绪发展到道德感、理智感、美感等高级情感。

教学指导：个体身心发展的顺序性，决定了教育教学工作的顺序性，在不同的发展阶段展开不同的教育活动，同时更应该按照发展的序列来施教，做到循序渐进。

（2）不平衡性。人的发展不总是匀速直线前进的，不同的系统的发展速度、起始时间、达到的成熟水平是不同的；同一机能系统在发展的不同时期也有不同的发展速率。从总体发展来看，幼儿期出现第一个加速发展期，青春发育期出现第二个加速发展期。

教学指导：人的发展的不平衡性要求教育要掌握和利用人的发展的成熟机制，抓住发展的关键期，促进学生健康地发展。

（3）阶段性。人的发展变化既体现出量的积累，又表现出质的飞跃。当某些代表新质要素的量积累到一定程度时，就会导致质的飞跃，从而表现出发展的阶段性。个体的身心发展的阶段性表现为不同年龄阶段的个体具有不同的年龄特征及主要矛盾，面临着不同的发展任务。

教学指导：人的发展的阶段性要求教育要从学生的实际出发，尊重不同年龄阶段学生的特点，并根据这些特点提出不同的发展任务，采用不同的教育内容和方法，进行有针对性的教育，以便有效地促进他们的个性发展。

（4）个别差异性。人的发展的个体差异表现在身心发展的速度、水平、表现方式等方面。如在发展速度上，有的儿童早慧，有的儿童大器晚成。

教学指导：人的发展的个别差异性要求教育要深入了解学生，针对学生不同的发展水平及不同的兴趣等因材施教，引导学生扬长避短、发展个性，促进学生自由发展。

（5）整体性。人的生理、心理和社会性等方面的发展是密切联系在一起的，并在发展过程中相互作用，使人的发展表现出明显的整体性。

教学指导：人的发展的整体性要求教育要把学生看作复杂的整体，促进学生在体、智、德、美、行等方面全面和谐地发展，把学生培养成完整和完善的人。

2. 联系实际，谈谈学校教育中如何培养学生的创造性。

【答案要点】

（1）营造鼓励创造的环境。这是促进学生创造性发展的必要条件。首先，应倡导民主式的教育和管理。其次，应改革考试制度，为学生创造宽松的学习环境。再次，应增加自主选择课程的机会和有针对性的课程设计。最后，应为学生提供创造性人物的榜样。

（2）培养创造性的教师队伍。首先，要转变教师的教育教学观念，使教师形成理解并鼓励学生的创造；其次，要教给教师必要的创造技法和思维策略；再次，为教师提供明晰的、具有实用价值的有关创造性的知识及相应的教学策略和技能；最后，教师应不断学习关于创造性的心理学知识，用心理学的理论指导自己的实践。

（3）培育创造意识，激发创造动机。只有当个人具有自觉的创造意识、强烈的创造动机，才易产生新思想、新方法、新观点。需要做到：树立学生创新的自信心；激发创造热情；磨砺创造意志；培养创造勇气。

（4）发展和培养创造性思维。创造性思维是创造性的核心。创造性思维的培养应注意以下几个方面：加大思维的"前进跨度"，培养思维的跳跃能力；加大思维的"联想跨度"，使学生敢于把习惯上认为毫不相干的、表面上看来微不足道的问题联系起来或进行移植；加大"转换跨度"，引导学生敢于否定原来的设想，善于打破固有的思路；给学生大胆探索与推测的体会。

（5）开设创造课程，教给创造技法。教学是培养学生创造性的重要途径。因此，开设创造性课程已成为国内外开发创造性的有效途径。在创造性课程的教学中，注重教给学生基本的创造技巧与方法是培养创造性的有效措施。促进创造性发展的主要创造技法有：头脑风暴法、系统探求法、联想类比法、组合创新法、对立思考法、转换思考法。

（6）塑造创造性人格。创造性人格是创造性的重要组成部分，培养学生的创造性人格是培养创造性的重要内容。主要方法有：保护好奇心；解除对错误的恐惧心理；鼓励独创性与多样性。此外，自信与乐观、忍耐与有恒心、合作、严谨等也是创造性人格培养的重要方面。

三、案例分析题

你认为天才来自何处，从爱因斯坦的大脑中能找到天才的因子吗？由此分析，一个人的发展受哪些因素的影响？这些影响因素在人的发展中各自起怎样的作用？对上述的天才研究你作何评价。

【答案要点】

在我看来，天才的形成是很多因素共同作用的结果，在爱因斯坦的大脑中难以找到天才的因子。影响人的发展的因素有很多方面，具体表现在以下几个方面：

（1）遗传在人发展中的作用。

①遗传素质是人的发展的生理前提。遗传是指人从上代继承下来的生命机体及其解剖上的特点，这些遗传的生理特点，也叫遗传素质，是人的发展的自然的或生理的前提条件，为人的发展提供可能。

②遗传素质的成熟程度制约着人的发展过程及年龄特征。遗传素质的成熟过程，表现为人身体的各种器官的形态、结构和机能的发展变化与完善，为一定年龄阶段的身心特点的出现提供了可能，制约着人的发展的年龄阶段。

③遗传素质的差异性对人的发展有一定的影响。遗传素质的差异不仅表现在体态和感觉器官的功能上，也表现在神经活动的类型上。人们对外界事物反应的快慢、情感表现的强弱和是否容易转移等方面，也存在着差异。

④遗传素质具有可塑性。随着环境、教育和实践活动的作用，人的遗传素质会逐渐地发生变化，这就说明了遗传素质具有可塑性。但是人成长为什么样的人，并不决定于人的遗传素质。

（2）环境在人的发展中的作用。

①环境是人的发展的外部条件。环境是人的发展的外部实现根基与资源，泛指个体生存于其中并影响个体发展的外部世界。人的生存与发展环境十分复杂，根据其性质可以分为自然环境和社会环境。社会环境是儿童得以发展的现实条件和现实源泉，对人的发展起着不可替代的作用。

②环境的给定性与主体的选择性。环境的给定性指的是由自然与社会、历史遗产与他人为儿童个体所创设的环境，它对于儿童来说是客观的、先在的、给定的。儿童无法抗拒或摆脱环境的影响与限制，只有适应环境，以获得自身的生存与发展。主体的选择性指的是人是具有能动性的主体，他对环境变化的刺激做出的回应是可以由主体内在的意愿来选择和决定的。环境对人的发展的制约作用离不开人对环境的能动活动，环境的给定性不会限制人的选择性，反而能激发人的能动性、创造性。

（3）个体活动在人的发展中的作用。

①个体活动是人的发展的决定因素。个体的活动、个体的社会实践是个体与环境互动的中介，是个体发展的基础，是个体发展的决定性因素。学生的主体活动既是学生存在和发展的方式，又是教育的重要基础。教育必须通过引领和组织学生的主体活动来促进学生的身心与个性的发展。

②个体活动制约着环境影响的内化与主体的自我建构。人在同环境的相互作用的过程中，既改造着环境，也在改造环境的活动中发展和提升了个人的素质，从人的发展的视域看，实质上是一个自我建构的过程。学生的能动性主要表现为：在教育者的影响下，在积极参与社会生活和交往活动的基础上能动地进行自我认识、自我发展和自我建构。

③个体通过能动的活动选择、构建着自我的发展。个人通过能动的活动不仅能把握自己与外部世界的关系，而且能把自身的发展当作自己认识的对象和自觉实践的对象，选择与建构自己的发展。人的发展的过程就是通过能动的活动不断自我超越的过程。

（4）教育在人的发展中的作用。

①教育在人的发展中起引领作用。教育在年轻一代的发展中起着引领作用主要体现在：有意识

地为年轻一代的成长选择、建构、调控良好的环境，对他们的生活、交往、学习与实践等活动进行正确的教导、示范和辅助，并注重尊重他们的主体地位和激发、引导他们内在的学习动力与自我发展的能动性和自主性，从各方面引领、关怀、维护他们的发展。

②学校教育主要通过传承文化科学知识来培养人。学校教育是教育者有意识地为儿童的身心发展精心设置的一种环境，它把经过选择的、重新组编的、人类长期积累起来的文化知识作为精神客体与儿童互动，以促进儿童的发展，使他们成人成才。文化知识具有认识价值、陶冶价值、能力价值和实践价值。

③学校教育对提高人的现代性有显著的作用。教育在人的现代化过程中起着重要作用，因为学生在学校里不仅学会了读、写、算等各个方面的基础知识与技巧，而且学到了与他们个人的发展和国家的未来有关的态度、价值和行为方式。人的现代化是社会现代化的重要基础和前提条件，我们应该自觉地优先发展教育，高度重视并充分发挥教育对人的现代化的促进作用。

2016年 青岛大学 333 教育综合·真题解析

一、选择题

1~5 BCBCD　6~10 BABBA　11~15 CCABD

二、简答题

1. 简述教育演进中的几种形态及其特点。

【答案要点】

从教育系统所赖以运行的时间标准以及建立于其上的产业技术和社会形态出发，可以将教育形态划分为"农业社会的教育""工业社会的教育"与"信息社会的教育"。

（1）农业社会的教育所具有的特点有：第一，古代学校的出现和发展；第二，教育阶级性的出现和强化；第三，学校教育与生产劳动相脱离。

（2）工业社会的教育所具有的特点有：第一，现代学校的出现和发展；第二，教育与生产劳动从分离走向结合，教育的生产性日益突出；第三，教育的公共性日益突出；第四，教育的复杂性程度和理论自觉性都越来越高，教育研究在推动教育改革中的作用越来越大。

（3）信息社会的教育所具有的特点有：第一，学校将发生一系列变革；第二，教育的功能将进一步得到全面理解；第三，教育的国际化与教育的本土化趋势都非常明显；第四，教育的终身化、全民化和全纳教育的理念成为指导教育改革的基本理念。

2. 简述个体身心发展的一般规律。

【答案要点】

（1）顺序性。在正常情况下，人的发展具有一定的方向性和顺序性，既不能逾越，也不能逆向发展。如个体动作的发展就遵循自上而下、由躯体中心向外围、从粗动作向细动作的发展规律性。就心理而言，儿童的发展总是从无意注意到有意注意，从机械记忆到意义记忆，从具体形象思维到抽象逻辑思维，从喜怒哀乐等一般情绪发展到道德感、理智感、美感等高级情感。

（2）不平衡性。人的发展不总是匀速直线前进的，不同系统的发展速度、起始时间、达到的成熟水平是不同的；同一机能系统在发展的不同时期也有不同的发展速率。从总体发展来看，幼儿期出现第一个加速发展期，青春发育期出现第二个加速发展期。

（3）阶段性。人的发展变化既体现出量的积累，又表现出质的飞跃。当某些代表新质要素的量积累到一定程度时，就会导致质的飞跃，从而表现出发展的阶段性。个体的身心发展的阶段性表现为不同年龄阶段的个体具有不同的年龄特征及主要矛盾，面临着不同的发展任务。

（4）个别差异性。人的发展的个体差异表现在身心发展的速度、水平表现方式等方面。如在发展速度上，有的儿童早慧，有的儿童大器晚成。

（5）整体性。人的生理、心理和社会性等方面的发展是密切联系在一起的，并在发展过程中相互作用，使人的发展表现出明显的整体性。

3. 简述现代学制的主要类型及其特点。

【答案要点】

（1）双轨制，主要代表是18—19世纪的西欧。其结构是：一轨自上而下，是为资产阶级的子女设立的，包含大学、中学；另一轨从下而上，是为劳动人民的子女设立的，包含小学及其后的职业学校。

特点：两个平行的系列，一轨基于家庭教育，从初中开始，一轨最初只有小学。这样就剥夺了劳动者子女升入中学和大学的权利，阶级对立性十分明显。

（2）单轨制，主要代表是美国。其结构是：小学、中学、大学。

特点：一个起点、一个系列、多种分段，如六三三、五三四、八四、六六等分段。单轨制被世界许多国家采用，因为它有利于教育的逐级普及，有利于现代生产和科技的发展。

（3）分支型学制，主要代表是苏联，也称为苏联型学制。其结构是：一开始不分轨，升入中学阶段开始分叉，是介于双轨制和单轨制之间的分支型学制。

特点：苏联型学制的中学，上通下达，左右通畅。这显示了分支型学制没有阶级、没有等级差别的优越性。

4. 请列举加涅对学习的分类，并分别给以样例说明。

【答案要点】

加涅根据学习的繁简水平不同，将学习分为八类：

（1）信号学习：个体学习对某种信号做出某种反应，其过程是刺激—强化—反应。

（2）刺激–反应学习：在一定情境下，个体做出反应，然后得到强化，其过程是情境—反应—强化。

（3）连锁学习：一系列刺激–反应的联合。

（4）言语联想学习：由言语单位所联结的一系列刺激–反应的联合。

（5）辨别学习：个体学会识别多种刺激的异同，并对它们做出不同的反应。

（6）概念学习：个体对刺激进行分类时，学会对一类刺激做出同样的反应。

（7）规则的学习：规则指两个或两个以上概念的联合，规则学习则是个体了解两个或两个以上概念之间的关系。

（8）解决问题的学习：个体使用所学规则解决问题。

以上分类的样例说的从略。

5. 新手型教师与专家型教师存在哪些差异？

【答案要点】

专家型教师和新教师在课时计划、课堂教学过程和课后教学评价三个方面都存在差异。

（1）课时计划的差异。

对教师课时计划的分析表明，与新教师相比，专家型教师的课时计划简洁、灵活、以学生为中心并具有预见性。

（2）课堂教学过程的差异。

①课堂规则的制定与执行。专家型教师制定的课堂规则明确，并能坚持执行，而新教师的课堂规则较为含糊，不能坚持执行下去。

②吸引学生注意力。专家型教师有一套完善的维持学生注意的方法，新教师则相对缺乏这些方法。

③教材的呈现。专家型教师在教学时注重回顾先前知识，并能根据教学内容选择适当的教学方法，新教师则不能。

④课堂练习。专家型教师将练习看作检查学生学习的手段，新教师仅仅把它当作必经的步骤。

⑤家庭作业的检查。专家型教师具有一套检查学生家庭作业的规范化、自动化的常规程序。

⑥教学策略的运用。专家型教师具有丰富的教学策略，并能灵活应用。新教师或者缺乏或者不会运用教学策略。

（3）课后教学评价的差异。

在课后评价时，专家型教师和新教师关注的焦点不同。研究发现，新教师的课后评价要比专家型教师更多地关注课堂中发生的细节。而专家型教师则多谈论学生对新材料的理解情况和他认为课堂中值得注意的活动，很少谈论课堂管理问题和自己的教学是否成功。

三、分析论述题

1. 教师是一种职业、专业还是事业？为什么？

【答案要点】

（1）教师是一种职业。从其起源来说，教师是一种很古老的职业。在原始社会，由部族首领和年长者在生产活动中向年轻一代传授基本的劳动经验和行为规范，承担教师的职责。后来，随着社会的发展，教师这种劳动逐渐从其他劳动中分离出来，成为一种专门的职业。

（2）教师是一种专业。体现在教师的专业性上，1966年，国际劳工组织、联合国教科文组织在《关于教师地位的建议》中提出："教育工作应被视为专门职业，这种职业是一种要求教员具备经过严格而持续不断的研究才能获得并维持专业知识及专门技能的公共业务；要求对所辖学生的教育和福利具有个人的及共同的责任感。"1993年颁布的《中华人民共和国教师法》也明确规定"教师是履行教育教学职责的专业人员"。

教师劳动的专业性突出表现在教师对育人的崇高敬业精神和道德修养上，对教育教学专门化知识和技能的掌握与教育活动的自主权上。

（3）教师是一种事业。教师所从事的工作是与人的生命密切相关的，是一种精神的事业，所以教育工作的成效必然来自师生间精神的对话和交流。

2. 在日常学习过程中，有的学生考试失败了，可能会将原因归于自己比较笨，以至于破罐子破摔。那么，不同的归因对于学生的学习有什么不同的影响？教师如何指导学生进行积极归因？

【答案要点】

韦纳对行为结果的归因进行了系统探讨，发现人们倾向于将活动成败的原因归结为六个因素：即能力高低、努力程度、任务难易、运气好坏、身心状态、外界环境等。这六个因素可归为三个维度，即内部归因和外部归因、稳定性归因和非稳定性归因、可控制归因和不可控归因。

（1）当学生将学业成功归因于能力和努力等内部因素时，会产生骄傲、自豪感，增强自信心和动机水平。

（2）当学生将学业成功归因于任务容易、运气好、别人帮助等外部原因时，则满意感较少。当学生将学业失败归因于能力弱、不努力等内部原因时，会产生愧疚感；将学业失败归因于任务太难、运气不好或教师评分不公正等外部原因时，则较少产生愧疚感。

（3）归因于努力相比于归因于能力，无论成败都会引发更强烈的情绪体验。努力而成功体验到愉快，不努力而失败体验到羞愧，努力而失败也应受到鼓励。

在学生完成某一学习任务后，教师应指导学生进行成败归因。一方面，要引导学生找出成功或失败的真正原因，即进行正确归因；另一方面，教师也应根据每个学生过去一贯的成绩的优劣差异，从有利于今后学习的角度进行积极归因。

四、案例分析题

问1：在教学过程中，教师常用的教学原则有哪些？

问2：上述案例中，苏格拉底采用的是什么教学原则？贯彻这一教学原则的基本要求有哪些？

【答案要点】

问1：教学原则是有效进行教学必须遵循的基本要求。它既指导教师的教，也指导学生的学，应贯彻于教学过程的各个方面和始终。

我国主要的教学原则：

（1）启发性原则。指在教学中教师要激发学生的学习主体性，引导他们经过积极思考与探究自觉地掌握科学知识，学会分析问题和解决问题，树立求真意识和人文情怀。也称探究性原则或启发与探究相结合原则。

（2）理论与实践相结合原则。指教学要以学习基础知识为主导，将理论运用于解释和解决实际问题，学以致用，发展动脑、动手能力，并理解知识的含义，领悟知识的价值。

（3）科学性和思想性统一原则。指教学要以马克思主义为指导，授予学生以科学知识，并结合知识教学对学生进行社会主义品德和核心价值观教育。

（4）直观性原则。指在教学中通过引导学生观察所学事物或图像，聆听教师用语言对所学对象的形象描绘，形成有关事物具体而清晰的表象，以便理解所学知识。

（5）循序渐进原则。指教学要按照学科的逻辑系统和学生认识的顺序逐步进行，使学生系统地掌握基础知识、基本技能，形成严密的逻辑思维能力。也称系统性原则。

（6）巩固性原则。指教学要引导学生在理解的基础上牢固地掌握知识和技能，长久地保持在记忆中，能够根据需要迅速再现，有效地运用。

（7）发展性原则。指教学的内容、方法和进度，既要适合学生已有的发展水平，又要有一定的难度，激励他们经过努力才能掌握，以便有效地促进学生的身心发展。

（8）因材施教原则。指教师要从学生的实际情况与个性特点出发，有的放矢地进行有区别的教学，使每个学生都能扬长避短、长善救失，获得最佳发展。

问2：在上述案例中，苏格拉底采用的是启发式教学原则。在教学过程中贯彻这一教学原则的基本要求有：

（1）调动学生学习的主动性。在激发学生的学习主动性上，教师要发挥个人的创造性，善于运用发人深思的提问、令人心动的讲述，充分显示教学内容的吸引力，展现它的情趣、奥妙、意境、价值，以便激起学生的求知欲和积极性，全神贯注地投入学习。

（2）善于提问激疑，引导教学步步深入。在启发过程中，教师要有耐心，给学生以思考时间；要有重点，问题也不能多，也不能蜻蜓点水、启而不发；要善于与学生探讨，引导学生一步一步去获取新知和领悟人生的价值。

（3）注重通过解决实际问题启发学生获取知识。通过组织和引导学生观察、操作、动手解决实际问题，是启发教学的一个重要的途径。接触实际问题，对学生更具诱惑力、挑战性，会使他们更积极主动地进行学习和完成任务。在学生的操作过程中，教师只要根据学生的情况，加以有针对性的指点、启发，组织一点交流或讨论，学生就不仅能够深刻领悟所学概念与原理，掌握解决问题的方法与步骤，而且能够增进学习的兴趣、能力和养成认真、负责与相互协作的品行。

（4）引导学生反思学习过程。教学要引导学生反思学习过程，了解学习过程的程序和方法，分析学习过程中的顺利与障碍、长处与缺点，寻找形成障碍与缺点的原因，克服学习过程中的弯路与失误，使学习程序和方法简捷、有效，注重积淀适合于自己的良好的学习方式，从学习中学会学习。

（5）发扬教学民主。要创造宽松、和谐、民主、平等、坦率、活跃的课堂教学氛围，这是启发教学的重要条件。只有这样，学生的心情才会感到宽松，他们的聪明才智才能充分发挥出来。教师切不可唯我独尊、搞一言堂，要鼓励学生发表自己的见解，包括与教师不同的见解。

2015年 青岛大学333教育综合·真题解析

一、单项选择题

1~5 DBADD　　6~10 BABCA　　11~15 CCBAD

二、简答题

1. 简述教育基本要素及其相互关系。

【答案要点】

教育的要素包括教育者、受教育者、教育内容和教育活动方式。

（1）教育者。教育者是指参与教育活动、与受教育者在教学或教导上互动，对受教育者体、智、德、美、行等方面产生影响的人，主要指教师。他们在教育活动中处于领导者、设计者、引导者的地位。

（2）受教育者。受教育者是指参与教育活动、与教育者在教学与教导上互动，以期自身获得发展的人，主要是学生。受教育者是既是教育的对象，也是学习的主体。

（3）教育内容。教育内容是指教育者引导受教育者在教育活动中学习的前人积累的经验，包括书本知识和实际经验。

（4）教育活动方式。教育活动方式是指教育者引导受教育者学习教育内容所选用的交互活动方式，是教育者、受教育者与教育内容三者形成一个有目的地培养人的教育活动的中介和纽带。

教育活动的基本要素之间既相互独立，又相互规定，共同构成一个完整的实践系统。没有教育者，教育活动就不可能开展，受教育者也不可能得到有效的指导；没有受教育者，教育活动就失去了对象，无的放矢；没有教育内容和教育活动方式，教育就成了无米之炊，再好的教育意图、发展目标，也都无法实现。

2. 简述教育目的的主要价值取向。

【答案要点】

（1）个人本位论的代表人物：卢梭、裴斯泰洛齐、福禄培尔等。其主要观点包括：第一，教育目的是根据个人发展的需要制定的，而不是根据社会的需要制定的。第二，个人价值高于社会价值。社会价值只有在有助于个人发展时才有价值，应由个人来决定社会，个人价值恒久高于社会价值。第三，人生来就有健全的潜在本能，教育的基本职能就在于使这种潜能得到发展。

（2）社会本位论的代表人物：德国哲学家那托尔普、法国思想家涂尔干、德国教育家凯兴斯泰纳等。社会本位论的主要观点包括：第一，个人的一切发展都有赖于社会，都受社会的制约，人的一切发展也是为了满足社会的需要；第二，教育除了满足社会需要以外并无其他目的；第三，教育结果的好坏是以其社会功能发挥的程度来衡量的，离开了社会，就无法对教育的结果做出衡量。

3. 简述教学的启发性原则及其要求。

【答案要点】

启发性教学原则是指在教学中教师要激发学生的学习主体性，引导他们经过积极思考与探究自觉地掌握科学知识，学会分析问题和解决问题，树立求真意识和人文情怀。也称探究性原则或启发与探究相结合原则。

贯彻启发性教学原则的要求有：

（1）调动学生学习的主动性。在激发学生的学习主动性上，教师要发挥个人的创造性，善于运用发人深思的提问、令人心动的讲述，充分显示教学内容的吸引力，以便激起学生的求知欲和积极性，全神贯注地投入学习。

（2）善于提问激疑，引导教学步步深入。在启发过程中，教师要有耐心，给学生以思考时间；要有重点，问题不能多，不能启而不发；要善于与学生探讨，引导学生一步步去获取新知识和领悟人生的价值。

（3）注重通过解决实际问题启发学生获取知识。接触实际问题对学生更具诱惑力和挑战性，会使他们更积极主动地进行学习和完成任务。

（4）引导学生反思学习过程。教学要引导学生反思学习过程，了解学习过程，分析学习过程中的顺利与障碍、长处与缺点，寻找原因，克服失误，使学习程序简捷、有效，注重积淀适合自己的学习方式，学会学习。

（5）发扬教学民主。要创造宽松、和谐、民主、平等、坦率、活跃的课堂教学氛围，这是启发教学的重要条件。

4. 埃里克森提出的个体心理社会发展要经历哪几个阶段及每个阶段要解决的问题。

【答案要点】

（1）出生到18个月：婴儿期。这一阶段的主要矛盾是信任对怀疑。如果婴儿得到较好的抚养并与母亲建立了良好的亲子关系，儿童将对周围世界产生信任感，否则将产生怀疑和不安。家长在这一时期应该积极地、始终如一地满足婴儿的需求。

（2）18个月到3岁：儿童期。这一阶段的主要矛盾是自主对羞怯。儿童在这一时期开始表现出自我控制的需要与倾向，渴望自主并试图自己做一些事情，如吃饭、穿衣。如果父母给儿童过多的限制或者过度的保护，儿童就开始对自己的能力产生怀疑，产生羞愧感。

（3）3到6岁：学龄初期。这一阶段的主要矛盾是主动对内疚。这个阶段的儿童开始想象自己扮演成年人的角色，并希望在活动中获得成年人的欢迎和赞赏。父母或教师需要对儿童提出的问题进行正面的鼓励，提出合理的建议，这样儿童的主动性会得到加强，反之则会降低儿童从事活动的热情，也影响他们的积极性。

（4）6到12岁：学龄期。这一阶段的主要矛盾是勤奋对自卑。儿童在这一阶段进入学校，学习知识和技能。儿童开始发展勤奋感，形成一种成功感和对成就的认识。如果面临的任务太过困难，造成了失败，那么儿童可能会产生自卑感。教师或父母如果对儿童在活动中表现出的勤奋视而不见，也会发展出自卑的人格。

（5）12到18岁：青春期。这一阶段的主要矛盾是角色同一性对角色混乱。这一时期的个体开始考虑"我是谁"这一问题。个体尝试把自己的各个方面形成自我形象的整体评价。但由于经验等的限制，个体难以对自己的各个方面形成明确的认识，也难以在实际生活中始终保持自我的一致性。

（6）18到30岁：成年初期。这一阶段的主要矛盾是友爱亲密对孤独。婚姻问题和家庭生活是这一时期面临的重大问题。如果个体乐于与他人交往，不过分计较得失，能在交往中获得乐趣，可以形成一种亲密感。但如果一个人缺乏与朋友、配偶之间的亲密友爱关系，则会产生孤独感。

（7）30到60岁：成年中期。这一阶段的主要矛盾是繁殖对停滞。这个阶段的个体已经成家立业，面临着抚育和关怀下一代的任务。如果个体事业有成、家庭美满，则表现出较大的创造力。但如果个体过于自我专注，满足私利，则容易产生颓废感，生活消极懈怠。

（8）60岁以后：成年晚期。这一阶段的主要矛盾是完美无憾对悲观绝望。这个阶段的个体已经进入老年期。如果前几个阶段发展顺利，个体在这个时期会巩固自我感觉并完全接受自我，对自己的过去不再遗憾，获得自我完满感。反之，如果个体对过去有过多悔恨，但又感觉力不从心，则在绝望中度过余生。

5.简述加德纳多元智力理论的观点。

【答案要点】

加德纳提出的多元智力理论认为，不存在单纯的某种智力和达到目标的唯一方法，每个人都会用自己的方式来发掘各自的大脑资源，这种为达到目的所发挥的各种个人才智才是真正的智力，造就了人与人之间的不同。人的智力可以分为八种。

（1）逻辑数学智力：运算和推理等科学或数学的一般能力，以及处理较长推理、识别秩序、发现模型和建立因果模型的能力。

（2）语言智力：运用语言达到各种目的的能力以及对声音、韵律、语意、语序和灵活操纵语言的敏感能力，包括听、说、读和写的能力。

（3）音乐智力：感受、辨别、记忆、理解、评价、改变和表达音乐的能力。

（4）空间智力：准确感受视觉—空间世界的能力，包括感受、辨别、记忆、再造、转换以及修改物体的空间关系，并借此表达思想和情感的能力。

（5）身体运动智力：控制自己身体运动和技术性地处理目标的能力。

（6）人际关系智力：与人相处和交往的能力，表现为觉察他人情绪、情感、气质、意图和需求的能力并据此做出适当反应的能力。

（7）内省智力：认识、洞察和反省自身的能力，并在正确的自我意识和自我评价的基础上形成自尊、自律和自制的能力。

（8）自然智力：认识物质世界的相似和相异性及动物、植物和自然环境其他事物的能力。

三、分析论述题

1.论述教育与文化之间的关系。

【答案要点】

（1）教育的文化功能。

①传递文化。文化教化的前提是人类对文化的创造与传递。教育起着传递文化的作用。尤其是学校教育因其具有明确的目的性、计划性等特点，一直承担着传承文化的重任。

②选择文化。为了有效地传承文化，必须发挥教育对文化的选择功能。教育的选择功能十分重要，体现了教育对文化发展的积极引导和自觉规范。

③发展文化。文化的生命不仅在于它的保存和积累，更在于它的更新与创造。随着社会的日益开放化，学校在加强国际文化交流中的作用也日益明显。教育通过广泛的文化交流，不断地吸收其他民族的文化精华，补充、更新和发展本民族的文化，也是文化发展的一种重要方式。

（2）文化对教育的制约。

①文化知识制约教育的内容与水平。文化是教育的基础，教育的本质是通过传承和创新文化来培养人才。学校教育的一个重要任务就是传授系统的文化知识。因此，文化是教育的主要资源，文化知识的发展特性与水平制约着教育的发展特性与水平。

②文化模式制约教育的背景与模式。首先，文化模式为教育提供了特定的背景；其次，文化模式还从多方面制约教育的模式。不同文化模式影响的教育模式，在教育目的、内容与方式等各方面也有明显的差异。

③文化传统制约教育传统的特性。文化传统越久，对教育传统的制约性越大。我们在教育改革中遇到的许多阻力，究其根源，都与文化传统的消极因素有一定的关系。正确认识文化传统与教育传统的制约关系，对于指导我们今天的教育改革具有重大现实意义。

2. 论述建构主义学习理论的基本观点及其在学习和教学中的应用。

【答案要点】

（1）知识观。建构主义者质疑知识的客观性和确定性，强调知识的动态性。具体体现在以下几方面：第一，知识的动态性。知识不是对现实的准确表征，只是一种解释、一种假设，不是问题的最终答案。它会随着人类的进步而不断地被"革命"，并随之出现新的假设。第二，知识的情境性。知识并不能精确地概括世界的法则，不能拿来便用，而是需要针对具体情境进行再创造。第三，知识学习的主动建构性。知识不可能以实体的形式存在于具体个体之外，学习者对于命题的理解只能由个体基于自己的经验背景而建构起来，取决于特定情境下的学习历程。

（2）学生观。建构主义认为，学生并不是被动接受教师传授的知识，而总是以自己的经验背景或自己的经验来建构对事物的理解。具体表现在以下几方面：第一，建构主义者完全否定心灵白板说，强调学生经验世界的丰富性和差异性；第二，学生并不是空着脑袋走进教室的，当问题呈现时，他们基于相关的经验，依靠推理和判断能力，形成对问题的某种解释；第三，教学不能无视学生的先前经验，要把儿童现有的知识经验作为新知识的生长点，引导儿童从原有的知识经验中"生长"出新的知识经验；第四，教学要增进学生之间的合作，使他看到那些与他不同的观点，促进学习的进行。

（3）学习观。建构主义认为，学习是学习者主动地赋予信息以意义，建构自己的知识经验的过程，具有三个重要特征：第一，主动建构性。面对新信息、新概念、新现象或新问题，学习者需要主动激活头脑中的先前知识经验，通过高层次思维活动，对各种信息和观念进行加工转换，对新旧知识进行综合和概括，解释有关现象，形成新的假设和推论。第二，社会互动性。学习是通过对某种社会文化的参与，内化相关知识和技能，掌握有关工具的过程，这一过程常常需要通过一个学习共同体的合作互动来完成。第三，情境性。建构主义者提出，知识存在于具体的、情境性的、可感知的活动中，它不是一套独立于情境的知识符号，不可能脱离活动情境而抽象地存在，它只有通过实际情境中的应用活动才能真正被人理解。

（4）教学观。教学不再是传递客观而确定的现成知识，而是激活学生原有的相关知识经验，促进知识经验的"生长"。在教学中，教师要促进学生的知识建构活动，以实现知识经验的重新组织、转换和改造，以此来培养学生的求知欲和探究能力。教学要为学生创设理想的学习情境，激发学生的推理、分析、鉴别等高级的思维活动，同时给学生提供丰富的信息资源、处理信息的工具以及适当的帮助和支持，促进他们自身建构意义以及解决问题的活动。

根据建构主义的学习理论，教师要注重教学环境的设计，为教育者提供充分的资源；教师要超越单纯讲座或讲授式的教学方法，灵活采取一些新的教学模式来进行创新式教学；教学要以学生为中心；教学过程中要强调协商与合作式学习。

四、案例分析题

1. 问1：请你运用现代教育理论对该教师的行为做一评价。

   问2：如果你是教师，遇到这样的情况会怎样做？

【答案要点】

问1：该教师的行为欠妥，不符合现代教育理论中对教师素养的要求。

教师应该要有健康的心理素质。教师的心理健康不仅会直接影响教育工作的优劣成败，还会影响学生的心理健康水平。教师应该要有轻松愉快的心境、昂扬振奋的精神、乐观幽默的情绪以及坚韧不拔的毅力等。该教师在未弄清学生满身是灰的缘由的情况下，就带着生气的情绪质问学生，没有表现出健康的心理素质。

教师应该具备先进、科学的教育理念。教师先进、科学的教育理念体现在教师的所有努力都要有利于学生精神世界的丰富、人格尊严的维护和美好人性的成长。学生此时正在认真地观察"蝌蚪玩游戏"，他们正处于向外探索，充满好奇的时期，该教师不应该"一棒子打死"，即刻就对学生的行为下定论，去呵斥他们，而应该据此引导学生充分探索，积极思考，要善于启发和发散学生的思维，保护他们的好奇心，求知心。

问2：如果我是教师，可能会采取以下方法来激发这些学生的学习动机：

①创设问题情境，实施启发式教学。只有在学习那些"似懂非懂""似会非会"的东西时，学生才感兴趣而且迫切希望掌握它。教师可以一边给学生讲解有关蝌蚪的背景知识，一边向学生提出一些有难度的思考问题，向学生实施启发教学。

②充分利用反馈信息，给予恰当的评定。在让学生思考和回答的过程中，就可以根据学生的回答来给予学生反馈，以便他们了解自己对于观察"蝌蚪游戏"中对新问题的思考和把握程度，及时调整方向，也有利于教师掌握他们的观察情况。

③根据作业难度，恰当控制动机水平。教师在教学时，要根据学习任务的不同难度，恰当控制学生学习的动机水平。户外观察需要一定的注意力，可以通过实时提问，或引导的方式让学生将注意力尽量保持在观察蝌蚪上。同时，学生单次注意力集中的时间也有限，教师要注意时间上的控制。

④妥善进行奖惩，维护内部学习动机。在对学生进行评价时，奖励和惩罚对于学习动机的激发具有不同的作用。对于学生认真观察和思考"蝌蚪游戏"的行为，教师应该予以表扬和肯定。

⑤培养自我效能感，增强学生成功的自信心。自我效能感影响学生的自我评价和自信心，进而影响学习成绩。可以将这次学生自发的观察行为变成一次小的课外作业，并给他们布置难度适中的观察任务，如写观察报告，让学生们通过完成这些任务来提高他们的自我效能感，保持学习的热情。

⑥维护学生自我价值，警惕自我妨碍策略。自我价值理论指出，学生有保护和表现自我价值的需要，这是个人追求成功的内在动力。教师可以在班会课上抽出适当时间，让参与观察的这些学生在班级上分享观察报告，给予适当的表现空间，同时也可以通过替代强化作用引起班上其他同学的学习探索热情。

⑦维护内在需要，促进外部动机内化。教师要帮助学生将外部调控的学习动机不断内化，形成

相对自主调控的学习动机。最后，教师可以通过此次观察，将学生们的学习动机内化到其他学科知识，让他们形成对未知知识的兴趣，形成一种主动求知的认知内驱力。

2. 问1：此种看法反映了哪一种动机理论？简述其理论观点。

问2：请分析此动机理论应用于教学实践中的效果。

问3：结合理论和实际谈一谈如何有效激发和培养学生的学习动机。

【答案要点】

问1：该看法反映了学习动机的强化理论。其理论观点主要如下：

以桑代克、斯金纳为代表的行为主义心理学家不仅用强化来解释操作性行为的习得，也用强化来解释行为的动机，认为人之所以具有某种行为倾向，是因为这种行为受到了强化。

（1）任何学习行为都是为了获得某种报偿。人的某种学习行为完全取决于先前这种行为和刺激因强化而建立的牢固联系。如果学习行为受到强化就会产生强烈的学习动机；如果学习行为没有受到强化就会缺乏学习动机，如果学习行为受到了惩罚就会产生逃避学习的动机。

（2）有五种类型的强化可用于增强学生的学习动机：社交强化物、活动强化物、象征性强化物、实物强化物、食物强化物。

问2：教师的批评与表扬都会影响到学生的成绩。例如，受表扬的学生和看到别的同学受批评的学生，成绩上升；看到别的同学受表扬的学生，则成绩下降。

事实上，教师表扬所起的强化作用是受许多因素制约的。例如，教师对学生说："好好干！我知道你们努力做的话，是能够做好的。"对那些感到难以完成任务的学生来说，这番话是一种鼓励或强化；而对那些可以很轻松地完成学习任务的学生来说，这实际上类似于惩罚，因为这番话意味教师不相信他们的能力，认为他们必须经过特别努力才能完成任务。

作为教育工作者需要注意的是，仅凭学生的行为来推断学生的动机往往是困难的，因为可能有许多不同的动机影响学生的行为。有时某种行为显然是由于某种动机引起的，但在更多的场合，学生的行为是受一系列动机影响的。此外，学生从事某种活动而不是另一种活动，取决于动机的相对强度。

问3：强化理论在激发学生学习动机上的应用主要在于合理运用奖励与惩罚，具体如下：

奖赏或表扬可以满足学生的心理需要，进而增加学生出现某种行为的可能性，但如果使用不当，也可能降低其出现的可能性。因此，教师必须正确、恰当、适时地使用奖赏，尤其是对那些不需要奖赏就能得到自然强化的行为更要谨慎。奖励和惩罚对学生学习动机的激发具有不同的作用。一般而言，表扬与奖励比批评与指责能更有效地激发学生的学习动机，因为前者能使学生获得成就感，增强自信心，而后者恰恰起到相反的作用。

虽然表扬和奖励对学习具有促进作用，但使用过多或者使用不当也会产生消极作用。教育中常见的表扬使用不当的做法主要有以下六种：在课堂中有大量表扬，却没有针对学生的正确行为，而经常给予了那些不值得表扬的行为；当学生有进步、值得表扬时，却未能得到表扬；给予表扬没有说明学生的什么行为值得表扬；表扬的表述方式空洞、重复、信息性不强；滥用外部奖励；少用表扬。

有效的表扬应具备下列八个关键特征：表扬应针对学生的良性行为；教师应明确学生的何种行为值得表扬，将注意的重点放在学生获得表扬的行为上；表扬应真诚、发自内心，体现教师对学生所获得成就的关注；表扬应具有这样的意义，即如果学生投入适当的努力，将来还有可能成功；表扬应传递这样的信息，即学生努力并受到表扬，是因为他们喜欢这项任务，并想形成有关的能力，这样可以使学生的学习动机由外部动机向内部动机转化；注意表扬或奖励频率；了解学生对奖励的估价；使所有学生都有得到奖励的可能性。

2014年 青岛大学333教育综合·真题解析

一、单项选择题

1~5 BDABD　6~10 DBBCA　11~15 BBCDB

二、简答题

1.简述个体的能动性在人的发展中的作用。

【答案要点】

（1）个体活动是人的发展的决定因素。个体的活动、个体的社会实践是个体与环境互动的中介，是个体发展的基础，是个体发展的决定性因素。学生的主体活动既是学生存在和发展的方式，又是教育的重要基础。教育必须通过引领和组织学生的主体活动来促进学生的身心与个性的发展。

（2）个体活动制约着环境影响的内化与主体的自我建构。人在同环境的相互作用的过程中，既改造着环境，也在改造环境的活动中发展和提升了个人的素质，从人的发展的视域看，实质上是一个自我建构的过程。学生的能动性主要表现为：在教育者的影响下，在积极参与社会生活和交往活动的基础上能动地进行自我认识、自我发展和自我建构。

（3）个体通过能动的活动选择、构建着自我的发展。个人通过能动的活动不仅能把握自己与外部世界的关系，而且能把自身的发展当作自己认识的对象和自觉实践的对象，选择与建构自己的发展。人的发展的过程就是通过能动的活动不断自我超越的过程。

2.简述古代教育的基本特征。

【答案要点】

古代教育的主要特点是：生产技术低下，积累的经验不够丰富，社会逐步分化演变为阶级社会，阶级之间和国家之间尖锐对立，总的来说社会发展比较缓慢、分散、封闭、保守。

（1）原始的教育状况。在原始社会里，生产力水平很低，人们积累的生活、生产和战斗经验不够丰富，不需要也不可能组织专门的教育活动。

（2）古代学校教育的产生。到了奴隶社会，随着生产力的发展，社会分工的逐步进行，剩余产品的出现，使社会上出现了脑力劳动与体力劳动的分工，逐渐出现了专门从事教育工作的教师，产生了学校，使学校教育从生活与生产中分化出来，成为独立的形态。

（3）教育阶级性的出现并不断强化。在奴隶社会，由于奴隶主占有生产资料和生产者，掌管了国家，因而学校教育也被奴隶主阶级所独占。教育的阶级性不仅体现在教育权和受教育权上，而且体现在教育目的、教育内容、教育方法、教师选择与任用等方面。

（4）学校教育与生产劳动相脱离。奴隶社会、封建社会中体力劳动与脑力劳动分离与对立状况，反映在教育上就表现为学校教育与生产劳动的脱离。

3.什么是讲授法？运用讲授法有哪些基本要求？

【答案要点】

讲授法指教师通过语言系统地向学生传授科学文化知识、思想理念，并促进他们的智能与品德发展的方法。在教学过程中实施讲授法的基本要求包括：

（1）精炼讲授内容。注重科学性、系统性、思想性、启发性和趣味性，使学生掌握准确的概念、原理。

（2）注重讲授的策略与方式。讲授具体如何进行应针对任务、内容做深入具体的研究与决策。

（3）讲究语言艺术。力求语言清晰、准确、简练、形象、条理清楚、通俗易懂；讲授的音量、速度要适度，注意抑扬顿挫；以姿势助说话，提高语言的感染力。

4. 自我效能感及其来源。

【答案要点】

自我效能感由班杜拉提出，是指个体对自己能否成功进行某一成就行为的主观判断。它影响着个体对行为的选择，付出多大努力以及坚持多久。

个体自我效能的形成有四个来源：

（1）直接经验。学习者的亲身经验对自我效能感的影响是最大的。成功的经验会提高人的自我效能感，多次失败的经验会降低人的自我效能感。

（2）替代性经验。学习者通过观察榜样的行为而获得的间接经验对自我效能感的形成也有重要的影响。当学习者看到与自己水平差不多的人取得了成功时就会增强自我效能感，反之就会降低自我效能感。

（3）言语说服。他人的建议、劝告和解释以及对自我的引导也有助于改变个体的自我效能感，但不持久，一旦面临令人困惑或难于处理的情境就会消失。

（4）情绪唤起和身心状况。情绪和生理状态也影响自我效能的形成。在充满紧张、危险的场合或认知负荷较大的情况下，情绪易于唤起，而高度的情绪唤起和紧张的生理状态会妨碍行为操作，降低个体对成功的预期水准。

5. 简述学习动机的需要层次理论。

【答案要点】

人本主义心理学家马斯洛认为，个体的任何行为动机都是在需要发生的基础上被激发起来的。他把动机看作需要，认为动机是由多种不同性质的需要组成的，各种需要之间又有先后顺序和高低层次之分，提出了动机的需要层次理论。马斯洛提出，人有 7 种基本需要，分别为：

（1）生理需要：维持生存和延续种族的需要。

（2）安全需要：受保护与免遭威胁、获得安全感的需要。

（3）归属与爱的需要：被人接纳、爱护、关注、鼓励、支持的需要。

（4）尊重的需要：希望被人认可、关爱、赞许等维护个人自尊心的需要。

（5）求知与理解的需要：个体对不理解的东西寻求理解的需要，学习动机来源于这种需要。

（6）审美的需要：欣赏、享受美好事物的需要。

（7）自我实现的需要：在精神上臻于真、善、美合一的至高人生境界的需要，即个人理想全部实现的需要。

三、分析论述题

1. 联系实际论述在教学过程中为什么要处理好智力活动与非智力活动的关系。

【答案要点】

（1）教学活动既要注重引导学生进行智力活动，也要重视调节学生的非智力活动。

学生的智力活动，主要指为认知事物、掌握知识而进行的感知、观察、思维等心理因素的活动，它是进行学习、认识世界的工具。学生的非智力活动，主要指在认知事物、掌握知识过程中诱发的好奇、欲求、情趣等心理因素的活动，它是学生进行学习、研究与实践的内在动力。在教学过程中，学生的智力活动与非智力活动同在，各有特点与功能，二者相互依存，相互作用。只有正确地发挥其整体功能,才能提高学生的学习效能和教学的质量。

（2）按教学需要调节学生的非智力活动,才能有成效地进行智力活动。

在教学中,调节非智力活动需要注重两个方面。一方面,要改进教学本身,使教学的内容和过程都富有知识性、趣味性、启发性、吸引力,以便激发、保持学生的求知欲和学习兴趣,使他们能够生气勃勃地主动学习。另一方面,要提高学生的自我教育能力,让他们能够逐步按教学要求自觉加强学习的注意力、毅力、责任感等,以提高学习效率。

2. 论述维果茨基文化历史发展理论的主要观点,认为教学与认知发展是一种什么样的关系？

【答案要点】

（1）文化历史发展理论的主要观点。维果茨基从种系和个体发展的角度分析了心理发展的实质,提出了文化历史发展理论,以此来说明人的高级心理机能的社会历史发生问题。他提出,人的高级心理是随意的心理过程,不是先天就有的,而要受人类文化历史所制约。

①两种工具的理论。维果茨基认为人有两种工具,一种是物质工具,如原始人使用的石刀,现代人使用的机器;另一种是精神工具,主要指人类所特有的语言、符号等。物质工具和精神工具一样,受人类文化历史发展的影响,是不断发展变化的。

②两种心理机能的理论。维果茨基认为必须区分两种心理机能:第一,作为动物进化结果的低级心理机能,是个体早期以直接的方式与外界相互作用时表现出来的特征;第二,作为历史发展结果的高级心理机能,是以符号系统为中介的心理机能,受到社会历史发展规律的制约。在个体发展过程中,这两种心理机能是融合在一起的。

（2）教学与认知发展的关系。

①维果茨基认为,在进行教学时,必须注意到儿童有两种发展水平:一种是儿童现有的发展水平,另一种是即将达到的发展水平,维果茨基把这两种水平之间的差异称为"最近发展区",即独立解决问题的真实发展水平和在成人指导下或与其他儿童合作情况下解决问题的潜在发展水平之间的差距。

②维果茨基主张教学应当走在儿童现有发展水平的前面,一方面,教学决定着儿童发展的内容、水平和速度等;另一方面教学也创造着最近发展区。教学需要注重学生的最近发展区,把儿童潜在的发展水平变成实际的发展水平,同时不断创造新的最近发展区。

③学习存在着最佳期。维果茨基认为,儿童在学习任何内容时都有一个最佳年龄。教师在开始教学时要处于儿童的最佳期内,教学最佳期是由最近发展区决定的,随着最近发展区的动态发展而不断变化,并且教学最佳期也是因人而异的,因此教师要把握教学的适当时机。

④认知发展的"内化"学说。内化是指将外部实践活动转化为内部心理活动的过程。学生是认识的主体,教师在教学中起主导作用,学生的学习主要是掌握人类的经验并内化于自身的认知结构之中的过程。教育必须重视内化,促进学生从外部语言向内部语言转化,促进个性发展。

四、案例分析题

1. 问1：请用相关德育原则对该班主任的做法进行评价。

问2：你认为针对该学生出现的问题,教师应该怎样做？

【答案要点】

问1：该教师的行为违背了德育原则中的疏导原则、严格要求学生与尊重学生相结合原则。

疏导原则指进行德育要循循善诱、以理服人,从提高学生认识入手,调动学生的主动性,使他们积极向上。疏导原则要求教师向学生们讲明道理,疏通思想,该教师并未做到,仅以批评和写检查的形式让"坏学生们"反思,方式比较简单粗暴,不利于学生成长;疏导原则还要求教师以正面教育为主，该教师没有做到正面教育，打击了学生的自尊心。

严格要求与尊重学生相结合原则指进行德育要把对学生的思想品行的严格要求与对他们个人的尊重信赖结合起来，使教育者的严格要求易于转化为学生主动的道德自律。该原则要求教师要尊重和信赖学生，案例中的教师没有做到这一点，在班会上当众评选"坏学生"严重地打击了学生的自尊心，侮辱了学生的独立人格，导致学生产生了逃学、厌学的心理，不利于学生成长。

问2：首先要对该学生进行心理辅导，帮助解决逃学的问题。心理辅导是一种心理上的助人活动，是指在一种新型的、建设性的人际关系中，辅导教师运用其专业知识和技能，给学生以合乎需要的心理上的协助与服务，以便在学习、工作与人际关系各个方面做出良好适应。心理辅导的最简单的定义是助人自助。建立有效辅导关系的基本条件主要有以下三种：

①同感。教师进入受辅学生的内心世界，通过他的视角看事物，体察他的思想与感受，了解他观察自己与周围世界的方式。同感主要有三个要点，分别是设身处地、保持客观和传达感受。

②真诚。教师在辅导过程中诚实、自然、自由、开放，去掉保卫式的伪装或戒备心理，做到表里如一、言行如一、前后如一。

③尊重。教师要尊重受辅学生的人格、价值、自我选择的权利。

另外，对这位班主任也应采取相应的教育，让其改变教育方式，为学生努力营造一个积极、正面的班风；在班上也要重新再开展主题班会，改变学生对于"坏学生"的印象，引导班上同学一起带领后进生进步，形成一种温暖的氛围。

以上措施可以帮助该同学走出先前事件的阴影，帮他创造一个接纳的班级环境，让他回到正常的校园生活中，回归课堂。

其次，待该生能够正常上学后，便要对其不良行为进行矫正，使其形成良好的行为习惯。品德不良的矫正方法主要有以下几种：

①运用行为主义学习理论培养个体的良好行为方式。在教育中适当运用渐进强化的原理，可以有效地塑造学生的良好行为方式或矫正学生的偏差行为方式。

②直接从自我观察学习入手培养人的自律行为。自律是个人根据自己的价值标准评判自己的行为，从而规范自己去做自己认为应该做的事情，或避免自己认为不应该做的事。

③提高道德认识法。"美德即知识"的命题启示人们，在很多时候丰富人的道德认识的确可以使人少犯错误，尤其是一些低级错误。这样，妥善采取常用的说理法、故事启发法、小组讨论法或价值澄清法等方法以提高人们的道德认知水平，往往是防治品行不端的有效之举。

④改过迁善法。指要求犯错者纠正自己的不良品德，以使自己朝着善的方向发展的方法。该方法由两部分组成：一是消除一个或几个错误的地方；二是通过一定的练习，使自己的行为朝着与原来不良行为相反的或不相容的方向发展。

⑤防范协约法。指以书面形式在教育者与被教育者之间建立和实施的一种监督关系的矫正不良行为的方法。

2. 请用归因理论分析：

问1：他这种归因是否正确？这种归因对他以后的学习会产生怎样的影响？

问2：如不正确，正确的归因是怎样？

问3：对教师来讲，正确掌握归因理论有何意义？

【答案要点】

问1：该学生的归因不正确。根据韦纳的归因理论，运气属于不稳定、外在、不可控的因素。假如该学生继续将成绩好坏归因于运气，那么成绩好的时候他依旧会产生侥幸心理，并期待下次仍能够有好运，成绩不好的时候可能会听任失败，产生自暴自弃的心理，长期下去可能导致习得性无助。总之，一直将成绩好坏归因于单纯的运气，则不利于该生学习动机的培养与激发，最终导致学习成绩下降，性格变得冷漠、压抑，甚至产生厌学心理。

问2：正确归因如下：

当个体将成功归因于能力和努力等内部因素时，会产生骄傲、自豪感，增强自信心和动机水平。

归因于努力相比于归因于能力，无论成败都会引发更强烈的情绪体验。努力而成功体验到愉快；不努力而失败体验到羞愧；努力而失败也应受到鼓励。

问3：教师正确掌握归因理论的意义在于：

（1）了解心理与行为的因果关系。归因理论告诉人们，人类的人格行为都一定有其原因，人们会将自己在某种活动中的成功或失败自觉不自觉地归因于某种原因，对这种因果关系的研究有助于对人的心理与行为进行更有效的把握。教师只有了解到学生成败的原因后才能对症下药，改进教学，从而达到因材施教的目的。

（2）根据行为者的归因倾向预测他以后的动机。归因理论的一个重要价值就是人们可以根据某个行为者当前的归因倾向预测他未来在此方面的动机。稳定性维度似乎与对今后类似的任务的期待密切相关。如果学生将成功或失败归因于像能力或任务难度这样稳定的因素，那么他们可能会对今后类似的任务做出成功或失败的估计；假如他们将结果归因于努力、运气这类不稳定的因素，那么，在以后遇到类似的任务时，就可能会预期结果将有所改变。帮助学生学会正确而积极地归因是每个教师应尽的责任。

（3）归因训练有助于提高自我认识。让学生学会正确而有积极意义的归因是对学生进行心理教育的一项重要内容。学生学会归因的过程也就是提高自我认识的过程，通过归因训练可以帮助学生在从了解自己到认识别人的过程中建立起明确的自我观念。归因训练首先在于培养学生自觉的归因意向，有了这种自觉归因意向的本身就表明学生有了自觉的自我意识；其次，重要的在于归因过程，通过这种过程培养学生的自我观念；再次，要培养学生正确而积极的归因，这样不仅在一项具体的活动中能够正确地认识自己与人行为原因的关系，而且能够形成正确的自我意识，从而更好地知己与知人。

2013年 青岛大学333教育综合·真题解析

一、单项选择题

1~5 BBCDC   6~10 DCBAC   11~15 DDAAD

二、判断题（请在题目括号内填√或×号）

1~5 ×√×××   6~10 ××√√√

三、简答题

1. 奥苏伯尔有意义学习的实质和条件。

【答案要点】

（1）有意义学习的实质。有意义学习就是符号所代表的新知识与学习者认知结构中已有的适当观念建立非任意的和实质性的联系。有意义学习的类型包括表征学习、概念学习和命题学习。

①非任意的联系是指新知识与认知结构中有关观念存在某种合理的或逻辑上的联系。

②实质性的联系是指新的符号或观念与学习者认知结构中已有的表象、已经有意义的符号、概念或命题的联系，是一种非字面的联系。

（2）有意义学习的条件。

①有意义学习的材料必须具有逻辑意义，这种逻辑意义指的是材料本身在人的学习能力范围内而且与有关观念能够建立非任意的和实质性的联系。

②学习者必须具有有意义学习的心向，也就是积极主动地把新知识与认知结构中原有的适当知识加以联系的倾向。

③学习者认知结构中必须具有适当的知识，以便与新知识进行联系。

④学习者必须积极主动地使这种具有潜在意义的新知识与他认知结构中有关的原有知识发生相互作用，导致原有知识得到改造，新知识获得实际意义，即心理意义。

2. 现代心理健康的标准。

【答案要点】

（1）充分自我实现的人就是心理健康的人。

（2）适应良好的人是心理健康的人。

（3）适应与发展和谐统一的人是心理健康的人。这是比较公认的现代心理健康标准——综合标准。可以细化为以下几点：第一，对现实的有效知觉；第二，自知、自尊和自我接纳；第三，自我调控能力；第四，与人建立亲密关系的能力；第五，人格结构的稳定与协调；第六，生活热情与工作高效率。

在理解和把握心理健康标准时，应主要考虑以下几点：第一，判断一个人心理健康状况应兼顾个体内部协调与对外良好适应两个方面；第二，心理健康具有相对性；第三，心理健康既是一种适应状态，也是一种发展状态；第四，心理健康作为一种整体的心理状态，反映出一个人健康的人生态度与生存方式。总之，心理健康的人在生活中多持有一种积极的、开放的、现实的、发展的、辩证的、通达的人生态度。

3. 简述选择教学方法的标准和依据。

【答案要点】

教学方法是将知识的教育价值转化为学生精神财富的手段。教学方法的选择与设计取决于面临的教学任务、学科知识的特点与学生的经验基础。现代教学提倡以系统的观点为指导来选用教学方法，优化教学。主要的依据如下：

（1）学科的任务、内容和教学法特点，课题与课时的教学目的和任务。

（2）教学过程、教学原则和班级上课的特点。

（3）学生的情趣、水平、智能的发展与个别差异、独立思考能力、学习态度、学风与习惯。

（4）教师的思想与业务水平、实际经验与能力、教学的习惯与特长。

（5）学生参与教学过程中的答问、讨论、作业、评析的积极性与水平。

（6）师与生双边活动的配合、互动的状况与质量。

（7）班、组活动与个人活动结合的状况，课堂教学、课外作业与课外活动结合的状况与质量。

（8）学校与地方可能提供的物质与仪器设备、社会条件、自然环境等。

（9）学科、单元、课题乃至每节课所规定的课时，其他可利用的时间，如早、晚自习等。

（10）对可能取得的成效的缜密预计与意外状况出现时的应变措施。

4. 简述教学过程中直接经验与间接经验的关系

【答案要点】

（1）学生认识的主要任务是学习间接经验。

儿童认识始于直接经验，并通过直接经验，不断扩大对世界的认识。但个人的活动范围是狭小的，无论个人如何努力，仅仅依靠直接经验来认识世界越来越不可能。学生要适应高度发展的文明社会，便必须以学习间接经验为主，便捷地掌握人类积累起来的基本科学文化知识。

（2）学习间接经验必须以学生个人的直接经验为基础。

学生要把书本知识转化为自己能理解的知识，就必须依靠个人已有的或现时获得的感性经验为基础。教学中要注重联系生活与实际，利用学生已有经验，并补充学生学习新知识所必须有的感性认识，以便学生能顺利地理解书本知识并运用所学知识于实际，获得比较完全的知识。

（3）防止只重书本知识传授或直接经验积累的偏向。

只重书本知识的传授或只重直接经验的积累都违反了教学的规律，割裂了间接经验与直接经验的内在联系，影响了教学质量的提高。

5. 简述当代教育特征。

【答案要点】

（1）学校教育逐步普及。由于资本主义生产尤其是机器大工业生产在欧洲兴起，因而西欧的资本主义国家最先提出普及教育的要求。1619年，德意志魏玛邦在宗教改革的影响下颁布了学校法令，规定父母送6~12岁男女儿童入学，这是普及教育的开端。

（2）教育的公共性日益突出。随着大工业生产发展的需要，随着工人阶级和其他劳动人民对教育权的争取，对受教育权的阶级垄断越来越不合时宜，受到来自被统治阶级和统治阶级两方面的批判。在此情形下，大力发展学校教育逐渐成为社会的公共事业和共同话题。

（3）教育的生产性不断增强。在现代社会，随着工业生产的发展和科学技术的进步，科技与教育在生产中的作用增强。现代教育与生产劳动的逐步结合，对提高社会生产效率和增加社会财富起着重要作用，日益成为经济发展的有力保证。

（4）教育制度逐步完善。随着学校数量的增加，学校教育的层次、种类及其运行和管理的复杂化，需要一定的教育宗旨、制度、要求等，以推动学校教育系统有条不紊地运行。教育制度化的实现，使得教育系统中的各级各类学校、各种教育机构和教育行政部门的工作均有制度可循，能排除来自内外部的干扰，使教育活动有序有效地开展，取得了良好效果。

四、分析论述题

1. 教师应该具备怎样的素养？

【答案要点】

（1）高尚的师德。包括热爱教育事业，富有献身精神和人文精神；热爱学生，诲人不倦；热爱集体，团结协作；严于律己，为人师表。

（2）先进、科学的教育理念。教育理念是教师在对教育工作本质理解的基础上形成的关于教育的观念和理性信念，它是以观念或信念的形式存在于教师头脑中的对教育现象和教育问题的看法。先进、科学的教育理念体现在教师的所有努力都要有利于学生精神世界的丰富、人格尊严的维护和美好人性的成长。如学生主体观、教学交往观、发展性教学评价观等。

（3）宽厚的文化素养。教师的主要任务是通过向学生传授科学文化知识，培养其能力，促进其个性生动活泼地发展。一个好教师的基本条件之一，就是要有比较渊博的知识和多方面的才能。因此，教师对自己所教学科知识应科学、深入地把握，能对自己所教专业融会贯通、深入浅出、高瞻远瞩，达到运用自如的境界，在教学过程中不出知识性的错误。同时，教师还应有比较广博的文化修养。

（4）专门的教育素养。教师的专门教育素养水平及其合理结构是教育教学任务得以完成的重要保证，它主要包括教育理论素养、教育能力素养和教育研究素养。

（5）健康的心理素质。教师的心理健康不仅会直接影响教育工作的优劣成败，而且会影响学生的心理健康水平。因此，教师应该注重提高自己的心理素质。健康的心理素质体现在心理活动的方方面面，概括起来主要指：教师要有轻松愉快的心境，昂扬振奋的精神，乐观幽默的情绪以及坚韧不拔的毅力等。

（6）强健的身体素质。教师的身体素质是指教师在教学活动中的自然力，是教师的身体健康状态和身体素质状态在教学中的表现。它主要通过健康的体魄、旺盛的精力、蓬勃的活力、有节律的生活方式和锻炼习惯等体现。教师的身体素质在教育教学中具有重要的教育意义。

2. 述评皮亚杰的认知发展阶段理论及其与教学的关系。

【答案要点】

（1）0~2岁：感知运动阶段。这一时期为儿童思维的萌芽期。在这一阶段，儿童主要通过探索感知觉与运动之间的关系来获得动作经验，其中，手的抓取、嘴的吮吸是他们探索世界的主要手段。这个阶段的一个显著标志是儿童渐渐获得了客体永久性。

（2）2~7岁：前运算阶段。这一时期是儿童表象思维阶段。在这一阶段，儿童能运用语言或较为抽象的符号来代表他们经历过的事物，凭借表象思维，他们可以进行各种象征性活动或游戏、延缓性模仿以及绘画活动等。这一阶段的儿童具有具体形象性、泛灵论、自我中心主义等特点。

（3）7~11/12岁：具体运算阶段。这一阶段相当于小学阶段。此阶段儿童的认知结构已经发生了重组和改善，思维具有一定的弹性，可以逆转，已经获得长度、体积、质量和面积等的守恒，能凭借具体事物或从具体事物中获得的表象进行逻辑思维和群集运算。但其思维仍然需要具体事物的支持。这一阶段的儿童具有去集中化、去自我中心等特点。

（4）11岁至成年：形式运算阶段。此阶段儿童的思维已经超越了对具体的可感知的事物的依赖，能以命题的形式进行，并能发现命题之间的关系，能理解符号的意义，能进行一定的概括。思维已经接近成人的水平。这一阶段的儿童具有抽象思维获得发展、青春期自我中心的特点。

五、作文题

以"对于基础教育课程改革的认识与思考"为题写一篇作文，字数不少于800字。

【答案要点】

此题属于开放性问题，考生只需要围绕基础教育课程改革这一主题进行正确的阐述即可，可从不同的视角进行分析论述，结合材料表达清楚观点，展现文笔风采。此类题型没有标准答案，言之有理即可。

若考生缺乏思路，可参考以下内容进行作答：

（1）我国基础教育的课程改革。

新一轮基础教育课程改革的具体目标有六个方面。

转变课程功能。改变课程过于注重知识传授的倾向，强调形成积极主动的学习态度，使获得基础知识与基本技能的过程同时成为学会学习和形成正确价值观的过程。

优化课程结构。改变课程结构过于强调学科本位、科目过多和缺乏整合的现状，整体设置九年一贯的课程门类和课时比例，体现课程结构的均衡性、综合性和选择性。

更新课程内容。改变课程内容"繁、难、偏、旧"和过于注重书本知识的现状，加强课程内容与学生生活以及现代社会和科技发展的联系，关注学生的学习兴趣和经验，精选终身学习必备的基础知识和技能。

转变学习方式。改变课程实施过于强调接受学习、死记硬背、机械训练的现状，倡导学生主动参与、乐于探究、勤于动手，培养学生搜集处理信息的能力、获取新知识的能力、分析和解决问题的能力以及交流与合作的能力。

改革课程评价。改变课程评价过分强调甄别与选拔的功能，发挥评价促进学生发展、教师提高和改进教学实践的功能。

深化课程管理体系改革。改变课程管理过于集中的状况，实行国家、地方、学校三级课程管理，增强课程对地方、学校及学生的适应性。

（2）新课程改革的基本理念。

①倡导个性化的知识生成方式。新课程旨在扭转以"知识传授"为特征的教学局面，把转变学生的学习方式作为重要的着眼点，以尊重学生学习方式的独特性和个性化作为基本信条，从而使教、学、师生关系等概念获得了新的含义。

②增强课程内容的生活化、综合化。首先，加强课程与学生生活和现实社会的联系；其次，设置许多综合型学科，推进课程的综合化，对已有的课程结构进行改造；再次，各分科课程都在尝试综合化的改革，强调科学知识同生活世界的交汇，理性认识同感性经验的融合。

2012年 青岛大学333教育综合·真题解析

一、单项选择题

1~5 BBCAD　6~10 CDBAD　11~15 CCAAA

二、名词解释

元认知

元认知就是对认知的认知，具体地说，是关于个人自己认知过程的知识和调节这些过程的能力，是对思维和学习活动的认知和控制。元认知具有两个独立但又相互联系的成分，即元认知知识和元认知控制。

班级授课制

班级授课制是一种集体教学形式。它把一定数量的学生按年龄与知识程度编成固定的班级，根据周课表和作息时间表，安排教师有计划地给全班学生上课，分别学习所设置的各门课程。

课程标准

课程标准是指在一定课程理论指导下，依据培养目标和课程方案以纲要形式编制的关于课程的性质与价值、目标与内容、教学实施建议以及课程资源开发等方面的指导性文件，一般由说明、课程目标、课程内容标准和课程实施建议等部分组成。

学制

学制即学校教育制度，它是现代教育制度的核心部分，指的是一个国家各级各类学校的系统及其管理规则，它规定着各级各类学校的性质、任务、入学年限、修业年限以及它们之间的关系。

形成性评价

形成性评价是指在教学进程中，对学生的知识掌握和能力发展所做的比较经常而及时的测评，包括对学生的提问、书面测验、作业批改等。其目的在于使师生都能及时获得反馈信息，从而更好地改进教与学，以促进师生的发展和提高。

三、简答题

1. 简述教育的政治功能。

【答案要点】

（1）教育通过传播一定的社会的政治意识，完成年轻一代的政治社会化。人的社会化是人的发展的重要方面，而政治社会化又是人的社会化的重要方面。教育作为传递知识、训练思维与培养情感的活动，能向年轻一代传播一定的社会政治意识，促进他们的政治社会化，从而为一定社会政治秩序的稳定创造重要条件。

（2）教育通过造就政治管理人才，促进政治体制的变革与完善。现代社会强调法治，使得教育更重视培养政治管理人才。由于科技向管理部门的全面渗透，社会越发展，国家对政治管理人才的素质要求越高，通过教育选拔、培养政治管理人才显得越重要。

（3）教育通过提高全民文化素质，推动国家的民主政治建设。一个国家的政治是否民主，取决于政体和国民素质。普及教育的程度越高，国民的文化素质越高，其国民就越能认识民主的价值，在政治生活和社会生活中就越能履行民主的权利。

（4）教育是形成社会舆论、影响政治时局的重要力量。学校是知识分子和青少年集中的地方，他们有见解，勇于发表意见，通过教育者和受教育者的言论、演讲和社会活动等，来宣传思想、造就舆论，借以影响群众，为一定的政治、经济服务。

2. 新一轮基础教育课程改革的具体目标。

【答案要点】

（1）转变课程功能。改变课程过于注重知识传授的倾向，强调形成积极主动的学习态度，使获得基础知识与基本技能的过程同时成为学会学习和形成正确价值观的过程。

（2）优化课程结构。改变课程结构过于强调学科本位、科目过多和缺乏整合的现状，整体设置九年一贯的课程门类和课时比例，体现课程结构的均衡性、综合性和选择性。

（3）更新课程内容。改变课程内容"繁、难、偏、旧"和过于注重书本知识的现状，加强课程内容与学生生活以及现代社会和科技发展的联系，关注学生的学习兴趣和经验，精选终身学习必备的基础知识和技能。

（4）转变学习方式。改变课程实施过于强调接受学习、死记硬背、机械训练的现状，倡导学生主动参与、乐于探究、勤于动手，培养学生搜集处理信息的能力、获取新知识的能力、分析和解决问题的能力以及交流与合作的能力。

（5）改革课程评价。改变课程评价过分强调甄别与选拔的功能，发挥评价促进学生发展、教师提高和改进教学实践的功能。

（6）深化课程管理体系改革。改变课程管理过于集中的状况，实行国家、地方、学校三级课程管理，增强课程对地方、学校及学生的适应性。

3. 简述教为主导、学为主体的教学规律。

【答案要点】

（1）发挥教师的主导作用是学生简捷有效地学习知识、发展身心的必要条件。

在教学过程中，教师的教一般是矛盾的主导方面。教师主导作用是针对能否引导学生积极学习与上进而言的。因而学生的主动性、反思性、创造性发挥得怎样，学习的效果怎样，又是衡量教师主导作用发挥得好坏的根本标志。教学中一切不民主的强迫灌输和独断专横的做法，都有悖于教师的主导作用。

（2）尊重学生、调动学生的学习主动性是教师有效地教学的一个主要因素。

学生是有能动性的人，他们不只是教学的对象，而且是学习主体与发展主体。学生的学习主动性、积极性发挥得怎么样，直接影响并最终决定着学生个人的学习质量、成效和身心发展的方向与水平。

（3）防止忽视学生积极性和忽视教师主导作用的偏向。

过于突出教师或者过于强调学生在教学中的主体地位与作用都是片面的。最可靠的措施是普遍提高教师的修养和水平，加强对学生的了解、沟通，提高教师的责任感与创造性，这样才能实现师生之间的民主平等、尊师爱生、教学相长地互动与合作，使师、生两方面主动性都能得到弘扬，在教学互动的过程中达到动态的平衡和相得益彰。

4. 简述建构主义学习理论的基本观点。

【答案要点】

（1）知识观。建构主义者质疑知识的客观性和确定性，强调知识的动态性。具体体现在以下几方面：第一，知识的动态性；第二，知识的情境性；第三，知识学习的主动建构性。

（2）学生观。建构主义认为，学生并不是被动接受教师传授的知识，而总是以自己的经验背景或自己的经验来建构对事物的理解。具体表现在以下几方面：第一，建构主义者完全否定心灵白板说，强调学生经验世界的丰富性和差异性；第二，学生并不是空着脑袋走进教室的，当问题呈现时，他们基于相关的经验，依靠推理和判断能力，形成对问题的某种解释；第三，教学不能无视学生的先前经验，要把儿童现有的知识经验作为新知识的生长点，引导儿童从原有的知识经验中"生长"出新的知识经验；第四，教学要增进学生之间的合作，使他看到那些与他不同的观点，促进学习的进行。

（3）学习观。建构主义认为，学习是学习者主动地赋予信息以意义，建构自己的知识经验的过程，具有三个重要特征：主动建构性、社会互动性、情境性。

（4）教学观。教学不再是传递客观而确定的现成知识，而是激活学生原有的相关知识经验，促进知识经验的"生长"。教学要为学生创设理想的学习情境，激发学生的推理、分析、鉴别等高级的思维活动，同时给学生提供丰富的信息资源、处理信息的工具以及适当的帮助和支持，促进他们自身建构意义以及解决问题的活动。

5. 简述教学过程作为一种特殊的认识过程的特殊性。

【答案要点】

教学过程作为特殊的认识过程，其特殊性在于它是学生个体的认识过程，具有不同于人类总体认识的显著特点：

（1）间接性，主要以掌握人类长期积累起来的科学文化知识为中介，间接地认识现实世界。

（2）引导性，需要在富有知识的教师引导下进行认识，而不能独立完成。

（3）简捷性，走的是一条认识的捷径，是一种科学文化知识的再生产。

6. 我国现行学制的改革趋势。

【答案要点】

（1）基本普及学前教育。现代学前教育的发展十分迅速。发达国家的学前教育有结束期提前、由高班到低班逐步普及、加强学前教育与小学低年级教育的联系和衔接的趋势。随着我国义务教育和高中阶段教育的逐步普及，学前教育也将逐步普及。

（2）均衡发展义务教育。义务教育对于人的发展、教育发展和社会发展都具有重大意义。到2008年年底，我国实现了普及义务教育，但我国的义务教育也存在着发展不平衡的问题，促进义务教育均衡发展成为我国现阶段教育改革和发展的重大任务。

（3）努力普及高中阶段教育。在普及九年义务教育以后，普及高中阶段教育就成为教育发展的重要趋势。为了适应青少年的升学与就业的选择并满足社会的需要，高中阶段的学制应该多样化。

（4）大力发展高等教育。我国高等教育近年来呈现日益开放和大众化的趋势，主要表现为高等教育的多层次、高等教育的多类型和高等教育面向在职人员开放。

四、分析论述题

1. 结合实际谈谈在教学中怎样处理间接经验与直接经验的关系。

【答案要点】

（1）学生认识的主要任务是学习间接经验。

儿童认识始于直接经验，并通过直接经验，不断扩大对世界的认识。但个人的活动范围是狭小的，无论个人如何努力，仅仅依靠直接经验来认识世界越来越不可能。学生要适应高度发展的文明社会，便必须以学习间接经验为主，便捷地掌握人类积累起来的基本科学文化知识。

（2）学习间接经验必须以学生个人的直接经验为基础。

学生要把书本知识转化为自己能理解的知识，就必须依靠个人已有的或现时获得的感性经验为基础。教学中要注重联系生活与实际，利用学生已有经验，并补充学生学习新知识所必须有的感性认识，以便学生能顺利地理解书本知识并运用所学知识于实际，获得比较完全的知识。

（3）防止只重书本知识传授或直接经验积累的偏向。

只重书本知识的传授或只重直接经验的积累都违反了教学的规律，割裂了间接经验与直接经验的内在联系，影响了教学质量的提高。

2. 概述教师的职业素养、结合当前教育现状，谈谈你的认识。

【答案要点】

（1）高尚的师德：热爱教育事业，富有献身精神和人文精神；热爱学生，诲人不倦；热爱集体，团结协作；严于律己，为人师表。

（2）先进、科学的教育理念。教育理念是教师在对教育工作本质理解的基础上形成的关于教育的观念和理性信念，它是以观念或信念的形式存在于教师头脑中的对教育现象和教育问题的看法。先进、科学的教育理念体现在教师的所有努力都要有利于学生精神世界的丰富、人格尊严的维护和美好人性的成长。如学生主体观、教学交往观、发展性教学评价观等。

（3）宽厚的文化素养。教师的主要任务是通过向学生传授科学文化知识，培养其能力，促进其个性生动活泼地发展。一个好教师的基本条件之一，就是要有比较渊博的知识和多方面的才能。因此，教师对自己所教学科知识应科学、深入地把握，能对自己所教专业融会贯通、深入浅出、高瞻远瞩，达到运用自如的境界，在教学过程中不出知识性的错误。同时，教师还应有比较广博的文化修养。

（4）专门的教育素养。教师的专门教育素养水平及其合理结构是教育教学任务得以完成的重要保证，它主要包括三个方面的内容：教育理论素养、教育能力素养、教育研究素养。

（5）健康的心理素质。教师的心理健康不仅会直接影响教育工作的优劣成败，而且会影响学生的心理健康水平。因此，教师应该注重提高自己的心理素质。健康的心理素质体现在心理活动的方方面面，概括起来主要指：教师要有轻松愉快的心境，昂扬振奋的精神，乐观幽默的情绪以及坚韧不拔的毅力等。

（6）强健的身体素质。教师的身体素质是指教师在教学活动中的自然力，是教师的身体健康状态和身体素质状态在教学中的表现。它主要通过健康的体魄、旺盛的精力、蓬勃的活力、有节律的生活方式和锻炼习惯等体现。教师的身体素质在教育教学中具有重要的教育意义。

五、作文题

"不要让孩子输在起跑线上"已经成为许多家长重视早期教育，甚至为孩子报各种课外辅导班、想方设法选择名校名师的重要依据，你对这种现象怎么看？

【答案要点】

此题属于开放性问题，考生只需要围绕材料进行正确的阐述即可，可从不同的视角进行分析论述，结合材料表达清楚观点，展现文笔风采。此类题型没有标准答案，言之有理即可。

若考生缺乏思路，可参考以下内容进行作答：

"不要让孩子输在起跑线上"以及由此引发的家长们的一系列措施实际上是过于夸大了早期教育的作用，也是应试教育在现实生活中的一种体现，家长们的种种做法，主要目的还是在于为了孩子升学而准备，看重的是升学而非孩子真正的全面发展。

应试教育又称升学教育，它是指单纯按照高一级学校选拔考试的要求，以提高应试成绩为教育目标，以知识灌输为教育方法的一种教育训练活动。应试教育的流行，是我国基础教育中存在的主要弊端。现今在教育改革中提出由应试教育向素质教育转轨，并不是因为应试教育重视考试，而是因为它与我国教育目的所规定的全面发展教育相违背。应试教育的出发点不仅忽视了社会发展对人才的要求，而且也忽视了个体身心发展的要求，将教育活动变为一种纯粹应对考试的技能技巧训练。应试教育虽然也可能使学生获得一些知识，提高某些方面的素质，但是这种知识、素质却是狭隘的、片面的。

因此，我们应当逐渐以素质教育取代应试教育。素质教育的最终目的是提高所有学生的各方面素质。素质教育是全面发展教育的具体落实，它与我国教育目的的基本精神是一致的。而全面发展教育则是素质教育的手段或途径，即通过全面发展教育以提高学生的素质。素质教育不仅是一种教育思想、教育观念，也是一种教育实践，为了实施素质教育，必须从转变教育观念、推进课程改革、提高教师素质、改进课堂教学、建立新的评价体系等多方面入手，使教育真正发挥提高整个民族素质的功能。

2011年 青岛大学333教育综合·真题解析

一、判断改错题（请首先判断每个说法是否正确，若正确，请写正确；若错误，请标明错误后改正。）

1~5 × × × √ √　6~10 × × × × ×　11~15 √ × × √ ×

二、简答题

1. 简述皮亚杰的认知发展阶段理论。

【答案要点】

（1）0~2岁：感知运动阶段。这一时期为儿童思维的萌芽期。在这一阶段，儿童主要通过探索感知觉与运动之间的关系来获得动作经验，其中，手的抓取、嘴的吮吸是他们探索世界的主要手段。这个阶段的一个显著标志是儿童渐渐获得了客体永久性。

（2）2~7岁：前运算阶段。这一时期是儿童表象思维阶段。在这一阶段，儿童能运用语言或较为抽象的符号来代表他们经历过的事物，凭借表象思维，他们可以进行各种象征性活动或游戏、延缓性模仿以及绘画活动等。这一阶段的儿童具有具体形象性、泛灵论、自我中心主义等特点。

（3）7~11/12岁：具体运算阶段。这一阶段相当于小学阶段。此阶段儿童的认知结构已经发生了重组和改善，思维具有一定的弹性，可以逆转，已经获得长度、体积、质量和面积等的守恒，能凭借具体事物或从具体事物中获得的表象进行逻辑思维和群集运算。但其思维仍然需要具体事物的支持。这一阶段的儿童具有去集中化、去自我中心等特点。

（4）11岁至成年：形式运算阶段。此阶段儿童的思维已经超越了对具体的可感知的事物的依赖，能以命题的形式进行，并能发现命题之间的关系，能理解符号的意义，能进行一定的概括。思维已经接近成人的水平。这一阶段的儿童具有抽象思维获得发展、青春期自我中心的特点。

2. 简述教育的文化功能。

【答案要点】

（1）传递文化。文化教化的前提是人类对文化的创造与传递。教育起着传递文化的作用。尤其是学校教育因其具有明确的目的性、计划性等特点，一直承担着传承文化的重任。

（2）选择文化。为了有效地传承文化，必须发挥教育对文化的选择功能。教育的选择功能十分重要，体现了教育对文化发展的积极引导和自觉规范。

（3）发展文化。文化的生命不仅在于它的保存和积累，更在于它的更新与创造。随着社会的日益开放化，学校在加强国际文化交流中的作用也日益明显。教育通过广泛的文化交流，不断地吸收其他民族的文化精华，补充、更新和发展本民族的文化，也是文化发展的一种重要方式。

3. 简述教师的权利。

【答案要点】

教师除了享有国家宪法规定的公民的一般权利外，还应享有这一领域有关法律所赋予教师的各种特殊权利。主要有以下几个方面：

（1）独立工作的权利，即教师依法享有对学生实施教育、指导、评价的权利。

（2）自我发展的权利，即教师依法享有发展自己、提高专业文化水平的权利。

（3）参与管理的权利，即教师可以通过各种合法途径参与学校的管理。

（4）争取合理报酬、享受各种待遇的权利。法律明确规定：教师享有"按时获取工资报酬，享受国家规定的福利待遇以及寒暑假期的带薪休假"的权利。

4. 简述传授知识与发展智能的关系。

【答案要点】

（1）智力的发展与知识的掌握二者相互依存，相互促进。

在教学过程中，学生智力的发展依赖于他们知识的掌握，对学生来说，掌握、运用知识及其反思、改进的过程，也就是他们运用和发展智力的过程；同时，学生对知识的掌握又依赖于他们的智力发展，只有那些智力发展好的学生，他们的接受能力才强、学习效率才高，而智力发展较差的学生在学习中则有较多的困难。

（2）生动活泼地理解和创造性地运用知识才能有效地发展智力。

通过传授知识发展学生智力是教学的一个重要任务，然而知识不等于智力，一个学生知识的多少并不一定能标志他的智力发展的高低。因此，在教学中不仅要教给学生知识，而且要引导学生通过生动活泼的教学活动，透彻地理解知识原理，了解获取知识的过程与方法，学会独立思考、推理与论证，创造性地解决实际问题，这样才能使学生的智力获得高水平的发展。

（3）防止单纯抓知识教学或只重能力发展的片面性。

在教学实践中，有的认为"双基"教学抓好了，学生的智力就自然地发展了，却忽视引导学生通过探究、反思有意识地锻炼学生的智力；有的则只注重学生自主探究、反思，却忽视通过系统知识和原理的学习与运用来发展智力。这两者都不利于提高教学质量。

5. 简述新一轮基础教育课程改革的主要目标。

【答案要点】

（1）转变课程功能。改变课程过于注重知识传授的倾向，强调形成积极主动的学习态度，使获得基础知识与基本技能的过程同时成为学会学习和形成正确价值观的过程。

（2）优化课程结构。改变课程结构过于强调学科本位、科目过多和缺乏整合的现状，整体设置九年一贯的课程门类和课时比例，体现课程结构的均衡性、综合性和选择性。

（3）更新课程内容。改变课程内容"繁、难、偏、旧"和过于注重书本知识的现状，加强课程内容与学生生活以及现代社会和科技发展的联系，关注学生的学习兴趣和经验，精选终身学习必备的基础知识和技能。

（4）转变学习方式。改变课程实施过于强调接受学习、死记硬背、机械训练的现状，倡导学生主动参与、乐于探究、勤于动手，培养学生搜集处理信息的能力、获取新知识的能力、分析和解决问题的能力以及交流与合作的能力。

（5）改革课程评价。改变课程评价过分强调甄别与选拔的功能，发挥评价促进学生发展、教师提高和改进教学实践的功能。

（6）深化课程管理体系改革。改变课程管理过于集中的状况，实行国家、地方、学校三级课程管理，增强课程对地方、学校及学生的适应性。

三、案例分析题

1. 请针对上述现象，从课程改革、教师角色等方面进行分析。

【答案要点】

案例中教师的看法是不恰当的，理由如下：

从课程改革的角度来说，学校课程变革的动力不仅来自政治、经济、文化和科技发展，而且要充分考虑到学生的发展状态与心理特征，根据学生智力、能力的水平、倾向及其潜力来选择和组织相应的课程内容。从学生的身心发展特性来说，其特征主要表现为整体性、连续性、阶段性和个别差异性。学生发展的整体性要求课程变革要整体性地考虑，各门课程要相互协调，注重课程结构的整体优化；课程改革还要兼顾学生身心发展的连续性和阶段性；学生身心发展具有个别差异性要求课程变革要考虑不同学生的个性心理。从学生的需要来说，学校课程的变革必须满足学生身心发展的全面需要，促进学生身心的全面发展。一方面要着重满足学生学习书本知识的需要，另一方面要满足学生获取某些直接经验的需要。另外，课程变革还需要着眼于学生的最近发展区。

从这一方面来说，相比起教育专家，学校的一线教师通过长期与学生的直接交流，不仅拥有大量宝贵的教学经验，对学生也有着许多独到的见解，因此，学校教师是最能迅速、准确地发现与了解本校学生的发展现状和需求,最能够有针对性地开发出适合本校学生使用的课程的最佳人选。

从教师角色的角度来说,教师承担着研究者的角色。教师工作的对象是充满生命力的和各具个性特点的青少年,每个班、每个学生的情况都不同,所以教师不能千篇一律地机械地进行教育。这一角色要求教师要不断地反思、研究和改进自己的工作,让自己成为教育的研究者、改革者,不断地提高自身的教育理论修养和教育、教学的质量。

以往课程设计通常由课程专家来完成,而最了解学生需要的教师却只是课程的实施者,被排除在课程设计的范围之外。校本课程开发赋予了教师一定的自主权,充分调动了教师积极参与课程开发的热情,为教师提供了发挥创造性空间和大显身手的机会。校本课程的开发将每一位教师视为具有研究潜力的创新人员,充分信任教师,尊重教师。教师在参与校本课程开发的过程中,要不断地发现问题,并致力于这些问题的解决,为解决不断出现的新问题要不断地研究、学习,在这无限的循环往复的研究、学习、再研究、再学习的过程中,教师的专业知识不断丰富,研究能力不断增强。

从这一方面来说,进行校本课程开发是每个教师角色的要求,是普通教师义不容辞的任务,也是每个教师不断提升自己的专业水平、提升学校办学水平、确立教师专业自主地位的必经之路。

2. 请判断这样的说法是否正确,并分析原因,假如你是这位班主任,你应该怎么做?

【答案要点】

(1)这种说法不正确。

初中生正值青春期,青少年进入青春期后在生理、心理和社会性发展方面都有着较大的变化,霍尔甚至称用"暴风骤雨"来形容这一时期,由此可见,对于中学生的管理确实存在较大难度。但作为一名班主任来说,应该要相信教育的力量,相信每个学生都有自己的特点、优势和潜能,只要经过教育,都有美好的发展与前途。即使有严重缺点和错误的学生,只要真情关怀,耐心教育,切实帮助,也能转变好。只有确信教育的力量的班主任,才能不畏困难曲折,把学生转变好。如果只靠粗暴的压制来管理学生,那么就弱化甚至是无视了教育的力量,不仅不能教育好学生,还有可能加重学生的逆反心理,导致其行为变本加厉。作为一名班主任,还应该有家长的情怀,有较强的组织亲和力,从心底去关心和爱护学生,亲近学生,与学生打成一片,才能让学生也亲近老师,听老师的话,而不是通过严令呵斥,让学生不敢亲近,害怕老师,这样只会让学生与教师的距离越来越远,既不利于形成良好的师生关系,也不利于形成良好的班级氛围。

(2)如果我是这位班主任,我会这样做:

①了解和研究学生。了解学生,包括个人和集体两方面。了解学生个人情况,包括个人德、智、体的发展,他的情趣、特长、习性、诉求,家庭状况和交往情况。了解学生集体情况,是在了解学生个人情况的基础上汇集而成,包括全班学生的年龄、性别、家庭等一般情况;学生德、智、体发展的一般水平和有特殊才能的学生情况,班风与传统等。了解和研究学生的主要方法有观察、谈话、分析书面材料和调查研究等。刚刚接手一个新的班级,首先就是要了解这个班级的基本情况,才能有针对性地去开展班级工作,了解学生是建立师生关系的第一步。

②教导学生学好功课。学好功课是学生的主要任务也是班主任的一项经常性的重要任务。有成效地完成这一任务,主要靠各科教师,但班主任的作用不可忽视。班主任应做到:注意学习目的与态度的教育;加强学习纪律的教育;指导学生改进学习的方法和习惯。新班主任在教学的过程中应当额外强调和注意学生学习态度、学习习惯和班级纪律的培养,通过课堂教学的过程向学生潜移默化地施加教育影响。

③组织班会活动。班会是向学生进行思想教育的一个重要阵地。有计划地组织班会活动是班主任的一项重要任务。班会是新班主任开展工作的一个重要阵地,新班主任可以通过班会形成一套民主、完整的班级管理规范、形成新的班风,可以通过班会组织好新的班委、慢慢地组织和培养班集

体，可以通过班会迅速地了解学生的想法、拉进师生距离。

④做好班主任工作的计划与总结。为了能够较自觉地做好班主任工作，一要加强计划性，使工作有条不紊地进行；二要注意总结工作经验，以便不断改进和提高。二者是互为基础、相互促进的。初次当班主任，总结和反思是必不可少的工作，通过总结和反思可以改进自己的工作方法，以便日后工作能够更加顺利。

四、作文题（不少于800字）

题目："学生差异之我见"（提示：可以/从教育学、教育心理学等相关理论出发。结合实际谈谈你如何理解学生差异、如何对待学生差异。）

【答案要点】

此题属于开放性问题，考生只需要围绕学生差异这一主题进行正确的阐述即可，可从不同的视角进行分析论述，结合材料表达清楚观点，展现文笔风采。此类题型没有标准答案，言之有理即可。

若考生缺乏思路，可参考以下内容进行作答：

心理差异是指人在认识、情感、意志等心理活动中表现出来的相对稳定而又不同于他人的心理特征方面的差异。

（1）认知差异与教育。

①认知水平的差异。认知水平的差异主要表现为智力水平的差异，而智力水平的差异又表现为智力发展水平的差异和智力发展速度的差异。

②认知类型的差异。认知类型又叫认知风格，是人在信息加工的过程中所偏好的相对稳定的态度和方式。认知类型差异就是人们在感知、理解、记忆、思维等过程中采用的与众不同的方式。

③针对认知方式差异的教育。教师必须帮助学生识别自己的认知类型；教师要明确适应认知类型的两类教学策略，即匹配策略与失配策略；教师要调整自己的教学风格，提供多模式教学；教师要针对学生在智力上的个别差异进行因材施教，采用按能力分组。对智力不同水平的学生设置不一样的教育目标，选择不同的教育方式。

（2）人格差异与教育。

人格差异又称个性差异，是指个人在稳定的心理特征方面的差异，反映的是人格特征在个体之间所形成的不同品质。

①性格差异。主要表现为性格类型的差异，是指在某一类人身上共同具有的某些性格特质的组合，主要有以下两种：根据心理活动的倾向，可分为外向型和内向型；根据个人独立性的程度，可分为独立型和顺从型。

②气质差异。气质就是平常所说的脾气秉性，是表现在心理活动的强度、速度、灵活性与指向性的一种稳定的心理特征。心理学家把人的气质分为多血质、胆汁质、抑郁质和黏液质四种类型。一般认为，气质无好坏之分，每种气质都有其长处和短处。

③针对人格差异的教育。根据学生的性格类型进行因材施教；发挥集体的作用；引导学生进行自我教育；根据学生的气质类型进行因材施教。

（3）性别差异与教育。

性别差异是指男女两性的生理差异及在智力、人格和成就等方面的心理差异。依据性别差异的教育。改变不同性别学生的性格局限，培养积极兴趣，提高多种能力；改变传统观念，对男女学生一视同仁，彻底改变男尊女卑的思想。

2010年 青岛大学 333 教育综合·真题解析

一、填空题

1. 单轨制、分支型学制 2. 认知目标、情感目标、动作技能目标 3. 儿童中心、社会中心
4. 了解学生、精选教学方法 5. 地方课程、校本课程 6. 学习的管理、思想道德的管理
7. 学会做事、学会共存、学会生存 8. 古代、近代、现代

二、单项选择题

1~5 AADDC   6~10 BBCCD   11~15 CACDD   16~20 DCBDC

三、名词解释

学生观

学生观就是教师对学生的基本看法，它影响着教师对学生的认识及其态度与行为，进而影响学生的发展。正确的学生观来自教师对学生的观察和了解，来自教师向学生的学习和对自我的反思。

教育民主化

教育民主化是20世纪60年代以来世界教育改革的主流。教育民主化包括教育的民主与民主的教育两个侧面，前者指使受教育权成为公民的权利和义务；后者指把教育改造成民主的教育。

综合课程

综合课程又称"广域课程""统合课程"或"合成课程"。它采取合并相关学科的办法，减少教学科目，把几门学科的教学内容组织在一门综合学科之中，根本目的是克服学科课程分科过细的缺点。

讨论法

讨论法指学生在教师指导下为解决某个问题而进行探讨、评析，以辨明是非、获取真知、锻炼思维和独立思考能力的方法。讨论的种类有课堂讨论、短暂讨论、全班讨论及小组讨论等。

学校教育

学校教育指一种专门组织的不断趋向规范化、制度化、体系化的教育。它是根据一定的社会现实和未来需要，遵循受教育者身心发展的规律，有目的、有计划、有组织地对受教育者身心施加影响，把他们培养成为一定社会或阶级所需要的人的活动。

四、简答题

1. 当代形态教育的主要特征有哪些？

【答案要点】

（1）规模迅速增长。当代教育处在一个急剧增长的时代，增长模式具有四个显著的特征：第一，规模庞大；第二，增长速度快；第三，非均衡性；第四，波动性。

（2）体制和结构显著变化。当代世界教育结构发生了一系列引人注目的变化。中等教育制度由双轨制向单轨制转化，教育结构既高度分化又高度整合，教育的类型、层析、形式具有多样化的特征。

（3）内涵逐渐扩大。当代教育观正在发生急剧的变化，教育的内涵不断拓展和深化，涵盖了正规教育、非正规教育、非正式教育。终身教育、全民教育和学习化社会已成为教育发展的新趋势和新目标。

（4）不平等严重存在。首先，教育不平等表现为区域上的不平等；其次，教育不平等表现为性别上的不平等；最后，教育不平等表现在阶层、文化背景上的不平等。

2. 影响个体发展的因素有哪些？

【答案要点】

（1）遗传。第一，遗传素质是人的发展的生理前提，为人的发展提供可能；第二，遗传素质的成熟程度制约着人的发展过程及年龄特征；第三，遗传素质的差异性对人的发展有一定的影响；第四，遗传素质具有可塑性。

（2）环境。第一，环境是人的发展的外部条件；第二，环境的给定性与主体的选择性。

（3）个体活动。第一，个体活动是人的发展的决定因素；第二，个体活动制约着环境影响的内化与主体的自我建构；第三，个体通过能动的活动选择、构建着自我的发展。

（4）教育。第一，教育在人的发展中起引领作用；第二，学校教育主要通过传承文化科学知识来培养人；第三，学校教育对提高人的现代性有显著的作用。

3. 简述教育的文化功能。

【答案要点】

（1）传递文化。文化教化的前提是人类对文化的创造与传递。教育起着传递文化的作用。尤其是学校教育因其具有明确的目的性、计划性等特点，一直承担着传承文化的重任。

（2）选择文化。为了有效地传承文化，必须发挥教育对文化的选择功能。教育的选择功能十分重要，体现了教育对文化发展的积极引导和自觉规范。

（3）发展文化。文化的生命不仅在于它的保存和积累，更在于它的更新与创造。随着社会的日益开放化，学校在加强国际文化交流中的作用也日益明显。教育通过广泛的文化交流，不断地吸收其他民族的文化精华，补充、更新和发展本民族的文化，也是文化发展的一种重要方式。

4. 简述教学过程中直接经验与间接经验的关系。

【答案要点】

（1）学生认识的主要任务是学习间接经验。

儿童认识始于直接经验，并通过直接经验，不断扩大对世界的认识。但个人的活动范围是狭小的，无论个人如何努力，仅仅依靠直接经验来认识世界越来越不可能。学生要适应高度发展的文明社会，便必须以学习间接经验为主，便捷地掌握人类积累起来的基本科学文化知识。

（2）学习间接经验必须以学生个人的直接经验为基础。

学生要把书本知识转化为自己能理解的知识，就必须依靠个人已有的或现时获得的感性经验为基础。教学中要注重联系生活与实际，利用学生已有经验，并补充学生学习新知识所必须有的感性认识，以便学生能顺利地理解书本知识并运用所学知识于实际，获得比较完全的知识。

（3）防止只重书本知识传授或直接经验积累的偏向。

只重书本知识的传授或只重直接经验的积累都违反了教学的规律，割裂了间接经验与直接经验的内在联系，影响了教学质量的提高。

5. 简述教师职业的特点。

【答案要点】

教师职业的产生和发展，是社会需要的反映。其基本特征有：

（1）教师职业是一种专业性职业，教师是专业人员。

（2）教师是教育者，教师职业是促进个体社会化的职业。

（3）教师的神圣使命是教书育人。教书育人是教师的专业工作，是区别于其他职业的根本标志。

6. 现行德育课程内容的主要特点有哪些？

【答案要点】

当前我国学校德育的主要内容包括：

（1）道德教育。包括有关道德知识学习、传统美德教育、审美及情操教育、社会公德教育以及道德思维能力、道德情感、信念和良好的行为习惯的教育等。

（2）思想教育。包括辩证唯物主义和历史唯物主义世界观和人生观教育、革命理想和革命传统教育、劳动教育、自觉纪律教育等。

（3）政治教育。包括马克思主义基本理论教育、阶级教育、世界观教育和社会科学教育。

（4）心理健康教育。包括青春期心理健康和性道德教育、男女真诚友谊的教育、良好意志品德和审美情趣培养的教育等。

德育的特点：

（1）德育旨在培养学生的道德信念和人生观，形成学生的道德行为习惯，主要属于伦理领域。

（2）德育解决的矛盾主要不是求真、不是知与不知，以回答世界是什么的问题；而是求善、知善、行善，回答人应当怎样生活才有意义的问题。

（3）品德是个体素质结构的重要因素，在个体素质结构中起着价值定向的作用。

五、分析论述题

1. 教学中应该注意哪些教学原则？试对你感受最深刻的一个教学原则举例论述。

【答案要点】

教学原则是有效进行教学必须遵循的基本要求。它既指导教师的教，也指导学生的学，应贯彻于教学过程的各个方面和始终。

我国主要的教学原则：

（1）启发性原则。指在教学中教师要激发学生的学习主体性，引导他们经过积极思考与探究自觉地掌握科学知识，学会分析问题和解决问题，树立求真意识和人文情怀。也称探究性原则或启发与探究相结合原则。

（2）理论与实践相结合原则。指教学要以学习基础知识为主导，将理论运用于解释和解决实际问题，学以致用，发展动脑、动手能力，并理解知识的含义，领悟知识的价值。

（3）科学性和思想性统一原则。指教学要以马克思主义为指导，授予学生以科学知识，并结合知识教学对学生进行社会主义品德和核心价值观教育。

（4）直观性原则。指在教学中通过引导学生观察所学事物或图像，聆听教师用语言对所学对象的形象描绘，形成有关事物具体而清晰的表象，以便理解所学知识。

（5）循序渐进原则。指教学要按照学科的逻辑系统和学生认识的顺序逐步进行，使学生系统地掌握基础知识、基本技能，形成严密的逻辑思维能力。也称系统性原则。

（6）巩固性原则。指教学要引导学生在理解的基础上牢固地掌握知识和技能，长久地保持在记忆中，能够根据需要迅速再现，有效地运用。

（7）发展性原则。指教学的内容、方法和进度，既要适合学生已有的发展水平，又要有一定的难度，激励他们经过努力才能掌握，以便有效地促进学生的身心发展。

（8）因材施教原则。指教师要从学生的实际情况与个性特点出发，有的放矢地进行有区别的教学，使每个学生都能扬长避短、长善救失，获得最佳发展。

因材施教原则的事例：子路向孔子讨教如果听到一种正确的主张，是否可以立刻去做。孔子说总要问一下父亲和兄长。另一个学生冉有问了同样的问题，孔子马上回答应该立刻实行。为什么一样的问题回答却相反呢？孔子认为，冉有性格谦逊，办事犹豫不决，所以要鼓励他临事果断。但子路逞强好胜，办事不周全，所以要劝他遇事多听取别人意见，三思而行。

2. 试述班级授课制的特点、优点、局限及其变革方向。

【答案要点】

班级授课制是一种集体教学形式。它把一定数量的学生按年龄与知识程度编成固定的班级，根据周课表和作息时间表，安排教师有计划地给全班学生上课，分别学习所设置的各门课程。

（1）优点：第一，形成了严格的教学制度；第二，以课为单位科学地组织教学；第三，能充分发挥教师的主导作用；第四，能促进学生的社会化与个性化；第五，便于传授系统的科学知识。

（2）局限性：第一，不利于照顾学生的个别差异；第二，不利于培养学生的兴趣、特长和发展个性；第三，不利于理论联系实际；第四，不利于实现教学的灵活性。

（3）改革趋势：第一，根据学生年龄、学科性质等不同情况，对每节课的时间长度，做有弹性的不同规定；第二，加强班级教学中的小组与个别指导活动；第三，提高学生在教学活动中的主体地位与作用；第四，注重到特定的实验室、作业室里上课，或在现场教学；第五，将班级上课、分组学习、个别辅导恰当地结合起来；第六，防止班的人数超限，逐步实现小班教学；第七，允许成绩优异或有特长的学生跳级、选班或选课等。

3. 结合实际，谈谈你对素质教育的理解和认识。

【答案要点】

素质教育是以人的素质发展为核心的教育。它以注重人各方面的程度和水平的实际发展为主要特征，追求对人的发展的有效引领和促进。素质教育的内涵包括以下几个方面：

（1）素质教育是面向全体学生的教育。素质教育就是要改变以往教育只重视升学有望的学生的做法，坚持面向全体学生，依法保障义务教育阶段儿童和青少年学习和发展的基本权利，努力开发每个学生的潜能，使所有的学生都得到平等健康的发展。

（2）素质教育是全面发展的教育。实施素质教育，必须把德、智、体、美等有机地统一在教育活动的各个环节，使各方面教育相互渗透、协调发展，促进学生的全面发展和健康成长。

（3）素质教育是促进学生个性发展的教育。素质教育反对应试教育不顾学生个性差异的"一刀切"的做法，主张从人的个性出发，承认个性的客观存在，尊重每个人的个性，并以此作为实施教育和教学的依据，通过教育使不同层次、不同程度的学生得到个性健康、完善与发展。

（4）素质教育是以培养创新精神为重点的教育。长期以来的应试教育片面强调知识传授，采用"填鸭式"教学。素质教育则以创新精神和创新能力培养为重点，注重发现和开发蕴藏在学生身上的潜在的创造性品质，全面提高学生的综合素质。